10 0412596 0

KU-074-270

DATE DUE FC

Wolfgang Blösel
Themistokles bei Herodot

HISTORIA

Zeitschrift für Alte Geschichte
Revue d'histoire ancienne
Journal of Ancient History
Rivista di storia antica

- - - - - - - - - - - - - - - - - - -

EINZELSCHRIFTEN

Herausgegeben von
Kai Brodersen/Mannheim
Mortimer Chambers/Los Angeles
Martin Jehne/Dresden
François Paschoud/Geneve
Hildegard Temporini/Tübingen

HEFT 183

Wolfgang Blösel

Themistokles bei Herodot: Spiegel Athens im fünften Jahrhundert

Studien zur Geschichte und historiographischen
Konstruktion des griechischen Freiheitskampfes
480 v. Chr.

NOTTINGHAM
UNIVERSITY LIBRARY

Franz Steiner Verlag Stuttgart 2004

Bibliographische Information der Deutschen Bibliothek
Die Deutsche Bibliothek verzeichnet diese Publikation
in der Deutschen Nationalbibliographie; detaillierte
bibliographische Daten sind im Internet über
<http://dnb.ddb.de> abrufbar.
ISBN 3-515-08533-5

ISO 9706

Jede Verwertung des Werkes außerhalb der Grenzen
des Urheberrechtsgesetzes ist unzulässig und strafbar.
Dies gilt insbesondere für Übersetzung, Nachdruck,
Mikroverfilmung oder vergleichbare Verfahren sowie
für die Speicherung in Datenverarbeitungsanlagen.
© 2004 by Franz Steiner Verlag Wiesbaden GmbH,
Sitz Stuttgart.
Gedruckt auf säurefreiem, alterungsbeständigem
Papier. Druck: Printservice Decker & Bokor, München
Printed in Germany

Optimi patris memoriae
carissimaeque matri

Inhaltsverzeichnis

Vorwort

Die vorliegende Studie stellt die überarbeitete Fassung meiner Dissertationsschrift dar, welche die Fakultät für Orientalistik und Altertumswissenschaft der Ruprecht-Karls-Universität Heidelberg im Sommersemester 1997 angenommen hat.

Die seitdem erschienene einschlägige Literatur – man denke nur an die drei wichtigen englischsprachigen Sammelbände zu Herodot aus den letzten Jahren – habe ich, soweit mir bekannt geworden, eingearbeitet.

Am Ende dieses langen Prozesses obliegt mir die angenehme Pflicht, allen zu danken, die daran Anteil genommen haben. Mein besonderer Dank gilt meinem akademischen Lehrer, Professor Fritz Gschnitzer: zum einen dafür, daß er dieses Thema überhaupt angenommen und betreut hat, obgleich es wenige Jahrzehnte zuvor schon einmal Gegenstand einer Dissertation war; zum zweiten für den großen Freiraum, den er mir gewährt hat, auch deutlich von den seinen abweichende Grundprämissen zu entwickeln, und für die Offenheit, entsprechende Ergebnisse als wissenschaftlichen Ertrag anzuerkennen; zum dritten dafür, daß er mit größter Sorgfalt und unerschöpflicher Geduld die vielen Detailprobleme mit mir durchgesprochen und mich vor manchem Fehler bewahrt hat. Für die Übernahme des Zweitgutachtens sowie seine wertvolle Kritik möchte ich Professor Hans Armin Gärtner danken.

Professor Herwig Görgemanns (Heidelberg) hatte immer ein offenes Ohr und eine Lösung, wenn mir der griechische Text Probleme bereitete. Dr. Oswyn Murray (Balliol College, Oxford) gab mir in seinen Tutorials bei meinen ersten Versuchen über Herodots Verhältnis zu Athen wohlwollende Anleitung. Darüber hinaus steuerten die Professoren Gustav-Adolf Lehmann (Göttingen), Martin Jehne (Dresden) und Angelos Chaniotis (Heidelberg) wichtige Hinweise bei.

Auch der Studienstiftung des deutschen Volkes möchte ich herzlich danken, die über Jahre meine Studien und zudem meinen Aufenthalt an der University of Oxford großzügig gefördert hat.

Den intensiven Diskussionen mit Dr. Victor Parker (Christchurch/Neuseeland) und insbesondere mit Priv.-Doz. Dr. Ralf Scharf (Landau) entstammen wesentliche Anregungen. Beiden sei überdies für ihre freundschaftliche Ermunterung in allen Arbeitsphasen herzlich gedankt; Dr. Parker zudem für die Übersendung seines Manuskripts zur Darstellung des Pausanias von Sparta bei Charon von Lampsakos und Herodot.

Dr. Rainer Bien (Astronomisches Rechenzentrum Heidelberg) hat – voll Interesse für die Chronologieprobleme eines Althistorikers – die umfangreichen Berechnungen für die Sonnenfinsternis vom 2. Oktober 480 v. Chr. angestellt.

Professor Nino Luraghi (Toronto) gab mir Gelegenheit, auf dem Workshop „The Dawn of Historiography" im September 1997 in Turin die Grundthesen meiner Dissertation einem internationalen Fachpublikum vorzustellen (veröffentlicht in dem

Beitrag „The Herodotean Picture of Themistocles: A Mirror of Fifth-century Athens", in: N. Luraghi [ed.], The Historian's Craft in the Age of Herodotus, Oxford 2001, 179–197). Den Diskutanten in Turin und später in Göttingen, Dresden und Greifswald sei herzlich für ihre Kritik gedankt.

Professor Egon Flaig (Greifswald) hat die Prämissen meiner Argumentation mit gewohnter Konsequenz einer kritischen Prüfung unterzogen und mich so gezwungen, einiges grundlegend zu überdenken und deutlicher zu formulieren.

Dr. Marek Weçowski (Warschau) übersandte mir ein Exemplar seiner noch unpublizierten Dissertation sowie das Manuskript seines im Druck befindlichen Aufsatzes zu Herodots Proömium.

Mein Greifswalder Kollege Dr. Tobias Kasulke half mir, manches Problem beim Verständnis des Herodot-Textes zu lösen.

Mein Dresdner Kollege Dr. Rene Pfeilschifter hat sich der mühsamen Aufgabe des Korrekturlesens unterzogen.

Den Professoren Mortimer Chambers (Los Angeles) und Kurt A. Raaflaub (Providence, R.I.) danke ich für die Aufnahme der Arbeit in die Historia Einzelschriften. Beide sowie der anonyme Gutachter dieser Reihe haben wichtige sachliche Korrekturen angebracht und wertvolle Vorschläge zur Manuskriptgestaltung gemacht.

Ihnen allen möchte ich für ihre Mühe herzlich danken.

Welchen Anteil an dieser Arbeit meine Frau Janet mit ihrer großen Bereitschaft, immer wieder meinen verschlungenen Gedankengängen zu folgen, mit ihrem gründlichen Hinterfragen meiner Thesen, vor allem aber mit ihrem unermüdlichen Zuspruch hat, ist hier kaum angemessen zu würdigen.

Dieses Buch sei meiner Mutter Agnes und dem Andenken meines Vaters Ferdinand Blösel gewidmet.

Greifswald, Januar 2004   Wolfgang Blösel

Literaturnachtrag:

Folgende Titel sind mir erst nach Abschluß der Drucklegung bekannt geworden:

JOHANSSON, M., Thucydides on the evacuation of Athens in 480 B.C., MH 60, 2003, 1–5.

KEHNE, P., Zur Logistik des Xerxes-Feldzuges 480 v. Chr., in: E. OLSHAUSEN & H. SONNABEND (edd.), Zu Wasser und zu Land. Verkehrswege in der antiken Welt. Stuttgarter Kolloquium zur historischen Geographie des Altertums 7, 1999, Stuttgart 2002, 29–47.

LINDENLAUF, A., Constructing the Meaning of the Persian Wars in Athens, in: A. BRYSBAERT et al. (edd.), SOMA 2002. Symposium on Mediterranean Archaeology. Proceedings of the Sixth Annual Meeting of Postgraduate Researchers, University of Glasgow, February 2002 (BAR International Series 1142), Oxford 2003, 53-62.

MIKALSON, J.D., Herodotus and Religion in the Persian Wars, Chapel Hill-London 2003.

STRAUSS, B., The Battle of Salamis. The Naval Encounter That Saved Greece – and Western Civilization, New York 2004.

Einleitung

> „Vor allem aber soll die Aufnahmebereitschaft des Geschichts-
> schreibers einem klaren, glänzenden und ein Bild scharf zurück-
> werfenden Spiegel gleichen: so wie er die Geschehnisse auf-
> nimmt, genau so soll er sie zeigen, in keiner Weise entstellt, ver-
> blaßt oder verzerrt. Denn anders als die Rhetoren verfahren die
> Geschichtsschreiber; was sie berichten, ist Wirklichkeit, die aus-
> gesagt wird; sie hat sich sogar bereits ereignet. Die Geschehnis-
> se brauchen nur noch geordnet und dargestellt zu werden; daher
> kommt es den Historiographen auch nicht auf das Was, sondern
> auf das Wie an."[1]

Wenn Geschichtsschreiber tatsächlich einen getreuen Spiegel des Geschehenen darstellen und dieses gänzlich umfassend, exakt und unverzerrt abbilden könnten, wie
es Lukian in seinem Werk „Wie man Geschichte schreiben soll" fordert, so besäßen
wir eine weit genauere und vollständigere Vorstellung von vielen Geschichtsepo-
chen, als sie uns tatsächlich vergönnt ist. Doch der „Spiegel", der Geschichtsschreiber selbst, ist nie wirklich makellos und absolut plan: Er weist stumpfe Stellen auf,
so daß blinde Flecken entstehen oder die Farbe des Bildes verfärbt wird. Er birgt
kleine und große Unebenheiten, die das Spiegelbild verzerren, so daß manches über-
groß und wie durch ein Brennglas gebündelt grell aufleuchtet, anderes hingegen
winzig klein erscheint oder gar ganz aus dem Blick gerät. Zuweilen ist der Spiegel
so deformiert, daß er Bilder völlig verdreht und auf den Kopf stellt. Dieser Defekte
sind sich viele antike Historiographen durchaus bewußt; denn sie sehen sich oft zur
Rechtfertigung genötigt, wieso sie dieses übergehen, jenes dafür viel breiter ausführen als anderes, diese Tat in den Himmel heben, jene verdammen, schließlich
der ihnen überlieferten Wertung eine konträre entgegenstellen. Hier führt uns der
Ansatz von HARTOGS Studie „Le Miroir d'Hérodote" weiter, wenn er die *Historien*
des Herodot als „Spiegel" versteht, in den dieser selbst immer wieder schaut, um
sich seiner eigenen Identität als ἵστωρ zu vergewissern und damit auch die Frage zu
beantworten, die seine Umwelt an ihn stellt: Berichtet er die geschichtliche Wahrheit, oder erzählt er nur Lügen?[2] Da uns Heutigen nicht mehr – wie noch Herodots
Zeitgenossen – die Möglichkeit gegeben ist, seine Darstellung geschichtlicher Ereignisse, also deren Spiegelbild, durch mündliche oder auch schriftliche Berichte

---

1 Lukian. hist. conscr. 51 (Übersetzung H. HOMEYER, München 1965). Die Abkürzungen für die
  antiken Autoren und Werktitel richten sich nach den Verzeichnissen des KlP I, pp. XXI–XXVI
  und DNP I, pp. XXXIX–XLVII. Die Übersetzung der antiken Textstellen sind, soweit nicht
  anders angegeben, meine eigenen. Dabei habe ich mich für Herodot an die Übersetzungen von
  MARG und FEIX sowie für die anderen Autoren an die im Literaturverzeichnis angeführten ange-
  lehnt.

2 F. HARTOG, The Mirror of Herodotus. The Representation of the Other in the Writing of History, Berkeley-Los Angeles-London 1988 (zuerst franz. Paris 1980, ^{2}2001), p. xxiii.

anderer, mithin andere Spiegelbilder derselben historischen Wirklichkeit, zu kontrollieren, sind wir auf der Suche nach Unregelmäßigkeiten, die seine Reflexionsfähigkeit trüben, darauf angewiesen, den Spiegel selbst, Herodot, genauer unter die Lupe zu nehmen.

Da wir über die Persönlichkeit Herodots nur wenig wissen, bildet auch hierfür sein Werk, die *Historien*[3], den einzigen Zugang. Es ist zu untersuchen auf Hinweise, inwieweit Herodot seine Darstellung in den Dienst gewisser Persönlichkeiten, Gruppen, Städte, Völker oder auch Ideologien gestellt hat. Doch auch der intendierte Rezipient des Spiegelbildes, sein Publikum, ist zum Verständnis der Unregelmäßigkeiten des Spiegels notwendig; denn immerhin lieferte Herodot seinem Publikum die Darstellung eines bedeutenden Abschnittes von dessen jüngerer Geschichte. Doch nicht nur der Spiegel und die Erwartungshaltung des Rezipienten des Spiegelbildes beeinträchtigen die „Abbildung" der historischen Wirklichkeit. Die Wirklichkeit, das Urbild, erreicht den „Spiegel" nicht mehr klar und ungetrübt, sondern nur noch gefiltert und verzerrt durch die Quellen des Geschichtsschreibers. So beklagt schon Thukydides (I 22,3) bei der Erforschung seiner eigenen Zeitgeschichte, daß die Augenzeugen eines Ereignisses je nach Gunst oder Erinnerungsvermögen Unterschiedliches berichteten. Deshalb beschränkt sich die Kunst des Geschichtsschreibers keineswegs darauf, wie Lukian meint, allseits bekannte Fakten in möglichst kunstvoller Weise anzuordnen, sondern seine primäre Pflicht ist es, erst einmal aus den verzerrten und widersprüchlichen Überlieferungen den historisch wahrscheinlichen Gang der Ereignisse herauszudestillieren oder zumindest eine im geschichtlichen Kontext glaubhafte Darstellung zu entwerfen. Die genannten Schwierigkeiten und Beeinträchtigungen, aber auch die Versuche des „ersten abendländischen Geschichtsschreibers" zur Lösung dieser gleichsam herkulischen Aufgabe sollen in der vorliegenden Studie am Beispiel von Herodots Darstellung des athenischen Strategen Themistokles erörtert werden.

Denn auf die Charakterzeichnung keines seiner griechischen Protagonisten verwendet Herodot so viel Sorgfalt und Mühe wie auf die des Themistokles.[4] In diesem erkennt der Erzähler des Xerxes-Zuges den Lenker der verschiedenen Entscheidungsprozesse der Athener und somit letztes Endes den Verantwortlichen für die Abwehr der Perser. Doch die Motive, die Herodot dabei dem Athener unterschiebt, betonen dessen Egoismus und Habsucht und stellen ihn so ins Zwielicht. Dieser Umstand hat Herodot schon in der Antike die scharfe Kritik eingebracht, er schmälere nach Kräften den unvergänglichen Ruhm des Siegers von Salamis, der doch laut späterer antiker Auffassung gleichsam ein für allemal die griechisch-römische Zivilisation vor dem orientalischen Despotismus bewahrt habe. Am vehementesten führt Plutarch in seiner Schrift „Über Herodots Schlechtigkeit" (Περὶ τῆς Ἡροδότου κακοηθείας) diese Anklage gegen Herodot.[5] Dennoch konnte Cicero gerade in Herodot einen Enkomiasten des Themistokles sehen.[6] Ähnlich divergent wie die

---

3   Ich stützte mich in dieser Arbeit primär auf die neue Edition von H.B. ROSÉN, Herodotus. Historiae, vol. I: Libri I–IV, Leipzig 1987, vol. II: Libri V–IX, Stuttgart-Leipzig 1997.
4   Nur der milesische Tyrann Histiaios und Miltiades werden ähnlich oft genannt.
5   Plut. Her. malign. 37, p. 869c-d; 34, p. 867b-c; 40, p. 871c.
6   Cic. fam. V 12,7. Cf. H. BERTHOLD, Die Gestalt des Themistokles bei M. Tullius Cicero, Klio

antiken Autoren haben moderne Forscher Herodots Darstellung des Themistokles beurteilt.

1. Forschungsüberblick zu Herodots Darstellung des Themistokles

Ein kurzer Überblick über die Forschungsmeinungen illustriert die Bedeutung des Themistokles-Bildes für die Herodot-Forschung einerseits und die Erforschung der Perserkriege andererseits.[7] Die historische Quellenkritik des 19. Jahrhunderts hat bei Herodot vor allem das Bestreben gesehen, das Verdienst und das Charakterbild des Siegers von Salamis zu verdunkeln.[8] Schon BRUNS hat die in ihrer Tendenz stark divergierenden Quellen Herodots für dessen uneinheitliches, eher negatives Bild von Themistokles verantwortlich gemacht.[9] Eduard MEYER erklärt dies mit Herodots – angeblicher – Anhänglichkeit an die Alkmaioniden.[10] Bemerkenswert ist NISSENS Ansicht, der die „schnöde Gehässigkeit" Herodots gegenüber Themistokles nicht auf dessen Quellen zurückführt, sondern auf dessen Vorsatz, mit Themistokles den Urheber des athenischen Imperialismus zu verunglimpfen.[11] Diesen Ansatz hat FOCKE weitergeführt zu der These, daß Herodot sehr wohl die Verdienste Athens im Perserkrieg anerkenne, aber die imperialistische Machtpolitik Athens in der Pentekontaëtie verurteile.[12] Demgegenüber jedoch erwies sich für die folgenden Jahrzehnte die Theorie JACOBYS als prägend, das Material über Themistokles hätten Herodot nahezu ausschließlich die Alkmaioniden um Perikles geliefert, woraus sich seine antithemistokleische Stoßrichtung erkläre.[13] Dieser Einschätzung ist zum Teil auch noch die Spezialliteratur jüngster Zeit verpflichtet.[14]

43–45, 1965, 38–48; I. Soos, Einige Angaben zum Porträt des Themistokles in Ciceros Werken, ACD 15, 1979, 35–41, bes. 37.

7 Einen ausführlichen Überblick über die ältere Forschung liefert K. GOLDSCHEIDER, Die Darstellung des Themistokles bei Herodot, Diss. Freiburg 1965, 7–15.

8 K.W. NITZSCH, Über Herodots Quellen für die Geschichte der Perserkriege, RhM 27, 1877, 226–268, hier 243: „So geht dann weiter durch seine Darstellung des Themistokles ein Ton widerwilliger Anerkennung und verdeckter Mißgunst." Ebenso A. BAUER, Themistokles. Studien zur griechischen Historiographie und Quellenkunde, Leipzig 1881, 18–20, 23f. H. STEIN in seinem Herodot-Kommentar (Berlin ⁵1893) ad VIII 110.

9 I. BRUNS, Das literarische Porträt der Griechen im fünften und vierten Jahrhundert vor Christi Geburt, Berlin 1896, 85–90, bes. 89.

10 Ed. MEYER, Forschungen zur Alten Geschichte I, Halle a.d. Saale 1892, 198: „Denn als ein begeisterter Anhänger der attischen Herrschaft und der perikleischen Ideale erweist sich Herodot auf jeder Seite seines Werkes. Um Perikles und seines Hauses willen verfolgt er das Andenken des Themistokles und sucht den größten attischen Staatsmann herabzusetzen, wo er nur kann."

11 H. NISSEN, Der Ausbruch des Peloponnesischen Krieges, HZ 63, 1889, 385–427, hier 420: „Die Feindschaft, die Themistokles bei Lebzeiten aufgerührt hatte, war längst begraben. Herodot haßt den Urheber derjenigen Politik, den Stifter derjenigen Partei, die den Kampf mit Sparta nicht scheut, sondern herbeisehnt, die statt der Gleichberechtigung die Alleinherrschaft erringen will."

12 F. FOCKE, Herodot als Historiker, Stuttgart 1927, 32–37.

13 F. JACOBY, RE Suppl. II (1913), s.v. Herodotos, Sp. 205–520, hier Sp. 458: „Die Geschichten

Doch schon Ende des 19. Jahrhunderts hatte sich HAUVETTE von dieser Theorie gelöst und die Rolle des „Schriftstellers" Herodot betont, der seine oft widersprüchlichen Quellen für seine insgesamt lobende Schilderung des Strategen umgeformt habe.[15] Zu einer ähnlichen Bewertung ist auch LEVI gelangt.[16] STRASBURGER hat klargestellt, daß „uneingeschränkte Bewunderung bzw. Anhängerschaft für einen bestimmten Mann oder Staat" oder auch dessen durchgängige Diskreditierung von Herodot angesichts seiner Geschichtsauffassung keineswegs zu erwarten und bei genauerem Hinsehen auch nicht nachzuweisen seien, da Herodot an allen Persönlichkeiten „das Zweiseitige, die Peripetien der Gesinnung so gut wie die des Schicksals, d.h. die göttliche Lenkung," zeige.[17] Deshalb hat er sich vehement gegen die Sichtweise von Herodot als einem Sprachrohr der Alkmaioniden gewendet und zu-

von Themistokles (VIII 4–5.19.22) … verraten ihren athenischen Ursprung durch eine dem großen Manne bitter feindliche und hämische Ausdeutung (5,3), deren unmittelbare Herkunft aus dem Perikleischen Kreise wohl ein Vergleich mit 17 sichert." Sp. 462: „ein athenischer (VIII 109,1) Bericht mit der bekannten themistoklesfeindlichen Tendenz, die sich überall eingedrängt hat, auch wo die Geschichten, die Herodotos erzählt, sie nicht ursprünglich hatten (109,5. 112,1. 124,2)." Ähnlich E. OBST, Der Feldzug des Xerxes (Klio Beiheft 12), Leipzig 1913, 32; E. HOWALD, Ionische Geschichtsschreibung, Hermes 58, 1923, 113–146, hier 118.

14   F. SCHACHERMEYR, Das Bild des Themistokles in der antiken Geschichtsschreibung, in: Actes de Congrès Internationale des Sciences Historiques, Wien 1965, Rapports IV, Wien 1965, 81–91, hier 82–86; T.S. SPATH, Das Motiv der doppelten Beleuchtung bei Herodot, Diss. Wien 1968, 150–156; G.L. CAWKWELL, The Fall of Themistocles, in: B.F. HARRIS (ed.), Auckland Classical Studies, FS E.M. BLAIKLOCK, Auckland-Oxford 1970, 39–58, hier 39–43; D.W. KNIGHT, Some Studies in Athenian Politics in the Fifth Century B.C. (Historia Einzelschriften 13), Wiesbaden 1970, 33–44, bes. 43f.; A. PODLECKI, The Life of Themistocles. A critical survey of the literary and archaeological evidence, Montreal-London 1975, bes. 67–72; ähnlich A. MASARACCHIA, La battaglia di Salamina in Erodoto, Helikon 9/10, 1969/70, 68–106, hier 78, 86, 89, 93f. Mit Nachdruck vertreten diese Auffassung L. PICCIRILLI, Temistocle εὐεργέτης dei Corciresi, ASNP Ser. III 3, 1973, 319–355, hier 344–347; D. GILLIS, Collaboration with the Persians (Historia Einzelschriften 34), Wiesbaden 1979, 53–58; K.H. WATERS, Herodotus the Historian, London-Sydney 1985, 142f.; G. CRESCI MARRONE, Temistocle e la ‚vigilia' dell'impero, in: L. BRACCESI (ed.), Tre studi su Temistocle, Padua 1986, 113–132, bes. 121–124; J. GOULD, Herodotus, London 1989, 14, 117f.; D. LATEINER, The Historical Method of Herodotus, Toronto-Buffalo-London 1989, 254 A. 51, der „the erratically ungenerous treatment" auf „Herodotus' failure to recognize hostile sources" zurückführt; E. CULASSO GASTALDI, Le lettere di Temistocle, vol. II: Il problema storico, Padua 1990, 30, 38 u.ö.; M. OSTWALD, Herodotus and Athens, ICS 16, 1991, 137–148, hier 140; jüngst F. MONTANA, I «Cavalieri» di Aristofane e la riabilitazione di Temistocle, QS 28, 2002, 257–299, hier 289.

15   A. HAUVETTE, Hérodote. Historien des guerres médiques, Paris 1894, 319f., 374–376, 433–435; bes. 404f.: „Les faits qui se passent alors à Salamine forment chez Hérodote un ensemble inséparable: si certains traits y sont manifestement à l'éloge du héros (sc. Themistokles), rien n'autorise à chercher ailleurs une intention malveillante."

16   M.A. LEVI, Plutarco e il V secolo, Mailand 1955, 234–249, resümierend 246: „Erodoto ha una grande ammirazione per Temistocle in quanto uomo savio, accorto, abile nel maneggiare gli affari di stato e i problemi militari, e riconosce in lui l'autore della vittoria di Salamina." Man beachte jedoch die Abstriche ibid. 265f.; dazu s.u. S. 19f.

17   Zitate aus H. STRASBURGER, Herodot und das perikleische Athen, Historia 4, 1955, 1–25, hier 4f. = W. MARG (ed.), Herodot. Eine Auswahl aus der neueren Forschung (Wege der Forschung 26), Darmstadt ³1982, 574–608, hier 579f. Zum folgenden cf. ibid. 21f. = 602–604.

gleich die themistoklesfeindliche Auslegung Herodots deutlich relativiert. Dennoch habe Herodot durchaus in die Erzählungen seine Kritik an der Herrschaftspraxis des zeitgenössischen Athen hineingewoben.

Neben dem athenischen „Polisegoismus" sieht DIESNER[18] von Herodot gerade in der Figur des Themistokles einen ethischen Wandel in Teilen der athenischen Bürgerschaft thematisiert: Während Herodot am Gros der Athener „Freiheitssinn, Opferbereitschaft und Tatendrang" lobe, habe sich Themistokles um ganz Hellas vornehmlich durch seine „stark sophistisch anmutende Redefertigkeit und εὐβουλία" verdient gemacht. Dessen Eigenschaften hätten jedoch nicht nur Positives hervorgebracht, sondern hätten ihn gleichsam als Kehrseite der Medaille zu „Habgier" und „Machtdrang", Hybris, „Bestechlichkeit und sogar Verräterei" verleitet. DIESNER versteht Herodots Themistokles „als Repräsentant[en] gewisser ‚sophistisch' eingestellter Bürger- und Adelskreise, deren egoistische Strebungen immer weiter über die von der Poliswelt gezogenen Grenzen hinausgingen". Diesen habe Herodot Aristeides als Ideal der Rechtschaffenheit gegenübergestellt.

GOLDSCHEIDER ist in seiner Dissertation, die sich demselben Untersuchungsgegenstand wie die vorliegende Arbeit gewidmet hat, bei dem Versuch, Herodot von jeglichem Vorwurf der Parteilichkeit gegen Themistokles reinzuwaschen, weit über das Ziel hinausgeschossen; dennoch bilden seine detaillierten philologischen Analysen des Textes eine solide Ausgangsbasis für die vorliegende Arbeit. ERBSE meint jüngst, in den *Historien* die besondere Hochschätzung Herodots für Themistokles erkennen zu können.[19] Feldherrnpersönlichkeiten wie Themistokles in ihrer Rolle als göttliches Instrument hat SCHULTE so stark hervorgehoben, daß ihre Individualität bis zur Unkenntlichkeit reduziert worden ist.[20]

Als erster hat FORNARA die dramatische Gestaltung des Themistokles-Bildes durch Herodot gebührend gewürdigt.[21] Einen entscheidenden Fortschritt bringt auch FORNARAS Anregung, die Charakteristik des Protagonisten aus der Sichtweise von Herodots Zuhörern zu betrachten, statt darin „a straight-forward ‚historical' portrayal like that of Thucydides" erkennen zu wollen. Vielmehr spiele Herodot geradezu

---

18 H.-J. DIESNER, Der athenische Bürger bei Herodot und Thukydides, WZ Halle 6, 1957, 899–903, hier 900f., Zitate 901.

19 H. ERBSE, Studien zum Verständnis Herodots (Untersuchungen zur antiken Literatur und Geschichte 38), Berlin-New York 1992, 106–112. – R.J. LENARDON, The Saga of Themistocles, London 1978, begnügt sich damit, die einander widersprechenden antiken Quellen ohne detaillierte Analyse nebeneinanderzustellen; cf. die berechtigte Kritik von A.J. PODLECKI, Rez., JHS 100, 1980, 253. Eine Berücksichtigung der eher von griechischem Nationalstolz als von wissenschaftlichem Interesse getragenen Glorifizierung des Themistokles von J. PAPASTAVROU, Themistokles. Geschichte eines Titanen und seiner Zeit (Erträge der Forschung 98), Darmstadt 1978, erübrigt sich; cf. W. SCHULLER, Rez., Gnomon 54, 1982, 88.

20 E.H. SCHULTE, Herodots Darstellung der großen griechischen Feldherren (in ihrer Bedeutung für seine Geschichtsauffassung), Diss. Marburg 1966, zu Themistokles 68–125.

21 C.W. FORNARA, Herodotus. An interpretative essay, Oxford 1971, 63–73, hier 66. „Far from lacking a conception of Themistocles' personality, Herodotus is responsible for having created it." Zudem 72: „His purpose is artistic. He was attempting neither to blacken Themistocles' reputation nor to whitewash it. He was recreating Themistocles' character for the sake of his story, not for the ‚historical report'." FORNARAS Deutung hat sich J. HART, Herodotus and Greek History, London ²1993, 183–198 angeschlossen.

mit der Erwartung des Publikums, das ja ohnehin vom bemerkenswerten Ende des Themistokles wußte.[22] Und dieses Ende sei auch der Ausgangspunkt für Herodots Darstellung gewesen. „The challenge to his skill was to create a believable character who was capable of being at once the saviour of the Greeks in Xerxes' War and the presumed traitor of not very long after."[23] Diese stark ambivalente Charakteristik verliere dann gänzlich ihre scheinbaren Inkonsistenzen, wenn man sich vor Augen halte, daß Herodot sein Werk keineswegs als Propaganda für das perikleische Athen verfaßt, sondern es gerade in der Zeit des Archidamischen Krieges gerichtet habe an „the Greek world in general and more particularly to a class which he, like Thucydides (II. 8. 4) considered hostile to the state of Athens".

CORCELLA[24] stellt – wie jüngst auch MUNSON[25] – das Herodoteische Porträt des Themistokles mit dem des Miltiades in die Reihe der orientalischen Despoten und griechischen Tyrannen. Dieser Themistokles markiere mit seinen Übergriffen auf die Kykladenbewohner den Anfang der imperialistischen Expansion der Athener in der Pentekontaëtie.[26]

BENCSIK hat Themistokles in den ausgeprägten Typus des listigen Schelmen in Herodots Geschichtswerk eingeordnet.[27] Herodot demonstriert an der Figur seiner Landsmännin Artemisia[28], wie eng die Elemente eines verschlagenen Schelms mit denen eines Ratgebers verknüpft sind – diese Züge hat sie mit Themistokles und anderen Weisen (σοφοὶ ἄνδρες) in den *Historien* gemein.[29] Die Ambivalenz der Helden resultiert aus Herodots Bestreben, ausweglose Situationen durch die Einführung eines listigen Einfalls zu lösen: Die Aporie produziert gleichsam einen Weisen.[30] Für die Herodoteischen Schelme ist gerade die Skrupellosigkeit, jeden, ob Freund oder Feind, zu schädigen, wenn es nur persönlichen Gewinn bringt, charakteristisch; diese treibt sie sogar zu Verrat, Eidbruch und Mord. Im Gegensatz zu nicht durch Winkelzüge bewirkten Grausamkeiten und religiösen Freveln, die durch

22 Zitat FORNARA 67. Cf. ibid. 69, 73f., bes. 73: „His (sc. Herodots, d. Verf.) procedure is not substantially different from that of the tragedians. The basics were known, the end result predictable. What mattered was the presentation of the detail in such a way as to keep the audiences involved and the pattern explicable. ... We expect him to ‚tell the truth‘ where he expected his contemporaries to use ‚the truth‘ as the touchstone of his account."

23 Zitat FORNARA 69. Zum folgenden Gedanken und Zitat cf. ibid. 74.

24 A. CORCELLA, Erodoto e l'analogia, Palermo 1984, 163, 184f., 205.

25 R.V. MUNSON, Telling Wonders. Ethnographic and Political Discourse in the Work of Herodotus, Ann Arbor 2001, 57, 67.

26 CORCELLA 1984, 201–206, bes. 203; MUNSON 2001a, 204 A. 175.

27 A. BENCSIK, Schelmentum und Macht. Studien zum Typus des σοφὸς ἀνήρ bei Herodot, Diss. Bonn 1994. Zum folgenden bes. 4.

28 Cf. Hdt. VII 99; VIII 68f.; 102 als Ratgeberin; VIII 87 als Schelmin; dazu BENCSIK 1994, 30; 120 A. 13; 150; bes. R.V. MUNSON, Artemisia in Herodotus, ClAnt 7, 1988, 91–106, hier 103.

29 Kroisos: als Berater: I 89; als Schelm: I 155f.; Amasis: III 40 – II 162; 172–175; Demaratos: VII 209; 235 – VII 239. Histiaios und Deiokes: IV 139; V 106; VI 1–30 bzw. I 96. Zur Unterscheidung zwischen weisen Ratgebern und gerissenen Schwindlern bei Herodot cf. C. DEWALD, Practical Knowledge and the Historian's Role in Herodotus and Thucydides, in: The Greek Historians, FS A.E. RAUBITSCHEK, Saratoga 1985, 47–63, hier 53–55.

30 Cf. H. BISCHOFF, Der Warner bei Herodot, Diss. Leipzig 1932, 8; R. LATTIMORE, The Wise Adviser in Herodotus, CPh 34, 1939, 24–35, hier 34. Zudem BENCSIK 1994, 28, 120 A. 13.

Krankheiten, Niederlagen o.ä. bestraft werden[31], bleiben diese Taten bei Herodot nicht nur ungesühnt, sondern unterliegen auch keiner moralischen Verurteilung seinerseits. Dabei erfahren die Herodoteischen σοφοὶ ἄνδρες sogar oft göttliche Hilfe und Bestätigung, teils in Form von Orakeln und Wunderzeichen, teils durch Träume.[32] Die göttliche Sanktionierung vieler σοφοὶ ἄνδρες mag sich durch die enorme Bedeutung erklären, die ihre Listen für die geschichtlichen Abläufe in den *Historien* haben.[33] BENCSIK[34] folgert aus den zahlreichen Gemeinsamkeiten der einzelnen Schelmengeschichten und ihrer Funktion in den *Historien* einen hohen Grad an literarischer Gestaltung, ja in den meisten Fällen gar deren Fiktion durch Herodot.

EVANS hat in seinem Essay „Individuals in Herodotus" die FORNARA verpflichtete These aufgestellt, daß Herodot die Informationen seiner mündlichen Quellen über Persönlichkeiten lediglich als „Rohmaterial" angesehen habe, das es erst zu formen galt im Hinblick auf die Grundmuster seines Geschichtswerkes.[35] Den detaillierten Nachweis, daß die entstandenen Charakterbilder also Herodots eigene literarische Schöpfung sind, bleibt EVANS jedoch schuldig. Die schillernde Beschreibung des Themistokles erklärt er daraus, daß ihn sein siegbringender Einsatz gegen die Perser einerseits sowie seine Arglist und Machtgier andererseits in den Augen Herodots zum Prototypen der Athener der Pentekontaëtie machten, die nach ihrer Führungsrolle im Perserkrieg die Herrschaft über Hellas anstrebten.[36]

Schon LEVI hat erkannt, daß Herodot seine Themistokles-Figur dazu verwendet, um die Verdienste und Vergehen der Athener insgesamt im fünften Jahrhundert zu bewerten. LEVI sieht Herodot darin sogar in einer zeitgenössischen intellektuellen Strömung, wofür er Timokreon von Rhodos und Stesimbrotos von Thasos als

---

31 BENCSIK 1994, 67–92.

32 Cf. BENCSIK 1994, 149; zum folgenden cf. 142–150. Götterzeichen: Hdt. I 59,1; III 76,3; 86,2; III 153,1. Träume: I 107f.; 209; III 30. Zur Bewunderung Herodots für Schlauheit cf. M. VILCHEZ, Tradición e innovación en Heródoto, Habis 3, 1972, 29–57, hier 37–57, zu Themistokles 48–51.

33 Durch List kommen achtmal Herrscher an die Macht, viermal werden dadurch Aufstände und Kriege ausgelöst, und dreimal ist ein Schelmenstreich schuld an der Umsiedlung von Völkern.

34 BENCSIK 1994, 34–36, 154f.

35 J.A.S. EVANS, Herodotus, Explorer of the Past. Three Essays, Princeton 1991, 41–88, bes. 41: „The fact that Thucydides thought it necessary to add corrective touches to Herodotus' etchings of Themistocles and Pausanias demonstrates how powerful his influence was in molding the reputations of these men in his own day. Moreover, his characters must be taken as his own artistic creations. He may have spoken with informants who knew Themistocles, Pausanias, or Miltiades personally, or conceivably Mardonius and Xerxes; but what he learned from these sources would be treated as raw material that was shaped to fit the general pattern of history. His artistic freedom, when it came to sketching character, was not a great deal less than that of Aeschylus."

36 EVANS 1991, 75–80, 88, bes. 79f.: „If Themistocles was guileful, that was also a characteristic of Athens, for she concealed her ambition for the hegemony of Greece until after the immediate danger from Persia was past, and then pursued it with single minded determination. Themistocles, more than any other Athenian, typified to Herodotus the restless, energetic spirit of Athens that led her to develop an empire." Die Ambivalenz betont auch M. POHLENZ, Herodot. Der erste Geschichtsschreiber des Abendlandes, Stuttgart 1937, 142–152 sowie F.J. FROST, Plutarch's Themistocles. A Historical Commentary, Princeton ²1998, 5–11.

Beispiele anführt.[37] Im Gegensatz zu diesen habe sich Herodot jedoch ein ausgegli-
chenes Urteil bewahrt; aus dieser Autonomie erwachse

> „la importanza di Erodoto come fonte storica. Collegandolo poi con le altre fonti ioniche o
> insulari che possediamo, dobbiamo constatare l'esistenza di una corrente di pensiero che giun-
> ge a una certa uniformità di giudizi su taluni fra i principali problemi del mondo cllenico. In
> questi scritti è analoga la maniera di giudicare Temistocle, analogo l'odio contro Atene per la
> pressione finanziaria, analoga, almeno in apparenza, la ammirazione per il grande ed essenziale
> contributo dato dagli Ateniesi alla difesa della libertà greca contro i Persiani."

Die von LEVI, IMMERWAHR[38] und EVANS für Herodot zwar gesehene, jedoch nicht
präzisierte Parallele zwischen Themistokles und Athen hat MUNSON zu einer Hypothese zugespitzt:[39]

> „At the time of Xerxes' invasion, Themistocles' attitude toward his own city is closely compa-
> rable to that of the polis Athens – that is, ,the Athenians' as a deliberating citizen body – toward
> the rest of the Hellenes. Athens saved Greece (7.139.7), just as Themistocles was instrumental
> to the survival of Athens. But just as Themistocles is only conditionally loyal to Athens, so the
> city's Panhellenism, for all that it has an idealistic component, is also variable in the measure to
> which it serves Athenian interests."[40]

MUNSON hat Herodots Verweise auf den athenischen Polisegoismus als Belege, so
Athens Übernahme der Hegemonie von Sparta nach den Perserkriegen (VIII 3) oder
die Drohungen der Athener im Jahr 479 – ungeachtet der Beteuerungen gegenüber
dem Makedonenkönig Alexander (VIII 143) und den Spartanern (VIII 144; IX 7) –,
falls von Sparta im Stich gelassen, Frieden mit dem Perserkönig zu schließen und
mit diesem gegen die Peloponnesier zu ziehen (IX 11,2).[41] Allerdings unterläßt
MUNSON es, gerade für Themistokles den Wechsel der Loyalitäten im einzelnen –
abgesehen von einem kurzen Verweis auf die Täuschung der Athener auf Andros
(VIII 109f.) – nachzuweisen und – was noch schwerer wiegt – die Konsequenzen
für Herodots Darstellungsabsichten dabei und für seinen Umgang mit den ihm vorliegenden Traditionen zu ziehen.

MOLES hat jüngst die These aufgestellt, daß Herodot sowohl bei der eigenarti-
gen Einführung des Themistokles (VII 143) als auch bei der Darstellung des Mnesi-

---

37 LEVI 1955, 265f., ibid. auch das folgende Zitat. Zu Timokreon und Stesimbrotos s.u. S. 60f.
38 H. IMMERWAHR, Form and Thought in Herodotus, Cleveland 1966, 223: Das Porträt des Themi-
    stocles habe „the function of exemplifying the Athenian character … The main characteristics
    of Themistocles are therefore his egotism, his adaptability, his patriotism, and his good fortu-
    ne." Ähnlich H. WOOD, The Histories of Herodotus. An analysis of the formal structure, Den
    Haag-Paris 1972, 189f.
39 MUNSON 1988, Zitat 100, zum folgenden 99–102.
40 Gleichfalls nur als Hypothese geäußert von D. KONSTAN, Persians, Greeks and Empire, Arethu-
    sa 20: Herodotus and the Invention of History, 1987, 59–73, hier 72: „the account of Themi-
    stocles' character and behavior in the Histories is indirectly a meditation on Athens' later impe-
    rialism, none of which is inconsistent with Herodotus' admiration for Athens' decisive contri-
    bution to the war against the Persians."
41 Cf. MUNSON 1988, 100f. Zum angeblich von den Athenern erwogenen Verrat an den Griechen
    cf. FORNARA 84–86, der zu Recht von „a masterpiece of irony and tragedy dominated by the
    contemporary spectre of the Peloponnesian War" (86) spricht. Cf. J.E. VAN DER VEEN, The Si-
    gnificant and the Insignificant. Five Studies in Herodotus' View of History, Amsterdam 1996,
    105–108.

philos als des eigentlichen Urhebers eines Kampfes vor Salamis (VIII 58–60) zwar auf themistoklesfeindliche Quellen zurückgegriffen, aber dieses Material entgegen seiner ursprünglichen Tendenz zu dessen Lob umgeformt habe:[42]

> „Herodotus' text, triumphing over his sources' bias, acclaims Themistocles cleverest of all Greeks and saviour of Greece against Persia. But genuinely negative elements – the bribery, rapacity, self-interest, incipient medism, proto-imperialist bully-boy tactics – though source-derived, are not source-driven. Herodotus' Themistocles is a unity, the negatives the obverse of the positive, an Odyssean or Promethean figure, Athens' outstanding leader, seen both in his time and in his future, paradigmatic also of Persian-war and later Athens."

Für die vorliegende Arbeit erscheint mir die von MUNSON aufgestellte und von MOLES aufgegriffene Hypothese, die Themistokles-Figur in ihrer starken Ambivalenz sei mit der Haltung des Athens des fünften Jahrhunderts gegenüber dem restlichen Hellas vergleichbar, als fruchtbarer und erfolgversprechender Ansatzpunkt: Zum einen eröffnet die Interpretation des Herodoteischen Themistokles als paravdeigma für seine Heimatstadt einen Horizont, der weit über sekundäre Detailfragen nach Sym- oder Antipathien des Historikers für einen seiner Protagonisten hinausgeht und ein Grundproblem der *Historien*, Herodots Verhältnis zu Athen, ins Zentrum stellt. Zum zweiten wirft eine solche Sichtweise dieser schillernden Figur unweigerlich die Frage nach dem Ausmaß ihrer literarisch-künstlerischen Gestaltung durch Herodot auf. Da dieser jedoch keineswegs in einem künstlerischen Vakuum, ganz abgeschieden von den sicherlich zahlreichen Überlieferungen über die Perserkriege, sein Werk verfaßt hat[43], ist als notwendiges Komplement dazu der Grad sowie die Art und Weise der Benutzung von mündlichen und schriftlichen Quellen durch Herodot zu untersuchen, zumal die These seiner Abhängigkeit von themistoklesfeindlichen Gewährsleuten die Diskussion maßgeblich bestimmt hat.

2. Herodots paradigmatische Geschichtsschreibung – seine Bezüge zur Zeitgeschichte und subtile Kritik am Athen der Seebundszeit

Der Versuch, die paradigmatische Funktion eines Herodoteischen Protagonisten[44] nachzuweisen, erscheint allerdings nur dann lohnend, wenn sich auch bei anderen Figuren und in anderen Geschehenszusammenhängen der *Historien* eine solche weitgehende Abstraktion vom unverwechselbar Spezifischen der jeweiligen historischen Situation auf allgemeinere Muster menschlichen Tuns und Leidens hin auf-

---

42 J. MOLES, Herodotus and Athens, in: E.J. BAKKER, I.J.F. DE JONG & H. VAN WEES (edd.), Brill's Companion to Herodotus, Leiden-Boston-Köln 2002, 33–52, hier 43–48, Zitat 47f.

43 Cf. J. COBET, Rez. von FEHLING 1971, Gnomon 46, 1974, 737–746, hier 742.

44 Zum Wesen paradigmatischer oder symptomatischer Geschichtsschreibung cf. K. REINHARDT, Herodots Persergeschichten. Östliches und Westliches im Übergang von Sage zu Geschichte, in: id., Vermächtnis der Antike. Gesammelte Essays zur Philologie und Geschichtsschreibung, Göttingen 1960, 133–174, hier 174 = MARG WdF 320–369, hier 368f.; HUNTER 1982, 163–165; D. ASHERI, Erodoto, Le Storie, vol. I, o.O. 1988, pp. XLIVsq.; LATEINER 1989, 167; M. OST-WALD, Tragedians and Historians, SCI 21, 2002, 9–25, hier 15–17.

zeigen läßt. In den letzten Jahrzehnten ist es den Strukturanalytikern[45], insbesonde-re IMMERWAHR, BORNITZ, COBET, WOOD, HUNTER und LATEINER[46], meines Erachtens eindrucksvoll gelungen, große Linien sichtbar zu machen, welche sich wie ein roter Faden durch die Geschichten Herodots ziehen und ihnen Kontur verleihen.[47] So erweisen sich die *Historien* keineswegs mehr als *disiecta membra,* die Herodot le-diglich aus seinen verschiedenen, teilweise widersprüchlichen Quellen ohne jeden inneren Zusammenhang aneinandergefügt hätte, sondern sie erfahren ihr besonde-res und durchaus homogenes Gepräge durch eine ganze Reihe von Leitmotiven, die vielfach wiederholt und dabei variiert werden: der enge Zusammenhang von Macht und Hybris, die Unweigerlichkeit des Falls nach einem steilen Aufstieg auf die Hö-hen der Macht, die Unvermeidlichkeit der Strafe für die Übertretung der eigenen Grenzen, die Unbeständigkeit jedes Imperialismus.[48]

Die Flüchtigkeit menschlichen Glücks hat jedoch auch einen metaphysischen Hintergrund bei Herodot, den Neid der Götter. Überhaupt markiert der Historiker die Scharnierstellen seiner Erzählungen, nicht zuletzt beim Xerxes-Zug, oft nicht nur mit göttlichen Zeichen oder Orakeln, sondern durch direkte Eingriffe der Götter in den Handlungsablauf selbst.[49]

45 Cf. R. BICHLER, Die ,Reichsträume' bei Herodot. Eine Studie zu Herodots schöpferischer Lei-stung und ihre quellenkritische Konsequenz, Chiron 15, 1985, 125–147, hier 126.
46 IMMERWAHR versteht die „patterns" als den eigentlichen Schlüssel zu Herodots Geschichtskon-zeption (7), da sie in der Grundstruktur des „natural process of history" (188) verankert seien, die er als „the overall cycle of rise and fall" definiert (307). H.F. BORNITZ, Herodot-Studien. Beiträge zum Verständnis der Einheit des Geschichtswerkes, Berlin 1968, hat besonders die „athenische Linie" beleuchtet. J. COBET, Herodots Exkurse und die Frage der Einheit seines Werkes (Historia Einzelschriften 17), Wiesbaden 1971. V. HUNTER, Past and Process in Hero-dotus and Thucydides, Princeton 1982, 177f., 183, 217. LATEINER 1989, 196–210 hat fünf Er-klärungsmodelle für die *Historien* kenntlich gemacht: den Neid der Götter, das Schicksal, das Göttliche, die Rache, den Logos. Zudem W. NICOLAI, Versuch über Herodots Geschichtsphilo-sophie, Heidelberg 1986, 13, 16f. Überblick bei R. BICHLER & R. ROLLINGER, Herodot, Hildes-heim 2000, 158f.
47 Jüngst zeigt M. WĘCOWSKI, The Hedgehog and the Fox. Form and Meaning in the Prologue of Herodotus (soll JHS 124, 2004 erscheinen), wie Herodot in seiner Geschichtsschreibung ver-sucht, den monistischen Ansatz der σοφοί auf die Gegenstände anzuwenden, die traditionell mit dem pluralistischen Ansatz der πολυμαθεῖς verbunden waren.
48 Cf. IMMERWAHR 306–326; HUNTER 1982, 226–232; VAN DER VEEN 1996, 6–22. Herodot legt ent-sprechende Weisheiten seinen Figuren in den Mund: z.B. I 32,5–8; V 56,1; VII 10 δ–ε; IX 16,4f.
49 Cf. T. HARRISON, The Persian Invasions, in: BAKKER-DE JONG-VAN WEES 2002, 551–578, hier 561; ausführlich eund., ,Prophecy in reverse'? Herodotus and the Origins of History, in: P. DEROW & R.L. FOWLER (edd.), The World of Herodotus, Gedenkschrift W.G. FORREST, Oxford 2003, 237–255. Gerade Themistokles weist eine auffällige Nähe zu diesen göttlichen Zeichen und Eingriffen auf. Zu den religiösen Hintergründen im Bericht des Xerxeszuges G. LACHEN-AUD, Mythologies, religion et philosophie de l'histoire dans Hérodote, Lille-Paris 1978, 321–404. Allgemein zu dem metaphysischen Gerüst des Geschehens bei Herodot L. HUBER, Religiö-se und politische Beweggründe des Handelns in der Geschichtsschreibung Herodots, Diss. Tü-bingen 1965, bes. 38–45, 152–173; J. JOUANNA, Les causes de la défaite des barbares chez Éschyle, Hérodote et Hippocrate, Ktema 6, 1981 [1983], 3–15, bes. 7–10; H. ERBSE, Fiktion und Wahrheit im Werke Herodots, NAWG 1991,4, Göttingen 1991, 131–150, hier 149; C.G. STARR, The Birth of History, PP 44, 1989, 446–462, hier 458; zudem T. HARRISON, Divinity and Histo-ry. The Religion of Herodotus, Oxford 2000.

Zum Verständnis der Einheit des Werkes trug auch die Erkenntnis bei, daß Herodot mit vielen seiner narrativen Mittel wie Vor- und Rückverweisen, Prolepsen und Analepsen, den Beschreibungen und der Ringkomposition auf die epische Erzählweise Homers zurückgegriffen hat, nicht nur, um sein Werk abwechslungsreich und bunt zu machen – gerade deshalb erschien Herodot den Antiken als der „homerischste" aller Autoren[50] –, sondern um in den Nebenerzählungen wichtige Erklärungen zu Personen und Orten der jeweiligen Haupterzählung zu geben.[51]

Sind also die Herodoteischen Figuren und mit ihnen die *Historien* als Ganzes lediglich als Konkretisierung seiner Geschichtsphilosophie zu verstehen? Hätte Herodot also auch an Persönlichkeiten anderer Zeiten und Länder als seinem Kroisos oder Xerxes die immerwährenden Gesetze des menschlichen Schicksals, des Aufstieges und Falls der Mächtigen exemplifizieren können? Sein Werk in solcher Weise von der ἱστορίη, der Erforschung des früher Geschehenen, zu abstrahieren hieße jedoch, die herausragende Bedeutung, welche die Perserkriege für das Selbstbewußtsein der Hellenen im allgemeinen sowie für Herodot im besonderen hatten, entscheidend zu unterschätzen.[52] Denn gerade das erfolgreiche Zurückwerfen der persischen Invasion manifestierte nicht nur für Herodot die Überlegenheit von Hoplitenaufgeboten freier Polisbürger gegenüber den Heerscharen orientalischer Untertanen.

Doch sowenig mit diesem Sieg der Griechen die Geschichte zum Stillstand gekommen war – was Herodot gerade dadurch zum Ausdruck bringt, daß er nicht einen feierlich-vollen „Schlußakkord" einer griechischen Triumphfanfare an das Ende seines Werkes setzt[53] –, sowenig konnte Herodot die Nachkriegszeit ausblenden; dies um so weniger, als seit seinem Triumph bei Salamis Athen den gleichen

---

50 Cf. Ps.-Long. subl. 13,3; Dion. Hal. Pomp. 3; zudem die neuentdeckte Inschrift, die Herodot als „den Prosa-Homer in der Geschichtsschreibung" (τὸν πεζὸν ἐν ἱστορίαισιν Ὅμηρον, Z. 43) lobt, bei S. Isager, The Pride of Halikarnassos: Editio Princeps of an Inscription from Salmakis, ZPE 123, 1999, 1–23. Cf. ausführlich L. Huber, Herodots Homerverständnis, in: H. Flashar & K. Gaiser (edd.), Synusia, FS W. Schadewaldt, Pfullingen 1965, 29–52; Masaracchia 1969/70, 86–92; H. Strasburger, Homer und die Geschichtsschreibung, SHAW 1972,1, Heidelberg 1972; T.E. Pearce, Epic regression in Herodotus, Eranos 79, 1981, 87–90; M. Giraudeau, L'héritage épique chez Hérodote, BAGB 1984, 4–13; G. Steinger, Epische Elemente im Redenstil des Herodot, Diss. maschr. Kiel 1957; G.L. Huxley, Herodotus and the Epic, Athen 1989; J.L. Moles, Truth and Untruth in Herodotus and Thucydides, in: C. Gill & T.P. Wiseman (edd.), Lies and Fiction in the Ancient World, Austin 1993, 88–121, hier 93f., 96–98; ausführlich I.J.F. de Jong, Aspects narratologiques des *Histoires* d'Hérodote, Lalies 19, 1999, 217–275; D. Boedeker, Epic Heritage and Mythical Patterns in Herodotus, in: Bakker-de Jong-van Wees 2002, 97–116; B. Patzek, Mündlichkeit und Schriftlichkeit im Geschichtswerk Herodots, Klio 84, 2002, 7–26, hier 10–14. Zweifel an der starken Entlehnung aus Homer hegt aber W. Aly, Volksmärchen, Sage und Novelle bei Herodot und seinen Zeitgenossen, Göttingen ²1969, 266–268.

51 Cf. K.H. Waters, The Structure of Herodotos' Narrative, Antichthon 8, 1974, 1–10, hier 3; eund. 1985, 61–70; Erbse 1992, 157–179; I.J.F. de Jong, Narrative Unity und Units, in: Darker-de Jong-van Wees 2002, 245–266, hier 252, 254, 263.

52 Cf. C. Meier, Die Entstehung der Historie, in: id., Die Entstehung des Politischen bei den Griechen, Frankfurt/Main 1980, 360–434, hier 422f.

53 Cf. Bischoff 1932, 83; Bornitz 1968, 77; Cobet 1971, 172; Munson 2001a, 204f.

Verfallsprozeß zu durchlaufen schien, den Herodot für das Lyder- und das Perserreich beschrieben bzw. angedeutet hatte.[54] Obgleich Herodot seine *Historien* mit
der Belagerung von Sestos durch die Athener (IX 118) und damit kurz vor der Gründung des Delisch-Attischen Seebundes beschließt,[55] spielt er doch auf die entscheidenden politischen Entwicklungen in Griechenland seit 479 an, den Imperialismus
Athens und seine Rivalität mit Sparta: Deren Anfangspunkt markiert er mit der
Übernahme der Hegemonie durch Athen (VIII 3), deren vorläufigen Endpunkt mit
dem Beginn des Peloponnesischen Krieges (VII 137,2).[56] Darüber hinaus finden
sich noch zahlreiche ausdrückliche Hinweise auf Ereignisse der Pentekontaëtie und
die Anfangsjahre des Peloponnesischen Krieges, so auf der Athener Eroberung von
Eion (VII 107,1) und Karystos (IX 105), ihre Niederlage bei Drabeskos (IX 75), die
Ägyptische Katastrophe (III 160,2), die Schlacht von Tanagra (IX 35), möglicherweise auf den Kallias-Frieden (VII 151), auf den „Löwen" Perikles (VI 131,2), die
Vertreibung der Aigineten von ihrer Insel durch die Athener (VI 91), den thebanischen Überfall auf Plataiai (VII 233,2), die Hinrichtung der abgefangenen spartanischen Gesandten zum Perserkönig in Athen (VII 137,2)[57], die Verschonung De-
keleias vor Plünderung durch die Spartaner (IX 73,3).[58] Die Prolepsen in Buch VII
beziehen sich dabei eher auf Athens weitere Auseinandersetzungen mit Persien,
während in Buch IX die innergriechischen Rivalitäten betont werden.[59] Herodot
bindet die Pentekontaëtie sogar mit der Epoche der Perserkriege zusammen, wenn
er konstatiert, daß in dem Jahrhundert von deren Beginn bis zu seiner eigenen Zeit
Griechenland weit größeres Leid widerfahren sei als in den Zeiten zuvor (VI 98,2).
Durch diese Verknüpfung schmälert Herodot den Ruhm des Sieges der Griechen
gegen die Perser, da die griechischen Hegemonialmächte in ihrem Machtkampf die

---

54 Cf. A.W. GOMME, The Greek Attitude to Poetry and History, Berkeley-Los Angeles 1954, 95–
    115, hier 101 = deutsch in MARG WdF 226–248, hier 233; STRASBURGER 1955, 21 = MARG WdF
    602; LEVI 1955, 246f., 265f.; FORNARA 90; CORCELLA 1984, 208; R. BICHLER, Geschichte und
    Fiktion. Bemerkungen zur klassischen Historie der Griechen, in: J. HOLZNER & W. WIESMÜLLER
    (edd.), Ästhetik der Geschichte (Innsbrucker Beiträge zur Kulturwissenschaft, Germanistische
    Reihe 54), Innsbruck 1995, 17–38, hier 23f.; N. THOMPSON, Herodotus and the Origins of the
    Political Community: *Arion's Leap*, New Haven-London 1996, 94f., 129f., 147–149; M.
    WECOWSKI, L'auxêsis d'Athènes: Hérodote, Thucydide et un aspect de l'idéologie athénienne
    du Ve siècle av. J.-C., (unpublizierte) Diss. EHESS Paris 2000 *passim*; MUNSON 2001a, 202–
    206; MOLES 2002, 34f. und *passim*; R.L. FOWLER, Herodotus and Athens, in: DEROW – FOWLER
    2003, 305–318 *passim*.
55 Cf. COBET 1971, 77f., 175f.
56 Cf. MUNSON 2001a, 192–194. P. DEROW, Herodotus Readings, Classics Ireland 2, 1995 (http://
    www.ucd.ie/~classics/95/Derow95.html) bestreitet, daß Herodot den athenischen Verfallspro-
    zeß durch bestimmte historische Ereignisse in Gang gebracht sah; vielmehr habe er den Verfall
    als unausweichlich erachtet.
57 Sicher nicht zufällig findet sich dieser Verweis auf den Beginn des Peloponnesischen Krieges
    kurz vor dem Loblied auf Athen (VII 139).
58 Eine ausführliche Zusammenstellung und Kommentierung seiner Bezüge zur Pentekontaëtie
    bei COBET 1971, 59–78 und R. BICHLER, Herodots Welt. Der Aufbau der Historie am Bild der
    fremden Länder und Völker, ihrer Zivilisation und ihrer Geschichte, Berlin 2000, 366–373.
59 Cf. C. PELLING, East Is East And West Is West – Or Are They? National Stereotypes in Herodo-
    tus, Histos 1, 1997 (http://www.dur.ac.uk/Classics/histos/1997/pelling.html).

große Chance verspielt haben, Wohlstand und Frieden in Hellas zu schaffen.[60] Von dieser letzten Bezugnahme abgesehen, steht bei den anderen Prolepsen eine Bewertung durch Herodot nicht im Vordergrund. Die lapidare Erwähnung eines Schlachtortes o.ä. scheint eher als Stimulus für Assoziationen und affektive Reaktionen des Publikums gedacht.

Aus der spätesten datierbaren, zweifelsfreien Bezugnahme Herodots auf die eigene Zeitgeschichte, der Ermordung der spartanischen Gesandten in Athen (VII 137,2f.) im Jahre 430/29, kann man auf den *terminus post quem* für den Abschluß der *Historien* schließen. Eine Reihe von Anspielungen jedoch, die offenbar für den interessierten Zeitgenossen noch problemlos zu erkennen waren, scheint sich auf Ereignisse des Archidamischen Krieges zu beziehen, so daß das Publikationsdatum weiter heruntergesetzt werden muß – wie weit, ist strittig. Doch die Forschungsdebatte darüber mag müßig erscheinen angesichts der durchaus glaubhaften, noch zu besprechenden These[61], daß Herodot in öffentlichen Vorträgen schon Material vor der eigentlichen schriftlichen Publikation dem Publikum vorgestellt hat. Da sich der uns vorliegende Text der *Historien*, wie unten darzulegen ist, allerdings als Produkt eines einheitlichen literarischen Schaffensprozesses erweisen läßt, mithin Herodot das bei eventuellen Vorträgen verwendete Material einer Endredaktion unterzogen hat, ist es wahrscheinlich, daß er dabei Anspielungen auf die jüngste Zeitgeschichte in den *Historien*-Text eingestreut hat. Keineswegs belanglos ist somit das Aufspüren solcher Anspielungen zur Feststellung des *terminus post quem* für die Publikation der *Historien*.

Deshalb sei an dieser Stelle ein knapper Überlick über diese Kontroverse gestattet, die sich auf eine Auseinandersetzung zwischen FORNARA und COBET zugespitzt hat.[62] Darin ist FORNARA der Nachweis gelungen, daß insbesondere die Textpartien aus Aristophanes' 425 aufgeführten *Acharnern* über die athenische Gesandtschaft nach Persien (68–92) mit der Beschreibung des Geburtstages des Großkönigs und der Nennung eines „Auges des Königs" als eines hohen Beamten keineswegs die Herodot-Stellen I 133,1 bzw. I 114,1f. parodieren müssen.[63] Gleiches gilt für den Dirnenraub zwischen Megarern und Athenern, der den Peloponnesischen Krieg entfesselt haben soll, den Aristophanes nicht zwangsläufig, wie COBET meint, aus Herodots Prooimion über die wechselseitige Verschleppung von Frauen zwischen Europäern und Orientalen übernommen, sondern aus dem verbreiteten Motiv der Entführung der Helena, Europa und Medea entwickelt haben kann.[64] Selbst deut-

60 Cf. A. SCHLÖGL, Herodot, Reinbek bei Hamburg 1998, 93; cf. WEÇOWSKI 2000, 317; MUNSON 2001a, 201–205.
61 S.u. S. 27 A. 70 und S. 35.
62 FORNARA 86–91; id., Evidence for the Date of Herodotus' Publication, JHS 91, 1971, 25–34; Herodotus' Knowledge of the Archidamian War, Hermes 109, 1981, 149–156. – J. COBET, Wann wurde Herodots Darstellung der Perserkriege publiziert?, Hermes 105, 1977, 2–27, zudem id., Philologische Stringenz und die Evidenz für Herodots Publikationsdatum, Athenaeum 65, 1987, 508–511. JACOBY 231–236 setzt Herodots Tod zwischen 430 und 424 an.
63 Cf. FORNARA 1971a, 25–27 (das Amt des „Auges des Königs" war den Griechen damals schon bekannt, wie Aisch. Pers. 44, 980 zeigt). Anders J. WELLS, Studies in Herodotus, Oxford 1923, 170–174 und COBET 1977, 8f.
64 Aristoph. Ach. 523–529; Hdt. I 3f. Cf. FORNARA 1971a, 28; 1981, 153f.; so auch D.M. MACDO-

liche Anspielungen der attischen Dichter auf *Historien*-Passagen würden nichts über
deren Publikationszeitpunkt aussagen, da sie sich nicht notwendig auf die publizierte Gesamtausgabe, sondern ebensogut auf Herodots öffentliche Vorträge beziehen
könnten.

Weit gewichtiger als diese Widerlegung eines *terminus ante quem* 425 sind die
vermutlichen Reminiszenzen Herodots auf Ereignisse danach: FORNARA verweist
erstens auf Herodots Wertung (VI 98,2), während der drei Generationen unter den
Perserkönigen Dareios, Xerxes und Artaxerxes habe die Menschen weit größeres
Unheil getroffen als in den Jahrhunderten zuvor. Artaxerxes, der 424 starb, sei an
dieser Stelle schon als tot gedacht, so daß diese auf einen Termin nach 424 hinweise.[65] Zweitens ist Herodots Bemerkung (IX 73,3), die Spartaner hätten im Peloponnesischen Krieg Dekeleia wegen seiner mythischen Verdienste immer verschont, nur zu rechtfertigen, wenn die Peloponnesier schon von ihren jährlichen
Plünderungszügen gegen Attika abgelassen hatten, was jedoch erst seit 424 der Fall
war.[66] Am schlagkräftigsten erscheint mir Herodots Verweis (VII 235,2f.) auf die
dunkle Ahnung des weisen Spartaners Chilon, der wünschte, die Lakonien unmittelbar vorgelagerte Insel Kythera möge im Meer versinken, da von ihr den Spartanern großer Schaden erwachsen werde. Denn hiermit ist am wahrscheinlichsten auf
deren Eroberung durch die Athener unter Nikias im Jahre 424 angespielt.[67]

Es bleibt dennoch der Einwand, daß Herodot, hätte er wirklich den Nikias-Frie-
den noch erlebt, doch auf eine ganze Reihe weiterer Ereignisse aus dem Archidamischen Krieg hätte anspielen müssen. Genannt sei die Bestrafung der Aigineten we-

WELL, The Nature of Aristophanes' *Akharnians,* G&R 30, 1983, 143–162, hier 151; *contra* Co-
BET 1977, 10–12; ibid. 12, 15–25 zu weiteren möglichen Anspielungen bei Aristophanes, So-
phokles und Euripides auf Herodot. Auch D. SANSONE, The Date of Herodotus' Publication,
ICS 10, 1985, 1–9, hier 2–7, und HARTOG 1988, 275 sehen in den Acharnern 523–529 eine
Anspielung auf Herodot. Hingegen kann FORNARA 1971a, 28–30, wahrscheinlich machen (das
muß auch COBET 1977, 13f. zugeben), daß Aristophanes in den Vögeln 1124–1138 (aufgeführt
414) die Beschreibung der Stadtmauer von Babylon bei Herodot (I 179) parodiert, so daß die
Veröffentlichung der *Historien* wohl erst wenige Jahre zuvor anzusetzen sei. S. FLORY, Who
read Herodotus' *Histories?,* AJPh 101, 1980, 12–28, bes. 23–26, und ASHERI 1988, p. XLIII
sind äußerst skeptisch gegenüber solchen Datierungsversuchen.

65 So FORNARA 1971a, 32; 1981, 150f.; anders COBET 1977, 5f.; 1987, 509. Auch J.A.S. EVANS,
Herodotus' Publication Date, Athenaeum N.S. 57, 1979, 145–149, hier 147, ist skeptisch.

66 Cf. EVANS 1979a, 146.

67 Thuk. IV 53–55. Cf. FORNARA 1971a, 33f.; 1981, 151; EVANS 1979a, 146f.; K.A. RAAFLAUB,
Herodot und Thukydides: Persischer Imperialismus im Lichte der athenischen Sizilienpolitik,
in: N. EHRHARDT & L.-M. GÜNTHER (edd.), Widerstand – Anpassung – Integration. Die griechische Staatenwelt und Rom, FS J. DEININGER, Stuttgart 2002, 11–40, hier 37: als *terminus post*
„unanfechtbar". Daß hiermit jedoch auf die Umsegelung der Peloponnes und die kurzzeitige
Einnahme von Kythera durch den Athener Tolmides im Jahre 456/5 (Thuk. I 108,5; Diod. XI
84; Paus. I 27,5) oder auf strategische Überlegungen der Spartaner vor Beginn des Peloponnesischen Krieges Bezug genommen werde, meinen hingegen R.W. MACAN, Herodotus. The Seventh, Eighth, & Ninth Books, vol. I, London 1908, ad loc.; W.W. HOW & J. WELLS, A Commentary on Herodotus, vol. I, Oxford ²1936, ad loc.; COBET 1977, 6f.; 1987, 509f.; P. CART-
LEDGE, Sparta and Lakonia. A Regional History 1300–362 BC, London-Boston 1979, 206f.,
228f.

gen der Ermordung ihrer Landsleute zu Beginn des fünften Jahrhunderts, die nicht nur – wie Herodot noch berichtet (VI 91) – durch die Vertreibung von der Insel 431 durch die Athener, sondern auch durch die Hinrichtung von in Thyrea angesiedelten Aigineten in Athen 424 vollzogen wurde.[68] Warum verschweigt er diesen letzten Ausdruck göttlicher Strafe? FORNARA bemerkt zu Recht, wie viele epochemachende Ereignisse der Pentekontaëtie Herodot verschwiegen hat: Die meisten Bezüge auf Geschehnisse nach 479 erstrecken sich auf die drei folgenden Jahrzehnte, während sich nur insgesamt sechs auf die Zeit nach 440 beziehen.[69] FORNARA hat daraus zu Recht geschlossen, daß Herodot „decided on principle to refrain from explicit (nur diese Hervorhebung d. Verf.) discussion of Greek history after 479." Als Fazit können wir festhalten, daß Herodot mit großer Wahrscheinlichkeit noch Ereignisse nach 424 erlebt und auf sie in den *Historien* angespielt hat. Auch wenn uns jeder direkte Anhaltspunkt fehlt, so dürfte ein Ansatz der Publikation der *Historien* um die Zeit des Nikias-Friedens 421 nicht allzu weit abirren.[70]

Kommen wir zurück zu den Mitteln, mit denen Herodot die Zeitgeschichte kommentiert. Aufschlußreich dafür sind gerade die Anachronismen, insbesondere die begrifflichen[71]: Daß Sparta sich den größten Teil der Peloponnes schon „unterworfen" hatte, gilt ebensowenig für die erste Hälfte des sechsten Jahrhunderts wie die angebliche „Vorherrschaft" der Athener in Hellas für das Jahr 499; beide Ausdrücke haben als Reflex auf die Hegemonialstruktur vor und im Peloponnesischen Krieg zu gelten.[72] Am ausführlichsten aber läßt Herodot sein Urteil in der Anordnung und Ausarbeitung von analogen Handlungskonstellationen durchscheinen – sowohl tat-

---

68 Cf. Thuk. II 27; IV 57,3f. So COBET 1977, 7; 1987, 510. Dazu auch EVANS 1979a, 147f.

69 FORNARA 1981, 152f.; folgendes Zitat 152. Auf die Zeit nach 440 beziehen sich außer den genannten noch VII 137,2f. und VII 233, 2.

70 Allerdings erscheint auch FORNARAS Ansatz der Publikation erst um das Jahr 415/4 durchaus möglich; cf. BICHLER 1995, 23; RAAFLAUB 2002a, 36f.; eund., Philosophy, Science, Politics: Herodotus and the intellectual trends of his time, in: BAKKER-DE JONG-VAN WEES 2002, 149–186, hier 152. J.D. SMART, The Athenian Empire, Phoenix 31, 1977, 245–257, hier 251f., folgt H.F. CLINTON, *Fasti Hellenici* II, Oxford 1834, 79 sogar in dessen Datierung des Herodot ins letzte Jahrzehnt des 5. Jhs. Beachtenswert ist die These von SANSONE 1985, 8f. (ähnlich OSTWALD 1991, 143f. A. 9; O. LENDLE, Einführung in die griechische Geschichtsschreibung, Darmstadt 1992, 41), daß einzelne Teile der *Historien*, so möglicherweise deren erste Hälfte, schon deutlich früher, d.h. schon vor 425, veröffentlicht wurden, während die Teile über die Perserkriege seit dem Ionischen Aufstand ihnen erst bis ca. 421 folgten. Hingegen folgt K. MEISTER, Die griechische Geschichtsschreibung. Von den Anfängen bis zum Ende des Hellenismus, Stuttgart-Berlin-Köln 1990, 26 mit 210 A. 14, COBETS frühem Ansatz vor 425. J.C. CARRIÈRE, Oracles et prodiges de Salamine. Hérodote et Athènes, DHA 14, 1988, 219–275, bes. 246–248, vermutet die Endredaktion schon zwischen 431 und 428.

71 Cf. K. RAAFLAUB, Herodotus' political thought and the meaning of history, Arethusa 20: Herodotus and the invention of history, 1987, 221–248, hier 237f.: „Stories with topical relevance can be divided into two main categories: (a) stories or statements that by contrast or analogy provoke associations with the present (...), and (b) stories that have the same effect by using arguments or specific and highly charged terms familiar to audience from contemporary debates." FOWLER 2003, 313 möchte lieber von „knowingness and resignation than irony" und von „a common language shared by spokesman and audience than of allusions" sprechen.

72 Sparta: Hdt. I 68,6: κατεστραμμένη. Athen: V 97,1: ἐδυνάστευε μέγιστον. RAAFLAUB 1987, 238 bezeichnet solche anachronistischen Termini als „pointer".

sächlicher als auch angeblich geplanter.[73] Dies hat erstmals STRASBURGER 1955 in seinem richtungweisenden Aufsatz „Herodot und das perikleische Athen" an wenigen Beispielen aufgezeigt. So mutet Herodots Sentenz über die Verderblichkeit des Bürgerkrieges für Hellas (VIII 3,1) wie eine Prophezeiung für den Peloponnesischen Krieg an. Besonderes Gewicht mißt STRASBURGER der Rede des Korinthiers Sosikles zu, welche die Spartaner von einer Rückführung des Tyrannen Hippias nach Athen abhalten soll, und der Antwort des Hippias, die Korinthier würden sich noch einmal die Peisistratiden herbeiwünschen, wenn ihnen die Athener zur Last fielen (V 92f.).[74] Auch in der Schilderung der Peisistratiden, der Alkmaioniden sowie des Themistokles sieht STRASBURGER die Herrschaftspraktiken der zeitgenössischen Athener kritisch gespiegelt.

Auf weitere Beispiele für „topical influence" hat FRENCH hingewiesen:[75] Nach seinen Ausführungen erinnert u.a. die frühe samische Geschichte Herodots (III 44, 120–149) an den Samischen Aufstand gegen die athenische Herrschaft 440/39, die Bitte des Milesiers Aristagoras an die Athener um Unterstützung des Ionischen Aufstandes (V 97) an die Anklagen Milets gegen die Samier 440, die Spannungen zwischen Korinth und Korkyra im sechsten Jahrhundert (III 48f.; 52f.) an die Situation von 432/1 sowie der Krieg zwischen Chalkis und Athen von 506 (V 74,2; 77) an den Abfall Euboias von Athen im Jahr 446, die beide von einem erfolglosen Einfall der Peloponnesier nach Attika begleitet wurden und jeweils mit der völligen Unterwerfung der Euboier und der Gründung einer athenischen Kleruchie endeten.[76]

RAAFLAUB hat den latenten Tadel Herodots an Athen erstmals in aller Schärfe herausgearbeitet: So weist Herodot durch die πλεονεξία der orientalischen Herrscher und ihr letztendliches Scheitern auf die Vergänglichkeit des attischen Imperialismus voraus. Außerdem scheint die Unvermeidlichkeit eines Entscheidungskampfes, die Herodot für Perser und Griechen aufzeigt, weit eher auf die Situation zwischen Athen und Sparta unmittelbar vor dem Peloponnesischen Krieg zuzutreffen.[77] Die von Herodot oft herausgestrichene Konzentration der Spartaner ausschließlich auf die Verteidigung ihres eigenen Territoriums ruft ihre Haltung beim Ausbruch des Peloponnesischen Krieges ins Gedächtnis.[78] Mit guten Gründen

---

73 Die große Bedeutung der Analogien zwischen einzelnen Passagen der *Historien* und auch zu zeitgenössischen Ereignissen hat CORCELLA 1984 herausgearbeitet.

74 STRASBURGER 1955, 7–15 = MARG WdF 583–594. Cf. RAAFLAUB 1987, 223f.; P.A. STADTER, Herodotus and the Athenian *Arche*, ASNP Ser. III 22, 1992, 781–809, hier 781–783, wertet die Sosikles-Rede als programmatisch für Herodots Verwendung von historischen Berichten. Cf. VAN DER VEEN 1996, 68–89; M. WĘCOWSKI, Ironie et histoire, le discours de Soclès (Hérodote V 92), AncSoc 27, 1996, 205–258; eund. 2000, 22–100, der darin einen Reflex auf die Debatte der Peloponnesier in Sparta vor Beginn des Peloponnesischen Krieges (Thuk. I 66–87) und in den Geschichten über die Kypseliden Athen als πόλις τύραννος präfiguriert sieht. Zudem MOLES 2002, 39f.; FOWLER 2003, 310–312.

75 A. FRENCH, Topical Influences on Herodotos' Narrative, Mnemosyne IV 25, 1972, 9–27.

76 Cf. FRENCH 1972a, 12–18, 22, 26f. Er (11) erklärt aber die Verfälschungen der Quellen mit Herodots Versuch, Athen als Garanten von Hellas' Freiheit zu loben.

77 Cf. Hdt. VII 11,2f. RAAFLAUB 1987, 228f., 241–245.

78 Hdt. VII 139,3f.; 235; VIII 49; 57; 71f.; 74; IX 7f.; RAAFLAUB 1987, 235, 240.

nimmt RAAFLAUB die Intentionalität dieser Retroprojektionen an: „to reveal the topical relevance of history".[79] Bei der Einschätzung dieser Intentionalität gibt RAAFLAUB an anderer Stelle zu bedenken, daß auch die Orientierung der vorliegenden oralen Überlieferung an den jeweils aktuellen Bedürfnissen eine Erklärung für Herodots manifesten Gegenwartsbezug liefern könnte.[80]

STADTER hat RAAFLAUBS fruchtbaren Ansatz weitergeführt: Wie die Perser schließlich auf ihren Kontinent zurückgeworfen werden und auch sonstige Überschreitungen der natürlichen geographischen Grenzen der Herrschaftsräume bei Herodot nicht ungestraft bleiben, so steht auch das Ausgreifen der Athener nach Asien nach den Perserkriegen nicht unter guten Vorzeichen, wie Herodot durch die Anekdoten am Ende seines Werkes (IX 93f., 120, 122) andeutet.[81] Indem er betont, daß die Athener die Tributveranlagung der Perser für die ionischen Griechenstädte direkt für den φόρος im Attischen Seebund übernahmen (VI 42), erweist er diese keineswegs als Befreier der Ioner, sondern im Gegenteil als ihre neuen Versklaver; in der Herrschaft über Ionien ist Athen also der unmittelbare Nachfolger des Perserreiches.[82]

Schließlich hat MOLES in seinem Aufsatz mit dem bezeichnenden Titel „Herodotus warns the Athenians" die paradigmatische Bedeutung der Kroisos-Solon-Episode für die gesamten *Historien* und insbesondere für Athen aufgezeigt.[83] Daß der Lyderkönig Ionien vollständig unterwirft und tributpflichtig macht, verbindet ihn mit dem Athen der Pentekontaëtie. Mit diesem hat Kroisos bei Herodot nicht nur den ungezügelten Imperialismus, sondern sogar die kulturelle Anziehungskraft auf dem Zenit seiner Macht gemeinsam: Denn nach Sardeis strömen die Weisen ebenso wie ins perikleische Athen. Unter den einen befindet sich Solon, unter den anderen

---

79 Zitat RAAFLAUB 1987, 237; cf. auch FROST 9f.
80 K.A. RAAFLAUB, Athenische Geschichte und mündliche Überlieferung, in: J. VON UNGERN-STERN-BERG & H. REINAU (edd.), Vergangenheit in mündlicher Überlieferung (*Colloquium Rauricum* 1), Stuttgart 1988, 197–225, hier 224, wertet die mündliche Überlieferung allgemein als „maximal gegenwartsbezogen und minimal vergangenheitsbezogen". Cf. auch FOWLER 2003, 312.
81 STADTER 1992, 785–795. Cf. J. HERINGTON, The Closure of Herodotus' *Histories*, ICS 16, 1991, 149–160; R. OSWALD, Gedankliche und thematische Linien in Herodots Werk, GB 21, 1995, 47–59; C. DEWALD, Wanton Kings, Pickled Heroes, and Gnomic Founding Fathers: Strategies of Meaning at the End of Herodotus' *Histories*, in: D.H. ROBERTS, F.M. DUNN & D. FOWLER (edd.), Classic Closure. Reading the End in Greek and Latin Literature, Princeton 1997, 62–82; W. DESMOND, Punishments and the Conclusion of Herodotus' Histories, GRBS 44, 2004, 19–40.
82 STADTER 1995, 795–808. Cf. auch CORCELLA 1984, 207, 209f.; J. REDFIELD, Herodotus the Tourist, CPh 80, 1985, 97–118, hier 115; C. TUPLIN, Achaemenid Studies (Historia Einzelschriften 99), Stuttgart 1996, 142–145; T. ROOD, Thucydides' Persian Wars, in: C.S. KRAUS (ed.), The Limits of Historiography. Genre and Narrative in Ancient Historical Texts (Mnemosyne Suppl. 191), Leiden-Boston-Köln 1999, 141–168, hier 150. – Jedoch betreibt Herodot laut CARRIÈRE 1988, 249 265 „une justification indirecte de l'hégémonie morale d'Athènes" (255–259, Zitat 255); ähnlich jüngst H. VAN WEES, Herodotus and the Past, in: BAKKER-DE JONG-VAN WEES 2002, 321–349, hier 343 mit A. 47.
83 J. MOLES, Herodotus warns the Athenians, in: F. CAIRNS & M. HEATH (edd.), Roman poetry and prose, Greek poetry, etymology, historiography (Papers of the Leeds International Latin Seminar 9), Leeds 1996, 259–284, bes. 279: „Reading Herodotus' *History* is itself a moral and political act." Zusammenfassend MOLES 2002, 35f. Ebenso THOMPSON 1996, 14–16.

vermutlich Herodot selbst: Beide Gelehrten, jeweils auf einer großen Reise, haben sich die gleiche Aufgabe gestellt: die Mächtigen vor der Hybris zu warnen, die sich unweigerlich mit allzuviel Macht und Reichtum einstellt. So legt Herodot mit der Begegnung von Solon und Kroisos schon gleich zu Beginn ein programmatisches Bekenntnis über seine Intentionen ab.[84] Seine Warnungen an die Athener verpackt der Historiker taktvoll in Anekdoten aus anderen Zeiten und Ländern.[85] MOLES sieht mit der Mahnung des Kyros an die Perser, die Bearbeitung eines kargen Bodens der Knechtschaft in einem fruchtbaren Land vorzuziehen (IX 122,3f.), den Bogen, der bei der Solon-Kroisos-Anekdote seinen Ausgang genommen hat, mit der übergreifenden Warnung an die Athener vor einer ungezügelten Ausweitung ihrer Herrschaft geschlossen.[86] So sehr Herodot auch Athen für seine Leistungen in den Perserkriegen bewundert, so gefährlich erscheint ihm – nach MOLES' Auffassung – Athen als πόλις τύραννος.[87]

Ebenfalls einen Reflex auf eine gängige Verurteilung der athenischen ἀρχή im Seebund erkennt ROOD in dem Argument, das Herodot (IX 27,4) den Athenern im Streit mit den Tegeaten um den linken Flügel bei Plataiai in den Mund legt: Nur aktuelle Verdienste einzelner Städte zählten, besonders die athenischen bei Marathon; hingegen gälten Leistungen aus mythischer Zeit nichts, da früher tüchtige Kämpfer heute schlechte sein könnten und ehemals feige nun tapfere.[88] Thukydides (I 86,1) läßt den spartanischen Ephoren Sthenelaidas im Jahr 432 die Rechtfertigung der Athener für ihre Herrschaft aus ihren – mittlerweile lange zurückliegenden – Verdiensten gegen die Perser verwerfen und sie beschuldigen, sie seien zwar in den Perserkriegen tüchtig gewesen, doch hätten sie sich nun gegen die anderen Griechen übel gezeigt. Dieser moralische Verfall wurde offensichtlich von vielen Griechen als Verrat verstanden.[89]

Die athenkritische Interpretation der *Historien* wird jüngst weiter untermauert durch RAAFLAUB, der im persischen Kronrat vor Beginn des Xerxeszuges (VII 7–10) einen Reflex auf die athenische Sizilienpolitik der Jahre 427–424 erkennt.[90]

---

84 MOLES 1996, 262–269. So schon F. HELLMANN, Herodots Kroisos-Logos, Berlin 1934, 38–58; CORCELLA 1984, 214f.; S.O. SHAPIRO, Herodotus and Solon, ClAnt 15, 1996, 348–364.

85 MOLES 1996, 269f.; 2002, 52. P. HOHTI, Freedom of Speech in the Speech Sections in the *Histories* of Herodotus, Arctos 8, 1974, 19–27; LATEINER 1989, 184; E. BADIAN, Herodotus on Alexander I of Macedon: A Study in Some Subtle Silences, in: S. HORNBLOWER (ed.), Greek Historiography, Oxford 1994, 107–130, hier 120f., bes. 120: „Herodotus took great care not to give offence to the powerful, or those who might be." Die verkleidete Kritik an den Mächtigen haben die Rhetoren späterer Jahrhunderte perfektioniert; cf. F. AHL, The Art of Safe Criticism in Greece and Rome, AJPh 105, 1984, 174–208. Weitere Literatur bei MOLES 1996, 282f. A. 43.

86 MOLES 1996, 271–277.

87 MOLES 2002, 50f.

88 ROOD 1999, 165.

89 Cf. MUNSON 1988, 101. Dafür spricht auch die Anekdote bei Plut. Per. 28, 6 vom Tadel Elpinikes, der Schwester Kimons, an Perikles, als dieser aus dem Samischen Krieg 439 heimkehrt: er habe das Blut von Bürgern nicht im Kampf gegen Perser, wie ihr Bruder, sondern gegen eine verbündete griechische Stadt vergossen.

90 Ihre imperialistischen Motive gibt Thuk. VI 8–24 wieder; cf. RAAFLAUB 2002a, *passim*, zusammenfassend 35. Weitere topische Verweise aufgezeigt bei MUNSON 2001a, 218–221.

3. Die Entstehungsbedingungen der *Historien* und Herodots Publikum

Die Möglichkeit, solche zeitgeschichtlichen Anspielungen überhaupt wahrzuneh-
men, schafft Herodot für sein Publikum dadurch, daß er häufig Poliskollektive als
handelnde Subjekte einführt.[91] In der Ausbildung stereotyper Wahrnehmungsmuster für die Handlungsweisen einzelner Poleis oder ganzer Völker spiegelt sich der
Übergang von der isonomen zur demokratischen Verfassung gerade in Athen wider, in der nun politische Entscheidungen nicht mehr das Produkt eines Ausgleichs
spezifischer Interessen einzelner Adliger, sondern den Beschluß einer großen Zahl
von Bürgern darstellten. Die Diskussion in der Volksversammlung war, wie MEI-
ER[92] verdeutlicht, weit stärker von Fragen politischer Prinzipien wie Gerechtigkeit,
Solidarität oder auch Machtstreben und Imperialismus geprägt als von den in kleinen Gremien vorherrschenden Nützlichkeitserwägungen. Insofern ging Herodots
summarische Betrachtungsweise, die weniger „das Nachrechnen der einzelnen Ur-
sache-Wirkungszusammenhänge" als vielmehr tiefere Einsichten in die Folgerichtigkeit von Aufstieg und Fall, Hybris und Vergeltung zum Ziel hatte[93], durchaus
mit den handlungsleitenden Grundsätzen einer demokratischen Gesellschaft konform. Zuweilen läßt Herodot – wie zuvor bei den orientalischen Despoten – einzelne Politiker geradezu als Stellvertreter ihrer jeweiligen Polis im Spannungsfeld dieser widerstreitenden Prinzipien agieren und ein dementsprechendes Schicksal erleiden. Überdies hatte die politische Entwicklung in Griechenland nach den Perserkriegen, wie MEIER darlegt, das Gesichtsfeld der bisher ausschließlich auf ihre eigene Polis konzentrierten Bürger erheblich erweitert, da sich die einzelnen Stadtstaa-
ten genötigt sahen, sich zwischen den rivalisierenden Hegemonialmächten Athen
und Sparta, zudem noch Persien, günstig zu positionieren. Diese Notwendigkeit
schärfte den Blick für Handlungskonstellationen und -optionen der Beteiligten. In
seinem Interesse an grundsätzlichen Fragen der politischen Ethik sowie mit seiner
Wahrnehmung für Handlungsmuster dürfen wir uns Herodots potentielles Publikum
als durchaus aufnahmefähig für solche hintergründigen Botschaften vorstellen.

Daß wir damit seine Zuhörerschaft nicht überschätzen, dafür sprechen Bemerkungen des Thukydides[94], die Wachsamkeit und Scharfsinn beim Zuhörer einkla-
gen. Überdies beschreibt RAAFLAUB die große Erfahrung, zumindest der Athener,
beim Interpretieren moralischer und politischer Botschaften der Tragödien und
Komödien:[95]

> „Herodotus, I suggest, could expect his listeners or readers to follow his stories with the same
> readiness to extrapolate, to grasp implications, and to understand the topical relevance of much
> of what he had to tell them. The historian therefore could consciously work with such expecta-
> tions; I believe that much of Herodotus' work was written with precisely this in mind."[96]

---

91 Cf. FORNARA 82; ausführlich PELLING 1997a; HARRISON 2000a, 237f., 240f.
92 MEIER 1980, 423f.
93 Cf. MEIER 1980, 432; zum folgenden 424f.
94 Thuk. II 40,2; bes. III 38,4–6.
95 Cf. Aristoph. Eccl. 173–244; cf. C. MEIER, Aischylos' Eumeniden und das Aufkommen des
    Politischen, in: id. 1980, 144–246, hier 214–217.
96 RAAFLAUB 1987, 231, 233. Zudem FORNARA 61f., 64–66. STRASBURGER 1955, 1, 6 = MARG WdF

Welche Wirkung solche Anspielungen beim Herodoteischen Publikum hatten, ist
natürlich im einzelnen für uns nicht mehr festzustellen. Zweifellos jedoch hatten
Herodots Zeitgenossen und auch spätere antike Leser seines Werkes ein unvergleich-
lich größeres Wissen von den Ereignissen und Entwicklungen der Zeit nach den
Perserkriegen, als wir es uns heutzutage aus den spärlichen Nachrichten eines Thukydides, Ephoros/Diodor oder Plutarch zusammenklauben müssen.[97] Da infolge
unserer historischen Unkenntnis viele von Herodots Anspielungen undeutlich bleiben und ihre Ausdeutung weit von jeder Verläßlichkeit entfernt ist, bleibt uns Heutigen als heuristisches Mittel nur die kumulative Evidenz der Hinweise, welche in
dieselbe oder ähnliche Richtung weisen.[98] Noch gewichtiger für die Frage der Re-
zeptionsmöglichkeit Herodoteischer Anspielungen ist aber der Umstand, daß sich
sein Publikum selbst zu einem beträchtlichen Anteil nicht nur aus Zeitzeugen, sondern sowohl aus den Akteuren als auch Leidtragenden des historischen Geschehens
zusammensetzte, auf das Herodot mit seinem Bericht der Perserkriege abgezielt hat:
auf die athenische Expansion. Deshalb ist bei diesen, wenn sie den Namen gewisser
Orte und deren Schicksal vernahmen sowie bestimmte Muster und Mittel imperialistischer Machtausdehnung im Bericht wiedererkannten, mit einem hohen Grad an
emotionaler Anteilnahme zu rechnen.[99]

Herodot gibt uns glücklicherweise an einer Zentralstelle explizit Auskunft über
die emotionale Erwartungshaltung seines Publikums: Mit dem Lob im Athenerkapitel (VII 139), daß ihre Entscheidung, Attika zu verlassen und sich ganz auf die
Schiffe zu verlassen, nach seiner ureigenen Meinung ganz Hellas vor dem Perserjoch gerettet habe, bekennt er sich offen dazu, der Meinung „der meisten Menschen"
vehement zu widersprechen (γνώμην ἀποδέξασθαι ἐπίφθονον μὲν πρὸς τῶν πλεόνων ἀνθρώπων). Dies macht offenbar, in welch hohem Maße die Rezipienten selbst
nach langer Zeit die Verdienste der einzelnen Poleis in den Perserkriegen unter den
unmittelbaren Eindrücken und Erfahrungen der zeitgeschichtlichen Verwerfungen
beurteilten.

Damit sind wir zur komplexen Frage nach der eigentlichen Identität des offensichtlich von Herodot zeitweise bewußt angesprochenen Publikums gelangt. Denn
vor einem athenischen hätte er sich wohl ebensowenig für sein Loblied auf Athen
entschuldigt, wie er dieses in Korinth oder Sparta mit solcher Überzeugung vorgetragen hätte. Ebendort hätte er wohl kaum die feige Flucht der Korinthier aus der
Schlacht von Salamis berichtet oder den Polisegoismus der Peloponnesier während
des Xerxeszuges gegeißelt.[100] Auch wenn also eine solche offene Brüskierung sei-

---

575, 582 vermutet „geheime Winke", die Herodot und seinen Zeitgenossen „zur Verständi-
gung" genügten (1 = 575).

97 Cf. J. MARINCOLA, Comments on P. STADTER, Herodotus and the North Carolina Oral Narrative
Tradition, Histos 1, 1997 (http://www.dur.ac.uk/Classics/ histos/1997/stadresp.html): „It is possible that this audience saw irony and distancing where we do not (or, because of the loss of the
immediate context, cannot)."

98 Cf. RAAFLAUB 2002b, 167.

99 Cf. STRASBURGER 1955, 24 = Marg WdF 607 mit Hinblick auf den thebanischen Überfall auf
Plataiai 431 (cf. Hdt. VII 233,2).

100 Cf. JACOBY 350; P. STADTER, Herodotus and the North Carolina Oral Narrative Tradition, Histos
1, 1997 (http://www.dur.ac.uk/Classics/histos/1997/stad.html), vor A. 53. Hingegen vermutet

nes jeweiligen Publikums sicher auszuschließen ist, so bleiben doch gerade doppeldeutige Bezugnahmen auf das Verhalten der Polis, in der Herodot jeweils vortrug,
und versteckte Kritik daran vermittels bestimmter Protagonisten durchaus denkbar
und sogar wahrscheinlich, zumal es Herodot ja der Hellhörigkeit und dem Scharfsinn des Hörers überlassen hat, in den Schilderungen der Perserkriege einen Tadel
an der späteren Politik der eigenen Stadt zu erkennen – oder auch dies zu unterlassen. Dennoch hat Herodot sein Werk in der uns vorliegenden verschriftlichten Form
kaum zur Gänze in einer Stadt vorgetragen.

Daraus ergeben sich zwei einander nur scheinbar widersprechende Folgerun-
gen: Zum einen hat offenbar Herodot sein Gesamtwerk für ein lesendes Publikum
niedergeschrieben und publiziert, das nicht primär eine Glorifizierung der eigenen
Polisgeschichte erwartete, sondern den größeren Zusammenhang, Ursachen und
Verlauf der Perserkriege zu verstehen suchte und auch eine emotionale Distanz zu
diesem Geschehen hatte. Als Leserschaft kommen – wie FLORY[101] deutlich macht –
aufgrund des hohen Preises und der Seltenheit von ganzen „Büchern", d.h. Papy-
rusrollen, sowie der erforderlichen fortgeschrittenen Lesefähigkeit vornehmlich die
gehobenen Gesellschaftskreise der Aristokratie in Frage. Neben diesen formalen
Bedingungen weisen jedoch auch Herodots inhaltliche Schwerpunkte und Tendenzen auf diesen speziellen Adressatenkreis seines Werkes hin, wie STAHL zeigt[102]:
Herodots Betonung der unvermeidlichen Peripetie im Machtprozeß vermochte gerade den Aristokraten Mut zu machen, die unter dem Imperialismus der athenischen
Demokratie und ihres führenden Mannes, Perikles, litten: sowohl die Adligen in
Athen selbst als auch die Oberschichten der Städte, die dem Attischen Seebund
angehörten. Angesichts der selbstgefälligen Überschätzung der eigenen Kräfte durch
die athenischen Demokratie[103] sieht STAHL in Herodots subtilem, dennoch perma-
nentem *memento mori* eine Tröstung für die nach ihrer eigener Einschätzung macht-
und rechtlosen Aristokraten, weil dieser die athenische Demokratie wie alle Macht-
gebilde als einem unweigerlichen Verfall unterworfen darstellt.[104] WEĆOWSKI leitet
diese Beschränkung auf die Aristokraten aus der Weisheitsdichtung her, in deren
Tradition er Herodot sieht und die ihr Publikum gerade in den Symposia der Adligen nicht nur einer, sondern verschiedener Poleis suchte. Ähnlich stellt er sich für
das Werk des Herodot (und auch für Thukydides[105]) eine Zirkulation in elitären
Kreisen vor, die durch ihre historische Bildung fähig und durch die Weisheitslyrik

---

BADIAN 1994, 121 A. 15, Herodot habe sehr wohl die gegenüber der athenischen Volksmasse
abschätzigen Passagen (I 60; V 97,3) auch in Athen vorgetragen, schließt aber dann auch folgerichtig auf „his (largely upper-class) audience."

101 FLORY 1980, 12–15, 26. W.V. HARRIS, Ancient Literacy, Cambridge/Mass. 1989, 84 mißt Herodots Werk beim Aufkommen der privaten Lektüre hohe Bedeutung zu.

102 M. STAHL, Aristokraten und Tyrannen im archaischen Athen, Stuttgart 1987, 35–42, bes. 38–40
zum folgenden.

103 So im Epitaphios des Perikles (Thuk. II 35–46), cf. STAHL 1987, 40f.

104 Nach STAHL 1987, 41f. bot Herodot den Aristokraten eine Selbstvergewisserung in ihren Traditionen und Ambitionen, wenn er dem neuen Stil demokratischer Politik Beispiele traditioneller
aristokratischer Handlungsmuster entgegenstellte (cf. V 55, 62f.; VI 34–41; 126–128). Cf. COR-
CELLA 1984, 218.

105 Für Thukydides hat dies S. HORNBLOWER, Thucydides, London 1987, 29 erwogen.

darin geübt waren, subtile Botschaften zu entschlüsseln.[106] Zu Recht betont WECOW-
SKI jedoch, daß die *Historien* – wie die meisten Texte – von ihrer Natur keineswegs
auf einen sozial oder lokal beschränkten Hörer- oder Leserkreis abzielten, sondern
– wie schon früher gesehen – grundsätzlich ein panhellenisches Publikum ansprechen sollten.[107] Ein besonders feinfühliges und aufmerksames Publikum für Herodot setzt MALITZ gerade für das späte fünfte Jahrhundert in Absetzung von dem
späterer Epochen voraus.[108]

Nicht nur mit einer inneren Distanz seiner Leser zum Aufstieg Athens in und
nach den Perserkriegen, sondern sogar mit ihrem deutlich größeren zeitlichen Abstand hat Herodot gerechnet; daß er nämlich sein Werk auch an eine zukünftige,
d.h. nicht mehr zeitgenössische Leserschaft adressiert hat[109], beweist die Selbsthistorisierung Herodots, wie es RÖSLER nennt: Durch die umständliche Zeitangabe,
etwas habe noch „bis zu mir / in meine Zeit" bestanden, wolle er jeden Verweis auf
ein bestimmtes Hier und Jetzt vermeiden und so den Text zeitenthoben machen.[110]

106 WECOWSKI 2000, 571f., bes. 572: „On peut bien imaginer la circulation d'un exemplaire du
    texte d'Hérodote ou de Thucydide parmi les membres d'un groupe d'élite, où la découverte
    d'un message «codé» par l'écrivain aurait été tout aussi attrayante que la compréhension du
    sens d'un poème circulant au symposion. Un tel lecteur d'Hérodote et de Thucydide, à la fois
    moderne et traditionnel, n'est pas impossible à l'époque de l'enseignement des Sophistes et des
    cercles privés qui discutaient ensemble certains problèmes littéraires et politiques de leur temps.
    En même temps, ce texte aurait été destiné à un public contemporain d'élite presque illimité,
    comme dans le cas célèbre de Théognis."
107 WECOWSKI 2000, 569, bes. 572; zum panhellenischen Publikum cf. CORCELLA 1984, 212; R.L.
    FOWLER, Early *Historie* and Literacy, in: N. LURAGHI (ed.), The Historian's Craft in the Age of
    Herodotus, Oxford 2001, 95–115, hier 105–113. Eine solche doppelte Ausrichtung macht W.
    RÖSLER, Dichter und Gruppe. Eine Untersuchung zu den Bedingungen und zur historischen
    Funktion früher griechischer Lyrik am Beispiel Alkaios, München 1980, 77–91, für Theognis
    wahrscheinlich.
108 J. MALITZ, Das Interesse an der Geschichte. Griechische Historiker und ihr Publikum, in: H.
    VERDIN, G. SCHEPENS, E. DE KEYSER (edd.), Purposes of History. Studies in Greek Historiogra-
    phy from the 4th to the 2nd centuries B.C., Proceedings of the International Colloquium Leu-
    ven 24–26 May 1988 (Studia Hellenistica 30), Louvain 1990, 323–349, hier 331. MALITZ denkt
    dabei beispielsweise an den anonymen Verfasser der pseudoxenophontischen Ἀθηναίων πολι-
    τεία. Cf. auch F.W. WALBANK, History and Tragedy, Historia 9, 1960, 216–234, hier 230; L.
    CANFORA, Storici e società ateniese, RIL 107, 1973, 1136–1173, bes. 1157–1173; ausführlich
    WECOWSKI 2000, 99, 456f., 564f., 570. Zum intellektuellen Standard dieser athenischen Kriti-
    ker der Demokratie cf. W.G. FORREST, An Athenian Generation Gap, YCS 24, 1975, 37–52. Zu
    den inneraristokratischen Entwicklungen und ihrem Verhältnis zur athenischen Demokratie cf.
    W.R. CONNOR, The new politicians of the fifth century Athens, Princeton 1971; H.-J. GEHRKE,
    Zwischen Freundschaft und Programm: Politische Parteiungen im Athen des 5. Jhs. v. Chr., HZ
    239, 1984, 529–564.
109 A. MOMIGLIANO, Die Historiker der Antike und ihr Publikum, in: id., Ausgewählte Schriften zur
    Geschichte und Geschichtsschreibung, Bd. 1: Die Alte Welt, Stuttgart-Weimar 1998, 1–17,
    hier 6–8 (zuerst: The Historians of the Classical World and their Audience: Some Suggestions,
    ASNP, Ser. III, 8, 1978, 59–75); W.A. JOHNSON, Oral Performance and the Composition of
    Herodotus' *Histories*, GRBS 35, 1994, 229–254; STADTER 1997, vor A. 53. Aus der Geschlos-
    senheit des Herodoteischen Werkes schloß schon A. SCHÖLL, Herodots vorlesungen, Philologus
    10, 1855, 410–431, hier 419, auf Leser als dessen Zielpublikum.
110 W. RÖSLER, Die Selbsthistorisierung des Autors. Zur Stellung Herodots zwischen Mündlichkeit

Haben wir deshalb den Schluß zu ziehen, daß die *Historien* aus einem einzigen, monolithischen literarischen Schaffensprozeß hervorgegangen sind? Dagegen scheinen die weiten Abschweifungen vom eigentlichen Thema, die verschiedenen Parallelberichte über dasselbe Ereignis, die erzählerischen Nahtstellen, die unerfüllten Versprechungen und die ausgesprochenen Fehler[111] zu sprechen, die wir bei Herodot antreffen. Die These vom nachhaltig durch die Mündlichkeit bestimmten Charakter der *Historien* verficht THOMAS[112] jüngst mit Verweis auf ihre stark rhetorische Prägung und den polemischen Stil: Herodots Neigung, andere wegen ihrer Darstellung zu kritisieren, und sein häufiges Äußern von Zweifeln und Unglauben; seine Sprache des Beweisens und Argumentierens; seine Betonung der Richtigkeit seiner Angaben; sein Sprechen im eigenen Namen.[113] All dieses verbindet nach THOMAS' Auffassung den Geschichtsschreiber mit den Sophisten und hippokratischen Medizinautoren und bezeugt für alle den mündlichen Vortrag vor einem größeren Publikum. EVANS sieht solche Vorträge als Form der „prepublication" der *Historien*.[114] Wir können vermuten, daß Herodot zu diesem Zweck ausgearbeitete schriftliche Notizen hatte.[115] Jedoch anzunehmen, daß Herodot je nach Publikum einzelne Abschnitte aus seinem schon schriftlich niedergelegten Gesamtwerk vorgetragen habe, das dabei permanenter Veränderung und Anpassung unterworfen gewesen sei, wie jüngst von FOWLER[116] vorgeschlagen, scheint mir nicht haltbar, da

und Schriftlichkeit, Philologus 135, 1991, 215–220, bes. 219, cf. bes. Hdt. I 5: τὰ δὲ ἐπ' ἐμεῦ ἦν μεγάλα „die Städte, die zu meiner Zeit groß *waren*"; zudem II 154,5; VI 119,4; VII 170,1; so auch W. RÖSLER, The *Histories* and Writing, in: BAKKER-DE JONG-VAN WEES 2002, 79–94, hier 91–93; er betont ibid. 88–90, daß λέγειν und γράφειν von Herodot in derselben Bedeutung zur Beschreibung seiner eigenen Tätigkeit verwendet werden. Laut RÖSLER 1991, 217 hat Herodot nach Beginn des Peloponnesischen Kriegs seine Vorlesungstätigkeit abgebrochen und sein Wissen in den *Historien* nur noch für ein lesendes Publikum niedergeschrieben.

111 So G. SHRIMPTON, History and Memory in Ancient Greece, Montreal 1997, 243.
112 R. THOMAS, Performance and Written Publication in Herodotus and the Sophistic Generation, in: W. KULLMANN & J. ALTHOFF (edd.), Vermittlung und Tradierung von Wissen in der griechischen Kultur (ScriptOralia 61), Tübingen 1993, 225–244 und ausführlich ead., Herodotus in Context. Ethnography, Science and the Art of Persuasion, Cambridge 2000, 168–269, zusammenfassend 258f.: es sei „this agonistic, display-orientated mode of exchanging and discussing ideas", gegen die Thukydides mit seinem Anspruch polemisiere, einen „Besitz für immer" (κτῆμα εἰς αἰεί) statt eines „Schaustücks zum einmaligen Hören" (ἀγώνισμα ἐς τὸ παραχρῆμα ἀκούειν) (I 22,4) geschaffen zu haben. Dagegen vehement JOHNSON 1994, 232–240. Den mündlichen Charakter vieler Kommentare betonen DE JONG 1999, 251–261 und R. BROCK, Authorial Voice and Narrative Management in Herodotus, in: DEROW-FOWLER 2003, 3–16, hier 12–16.
113 Dazu schon C. DEWALD, Narrative Surface and Authorial Voice in Herodotus' „Histories", Arethusa 20: Herodotus and the Invention of History, 1987, 147–170; zudem SCHLÖGL 1998, 104–106; BROCK 2003 *passim*.
114 Cf. CANFORA 1973, 1158–1160; EVANS 1979a, 148f.; 1991, 89f. und THOMAS 1993, 228–230; RAAFLAUB 2002a, 36f.; 2002b, 152, 163f.
115 „A somewhat fluid relationship between written text and oral performance" vermutet R. THOMAS, Literacy and Orality in Ancient Greece, Cambridge 1992, 125f., Zitat 126; ähnlich ead. 2000, 254, 257 A. 27, 260.
116 FOWLER 2001, 107. FOWLER (108–110) schließt aus den zahlreichen genauen Erklärungen lokaler Besonderheiten, daß Herodot als „implied audience" sämtliche Griechen im Blick gehabt habe. Er verwende „pseudo-oral devices" (109) – dies bezeichnet FOWLER so, weil sie nur schein-

ein solches Vorgehen angesichts der Knappheit von Schreibmaterial und insbesondere der Schwierigkeit, einen auf Papyrus geschriebenen Text grundlegend zu ver-
ändern, enorme Anstrengungen und Kosten verursacht hätte.

Neben den Spuren oraler Techniken in den *Historien* selbst sprechen Quellen
explizit von einer öffentlichen Vortragstätigkeit Herodots. Dabei verdienen die bei-
läufigen Nachrichten über Lesungen in Athen und Olympia[117] größeres Vertrauen
als die ausführlicheren, welche die Vorträge direkt mit Geldzahlungen in Verbindung bringen. So behauptet der Universalhistoriker Diyllos an der Wende vom vierten zum dritten Jahrhundert, Herodot habe gemäß einem von Anytos beantragten
athenischen Dekret einen Preis von zehn Talenten erhalten.[118] Zwar würde Plutarch
diese Nachricht sehr gern als Hinweis auf die Belohnung für Herodots Schmeichelei gegenüber den Athenern verstehen, doch entlastet er diesen selbst ausdrücklich
mit einigen Passagen, in denen Herodot ein schlechtes Licht auf die Athener fallen
lasse.[119] Eusebios datiert im *Chronicon* eine athenische Ehrung Herodots „für die
Lesung aus den Büchern" ins Jahr 445/4.[120] Weil das Datum der Ehrung den Eindruck der Konstruktion aus der angesetzten Blütezeit (ἀκμή) des Historikers[121] erweckt und die gewaltige Summe von zehn Talenten unglaubwürdig ist[122], erweist
sich auch die Ehrung der Athener für Herodot keineswegs als über jeden Zweifel
erhaben.[123] Da zudem der eigentliche Grund dafür nicht zu ersehen ist,[124] scheinen

---

bar ein lesendes Publikum außer acht ließen –, um eben diesem den Eindruck eines mündlichen
Vortrages zu vermitteln (ähnlich PATZEK 2002, 25f.) und so – ähnlich wie die frühgriechischen
Lyriker – eine „pseudo-intimacy" (109) zu erzeugen. FOWLER schließt (115), daß die griechi-
sche Historiographie von Anfang an literarisch geprägt gewesen sei.

117 Für Athen Marcellin. vit. Thuc. 54; Phot. Bibl. 60, 19B 38–42; Olympia Lukian. Herod. 1–2;
Suda s.v. Θουκυδίδης; Sprichwort bei E.L. VON LEUTSCH & F.G. SCHNEIDEWIN, *Corpus
Paroemiographorum Graecorum*, vol. I, Göttingen 1839, 400, s.v. εἰς τὴν Ἡροδότου σκίαν.

118 Diyllos FGrHist 73 F 3 = Plut. Her. malign. 26, p. 862b.

119 Plut. Her. malign. 26, p. 862a. Cf. H. ERBSE, Vier Bemerkungen zu Herodot, RhM 98, 1955,
99–120, hier 99f. Dagegen K. VON FRITZ, Die griechische Geschichtsschreibung, Bd. I: Von den
Anfängen bis Thukydides, Berlin 1967, Text 123–125 und bes. A. 82.

120 Nach Synkellos p. 470, 18 DINDORF: ... ἐπαναγνοὺς αὐτοῖς τὰς βίβλους. Laut dem armenischen Kanon im Jahr 446/5.

121 Cf. ERBSE 1955, 99 nach J. POWELL, The history of Herodotus, Cambridge 1939, 33. Cf. A.A.
MOSSHAMMER, The Apollodoran *Akmai* of Hellanicus and Herodotus, GRBS 14, 1973, 5–13,
hier 10–13. Laut Apollodor FGrHist 244 F 7 war Herodot beim Ausbruch des Peloponnesischen Krieges 53 Jahre alt. Zur Neigung antiker Biographen, vieles aus dem Werk der biogra-
phierten Autoren zu erschließen, cf. J. FAIRWEATHER, Fiction in the Biographies of Ancient Writers, AncSoc 5, 1974, 231–275, hier 232–242.

122 Isokr. XV 166 bezeugt für Pindar ein Preisgeld von 10 000 Drachmen, gerade ein Sechstel des
für Herodot genannten, das Isokrates jedoch auffallenderweise nicht erwähnt. Zur Unglaub-
lichkeit des Betrages cf. W. ALY, Herodots Vorlesung in Athen, RhM 64, 1909, 637, der 600
Drachmen für historisch hält, und JACOBY 228; MOMIGLIANO 1998, 7. Für historisch hält den
Betrag A.J. BOWEN, Plutarch, The Malice of Herodotus, Warminster 1992, 125.

123 Wohl zu Recht als zweifelhaft beurteilen diese Nachricht STRASBURGER 1955, 1f. = MARG WdF
575; FORNARA 46f. A. 17; MOMIGLIANO 1998, 7 sowie A. PODLECKI, Herodotus in Athens?, in: K.
KINZL (ed.), Greece and Eastern Mediterranean in Ancient History and Prehistory, FS F. SCHA-
CHERMEYR, Berlin 1977, 246–265, hier 247, der einen Aufenthalt Herodots in Athen gänzlich
bestreitet, und mit ähnlicher Tendenz T.S. BROWN, Halicarnassus or Thurii?, EMC 27, 1983, 5–

die Notiz des Diyllos wie auch ähnliche Nachrichten über Lesungen in Theben und Korinth – wo Herodot keine Belohnung erhalten habe, da er den dortigen Zuhörern nicht geschmeichelt habe[125] – gerade dem Bild von Herodot als dem scharfen Propagandisten gegenüber einzelnen Poleis entsprungen und sind daher von nur geringer Aussagekraft. Dieses Bild, das offenbar schon auf die ihm nachfolgenden Generationen zurückgeht, ist jedoch höchst inkonsistent, da man für einen lediglich auf Beifall und (auch finanzielle) Anerkennung erpichten Historiographen nur lobende Berichte erwarten sollte[126], die wir jedoch bei Herodot nur in geringer Zahl finden. Aber auch wenn also ein Teil der Nachrichten über seine Vortragstätigkeit suspekt bleibt, so wiegen doch die weit unverdächtigeren Belege für Lesungen in Athen und Olympia schwer gegenüber den Zweifeln.[127]

Bedauerlicherweise ist mit der Konstatierung der Herodoteischen Vorlesungen für die Fragen nach dem Charakter der *Historien* und nach ihrem spezifischen Publikum sowie dessen Rezeptionshaltung und -möglichkeiten weit weniger gewonnen, als es auf den ersten Blick scheint. Denn es ist nochmals daran zu erinnern, daß der uns vorliegende Text der *Historien* dem Wortlaut der Vorträge sicherlich nicht auch nur annähernd gleichkommt.[128] Die Tendenz zur Selbsthistorisierung, die mannigfaltigen Bezüge weitentfernter Passagen aufeinander wie überhaupt die inhaltliche Geschlossenheit der *Historien* können kaum anders erklärt werden als durch einen einheitlichen Produktionsprozeß, in dem Herodot die uns bekannte Version schriftlich niedergelegt hat.[129] Auch die zahlreichen Fehler und nicht erfüllten Versprechungen lassen sich aus dem Kompositionsprozeß eines so umfangreichen Werkes erklären, der mit vielerlei praktischen Schwierigkeiten behaftet ist.[130] Im uns bekannten *Historien*-Text sind vermutlich Vorstufen einzelner Abschnitte, die auf Vorträge zurückgehen, organisch aufgenommen und verarbeitet worden. Die *Hi-*

16, hier 12f. Hingegen halten Aly 1909; Canfora 1973, 1158; A. Chaniotis, Historie und Historiker in griechischen Inschriften, Stuttgart 1988, 290–292; Hartog 1988, 274f.; Evans 1991, 100; Ostwald 1991, 138 und Lendle 1992, 39 die Nachricht für historisch.

124 Cf. Jacoby 227–229. Immerhin hat Herodot trotz aller impliziten Kritik am zeitgenössischen Athen dessen Verdienst um die Perserabwehr verherrlicht.

125 Cf. Aristophanes von Boiotien FGrHist 379 F 5 und Ps.-Dion von Prusa XXXVII 7. Cf. die Kritik bei Powell 1939, 31–34; Erbse 1955, 100–103; Podlecki 1977, 251f.; Cobet 1977, 24f.; Johnson 1994, 240–242; J. Marincola, Greek Historians (G&R New Surveys in the Classics 31), Oxford 2001, 23 A. 16.

126 Ps.-Dion von Prusa XXXVII 7 spricht von der Weigerung der Korinthier, „Ruhm käuflich zu erwerben".

127 Cf. Rösler 2002, 81f. Hingegen nimmt Momigliano 1998, 5–8 öffentliche Lesungen von Historikern erst seit frühhellenistischer Zeit an.

128 Cf. Węcowski 2000, 562, der deshalb mit Recht die Angemessenheit der Bezeichnung „prepublication" bestreitet, und Rösler 2002, 85.

129 Cf. Dion. Hal. Pomp. 3. Ed. Meyer, Geschichte des Alterthums, Bd. IV, Stuttgart ⁵1954, 227 A. 1 beschreibt die *Historien* als „nach einer einheitlichen, sorgfältig entworfenen Disposition gearbeitet und durchaus aus einem Guß." Cf. Rösler 2002, 80, 84f., 87; de Jong 2002, 245.

130 Diese Probleme wie die für uns ungewohnten Defizite an Hilfsmitteln (Karteikasten, Exzerpte, Konzeptpapier) veranschaulicht Schlögl 1998, 98–104 eindrücklich anhand einer Rekonstruktion des eigentlichen Schreibvorganges des Berichtes über die Lyderkönige von Gyges bis Kroisos (I 6–18).

storien sind also meines Erachtens mitnichten anzusehen als eine verschriftlichte Aneinanderreihung nur äußerlich verbundener Berichte und Episoden, die Herodot zu unterschiedlichen Zeiten zu Vortragszwecken verfaßt hat; eine solche Genese sahen die sog. Analytiker, allen voran Jacoby und später von Fritz, der langwierigen Entwicklung Herodots von einem Geographen und Ethnographen in der Nachfolge des Hekataios zum eigentlichen „Historiker" der Perserkriege unter dem Eindruck des Perikleischen Athen geschuldet.[131] Aus den oben genannten Gründen legt die vorliegende Arbeit den unitarischen Interpretationsansatz zugrunde, der in der Nachfolge von Regenbogen[132] durch die Arbeiten von Immerwahr und Cobet eine eindrucksvolle Bestätigung erfuhr – zumal der „Machtprozeß", den Cobet für sämtliche durch die orientalischen Herrscher Kroisos, Kyros, Kambyses, Dareios und Xerxes definierten fünf Geschehenskreise aufgezeigt hat, gerade für die Figur des Themistokles große Gestaltungskraft besessen hat.[133] Denn die enge Verquickung, welche Cobet zwischen dem politischen Geschehen und dem persönlichen Schicksal dieser Könige herausgearbeitet hat und welche eine sinnvolle Beziehung aller Geschehenskreise herstellt,[134] könnte das Muster abgegeben haben für die paradigmatische Funktion des Herodoteischen Themistokles für das Athen des fünften Jahrhunderts. Um diese Hypothese von der spezifischen Funktion der Themistokles-Figur in der vorliegenden Arbeit verifizieren zu können, ist es folglich notwendig, dem unitarischen Ansatz folgend[135] „den Text als Ganzes ernstzunehmen", in dem „als dem konkreten historischen Gegenstand historische Entwicklung in einem Punkt zusammen[fließt], d.h. der Text hat für den unitarischen Betrachter ‚Bedeutung' im Sinne des ‚Gemeinten'."

Die Prämisse der Unitarier zur literarischen Produktion der *Historien*, daß wir damit offensichtlich ein gemäß übergreifenden Darstellungsintentionen literarisch durchgeformtes Werk vor uns haben, legt doch einen insgesamt eher beschränkten Kreis von Rezipienten nahe: Wie oben schon erläutert, kommen als Leser eines solch voluminösen Werkes in erster Linie, wenn auch nicht ausschließlich, Aristokraten in Frage.[136] Diese dürfen wir primär als Herodots Adressaten ansehen, solange wir sein Opus als Grundlage für unsere Überlegungen verwenden – nichts anderes haben wir ja zur Verfügung. Damit sind sicherlich Lesungen Herodots in engeren aristokratischen Zirkeln, z.B. beim Symposion, oder auch für einen größeren Zuhörerkreis keineswegs ausgeschlossen; doch weder für diese denkbaren Lesungen noch gar für durchaus wahrscheinliche öffentliche Vorträge vor einem größe-

---

131 Cf. Jacobys RE-Artikel und von Fritz 1967, Textbd. 467 (dazu die scharfsinnige Kritik von Cobet 1971, 190f.); so nun Lendle 1992, 36–44.

132 O. Regenbogen, Herodot und sein Werk. Ein Versuch, Die Antike 6, 1930, 202–248 = Marg WdF 57–108. Cf. Meister 1990, 33f. Cf. die Forschungsüberblicke bei Cobet 1971, 7–42, 188–199 und Lateiner 1989, 4f.

133 Cf. Cobet 1971, 168.

134 Cf. Cobet 1971, 159, 167.

135 Den Cobet 1971, 189 abstrakt umschrieben hat; ibid. die folgenden Zitate.

136 Die Möglichkeit einer solchen Einengung bestreitet J. Cobet, Herodot und die mündliche Überlieferung, in: J. von Ungern-Sternberg & H. Reinau (edd.), Vergangenheit in mündlicher Überlieferung (*Colloquium Rauricum* 1), Stuttgart 1988, 226–233, hier 229 A. 11, obgleich er in Herodots Text ausschließlich „ein Buch zum individuellen Lesen" sieht (228).

ren Publikum können wir aus dem Text der *Historien* weitergehende Schlüsse auf Herodots Intentionen gegenüber seiner je nach Ort oder sozialer Gruppe ganz spezifischen Zuhörerschaft[137] oder etwa deren Reaktion auf seine Vorträge, mithin auf eine direkte Kommunikation zwischen Redner und Publikum ziehen.[138]

4. Herodots Quellen, insbesondere hinsichtlich der Charakterzeichnung seiner Protagonisten

Gerade bei der Darstellung der orientalischen Geschichte und insbesondere bei der Charakterisierung der lydischen, medischen, persischen und ägyptischen Könige in der ersten Werkhälfte steht Herodots starke narrative Modellierung kaum in Abrede[139]; sie wird oft auf den Einfluß der Tragödie zurückgeführt.[140] Die Berichte, die sich um griechische Protagonisten kristallisiert haben, erscheinen hingegen in ihren Wertungen viel zu inhomogen und sogar widersprüchlich, als daß sie entscheidend von Herodot durchgeformt worden sein könnten.[141]

Diese Wahrnehmung der griechischen Charaktere Herodots wurde in der bisherigen Forschung auf konträre mündliche Quellen zurückgeführt, die Herodot gemäß seinem Motto „Berichten des Berichteten" (λέγειν τὰ λεγόμενα)[142] getreu wiedergegeben habe. Der Theorie von Herodot als dem bloßen Sprachrohr stark tendenzieller Traditionen hat JACOBY in seinem zweifellos epochemachenden RE-Artikel zu großer Verbreitung verholfen; sie hat bis in dieses Jahrzehnt hinein die Herodot-Forschung entscheidend geprägt und eine Beleuchtung des Historikers als eines durchgreifenden Gestalters seiner Quellenberichte unsinnig erscheinen lassen.[143] Neuere Arbeiten stimmen jedoch darin überein, daß λέγειν τὰ λεγόμενα weniger

---

137 STADTER 1997, zu den A. 70–77, hält als Orte für Herodots Vorträge neben dem Symposion die Palaistra, die adligen Häuser, die Feste und schließlich sogar die Feldzüge für möglich, was jedoch völlig hypothetisch bleiben muß.

138 So auch WEÇOWSKI 2000, 562f. und RÖSLER 2002, 85.

139 Ausführlich dazu EVANS 1991, 41–72 und ERBSE 1991 *passim*; id., 1992, 3–92. Laut L. PEARSON, Real and Conventional Personalities in Greek History, JHI 15, 1954, 136–145, bes. 142–144, zeichnet Herodot nur für Orientalen Charakterbilder, nicht jedoch für Griechen.

140 Cf. K.H. WATERS, The Purpose of Dramatisation in Herodotos, Historia 15, 1966, 157–171, bes. 169–171; eund., Herodotos on Tyrants and Despots. A Study in Objectivity (Historia Einzelschriften 15), Wiesbaden 1971, 86–100; C.C. CHIASSON, The Question of Tragic Influence on Herodotus, Diss. Yale 1979 (*non vidi*), eund., Herodotus' Use of Attic Tragedy in the Lydian Logos, ClAnt 22, 2003, 5–35; S. SAÏD, Herodotus and Tragedy, in: BAKKER-DE JONG-VAN WEES 2002, 117–147; OSTWALD 2002, 15–22.

141 C. DEWALD & J. MARINCOLA, A Selective Introduction to Herodotean Studies, Arethusa 20, 1987, 9–40, hier 14: „Very useful would be the treatment of Herodotean individuals using the arguments of current dramatic criticism."

142 Hdt. II 123,1; 130,2; VI 137,1.

143 Als Beispiel mag hier H. DREXLER, Herodot-Studien, Hildesheim-New York 1972, bes. 224 dienen: (Über IMMERWAHRS strukturalistischen Ansatz) „Das ist nun schon beinahe allegorische Herodoterklärung, und dies bei einem Autor, der nichts anderes will als λέγειν τὰ λεγόμενα und diesen Grundsatz offenbar auch befolgt hat, der getreuste Spiegel dessen, was er gehört und mit eigenen Augen gesehen hat." Zudem 226f.

eine Selbstverpflichtung Herodots darstellt, sondern das eigentliche Gewicht der Aussage auf seiner Freiheit liegt, nicht alles Gesagte zwangsläufig für wahr halten zu müssen.[144] Gerade Herodots Unverbindlichkeit und Weigerung, für die Glaubwürdigkeit des Berichteten selbst einzustehen, fungiert, wie FLORY wahrscheinlich macht, eher als „disclaimer", d.h. implizites Dementi, das seine Vorsicht beim Auswerten der Quellen unterstreichen sollte.[145] Diese ostentative Distanzierung von den Quellen zielt auch darauf ab, dem Publikum Vertrauen in die kritische Haltung des Autors und somit auch zu seinen sonstigen Berichten einzuflößen, bei denen er selbst nicht solche Vorbehalte anmeldet.[146] MOLES sieht jedoch gerade dort, wo antike Historiker jegliche Verantwortung für den Wahrheitsgehalt des von ihnen Berichteten auf die Quellen abwälzen, ein Indiz für Manipulationen des ihnen vorliegenden Materials, mit deren Hilfe sie allgemeinere Wahrheiten zum Ausdruck bringen wollen.[147] Weit weniger ehrenhafte Motive unterstellt der jüngere Seneca den Historikern, wenn er hinter diesem Abschieben der Verantwortung auf angebliche Gewährsleute lediglich ein rhetorisches Mittel erkennt, um durch den Vorbehalt gegenüber einer bestimmten ihrer zahllosen Lügen die anderen Unwahrheiten glaubhafter erscheinen zu lassen.[148]

Am Beispiel der Herodoteischen Berichte über die Alkmaioniden zeigt THOMAS[149] auf, daß Herodot im Falle der Befreiung Athens von den Peisistratiden und des Alkmaionidenexkurses (VI 124–131) keineswegs auf Familientraditionen,[150] sondern auf populäre Erzählungen und einzelne Polistraditionen mit demokratischer Tendenz zurückgegriffen und diese miteinander kombiniert hat. Sie demonstriert am Beispiel der unterschiedlichen Versionen über das Ende der Tyrannis in Athen, daß orale Überlieferungen einander durchaus in ihrer Tendenz, d.h. im Zuschreiben

---

144 Hdt. VII 152,3 (bzgl. des Medismos der Argiver): ἐγὼ δὲ ὀφείλω λέγειν τὰ λεγόμενα, πείθεσθαί γε μὲν οὐ παντάπασιν ὀφείλω, καί μοι τοῦτο τὸ ἔπος ἐχέτω ἐς πάντα λόγον. „Ich bin zwar verplichtet, zu berichten, was berichtet wird, aber ich muß es keineswegs auch glauben; und dieser Grundsatz soll mir für das gesamte Werk gelten."

145 S. FLORY, The Archaic Smile of Herodotus, Detroit 1987, 62–79, Zitat 65, zudem 66: „Herodotus elevates this stock phrase (…) from a storyteller's attention-getting trick into an ironic comment on the problematic relation between truth and fiction." Dies weist FLORY 1987, 67–78 an mehreren Geschichten nach. Cf. CORCELLA 1984, 64; DEWALD 1987, 150–153 und THOMAS 2000, 188 mit A. 47 und 214, die zu Recht auf den besonderen Zusammenhang dieses Bekenntnisses in VII 151f. hinweist, den Medismos der Argiver, deren Gesandtschaft zu Artaxerxes und die gleichzeitige Anwesenheit des Atheners Kallias in Susa – sämtlich Vorgänge, die von großer Brisanz für die Beteiligten und auch das Publikum waren.

146 So nachdrücklich HARTOG 1988, 293f.

147 Cf. MOLES 1993, 120 (s.u. S. 51).

148 Sen. nat. quaest. IV 3,1. Diese Taktik bei Sall. Jug. 17,7; Val. Max. I 8,7; Plin. nat. XVII 93; Curt. Ruf. IX 1,3. Cf. T.P. WISEMAN, Lying Historians: Seven Types of Mendacity, in: GILLWISEMAN 1993, 122–146, hier 135; BICHLER 1995, 32.

149 R. THOMAS, Oral Tradition and Written Record in Classical Athens, Cambridge 1989, 238–282.

150 K. KINZL, Miltiades' Parosexpedition in der Geschichtsschreibung, Hermes 104, 1976, 280–307, hier 291, betont, daß Herodot zur Behandlung des Miltiades nicht „des vertrauten Umgangs mit den ‚Philaiden' oder Alkmeoniden bedurft[e], um zu berichten, was ihm genügend andere Athener verschiedener Altersgruppen und politischen Engagements, und sogar NichtAthener, mitteilen konnten."

von Verdienst und Schuld, massiv widersprechen konnten und z.B. neben dem offiziellen Kult der Tyrannenmörder bestehen konnten.[151] Thomas betont zu Recht, daß mündliche Traditionen in Griechenland und besonders in Athen sehr starken Veränderungen unterworfen waren und dabei grundlegend von den in der Zeit ihrer jeweiligen Weitertradierung herrschenden Ansichten und Idealen geprägt wurden.[152] In diesem Zusammenhang unterstreicht Murray die starke Parteilichkeit mündlicher Traditionen, deren Zusammenstellung und Vergleich durch den Historiographen das Ideal einer einzigen historischen Wahrheit in immer weitere Ferne rücken und lediglich eine Annäherung an die tatsächlichen Ereignisse möglich erscheinen läßt.[153] Auch wenn sich Thomas von der Vorstellung zu lösen vermag[154], daß Herodot sich damit begnügt habe, widersprüchliche Versionen nebeneinanderzustellen,[155] so vermißt man bei ihr doch ein Forschen nach möglichen Darstellungsabsichten Herodots beim Alkmaioniden-Exkurs, für den sie sich zu schnell mit Harts Bewertung „a dazzling piece of irony" zufriedengibt.[156] Gerade Herodots mutmaßlichen Motiven bei der Auswahl, Gestaltung und – auch von Thomas grundsätzlich zugestandenen – Umformung der vorliegenden Versionen über Themistokles soll das besondere Augenmerk dieser Arbeit gelten.

Schon Thukydides hatte starke Vorbehalte gegen die Quellenbenutzung seines Vorgängers. In seinem Methodenkapitel (I 22,2f.) distanziert er sich von der – offensichtlich gerade an Herodot gescholtenen[157] – Praxis, sich bei den Berichten auf die Auskünfte des erstbesten (ἐκ τοῦ παρατυχόντος πυνθανόμενος) oder auf das eigene Dafürhalten zu stützen, und propagiert die Autopsie einerseits und eine abwägende Befragung vieler Augenzeugen andererseits, die infolge von deren Parteilichkeit und Gedächtnisfehlern höchst mühsam sei. Falls wir diese Kritik als zutreffende Charakterisierung der *Historien* werten dürfen[158], so drängt sich der Schluß

---

151 Wie uneinheitlich, unverbindlich und umstritten Polistraditionen in Griechenland waren, betont im Kontrast zum allein von der Senatsaristokratie bestimmten historiographischen Diskurs in Rom E. Flaig, Ritualisierte Politik. Zeichen, Gesten und Herrschaft im Alten Rom, Göttingen 2003, 91.

152 Thomas 1989, 250f., 280f., 283. S.o. S. 29 A. 80.

153 O. Murray, Herodotus and Oral History Reconsidered, in: Luraghi 2001, 314–325, hier 324: „Oral history is more ambiguous in the sense that it is less concerned with the idea of a single truth, but more concerned with possible multiple interpretations of events. Oral tradition is truer to the beliefs of the past (whether contemporary to the events or a later fifth-century past) precisely because it is more biased, more open to manipulation."

154 Thomas 1989, 282: „He seems to have avoided merely repeating any one version. He balanced the Alcmaeonid defence against highly damaging information which he got from wider popular or polis traditions. He succeeded in producing a far more complex and detailed account of the ‚liberation' itself than we would expect from any one source. He was surely well aware of the pitfalls of the patriotic and family traditions."

155 So vehement L. Pearson, Credulity and Scepticism in Herodotus, TAPhA 72, 1941, 335–355, hier 335.

156 Thomas 1989, 251; 272, zum folgenden 284f. Zitat Hart 1993, 31.

157 So Moles 1993, 104 und S. Hornblower, Herodotus and his sources of information, in: Bakker-de Jong-van Wees 2002, 373–386, hier 375. Die Wendung ...ὡς ἐμοὶ ἐδόκει „wie mir schien" findet sich sehr oft bei Herodot.

158 Oder haben wir es bloß mit einem gattungsspezifischen Beispiel für die Absetzung von den vorgeblich so falschen Methoden der Vorgänger zu tun?

auf, daß Herodot darin mindestens einige Berichte geboten hat, die von den verbreiteten Traditionen abwichen; ob diese heterodoxen Darstellungen nun als Sonder-
überlieferungen einzelner Gruppen oder als seine eigenen Rekonstruktionen wahrgenommen wurden, hing allein davon ab, wie Herodot sie kennzeichnete. Nicht nur
aus diesem Grunde, sondern auch angesichts der primären Aufgaben eines Geschichtsschreibers ist es höchst unwahrscheinlich, daß Herodot nur das berichtete,
was sein Publikum ohnehin schon wußte.[159]

Die Theorie von Herodots Quellenverhaftung wurde am stärksten durch
FEHLINGS Untersuchung über „Die Quellenangaben bei Herodot"[160] erschüttert. Darin
ist FEHLING m.E. der Nachweis gelungen, daß Herodot gerade für Nachrichten über
ferne Völker seine Quellenangaben nach festen Regeln auswählt: nach dem Prinzip
der nächstliegenden Quellenangabe, der Wahrung der Glaubwürdigkeit und des
Parteistandpunktes. Doch diskreditiert FEHLING selbst seine durchaus glaubhafte
These, wenn er nicht nur alle Quellenangaben[161], sondern sogar sämtliche Nachrichten als erfunden verwirft: Herodot habe vielmehr nur ein ganz grobes Gerüst
echter historischer Nachrichten gehabt und durch eigenes Schaffen ausgefüllt, so
daß ein Großteil der *Historien* als pure Fiktion anzusehen sei.[162]

Doch ebensowenig wie Herodot „Sklave" seiner Quellen ist,[163] dürfen wir seine Berichte als reine Phantasieprodukte abtun. Zweifellos hat Herodot in großem

159 Wie W.K. PRITCHETT, The Liar School of Herodotos, Amsterdam 1993, 328–353 und SHRIMP-
TON 1997, 244 meinen. Cf. grundsätzlich G. THEISSEN, Der Schatten des Galiläers. Historische
Jesusforschung in erzählender Form, Gütersloh 1986, 68: „Fänden wir in der Vergangenheit
nur, was unseren Erfahrungen entspricht, verlören wir das Interesse an ihr. Fänden wir nur, was
ihnen widerspricht, bliebe sie unverständlich. Interessant ist das Fremde. Verständlich wird es
durch Beziehung auf Vertrautes."

160 D. FEHLING, Die Quellenangaben bei Herodot. Studien zur Erzählkunst Herodots (UaLG 9),
Berlin-New York 1971 = erweiterte englische Fassung: Herodotus and his ‚Sources'. Citation,
Invention and Narrative Art, Leeds 1989.

161 G. SHRIMPTON & K.M. GILLIS, Herodotus' Source Citations, in: SHRIMPTON 1997, 229–265 haben
herausgearbeitet (236–246), daß Herodot in den ersten vier Büchern, in denen er ferne Länder
und lang zurückliegende Zeiten beschreibt, deutlich mehr Quellenzitate im allgemeinen und
namentliche Nennungen im besonderen liefert als in den letzten Büchern, wo ein dem Autor
wie Publikum viel näherliegender Gegenstand, die griechische Geschichte der spätarchaischen
Zeit, im Mittelpunkt steht. Ihre (von HORNBLOWER 2002, 380 akzeptierte) Konsequenz daraus
(246): „there is an implied tendency for him to doubt, or feel a certain lack of confidence in,
material he assigns to a source and for him to avoid source citations when specific items are
reported as established knowledge" dürfte im ersten Teil richtig sein; jedoch ihre zweite Aussage, offensichtlich in einem Umkehrschluß gewonnen, (schon 245: „when Herodotus feels that
the item is reliable knowledge, no source citation is required") ist auf diese Art nicht zu beweisen, zumal sich in den Büchern VII bis IX zu viele Passagen finden – man denke nur an den
Kronrat des Xerxes oder an die für beide Seiten kompromittierenden Verhandlungen zwischen
Athenern und Spartanern im Jahre 479 –, die kaum zum allgemeinen Wissensgut der Griechen
gehört haben und dennoch keine Quellenangaben bieten – von VII 12 für ein Detail abgesehen.

162 Zu großen Teilen hat die Fachwelt (die Reaktionen gesammelt bei DEWALD-MARINCOLA 1987,
26–35; N. LURAGHI, Erodoto tra storia e fantasia: la parola alla difesa, QS 40, 1994, 181–189;
R.L. FOWLER, Herodotos and his Contemporaries, JHS 116, 1996, 62–87, hier 80–85, bes. 81 A.
125) mit der weit überzogenen Schlußfolgerung FEHLINGS auch dessen insgesamt weiterführen-
den Ansatz verworfen. Als Gegenschrift zu FEHLING ist PRITCHETT 1993 konzipiert.

163 Cf. BICHLER 1985, 146: „Ein wohl komponiertes, in sich geschlossenes Werk eines Autors, der

Umfang mündliche Quellen und auch schriftliche Vorlagen herangezogen. Eine Methode, wie eventuelle orale Überlieferungen auszumachen sind, wird unten vorgestellt. Während bei der Diskussion die mündlichen Quellen Herodots immer im Vordergrund standen, wird von heutigen Forschern die Benutzung von Geschichtswerken keineswegs mehr so rigoros ausgeschlossen wie noch von JACOBY, der dadurch mögliche Rivalen Herodots um den Titel „Vater der Geschichtsschreibung" zu eliminieren suchte.[164] Zwar bleibt die Datierung zahlreicher Historiker, die Dionysios von Halikarnassos in seinem Essay über Thukydides als vor dem Peloponnesischen Krieg wirkend oder als dessen Zeitgenossen auflistet[165], unsicher und sind ihre Werke nur in spärlichen Fragmenten erhalten; doch deutet vieles darauf hin, daß Herodots ältere Zeitgenossen, Charon von Lampsakos[166] in den Περσικά und teilweise in den „Jahrbüchern der Lampsakener" (Ὧροι Λαμψακηνῶν) sowie Dionysios von Milet[167] in den fünf Büchern „Die Ereignisse nach Dareios" (Τὰ μετὰ Δαρεῖον) und – sofern nicht mit diesen identisch – in den Περσικά die Perserkriege beschrieben haben. DREWS sieht darin sogar deren ausschließlichen Gegenstand und bestreitet folglich, daß sie einen ethnographischen und historischen Überlick über das Perserreich gegeben hätten. Für ihn stellt schon „the Great Event" selbst,

---

doch nur ‚schlicht weitergab', was ihm eine ganze Fülle von Informanten aus verschiedener Herren Länder berichtet haben, ist ein Unding!" Ähnlich FLORY 1987, 157.

164 F. JACOBY, Über die Entwicklung der griechischen Historiographie und den Plan einer neuen Sammlung der griechischen Historikerfragmente, Klio 9, 1909, 80–123 sowie dessen RE-Artikel zu Hekataios, Hellanikos und Herodot, wiederabgedruckt in: id., Griechische Historiker, Stuttgart 1956; unterstützt von VON FRITZ 1967, 77–104 und MEISTER 1990, 24f. Cf. die ausführliche Kritik an JACOBYS Klassifizierung und Spätdatierung einiger früher Historiker bei FOWLER 1996, 62–69 und J. MARINCOLA, Genre, Convention, and Innovation in Greco-Roman Historiography, in: C.S. KRAUS (ed.), The Limits of Historiography. Genre and Narrative in Ancient Historical Texts (Mnemosyne Suppl. 191), Leiden-Boston-Köln 1999, 281–324, hier 283–301.

165 Dion. Hal. Thuc. 5. Cf. D.L. TOYE, Dionysius of Halicarnassus on the first Greek historians, AJPh 116, 1995, 279–302; FOWLER 1996, 62f.

166 Daß Charon ein älterer Zeitgenosse des Herodot war und sehr wohl von diesem benutzt worden sein kann, belegen Dion. Hal. Thuc. 5; Pomp. 3; FGrHist 262 T 1 = Suda s.v. Χάρων, Λαμψακηνός (mit Werkangaben); F 9 = Plut. Her. malign. 20, p. 859b und F 14 = Tertull. an. 46; cf. ausführlich L. PEARSON, Early Ionian Historians, Oxford 1939, 139f., 146; C. NYLANDER, ΑΣ-ΣΥΡΙΑ ΓΡΑΜΜΑΤΑ. Remarks on the 21st ‚Letter of Themistokles', OA 8, 1968, 119–136, hier 134f., bes. A. 65 mit älterer Literatur; S. GOZZOLI, Una teoria antica sull' origine della storiografia greca, SCO 19–20, 1970–71, 158–211, hier 169 A. 33; R. DREWS, The Greek Accounts of Eastern History, Washington 1973, 24–27; L. PICCIRILLI, Carone di Lampsaco ed Erodoto, ASNP Ser. III 5, 1975, 1239–1254, hier 1239, 1251f.; M. MOGGI, Autori greci di Persiká. II: Carone di Lampsaco, ASNP Ser. III 7, 1977, 1–26, hier 3–6; S. ACCAME, La leggenda di Ciro in Erodoto e in Carone di Lampsaco, MGR 8, 1982, 1–43, hier 26–31; so auch H.D. WESTLAKE, Thucydides on Pausanias and Themistocles – a Written Source?, CQ N.S. 27, 1977, 95–110, hier 107–109 = ND in: id., Studies in Thucydides and Greek History, Bristol 1989, 1–18, hier 12f.; nachdrücklich FOWLER 1996, 67.

167 Zu den Werken Suda s.v. Διονύσιος, Μιλήσιος; zur Datierung FGrHist 687 T 2 = Suda s.v. Ἑκαταῖος und MOSSHAMMER 1973, 9; FOWLER 1996, 68 A. 48. Man vergleiche die inhaltliche Ähnlichkeit von F 1 und Hdt. V 58; F 2 und Hdt. III 61; F 4 und Hdt. I 1; cf. C.F. LEHMANN-HAUPT, Zur Schrift Τὰ μετὰ Δαρεῖον des Dionysios von Milet, Klio 3, 1903, 330–332; M. MOGGI, Autori greci di Persiká. I: Dionisio di Mileto, ASNP Ser. III 2, 1972, 433–468 (435 A. 1 Literaturübersicht); DREWS 1973, 20–22, 30, 83, 159 A. 45; MARINCOLA 2001, 17.

wie er die Perserkriege nennt, die eigentliche Initialzündung für die griechische Geschichtsschreibung dar[168] und nicht erst die Ausbildung der ἱστορίη durch Herodot. Auch wenn das Ausmaß des von Herodot aus diesen „early historians" übernommenen Materials nicht mehr zu eruieren ist, so liegt der Schluß nahe, daß Herodot die Werke seiner Vorgänger – dazu zählen vermutlich auch die Λυδιακά des Xanthos von Lydien[169] und vielleicht die Περσικά des Hellanikos von Lesbos[170] – nicht nur kannte, sondern sie für nicht wenige Passagen als Vorlage benutzte.[171] Insbesondere Charon von Lampsakos habe ich im Verdacht, das Schicksal des Themistokles ausführlich in seinen Werken beschrieben zu haben[172] und auch für dessen angeblichen, bei Thukydides (I 137,4) überlieferten Brief an den Perserkönig verantwortlich zu sein.

Neben den frühen Prosaautoren werden jüngst auch die archaischen Elegien- und Iambendichter als „Vorfahren" der Historiographie des fünften Jahrhunderts angesehen.[173] Als zentrale Parallelen zwischen diesen Gattungen hat Bowie[174] das große Selbstbewußtsein des Autors und den allenthalben anzutreffenden moralischen Ton aufgezeigt. Daneben finden wir in beiden Gattungen Reden, Eingriffe von Göttern und den Vergleich von gegenwärtigen Kriegen mit früheren in bedeutender Funktion. All diese Charakteristika besitzt der neu gefundene Simonides-Papyrus mit einer detailreichen Schilderung der Schlacht von Plataiai, der somit zeigt, daß auch die frühklassische Lyrik sehr wohl zeitgenössische Ereignisse zum Gegenstand nahm.[175] Als weitere poetische Quellen für die Perserkriege neben der

---

168 Drews 1973, 31f., 36, 43, 134, 136f.

169 Laut Ephoros FGrHist 70 F 180 diente Xanthos (FGrHist 765 T 5) Herodot als Ausgangspunkt (ἀφορμαί) für seine Geschichte der Lyder; cf. Pearson 1939, 115f.; H. Herter, RE IX A 2 (1967), s.v. Xanthos, 1353–1374; Drews 1973, 100–103; Fowler 1996, 64; Marincola 1999, 297f.

170 Cf. Drews 1973, 22–24, 28f.; Fowler 1996, 66; Belege für Hellanikos' Priorität ibid. A. 33f.

171 Zu Dionysios von Milet als Herodoteischer Quelle cf. C.F. Lehmann-Haupt, Zur Geschichte und Überlieferung des ionischen Aufstandes, Klio 2, 1902, 334–340, bes. 337–339; Macan 1908, I p. lxxv; J.B. Bury, The Ancient Greek Historians, New York 1909, 21–24; Drews 1973, 36. Hingegen sieht Moggi 1972, 467f. Dionysios' Darstellung der Perserkriege nicht so sehr als Quelle für Herodot denn vielmehr als dessen Folie, von der sich dieser absetzen möchte.

172 Ähnlich auch Fowler 1996, 67 A. 40. S. u. S. 350–353.

173 H. Klos, Der Einfluß der archaischen Poesie auf das Werk des Herodotos, Diss. Wien 1947 bietet eine gute Zusammenstellung von Parallelen dafür; H. Verdin, Les remarques critiques d'Hérodote et de Thucydide sur la poésie en tant que source historique, in: Historiographia antiqua. FS W. Peremans, Louvain 1977, 53–76.

174 E.L. Bowie, Early Greek Elegy, Symposium, and Public Festival, JHS 106, 1986, 13–35, hier 27–34, und ausführlich in: Ancestors of Historiography in Early Greek Elegiac and Iambic Poetry?, in: Luraghi 2001, 45–66, bes. 62–66.

175 D. Boedeker, Simonides on Plataea: Narrative Elegy, Mythodic History, ZPE 107, 1995, 217–229 und Heroic Historiography. Simonides and Herodotus on Plataea, in: ead. & D. Sider (edd.), The New Simonides. Contexts of Praise and Desire, Oxford-New York 2001, 120–134, welche die Gemeinsamkeiten und Unterschiede der beiden Schilderungen aufführt und Herodots zeitgeschichtlichen Hintergrund – die Zerstörung Plataiais durch die Spartaner und Thebaner 427 – und sein Interesse an der Darstellung der griechischen Uneinigkeit hervorhebt; cf. I. Rutherford, The New Simonides. Toward a Commentary, ibid. 33–54, hier 35–50. Cf. Marincola 1999, 292; Bowie 2001, 54f., 57f.

Lyrik dürfen wir natürlich die Tragödien des Phrynichos, Μιλήτου ἅλωσις und Φοίνισσαι, und die *Perser* des Aischylos nicht vergessen.[176]

Gegen schriftliche Vorlagen Herodots spricht auch keineswegs der Charakter vieler seiner Geschichten, die ihre Herkunft aus mündlichen Traditionen verraten. Denn auch seine Quellenautoren werden sicherlich diesen oralen Zug bewahrt und somit an Herodot weitergeben haben.[177]

5. Herodot – *pater historiae an pater mendaciorum?* oder: Der Historiker und die geschichtliche Wahrheit

Die Annahme, daß Herodot zahlreiche mündliche und schriftliche Quellen benutzt hat[178], schließt keineswegs eine literarische Gestaltung gemäß seinen eigenen Darstellungsabsichten aus. Denn das Quellenproblem einerseits und die Frage nach der literarischen Formung der *Historien* andererseits erweisen sich als die beiden Seiten ein und derselben Medaille. Je nach Blickwinkel wurde Herodot schon in der antiken, aber dann auch neuzeitlichen Bewertung entweder als „Vater der Geschichtsschreibung" oder als „Vater der Lügen" apostrophiert. Bezeichnenderweise jedoch trägt schon Ciceros Loblied auf Herodot als *pater historiae,* in das die Gelehrten verstärkt seit dem 19. Jahrhundert miteinstimmen, diese starke Ambivalenz in sich, moniert Cicero doch im gleichen Atemzug bei ihm „zahllose Märchen".[179] Waren seine wunderlichen Geschichten zum Orient bevorzugte Ansatzpunkte einiger – uns nur noch dem Titel nach greifbaren – Polemiken hellenistischer und kaiserzeitlicher Autoren[180], so klagt die einzige erhaltene Schrift, Plutarchs Essay, Herodot der Bösartigkeit gegenüber seinen griechischen Landsleuten an, deren Ruhm in den Perserkriegen er nach Kräften verdunkele.[181] Selbst die Bewunderer des He-

---

176 Cf. DREWS 1973, 32–35, der zudem das Perserkriegsepos des Choirilos von Samos anführt, und ausführlich W. KIERDORF, Erlebnis und Darstellung der Perserkriege. Studien zu Simonides, Pindar, Aischylos und den attischen Rednern (Hypomnemata 16), Göttingen 1966.

177 Cf. RAAFLAUB 1988, 223.

178 Cf. R. BICHLER in der ausgewogenen Rez. von FEHLING, AAHG 23, 1990, 49–55, bes. 54.

179 Cic. leg. I 5: *... apud Herodotum, patrem historiae, ... sunt innumerabiles fabulae.* Cf. COBET 1971, 185f. und BICHLER 1995, 17f.

180 So von Manctho, Valerius Pollio, Aelius Harpokration und Libanios; cf. auch Cic. inv. II 36. Zur antiken Rezeption Herodots cf. ausführlich HAUVETTE 1894, 65–180; W. SCHMID & O. STÄHLIN, Geschichte der griechischen Literatur (HAW VII 1,2), 1. Teil, 2. Band, München 1934, 665–670; A. MOMIGLIANO, Die Stellung Herodots in der Geschichte der Historiographie, in: MARG WdF 137–156, bes. 137f., 143–147 (zuerst engl. History 43, 1958, 1–13); K.A. RIEMANN, Das herodoteische Geschichtswerk in der Antike, Diss. München 1967; J.A.S. EVANS, Father of History or Father of Lies: the Reputation of Herodotus, CJ 64, 1968, 11–17; BICHLER-ROLLINGER 2000, 114–119; ausführlich M. HOSE, Am Anfang war die Lüge? Herodot, der „Vater der Geschichtsschreibung", in: id. (ed.), Große Texte alter Kulturen. Literarische Reise von Gizeh nach Rom, Darmstadt 2004, 153–174.

181 Cf. P. LEGRAND, Sur la „malignité" d'Hérodote, in: Mélanges G. GLOTZ, vol. I, Paris 1932, 535–547; H. HOMEYER, Zu Plutarchs *de Herodoti malignitate*, Klio 49, 1967, 181–187; J.P. HERSHBELL, Plutarch and Herodotus – the Beetle in the Rose, RhM 136, 1993, 143–163, zu Themistokles 152.

rodoteischen Stils, Dionysios von Halikarnassos und Lukian, sprechen ihm die Wahrhaftigkeit ab.[182]

Die historische Wissenschaft hingegen maß seit RANKES Anspruch, der Historiker müsse die Vergangenheit so zu verstehen suchen, „wie sie eigentlich gewesen", alle antiken Historiographen an den Aristotelischen Kriterien für die Geschichtsschreibung, die er in seiner „Poetik" als Kontrast zu seinem eigentlichen Gegenstand, der Dichtung, verwendet. Laut Aristoteles ist es Aufgabe der Dichtung mitzuteilen, was geschehen könnte, d.h. das nach der Wahrscheinlichkeit oder gar nach Notwendigkeit Mögliche, während die Geschichtsschreibung das wirklich Geschehene berichten muß. Die Dichtung ist das Philosophischere, da sie auf das Allgemeine abzielt, auf das, was ein Mensch von bestimmter Beschaffenheit nach der Wahrscheinlichkeit oder Notwendigkeit tut oder sagt; die Geschichtsschreibung hat hingegen das Besondere im Visier, das Tun und Leiden einer bestimmten historischen Person.[183] Aristoteles hat explizit gerade Herodot als Muster des Geschichtsschreibers vor Augen; dieses Bild erweist sich jedoch als höchst eingeschränkt, da er als Konstitutivum von Geschichtswerken die Darstellung ganzer Zeitabschnitte, nicht einzelner zusammenhängender Handlungen, feststellt: die Ereignisse oder Personen aus gleicher Zeit wiesen keinerlei kausale Verbindung auf, sondern stünden lediglich in einem zufälligen Verhältnis, wie die Schlachten von Salamis und Himera im Jahr 480.[184]

In diesem Detail[185] verfehlt Aristoteles sowohl Herodots Vorgehensweise als auch überhaupt seine Gegenstände und Ziele: Herodot hat sich nicht nur, wie neuere Forschungen zeigen[186], zahlreicher poetischer Stilmittel bedient, sondern er hat auch, wie oben schon erläutert, über das Besondere des tatsächlich Geschehenen (τὸ καθ᾽ ἕκαστον) hinaus mit den Gründen des Aufstiegs und Falls der Mächtigen auch das Allgemeine (τὰ καθόλου) im Auge.[187] Während Herodot mit unzweideu-

182 Dion. Hal. Pomp. 3 zieht ihn allein aus stilistischen Gründen Thukydides vor. Lukian. hist. conscr. 41f. sieht Thukydides' Aufstieg zum wahrheitsliebenden Historiker als Reaktion auf die Fabeleien seines Vorgängers. Cf. MOMIGLIANO in MARG WdF 147.

183 Aristot. poet. 9, 1451a37–b11; b29–32. Cf. R. ZOEPFFEL, Historia und Geschichte bei Aristoteles, AHAW 1975,2, Heidelberg 1975, 12–17; MEISTER 1990, 95; Literatur 222 A. 20; OSTWALD 2002, 9f.; E. BARTKY, Aristotle and the Politics of Herodotus's „History", The Review of Politics 64, 2002, 445–469.

184 Aristot. poet. 23, 1459b22–29 zeigt diesen Zug der Geschichtsschreibung als Grundfehler einer schlechten Art von Epik auf. Cf. ZOEPFFEL 1975, 15f.; BICHLER 1995, 20f.

185 Denn Herodot stellt die beiden Schlachten sehr wohl als diskrete Vorgänge samt ihrer jeweiligen Vorgeschichte mit einigem Abstand voneinander dar; den Hinweis auf ihr zeitliches Zusammenfallen legt er den Bewohnern Siziliens in den Mund (VII 166,1).

186 Cf. G. NAGY, Pindar's Homer. The Lyric Possession of an Epic Past, Baltimore-London 1990, 215–338, der, ausgehend von Plut. Her. malign 40, p. 871d, – wie P. PAYEN, Logos, mythos, ainos, QS 39, 1994, 43–77 – die archaische Erzählform des αἶνος als für Herodots Darstellungsweise prägend ansieht; J. HERINGTON, The Poem of Herodotus, Arion 1, 1991, 5–16; C. CALAME, The Craft of Poetic Speech in Ancient Greece, Ithaca-London 1995, 75–96, bes. 87–91.

187 Cf. COBET 1971, 186 A. 734; ausführlich BICHLER 1995, 21–23 und GOMME 1954, 73–94 = MARG WdF 202–226, der Herodot an Aristoteles' Thesen mißt. Zudem EVANS 1991, 46; MOLES 1993, 107f.; THOMPSON 1996, 22–27; BOEDEKER 2002, 98; SAÏD 2002, 117, 126.

tigen und im eigenen Namen geäußerten Qualifikationen seiner Protagonisten sparsam ist[188], dienen viele seiner Anekdoten der Pointierung ihrer jeweiligen Tugenden oder Laster; mit ihnen stellt er also eher das Allgemeingültige und „Charakteristische" an ihrer Persönlichkeit und weniger das Besondere und Situationsgebundene heraus. Indem er so etwas mitteilt, was nicht notwendigerweise tatsächlich so geschehen ist, sondern „was geschehen sein könnte" (οἷα ἂν γένοιτο), überschreitet er allerdings weit die Gattungsgrenze zur Dichtung, die Aristoteles mit einer dem Verständnis antiker Geschichtsschreibung abträglichen Schärfe[189] gezogen hat.

RÖSLER betont den fiktiven Charakter einer solchen „Dichtung" im Aristotelischen Sinne, die jedoch gerade durch die Fiktion eine höhere „eigene Wahrheit" ausdrücke.[190] Wie RÖSLER zu Recht herausstreicht, haben vermutlich die „phantastischen Einfälle … der Alten Komödie (in der die Irrealität geradezu zum Prinzip erhoben war) und die immer neuen tragischen Stücke über die immer gleichen mythischen Stoffe (wobei sich Innovationen in Umakzentuierungen bzw. in der Erfindung neuer Handlungselemente, gar neuer Personen zeigte)"[191] vor allem bei feinfühligeren Zuschauern zur Ausbildung neuer Wahrnehmungsmuster für die fiktionalen Elemente geführt. Die sich dafür ausprägenden Konventionen und den am Drama geschärften Blick des Publikums, hinter Fiktionen auch Anspielungen auf die eigene Lebenswelt zu erkennen, dürften auch Autoren anderer Literaturgattungen wie der damals aufkommenden Geschichtsschreibung für sich in Anspruch genommen und für ihre spezifischen Zwecke umgesetzt haben.

Wie WALBANK aufgezeigt hat, ist Aristoteles mit seiner Scheidung von Geschichtsschreibung und Dichtung keineswegs repräsentativ für die *communis opinio* der alten Griechen; vielmehr sahen diese schon seit Herodot, Thukydides und Xenophon Historiographie und Tragödie erstens aus ein und derselben Quelle, dem Epos, entsprungen, zweitens mit denselben dezidiert historischen Stoffen befaßt – die Taten des Theseus galten ihnen als gleichermaßen historisch wie die Perserkriege[192] – und drittens auf dasselbe Ziel ausgerichtet, die moralische Ermahnung der Zuschauer.[193] Dieser großen Affinität zwischen Dichtung und Geschichtsschreibung

---

188 Cf. VIII 79,1; weit häufiger sind die indirekten Bewertungen (I 30, 2; 96,2; VI 125,1; 132; VIII 126,1). Dagegen finden wir die direkte Charakterisierung weit öfter bei Thukydides (I 138,3; II 65,5f.; IV 81; VI 15; VII 86,5; VIII 68,5); cf. dazu GOLDSCHEIDER 90.

189 Laut T. ROSENMEYER, History or Poetry? The Example of Herodotus, Clio 11, 1982, 239–259, hier 239f., trennt Aristoteles beide nicht so scharf voneinander.

190 W. RÖSLER, Die Entdeckung der Fiktionalität in der Antike, Poetica 12, 1980, 283–319, hier 310f., Zitat 310. Die Ansicht, daß der Zuschauer einer Tragödie durch deren „Täuschung" klüger werde, hat die Sophistik schon zu Herodots Zeiten verfochten (Δισσοὶ λόγοι 3,10; Gorgias 82 B 23 DK; cf. RÖSLER 1980, 311f.).

191 Zitat RÖSLER 1980, 312f.; auch zum folgenden. Cf. zur Bewahrung des Handlungskernes Aristot. poet. 14, 1453b22–26.

192 Cf. F. HAMPL, Herodot. Ein kritischer Forschungsbericht nach methodischen Gesichtspunkten, GB 4, 1975, 97–136, hier 115, 117f.

193 WALBANK 1960, 221–225, 229; bes. 225–228 zur Einordnung der Tragödie in die Rubrik der ἱστορία/*historia* im Gegensatz zu μῦθος/*fabula* innerhalb der antiken Literaturtheorie (cf. Quint. inst. II 42; Sext. Emp. adv. gramm. I 252, 263f.; Rhet. Her. I 12f.); zur moralischen Zielsetzung beider Gattungen 228f. (cf. Diod. I 2,2); 230–232 zum hohen Alter ihrer Affinität. Cf. auch

zollt Aristoteles nur widerwillig Anerkennung, wenn er als entscheidendes Kriterium für die Qualität einer solchen „Dichtung" mehrmals die Wahrscheinlichkeit oder gar Notwendigkeit anführt, mit der sich ein Mensch oder eine Sache in der vom Dichter dargestellten Weise verhält.[194] Unverrückbarer Bezugspunkt der Fiktion bleiben also Grundmuster, die sich nur aus der Realität ableiten lassen, mithin die Realität selbst.[195] Damit verknüpft Aristoteles eng die innere Geschlossenheit eines dargestellten Charakters.[196]

Auch wenn der Philosoph diese Ansprüche ausschließlich an die Dichtung stellt, so mußten sich auch Herodot und die anderen antiken Historiker daran messen lassen. Und die Schärfe, mit der Thukydides, Ephoros, Polybios oder auch Lukian gegen die Verwischung der Grenzen von Dichtung und Geschichtsschreibung protestieren, belegt vielleicht am besten, wie eng beide Gattungen im Verständnis nicht nur vieler gescholtener Historiographen, sondern auch des Publikums beieinanderlagen.[197] Aufgrund ihrer engen Verwandtschaft mit der Rhetorik galt auch für die Geschichtsschreiber wohl schon seit Herodot[198] die Anforderung, ihren Bericht mit Wahrscheinlichkeit zu versehen, da ja dessen eigentliche „Wahrheit" für die Zuhörer in den meisten Fällen mitnichten überprüfbar war.[199] Um den stark rhetorischen

ROSENMEYER 1982, 243f. und A. MEHL, Römische Geschichtsschreibung. Eine Einführung, Stuttgart 2001, 29f., 59.

194 Cf. Aristot. poet. 9, 1451a37f., b9; 25, 1460a26–29, bes. 26f.: Es sei das glaubhafte Unmögliche dem unglaubhaften Möglichen vorzuziehen. 1451b29–33: Auch wenn ein Dichter tatsächlich Geschehenes behandele, sei er dennoch ein Dichter, da einiges davon nach der Wahrscheinlichkeit geschehen könne.

195 Cf. C. GILL, Plato on Falsehood – not Fiction, in: GILL-WISEMAN 1993, 38–87, hier 75–77 sowie J.R. MORGAN, Make-Believe and Make Believe: The Fictionality of Greek Novel, in: GILL-WISEMAN 1993, 175–229, hier 182.

196 Aristot. poet. 15, 1454a33–37. Cf. MORGAN 1993, 228.

197 Thuk. I 22,4; Ephoros FGrHist 70 F 8; 316; Pol. II 56,11f.; Lukian. hist. conscr. 8–10. Cf. G. AVENARIUS, Lukians Schrift zur Geschichtsschreibung, Meisenheim/Glan 1956, 16–22 mit weiteren Belegen. Daß Thukydides und Polybios mit ihren hohen Ansprüchen unter den antiken Geschichtsschreibern die Ausnahme, nicht die Regel darstellten, zeigen E. GABBA, True History and False History in Classical Antiquity, JRS 71, 1981, 50–62 und MEHL 2001, 30–32.

198 Wie nun THOMAS 2000 passim hat auch A. MOMIGLIANO, The Rhetoric of History and the History of Rhetoric: On Hayden White's Tropes, in: id., Settimo contributo alla storia degli studi classici e del mondo antico, Rom 1984, 49–59, hier 58 (zuerst in: E.S. SHAFFER [ed.], Comparative Criticism. A Yearbook, vol. 3, Cambridge 1981, 259–268) schon für Herodot einen starken rhetorischen Einfluß ausgemacht. Allerdings bezieht sich das von MOMIGLIANO ibid. angeführte Lob des Dion. Hal. Thuc. 5 fin. über Herodots stilistische Neuerungen gerade nicht auf rhetorische Fähigkeiten, wie Thuc. 23 fin. verdeutlicht.

199 Cf. ausführlich F. WEHRLI, Die Geschichtsschreibung im Lichte der antiken Theorie, in: Eumusia, FS E. HOWALD, Zürich 1947, 54–71; MOMIGLIANO 1984, 58f. und T.P. WISEMAN, Practice and Theory in Roman Historiography, in: id., Roman Studies, Liverpool 1987, 244–262, hier 257f. (zuerst: History 66, 1981, 375–393, hier 386f.), bes. 258/387 (mit Blick auf die römischen Annalisten): „Often enough, no doubt, ‚probability' meant no more than the historian's own pre-conceived ideas." Cf. eund. 1993, 142; A.J. WOODMAN, Rhetoric in Classical Historiography. Four Studies, London-Sydney 1988, 27f., 87, 91–93, 107 A. 68; M.J. WHEELDON, ‚True Stories': the reception of historiography in antiquity, in: A. CAMERON (ed.), History as Text, London 1989, 36–63, hier 39–43; SHRIMPTON 1997, 114f. Zudem Cic. Brut. 42; inv. I 29; Rhet. Her. 1,3; 1,16. Für Rhetorik und Geschichtsschreibung galt in der Antike gleichermaßen die

Charakter antiker Geschichtsschreibung zu begreifen, muß man nicht mit WHITE so weit gehen, bestimmte Tropen als prägend für jedes Geschichtswerk zu postulieren.[200] Das rhetorische Prinzip des Wahrscheinlichen (τὸ εἰκός / *veri simile*) war auch deshalb von den Historikern zu beachten, weil die antike Geschichtsschreibung von ihrer Natur her moralistisch war[201]: Geschichtliche Ereignisse wurden als das Ergebnis von Tugenden und Lastern der Protagonisten angesehen, ja konnten nur als wahrscheinliche oder gar notwendige Konsequenz aus einem in sich konsistenten Charakter, nicht jedoch als Produkt eines Zusammenwirkens überpersönlicher Faktoren verstanden werden.[202] So waren nicht nur bei Herodot Großtaten vor allem dem Mut und Einfallsreichtum, der Voraussicht und Geschicklichkeit des Helden zu verdanken, hingegen Niederlagen der Feigheit und Schlechtigkeit des Schurken geschuldet.[203] Nur auf diese Weise konnte die Historiographie die entsprechenden *exempla* liefern und ihre erzieherische Aufgabe erfüllen, die seit dem vierten Jahrhundert v. Chr. auch explizit formuliert wurde.[204]

In welchem Maße antike Autoren bereit waren, von dem ihnen Überlieferten abzuweichen, um einen Charakter besonders plastisch „herauszumodellieren", hat PELLING für Plutarch verdeutlicht: Dieser hat Ciceros Diffamierung des jungen Mark Anton als männliche Prostituierte durch seine Beziehung zu Curio verworfen und Mark Anton entlang dem Grundtenor der Biographie schon seit seiner Jugend als

---

aristotelische Präferenz des glaubhaften Unmöglichen gegenüber dem unglaubhaften Möglichen (poet. 25, 1460a26f.). Jüngst bestreitet A.B. BOSWORTH, Plus ça change … Ancient Historians and their Sources, ClAnt 22, 2003, 169–197, die rhetorische Orientierung der antiken Historiker; vielmehr seien sie ihren Quellen mit großer Treue gefolgt.

200 H. WHITE, Metahistorie. Die historische Einbildungskraft im 19. Jahrhundert in Europa, Frankfurt-New York 1991(zuerst engl. 1973), bes. 20–25, 569; id., Auch Klio dichtet oder Die Fiktion des Faktischen. Studien zur Tropologie des historischen Diskurses (Sprache und Geschichte 10), Stuttgart 1986 (zuerst engl. 1978), bes. 106. Eine kritische Beleuchtung von WHITES Thesen bei C. LORENZ, Konstruktion der Vergangenheit. Eine Einführung in die Geschichtstheorie, Köln-Weimar-Wien 1997, 170–187. MOMIGLIANO 1984, 49, 51f., 57f. wirft WHITE mit Recht vor, die Suche der Historiker nach der „Wahrheit" ganz aus dem Auge verloren zu haben.

201 Cf. WALBANK 1960, 228f.; E. AUERBACH, Mimesis. Die Darstellung der Wirklichkeit in der abendländischen Literatur, Bern ⁵1971, 41f.; WHEELDON 1989, 38, 59; C. PELLING, Conclusion, in: id. (ed.), Characterization and Individuality in Greek Literature, Oxford 1990, 245–262, hier 259–261.

202 Cf. D. TIMPE, *Memoria* und Geschichtsschreibung bei den Römern, in: H.-J. GEHRKE & A. MÖLLER (edd.), Vergangenheit und Lebenswelt. Soziale Kommunikation, Traditionsbildung und historisches Bewußtsein, Tübingen 1996, 277–299, hier 281f.

203 Die Vita bildet eine Grundform der Herodoteischen Geschichten und erzählerischen Großkreise; cf. HUBER 1965a, 166–173; COBET 1971, 158f.; NICOLAI 1986, 19.

204 Cf. Isokr. IX 77; Ephoros FGrHist 70 F 42; Dion. Hal. Pomp. 6; zudem P. SCHELLER, *De hellenistica arte historiae conscribendae*, Diss. Leipzig 1911, 72–78; ausführlich AVENARIUS 1956, 22–26 mit Quellen; MALITZ 1990, 330f. Zum historischen Wahrheitsgehalt von *exempla* cf. ausführlich M. STEMMLER, *Auctoritas exempli*. Zur Wechselwirkung von kanonisierten Vergangenheitsbildern und gesellschaftlicher Gegenwart in der spätrepublikanischen Rhetorik, in: B. LINKE & M. STEMMLER (edd.), *Mos maiorum*. Untersuchungen zu den Formen der Identitätsstiftung und Stabilisierung in der römischen Republik (Historia Einzelschriften 141), Stuttgart 2000, 141–205, hier 168–179.

leicht beeinflußbar und als Spielball anderer dargestellt.[205] Auch wenn PELLING den
nicht nur für Plutarch, sondern auch für Livius, Tacitus und Herodot postulierten, –
nach heutigem Verständnis – stark überdehnten Wahrheitsbegriff übernimmt und
deren Konstrukte verharmlosend als „creative reconstructions" vorstellt, arbeitet er
dennoch für den Biographen wie auch die Historiographen gleichermaßen zutreffend die Absicht heraus, die Einsichten des Publikums zu vertiefen und „[to] help[…]
them to understand events as they really happened and people as they really beha-
ved."[206] Die antiken Geschichtsschreiber werden sich gerade dann zu weitreichenden Eingriffen in die Überlieferungen berechtigt gesehen haben, wenn diese einander widersprachen und aus ihnen aufgrund ihrer Verformung ein glaubhaftes Bild
der geschichtlichen Realität offensichtlich nicht mehr gewonnen werden konnte.[207]

Daß aber auch weitergehende politisch-moralische Darstellungsabsichten, die
weit über die (Re-)Konstruktion eines Ereignisses oder eines Charakters hinaus-
greifen, Autoren dazu verleitet haben, das ihnen vorliegende Material umzugestal-
ten, haben CARTLEDGE und GREENWOOD gerade für Herodot und seine Darstellung
des Siegers von Plataiai, Pausanias, wahrscheinlich gemacht: Herodot hat die vermutlich nicht nur Thukydides (I 132) bekannte Anmaßung des Pausanias, sich auf
dem Dreifuß in Delphi als alleinigen Anführer der Griechen gegen die Perser zu
verherrlichen, unterschlagen, um keinen Schatten auf die von ihm propagierte Einigkeit der griechischen Poleis zu werfen.[208] BADIAN hat in einer richtungweisenden
Studie zur Herodoteischen Charakteristik Alexanders I. nachgewiesen, daß der Historiker durch kompositionelle und stilistische Mittel die Intention der Geschichten,
die ursprünglich der Apologie des Makedonenkönigs und dem Beleg seines Phil-

---

205 C. PELLING, Truth and Fiction in Plutarch's *Lives*, in: D.A. RUSSEL (ed.), Antonine Literature,
     Oxford 1990, 19–52, hier 38, mit weiteren Beispielen 35–43. Cic. Phil. II 44–47; Plut. Ant.
     2,4–8. Plutarch verwirft Solon 27,1 und Numa 1,2–4; 8,9f.; 22,3f. chronologische Argumente
     gegen eine Begegnung von Solon und Kroisos bzw. eine Verbindung zwischen Numa und Py-
     thagoras mit der Begründung, diese Beziehungen paßten so gut zum jeweiligen Charakter; cf.
     MOLES 1993, 120.
206 Zitate PELLING 1990a, 38, 52; zu Livius, Tacitus und Herodot 46–51. Zum Umgang Plutarchs
     mit der historischen Wahrheit 42f.: „he is only helping the truth along a little, allowing himself
     some licence to support a picture generally true. … the boundary between truth and falsehood
     was less important than that between acceptable and unacceptable fabrication, between things
     which were ‚true enough' and things which were not. Acceptable rewriting will not mislead the
     reader seriously, indeed he will grasp more of the important reality if he accepts what Plutarch
     writes than if he does not. Truth matters; but it can sometimes be bent a little."
207 MEHL 2001, 33 nimmt zu Recht an, daß „der antike Historiker, der über eine ihm ferner liegen-
     de Vergangenheit berichten wollte, einen bisweilen fast aussichtslosen Kampf mit der lücken-
     haften und oft widersprüchlichen Überlieferung führen mußte und von daher zu eher laxem
     Umgang mit den ihm vorliegenden Überlieferungsbruchstücken geneigt sein konnte".
208 P. CARTLEDGE & E. GREENWOOD, Herodotus as Critic: Truth, Fiction, Polarity, in: BAKKER-DE
     JONG-VAN WEES 2002, 351–371, hier 369f., bes. 370: „For had he included that criticism of the
     Spartan regent at such a climactic moment, his work's twofold message – to all Greeks to live
     up to the highest Hellenic ideals, and to the mutually antagonistic Athenians and Spartans spe-
     cifically to place Hellenic *homonoia* above selfish city-state pride and particularism – would
     have been significantly muted. That message was a kind of ‚truth' which (…) he could not have
     been persuaded to forgo at any price." Zu Pausanias s.u. S. 353f.

hellenismus dienten – so die der am Makedonenhof verschwundenen sieben Perser (V 17–21) oder die seiner Botschaft an die Athener (VIII 140–142) –, umgekehrt und so sein schnödes Doppelspiel entlarvt hat.[209] Solche Auslassungen und Umformungen, schließlich sogar Erfindungen der antiken Geschichtsschreiber zu erkennen ist gerade dort besonders erschwert, wo diese auf ihre zentralen Aussagen abzielen[210], wie MOLES überzeugend erklärt:[211]

> „Why then do Herodotus and Plutarch behave in this way? Serious ancient historians (which both Herodotus and Plutarch intermittently are) face the problem of the eternal see-saw of history: the need to generalize from specifics. No serious ancient historian was tied to specific factual truth that he would not sometimes help general truths along by manipulating, even inventing, ‚facts‘. Of course, the requisite manipulation could sometimes be achieved through the medium of ‚what-is-said‘ material, to whose historicity the ancient historian did not commit himself. But there were some occasions when the issues were so serious that it was rhetorically necessary, even at the risk of attack, to maintain the illusion of strict historicity. On those occasions the historian could never admit to manipulation or invention. Such is the tyranny of factual truth.“

Wie die vorliegende Arbeit wahrscheinlich zu machen bemüht ist, hat Herodot auch bei seinem Protagonisten Themistokles die Chance ergriffen, übergreifende Zusammenhänge zu exemplifizieren, und zu diesem Zweck die Überlieferungen manipuliert, ohne direkte Hinweise darauf durch implizite Distanzierungen vom Berichteten zu geben; vielmehr verleiht er seinen Konstrukten durch das auktoriale Erzählen sogar besonderen Nachdruck.

Aufgrund der Schwierigkeit des Nachweises solcher Manipulationen bildet jedoch der Vorwurf der Parteilichkeit einen weit massiveren Angriff auf Herodots Glaubwürdigkeit. Gerade die Verwirklichung des von Historiographen oft für sich proklamierten Anspruchs, unvoreingenommen, ohne Gehässigkeit gegenüber den Akteuren einerseits oder Schmeichelei andererseits die Ereignisse zu schildern, garantierte nach antikem Verständnis die Zuverlässigkeit des Berichteten.[212] Während Dionysios von Halikarnassos seinem Landsmann Herodot eine durchgehend ange-

---

209 BADIAN 1994, 121: „But he has used his literary art to guide the reader to what seemed to him a just verdict on Alexander's duplicity by stilistic and compositional devices that provide as good examples as can be found of his skill and sophistication. The technique deserves detailed investigation in other contexts.“

210 E. FLAIG, Den Kaiser herausfordern. Die Usurpation im Römischen Reich, Frankfurt-New York 1992, bes. 14–32, hat aufgezeigt, wie stark ein anderer „Zunftheiliger" der Historiker, Tacitus, in seinen kommentierenden Deutungen dem Tenor der Erzählungen der entsprechenden Ereignisse grundlegend widerspricht (Beispiele sind hist. II 44f., 56; 79; 82), da er von wenigen übergeordneten, von FLAIG „maximisch" (23) genannten Konzepten wie Aufruhr, Machtstreben, Bürgerkrieg, Ordnung geleitet ist.

211 MOLES 1993, 120f.

212 Z.B. Pol. I 14,8; VIII 8,5–9; X 21,8; Dion. Hal. Thuc. 8; Cic. fam. V 12,3–5; de orat. II 62; bes. Tac. ann. I 1,3: *... sine ira et studio* ..., Lukian. hist. conscr. 38 41, bes 41. „in seinem Werk ein Fremdling, ein Mann ohne Vaterland, unabhängig, keinem König untertan". Cf. mit weiteren Belegstellen AVENARIUS 1956, 46–54; C.W. FORNARA, The Nature of History in Ancient Greece and Rome, Berkeley-Los Angeles 1983, 99–104, 169–193; ausführlich T.J. LUCE, Ancient views on the causes of bias in historical writing, CPh 84, 1989, 16–31, bes. 16–23; WOODMAN 1988, 70–74, 82f.; WHEELDON 1989, 48; WISEMAN 1993, 126f.; SHRIMPTON 1997, 138f.

messene Haltung gegenüber den Akteuren bescheinigt,[213] sahen Aristophanes von
Boiotien, Favorinus und Markellinos jedoch dessen Feindseligkeit gegenüber den
Thebanern und Korinthiern dadurch hervorgerufen, daß diese ihm jeweils nicht die
gewünschte Anerkennung gezollt hätten.[214] Plutarch hingegen führt die – mit einer
angeblichen Barbarenfreundlichkeit gepaarte – Diffamierung vieler griechischer
Poleis und Individuen weniger auf Herodots Parteilichkeit als auf dessen grundsätzliche und unbedingte Bösartigkeit (κακοήθεια) zurück:[215] Er unterschiebe den Helden entehrende Motive für ihre großen Leistungen und schmälere somit ihren Ruhm
– ein Vorwurf, zu dem sich Plutarch gerade durch Herodots Darstellung eines kor-
rupten Themistokles in der Schlacht am Kap Artemision veranlaßt sieht.[216] Denselben Zweck verfolge Herodots häufige Unterstellung, Großtaten wären ganz mühelos oder nur durch Glück vollbracht worden.[217] Als besonders perfide brandmarkt
Plutarch Herodots Taktik, Verdächtigungen aufzubringen, um sie dann als unglaubwürdig auszuweisen. Am überzeugendsten belegt Plutarch dies an Herodots Bericht über das angebliche verräterische Schildzeichen der Alkmaioniden während
der Schlacht von Marathon (VI 121–131):[218] Zum einen finden wir diese Beschuldigung allein bei Herodot, zum anderen wird die angebliche Tyrannenfeindschaft
der Alkmaioniden keineswegs durch die angeführten Geschichten belegt. Vielmehr
stellen der Stammvater Alkmaion, der sich beim Lyderkönig Kroisos förmlich mit
Gold vollstopft (VI 125), und sein Sohn Megakles, der die Hand der Tochter des
sikyonischen Tyrannen Kleisthenes nur erhält, weil die „erste Wahl", der Philaide
Hippokleides, seine Chance „vertanzt" hat (VI 126–130), sowie Perikles, dessen
Geburt seiner Mutter durch den Traum von einem Löwen angekündigt wurde (VI
131), dieses Geschlecht hinsichtlich seiner freiheitlichen Gesinnung ins Zwielicht.[219]
Plutarch wirft Herodot vor, sich wie Hippokleides bei seinem Tanzen keineswegs
um die Wahrheit zu kümmern.[220] Schließlich tritt für Plutarch dessen Bösartigkeit
darin zutage, daß dieser nicht ehrlich loben könne, ohne im unmittelbaren Anschluß
mit einem Tadel das Lob zu entkräften.[221]

213 Dion. Hal. Pomp. 3.
214 Aristophanes von Boiotien FGrHist 379 F 5 = Plut. Her. malign. 31, p. 864d; Ps.-Dion von
     Prusa 37, 7; Marcellin. vit. Thuc. 27.
215 Cf. LUCE 1989, 22, 24.
216 Plut. Her. malign. 6, p. 856a-b. Beispiele für Herodots angebliche Unterstellungen in den Kapi-
     teln 11, 21, 25, bes. 34 zu Themistokles, 35. Cf. dazu die systematische Zusammenstellung der
     einzelnen Vorwürfe bei HOMEYER 1967, 181–183 sowie HERSHBELL 1993, 151–161. Zu Plutarchs
     historiographischem Maßstab cf. PELLING 1990a, 32–35.
217 Plut. Her. malign. 7, p. 856b-c, Beispiele in Kap. 34, 39.
218 Plut. Her. malign. 27, p. 862c–863d. Cf. zur Bewertung BOWEN 1992, 125f. ad loc.; EVANS
     1991, 93f.; ausführlich THOMAS 1989, 264–272; HART 1993, 30–33; THOMPSON 1996, 40f.; MUN-
     SON 2001a, 260–265; MOLES 2002, 40–42.
219 Damit erweist sich JACOBYS These von Herodot als Propagandisten der Alkmaioniden als halt-
     los.
220 Wegen seiner Diffamierung der Thebaner als Perserfreunde wird Herodot von Plut. Her. ma-
     lign. 33, p. 867b beschuldigt: „Mir scheint er wie Hippokleides mit den Beinen auf dem Tisch
     zu wackeln und, nachdem er die Wahrheit weggetanzt hat, zu sagen: ‚Was kümmert's Hero-
     dot!'" Laut MUNSON 2001a, 263f. stellt Plutarch damit „Herodotus' own subversive narrative
     methods" bloß.
221 So in den Kap. 23, 27, 29, 31, 32f., 36, 40.

Auch wenn Plutarch in seiner Polemik bisweilen über das Ziel hinausschießt[222], so schärft er doch – dieses sein Verdienst wird in der modernen Forschung weitgehend ignoriert – unseren Blick für einige Charakteristika der *Historien*, die nicht erst den kaiserzeitlichen Literaten irritiert haben, sondern auch schon Herodots zeitgenössischem Publikum aufgefallen sein dürften: In der Tat verherrlichen die *Historien* nur an wenigen Stellen den Freiheitskampf der Griechen und ihre Tugenden[223], weit öfter entlarven sie ihren kurzsichtigen Egoismus als entscheidendes Movens. Daß Herodot dennoch mit seiner kritischen Einschätzung seiner Landsleute nicht Gefahr lief, bei diesen von vornherein auf Ablehnung und Unglauben zu stoßen, mag auch durch die grundsätzliche Rezeptionshaltung des Publikums gegenüber der aufkommenden Geschichtsschreibung erklärbar sein – ein Faktor, den WHEELDON prinzipiell für die antike Historiographie in Rechnung stellt:[224] Zum einen hat Herodot in seinem Proömium den Anspruch auf Glaubwürdigkeit und Wahrhaftigkeit für sein Werk angemeldet, d.h., tatsächlich Geschehenes (τὰ γενόμενα ἐξ ἀνθρώπων) zu berichten[225], und damit dieses explizit gegenüber seinem Publikum in die noch junge Gattung der Geschichtsschreibung eingereiht. Diesen Anspruch auf distanzierte Objektivität unterstreicht – zum zweiten – die autoritative Sprechweise in der dritten Person[226], auch wenn Herodot nicht selten in der ersten Person das Wort ergreift, was wohl den oralen Ursprüngen seines Werks geschuldet ist. Zum dritten erfüllt er die Publikumserwartung einer moralistischen Beleuchtung[227] der Geschehnisse – auch wenn bei ihm die Helden oft nur in geringem Maße von hehren Motiven angetrieben werden. Ungeachtet dieser enttäuschten Hoffnung

---

222 Dies betont v.a. HOMEYER 1967, 187; auch BOWEN 1992, 2f., 5, 12f. hat Vorbehalte.

223 So VII 104.

224 WHEELDON 1989, *passim*, 44f. zum Einfluß der Gattung, 50, 59–62, zusammenfassend 62: „The conditions of reading (cultural presuppositions, knowledge of the genre, the writer's *auctoritas*, and the narrative manner of speaking) gave the reader non sufficient reason to disbelieve what he read in these [sc. historiographical, d. Verf.] texts, unless he himself knew an alternative version." WHEELDON geht allerdings nicht auf Herodot eigens ein, auf den jedoch die von WHEELDON herausgearbeiteten Gattungscharakteristika zutreffen, auch wenn Herodot der Entstehungsphase der Historiographie entstammt.

225 Cf. z.B. Hdt. III 80,1. Cf. C. DARBO-PESCHANSKI, Le discours du particulier: essai sur l'enquête hérodotéenne, Paris 1987, 107–120; CALAME 1995, 85–88; J. MARINCOLA, Authority and Tradition in Ancient Historiography, Cambridge 1997, 3–12, bes. 8, 258–266; D. BOEDEKER, Herodotus's Genre(s), in: M. DEPEW & D. OBBINK (edd.), Matrices of Genre. Authors, Canons, and Society, Cambridge/Mass. 2000, 97–114, hier 102, 111–113.

226 Zudem zeigt J. MOLES, Anathema kai Ktema: the Inscriptional Inheritance of Ancient Historiography, Histos 3, 1999 (http://www.dur.ac.uk/Classics/histos/1999/moles.html), § 8, daß Herodot – wie schon vor ihm Hekataios und nach ihm Thukydides – mit seinem Proömium sein Werk als „Inschrift" darzustellen bestrebt ist, die besonderen Anspruch auf Autorität besitzt.

227 Cf. O. MURRAY, Herodotus and Oral History, in: LURAGHI 2001, 16–44, hier 34 (zuerst in: H. SANCISI-WEERDENBURG & A. KUHRT [edd.], Achaemenid History II: The Greek Sources, Leiden 1987, 93–115, hier 107): „It is in fact this moralizing East Greek tradition which created Herodotus as a historian, and which moulded his attitudes towards the patterns in history, the narrative techniques of his art, and the roles of creativity, accuracy, and invention. For we must recognize that ultimately truth in Herodotus is a question of aesthetics and morality, as much as of fact."

auf makellose Vorbilder hat Herodots Einschätzung menschlicher Motive das Publikum vielleicht gerade aufgrund ihrer Lebensnähe angesprochen.

Dabei war Herodot weit entfernt, diesem nur nach dem Munde zu reden und lediglich das zu erzählen, was es selbst schon wußte. Wie BAKKER[228] jüngst zeigt, offenbart schon Herodot mit der Umschreibung seines Werkes als ἱστορίης ἀπόδε-ξις („Darlegung der Forschung") dessen kompetitiven und kontroversen Charakter: Denn ἱστορίη[229] umfaßt die kritische Würdigung einander widersprechender Versionen und damit die Herausarbeitung einer Differenz. Das Verb ἀποδείκνυσθαι, von dem ἀπόδεξις abgeleitet ist, wird auch sonst von Herodot im Sinne von „als Erwiderung auf eine andere Auffassung äußern" verwendet.[230] Sein häufiger Rückgriff auf Urteile in eigenem Namen unterstreicht die bewußte Vorläufigkeit seiner Ausführungen[231], die er als Beitrag zu einem größeren dialektischen Prozeß verstanden hat; in diesen bezieht er sein Publikum mit ein, dessen Widerspruch er nicht scheut.[232] Dissens bildet zudem ein Konstitutivum seiner Erzählungen selbst: Die Weisheiten der vielen Ratgeberfiguren stellen – obgleich fast ausnahmslos von den Machthabern verworfen – einen Gegendiskurs zu deren Logik der Machtausdehnung dar, der diese immer wieder als hinfällig erweist.[233] Aus diesem Grund war Herodot um die Entlarvung hochtrabender Propaganda bemüht. Auf diese verstand er sich um so mehr, als er, schon früh aus seiner Heimatstadt Halikarnassos verbannt[234], als Reisender durch viele Städte keineswegs einzelnen Polistraditionen verpflichtet war; vielmehr konnte er als solcher die nötige Offenheit und Distanz zu den jeweiligen Überlieferungen wahren, um zu kritischen, ausgeglichenen Bewertungen zu gelangen.[235] Vielleicht liegt in seinem großen Bemühen um Unpartei-

---

228 E.J. BAKKER, The Making of History: Herodotus' *Histories Apodexis,* in: BAKKER-DE JONG-VAN WEES 2002, 3–32.

229 Das Wort geht auf ἵστωρ/ ἵστωρ mit der Bedeutung (Schieds-)Richter (cf. Hom. Il. XVIII 501; XXIII 486; Hes. erg. 792) zurück; cf. BAKKER 2002, 13–19 und ausführlich W.R. CONNOR, The *Histor* in History, in: R.M. ROSEN & J.S. FARRELL (edd.), Nomodeiktes, FS M. OSTWALD, Ann Arbor 1993, 3–15; außerdem NAGY 1990, 250–273; 314–322; MUNSON 2001a, 8, 217.

230 Cf. Hdt. I 207,1; VII 10,1; bes. II 24,1; VII 139,1; cf. BAKKER 2002, 23–28.

231 So schon J.D. DENNISTON, The Greek Particles, Oxford ²1959, 491 A. 1. Cf. ausführlich DARBO-PESCHANSKI 1987, 164–188, bes. 184–188; LATEINER 1989, 9; THOMPSON 1996, 36, 84, 87, 154; BOEDEKER 2000, 111, 113f.

232 Cf. BAKKER 2002, 29, zudem 32: „Far from pleasing the crowd in an immediate present, Herodotus' *apodexis,* as we have seen, does not shun controversy, and looks ahead to the audience of the future."

233 Cf. Hdt. IX 16,5: „Der bitterste Kummer auf Erden ist aber der, daß man trotz Einsicht in viele Dinge keine Gewalt besitzt." Zudem IX 42,1. Cf. CARTLEDGE–GREENWOOD 2002, 351, 357; J. MARINCOLA, Herodotean Narrative and the Narrator's Presence, Arethusa 20, 1987, 121–137, hier 134f.; WEÇOWSKI 2000, 457. P. PAYEN, Les îles nomades. Conquérir et résister dans l'*Enquête* d'Hérodote, Paris 1997, *passim* sieht in dieser Umkehrung die Stellung des Historikers reflektiert, dessen innovative Forschung bisweilen den gültigen Auffassungen seines griechischen Publikums zuwiderlaufe.

234 Cf. Suda s.v. Ἡρόδοτος; JACOBY 216–220.

235 Cf. T.S. BROWN, Herodotus and his profession, AHR 69, 1954, 829–843, hier 841–843, dieser Abschnitt auf deutsch „Verbannung und Gesamtgeschichte" in: MARG WdF 286–289; R. SYME, Thucydides, PBA 48, 1962, 39–56, hier 40: „exile may be the making of an historian"; CORCELLA 1984, 213; HORNBLOWER 1987, 27; SHRIMPTON 1997, 210; D. BOEDEKER, Presenting the Past

lichkeit[236] weit mehr als um das Eruieren der kleinsten Details das Verdienst, das den Ehrentitel „Vater der Geschichtsschreibung" rechtfertigen könnte. Und daß Herodot allemal weiterwirken wollte, schlägt sich in seinem Impetus nieder, sein Publikum, das zeitgenössische wie zukünftige, zu erziehen und zu lehren[237], zum einen in der Geschichte immer wiederkehrende Handlungsmuster und Prozesse zu erkennen und zum anderen mündlichen und schriftlichen Quellen mit einem nötigen Maß an Skepsis zu begegnen.

6. Ziele und Methoden der Untersuchung

Um Herodots vieldiskutierte Haltung zu Athen einerseits und seinen Umgang mit den Quellen andererseits eingehend studieren zu können, scheint es mir geraten, seine Geschichten über den Athener zu untersuchen, über den er von allen Griechen am ausführlichsten berichtet. Er zeigt Themistokles in insgesamt zwanzig verschiedenen Situationen, verstreut über die Bücher VII und VIII.[238] Gerade der stark anekdotische Charakter der meisten Geschichten über ihn[239], d.h. ihre isolierte Stel-

in Fifth-Century Athens, in: ead. & K. RAAFLAUB (edd.), Democracy, Empire, and the Arts of Fifth-Century Athens, Cambridge/Mass. 1998, 185–202, hier 197; MUNSON 2001a, 272; RAAFLAUB 2002b, 152f. Schließlich sieht MUNSON 2001a, 264, einer auf Plut. Her. malign. 33, p. 867b (s.o. S. 52 A. 220) basierenden These von D. CHAMBERLAIN, Herodotean Voices: Reading Characters in the Histories, Diss. University of California, Berkeley 1997, 52–65 (non vidi, zitiert ibid. A. 102) folgend, Hippokleides als Verkörperung des Historiographen selbst: „Like Hippoclides, who frees himself from the constraints of the tyrant Cleisthenes, he displays his freedom as a performer vis-à-vis the political establishment of the leading city (the tyrant city) of his time." – Absurd erscheint hingegen die Argumentation von DREXLER 1972, 185, Herodot hätte gerade, weil er „Kolonialgrieche" und „Wanderer zwischen Ost und West" gewesen sei, selbst kein Schicksal (!) haben können, mithin kein Geschichtswerk schreiben können.

236 Cf. STRASBURGER 1955, 4f. = MARG WdF 579f. und ausführlicher in seinem Essay „Herodot als Geschichtsforscher" im 2. Band der Herodot-Übersetzung von W. MARG, Zürich-München 1983, 383–465, hier 444–452.

237 Cf. FORNARA 78f., 87f.; RAAFLAUB 1987, 232, 247; 2002b, 165, 167, 181; MALITZ 1990, 330f.; BOEDEKER 2000, 114; N. LURAGHI, Local Knowledge in Herodotus' Histories, in: id. 2001, 138–160, hier 160; FOWLER 2003, 318. WĘCOWSKI 2000, 89–92, 457f., 579 stellt Herodot sogar in die Tradition der Weisheitsliteratur.

238 Gerade für die Hauptlinie der Historien, den Kampf zwischen Persern und Griechen, ist mit H. SCHWABL, Herodot als Historiker und Erzähler, Gymnasium 76, 1969, 253–272, hier 256, ein stärkerer Gestaltungswille zu vermuten, „was bedeutet, daß er den Stoff der Tradition stärker auswählt, beleuchtet, auf den Handlungszusammenhang abstimmt, ja sogar Passendes erfindet."

239 Bei diesen finden sich alle Kriterien, die J. HEIN, Die Anekdote, in: O. KNÖRRICH (ed.), Formen der Literatur in Einzeldarstellungen, Stuttgart ²1991, 14–20, hier 15, für eine Anekdote anführt: „die abgegrenzte Begebenheit, ein kleines Ereignis von besonderer Wirkkraft; die geschichtliche Dimension, mitunter der historische Augenblick; die Charakteristik einer – meist historisch bekannten – Persönlichkeit; eine oft zugespitzt, pointiert oder dramatisch gestaltete Handlung und Sprache; meist eine witzige oder humoristische Erzählstruktur; der Zeit- und Publikumsbezug und die menschliche, schicksalhafte, nicht selten politische Bedeutung." Cf. G. VON WILPERT, Sachwörterbuch der Literatur, Stuttgart ⁵1989, 31, s.v. Anekdote: „Ihre innere Wahrheit

lung im Geschehensablauf sowie ihre politische Beispielhaftigkeit, die weit über das Einzelereignis hinausreicht, machen sie für eine solche Untersuchung besonders geeignet. Es sei allerdings schon zu Beginn davor gewarnt, die Ergebnisse dieser Einzelstudie auf andere Herodoteische Erzählzusammenhänge und Protagonisten ohne weiteres übertragen zu wollen: Es bedarf jedesmal der detaillierten Untersuchung des Verhältnisses von Quellenbestand und Gestaltung durch Herodot.

Die Konzentration auf Herodots „Berichte" über Themistokles in Abgrenzung zu anderen Griechen findet ihre Berechtigung in der rein formalen Homogenität der Anekdoten: Nirgendwo darin nennt Herodot auch nur eine Quelle.[240] Der Ton seiner Berichte ist fast durchgehend von großer Bestimmtheit geprägt, Unsicherheiten – sonst angezeigt durch die Partikel κως und που[241] – finden sich kaum. Immerhin meldet sich Herodot fünfmal in eigenem Namen zu Wort: zweimal, um seine eigene Erklärung für ein Verhalten vorzustellen (VII 173,4; VIII 22,3), jeweils einmal, um seine Unkenntnis eines Details einzugestehen (VIII 112,2), eine Superlative anzuzeigen (VIII 124,3) und sein Wissen über das weitere Schicksal des Themistokles, das außerhalb seines eigentlichen Zeithorizontes lag, anzudeuten (VIII 109,5). Selbst wo er der Erklärung des Abzuges vom Tempepaß durch die Botschaft des Makedonen Alexander widerspricht (VII 173,4), nennt er nicht – wie man es aus seinem sonstigen Verfahren erwarten müßte – die Quelle der abgelehnten Version. Auch sonst bietet er keinerlei Alternativversionen. Das Fehlen expliziter Hinweise erschwert das Auffinden möglicher Quellen für Herodots Erzählungen über Themistokles erheblich, läßt dem Verfasser jedoch auch die Anwendung der unitarischen Sichtweise auf diesen Erzählkomplex um so gerechtfertigter erscheinen.

Nicht zuletzt daraus ergibt sich als Hypothese, die in der vorliegenden Arbeit zu überprüfen ist: Herodot hat die ihm zur Verfügung stehenden Überlieferungen zu Themistokles grundlegend nach eigenen Darstellungsabsichten überformt. Allerdings darf diese Annahme nicht als Ausgangspunkt und Prämisse dieser Analyse dienen; mithin muß das deduktive Verfahren vermieden werden, um Zirkelschlüssen vorzubeugen. Vielmehr soll induktiv vorgegangen werden: Zu diesem Zweck werden sämtliche Episoden zuerst einer gründlichen philologischen und historischen Analyse unterzogen, um mögliche Quellen aufzuspüren, deren Schilderung Herodot direkt in sein Werk übernommen haben könnte. Bereitet dieses große Schwierigkeiten, so ist nach der narrativen Gestaltung der Anekdoten durch Herodot zu fragen. Dabei halte ich mich an deren Abfolge im Herodot-Text, was dem Aufspüren der übergreifenden Darstellungsabsichten des Autors dient.[242] Sind Herodots

---

beruht weniger auf der Wirklichkeit als auf der histor. Möglichkeit." Cf. FLORY 1987, 151f., 155.

240 MARINCOLA 1987, 131–133 erklärt die relative Seltenheit der Herodoteischen Präsenz als Erzähler in den Büchern VII bis IX mit dem dortigen, im Vergleich zu den ersten wesentlich stärker handlungsorientierten Stoff und mit der Vermeidung, die von Herodot erzeugte Dramatik der Abläufe durch Hinweise auf seine auktoriale Präsenz zu stören. Diese Erklärung mag auch für die deutliche Abnahme von Quellenangaben in den letzten Büchern gelten.

241 Cf. FOWLER 1996, 70.

242 Die unerläßlichen ausgedehnten historischen, sprachlichen und dramaturgischen Analysen der einzelnen Szenen machen eine nach den wiederkehrenden Motiven thematisch geordnete Disposition der Untersuchung unmöglich.

Darstellungsabsichten geklärt, so stellt sich erneut die Frage nach seinen Quellen. Deren Aussagen und Herkunft gilt es ungeachtet ihrer mutmaßlichen Überformung durch Herodot möglichst weit einzugrenzen.

Erstes Ziel der Arbeit ist es, die Charakteristik und damit auch die Bewertung des Themistokles durch Herodot herauszuarbeiten. Da Herodot seine Wertungen untrennbar mit dessen Handlungen während der Perserabwehr verwoben hat, besteht die zweite Hauptaufgabe dieser Arbeit darin, die Historizität der von ihm berichteten Ereignisse zu untersuchen. Wichtige Indizien liefern dafür natürlich die Diskussionen der historischen Detailfragen der militärischen, wirtschaftlichen, innen- und außenpolitischen Gegebenheiten des frühen fünften Jahrhunderts.

An dieser Stelle sei als ein weiteres aussagekräftiges Kriterium zur Einschätzung der Authentizität des Berichteten eines erläutert, das sich ausschließlich auf die Erzählebene der *Historien* konzentriert: Wenn es möglich ist, eine Anekdote[243] vollständig aus dem Kontext herauszulösen, ohne daß die Kausalität der Handlungsabläufe irgendeinen Schaden nimmt, so drängt sich dem Betrachter der Verdacht auf, daß die Anekdote erst nachträglich in den historischen Bericht eingefügt worden ist.[244] Daß wir diese Besonderheit in den Herodoteischen Anekdoten über Themistokles sehr oft vorfinden, resultiert aus dem Umstand, daß er selten in aller Öffentlichkeit, sondern zumeist im verborgenen wirkt, so daß keine authentische Quelle wahrscheinlich zu machen ist. Dieser anekdotische Charakter der Erzählungen über Themistokles beweist zwar nicht ihre Ungeschichtlichkeit, doch deutet er darauf hin, daß sie Herodot nicht innerhalb der Nachrichten über die großen Handlungszusammenhänge des Jahres 480 überliefert worden sind, sondern aus anderen Traditionen stammen, die ihr primäres Interesse am Tun und Leiden des Strategen hatten. Insofern sind sie jedoch starker Verformungen verdächtig.

Ein wichtiger Grund für Verzerrungen und Fehler in mündlichen Traditionen ist der orale Überlieferungsweg selbst. In welch hohem Maße die mündliche Tradition Fakten entstellen konnte und wie höchst ungenau und fehlerhaft sie schon nach zwei bis drei Generationen wurde, ist erst in den letzten Jahren am Beispiel Athens untersucht worden:[245] Hier sei exemplarisch auf die offenkundigen Entstellungen des Andokides in seiner Rede über den Frieden mit Sparta aus dem Jahre 391 hingewiesen, wo er in der Darstellung des Ersten Peloponnesischen Krieges kurz nach 460 und des Euboiischen Aufstandes von 446 – beide fanden also nur wenige Jahre vor seiner Geburt statt – Ereignisse verdoppelt, andere einander angleicht, beide Kriege extrem vereinfacht, den Dreißigjährigen Frieden mit Sparta viel zu hoch datiert und schließlich noch Miltiades und Kimon miteinander verwechselt.[246] All

---

243 Sofern es sich nicht um eine Standardsituation wie Feldherrnreden vor der Schlacht o.ä. handelt.

244 Cf. Aristot. poet. 8, 1451a30–35 zur Geschlossenheit einer Handlung, wie sie vom Dichter zu entwerfen ist, so daß kein Handlungsglied daraus entfernt werden kann.

245 Cf. THOMAS 1989, 95–144 zur Kürze der verläßlichen Tradition von höchstens 70 Jahren; zudem RAAFLAUB 1988. Zum Einfluß der mündlichen Tradition Athens auf Herodot cf. STAHL 1987, 19–53; MURRAY 2001a, 23f., 29f.; COBET 1988; EVANS 1991, 89–146.

246 And. III 3–7; cf. RAAFLAUB 1988, 215f.; THOMAS 1989, 119–123. Weitere Beispiele: Ps.-Demosth. LVIII 66f. vermischt die oligarchischen Umstürze von 411 und 404/3 miteinander; Lys.

diese Daten hatten für den Redner, der sich offenbar auf die lückenhaften Erinnerungen seines Großvaters stützte, keine so große Bedeutung, daß er sich um eine exakte Wiedergabe bemühen zu müssen glaubte, was ihm durch Rückgriff auf die offiziellen Traditionen möglich gewesen wäre.

Für die Herodoteischen Geschichten über Themistokles stellen sich die Rahmenbedingungen einer Überlieferung auf den ersten Blick als deutlich besser dar: Dessen Taten liegen erstens nur etwa ein halbes Jahrhundert vor ihrer Aufzeichnung durch Herodot – eine Zeitspanne, über die hinweg sowohl nach Herodots als auch Thukydides' Auffassung Autopsie und das Befragen von Augenzeugen[247] sowie laut der Oral tradition-Forschung eine weitgehend getreue Überlieferung möglich ist. Zweitens hatte Themistokles' Wirken als *spiritus rector* der Perserabwehr für die Griechen insgesamt, insbesondere aber für die Athener enorme Bedeutung, so daß von detaillierten Traditionen der Polis darüber auszugehen ist. Tatsächlich läßt die vergleichsweise geringe zeitliche Distanz nur wenige Stufen der Überlieferung vermuten, so daß die Verzerrung infolgedessen gering zu veranschlagen ist. Einer Herkunft aus Polistraditionen widerstrebt jedoch die Eigenart der Herodoteischen Erzählungen: Sie verherrlichen keineswegs, wie wir es sonst aus der in den Gefallenenreden greifbaren Tradition Athens kennen[248], das Volk (δῆμος) als alleinigen Helden und seine Tapferkeit, sondern zeigen es als passiv, zuweilen lediglich als Spielball des Themistokles; vielmehr stehen gerade dessen Findigkeit und Gerissenheit immer im Mittelpunkt. Diese im athenischen ἐπιτάφιος undenkbare Konzentration auf einen Protagonisten schließt folglich die Polistradition als Herodots alleinige Quelle aus. Auch eine Familientradition des Themistokles kommt dafür kaum in Frage;[249] denn dieser wird in den Erzählungen nicht für seine Tapferkeit, sondern lediglich für sein strategisches Geschick und seine Schlauheit gerühmt, die ihn jedoch aufgrund des jeweils verfolgten Eigennutzes[250] ins Zwielicht und schließlich sogar in die Nähe des Landesverrats rücken. Vielmehr müssen wir von Ursprungserzählungen ausgehen, die ausschließlich das Tun und Leiden des athenischen Strategen zum Gegenstand hatten, aber keineswegs auf seine Idealisierung und Verherrlichung abzielten. Die negativen Elemente der Erzählungen sind aus Themistokles' besonderem Schicksal zu erklären: Nach abenteuerlicher Flucht fand er als zum Tode verurteilter Landesverräter schließlich freundliche Aufnahme beim

II 48–57 im Vergleich zu Thuk. I 105; Plat. Menex. 242a-c zu Thuk. I 108; Menex. 242c–244a zur Darstellung des Peloponnesischen Krieges bei Thukydides; cf. RAAFLAUB 1988, 218 und THOMAS 1989, 221–237 über die Deformierung der Polistraditionen.

247 Cf. Hdt. VI 117,2f. über sein Gespräch mit einem Marathonkämpfer; Thuk. I 73,2; RAAFLAUB 1988, 205.

248 Cf. N. LORAUX, The Invention of Athens. The Funeral Oration in the Classical City, Cambridge/Mass.-London 1986, 132–142; THOMAS 1989, 224, 236.

249 Die Problematik hat MURRAY 2001a, 30 erkannt: „the flight of Themistocles and the disappearance from Athens of any family tradition related to him are perhaps responsible for the peculiar character of the tradition about him, from which he emerges as a culture hero of a particular type, associated with many different popular rather than aristocratic traditions, the Trickster, well represented in most cultures and exemplified in Greek heroic myth by Odysseus."

250 Aristot. rhet. I 9, 1366b34f. preist die Taten, die allein Ehre einbringen und nicht auf Geldgewinn abzielen.

Perserkönig. Sein Hochverrat mußte natürlich seine Verdienste für Hellas bei der Perserabwehr nachhaltig in Zweifel ziehen[251] und Erzählungen zeitigen, welche Themistokles als habsüchtigen Landesverräter verunglimpften. Und doch beherrschen solche Diffamierungen keineswegs die Herodoteische Darstellung; vielmehr zeichnet er ein viel ambivalenteres Charakterbild[252]: Darin stehen Themistokles' kompromißloser Einsatz für die Freiheit Griechenlands unmittelbar neben seinem Egoismus und seiner Illoyalität.

Eine solche Mischung stark gegenläufiger Wertungen nimmt sich in den griechischen Erzählungen über bedeutende Persönlichkeiten seltsam aus, denn solche Erzählungen dienen normalerweise zu deren Glorifizierung einerseits oder zu deren Schmähung andererseits. Sie preisen jemanden wegen seiner unübertroffenen Tugend oder verdammen ihn wegen seiner abgrundtiefen Schlechtigkeit, zumeist exemplifiziert an wenigen Merkmalen. Diese Geschichten kennen nur Schwarz oder Weiß, nicht jedoch die verschiedenen Grautöne. Einen Eindruck von den Tendenzen solcher mündlichen Tradition liefert die archaische Lyrik: Pindar[253] trennt das Lob seiner Lieder scharf von jeglicher Rüge und Beschimpfung und folgt so der laut GENTILI für die gesamte griechische Kultur fundamentalen Antithese von Lob (ἔπαινος) und Tadel (ψόγος), die Aristoteles auch schon an den Beginn der griechischen Dichtung datiert.[254] Den Lobpreis der ἐγκώμια eines Bakchylides, Simonides oder Pindar[255] verbindet mit den Schmähgedichten des Alkaios auf die lesbischen Tyrannen Myrsilos und Pittakos, des Archilochos oder Hipponax[256] nichts außer der nachdrücklichen moralischen Bewertung von Persönlichkeiten. Diese bildet ein zentrales Merkmal dieser Dichtung, das wir auch in der Geschichtsschreibung finden, wie BOWIE deutlich macht.[257] Daß gerade diese Art der beim Sympo-

---

251 Hinzu kommt, daß Salamis als ein Triumph der Unterschichten, die ja als Ruderknechte dienten, in der athenischen Tradition noch im 5. Jh. von Marathon als Mythos athenischer Selbstbehauptung verdrängt wurde; cf. LORAUX 1986, 161f., 169; THOMAS 1989, 224.

252 Eine differenzierte Charakteristik von Persönlichkeiten mit all ihren Licht- und Schattenseiten scheint schon bei Ion von Chios ausgebildet gewesen zu sein (cf. FGrHist 392 F 15 = Plut. Per. 5,3). Cf. T. HÖLSCHER, Griechische Historienbilder im 5. und 4. Jh. v. Chr., Würzburg 1973, 209f. und B. GENTILI & G. CERRI, History and Biography in Ancient Thought, Amsterdam 1988, 69–71.

253 Pind. P. II 53–56; fr. 181 SNELL-MAEHLER; Schol. Pind. N. VII 89b (III p. 128 DRACHMANN); N. VII 61–63.

254 B. GENTILI, Poetry and Its Audience in Ancient Greece, Baltimore 1988 (zuerst ital. 1985), 107–114, bes. 107f., 113f.; Aristot. poet. 4, 1448b24–34. Zur Bedeutung des Lobens und Tadels gerade in Sparta cf. Alkm. fr. 1 DIEHL = 1 PMG; Tyrt. frr. 6 und 7 GENTILI-PRATO; Plut. Lyk. 8,3; 14,5; 25,3.

255 Cf. die ausführliche Auflistung bei GENTILI 1988, 111. Die ibid. 111–113 aufgeführten Loblieder des Simonides auf Skopas (fr. 542 PMG) und des Pindar auf Arkesilaos IV. von Kyrene (P. IV 263–299) verbinden Lob nicht mit Tadel, sondern lediglich mit einer wohlmeinenden Ermahnung.

256 Alk. fr. 39; 43; 87 DIEHL = 332; 70; 348 LOBEL-PAGE; Archil. fr. 117; 124; IEG²; Hipponax fr. 12; 70; 118 IEG². Cf. S. KOSTER, Die Invektive in der griechischen und römischen Literatur (Beiträge zur Klassischen Philologie 99), Meisenheim am Glan 1980, 55–62. Ziel der Invektiven dieser Dichter sind allerdings samt und sonders ihre persönliche Gegner und diese keineswegs *qua* Persönlichkeiten allgemeineren historischen Interesses.

257 So die starken Diffamierungen bei Archil. fr. 93a, Z. 6: κυσι Θρέϊξιν „den thrakischen Hun-

sion gepflegten Dichtung als eine Wurzel der Historiographie des fünften Jahrhunderts in Betracht zu ziehen ist, kommt erst seit einigen Jahren der Forschung zu Bewußtsein.[258]

Unsere Überlegungen zum Einfluß der hochtendenziösen Poesie auf die Erzählungen über Themistokles und damit auch auf dessen Darstellung bei Herodot müßten rein hypothetisch bleiben, wäre uns nicht ein Schmähgedicht auf den athenischen Strategen aus der Feder des Timokreon von Rhodos direkt überliefert: Darin stellt der Dichter Themistokles in scharfen Kontrast zu anderen Siegern der Perserkriege und verunglimpft ihn als Lügner und Verräter, weil er, da bestochen, Timokreon nicht in seine Heimat Ialysos zurückgeführt habe, wie er es bei anderen getan habe. Themistokles' rechtlose Willkür und Gewalttätigkeit, seine Habsucht und sein Geiz werden verteufelt.[259] Die Datierung dieser Invektive ist umstritten, da nicht endgültig zu klären ist, ob der Verratsvorwurf sich lediglich auf die verweigerte Rückführung des Timokreon oder schon auf Themistokles' Anklage und Verurteilung als Landesverräter bezieht.[260] Doch ganz unabhängig davon läßt diese Schmähung erahnen, welche üblen Beschuldigungen erst weniger kompromittierte Zeitgenossen gegen Themistokles nach seiner Verurteilung und Flucht zum Perserkönig vorbringen mußten, wenn schon Timokreon, selbst offenbar wegen Medismos verurteilt, laut Plutarchs Zuordnung Themistokles der Kollaboration mit den Persern anklagte.[261] Wir finden bei Ion von Chios und Stesimbrotos von Thasos Belege

den"; 96,1–4; 101; 102 IEG[2]: Πανελλήνων ὀϊζύς „ein Elend für alle Hellenen". Dagegen die Glorifizierungen bei Tyrt. fr. 5 GENTILI-PRATO; Mimn. fr. 14 IEG[2]; cf. BOWIE 2001, 64.

258 Cf. Hom. Od. XV 398–401; Xenophan. 21 B 22 DK. Cf. STAHL 1987, 25–28; ausführlich W. RÖSLER, *Mnemosyne* in the *Symposion*, in: O. MURRAY (ed.), Sympotica. A Symposium on the *Symposion*, Oxford 1990, 230–237, bes. 236; zudem E.S. STEHLE, Cold Meats: Timokreon on Themistokles, AJPh 115, 1994, 507–524, hier 522; BOWIE 2001 *passim*.

259 Timokreon fr. 1 DIEHL = 727 PMG = Plut. Them. 21,4: ἀλλ᾽ εἰ τύ γα Παυσανίαν ἢ καὶ τύ γα Ξάνθιππον αἰνεῖς | ἢ τύ γα Λευτυχίδαν, ἐγὼ δ᾽ Ἀριστείδαν ἐπαινέω | ἄνδρ᾽ ἱερᾶν ἀπ᾽ Ἀθανᾶν | ἐλθεῖν ἕνα λῷστον· ἐπεὶ Θεμιστοκλέα γ᾽ ἤχθαρε Λατώ, | ψεύσταν, ἄδικον, προδόταν, ὃς Τιμοκρέοντα ξεῖνον ἐόντα | ἀργυρίοισι κοβαλικοῖσι πεισθεὶς οὐ κατάγεν | εἰς πατρίδα Ἰάλυσον, | λαβὼν δὲ τρί᾽ ἀργυρίου τάλαντ᾽ ἔβα πλέων εἰς ὄλεθρον, | τοὺς μὲν κατάγων ἀδίκως, τοὺς δ᾽ ἐκδιώκων, τοὺς δὲ καίνων. | ἀργυρίου δ᾽ ὑπόπλεως, Ἰσθμοῖ γελοίως πανδόκευε | ψυχρὰ <τὰ> κρεῖα παρίσχων· | οἱ δ᾽ ἤσθιον κηὔχοντο μὴ ὥραν Θεμιστοκλέος γενέσθαι. „Wenn du aber Pausanias lobst oder du auch Xanthippos oder du Leotychidas, so lobe ich Aristeides, den besten Mann, der je vom heiligen Athen gekommen. Indes, den Themistokles haßt Lato, den Lügner, Schuft, Verräter, der Timokreon, obgleich sein Gastfreund, von schnödem Geld bestochen, nicht zurückführte in seine Heimat Ialysos; drei Silbertalente steckte er ein und fuhr davon ins Verderben. Die einen führte er wider Recht und Gesetz, die anderen vertrieb er, wieder andere tötete er. Sein Geldsack aber war übervoll. Am Isthmos hielt er eine offene Tafel und – es war lächerlich – bot kaltes Fleisch an. Man speiste und wünschte dabei Themistokles den Tod." R. SCODEL, Timocreon's Encomium of Aristides, ClAnt 2, 1983, 102–107 und GENTILI 1988, 113 betonen die parodistische Einkleidung eines ψόγος in das metrische Gewand eines ἔπαινος.

260 Cf. Z. 5: προδόταν. Zur Datierung s.u. S. 318f., 339f.

261 Timokreon fr. 3 DIEHL = 729 PMG = Plut. Them. 21,7: οὐκ ἄρα Τιμοκρέων μόνος | Μήδοισιν ὁρκιατομεῖ· ἀλλ᾽ ἐντὶ κἄλλοι δὴ πονηροὶ κοὐκ ἐγὼ μόνα κόλουρις· ἐντὶ κἄλλαι ᾽λώπεκες. „Gewiß nicht als einziger schließt Timokreon ein Bündnis mit den Medern; vielmehr gibt es noch mehr Schelme, und ich bin nicht der einzige Fuchs. Da sind noch andere Füchse." Zum

dafür, daß der Sieger von Salamis Gesprächsstoff bei den Gelagen lieferte.[262] Auch Timokreons Gedichte wurden sicherlich bei Symposien gesungen und waren auch sonst durchaus in Athen verbreitet, wie STEHLE[263] zeigt. Sie nimmt für diese poetischen Invektiven sogar eine schriftliche Verbreitung an und erwägt deren Aufzeichnung durch Ion von Chios oder auch Stesimbrotos von Thasos.[264] Obgleich in dieser Einzelfrage keine Sicherheit zu gewinnen ist, so ist die Existenz von Erzählungen – seien es volkstümliche Anekdoten, seien es beim Symposion rezitierte Verse – über das Schicksal des Themistokles nicht nur wahrscheinlich, sondern sogar zu postulieren. Dabei werden sowohl die Loblieder auf seine Verdienste, wie wir sie für die Elegien des Simonides auf die Schlachten von Artemision und Salamis annehmen dürfen[265], als auch Schmähungen gegen ihn ein gleichermaßen undifferenziertes Charakterbild – entweder eines strahlenden Retters in der Not oder eines perfiden Landesverräters – geboten haben.

Demgegenüber können wir in den Herodoteischen Anekdoten über Themistokles keine solchen unzweideutigen Tendenzen feststellen;[266] vielmehr klafft die dortige Bewertung seiner eigentlichen Taten und ihrer weltgeschichtlichen Wirkung einerseits und seiner Motive dafür andererseits weit auseinander. Dieser bemerkenswerte Befund läßt vermuten, daß Herodot die ihm vorliegenden – vermutlich zumeist diffamierenden – Erzählungen nicht unverändert nur wiedergibt, sondern diese mit anderen Traditionen, die Themistokles' Verdienste preisen, kontaminiert hat.

Damit sind wir zum dritten Ziel dieser Arbeit gelangt, der – versuchsweisen (!) – Rekonstruktionen dieser vorherodoteischen Traditionen, deren Spuren Herodot in seinem Bericht nicht vollständig verwischt hat. Als wichtigstes Nachweiskriterium

Medismos des Timokreon cf. Athen. X p. 416a; skeptisch dazu R.M. McMULLIN, Aspects of Medizing: Themistocles, Simonides, and Timocreon of Rhodes, CJ 97, 2001, 55–67, hier 57f. Weitere Fragmente des Timokreon sind wohl ebenfalls Schmähgedichten auf Themistokles und dessen Verrat entnommen, so fr. 730 PMG = Anon. Περὶ αἴνου BARTOLETTI = PSI 9, 1935, Nr. 1221, 152–154, wo mit explizitem Verweis auf den geflohenen Themistokles von τ]ῶν τριῶν ταλ[άντων] und ξένος die Rede ist, und fr. 9 IEG² = Hephaistion, Enchiridion 1,3 (p. 2 CONSBRUCH): ῷ ξυμβουλεύειν χὲρς ἄπο, νοῦς δὲ πάρα „mit dem sich beraten, dessen Hand fehlt, dessen Verstand aber vorhanden ist", das T. BERGK, Poetae Lyrici Graeci, vol. III, Leipzig ⁴1882, 540f. mit Vorsicht auf Themistokles bezieht. Cf. N. ROBERTSON, Timocreon and Themistocles, AJPh 101, 1980, 61–78, hier 63–65, 68f.

262 Ion von Chios FGrHist 392 F 13 = Plut. Kim. 9,1 berichtet, bei einem Symposion habe ein Gast festgestellt, daß Kimon weit besser Leier spiele als Themistokles, der dieses nie gelernt habe, aber fähig gewesen sei, eine Stadt groß und reich zu machen. Man beachte auch Kim. 9,2! Aus symposiastischem Zusammenhang könnte auch Stesimbrotos FGrHist 107 F 1 = Plut. Them. 2,5 stammen, der über Themistokles' Lehrer spekuliert. Cf. PODLECKI 55f. und FROST 15f.

263 STEHLE 1994, 508f., 520–522. So parodiert Aristoph. Vesp. 1060 Timokreons fr. 7 DIEHL = 733 PMG, Aristoph. Eq. 609 und Ach. 534 zitiert eine Zeile von fr. 5 DIEHL = 731 PMG; Plat. Gorg. 493ab greift fr. 4 DIEHL = 732 PMG auf.

264 Cf. STEHLE 1994, 508 mit A. 6; L. PICCIRILLI, I testi biografici come testimonianza della storia della mentalità, in: W.W. EHLERS (ed.), La biographie antique (Entretiens Fondation Hardt 44), Vandœuvres-Genf 1998, 147–188, zu Ion 147–150, Stesimbrotos 150–155, Themistokles 150f.

265 Simonides fr. 532–535 PMG sowie fr. 1–9 IEG².

266 Cf. allgemein zu Herodot FOWLER 2003, 318: „His palette contains colours of every hue; his canvas is anything but black and white."

habe ich schon die nachdrückliche Tendenz betont. Bei der kategorischen Bewertung von Personen – also um Individuen oder Gruppen direkt verklären oder verunglimpfen zu können – bedienen sich solch stark tendenziöse Geschichten festgefügter transindividueller Stereotypen. Gehen wir von einem athenischen Umfeld aus,
so ist Themistokles entweder der Retter des Vaterlandes oder – insbesondere nach
seiner Flucht zum Großkönig – der Verräter *par excellence*; die Athener sind immer
tapfer und opferbereit, die Spartaner stets zaudernd, feige, bestechlich und nur auf
ihren eigenen Vorteil bedacht; die Ioner sind immer wankelmütig, untereinander
uneins und schnell zur Unterwerfung unter die Perser bereit. Viele dieser Klischees
sind nicht nur noch deutlich in den *Historien* erkennbar, sondern haben sie entscheidend geformt.[267] Aufs engste mit der drastischen Tendenz verbunden ist das
zweite Kriterium des Herkunftsortes oder der Ursprungsgruppe, die für eine solche
Tradition auszumachen sein muß. Ein drittes noch: Da Herodots Anekdoten, von
der abschließenden, dem Disput zwischen Themistokles und Timodemos (VIII 125)
abgesehen, samt und sonders Themistokles in Handlungszusammenhängen mit gro
ßer geschichtlicher Tragweite zeigen, ist dem historischen Charakter einer solchen
Tradition Rechnung zu tragen, indem man nach ihrer erzählerischen Einbettung und
Verankerung im Bericht der tatsächlichen Geschehnisse forscht: Die Erzählungen
um Themistokles besitzen jeweils eine aitiologische Funktion, sie sollen erklären,
wieso geschichtliche Großtaten ins Werk gesetzt oder auch anderes unterlassen
wurde. Erst wenn eine Überlieferung diese Aufgabe erfüllt, erwirbt sie sich zumindest den Anschein historischer Glaubwürdigkeit. Gelingt es, diese drei Elemente,
eine eindeutige Tendenz, einen Ursprungsort und eine aitiologische Funktion, für
eine von uns rekonstruierte Version wahrscheinlich zu machen, so mag es gestattet
sein, daß wir diese Rekonstruktion als mutmaßliche Quelle oder zumindest als Kontrastfolie der Herodoteischen Erzählung gegenüberstellen.

Gerade angesichts der geschichtlichen Tragweite der Anekdoten drängt sich
nicht nur die Frage nach ihrer historischen Glaubwürdigkeit auf, sondern auch das
Bedürfnis, daraus die tatsächlichen Abläufe um Themistokles im Jahr 480 zu rekonstruieren. Dies ist die vornehmste Aufgabe des Historikers, und in der vorliegenden Arbeit ist es zur Argumentation über mögliche Verformungen der Überlieferung ganz unerläßlich, Vermutungen über das tatsächliche Verhalten der Protagonisten und die damaligen Abläufe anzustellen. Doch ist die Rekonstruktion der historischen Vorgänge des Jahres 480 nicht das eigentliche Ziel dieser Arbeit, ja kann
es gar nicht sein: Denn eine mögliche genuine Überlieferung darüber hat in der
Form, wie wir sie bei Herodot greifen können, mehrfache gravierende Brechungen
erfahren, die aufgrund der oben vorgestellten Überlegungen über Herodots Darstellungsziele bis zu einem gewissen Grade zurückzuverfolgen ich zwar für möglich
halte[268]; dadurch jedoch einen wahrhaftigen Bericht über die Ereignisse selbst her

---

267 Cf. Pelling 1997a und zur athenischen Sichtweise der Perserkriege und der weitgehenden Unterdrückung der peloponnesischen bei Herodot C.G. Starr, Why did the Greeks Defeat the
     Persians?, PP 17, 1962, 321–332, bes. 324f.
268 J. Cobet, Rez. von Fehling, Gnomon 46, 1974, 737–746, hier 746, formuliert als Ziel bei der
     Untersuchung von Herodot „auch die von ihm vermittelten Nachrichten genauer einzuordnen,
     seine Stilisierung von den Stilisierungen seiner Gewährsmänner scheiden zu lernen, die Fakto

auszudestillieren, dies läßt meines Erachtens die Eigendynamik bei der Entstehung und Tradierung solcher Erzählungen nicht zu.[269]

Wenn es möglich ist, die rekonstruierten Erzählungen den Herodoteischen Darstellungen vergleichend gegenüberzustellen, so erwächst daraus die vierte – meines Erachtens spannendste und lohnendste – Aufgabe dieser Untersuchung: zu eruieren, in welchem Maße und insbesondere zu welchem Zwecke Herodot die ihm vorliegenden Traditionen verändert und umgeformt hat. Dabei ist seine oben schon behandelte mutmaßliche Intention im Hinterkopf zu behalten, auf die Schwächen und Ungerechtigkeiten Athens und seiner Herrschaft im Seebund hinzuweisen.

Schließlich noch eine Bemerkung zum Tempusgebrauch: In dieser Arbeit verwende ich zur Wiedergabe und Paraphrase der Berichte Herodots, der nach seinem Selbstverständnis als Verfasser eines Geschichtswerkes natürlich ein Präteritum gesetzt hat, dennoch das Präsens. Das Gegenwartstempus möchte ich als Ausdruck dafür verstanden wissen, daß diese Berichte zuerst einmal nicht als eine Reportage von Ereignissen eines spezifischen historischen Zeitpunkts, sondern als überzeitliches literarisches Produkt zu verstehen sind; erst wenn die Historizität des von Herodot Berichteten erwiesen ist, halte ich die Wiedergabe durch ein Vergangenheitstempus für gerechtfertigt. Wenn ich mich jedoch auf meines Erachtens unbestreitbar historische Fakten beziehe, so gebrauche ich selbstverständlich das Präteritum.

---

ren erkennen zu lernen, unter denen die einzelnen Nachrichten entstanden und tradiert wurden."

269 Cf. H.R. IMMERWAHR, Rez. von C. HIGNETT, Xerxes' Invasion of Greece, Oxford 1962, Gnomon 39, 1967, 382–395, hier 394: „In the present state of Herodotean studies, it would perhaps be best to leave in abeyance the question of what actually happened in the Persian Wars, and to focus instead on the ancient traditions themselves, traditions literary, poetic, epigraphical, rhetorical, and biographical." Cf. RAAFLAUB 1988, 225: „Der Gewinn (sc. eines Versuches, die Verformungen mündlicher Überlieferung zu systematisieren) für den Althistoriker läge freilich kaum in der Wiedergewinnung positiver Fakten – der Verformungsprozeß ist, da nicht einspurig, ja nicht reversibel, d.h. selbst bei größter Regelhaftigkeit könnten wir ohne Kenntis der Zwischenstufen nicht rekonstruieren, woraus und wie sich das Ergebnis der Überlieferung entwickelt hat. Wohl aber ließe sich in negativem Sinne der Grundsatz endlich durchsetzen, daß mündliche Überlieferung nicht a priori als glaubwürdige Quelle dienen und Geschichte nicht allein aufgrund solcher Traditionen rekonstruiert werden kann." Zudem W. BURKERT, Das Ende des Kroisos: Vorstufen einer Herodoteischen Geschichtserzählung, in: C. SCHÄUBLIN (ed.), Catalepton, FS B. WYSS, Basel 1985, 4–15, hier 15.

I. Das Orakel von der „Hölzernen Mauer", die Debatte der athenischen Volksversammlung und das Flottenbauprogramm des Themistokles (VII 139–144)

1. Das Athenerkapitel (VII 139) und das Orakel von der „Hölzernen Mauer"

Weil der Herodoteische Lobpreis auf den Verteidigungswillen der Athener (VII 139) unmittelbar der ersten Erwähnung des Themistokles in den *Historien* vorausgeht, kann eine Betrachtung dieses sog. Athenerkapitels uns Aufschluß darüber liefern, wie der Historiker selbst die Motive der griechischen Staaten beurteilt hat, die sich an der Abwehr der persischen Invasion im Jahr 480/79 beteiligten.

Nachdem er in der ersten Hälfte des VII. Buches den Vormarsch des persischen Heeres von Sardeis aus bis nach Thessalien ausführlich beschrieben und die griechischen Staaten aufgezählt hat (VII 132,1), die sich freiwillig den Persern unterworfen hatten, erweist er die Lage der freiheitsliebenden Griechen als äußerst prekär, da sie keine der persischen Flotte gewachsene Seestreitmacht besaßen (138,2). In dieser Krise ergreift nun Herodot in eigenem Namen das Wort: „An dieser Stelle sehe ich mich nun unausweichlich genötigt, offen meine Meinung darzulegen, welche zwar bei den meisten Menschen auf Ablehnung stoßen wird, welche ich aber dennoch, wie es mir der Wahrheit zu entsprechen scheint, nicht zurückhalten will."[1] Diese nachdrückliche Einleitung läßt vermuten, daß vornehmlich die offensichtlich gehässige Mißachtung der Verdienste Athens in den Perserkriegen durch die anderen Griechen ein Lob auf den athenischen Opfermut für Herodot zu einem Herzensanliegen werden ließ.[2] In einer dreigliedrigen indirekten Argumentation mittels eines irrealen Bedingungsgefüges (*argumentum e contrario*)[3] legt Herodot dar, daß ganz Hellas trotz allen Verteidigungsanstrengungen der Peloponnesier beim Bau der Isthmosmauer unter persische Herrschaft gefallen wäre, wenn die Athener den Invasoren nicht zur See entgegengetreten wären. Da die lakedaimonische Landkriegsstrategie sich als nutzlos erwiesen habe, seien die Athener das Zünglein an der Waage gewesen: Indem sie trotz aller zu befürchtenden Leiden den Widerstand

---

1   Hdt. VII 139,1: ἐνθαῦτα ἀναγκαίη ἐξέργομαι γνώμην ἀποδέξασθαι ἐπίφθονον μὲν πρὸς τῶν πλεόνων ἀνθρώπων, ὅμως δέ, τῇ γέ μοι φαίνεται εἶναι ἀληθές, οὐκ ἐπισχήσω.

2   Cf. Levi 1955, 231–234 und J.A.S. Evans, Herodotus and Athens: The Evidence of the *Encomium*, AC 48, 1979, 112–118, hier 112f., 116, der die Abfassung unter Verweis auf die Nähe zum Bericht über die Hinrichtung des Aristeas (VII 137,3) um 430 datiert.

3   Hdt. VII 139,2–4. D. Lateiner, The Empirical Element in the Methods of Early Greek Writers and Herodotus: A Shared Epistemological Response, Antichthon 20, 1986, 1–20, hier 14, 16. Thomas 1993, 233f. (239–243 zum Insistieren auf der Richtigkeit des Schlusses und zur ersten Person; zudem ead. 2000, 225) geht von einem starken Einfluß der ionischen Wissenschaft, insbesondere der Medizin, aus. Hingegen führt es N. Demand, Herodotus' Encomium of Athens: Science or Rhetoric?, AJPh 107, 1987, 746–758, bes. 750, 755–758, auf die Einwirkung der Rhetorik zurück.

auf sich nahmen und die restlichen freien Griechen mitrissen, gebühre ihnen „nächst den Göttern" (μετά γε θεούς) der Ruhm der Rettung Griechenlands (VII 139,5). Diese Entscheidung der Athener zum Kampf nennt IMMERWAHR[4] „den bedeutendsten Wahlakt der Historien", da ῥέπειν über das Bild der Waage an göttliche Schikkung erinnere.[5] Durch μετά γε θεούς ist das Angewiesensein der Athener auf die göttliche Hilfe betont, ohne die selbst ihr bewundernswerter Einsatz vergeblich gewesen wäre; dennoch spricht Herodot ihnen den Ruhm zu, nach menschlichen Maßstäben das Beste geleistet zu haben; die Götter hingegen sind für ihn die eigentlich Verantwortlichen für den Sieg über die Perser.[6] Der Ausblick auf den zukünftigen Sieg der Griechen ist deshalb mit religiösen Elementen durchsetzt, um dem Leser einen Eindruck von der höheren Notwendigkeit des Geschehens zu vermitteln.[7]

Mit diesem Ausdruck der Hochschätzung für die Athener leitet der Historiker den Bericht über die delphischen Orakel ein (VII 140–144): Die Athener haben sich von der ersten Wahrsagung der Pythia, sie müßten ihre Heimat umgehend verlassen, nicht entmutigen lassen, sondern, als Schutzflehende einen günstigeren Spruch erbittend, den Rat erhalten, sich hinter einer „Hölzernen Mauer" zu verschanzen. Diese allein bleibe unbezwungen, während die Stadt Athen selbst und das Umland bis zum Kithairon hin verheert werde (VII 141,3). Zudem warnt die Pythia davor, den Persern eine Landschlacht zu bieten; besser sei die Flucht. Ohne jede organische Verbindung zum Vorhergehenden folgt in den letzten beiden Zeilen der Lobpreis von Salamis als „göttlicher Insel".

Die Weigerung, das erste Orakel zu akzeptieren und ohne Beantwortung der eigentlichen Orakelanfrage das Heiligtum, wie von der Pythia geheißen, zu verlassen[8], ist nicht so sehr Zeichen menschlichen Widerstandes gegen den Götterwillen als vielmehr das Produkt der scheinbaren Aussichtslosigkeit des Orakels.[9] Während die Argiver (VII 148,3) und Kreter (VII 169,2) vorgeblich vom delphischen Apol-

---

4 H.R. IMMERWAHR, Tat und Geschichte bei Herodot, in: MARG WdF 497–540, hier 529. Ähnlich EVANS 1979b, 113 mit weiteren Beispielen wichtiger Wahlakte.
5 Ῥέπειν „sich neigen" ist bei Herodot ein ἅπαξ λεγόμενον; cf. Bezug zu den Göttern bei Hom. Il. VIII 69–74, XXII 212; Aisch. Pers. 439f.; Sept. 21.
6 Cf. HOW–WELLS ad loc.; SCHULTE 71; J.R. GRANT, Some Thoughts on Herodotus, Phoenix 37, 1983, 283–298, hier 292. Hingegen spricht H. KLEINKNECHT, Herodot und Athen. 7,139/8,140–144, Hermes 75, 1940, 241–264, hier 249 = MARG WdF 541–573, hier 552, den Göttern den entscheidenden Antrieb ab, da μετά γε θεούς nur eine „Art Parenthese im letzten Satzglied" darstelle; ähnlich C. MEIER, Beobachtungen an Herodot. Zum Problem der Deckungslücken im Haushalt historischer Zusammenhänge, in: H.R. JAUSS (ed.), Die nicht mehr schönen Künste (Poetik und Hermeneutik 3), München 1968, 91–110, hier 99, der darin lediglich den Versuch Herodots erkennt, einer eventuellen „Deckungslücke" in der Begründung des griechischen Sieges vorzubeugen. Dieser Auffassung widerspricht jedoch die deutlich steigernde Bedeutung des μετά γε als Angabe der Reihenfolge – wo es oft nach Superlativen verwendet wird; ohne Superlativ finden wir μετά γε in dieser Funktion auch in Hdt. I 134,2; 136,1; II 55,3; VIII 46,2; IX 16,4 (cf. J.E. POWELL, A Lexicon to Herodotus, Cambridge 1938, s.v. A I 2, c).
7 Cf. SCHULTE 71f.; HELLMANN 1934, 33 A. 1.
8 VII 139,6. Cf. J. KIRCHBERG, Die Funktion der Orakel im Werke Herodots (Hypomnemata 11), Göttingen 1965, 95.
9 Dies unterschätzen MEIER 1968, 98f. und B. SHIMRON, Politics and Belief in Herodotus (Historia Einzelschriften 58), Stuttgart 1989, 32f., 40, 56, 112.

lon mit einer jeweils wohlüberlegten historischen Argumentation den Rat erhielten, sich vom griechischen Abwehrkampf fernzuhalten und abzuwarten[10], weist das erste Orakel die Athener an, „bis zu den Enden der Erde zu fliehen"[11], da alles zerstört und das Unterste zuoberst gekehrt werde. Weit schlimmer noch: Nicht nur das athenische Gemeinwesen scheint dem Untergang geweiht, sondern selbst die Götterbilder und Tempel erzittern vor dem persischen Frevler.[12] Der Anstoß für die Athener, ein günstigeres Orakel zu erbitten, kommt von außen, von einem hochgeachteten Delpher namens Timon. Die Athener mißachten also mitnichten die religiöse Autorität der Pythia, da sie ihre Zuflucht zum von Timon angeratenen eindringlichen Ritual der ἱκεσία nehmen.[13] Die Befriedigung der Gesandten über das zweite Orakel (VII 142,1 in.) ergibt sich aus der dunkel angedeuteten Rettungsmöglichkeit der „Hölzernen Mauer". Darin sind die, wenn auch engen, Grenzen des menschlichen Handlungsspielraumes aufgezeigt, durch die jedoch die Gültigkeit des ersten Orakels in keiner Weise geschmälert wird.[14]

In der Debatte der Athener über die genauen Handlungsanweisungen, die aus den Orakeln zu ziehen seien, kristallisieren sich gemäß Herodot schnell die Alternativen heraus: Einige der Älteren empfehlen den Rückzug auf die Akropolis; denn die sie umgebende Dornenhecke sei mit der „Hölzernen Mauer" gemeint. Andere hingegen verfechten die Ansicht, der Gott meine damit Schiffe. Von vornherein wird also die offene Feldschlacht gegen die Perser, gemäß dem in dieser Beziehung eindeutigen Orakel, als Option ausgeschlossen. Bei der Wahl zwischen der Verschanzung auf der Akropolis und dem Bau von Schiffen wird der zweiten Möglichkeit im Herodoteischen Bericht ein deutlicher Vorzug gegeben.[15] Denn die folgende Auseinandersetzung konzentriert sich gänzlich auf die Frage, ob die Athener mit

---

10 Die Authentizität dieser Orakel in der vorliegenden Form bezweifeln R. CRAHAY, La littérature oraculaire chez Hérodote, Paris 1956, 321–325 und J. FONTENROSE, The Delphic Oracle. Its Responses and Operations with a Catalogue of Responses, Berkeley-Los Angeles-London 1978, 128; für in der Substanz authentisch halten sie aber C. HIGNETT, Xerxes' Invasion of Greece, Oxford 1963, 440f. und R. GARLAND, Introducing New Gods: The Politics of Athenian Religion, Ithaca 1992, 64–68.

11 J. ELAYI, Deux oracles de Delphes: Les réponses de la Pythie a Clisthène de Sicyone, et aux Athéniens avant Salamine, REG 92, 1979, 224–230, hier 229, sieht in φεῦγ' ἔσχατα γαίης schon einen versteckten Hinweis auf Salamis: Denn dieses Gebot könne auch heißen: „fliehe zu den Grenzen *eures* Landes", d.h. des attischen Festlandes, da in der epischen Sprache des Orakels der in Prosa für diesen Sinn notwendige Artikel τῆς vor γαίης entfallen kann.

12 Hdt. VII 140,2f., Z. 1–5; 8–11.

13 Hdt. VII 141,1. Auch Aristodikos hat bei den Branchiden wegen der Auslieferung des Paktyes, jedoch vergeblich, nach einem günstigeren Spruch angefragt (I 158f.), Hdt. I 91,4 kreidet es Kroisos scharf an, daß er nicht eine Präzisierung des Halys-Orakels vom delphischen Apollon erbeten habe; cf. KIRCHBERG 1965, 33 und J. GOULD, Hiketeia, JHS 93, 1973, 74–103, hier 84 mit A. 52.

14 Cf. ELAYI 1979a, 229. Die Abweichung des zweiten Orakelspruches vom ersten überbetont KLEINKNECHT 1940, 249f. = MARG WdF 552f. Cf. SCHULTE 72 A. 10.

15 Den Athenern mußte der fatale Ausgang des Versuches der Milesier in Erinnerung sein, jede Verteidigung der χώρα aufzugeben, nicht aber Milet selbst zu verlassen, sondern es gegen die persische Belagerung zu halten und bei Lade die Perser zu Schiff zu bekämpfen; cf. Hdt. VI 7–20, namentlich den Beschluß in VI 7.

Schiffen den Persern Widerstand leisten oder – wie es die Orakelsammler (χρησμο-λόγοι) propagieren – Attika für immer verlassen und sich in einem anderen Lande ansiedeln sollen. Die Schiffspartei wird laut Herodot jedoch irre an den beiden letzten Versen zu Salamis: Die Vorhersage „O göttliches Salamis, doch du wirst Söhne der Frauen vertilgen!"[16] läßt offen, ob die Griechen dort große Verluste erleiden oder die Perser.

2. Die Einführung des Themistokles

In dieser Aporie, die den rettenden Beschluß der Athener zur Seekriegsführung zu vereiteln droht, taucht nun ein Athener auf, den Herodot einer sehr eigentümlichen Einführung würdigt: „Unter den Athenern lebte ein Mann, der erst vor kurzem unter die Ersten aufgestiegen war, sein Name war Themistokles, er wurde Sohn des Neokles genannt."[17] Die bisherige Forschung hat insbesondere den Ausdruck ἐς πρώτους νεωστὶ παριών als Indiz für Herodots negative Haltung gegenüber Themistokles gewertet, da er offenbar dessen Archontat unterschlage.[18] Themistokles' Amtszeit als eponymer Archon wird von den meisten Forschern im Vertrauen auf Dionysios von Halikarnassos, der sich anscheinend auf die athenische Archontenliste stützt[19], ins Jahr 493/2 datiert.

Als Bestätigung für diesen Ansatz wird in der Forschung oftmals der Thukydideische Bericht angeführt, daß Themistokles – nach den Perserkriegen – den Abschluß des Piräus-Hafens durchgesetzt habe, der jedoch schon früher begonnen worden sei, als er ein Amt innehatte, in dem er „Jahr für Jahr den Athenern vorstand".[20] Da die Bedeutung von κατ᾽ ἐνιαυτόν „Jahr für Jahr" oftmals belegt ist[21], muß die Interpretation, es meine das „Jahr für Jahr" gewählte eponyme Archontat in Athen, so daß αἱρεθείσης hinzuzusetzen sei[22], gravierend in den Text eingreifen.

---

16 Hdt. VII 141,4, Z. 11: ὦ θείη Σαλαμίς, ἀπολεῖς δὲ σὺ τέκνα γυναικῶν. Der Doppelsinn von ἀπολεῖς bleibt hier ganz unberücksichtigt. Alle Parteien samt Themistokles gehen von der Bedeutung „vernichten" aus; die Interpretation „verlieren" hätte von vornherein die Orakeldeuter bestätigt; cf. GOLDSCHEIDER 31, 130 A. 67.

17 Hdt. VII 143,1: ἦν δὲ τῶν τις Ἀθηναίων ἀνὴρ ἐς πρώτους νεωστὶ παριών, τῷ οὔνομα μὲν ἦν Θεμιστοκλέης, παῖς δὲ Νεοκλέος ἐκαλέετο.

18 Cf. ALY 1921, 124; Ed. MEYER, GdA IV⁵ 291f.; BUSOLT GG II² 643 A. 1; PODLECKI 68.

19 Dion. Hal. ant. VI 34,1. Cf. T.J. CADOUX, The Athenian Archons from Kreon to Hypsichides, JHS 68, 1948, 70–123, zu Themistokles 116f. mit A. 252; 123.

20 Thuk. I 93,3: ἀρχῆς ἧς κατ᾽ ἐνιαυτὸν Ἀθηναίοις ἦρξε. Gleichwohl ist bei dieser Deutung statt des Aoristes ἦρξε das iterative Imperfekt ἦρχε zu erwarten. Cf. W.W. DICKIE, Thucydides 1.93.3, Historia 22, 1973, 758f. M. CHAMBERS, Themistocles and the Piraeus, in: K.J. RIGSBY (ed.), FS S. Dow (GRBS Monographs 10), Durham 1984, 43–50, hier 47, erklärt den Aorist hingegen als resultativ und zudem als Tempusvariation gegenüber dem näherliegenden Imperfekt. Cf. zudem Paus. I 1,2.

21 Cf. Thuk. II 13,3; II 24,2; weitere Belege bei C.W. FORNARA, Themistocles' Archonship, Historia 20, 1971, 534–540, hier 535f. und CHAMBERS 1984, 44.

22 So D.M. LEWIS, Themistocles' Archonship, Historia 22, 1973, 757f. unter Hinweis auf Aristot. Ath. Pol. 3,4. Der Kommentar von POPPO-STAHL ad loc. (cf. die Kritik von CHAMBERS 1984, 48) schlägt als Lösung vor: Im Bestreben, den Charakter des Amtes τῆς ἐκείνου ἀρχῆς zu erklären,

Allerdings kommt der Kombination der Begriffe ἀρχή bzw. ἄρχειν mit dem Dativ Ἀθηναίοις großes Gewicht als Hinweis auf das Archontat zu.[23] Schon GOMME und FORNARA schlugen hingegen vor, Thukydides bezeichne hier ein Amt, das „Jahr für Jahr" von Themistokles bekleidet wurde, um die Befestigung des Piräus durchzuführen, so das des ἐπιμελητὴς τῶν νεωρίων bzw. „some magistracy ad hoc", z.B. das eines ναύκραρος.[24] BADIAN denkt hierbei eher an das Strategenamt, das Themistokles während der 480er Jahre zur Ausführung seines Flottenbauprogrammes und zum Ausbau des Piräus übertragen worden sein könnte.[25] Doch diese Überlegungen können uns keinen sicheren Anhaltspunkt für die Datierung seines Archontats liefern.

Die chronographische Tradition mag uns hier weiterhelfen: In der armenischen Version des Eusebios finden wir unter dem ersten Jahr der 71. Olympiade (= 496/5) den Eintrag: *Piraeus munitus est a Themistocle.* Die Version des Hieronymos berichtet jedoch für die 75. Olympiade (480/79–477/6): *Athenienses Piraeum muro vallant.* MOSSHAMMER hat gezeigt, daß beide Nachrichten auf Eusebios selbst zurückgehen[26], so daß es scheint, als hätte sich der Ausbau des Piräus von 493/2[27] bis nach 479 hingezogen – was ungeachtet der erzwungenen Unterbrechungen durch die Persereinfälle doch eine sehr lange Zeit darstellt. MOSSHAMMER macht zudem glaubhaft, daß Eusebios bei diesen Nachrichten über die Vermittlung von Apollodor, der die ἀκμή einer Persönlichkeit schematisch ins vierzigste Lebensjahr setzte[28], auf einen Atthidographen, vermutlich Hellanikos, zurückgeht. Dieser hatte wohl im Bestreben, am Archontenjahr die wichtigsten Taten einer Person chronologisch festzumachen, auch die Befestigung des Piräus in dessen Archontat 493/2 datiert.

habe Thukydides bei seinem Zusatz ἧς κατ᾽ ἐνιαυτὸν Ἀθηναίοις an das allgemeine Faktum gedacht, daß die Archonten jährlich, d.h. für ein Jahr, amtieren, dann sich aber des Themistokles als des eigentlichen Satzsubjektes erinnert und das Verb im Singular gesetzt.

23 Cf. LEWIS 1973, 757f. und DICKIE 1973, 758f. (cf. Thuk. VI 54,6; II 2,1; IG I³ 285, Z. 2; IG II/ III² 1237, Z. 10). Cf. jedoch als Ausnahme in unmittelbarer Nähe zur hier diskutierten Stelle Thuk. I 96, 3 zu den Hellenotamiai.

24 GOMME 1945, 261f. ad loc. und FORNARA 1971b, 540 (dort Zitat), so auch CHAMBERS 1984, 50. Könnte Themistokles als τῶν Ἀθήνησιν ὑδάτων ἐπιστάτης „Vorsteher der Wasserversorgung in Athen" (nur bei Plut. Them. 31,1 belegt; cf. FROST ad loc.) den Piräusausbau initiiert haben? Zur späteren Bewertung der Rolle des Themistokles bei diesem Ausbau cf. G. DAVERIO ROCCHI, Topografia politica e costruzione della memoria: Temistocle al Pireo, in: P.G. MICHELOTTO (ed.), λόγιος ἀνήρ. Studi di antichità in memoria di M.A. LEVI, Mailand 2002, 131–147, hier 136–140.

25 E. BADIAN, Archons and Strategoi, Antichthon 5, 1971, 1–34, hier 8f., 11.

26 A.A. MOSSHAMMER, Themistocles' Archonship in the Chronographic Tradition, Hermes 103, 1975, 222–234, hier 225f. Die undatierten Eintragungen des Synkellos p. 470,1 DINDORF: ὁ Πειραιεὺς ἐτειχίσθη ὑπὸ Θεμιστοκλέους „Der Piräus wurde von Themistokles ummauert" und p. 470,5: Ἀθηναῖοι τὸν Πειραιᾶ ἐτείχισαν „Die Athener ummauerten den Piräus" gehen mindestens mittelbar auf Apollodor zurück.

27 Mit einer Verschiebung von 3 bis 4 Jahren insbesondere innerhalb derselben Olympiade ist in dieser Chronik immer zu rechnen.

28 Apollodor geht vom falschen Todesjahr 467/6 aus, so daß er mit dem bei Plut. Them. 31,6 überlieferten Todesalter des Themistokles von 65 Jahren auf das Geburtsjahr 532/1 gelangt. Cf. MOSSHAMMER 1975, 228–232; zum folgenden ibid. 233f. Zu den Lebensdaten cf. J.K. DAVIES, Athenian Propertied Families 600–300 B.C., Oxford 1971, Nr. 6669, I, 214f.

Somit besitzt die Nachricht des Eusebios, Themistokles habe schon im Jahre 493/2 den Piräus befestigt, keinen eigenständigen chronologischen Wert. Nach Auffassung von MOSSHAMMER und CHAMBERS versuchte Thukydides, die durch die atthidographische Vulgata verbreitete Version des Hellanikos, die wir noch bei Eusebios finden, zu berichtigen,[29] indem er deutlich macht, daß Themistokles nicht während seines ohnehin schlecht bezeugten Archontats die Ummauerung des athenischen Hafens initiierte, sondern erst im Jahr 483/2, als er ein – vielleicht außerordentliches – Amt innehatte, das ihm über mehrere Jahre übertragen wurde.

Auch wenn der Ausbau des Piräus nicht mit dem Archontat des Themistokles zusammenfällt, so bleibt dennoch dessen Datierung ins Jahr 493/2 nach der Archontenliste, wie sie durch Dionysios von Halikarnassos überliefert ist.[30] Deren Glaubwürdigkeit ist jedoch für die Zeit vor 480 Zweifeln zu unterwerfen:[31] So finden wir von den Archontaten, die die Peisistratiden während ihrer Tyrannis laut Thukydides (VI 54,6) *fortwährend* bekleideten, keinerlei Widerhall in der Archontenliste; auch scheint die Hochdatierung des Archontats und der Reformen Solons in das Jahr 594/3 fraglich.[32] Somit erweist sich auch dieser oftmals als gesichert angesehene Anhaltspunkt für den Beginn der politischen Karriere des Themistokles als keineswegs felsenfest.[33]

---

29 MOSSHAMMER 1975, 233f.; CHAMBERS 1984, 49f. So jetzt S. BRENNE, Ostrakismos und Prominenz in Athen. Attische Bürger des 5. Jhs. v. Chr. auf den Ostraka (Tyche Suppl. 3), Wien 2001, 299. Schon in der Frage, zu welchem Perserkönig – Xerxes oder Artaxerxes – Themistokles floh und ob er eines natürlichen Todes starb oder durch Selbstmord mittels eines Trankes von Stierblut, unterscheiden sich Thukydides (I 137f.) und die atthidographische Vulgata, wie wir sie bei Ephoros (FGrHist 70 F 189–191), Apollodor (FGrHist 244 F 342), später auch bei Plutarch (Them. 27) und Hieronymos (II 105 SCHOENE) finden, grundlegend voneinander; cf. MOSSHAMMER 1975, 230–233 und A. KEAVENEY, The Life and Journey of Athenian Statesman Themistocles (524–460 B.C.?) as a Refugee in Persia, Lewiston-Queenston-Lampeter 2003, 94–98, 102–104.

30 R.J. LENARDON, The Archonship of Themistocles, 493/2, Historia 5, 1956, 401–419, verteidigt dieses Datum (zur chronographischen Tradition 402–406; mit Hinweis auf J.A.R. MUNRO, The Chronology of Themistocles' Career, CR 6, 1892, 333f., der zwei antike Chronologien annimmt, die genau um zehn Jahre differierten) und vertritt auch sonst eine Hochdatierung: Themistokles sei tatsächlich schon bei Marathon zusammen mit Aristeides und Miltiades Stratege gewesen, wie Plut. Arist. 5,1–4 besagt (409f.). P. BICKNELL, The Command Structure and Generals of the Marathon Campaign, AC 39, 1970, 427–442, hier 437f., vermutet einen anderen Themistokles als Archon des Jahres 493/2.

31 Cf. W.H. PLOMMER, The Tyranny of the Archon List, CR 19, 1969, 127–129.

32 Cf. aus der reichen Literatur C. HIGNETT, A History of the Athenian Constitution, Oxford 1952, 316–321; M. MILLER, The Accepted Date for Solon: Precise but Wrong?, Arethusa 2, 1969, 62–86.

33 Da in der Archontenliste keine Amtsinhaber für die Jahre 486/5 und 482/1 genannt sind, haben K.W. KRÜGER, Historisch-philologische Studien, Bd. I, Berlin 1836, 13–30, der das Schol. Aischin. I 109 zu Νικόφημος (Archon 361/0); οὗτος ἦρξε πρὸ Θεμιστοκλέους zu Νικόδημος, dem Archon von 483/2, emendiert (25), mit einiger Zurückhaltung GOMME ad Thuc. I 93,3 und auch R. FLACELIÈRE, Sur quelques points obscurs de la vie de Thémistocle, REA 55, 1953, 1–28, hier 16–18, das Archontat des Themistokles in das Jahr 482/1 setzen wollen. Das Schol. Thuk. I 93,3: ἦρξε· πρὸ τῶν Μηδικῶν ἦρξε Θεμιστοκλῆς ἐνιαυτόν „Vor den Perserkriegen war Themistokles ein Jahr Archon" läßt uns im unklaren, ob mit τὰ Μηδικά die gesamte Perserkriegszeit oder nur die Jahre 480/79 gemeint sind.

Wenn wir Plutarchs Angabe wenigstens in chronologischer Hinsicht glauben, Themistokles habe im 65. Lebensjahr Selbstmord begangen, um sich der von seinem Schutzherrn Artaxerxes geforderten Gegenleistung, den Griechen in ihrem Vormarsch 460/59 gegen Zypern und Ägypten mit einer Streitmacht entgegenzutreten, zu entziehen[34], so gelangen wir zum Geburtsjahr 524/3. Somit erweist sich eine Bekleidung des Archontats im Jahre 493/2 für Themistokles durchaus als möglich, der dann dieses zum frühestmöglichen Zeitpunkt erreichte, da ein Kandidat ein Mindestalter von dreißig Jahren aufweisen mußte.[35]

Einige Nachrichten insbesondere bei Plutarch sprechen jedoch dagegen, daß ein solch steiler Aufstieg für Themistokles möglich war. Plutarch behauptet, daß er aus dem unbedeutenden (ἀμαυρότερα) Geschlecht der Lykomiden stamme;[36] zudem soll seine Mutter keine Athenerin, sondern Karerin oder Thrakerin, also strenggenommen eine Nichtgriechin, gewesen sein.[37] Daß er deshalb als Bastard (νόθος) galt und so in seinem Bürgerrecht eingeschränkt war, wie die Anekdote bei Plutarch (1,2) über Themistokles' Turnen auf dem den νόθοι zugewiesenen Kynosarges glauben machen will,[38] widerlegt schon sein Aufstieg zu Archontat und Strategie, ganz gleich, wann man diese ansetzt.[39] Daß die Vorstellung als τῷ οὔνομα μὲν ἦν Θε-

---

34 Plut. Them. 31,4–6. Zur Datierung des Todesjahres cf. LENARDON 1956, 413–415 und KEAVENEY 2003, 89–93.

35 Das scheint für alle Ämter in Athen und schon seit 508/7 gegolten zu haben; cf. M.H. HANSEN, Seven Hundred *Archai* in Classical Athens, GRBS 21, 1980, 151–173, hier 167–169; anders jedoch R. DEVELIN, Age Qualifications for Athenian Magistrates, ZPE 61, 1985, 149–159.

36 Plut. Them. 1,1; 1,3. Diese Verbindung bezweifeln jedoch F. BOURRIOT, Recherches sur la nature du genos, Paris 1976, 1251–1254 und E. STEIN-HÖLKESKAMP, DNP 7 (1999), s.v. Lykomidai, 565f., da der von Plut. Them. 1,4 herangezogene Wiederaufbau des zerstörten Heiligtums der Lykomiden in Phlya durch Themistokles durchaus aristokratischem Selbstdarstellungsbedürfnis entspreche; dazu sei nicht die Abkunft des Stifters aus dem Geschlecht nötig. Der Name des Vaters des Themistokles, Νεοκλῆς, spricht in seiner Bedeutung als „Neuer Ruhm" für eine aufsteigende Familie; cf. P. BICKNELL, Themistokles' Father and Mother, Historia 31, 1982, 161–173, bes. 162f.; anders F.D. HARVEY, Neokles, father of Themistokles, Historia 29, 1980, 110f.

37 Plut. Them. 1,2. Nep. Them. 1,2 sieht in ihr hingegen eine Akarnanin. Cf. ausführlich BICKNELL 1982, 163–169; DAVIES 1971, 213f.; D. OGDEN, Greek Bastardy in Classical and Hellenistic Periods, Oxford 1996, 55f.

38 Plut. Them. 1,2. ODGEN 1996, 47–58 vertritt die These, daß aufgrund des seit der Tyrannenzeit gültigen, bei Philochoros FGrHist 328 F 35b überlieferten Gesetzes, wonach die Phratrien als Mitglieder Angehörige eines Genos (γεννῆται) akzeptieren mußten, Themistokles als Angehöriger der Lykomiden trotz seiner Stellung als μητρόξενος das volle Bürgerrecht genossen habe; er habe durch seinen häufigen Besuch des Kynosarges die nicht-privilegierten νόθοι unterstützt. Mit Bezug auf mögliche Vorläufer des Perikleischen Bürgerrechtsgesetzes von 451 weist P.J. RHODES, Rez., CR 47, 1997, 100–102, hier 100f., dies zurück.

39 Auch die zahlreichen Ostraka, auf denen dem Namen des Themistokles auch das Patronymikon beigefügt ist, sprechen dagegen. Ebenso unglaubhaft ist seine bei Plut. Them. 2,8 und Aischines Sokratikos P.Oxy. XIII 1608, fr. 4 erwähnte Enterbung (ἀποκήρυξις) durch den Vater (Cf. DAVIES 1971, 213 A. 1; für historisch hält sie jedoch L. PICCIRILLI, L'apokeryxis di Temistocle, in: Studi in onore di A. BISCARDI, Mailand 1982, 343–355.). Cf. C.B. PATTERSON, Those Athenian Bastards, ClAnt 9, 1990, 40–73, hier 63. Wegen ihrer nicht athenischen Mütter hätte dies auch für Kimon und andere athenische Aristokraten gelten müssen. Bei Plutarch ist eine Rückprojektion der Verhältnisse des Perikleischen Bürgerrechtsgesetzes vor die Perserkriege zu vermuten.

μιστοκλέης, παῖς δὲ Νεοκλέος ἐκαλέετο[40] auf seine nicht vollbürgerliche Herkunft anspielt, läßt sich allerdings weder beweisen noch schlüssig widerlegen.[41] Bei Plutarch finden wir noch Bemerkungen über die mangelnde musische Bildung des Themistokles und ein unstandesgemäßes gesellschaftliches Verhalten[42] sowie den Bericht, Themistokles sei, als er in jungen Jahren mit protziger Selbstdarstellung seinen Rivalen Kimon bei den Olympischen Spielen auszustechen suchte, als Parvenu abgetan worden.[43] Sofern wir nicht all diese Nachrichten für Fiktion halten wollen, deuten sie darauf hin, daß Themistokles und seine Familie nicht zur Hocharistokratie Athens zählten; aufgrund des Alters des Lykomidengeschlechtes, dem Themistokles mutmaßlich angehörte, und seiner Priesterfunktion im Mysterienkult in Phlya[44] sowie durch seine Heirat mit Archippe, der Tochter des Aristokraten Lysandros,[45] gehörte er jedoch der adligen Oberschicht an.[46] Dafür spricht auch der beachtliche Reichtum, der ihm seine Choregie vermutlich im Jahr 476/5, die Stiftung von Heiligtümern und die Gastmähler ermöglichte.[47]

Ob jedoch die Zugehörigkeit zur keineswegs schmalen athenischen Oberschicht[48] für Themistokles ausreichte, um zum frühestmöglichen Zeitpunkt schon ins eponyme Archontat zu gelangen, ist zumindest unsicher, zumal vor 487/6, als die Archonten noch gewählt, nicht ausgelost wurden.[49] Allenfalls können wir mit BERVE und FROST annehmen, daß das Archontat zu Beginn des fünften Jahrhunderts seine Bedeutung und sein Prestige schon verloren hatte, so daß es keineswegs nur für Parvenus erst den Einstieg in die politische Karriere darstellte, während die Macht bei den alteingesessenen Areopagiten lag.[50] So könnten wir in Themistokles' Archontat eher den Beginn seiner politischen Laufbahn sehen als deren Höhe-

---

40 Hdt. VII 143,3: „Er hatte den Namen Themistokles, wurde aber Sohn des Neokles genannt."

41 Cf. OGDEN 1996, 91–98, bes. 93f. Herodot stellt ihn im Zusammenhang mit der Thessalien-Expedition (VII 173,2) in der zu klassischer Zeit gebräuchlichen Form als Θεμιστοκλέης ὁ Νεοκλέος vor.

42 Plut. Them. 2,2f.; Ion von Chios FGrHist 392 F 13 = Plut. Them. 9,1.

43 Plut. Them. 5,3f. Der Kontrast zu der überragenden Beachtung, die er als Sieger von Salamis in Olympia genoß (ibid. 17,2), nährt aber Zweifel an der Historizität dieser Geschichte.

44 Cf. Plut. Them. 1,3f.; Paus. I 31,4; I 22,7; DAVIES 1971, 212; FROST 57f.

45 Cf. Plut. Them. 32,1. Nep. Them. 1,2 nennt den Vater des Themistokles, Neokles, auch generosus. Lys. XXX 28 und Aristot. Ath. Pol. 28,1 scheinen Themistokles in die athenische Aristokratie einzureihen. Cf. DAVIES 1971, 212f.

46 Cf. E. STEIN-HÖLKESKAMP, Adelskultur und Polis-Gesellschaft. Studien zum griechischen Adel in archaischer und klassischer Zeit, Stuttgart 1989, 206f.

47 Cf. Plut. Them. 5,5 (Choregie); ibid. 1,4; 22,2f.; IG II² 1035, Z. 45 (Heiligtümer); Plut. Them. 5,1; 5,4 (Gastmähler).

48 Vermutlich durften schon damals die Ritter (ἱππεῖς) das Archontat bekleiden; cf. P.J. RHODES, A Commentary on the Aristotelian Athenaion Politeia, Oxford ²1993, 148, 273. K.W. WELWEI, Das klassische Athen. Demokratie und Machtpolitik im 5. und 4. Jahrhundert, Darmstadt 1999, 42 nimmt ihre Zulassung erst für 487/6 an (356 A. 189).

49 Cf. Aristot. Ath. Pol. 22,5.

50 H. BERVE, Fürstliche Herren zur Zeit der Perserkriege, Die Antike 12, 1936, 1–28, hier 13; F.J. FROST, Themistocles' Place in Athenian Politics, CSCA 1, 1968, 105–124, hier 114f.; BADIAN 1971, 15; ähnlich R. SEALEY, Regionalism in Archaic Athens, Historia 9, 1960, 155–180, hier 177, und A History of Greek City-States ca. 700–338 B.C., Berkeley-Los Angeles-London 1976, 185.

punkt. Ganz gleich, in welches Jahr wir nun das Archontat setzen – unverkennbar ist, daß diese Amtszeit in der antiken Literatur mit biographischem Schwerpunkt nahezu keinerlei Spuren hinterlassen hat.[51] Herodot übergeht das Archontat völlig; bei Thukydides ist es unsicher, ob er überhaupt darauf verweist. Plutarch erwähnt das Archontat mit keinem Wort, das doch, frühestmöglich bekleidet, den sonst von ihm betonten unbändigen politischen Ehrgeiz des jungen Themistokles bestens illustriert hätte.[52] Themistokles' Archontat scheint nur zu chronographischen Zwecken gedient zu haben, d.h., jede ursächliche Verbindung zwischen dieser mutmaßlichen Amtszeit und seinen großen Taten ist in der späteren atthidographischen und der daraus gespeisten chronographischen Literatur völlig verlorengegangen – so daß man vermuten darf, daß sie faktisch niemals bestanden hat.

Als Fazit der Diskussion über das Archontat des Themistokles bleibt festzuhalten, daß, ganz abgesehen davon, wann oder ob er dieses überhaupt innehatte[53], Themistokles vermutlich erst seit den frühen 480er Jahren unter die πρῶτοι in Athen zählte[54]. Herodots Wertung bestätigt vollauf den Ansatz, daß dieser Aufstieg am ehesten mit der Durchsetzung des Flottenbauprogrammes zu verbinden ist.[55]

Daß die Herodoteische Beschreibung des Themistokles als „eines erst kürzlich (νεωστί) unter die Ersten aufgestiegenen Mannes" keineswegs einen im Jahre 481/0 aus dem Nichts avancierten Parvenu bezeichnen muß, zeigt sich auch, wenn wir den Gebrauch von νεωστί bei Herodot betrachten. In den Fällen, wo wir den damit umschriebenen Zeitraum exakt bestimmen können, umfaßt νεωστί drei bzw. sogar vierzehn Jahre.[56] Im Falle des Aufstiegs des Mardonios – die Ähnlichkeit zu Themistokles ist auffallend – umreißt es mindestens sechs Jahre.[57] Offenbar beschreibt

---

51 Cf. BADIAN 1971, 7 A. 19; CHAMBERS 1984, 50.

52 Die beiden Bonmots des Themistokles bei Plut. Arist. 2,5 und Them. 5,6 können – entgegen W.T. WADE-GERY, Themistokles' Archonship, BSA 37, 1936/7, 263–270, hier 268f. = ND in: id., Essays in Greek History, Oxford 1958, 171–179, hier 176f. und LENARDON 1956, 417f. – nicht als Bezug auf das Archontat gewertet werden.

53 Cf. A.W. GOMME, Athenian Politics, 510–483 B.C., AJPh 65, 1944, 321–330, hier 323f. = ND in: id., More Essays in Greek History and Literature, Oxford 1962, 19–28, hier 20f. Die Argumentation von J.H. SCHREINER, Thucydides I,93 and Themistocles during the 490's, SO 44, 1969, 23–41, über dessen bedeutende Rolle schon in den Jahren vor 490 basiert allein auf Spekulationen über einen angeblichen Bericht des Hellanikos. Auch LENARDON 1956 überschätzt diese.

54 Obgleich PODLECKI 193, G.E.M. WILLIAMS, The Kerameikos Ostraka, ZPE 31, 1978, 103–113, hier 103–110, und M. LANG, The Athenian Agora, vol. XXV: Ostraka, Princeton 1990, 102 die 1592 Ostraka mit seinem Namen aus dem großen Kerameikosdepot der Ostrakophoria von 486/5 zuweisen, überzeugen D.M. LEWIS, The Kerameikos Ostraka, ZPE 14, 1974, 1–4 sowie BRENNE 2001, 37–39, 46 und id. in: SIEWERT 2002, 42f., 69f. mit deren Datierung ins Jahr 471/0. So auch E. CULASSO GASTALDI, Il doppio ostracismo di Megakles Hippokratous, RAL 8, 1997, 253–271.

55 Cf. BRENNE 2001, 299.

56 Hdt. VI 6: die νεωστί unterworfenen Zyprer; VII 148,2: die Argiver, von denen es 480 heißt, daß sie bei Sepeia 494 νεωστί gestorben seien.

57 Von Mardonios heißt es zu 492, er habe νεωστί die Tochter des Dareios geheiratet (VI 43,1), was laut den Fortification Tablets schon 498 der Fall war; cf. J.A.S. EVANS, The „Recent" Prominence of Themistocles, AJPh 108, 1987, 382–384.

Herodot sowohl bei Mardonios als auch bei Themistokles mit νεωστί ein eher all-mähliches Emporkommen über einen Zeitraum von fünf bis zehn Jahren, was unse-ren Ansatz vom Karrierebeginn des Themistokles nach Marathon untermauern kann. Zudem mag bei νεωστί gerade der Vergleich des erst „kürzlich" erfolgten Hervor-tretens des Lykomiden-Geschlechts mit der langen Berühmtheit der Alkmaioniden oder Philaiden mitschwingen.

MOLES[58] hat jüngst auf Herodots Spiel mit den Namen hingewiesen, das durch die umständliche Ausdrucksweise τῷ οὔνομα μὲν ἦν und ἐκαλέετο betont wird: „Themistokles" bedeutet „Berühmt für seine Rechtschaffenheit", „Neokles" „Neue Berühmtheit". Herodot erinnert laut MOLES so daran, daß es seine Absicht ist, den Ruhm großer Männer zu künden. Der Aufstieg des Themistokles sei um so preis-würdiger, als dieser in sehr kurzer Zeit unter die πρῶτοι aufgestiegen sei.[59] „Hero-dotus also ‚redefines' ‚New-fame' as ‚Young-fame'."[60] MOLES schließt daraus: „Doubtless, a hostile source provided misleading facts, but Herodotus' virtuosic punning subverts their implications."

BOWDEN[61] sieht durch diese Wortspiele die Neuheit des Themistokleischen Pla-nes einer Konzentration auf die Schiffe hervorgehoben – im deutlichen Kontrast zu den Alten (τῶν πρεσβυτέρων μετεξέτεροι, VII 142,1), welche die Verschanzung hinter der Hecke der Akropolis propagieren. Die „Neuheit" des Planes verweise auf Athens zukünftige Seeherrschaft in der Pentekontaëtie.

Zusammenfassend ist festzuhalten, daß Herodot mit der Einführung des The-mistokles weder dessen ohnehin geschichtlich unbedeutendes, wenn nicht gar unhi-storisches Archontat zu unterschlagen noch allgemein auf ihn ein schlechtes Licht zu werfen beabsichtigt hat. Auch dessen Vorstellung als τῶν τις Ἀθηναίων ἀνήρ hat nichts Herabsetzendes, sondern entspringt epischem, jedoch auch älterem volks-tümlichen Sprachgebrauch.[62] Aus dramaturgischen Gründen hat Herodot Themi-stokles überraschend in den Gang der Geschichte eingeführt – als den rettungsbrin-genden Ratgeber in einer für die Athener lebenswichtigen Entscheidung.[63]

---

58 MOLES 2002, 44f., der 44 A. 66 für eine vollständige Darlegung seiner Argumentation auf sei-nen Aufsatz: What's in a Name? Herodotus on Themistocles, Histos 3, 2000 verweist. Dieser Aufsatz ist bisher nicht erschienen ist, wie mir der Autor brieflich mitgeteilt hat.

59 FOWLER 2003, 314f. versteht Herodots Wortwahl hingegen als Warnung, daß man gegenüber einem solchen Emporkömmling besondere Vorsicht walten lassen müsse.

60 Dieses wie auch das folgende Zitat bei MOLES 2002, 45.

61 H. BOWDEN, Oracles for Sale, in: DEROW–FOWLER 2003, 256–274, hier 273f.

62 Cf. Hom. Il. X 314: ἦν δέ τις ἐν Τρώεσσι Δόλων, Εὐμήδεος υἱός. „Unter den Troern war ein gewisser Dolon, Sohn des Eumedes." Zur Ähnlichkeit der Einführung cf. FORNARA 68; BENCSIK 1994, 109; zudem Il. V 9; XIII 663; Od. X 552. Cf. Hdt. I 71,2 für die Vorstellung des Warners Sandanis. Xenophon führt sich selbst ganz ähnlich ein, an. III 1,4: Ἦν δέ τις ἐν τῇ στρατιᾷ Ξενοφῶν Ἀθηναῖος ... „Es war im Heer ein gewisser Athener namens Xenophon ...". Be-zeichnenderweise taucht auch Xenophon nach seinem eigenen Bericht (III 1,2f.) gerade in der größten Not auf.

63 Cf. GOLDSCHEIDER 30 und HART 1993, 188: „Herodotus' artistic and dramatic purpose by enab-ling him to introduce Themistocles, springing (as it were) fully-armed from the head of Zeus, as the saviour of Athens in her darkest hour." POHLENZ 1937, 69; FORNARA 68; EVANS 1987, 384; IMMERWAHR 223: „Themistocles is introduced into the work with a Homeric flour."

In der Debatte der Volksversammlung nimmt Themistokles sogleich eine herausragende Position ein, da er die Ausdeutung des Orakels durch die professionellen Orakelsammler (χρησμολόγοι) verwirft. Professionelle Orakelsammler hatten in Griechenland keineswegs ein Monopol auf die Interpretation von göttlichen Zeichen – zumal die χρησμολόγοι die Orakel keineswegs im offiziellen Auftrag sammelten[64] –, sondern darin besaßen zweifellos auch einfache Bürger Erfahrung[65], da sie die Orakelstätten ja in privaten Angelegenheiten konsultierten. Weil sich die Diskussion nun lediglich noch auf das Beiwort von Salamis, θείη, konzentriert, ist Themistokles' Kunstgriff, ein Antonym dazu, σχετλίη, in die Debatte einzuführen, um so wirksamer: Durch die künstliche Folienwirkung eines denkbaren Anrufes „Schreckliches Salamis!" scheint es, als verheiße der Ausdruck θείη Σαλαμίς den Athenern den dortigen Sieg zur See.[66] Auf diese Weise kann Themistokles die Volksversammlung bewegen, sich für den Kampf zur See und gegen die von den χρησμολόγοι angeratene Aufgabe jeden Widerstandes und Flucht zu entscheiden. Doch dieser Ausgang war zum Großteil schon durch die Seerüstungen der vorhergehenden Jahre präjudiziert, was Herodot im folgenden eher zu verschleiern als zu erhellen sucht: Denn er benutzt den rettenden Ratschlag des Themistokles als Bindeglied zu seinem Bericht über dessen Flottenbauprogramm.[67] Damit kann er immerhin erklären, wieso die Athener in einer so lebenswichtigen Entscheidung einem Mann vertrauten, der erst seit wenigen Jahren unter die Ersten in Athen zählte.

3. Das Flottenbauprogramm des Themistokles

Der Bau der größten Kriegsflotte im gesamten Festlandgriechenland dieser Zeit ist in allen Quellen untrennbar mit dem Namen Themistokles verbunden. Doch er ist nicht der erste, der das Heil für seine Heimatstadt in der Seeverteidigung suchte. Laut Herodot hatte schon der Historiker Hekataios von Milet im Jahre 500, zu Beginn der Ionischen Revolte, seinen aufständischen Mitbürgern unter Führung des Aristagoras vergeblich angeraten, sie sollten sich mittels der Schätze des Apollon-

---

64 Hingegen oblag es vermutlich den μάντεις, die von der Polis akzeptierten Orakelsprüche auszulegen (cf. Thuk. VIII 1,1, CLASSEN–STEUP ad loc.; Aristoph. Pax 1046f.; Paus. I 34,4); cf. A.W. ARGYLE, Χρησμολόγοι and Μάντεις, CR 20, 1970, 139 und L. PRANDI, Considerazioni su Bacide e le raccolte oracolari greche, in: M. SORDI (ed.), La profezia nel mondo antico (CISA 19), Mailand 1993, 51–62, hier 51. FONTENROSE 1978, 153, N.D. SMITH, Diviners and Divination in Aristophanic Comedy, ClAnt 8, 1989, 140–158, hier 141f. mit A. 6, und BOWDEN 2003, 257–264 wollen die Trennlinie nicht so scharf ziehen. D. LATEINER, The Perception of Deception and Gullibility in Specialists of the Supernatural (Primarily) in the Athenian Literature, in: R.M. ROSEN & J. FARRELL (edd.), Nomodeiktes, FS M. OSTWALD, Ann Arbor 1993, 179–195, hier 192, betont zu Recht, daß auch die μάντεις keine „certified omen-bureaucracy" bildeten.

65 Cf. F. JACOBY, Atthis. The Local Chronicles of Ancient Athens, Oxford 1949, 267f. A. 187. Zur Lösung des Orakels an die Thebaner tritt eine ungenannte Person aus der Volksversammlung auf (Hdt. V 79f., bes. 80,1). Cf. VAN DER VEEN 1996, 101f.

66 Cf. GOLDSCHEIDER 31f. Herodot verbindet die Insel oft mit der Sphäre der Götter und Heroen, bes. den Aiakiden (VIII 64,2; 65,2; 83,2; 84,2; 94,2; 109,3).

67 Hdt. VII 144,1: ἑτέρη τε Θεμιστοκλέϊ γνώμη ἔμπροσθε ταύτης ἐς καιρὸν ἠρίστευσεν („Schon ein anderer Vorschlag des Themistokles hatte vor diesem zur rechten Zeit obsiegt.")

Heiligtums in Branchidai zu den Herren des Meeres aufschwingen, um überhaupt gegen die Streitmacht des Großkönigs eine Überlebenschance zu haben.[68] Der von Herodot beschriebene Flottenbau der Thasier um 493/2[69] weist noch größere Parallelen zu den Athenern auf: Sie hatten die überreichen Staatseinkünfte aus den Gold- und Silberbergwerken ihrer festländischen Besitzungen von durchschnittlich 200, in guten Jahren sogar 300 Talenten dazu verwendet, Kriegsschiffe zu bauen und ihre Stadt mit einer Wehrmauer zu umgeben.[70] Jedoch erzwangen die Perser von den Thasiern die Auslieferung der Schiffe nach Abdera und die Schleifung der Mauern, da sie nicht einmal den Ansatz einer Flottenmacht in der Nordägäis zu dulden bereit waren.[71]

Für das athenische Flottenbauprogramm nennt der Herodoteische Bericht (VII 144,1f.) eine Zahl von 200 Schiffen, die auf Rat des Themistokles aus den Erträgen der Silberminen von Laureion gebaut worden seien. Diese gewaltige Zahl finden wir jedoch nur bei Herodot und Nepos, der den Bau einer Hundertschaft von Triëren vor der Orakeldebatte und einer zweiten danach ansetzt.[72] Die späteren Autoren nennen insgesamt nur 100 Schiffe, neben Plutarch insbesondere die aristotelische Ἀθηναίων Πολιτεία[73], die das Flottenbauprogramm in das Archontenjahr 483/2 datiert. Diese deutliche Diskrepanz hat die Kombinationsgabe vieler Forscher herausgefordert. Der harmonisierende Ansatz von LABARBE[74], zwei sich vollständig ergänzende Traditionen von je 100 Schiffen, die von den je 100 Talenten aus einer alten und aus einer neuerschlossenen Silbermine gebaut wurden, in der Überlieferung nebeneinander zu sehen, hat zu Recht keine Nachfolger gefunden.[75]

Insgesamt muß der Umfang des Programms von 200 Schiffen historisch doch zweifelhaft bleiben: Denn Herodot unterliegt der Inkonsequenz, einerseits allein für das Flottenprogramm schon 200 Triëren anzusetzen, um dann jedoch zu betonen, daß nach der Orakeldebatte „andere Schiffe noch hinzugebaut werden mußten"[76], andererseits aber für die Seeschlachten von Artemision und Salamis jeweils von exakt 200 attischen Schiffen auszugehen. Seine Angabe, bei der geplanten Verteilung der Gewinne aus den Silberminen von Laureion[77] – eine bei den Griechen

---

68 Hdt. V 36,2f. P. Tozzi, La rivolta ionica, Pisa 1978, 139–141 hält den Rat für nachträglich dem Hekataios nach „quella idea di talassocrazia che lo storico ha espresso altrove" (190) angedichtet. Als authentisch sieht ihn W.T. Wallinga, The Ionian Revolt, Mnemosyne N.S. 37, 1984, 401–437, hier 424, an.

69 Hdt. VI 28,1; 46,1. H. Bengtson, Thasos und Themistokles, Historia 2, 1953/54, 485f. setzt den Flottenbau noch 494 an.

70 Hdt. VI 46,2f. Cf. Bengtson 1953/54. Cf. Plin. nat. VII 209. Die Einkünfte hat Herodot wohl übertrieben; cf. P. Perdrizet, Scaptésylé, Klio 10, 1910, 1–27, hier 26f.

71 Cf. H.T. Wallinga, Ships and Sea-Power before the Great Persian War. The Ancestry of the Ancient Trireme (Mnemosyne Suppl. 121), Leiden 1993, 142f.

72 Nep. Them. 2,2; 2,8. Ephoros ist die Quelle hierfür; cf. J.R. Bradley, The Sources of Cornelius Nepos: Selected Lives, New York-London 1991, 11–14.

73 Plut. Them. 4,1–3; Aristot. Ath. Pol. 22,7; so auch Polyain. I 30,6.

74 J. Labarbe, La loi navale de Thémistocle, Paris 1957, 21–51.

75 Cf. die instruktiven Rezensionen von S. Lauffer, Historia 8, 1959, 382–384; S. Accame, Gnomon 31, 1959, 507–510, bes. 509; zudem Wallinga 1993, 150f.

76 Hdt. VII 144,2: … ἑτέρας τε ἔδεε προσναυπηγέεσθαι.

77 Labarbe 1957, 74–77 und J.J. Buchanan, Theorika. A Study of Monetary Distributions to the

keineswegs seltene Praxis[78] – habe jeder Bürger zehn Drachmen erhalten, setzt zudem voraus, daß diese Gewinne – eine Bürgerzahl von 30 000 zugrunde gelegt[79] – sich ungefähr auf 300 000 Drachmen, d.h. 50 Talente beliefen. Mit 50 Talenten dürfte es jedoch kaum möglich gewesen sein, 200 Triëren zu bauen[80], vielmehr kann dieser Betrag nur für den Bau von höchstens 100 Schiffen, wahrscheinlich nur für deutlich weniger, ausgereicht haben.[81]

Allerdings scheint mir MACANS Vorschlag, im Herodot-Text (VII 144,1f.) διηκοσίας zu ἑκατόν zu emendieren und τοσαύτας nach ἑτέρας einzufügen,[82] den Autor selbst zu korrigieren. Daß Herodot die Angabe von 200 athenischen Schiffen kurz vor bzw. während des Xerxeszuges vorlag, ist sehr wahrscheinlich, da er diese Zahl nicht nur für das Flottenbauprogramm nennt, sondern auch bei der Auflistung der griechischen Kontingente sowohl bei Artemision als auch bei Salamis peinlich darauf bedacht ist, daß sich in der Summe, d.h. mit den an die Chalkidier ausgeliehenen zwanzig Triëren, genau 200 athenische Schiffe ergeben.[83] Ungeachtet möglicher Mobilisierung von in Reserve gehaltenen Schiffen ist es unwahrscheinlich, daß die Athener bei Salamis mit exakt derselben Flottenstärke aufwarten konnten wie bei Artemision, zumal Herodot (VIII 18) dort von schweren Verlusten und Beschädigungen vornehmlich der athenischen Schiffe spricht.[84] Angesichts der Übereinstimmung zwischen den attischen Schiffszahlen bei diesen drei verschiedenen Gelegenheiten drängt sich vielmehr die Vermutung auf, daß Herodot nur eine einzige Information über 200 athenische Schiffe zur Verfügung hatte. Da er bei der kurzen Beschreibung des Flottenbauprogramms eine Genauigkeit an den Tag legt, die bei

Athenian Citizenry during the Fifth and Fourth Centuries B.C., Locust Valley N.Y. 1962, 6–8, folgern aus der frühen Erschließung der Silberminen eine regelmäßige Verteilung (so Plut. Them. 4,1; Nep. Them. 2,1). Cf. L.J. SAMONS II, Empire of the Owl. Athenian Imperial Finance (Historia Einzelschriften 142), Stuttgart 2000, 34, 60–62, 203f., 284, 310.

78   Für Siphnos cf. Hdt. III 57; für Megara Theogn. 678. Cf. K. LATTE, Kollektivbesitz und Staatsschatz in Griechenland, in: id., Kleine Schriften zu Religion, Recht, Literatur und Sprache der Griechen und Römer, München 1968, 294–312.

79   S.u. S. 97.

80   Die These von LABARBE 1957, 53–79, von 486 bis 483 seien jährlich zehn Drachmen für jeden Bürger, d.h. insgesamt 200 Talente, ausgezahlt worden, beruht u.a. auf den attischen Dekadrachmen-Prägungen, die C.G. STARR, Athenian Coinage 480–449 B.C., Oxford 1970, 38–42 jedoch einige Jahre nach 480 datiert.

81   Cf. BUCHANAN 1962, 5. Zur Gleichung von einem Talent zum Bau einer Triëre cf. S.K. EDDY, Four Hundred Sixty Talents Once More, CPh 63, 1968, 184–195, hier 189–195. LABARBE 1957, 44 A. 2 geht davon aus, daß ein Talent auch die Kosten der Unterhaltung des Schiffes deckte. WALLINGA 1993, 153–156 setzt aber nur ein halbes Talent für eine Triëre an und rechnet mit einem Edelmetalleinkommen Athens von 50 Talenten jährlich, so daß von 483/2 bis 481/0 ca. 150 Talente zur Verfügung gestanden hätten, von denen 100 Talente zum Bau der 200 Triëren, die übrigen 50 Talente zur Bezahlung der Ruderer verwandt worden seien.

82   MACANS Vertauschung der beiden Sätze αὐταί τε .... προσναυπηγέεσθαι und αἱ δὲ ἐς τὸ μὲν ... (VII 144,2) erscheint mir unsinnig, da sie die banale Aussage produziert, daß die nach der Orakeldebatte „hinzugebauten" Schiffe gar nicht im Krieg gegen Aigina eingesetzt wurden. Cf. WALLINGA 1993, 151f., bes. 152 A. 59.

83   Bei Artemision: VIII 1,1f. und 14,1; bei Salamis: VIII 44,1; 46,2.

84   Cf. BELOCH GG II² 2,64f. und A.R. BURN, Persia and the Greeks. The Defence of the West ca. 546–478 B.C., London 1962, 442f.

den Schiffszahlen für Artemision und Salamis eher den Verdacht der Konstruktion erweckt[85], vermute ich, daß Herodot diese Zahl ausschließlich für den Umfang des Flottenbauprogramms vorlag. Er hat dabei die Kriegsschiffe völlig unbeachtet gelassen, welche die Athener schon vor dem Themistokleischen Flottenbauprogramm besaßen.

An dieser Stelle sollte ein Blick auf das Schiffspotential der Athener vor dem Flottenbauprogramm des Themistokles gestattet sein[86]: Laut Thukydides besaßen Aigina und Athen „vor dem Feldzug des Xerxes" nur eine kleine Flotte, „die meisten davon Pentekonteren",[87] die nur als Truppentransporter brauchbar waren. Immerhin hatten um das Jahr 515 die Peisistratiden Miltiades d.J. laut Herodot auf einer Triëre zur thrakischen Chersones entsandt, von wo er um 493 mit insgesamt fünf Triëren den Persern entfloh.[88] Jedoch sowohl bei den zwanzig athenischen Schiffen zur Unterstützung des Ionischen Aufstandes[89] als auch bei den 70 Schiffen, die Miltiades 490 bei seiner Expedition gegen Paros wohl nur als Truppentransporter benutzte,[90] wie auch bei der gleichen Anzahl[91], welche die Athener erfolglos im Krieg gegen die Aigineten einsetzten, macht Herodots ungenaue Umschreibung mit „Schiffe" (νέες) die Entscheidung unmöglich, ob es sich um Pentekonteren oder schon um seekampftaugliche Triëren handelt. Von den letzteren stammten nur fünfzig aus Athen selbst; weitere zwanzig νέες mußte es von den

---

85 So könnte Herodot die Bemannung der 20 von Athen an die Chalkidier ausgeliehenen Schiffe nach der Formel 200 Mann pro Triëre aus den 4 000 Kleruchen erschlossen haben, welche die Athener nach dem Sieg über Chalkis im Jahr 506 dort angesiedelt hatten (Hdt. V 77,2; VI 100,1); cf. B.D. MERITT, H.T. WADE-GERY &M.F. McGREGOR, Athenian Tribute Lists (= ATL), vol. III, Princeton 1950, 99 A. 21. Zur weiteren Konstruktion der Kontingentzahlen cf. BELOCH GG II² 2,64–67.

86 Eine Übersicht der Zeitansätze für die Entwicklung von Flotten bietet C.J. HAAS, Athenian Naval Power before Themistocles, Historia 34, 1985, 29–46, hier 29f. A. 2. WALLINGA 1993, 16–22, 130 144 und V. GABRIELSEN, Financing the Athenian Fleet. Public Taxation and Social Relations, Baltimore-London 1994, 24–36, gehen ebenso wie HAAS 1985, 44–46 von einem staatlichen Flottenverband Athens erst seit den 480er Jahren aus. A.J. PAPALAS, The Parian Expedition and the Development of the Athenian Navy, AHB 14, 2000, 107–119 nimmt einen solchen schon seit Miltiades' Flucht von der Chersones 493 an.

87 Thuk. I 14,2f. Cf. HAAS 1985, 41–43; WALLINGA 1993, 22. Wenig ist auf die Anekdote bei Plut. Them. 2,6 zu geben. Zum Thukydideischen Abriß der Schiffsentwicklung (I 13f.) P. DE SOUZA, Towards Thalassocracy? Archaic Greek naval developments, in: N. FISHER & H. VAN WEES (edd.), Archaic Greece: New Approaches and New Evidence, London 1998, 271–293.

88 Hdt. VI 39,1; 41,1. HAAS 1985, 44 sieht darin „privately owned ships in the service of aristocratic foreign enterprises"; so auch GABRIELSEN 1994, 235 A. 23; PAPALAS 2000, 107f.; B. JORDAN, The Athenian Navy in the Classical Period, Berkeley-Los Angeles 1975, 9; WALLINGA 1993, 136; DE SOUZA 1998, 285f.

89 Hdt. V 97,3; Charon FGrHist 262 F 10 = Plut. Her. malign. 24, p. 861c spricht jedoch explizit von Triëren. HAAS 1985, 44f; WALLINGA 1993, 133; J.S. MORRISON, J.F. COATES & N.B. RANKOV, The Athenian Trireme. The history and reconstruction of an ancient Greek warship, Cambridge ²2000, 42 und PAPALAS 2000, 111f. gehen von Pentekonteren aus.

90 Hdt. VI 132. PAPALAS 2000, 114 vermutet auch hier vor allem Pentekonteren.

91 Daß es dieselben Schiffe waren, bezweifelt zu Recht T.J. FIGUEIRA, The Chronology of the Conflict between Athens and Aegina in Herodotus Bk. 6, QUCC 57, 1988, 49–89, hier 61f.

Korinthiern gegen den geringen Preis von fünf Drachmen pro Schiff kaufen.[92] Die fünfzig originär athenischen Schiffe wurden in der Forschung oft als Produkt der archaischen Institution der fünfzig Naukrarien angesehen. Ob jedoch eine Naukrarie tatsächlich einen Zusammenschluß reicher Athener darstellte, die den Bau eines Schiffes finanzierten, es unterhielten und kommandierten[93], kann nicht mehr geklärt werden.[94] Jedoch kann der staatliche Charakter weder bei den zwanzig Schiffen zur Unterstützung der Ioner noch bei Miltiades' Expedition gegen Paros noch beim Ankauf der korinthischen Schiffe in Abrede stehen.[95] Aufgrund der zwei in unmittelbarer zeitlicher Folge bezeugten Seeschlachten zwischen den Aigineten und Athenern liegt die Annahme nahe, daß letztere während der Eskalation des Konflikts mit den Aigineten nach 490[96] auch schon Triëren einsetzten und die Entscheidung zur See suchten.[97] Denn bei den 20 Schiffen, welche die Athener den Korinthiern abkauften, können wir von Triëren ausgehen.[98] Wenn wir Herodots Angabe ernst nehmen, daß die Athener mit 70 Schiffen eine Seeschlacht gegen Aigina schlugen, so kann hier nicht mehr von zufälligen Gefechten auf See die Rede sein, sondern dahinter wird eine Seestrategie der Athener (und der Aigineten) gestanden haben. So dürfen wir schon vor dem Flottenbauprogramm des Themistokles in Athen eine beachtliche Zahl von Kriegsschiffen annehmen, darunter mindestens 20 Triëren, vermutlich sogar deutlich mehr.

---

92   Hdt. VI 89. Cf. HAAS 1985, 46; WALLINGA 1993, 22; 26f.

93   Cf. Poll. VIII 108; *Lex. Segueriana* p. 283,20f.; JORDAN 1975, 5–16; J. VÉLISSAROPOULOS, Les nauclères grecs, Genf 1980, 14–21; WALLINGA 1993, 17f.

94   Die frühen Quellen (Hdt. V 72,1; Aristot. Ath. Pol. 8,3; 21,5; Kleidemos FGrHist 323 F 8) verbinden die Naukrarien nicht mit der Flotte; cf. GABRIELSEN 1994, 20–24.

95   Zum Charakter der Parosexpedition s.u. S. 295f., 308.

96   Zu den frühen Auseinandersetzungen seit ca. 505 cf. Hdt. V 82–88. FIGUEIRA 1988, 88f. mit Zeittafel, und id., Herodotus on the early Hostilities between Aegina and Athens, AJPh 106, 1985, 48–74, setzt überzeugend die späteren Auseinandersetzungen (Hdt. VI 87–93) entgegen Herodots Anordnung (VI 94,1) samt und sonders nach der Schlacht bei Marathon in die Jahre 489/8 an. Ähnlich BURN 275 A. 43; JORDAN 1975, 18; GABRIELSEN 1994, 32. A. ANDREWES, Athens and Aegina, 510–480 B.C., BSA 37, 1936/37, 1–7, verteilt die Ereignisse zwischen 493 und 487. Hingegen datieren A.J. PODLECKI, Athens and Aegina, Historia 25, 1976, 396–413, die Partie Hdt. VI 87–93 um 505, N.G.L. HAMMOND, Studies in Greek Chronology of the Sixth and Fifth Centuries B.C., Historia 4, 1955, 371–411, bes. 406–411, und id. CAH IV² 1988, 501f., in die kurze Zeitspanne zwischen Juli 491 und März 490. Ähnlich L.H. JEFFERY, The Campaign between Athens and Aegina in the Years before Salamis (Herodotus, VI, 87–93), AJPh 83, 1962, 44–54, sowie M. AMIT, Great and Small Poleis. A Study in the Relations between the Great Powers and the Small Cities in Ancient Greece (Collection Latomus 134), Brüssel 1973, 17–29. J.H. SCHREINER, The Naval Policy of Themistokles, in: K. ASCANI et al. (edd.), Ancient History Matters, FS J.E. SKYDSGAARD, Rom 2002, 199–202, hier 200–202, setzt die gesamten Kriegshandlungen zwischen Athen und Aigina vor die Schlacht von Marathon, die durch einen Seesieg des Themistokles beendet worden seien, wofür er sich auf die Nachricht des Nep. Them. 2,1–3 über dessen Sieg über die Korkyraier stützt.

97   Hdt. VI 92,1; 93. HAAS 1985, 45f. tut hingegen die dort beschriebenen Seeschlachten als „organized piratical raids and coastal depredations" (45) ab.

98   Cf. HAAS 1985, 46 (mit Vorsicht); MORRISON-COATES-RANKOV 2000, 42 A. 14; WALLINGA 1993, 22. Thuk. I 41,2 läßt die Korinthier 431 diese 20 Schiffe als νέες μακραί ansprechen, die den Athenern erst den Sieg gebracht hätten. Daraus schließt ANDREWES 1936/7, 5, daß die Athener die Schiffe erst nach ihren Niederlagen 489/8 angekauft haben.

Ein Krieg Athens gegen Aigina, der offensichtlich unter größtem Einsatz beider Seiten ausgefochten wurde und dessen Größe Herodot für das Jahr 481/0 deutlich hervorhebt,[99] bildete auch den Hintergrund für das Flottenbauprogramm des Themistokles. Denn sowohl Herodot als auch Plutarch betonen, daß sich dieses primär gegen die Aigineten richtete. Daß hingegen Thukydides für den Rüstungsplan des Themistokles eine doppelte Motivation betont, einerseits den Krieg gegen Aigina, andererseits auch die drohende Perserinvasion[100], sollte uns keineswegs zur Annahme verleiten, Herodot setze des Themistokles Weitsicht herab[101], wenn er berichtet, dieser habe mit dem Schiffsneubau abgezielt „auf den Krieg, den gegen die Aigineten, wie er sagte."[102] Denn zum einen wird in der Volksversammlung die Stoßrichtung gegen Aigina weit konsensfähiger als die gegen Persien gewesen sein, zumal die Haltung der Aristokraten zu den Persern nach Ausweis der Ostrakisierungen in den 480er Jahren offenbar gespalten war.[103] Wenn wir zum anderen annehmen möchten, daß auch Herodot den Krieg gegen Aigina nur als Vorwand für Themistokles ansah[104], um Schiffe gegen die von Ferne drohenden Perser zu bauen, könnte man das Partizip λέγων, das mit der nachgereichten Erläuterung des vorgeblichen Ziels betont ist, als Hinweis darauf verstehen. Danach wäre dieses prägnante *Participium coniunctum* folgendermaßen zu explizieren: 200 Schiffe seien zu bauen, wie er sagte, für den Krieg gegen die Aigineten, in Wahrheit aber gegen die Perser.[105]

Doch Themistokles' Weitsicht wollte Herodot an dieser Stelle aus kompositorischen Gründen gar nicht betonen. Denn hätte er dies getan, so würde er Themistokles' überraschenden Auftritt in der Orakeldebatte im nachhinein nur als abgekartetes Spiel entlarven: Wie könnte er in der Volksversammlung als der Ratgeber erscheinen, der im Moment der Verzweiflung mit seinem Ratschlag zur Seeverteidigung den Grundstein zur Rettung Griechenlands legt, wenn Herodot nachher den Leser darüber aufklärte, daß Themistokles schon geraume Zeit vorher den Bau von

---

99 Cf. Hdt. VII 145,1. Herodot scheint diesen ca. 505 begonnenen „unangekündigten Krieg" (ἀκή-ρυκτος πόλεμος) (V 81,2) bis zum Jahr 481/0 als Einheit zu betrachten, da er den μέγιστος (πόλεμος) nicht mehr zeitlich weiter eingrenzt, sondern wohl als den VI 87–93 beschriebenen und VII 144,2 erwähnten Krieg im Sinn hat; zur Bedeutung dieses Krieges bei Herodot als Anlaß für den Bau der athenischen Schiffe cf. van der Veen 1996, 99–103 und Munson 2001a, 189–191. Cf. Plut. Them. 4,2. – J. Wolski, Thémistocle, la construction de la flotte athénienne et la situation internationale en méditerranée, RSA 13/14, 1983/84, 179–192, und Hérodote et la construction de la flotte athénienne par Thémistocle, SStor 7, 1985, 113–122, verkennt diesen Krieg als Handelskrieg.

100 Thuk. I 14,3: ... Αἰγινήταις πολεμοῦντας, καὶ ἅμα τοῦ βαρβάρου προσδοκίμου ὄντος „... im Krieg gegen die Aigineten, wobei zugleich auch der Barbar drohte"; zu diesem Satz Schreiner 2002, 201f.

101 So Hornblower ad loc., 48.

102 Hdt. VII 144,2: ... ἐς τὸν πόλεμον τὸν πρὸς Αἰγινήτας λέγων.

103 Cf. Stein-Hölkeskamp 1989, 202f.; D.F. Graf, Medism: Greek Collaboration with Achaemenid Persia, Diss. Univ. of Michigan 1979, Ann Arbor 1999, 293–302.

104 So explizit Plut. Them. 4,2. Cf. V. Ehrenberg, From Solon to Socrates, London ²1973, 148; Moles 2002, 45.

105 ... λέγων μὲν ἐς τὸν πόλεμον πρὸς Αἰγινήτας, ἀληθέως δὲ πρὸς Πέρσας. Cf. die Verwendung von λέγων für Vorwände des Themistokles Hdt. VIII 80; 110,1; 112f. (*bis*).

Schiffen durchgesetzt habe, die von vornherein zum Kampf gegen die Perser bestimmt waren?

Auch der abrupt anmutende Subjektswechsel durch die sich direkt anschließende Wertung „Der Ausbruch dieses Krieges hat damals Griechenland gerettet"[106]
und die Unterschlagung eines scheinbar notwendigen Lobpreises für Themistokles
als des eigentlichen Retters ist nicht auf eine antithemistokleische Haltung Herodots zurückzuführen[107]; denn dann hätte er Themistokles ja gar nicht mit dem Flottenbau in Verbindung bringen müssen. Hier finden wir eine Besonderheit, auf die
wir in der weiteren Untersuchung noch öfter stoßen werden: Herodot beschreibt
seinen Protagonisten durch dessen Taten, damit sie als Spiegelbild von dessen Charakter dienen; mit expliziten Urteilen zur Person im eigenen Namen hält er sich
hingegen merklich zurück. Trotz dieser indirekten Charakteristik bleibt für Herodots aufmerksamen Leser das Verdienst des Themistokles an Athens Entwicklung
zur Seemacht nicht verborgen.

Dennoch sollten wir uns nicht verleiten lassen, den Krieg gegen Aigina nur als
Vorwand für das Flottenbauprogramm zu verstehen, das sich in Wirklichkeit gegen
die drohenden Perser gerichtet habe. Plutarch ist Kronzeuge dafür, daß nicht in erster Linie die Angst vor der Rückkehr der Perser die Außenpolitik der Athener im
Jahrzehnt nach Marathon bestimmte.[108] Denn daß die Rüstungen des Dareios gegen
Griechenland nach der Niederlage bei Marathon Asien drei Jahre bis zu seinem Tod
486 in Aufruhr gehalten haben, wie Herodot (VII 1; 4f.) besagt, ist doch fraglich.[109]
Weit wichtigere Reichsteile banden in der Folgezeit die Aufmerksamkeit des Großkönigs; denn von 486 bis Anfang 481 wurden die persischen Truppen zur Niederschlagung schnell um sich greifender Aufstände in Ägypten und zweier aufeinan-
derfolgender Revolten in Babylon benötigt.[110]

---

106   Hdt. VII 144,2: οὗτος γὰρ ὁ πόλεμος σύστας ἔσωσε ἐς τὸ τότε τὴν Ἑλλάδα.
107   Wie R.W. MACAN, Herodotus. The Seventh, Eighth, & Ninth Books, vol. II: Appendices, In-
      dices, Maps, London 1908, 208, 210 und H. ERBSE, Zur Geschichtsbetrachtung des Thukydi-
      des, A&A 10, 1961, 19–34, hier 28 = H. HERTER (ed.), Thukydides (Wege der Forschung 98),
      Darmstadt 1968, 594–619, hier 608, meinen.
108   Plut. Them. 4,2. Dies betonen BADIAN 1971, 6; EHRENBERG 1973, 145; SEALEY 1976, 204; WAL-
      LINGA 1993, 140, 158–161 und ausführlich T. KELLY, Persian Propaganda – a neglected factor in
      Xerxes' invasion of Greece and Herodotus, IA 38, 2003, 173–219, hier 175–196, gegen den
      Tenor bei Ed. MEYER, GdA IV^5 291–340, bes. 337 mit A. 1 zum Flottenprogramm, und HAM-
      MOND CAH IV^2 523, die das gesamte Jahrzehnt von der Perserangst bestimmt sehen.
109   Cf. WALLINGA 1993, 159f. Die Länge von vier Jahren Vorbereitungszeit muß zudem Zweifel
      erwecken; cf. KELLY 2003, 194–196. Daß Dareios die Griechen und die seit 486 revoltierenden
      Ägypter (s.u. A. 110) gleichzeitig angreifen wollte (VII 1,3–2,1; 4–5,1), ist vollends unglaub-
      haft. Herodots Behauptung (VII 138,1), daß die Griechen „seit langem" (πρὸ πολλοῦ) wußten,
      daß sich der Xerxeszug gegen ganz Hellas richtete, soll vor allem die Uneinigkeit und Blauäu-
      gigkeit der Griechen betonen. Anders jedoch CAWKWELL 1970, 47f. mit zwei Beispielen für
      langwierige Rüstungsvorbereitungen.
110   Revolte in Ägypten von Dezember 486 bis Januar 484; Aufstände in Babylon im Juni/Juli 484
      unter Bēl-šimanni und von August 482 bis März 481 unter Šamaš-erība; vielleicht eine Erhe-
      bung in Juda 486 (cf. Esra 4,6); cf. M.A. DANDAMAEV, A Political History of the Achaemenid
      Empire, Leiden 1989, 178–187; T.C. YOUNG, CAH IV^2 1988, 72–75; KELLY 2003, 193.

Vielmehr scheint es der Krieg mit den Aigineten, der möglicherweise seit 491/0 oder zumindest seit dem von den Athenern unterstützten, aber mißglückten *coup d'état* des Nikodromos bis zum Jahr 481 andauerte[111], gewesen zu sein, der in erster Linie die athenische Politik zwischen Marathon und dem Xerxeszug prägte.[112] Allerdings ist zu bezweifeln, daß der Bau von insgesamt 200 Kriegsschiffen mit dem Kampf gegen Aigina begründet werden konnte[113], wo dieses doch 480 bei Salamis lediglich dreißig Schiffe aufbot.[114] So erweisen sich die in der außerherodoteischen Überlieferung zu findenden 100 Schiffe als realistischere Forderung für eine athenische Streitmacht gegen Aigina – wenn man mit WALLINGA die Anrainerstaaten des Saronischen Golfes wie Megara, Epidauros, Troizen, Hermione, zudem Sparta und Sikyon als potentielle Verbündete der Aigineten und somit als mögliche Gegner der Athener hinzurechnet.[115] Andere Erklärungsmöglichkeiten für die meines Erachtens als Maximum für ein Flottenbauprogramm anzusetzenden 100 Schiffe bieten entweder die Annahme, die Athener hätten schon vor 480 eine maritime Hegemonie angestrebt, oder die näherliegende Vermutung einer Furcht vor einem Bündnis der Aigineten mit den Persern gegen Athen, die schon 491/0 die Athener zu einer Medismos-Anklage der Aigineten bei den Spartanern getrieben hatte.[116] So mag der Krieg mit den Aigineten die ursprüngliche und primäre Legitimation für einen solchen Kraftakt der Polis abgegeben haben[117], jedoch gerade in den letzten

---

111 Allerdings könnte man mit einem Abflauen der Kämpfe zur Mitte des Jahrzehnts rechnen, die schließlich in der zweiten Jahrzehnthälfte bis zum Jahr 481 erneut eskalierten. Cf. ANDREWES 1936/37, 6f.; HAMMOND 1955, 406–409.

112 Cf. Plut. Them. 3,5 und 4,2: „So fiel es Themistokles nicht schwer, die Athener für seinen Plan zu gewinnen. Er drohte dabei nicht mit Dareios oder den Persern – denn diese waren weit weg und die Furcht, sie könnten zurückkommen, saß nicht tief; vielmehr nutzte er geschickt den Haß und die Eifersucht seiner Mitbürger gegenüber den Aigineten für die Rüstungen." Allerdings mag die Ahnungslosigkeit der Athener hier übertrieben sein, um die Weitsicht des Themistokles um so effektvoller herauszustellen. Diese glorifizierende Sichtweise haben u.a. HIGNETT 96; EHRENBERG 1973, 141; DANDAMAEV 1989, 177 unkritisch übernommen. WILLIAMS 1978, 111 lehnt sie dezidiert ab und betont die große Bedeutung des Krieges gegen Aigina; cf. BADIAN 1971, 6; BURN 275f. (Eindämmung der Plünderungen der Küsten Attikas); HAMMOND CAH IV² 1988, 523; WALLINGA 1993, 140, 158.

113 Der Angabe der sog. Thalassokratien-Liste in Eusebios' *Chronicon* (vol. I, p. 225 ed. SCHOENE): *mare obtinuerunt ... Eginenses ann. X* für die Zeit zwischen 490 und 480 (so auch Strab. VIII 6,16, p. 375) ist gegen M. MILLER, The Thalassocracies, Albany 1971, 43f. kein Vertrauen zu schenken; cf. L.H. JEFFERY, Archaic Greece. The City-States c. 700–500 B.C., London-Tonbridge 1976, App. III, 252–254; DE SOUZA 1998, 287f. Zur Seestärke der Aigineten cf. T.J. FIGUEIRA, Aegina. Society and Politics, Salem 1981, 166–170, 185–191, 322f.

114 Cf. BELOCH GG II² 2, 63; A.J. HOLLADAY, The Forethought of Themistocles, JHS 107, 1987, 182–187, hier 184. Doch entsandten die Aigineten nur die besten Kriegsschiffe, während sie eine unbekannte Zahl zum direkten Schutz ihrer Insel zurückbehalten hatten, cf. Hdt. VIII 46,1. DE SOUZA 1998, 285 betont, wie klein sich die athenische und die aiginetische Flotte damals gegenüber der korinthischen oder der samischen ausnahmen.

115 WALLINGA 1993, 155 mit A. 67, rechnet nach Hdt. VIII 1; 43–47 für Megara 20, für Epidauros 10, für Troizen 5, für Hermione 3, für Sparta 16 und für Sikyon 15 Schiffe, was zusammen mit den 30 aiginetischen 99 Schiffe ergibt.

116 Cf. Hdt. VI 49,2.

117 Cf. BADIAN 1994, 123; BRENNE 2001, 299; SCHREINER 2002, 200; KELLY 2003, 175, 193.

Phasen der Umsetzung des Flottenbauprogramms seit 483/2[118] auch die Perserangst
die Rüstungen vorangetrieben haben, zumal die Kriegsvorbereitungen des Xerxes
spätestens seit dem Durchstich der Athos-Halbinsel 483 allen Griechen offenbar
sein mußten.[119]

Doch bleibt zu fragen, ob die Herstellung von insgesamt 100 Triëren in zwei
bis drei Jahren zwischen 483 und dem Xerxeszug überhaupt zu realisieren war. Zwar
mögen die traditionellen Schiffsholzlieferanten, Thrakien und insbesondere Makedonien, das schon seit der Peisistratidenzeit in engen Handelsbeziehungen zu Athen
stand[120], trotz persischer Oberhoheit durchaus die Möglichkeit besessen haben, Holz
an Athen zu liefern; dafür spricht schon die athenische Proxenie des Makedonenkönigs Alexanders I., die sicherlich aus der Zeit vor 480 datiert und auf solche Holzlieferungen an Athen zurückgehen dürfte.[121] MEIGGS bestreitet dies jedoch, da die
Perser nicht in den Jahren 482 bis 480 eine solch massive Hilfeleistung eines ihrer
Vasallenstaaten an das schon ausgewählte Opfer des nächsten Feldzuges gestattet
hätten.[122] Ganz abgesehen vom Handlungsspielraum des Makedonenkönigs unter
der persischen Oberhoheit verschwindet dieses Problem, wenn wir den Beginn der
Holzlieferungen schon einige Jahre zuvor, um 487/6, ansetzen und davon ausgehen,
daß sie nicht für eine in wenigen Monaten gleichsam aus dem Boden gestampfte
Flotte vorgesehen waren, sondern weit unverdächtigere Ausmaße annahmen.[123]
Obgleich sich die Rüstungen gegen Aigina, einen potentiellen Verbündeten der Perser, richteten, könnten sie die Athener und Alexander haben gewähren lassen und
so die Gefahr dieses Flottenbaus zu spät erkannt haben.[124]

Doch kehren wir zurück zu den Schwierigkeiten eines Flottenbaus von 100
Triëren innerhalb der Jahre 483 bis 480: Weit entscheidender als mögliche Schwierigkeiten bei der Lieferung von Schiffbauholz war der große Mangel an im Triëren-
bau erfahrenen Schiffsbauleuten, der in Athen sicherlich zu dieser Zeit noch herrschte – dies um so mehr, falls tatsächlich dort bisher nur wenige Triëren gebaut worden
waren. Ob Athen dafür leicht auf nichtathenische Schiffbaumeister und zudem auf

---

118 Cf. Hdt. VII 22,1; DANDAMAEV 1989, 188f.; ausführlich WALLINGA 1993, 160–162, der im Flot-
    tenbauprogramm Athens gerade den Grund für, *nicht* die Reaktion auf die Wiederaufnahme der
    persischen Rüstungen gegen Hellas sieht.
119 Cf. FROST 75; GABRIELSEN 1994, 33 gegen KELLY 2003, 195.
120 Cf. Theophr. h. plant. IV 5,5; V 1,6; Thuk. IV 108,1; And. II 11; IG I³ 89, Z. 30f.; IG I³ 117, Z.
    30; zudem R. MEIGGS, Trees and Timber in the Ancient Mediterranean World, Oxford 1982,
    123f. und E.N. BORZA, Timber and Politics in the Ancient World: Macedon and the Greeks,
    PAPhS 131, 1987, 32–52, bes. 34f.
121 S.u. S. 128f.
122 MEIGGS 1982, 123f. Darum schließt er (125) auf Süditalien als Herkunftsgebiet des Bauholzes;
    skeptisch F. RAVIOLA, Temistocle et la Magna Grecia, in: L. BRACCESI (ed.), Tre Studi su Temi-
    stocle, Padua 1986, 13–112, hier 69 A. 184.
123 M.B. WALLACE, Early Greek *Proxenoi,* Phoenix 24, 1970, 189–208, hier 199, denkt an die Ver-
    leihung der Proxenie an Alexander zwischen 486 und 483.
124 E.N. BORZA, In the Shadow of Olympus. The Emergence of Macedon, Princeton 1990, 109
    betrachtet es als Ziel der List des Themistokles, die Schiffe offiziell für einen Krieg gegen
    Aigina zu bauen, „to deflect Persian suspicion". BADIAN 1994, 122f. betont, Alexander habe
    sich immer auf seinen guten Glauben berufen können, er habe den Athenern Holz für eine
    Flotte gegen die Aigineten geliefert.

andere Werften als den Phaleron im erforderlichen Maß zurückgreifen konnte, ist keineswegs sicher.[125] Die großen Probleme, die sich den Athenern bei einem raschen Flottenbau entgegenstellten, treffen wir in bemerkenswert ähnlicher Form auch bei Schaffung der römischen Flotte im Jahr 260 zu Beginn des Ersten Punischen Krieges an. Doch das Zeugnis des Polybios, nach dem die Römer, damals ohne jegliche Erfahrung im Schiffsbau, nach dem Muster eines auf Grund gelaufenen karthagischen Fünfruderers innerhalb von nur 60 Tagen insgesamt 100 Penteren und 20 Triëren bauten[126] und die völlig ungeübten Rudermannschaften auf dem Lande trainierten[127], kann nur mit großer Vorsicht als Beleg für die Möglichkeit des raschen athenischen Flottenbaus herangezogen werden: Denn den Römern standen vermutlich weit mehr Werften – wohl in Antium, Neapolis und Elea – sowie Handwerker und Ruderer von den Bundesgenossen zur Verfügung als den Athenern.[128] Folglich hat es sich zwar als prinzipiell möglich erwiesen, in wenigen Jahren eine solche Masse von modernen Schiffen zu bauen[129]; dennoch scheinen mir die Hindernisse für ein Bauprogramm von 100 Schiffen neuer Art in Athen unmittelbar vor dem Xerxeszug insgesamt zu groß, als daß es in zwei bis drei Jahren vollständig hätte verwirklicht werden können.[130] Noch größere Schwierigkeiten wird die Ausbildung der mindestens 18 000 Ruderer bereitet haben, die bei Salamis die komplizierten Manöver des περίπλους und möglicherweise sogar des διέκπλους anscheinend mit großer Perfektion ausführten, was doch gerade einige Gefechtserfahrung voraussetzt.[131]

Da also vermutlich ein längerer Zeitraum als zwei bis drei Jahre für die Durchführung eines solchen Rüstungsprogrammes notwendig war, ist es nur folgerichtig,

---

125 Cf. WALLINGA 1993, 152f. A. 62 (auf 153); GABRIELSEN 1994, 34; SCHREINER 2002, 199, der betont, daß es unter den guten Arbeits- und Versorgungsbedingungen am Ende des 20. Jhs. immer noch zwei Jahre dauerte, bis der Rekonstruktionsnachbau einer attischen Triëre vollendet war; cf. MORRISON-COATES-RANKOV 2000, 191–230. MEIGGS 1982, 122 sieht aber den Großteil der Triëren am Strand der Bucht von Phaleron und in anderen kleinen Häfen an dieser Küste gebaut. Er verweist zudem auf Diod. XIV 41,3; 42,5. So auch KELLY 2003, 194.

126 Pol. I 20,9–16; dazu J.H. THIEL, A History of Roman Sea-Power before the Second Punic War, Amsterdam 1954, 171–178, der Polybios' Bericht weitestgehend akzeptiert. Cf. Plin. nat. XVI 192, der von römischen Flotten berichtet, die in 60, 45, ja sogar nur 40 Tagen erbaut worden seien. Laut Strab. XVII 3,15, p. 833, bauten die Karthager in zwei Monaten 120 Schiffe.

127 Pol. I 21,1f.; Polyain. III 11,7; Cass. Dio XLVIII 51,5; cf. THIEL 1954, 172; L. CASSON, Ships and Seamanship in the Ancient World, Princeton ²1986, 278f.; W.L. RODGERS, Greek and Roman Naval Warfare. A Study of Strategy, Tactics, and Ships Design from Salamis (480 B.C.) to Actium (31 B.C.), Annapolis 1937, 270–273.

128 Cf. THIEL 1954, 177f. A. 359; WALLINGA 1993, 152f. A. 62.

129 Die Korinthier vermochten zwischen 433 und 431 die Zahl ihrer Triëren von 30 auf 90 zu verdreifachen; cf. Thuk. I 27,2 mit I 46,1 und R.P. LEGON, The Megarian Decree and the Balance of Greek Naval Power, CPh 68, 1973, 161–171.

130 Veg. mil. IV 36 warnt vor einem Schiffsbau mit noch feuchtem Holz. Das bemerkte auch Caesar, der zwölf Kriegsschiffe in nur 30 Tagen nach dem Schlagen des Bauholzes bauen ließ (civ. I 36,4), die deshalb zu langsam waren (I 58,3). MEIGGS 1982, 125f. spielt dieses Problem für die athenischen Schiffe in der Schlacht von Salamis herunter; man beachte Hdt. VIII 60α: ἡμῖν ... νῆας ἔχουσι βαρυτέρας „...uns (sc. Griechen), die wir schwerere Schiffe haben ...“

131 Cf. BURN 293; HOLLADAY 1987, 185. Immerhin wird ein Teil der Athener infolge des langen Krieges mit Aigina einige Übung darin gesammelt haben.

von der traditionellen Datierung seiner Verabschiedung ins Archontenjahr 483/2 abzugehen. Anhaltspunkte für eine höhere Datierung liefert neben Pompeius Trogus[132] auch Plutarch: Dieser berichtet in Übereinstimmung mit Herodot, daß Themistokles zur Durchsetzung seiner Flottenpläne gegenüber der athenischen Volksversammlung nicht mit dem Schreckgespenst eines mit seinem Heere zurückkehrenden Dareios gedroht, sondern sich den Haß der Athener auf die Aigineten zunutze gemacht habe. So war laut Plutarch zu dieser Zeit Dareios, der Ende des Jahres 486 verstarb, noch am Leben.[133] Daß Plutarch nicht einer Verwechselung des Dareios mit seinem Nachfolger Xerxes erlegen ist, zeigt die folgende Bemerkung, daß die 100 gebauten Schiffe auch gegen Xerxes zum Einsatz gekommen seien. Wenn sich allerdings Plutarch auf Stesimbrotos, einen Autor des fünften Jahrhunderts, beruft bei der Nachricht, daß sich der spätestens 489 verstorbene Miltiades den Flottenplänen des Themistokles vehement, aber erfolglos widersetzt habe[134], so müssen wir doch mit einer Falschdarstellung des Stesimbrotos rechnen, der hier wohl den Gegensatz zwischen der Flottenpolitik des Themistokles und der Hoplitentaktik des Miltiades auch in einer direkten Auseinandersetzung zwischen den beiden darstellen wollte.[135] Der plutarchische Bericht spricht dennoch insgesamt für eine Datierung der Themistokleischen Flotteninitiative vor den Tod des Dareios Ende 486. Vielleicht geht Thukydides' Nachricht (I 14,2f.) über die geringe Verbreitung der Triëren „kurz vor den Perserkriegen und dem Tod des Dareios" auf eine Information zurück, die auch Plutarch besaß, daß nämlich erst „kurz vor" 486 in Athen mit dem Bau von Triëren in großen Stückzahlen begonnen wurde.

Nicht nur im Vergleich mit den älteren wie jüngeren Parallelüberlieferungen erweist sich die Datierung des Flottenbauprogrammes in der Ἀθηναίων Πολιτεία (22,7) ins Jahr 483/82 als unwahrscheinlich, sondern auch der dortige Bericht der Begleitumstände erweckt wenig Vertrauen. Daß Themistokles die Verteilung der Gewinne aus den Silberminen unterbinden konnte, ohne zu erklären, zu welchem Zwecke eigentlich das Geld verwendet werden sollte, hat ebensowenig einen histo-

---

132 Pomp. Trog. bei Iust. II 12,12: *namque Athenienses post pugnam Marathoniam praemonente Themistocle victoriam illam de Persis non finem sed causam maioris belli fore CC naves fabricaverunt.* „Denn die Athener bauten nach der Schlacht von Marathon 200 Schiffe, da Themistokles gewarnt hatte, jener Sieg über die Perser werde nicht das Ende, sondern der Grund eines größeren Krieges sein." G. Forni, Valore storico e fonti di Pompeo Trogo, 1. Per le guerre greco-persiane, Urbino 1958, 190–192 nimmt dafür Ephoros als Quelle an. Cf. Figueira 1988, 70.

133 Plut. Them. 4,2f.

134 Plut. Them. 4,5 = FGrHist 107 F 2.

135 So F. Jacoby, Comm. ad FGrHist 107 F 2; K. Meister, Stesimbrotos' Schrift über die athenischen Staatsmänner, Historia 27, 1978, 274–294, hier 283; Figueira 1988, 60 mit A. 29; E. Carawan, Thucydides and Stesimbrotus on the Exile of Themistocles, Historia 38, 1989, 144–161, hier 150f., sowie Frost 76f., 78f., der ebenso wie Podlecki 1976, 404 von einer doppelten Verwechslung sowohl des Dareios mit Xerxes als auch des Miltiades mit Aristeides ausgeht. Hingegen datiert E.S. Gruen, Stesimbrotus on Miltiades and Themistocles, CSCA 3, 1970, 91–98, hier 96–98, diesen Streit ins Jahr 493/2; ähnlich Lenardon 1956, 410f., G. Gottlieb, Das Verhältnis der außerherodoteischen Überlieferung zu Herodot untersucht an historischen Stoffen aus der griechischen Geschichte, Bonn 1963, 99f. sowie Schreiner 2002, 199. Papalas 2000, 116 schließt einen Streit gerade aus, da beide eine starke Flotte angestrebt hätten.

rischen Kern wie die zahlreichen anderen Anekdoten, die Themistokles' Hang zur Geheimdiplomatie in den Vordergrund stellen.[136] Die Angabe, Themistokles habe beim Volk erreicht, daß 100 Talente an die 100 reichsten Bürger verteilt werden, die diese zum Wohl der Stadt einsetzen sollten, was sich im nachhinein als Bau von 100 Triëren erwiesen habe, wurde bisher oft mit der Einführung der Trierarchie in Verbindung gebracht.[137] Die mit der Trierarchie betrauten reichsten Bürger Athens hatten in klassischer Zeit ihre Triëre für insgesamt ein Jahr mit dem vom Staat gelieferten Gerät auszurüsten, die ihnen ebenfalls gestellte Bemannung einzuüben und das Schiff instand zu halten sowie es im Gefecht zu kommandieren. Wir haben bei dieser Beschreibung der Themistokleischen Flottenbauinitiative um so mehr mit Verzerrungen zu rechnen[138], als darin eine deutliche Tendenz zu konstatieren ist: Hier wird nicht nur das Volk als leichtgläubig dargestellt, sondern den Aristokraten ein großes, wenn nicht sogar gegenüber Themistokles das größere Verdienst am Aufbau der athenischen Flotte zugesprochen.[139] Der Autor der Ἀθηναίων Πολιτεία hat hierfür wohl eine ähnlich aristokratenfreundliche und insbesondere gegen Themistokles gerichtete Quelle – wahrscheinlich den Atthidographen Androtion[140] – wie im Abschnitt 23,1 benutzt; dort wird allein dem Areopag der Ruhm zugeschrieben, die Schlacht bei Salamis herbeigeführt zu haben, indem er, als die Strategen – darunter Themistokles – keinen anderen Ausweg mehr als die ungeordnete Flucht gesehen hätten, das nötige Geld für die Rudermannschaften besorgt und so die Schiffe bemannt habe.[141] Da also in diesen Abschnitten über den Xerxeszug die

---

136 So die Geschichte über seinen Plan zur Verbrennung der griechischen Flotte bei Pagasai, den er nicht offen vor dem Volk verkünden, sondern nur Aristeides als dessen Mittelsmann verraten wolle (Plut. Them. 20,1f.); ebenso bei seinem Plan, den Piräus zu befestigen, den er nur Aristeides und Xanthippos mitteilen wollte und der – im Gegensatz zum erstgenannten Vorhaben – angenommen wurde (Diod. XI 42,1–3). Cf. BURN 292 A. 36; M. CHAMBERS im Kommentar zu Aristoteles, Staat der Athener, Berlin 1990, 247; RHODES 278; D. AMBAGLIO, L'*Athenaion Politeia* e il V secolo, in: G. MADDOLI (ed.), L'*Athenaion Politeia* di Aristotele 1891–1991, Perugia 1994, 255–269, hier 265f.

137 So G. BUSOLT & H. SWOBODA, Griechische Staatskunde (HAW IV 1,2), Bd. II, München 1926, 889f.; M. AMIT, Athens and the Sea. A Study in Athenian Sea-Power (Latomus 74), Brüssel 1965, 103–115, bes. 106f.; WELWEI 1999, 50. Zur Trierarchie cf. GABRIELSEN 1994, *passim*.

138 Ähnlich skeptisch GABRIELSEN 1994, 31. Cf. P.J. RHODES, „Alles eitel gold"? The Sixth and Fifth Centuries in Fourth-Century Athens, in: M. PIÉRART (ed.), Aristote et Athènes, Fribourg (Suisse) 23–25 mai 1991, Fribourg-Paris 1993, 53–64, hier 56.

139 So J.H. SCHREINER, Aristotle and Perikles. A Study in Historiography (SO Suppl. 21), Oslo 1968, 56f., der jedoch sonst jegliche Tendenz weit überbetont.

140 Cf. RHODES 21, 29; auch SCHREINER 1968, 56f., der Androtion auch als Quelle für 23,1f. sieht; ebenso JACOBY 1949, 75. Zur aristokratischen Einstellung des Androtion F. JACOBY, FGrHist 3. Teil, b (Suppl.), Komm., Vol. I, 87f., 96f.; anders P. HARDING, Atthis and Politeia, Historia 26, 1977, 148–160, bes. 153f.

141 Aristot. Ath. Pol. 23,1. Dieser Version stellt Plut. Them. 10,6f. die des Atthidographen Kleidemos (FGrHist 323 F 21) gegenüber, nach der Themistokles eine große Summe versteckten Geldes fand und es unter die Schiffmannschaften verteilte. Cf. FROST 108f.; CHAMBERS 1990, 248–250; RHODES 288f., der beide Versionen als politische Propaganda entlarvt; so eingehend J. MCINERNEY, Politicizing the Past: The *Atthis* of Kleidemos, ClAnt 13, 1994, 17–37, hier 34–37; LABARBE 1957, 132–136; GOTTLIEB 1963, 104f.; R.W. WALLACE, The Areopagus Council to 307 B.C., Baltimore 1989, 78; SCHREINER 2002, 199f. Hingegen harmonisieren M. OSTWALD, The

eigentliche Leistung des Themistokles in ihrer Darstellung als alleiniges Produkt aristokratischer Finanzkraft geschmälert wird[142], erscheint auch der integrierte Bericht über das Themistokleische Flottenbauprogramm in zweifelhaftem Licht. Doch auch wenn die Trierarchie nicht durch ein eigenes Flottengesetz etabliert wurde, so ist ihre allmähliche Herausbildung aufgrund staatlicher Finanzierung und Regie des Flottenprogramms sowie des staatlichen Ankaufs der zwanzig korinthischen Triëren zu Beginn des Jahrzehnts dennoch zu erwarten, da sie schließlich im Jahr 480 schon gang und gäbe gewesen zu sein scheint.[143]

    Da es nun unwahrscheinlich ist, daß die atthidographische Quelle der Ἀθηναίων Πολιτεία – wohl Androtion – authentisches Material über die Flotteninitiative des Themistokles lieferte, hat auch deren Datierung in das Archontenjahr des Nikodemos (= 483/2) entscheidend an Glaubwürdigkeit eingebüßt. Überdies enthielt die dem Atthidographen zugrundeliegende Archontenliste neben dem Eponymen sicherlich keinerlei weitere historische Bemerkungen, erst recht nicht solche anekdotenhaften Berichte.[144] Betrachtet man vielmehr das Umfeld des Berichtes – die Reihe der Ostrakisierten von 488/7 bis 483/2 bzw. ihre Rückberufung im Jahr 481/0 –, so drängt sich der Verdacht auf, daß mit dem Archontenjahr des Nikodemos ursprünglich gar nicht die Flotteninitiative, sondern allein der Ostrakismos des Aristeides synchronisiert war. Diesen datiert der Eintrag „In dieser Zeit wurde Aristeides, der Sohn des Lysimachos, ostrakisiert" im unmittelbaren Anschluß an das Flottenbauprogramm in dasselbe Jahr 483/2[145]; dabei impliziert das nachdrückliche ἐν τούτοις τοῖς καιροῖς, daß Themistokles' Durchsetzung des Flottenbaus die Verbannung des Aristeides nach sich gezogen habe. Die Kombination beider Vorgänge ist m.E. leicht zu erklären: Androtions Atthis dürfte eine Liste von Ostrakisierten geordnet nach ihren Archontendatierungen umfaßt haben. Androtion sah im Ostrakismos des Aristeides den einzigen Anhaltspunkt, um die Flotteninitiative des Themistokles genau zu datieren, da für Themistokles keine sonstigen chronologischen Fixpunkte bekannt waren.[146] Diese Verbindung drängte sich angesichts der Nachrichten über die tiefe politische (und persönliche) Feindschaft zwischen Aristeides und Themi-

---

Areopagus in the Ἀθηναίων Πολιτεία, in: PIÉRART 1993, 139–153, bes. 142f., und WALLINGA 1993, 162f. mit A. 81, beide Versionen dahingehend, daß Themistokles als Areopagit die anderen Ratsmitglieder zu einer solchen Geldverteilung veranlaßt habe. BURN 429f.; JORDAN 1975, 111f. und PAPALAS 2000, 118 mit A. 33 halten die Zahlungen des Areopags an die Ruderer für historisch.

142 Cf. C. AMPOLO, Economia ed amministrazione ad Athene: Il contributo della *Athenaion Politeia* ed il ruolo dei *misthoi*, in: MADDOLI 1994, 273–282, hier 275, 278.

143 Cf. GABRIELSEN 1994, 34–36; BURN 367. Eher als Ausnahme denn als Regel ist somit die ausschließlich „private" Finanzierung einer Triëre durch den Athener Kleinias in der Schlacht von Artemision (Hdt. VIII 17) zu werten; cf. WALLINGA 1993, 20 A. 23; GABRIELSEN 1994, 1f., 26; 202, 266; DE SOUZA 1998, 287.

144 Cf. JACOBY 1949, 97, 175f., 189f., 196, 201.

145 Aristot. Ath. Pol. 22,7: ὠστρακίσθη δ᾽ ἐν τούτοις τοῖς καιροῖς Ἀριστείδης ὁ Λυσιμάχου. Cf. LABARBE 1957, 87f.; RHODES 281. Nicht überzeugt der Versuch von D. MUSTI, La chronologie du chapitre 22 de l'Ἀθηναίων Πολιτεία sur l'ostracisme, in: PIÉRART 1993, 251–259, den Ostrakismos wie auch das Flottenprogramm ins Jahr 482/1 zu datieren.

146 Sein von der Archontenliste ins Jahr 493/2 gesetztes Archontat kam dafür nicht in Betracht, da es zu weit vor dem Xerxeszug lag.

stokles geradezu auf, der sogar dessen Verbannung initiiert haben soll.[147] Obgleich die Erklärung, die Verbannung des Aristeides als eines Verfechters der Hoplitenschlacht sei auf seine vehemente Opposition gegen die Flottenpläne des Themistokles zurückzuführen, in der Forschung viele Anhänger gefunden hat[148], ist dieser Zusammenhang in keiner antiken Quelle explizit genannt.[149] Der spätere Schöpfer des Delisch-Attischen Seebundes war kaum ein Gegner einer maritimen Hegemonialpolitik Athens[150].

Vor allem aber lassen sich stichhaltigere Kausalitäten aufspüren.[151] Die Einreihung des Aristeides unter Hipparchos, Megakles und Xanthippos[152], deren Verbannung vermutlich mit ihrem angeblichen Medismos[153] zusammenhing, deutet auf den Verdacht des Landesverrats als primären Verbannungsgrund[154] hin. Denn die Athener trauten laut Plutarch selbst Aristeides, dessen Loyalität sonst über jeden Zweifel

147 Zur politischen Feindschaft cf. Hdt. VIII 79,2; Plut. Them. 3,1f.; Arist. 3,1. Zum Ostrakismos Plut. Them. 5,7; 11,1; Arist. 25,10; Synkr. Arist. et Cat. 2,4; Nep. Arist. 1,2. Cf. Frost 64f., 82f., 114f.

148 Zuerst Beloch GG II² 1,33; 2,142; Busolt GG II² 651; zudem Burn 291–293; Chambers 1990, 245; weitere genannt in der Ausgabe der *Plutarchi Vita Aristidis* von I. Calabi Limentani, Florenz 1964, LXIV, 31.

149 So auch Rhodes 280 und Welwei 1999, 47.

150 Aristeides setzte den ersten Tribut für die Verbündeten im Delisch-Attischen Seebund fest; cf. Thuk. I 96; V 18,5. Cf. Busolt–Swoboda 1926, 889 A. 1.

151 Cf. A.E. Raubitschek, Das Datislied, in: K. Schauenburg (ed.), Charites, FS E. Langlotz, Bonn 1957, 234–242, bes. 239–242 = ND in: A.E. Raubitschek, The School of Hellas. Essays on Greek History, Archaeology, and Literature, New York-Oxford 1991, 146–155, bes. 152–155, und L. Piccirilli, Aristide di Égina? Per l'interpretazione degli Ostraka Agora Inv. P. 9945 e P. 5978, ZPE 51, 1983, 169–176 = ND in: id., Temistocle, Aristide, Cimone, Tucidide di Melesia fra politica e propaganda, Genua 1987, 68–72, 133–135; Figueira 1988, 86f.

152 Aristot. Ath. Pol. 22,3–7. Cf. die Analyse dieses Abschnittes von H. Taeuber in: P. Siewert (ed.), Ostrakismos-Testimonien I. Die Zeugnisse antiker Autoren, der Inschriften und Ostraka über das athenische Scherbengericht aus vorhellenistischer Zeit (487–322 v. Chr.), (Historia Einzelschriften 155), Stuttgart 2002, 449–458, T 39.

153 Cf. Hdt. VI 115; 121,1; 123,1 für das verräterische Schildzeichen der Alkmaioniden in der Schlacht von Marathon. Zudem Raubitschek 1957, 239f. = 1991, 152f. und Stein-Hölkeskamp 1989, 202f.: Unter den Ostraka mit Beischriften überwiegt der Vorwurf der Perserfreundlichkeit deutlich. Cf. J. Wolski, Μηδισμός et son importance en Grèce à l'époque des guerres médiques, Historia 22, 1973, 3–15; Graf 1979, 300–302; P. Siewert, Accuse contro i «candidati» all' ostracismo per la loro condotta politica e morale, in: M. Sordi (ed.), L'immagine dell' uomo politico: vita pubblica e morale nell' antichità (CISA 17), Mailand 1991, 3–14; McMullin 2001, 62–65; S. Brenne in: Siewert 2002, 155–166, zum Medismos und Verrat 156–158. Jedoch bezweifelt J. Holladay, Medism in Athens 508–480 B.C., G&R 25, 1978, 174–191, bes. 184f., den Medismos als Grund für die Ostrakisierungen, wenn er fragt, warum die Athener dann erst drei Jahre nach Marathon gegen die mutmaßlichen Kollaborateure vorgingen, warum man ihnen keinen Hochverratsprozeß machte, und schließlich, warum man sie unmittelbar vor dem Xerxeszug zurückrief, wenn sie doch des Medismos verdächtig waren; ähnlich Kelly 2003, 189–192.

154 Wenn Aristeides, wie Plut. Arist. 2,1, Mor. 790f behauptet, tatsächlich Anhänger des Alkmaioniden Kleisthenes war (cf. Gehrke 1984, 548f. mit A. 47; skeptisch Davies 1971, 48), so lag es nahe, in ihm einen Perserfreund zu sehen. Plut. Arist. 7,1f. behauptet aber, Themistokles habe Aristeides beschuldigt, er plane die Abschaffung der Gerichtshöfe und die Errichtung einer Tyrannis.

erhaben war, den Verrat seiner Vaterstadt an die Perser zu.[155] Die Virulenz des Medismosvorwurfes gegen Aristeides bestätigt glänzend die von RAUBITSCHEK rekonstruierte Inschrift auf einem Aristeides-Ostrakon von der Agora, die diesen als „Bruder des Datis", somit als Perserfreund diffamiert.[156] Auch Aristeides' enger Bezug zu Aigina war keineswegs dazu angetan, den Verdacht des Medismos zu zerstreuen. Daß auf diese Insel seine Wahl des Refugiums nach dem Ostrakismos fiel[157], läßt vermuten, daß er auch schon zuvor für eine versöhnliche Politik gegenüber Aigina eingetreten war. Daß Athener ihn vielleicht sogar als Komplizen der aiginetischen Aristokraten verdächtigten, welche die Teilnehmer am gescheiterten Umsturzversuch des Nikodromos massakrierten und auch vor der Ermordung eines Schutzflehenden nicht zurückschraken (Hdt. VI 91), könnte ein stark fragmentarisches Ostrakon belegen, das RAUBITSCHEK folgendermaßen rekonstruiert hat: ['Aρι-στείδες | ho Λυσιμ]άχο | [hὸς τὸ]ς hικέτας | [ἀπέοσ]εν.[158] Auch wenn wir dieses Ostrakon in seiner Aussagekraft nicht überstrapazieren sollten, so ist doch Aristeides' aiginafreundliche Ausrichtung kaum bestreitbar, die ihn notwendigerweise nicht nur dem Vorwurf der Kollaboration mit dem aktuellen Feind und des Medismos aussetzte, sondern auch mit den Verfechtern eines Konfrontationskurses gegenüber Aigina in Konflikt bringen mußte, insbesondere mit Themistokles.[159]

Zwar bleibt FIGUEIRAS Hypothese, schon der Ankauf der korinthischen Triëren sei mit der Themistokleischen Flottenpolitik ebenso in ursächlichen Zusammenhang zu bringen wie der gegen die aiginetischen Oligarchen gerichtete Umsturzversuch des Nikodromos mit der demosfreundlichen Politik des Themistokles[160], reine

155 Laut Plut. Arist. 8,1 holten die Athener Aristeides kurz vor Salamis aus dem Exil zurück, weil sie fürchteten, er könnte sich den Feinden anschließen und so ein schlechtes Vorbild für andere Athener werden (ebenso Them. 11,1, wo Themistokles die Rückholung veranlaßt). Laut Suda s.vv. 'Aριστείδης et Δαρεικούς versuchte Xerxes sogar, Aristeides mit 3 000 Dareiken zu bestechen. Cf. RAUBITSCHEK 1957, 241 = 1991, 154.

156 RAUBITSCHEK 1957, 240 = 1991, 153. SEG XIX 36a = LANG 1990, 38, Nr. 56: 'Aριστ[είδεν] | τὸν Δά[τιδος] | ἀδελφ[όν]. Cf. BRENNE 2001, 115 und eund. in: SIEWERT 2002, 81–83, T 1/37. T.T. RAPKE, Agora Ostrakon P 9945 – Two Possibilities, AClass 24, 1981, 153–155, und N. ROBERTSON, Aristeides' „Brother", ZPE 127, 1999, 172–175, sehen hier Aristeides nicht des Medismos beschuldigt; skeptisch auch PICCIRILLI 1987, 70f.

157 Cf. Hdt. VIII 79,1; Demosth. XXVI 6; Aristodemos FGrHist 104 F 1; Suda s.vv. 'Aριστείδης et Δαρεικούς. T.J. FIGUEIRA, Residential Restrictions on the Athenian Ostracized, GRBS 28, 1987, 281–305, hier 299f., 305 erklärt die spätere Beschränkung des Wohnplatzes für Ostrakisierte auf Orte, die nicht am Saronischen Golf liegen (Aristot. Ath. Pol. 22,8; Philochoros FGrHist 328 F 30), mit der angestrebten Unterbindung des störenden Einflusses, den v.a. Aristeides vom nahen Aigina auf die athenische Politik ausüben konnte. Zu weiteren möglichen Verbindungen des Aristeides zu Aigina cf. FIGUEIRA 1987, 302–304; FROST 1968, 118; STEIN-HÖLKESKAMP 1989, 203.

158 RAUBITSCHEK 1957, 241f. = 1991, 154f. SEG XIX 36b = LANG 1990, 37, Nr. 44: „Aristeides, Sohn des Lysimachos, der die Schutzflehenden zurückgestoßen hat." Anlaß dafür könnte ein Vorgehen des Aristeides gegen die Aigineten unter Nikodromos gegeben haben, die nach dessen Scheitern um Sunion angesiedelt wurden (Hdt. VI 90). Cf. PICCIRILLI 1983a, 174–176 = 1987, 71f.; FIGUEIRA 1988, 86f.; BRENNE 2001, 115 und eund. in: SIEWERT 2002, 83, T 1/38.

159 Cf. BRENNE 2001, 116.

160 FIGUEIRA 1988, 84f. schließt aus Hdt. VIII 92,2, daß Themistokles hinter der 491/0 von den Athenern gegen die Aigineten vorgebrachten Anklage des Medismos gestanden habe (VI 49,2).

Spekulation; dennoch sind angesichts der Ostraka-Funde von der Agora und vom Kerameikos[161], die sowohl Themistokles als auch Aristeides oft nennen, allemal seit der Jahrzehntmitte scharf geführte Auseinandersetzungen beider um die Aigina-Politik zu postulieren. Da der Themistokleische Flottenbauplan sicherlich zumindest primär, wenn nicht gar ausschließlich gegen Aigina gerichtet war, liegt die Annahme nahe, daß der Streit zwischen beiden in diesem Punkt kulminierte. Sie darf uns dennoch nicht dazu verleiten, die Flotteninitiative mit dem Ostrakismos des Aristeides zu synchronisieren, da dieser sich vermutlich nicht gegen den Flottenbau an sich stemmte, sondern gegen dessen aiginafeindliche Stoßrichtung.[162] Doch das Flottenprogramm war insgesamt wohl nur ein Höhepunkt in den inneratheinischen Auseinandersetzungen über die Aigina-Politik, die sicherlich schon spätestens 488/7 entbrannt waren, so daß wir die Verbannung des Aristeides eher als Ergebnis längerer Machtkämpfe denn als unmittelbare Folge eines speziellen Erfolges des Themistokles sehen dürfen.[163] Somit können wir das Fazit ziehen, daß der Synchronismus, den der Attidograph, auf dem die Ἀθηναίων Πολιτεία basiert, zwischen dem Flottenbauprogramm des Themistokles und dem Ostrakismos des Aristeides schafft, keinerlei historische Aussagekraft besitzt.[164]

Deshalb sollten wir auch nicht länger an der Datierung des Flottenbauprogramms ins Jahr 483/2 festhalten, sondern dessen Beginn vor die Mitte des zweiten Jahrzehnts des fünften Jahrhunderts, d.h. um 487/6, setzen.[165] Doch ist es überhaupt wahrscheinlich, daß eine Flotte von insgesamt 200 Schiffen, die wir nach Herodot für das Jahr 480 ansetzen, allein mittels eines einzigen Volksbeschlusses ins Leben gerufen wurde? Wie oben gesehen, waren die Athener infolge des erbitterten Kampfes mit Aigina schon früh genötigt, bei den Korinthiern 20 Triëren zu kaufen, so daß sie um 489/8 schon ca. 70 Schiffe besaßen. Da der Krieg mit Aigina sich vermutlich weiter ohne Entscheidung hinzog, ja die Athener trotz ihrer 70 Schiffe sogar zwei Niederlagen zur See einstecken mußten und vermutlich viele Schiffe verloren, ist kaum zu erwarten, daß sie nach 489/8 auf den Bau von Triëren verzichteten. Hingegen ist mit einem vielleicht sogar stetigen Ausbau der athenischen Flotte zu rechnen. Wenn wir den verstärkten Flottenbau schon bald nach 489/8 postulieren, wird auch Herodots Betonung verständlich, schon der *Beginn* des Krieges (ὁ πόλεμος συστάς, VII 144,2) gegen Aigina habe Griechenland gerettet. Die Überschüsse aus den attischen Silberminen werden in hohem Maße zur Finanzierung des kostspieligen Unternehmens beigetragen haben; doch es ist unwahrscheinlich, daß ein sprung-

---

Ähnlich ANDREWES 1936/37, 6; G.E.M. WILLIAMS, Athenian Politics 508/7 – 480 B.C.: A Reappraisal, Athenaeum 60, 1982, 521–544, hier 541; anders PODLECKI 1976, 399.

161 S.o. S. 72 A. 54. LANG 1990, 35 hält es bei einigen Gruppen von Aristeides-Ostraka für möglich, daß sie aus früheren Ostrakophorien als 483/2 stammen.

162 Cf. ausführlich PICCIRILLI 1983a, 171–176 = 1987, 69–72.

163 Cf. WILLIAMS 1978, 108.

164 Skepsis an ihrem historischen Zusammenhang, wenn auch nicht an ihrem zeitlichen Zusammenfallen äußern BUSOLT GG II² 651f. und FROST 82f. TAEUBER in: SIEWERT 2002, 455 hält am Synchronismus beider Ereignisse fest.

165 Ein solche Hochdatierung scheint auch FIGUEIRA 1988, 86 zu postulieren, wenn er das Flottenprogramm als Reaktion auf die Mängel des Naukrarien-Systems sieht.

hafter Anstieg der Edelmetallgewinne den Anstoß für militärische Rüstungen solcher Dimensionen geben konnte, die doch ein Produkt langjähriger Planung waren.[166] Vielmehr dürften die kontinuierlich in den Staatsschatz einfließenden Minengelder[167] erst in der mündlichen Überlieferung in Athen zum Anstoß für das Flottenbauprogramm verdichtet worden sein, die auch die Erinnerung an seinen Schöpfer, Themistokles, bewahrte. In der Rückschau folgender Generationen auf die Vorgeschichte des Xerxeszuges wurden dann alle zwischen 489/8 und 481/0 von den Athenern gebauten oder angekauften Triëren diesem einen Antrag des Themistokles und dem Volksbeschluß zum Flottenbau zugeschrieben und *ex eventu* als Rüstungen gegen die bevorstehende Perserinvasion verstanden. Dabei ist nicht auszuschließen, daß tatsächlich in diesem Zeitraum infolge gestiegener Staatseinkünfte die Seerüstungen einen deutlichen Anschub erhielten; es ist sogar wahrscheinlich, daß erst in den beiden letzten Jahren vor der Perserinvasion eine beachtliche Zahl von Schiffen gebaut wurde. Das widerspricht nicht der schon von GABRIELSEN formulierten und hier verfochtenen Auffassung, daß die athenische Flotte von 480 das Produkt etwa fünf- bis siebenjähriger Anstrengungen im Krieg gegen Aigina darstellte.[168]

Selbst bei einer Datierung des Flottenbaus erst seit 483/2 ist Herodots Behauptung, die gegen Aigina gebauten Schiffe seien nicht mehr für diesen Zweck eingesetzt worden (VII 144,2), wenig glaubwürdig, da sich der Krieg gegen Aigina doch mit aller Heftigkeit noch bis zum Herbst 481 hinzog.[169] Sie erklärt sich vollständig aus Herodots Absicht, diesen Waffengang als entscheidenden Stimulus für die athenische Flottenrüstung darzustellen; sein Bestreben, einen innergriechischen Zwist zum Urgrund des Sieges über die Perser hochzustilisieren, tritt noch deutlicher hervor, wenn die für jenen kleineren Krieg geschaffenen Instrumente nach abrupter Verschiebung der Fronten völlig unverbraucht zur Abwehr dieses weit gewaltigeren Feindes bereitstehen.

Die These vom kontinuierlichen Aufbau der athenischen Flotte hat Konsequenzen für den zeitlichen Ansatz vom Auftreten des Themistokles auf der politischen Bühne Athens. Wenn wir den Anfang eines verstärkten Flottenbaus im Zeitraum zwischen 488 und 485 ansetzen, so ist damit auch ein *terminus ante quem* für den Baubeginn des Piräus gegeben; denn die wachsende Kriegsflotte bedurfte eines Hafens mit größerem Fassungsvermögen, als es der Phaleron bieten konnte.[170] Doch

---

166 Auch der Tempelschatz von Milet (Hdt. V 36,2f.) und die thasischen Edelmetallgewinne (VI 46,2) waren nur Mittel, nicht Anstoß für die Rüstungen.

167 Cf. WALLACE 1962, 32f.; 28–34 ausführlich zum Flottenbauprogramm.

168 GABRIELSEN 1994, 29; 34. Ähnlich BURN 293. RHODES 278 summiert hingegen zu mechanisch die 70 Schiffe um 489/8, dann 30 vor 483/2 gebaute und 100 aus dem eigentlichen Flottenbauprogramm auf. Zu weit geht SCHREINER 2002, wenn er Themistokles' Flottenbauprogramm schon in die späten 490er Jahre setzt.

169 Polyain. I 30,6 behauptet deshalb zu Recht, daß die Schiffe aus dem Flottenbauprogramm auch noch gegen die Aigineten eingesetzt wurden.

170 Jedoch für 490 nennt Hdt. VI 116 den Phaleron „den damaligen Hafen (ἐπίνειον) der Athener". Noch 480 diente er laut Hdt. VIII 66,1; 93,2 den Persern als wichtigster Hafen in Attika. Auffallenderweise erwähnt Herodot hingegen den Piräus als Hafen mit keinem Wort (VIII 85 wohl nur gesamte Halbinsel gemeint).

damit ist keineswegs das traditionelle Datum für den Beginn des Piräus-Ausbaus 493/2 bestätigt; vielmehr ist aufgrund der logistischen Notwendigkeit dessen zeitliche Nähe zum Flottenausbau um die Mitte der 480er Jahre näherliegend.[171] Ganz abgesehen von der Frage, ob die Piräus-Befestigung mit dem Archontat oder einem anderen Amt des Themistokles zusammenfällt, ist zu konstatieren, daß Themistokles spätestens zu diesem Zeitpunkt, wenn nicht schon seit 489/8, bestimmenden Einfluß auf die athenische Politik gewonnen hatte. Seine Einführung bei Herodot als ἐς πρώτους νεωστὶ παριών deckt auch einen Zeitraum von sechs bis acht Jahren ab.

4. Die Datierung der delphischen Orakel und
des Beschlusses der Athener zum Seekrieg

Um die historischen Konsequenzen abschätzen zu können, die sich aus dem von Themistokles durchgesetzten Beschluß zur ausschließlichen Seeverteidigung ergeben, ist es notwendig, den ungefähren Zeitpunkt der Beschlußfassung zu ermitteln. Daß Herodot die Volksversammlungsdebatte der Athener über die Orakel in seiner Erzählabfolge direkt vor das erste Treffen der nationalgesinnten Griechen im Spätherbst oder Winter 481/480 setzt, bedeutet keineswegs, daß dies auch die tatsächliche historische Abfolge angibt. Dagegen spricht eine Reihe von Anhaltspunkten.

Zuerst ein sprachlicher zur Überleitungsklausel zwischen dem Seekriegsbeschluß und dem Griechenkongreß: τὰ μὲν δὴ χρηστήρια ταῦτα τοῖσι ᾿Αθηναίοισι ἐγεγόνεε· συλλεγομένων δὲ ἐς τὠυτὸ τῶν ῾Ελλήνων τῶν περὶ τὴν ῾Ελλάδα τὰ ἀμείνω φρονεόντων …[172] Diese beiden Sätze erwecken den Eindruck, als hätten die Athener schon vor jeder Konsultation mit den Verbündeten im Herbst 481 die Weichen auf die reine Seeverteidigung gestellt[173]; doch sollten wir das Plusquamperfekt ἐγεγόνεε, das durch das vorhergehende μὲν mit dem nachfolgenden δέ zeitlich verbunden scheint, in seiner Aussagekraft für die Chronologie nicht überschätzen: Denn das Plusquamperfekt bezeichnet in erster Linie „die in ihrem Vollendet-

---

171 Nachdrücklich so Brenne 2001, 299; ähnlich Badian 1971, 9 und Y. Garlan, Recherches de poliorcétique grecque (BEFAR 223), Athen-Paris 1974, 47.

172 Hdt. VII 145,1: „Das waren also die Orakelsprüche, die den Athenern erteilt worden waren. Als sich nun die Griechen, welche die bessere Gesinnung für Hellas hatten, an einem Ort versammelten …"

173 Cf. Legrand, vol. VII, 131f. und Labarbe 1957, 111 A. 1. N.G.L. Hammond, The Narrative of Herodotus VII and the Decree of Themistocles at Troezen, JHS 102, 1982, 75–93, hier 79; N. Robertson, The true meaning of the „Wooden Wall", CPh 82, 1987, 1–20, hier 3; A.R. Hands, On Strategy and Oracles, JHS 85, 1965, 56–61; Podlecki 14; Frost 99f. und Holladay 1987, 183 datieren sowohl beide Orakel als auch den Seekriegsbeschluß ins Jahr 481. Hammond 1982, 75–81 betont unter Hinweis auf den oftmaligen Gebrauch der Partikel μὲν δὴ (zuweilen auch μὲν οὖν bzw. μέν νυν) in den Kapiteln VII 117–179, um den Abschluß einer Erzählung zu markieren: „The topics follow one another like heads on a string, each topic being clearly marked off from the next one." Kritisch dazu P.B. Georges, Saving Herodotus' Phenomena: The Oracles and the Events of 480 B.C., ClAnt 5, 1986, 14–59, hier 18.

sein fortbestehende Handlung (die vollendete Handlung in ihren Folgen und Wir-
kungen) im Zeitraume der Vergangenheit"[174].

Dies paßt sehr gut zu der oben schon umrissenen Prologfunktion des gesamten
Abschnittes VII 139–144, den das Plusquamperfekt als gegebene Grundsituation
des griechischen Widerstandes subsumiert. In diesem Sinn ist es mit LANG[175] als
„narratives Plusquamperfekt" zu verstehen, das einen Exkurs beendet. Für eine Einordnung von VII 139–144 als „timeless passage"[176] spricht zudem die große chronologische Heterogenität der unmittelbar vorhergehenden Kapitel. Denn Herodot
hat seine mehr oder weniger strikte chronologische Abfolge im Kapitel 131 und
132 verlassen, wo er berichtet, daß die ausgesandten persischen Boten zu Xerxes
zurückkehrten, als er sich bereits in Pierien aufhielt, also erst im Juli/August 480.
Darauf folgt die – mit zwei gravierenden Anachronismen durchsetzte[177] – Aufzählung der griechischen Staaten, die den persischen Boten Erde und Wasser angeboten hatten, samt dem δεκατεύειν-Eid der verteidigungswilligen Griechen (VII 132).
Die anschließende Geschichte von der Ermordung der Boten, die Dareios zehn Jahre zuvor zu den Athenern und Spartanern geschickt hatte, und der Buße der Spartaner dafür (VII 133–137) ragt gänzlich aus dem Zusammenhang der Jahre 481 und
480 heraus.[178] Im Kapitel VII 138 schließlich erläutert Herodot die typische Haltung vieler griechischer Staaten, die sich entweder offen den Persern unterwarfen
oder in scheinbarer Neutralität der drohenden Invasion kampflos fügen wollten. Vor
dem geringen Kampfeswillen der anderen Griechen soll sich der Entschluß der Athener zum Seekrieg um so heroischer ausnehmen. Doch selbst das Athenerkapitel weist
eher, wie GEORGES[179] betont, die Alternativen des Sommers 480 auf, weil Herodot
darin an eine Landschlacht zur Verteidigung von Nord- und Mittelgriechenland kei-

174 R. KÜHNER & B. GERTH, Ausführliche Grammatik der griechischen Sprache, II. Teil: Satzlehre,
     1. Bd., Hannover-Leipzig ³1898, 151. Cf. C. MUTZBAUER, Die Grundlagen der griechischen
     Tempuslehre und der homerische Tempusgebrauch, Bd. I, Straßburg 1893, 40.

175 M. LANG, Herodotean Narrative and Discourse (Martin Classical Lectures 28), Cambridge/
     Mass.-London 1984, 7, bes. 152f. A. 18. Ähnlich J.A.S. EVANS, The Oracle of the „Wooden
     Wall", CJ 78, 1982, 24–29, hier 26.

176 Cf. BURN 349; J.F. LAZENBY, The Strategy of the Greeks in the Opening Campaign of the Persi-
     an War, Hermes 92, 1964, 264–284, hier 265.

177 Die Lokrer und die Thebaner mitsamt den Boiotern sind zu den Persern erst nach dem Fall der
     Thermopylen übergetreten, wo beide noch auf griechischer Seite gekämpft hatten (Hdt. VII
     202f.). Cf. HIGNETT 196. R.J. BUCK, A History of Boeotia, Edmonton 1979, 130–132 konstatiert
     zwar ebenfalls eine Verzerrung der Chronologie bei Herodot (nachdrücklich nochmals in: Boio-
     tians at Thermopylae, AHB 1, 1987, 54–60), doch nimmt er trotzdem an, daß sowohl die Boio-
     tier als auch die Lokrer schon vor der Thermopylen-Schlacht dem Großkönig Erde und Wasser
     gegeben hätten – gleichsam als Rückversicherung. N.G.L. HAMMOND, Sparta at Thermopylae,
     Historia 45, 1996, 1–20, hier 19, geht von einem Medismos Thebens sogar schon im Herbst
     481 aus. Ins andere Extrem ist P.A. BRUNT, The Hellenic League against Persia, Historia 2,
     1953/54, 135–162, hier 136 = ND in: id., Studies in Greek History and Thought, Oxford 1993,
     48f. verfallen mit seiner Annahme, alle griechischen μηδίζοντες hätten sich erst förmlich un-
     terworfen, als Xerxes schon in Pierien stand.

178 Cf. GEORGES 1986, 19f.; EVANS 1979b, 115. Auch IMMERWAHR 133–136 sieht diese Kapitel von
     einem „narrative loop" eingeschlossen.

179 GEORGES 1986, 21.

nen Gedanken mehr verschwendet, sondern lediglich eine Seeschlacht oder die Verschanzung hinter der Isthmos-Mauer erwägt. Das angedeutete Auseinanderfallen der griechischen Allianz und die persische Eroberung Stadt für Stadt (κατὰ πόλις, VII 139,3) droht nach dem Fall der Thermopylen viel akuter als zuvor. Somit bildet der wohl in den Frühsommer 480 zu datierende Aufenthalt des Xerxes in Pierien (VII 128–130) in Herodots Erzählabfolge den letzten halbwegs sicheren zeitlichen Fixpunkt vor der Orakeldebatte.

Auch die beiden delphischen Weissagungen helfen bei der Datierung nicht weiter: Denn wie ihre Analyse durch FONTENROSE[180] zeigt, ist ihre Echtheit eher zweifelhaft:[181] Die enorme Länge und weitschweifige episch-formelhafte Ausschmükkung der beiden Orakel[182], die klare Voraussage des ersten über die Zukunft, die spontane Anrede der Bittsteller, ohne daß diese überhaupt eine Frage gestellt haben, zudem die Kombination verschiedener Antworten sind atypisch für historische Orakel und zeichnen eher legendäre und unechte quasi-historische Weissagungen aus.[183]

Dennoch können wir sicher sein, daß die Athener angesichts ihrer äußerst prekären Lage Orakel über ihr weiteres Vorgehen befragten, wie das die meisten Griechen bei wichtigen politischen und vor allem militärischen Entscheidungen taten.[184] Dafür, daß tatsächlich ein Orakel die Athener zur Evakuierung Attikas und zur Flucht auf die Schiffe aufforderte, spricht der offenbar einzige von Herodot unabhängige Bericht über das Orakel bei Ailianos, der sich auf Aristoteles und Philochoros beruft.[185] Wir können FONTENROSES Vermutung also folgen, die Athener hätten ver-

---

180 FONTENROSE 1978, 124–128 zum folgenden. Ähnlich schon U. COZZOLI, Postilla all'oracolo sul muro di legno degli ateniesi, MGR 2, 1968, 37–46. Laut A. GIULIANI, La città e l'oracolo. I rapporti tra Atene e Delfi in età arcaica e classica, Mailand 2001, 63 sprechen gerade die atypischen Elemente der beiden Orakel für deren Historizität.

181 Die als Indiz für die Echtheit der Orakel von BROADHEAD und GROENEBOOM ad loc. angeführte Entsprechung der Zeilen 5f. (Hdt. VII 140,2): κατὰ γάρ μιν ἐρείπει Ι πῦρ τε καὶ ὀξὺς "Αρης, Συριηγενὲς ἅρμα διώκων „Niederstürzt es zur Erde das Feuer und der rasende Ares, der auf syrischem Wagen einherfährt" zu Aisch. Pers. 81–86, bes. 84–86: Σύριόν θ' ἅρμα διώκων, Ι ἐπάγει δουρικλύτοις ἀνδράσι τοξόδαμνον "Αρη „Er jagt auf syrischem Wagen dahin, wider speerberühmte Männer führt er den bogenstarken Kriegsgott" erklärt FONTENROSE 1978, 128 A. 9 umgekehrt: Der Dichter der Orakel hat die Aischyleische Passage nachgeahmt. Wenn Aischylos seine Zeile tatsächlich dem Orakeltext entnommen hat, warum kennzeichnet er sie nicht als Teil einer Weissagung, sondern baut diesen ohnehin inhaltsarmen Vers in ein Chorlied ein? Wie die Behandlung des Bakis-Orakels bei Hdt. VIII 20 zeigen wird (s.u. S. 153 mit A. 115), haben auch andere Verse dieser Parodos der *Perser* auf die Herodoteische Darstellung eingewirkt.

182 Zum folgenden cf. FONTENROSE 1978, 125f., 195.

183 Johannes Tzetzes, Chiliades IX 812 spricht die erste Zeile des ersten Orakels Bakis zu, auf den die Anrede des ersten Orakels ὦ μέλεοι hinweise.

184 Cf. ausführlich W.K. PRITCHETT; The Greek State at War, Part III: Religion, Berkeley 1979, 47–90; 296 321; R. LONIS, Guerre et religion en Grèce à l'époque classique. Recherches sur les rites, les dieux, l'idéologie de la victoire, Paris 1979, 69–94, bes. 74–80; C. BEARZOT, Mantica e condotta di guerra: strateghi, soldati e indovini di fronte all'interpretazione dell'evento ‚prodigioso', in: SORDI 1993, 97–121; V. ROSENBERGER, Griechische Orakel. Eine Kulturgeschichte, Darmstadt 2001, 78–94.

185 Ail. nat. XII 35 = Aristot. fr. 399 ROSE = Philochoros FGrHist 328 F 116: μετοικιζομένων γὰρ

schiedene Orakelstätten befragt, ob sie die Stadt räumen und sich auf ihre Flotte stützen sollten[186] – angesichts ihrer Ressourcen die nächstliegende Frage. Da Herodot neben der Pythia Aristonike sogar den Ratgeber der Athener, den Delpher Timon, Sohn des Androboulos, namhaft zu machen vermag, wird wohl auch Delphi seinen Ratschlag erteilt haben – auch wenn es sich als ein gut überlieferter Kunstgriff des Themistokles erweist, seine Politik als Ausfluß angeblicher Weissagungen zu verbrämen und diese selbst zu produzieren.[187]

Das delphische Orakel könnte tatsächlich den Athenern die Auswanderung angeraten haben.[188] Denn Delphis Aufforderung steht in einer Reihe mit seinen unzweideutigen Ratschlägen an die Argiver und die Kreter zur Neutralität im Perserkrieg, die uns auch bei Herodot überliefert sind.[189] Betrachtet man das teilweise entmutigende Orakel an die Spartaner, entweder ganz Sparta oder einer seiner Könige werde dem Barbaren erliegen (VII 220,4), und Delphis Verschonung von persischer Plünderung[190], so drängt sich der Eindruck auf, daß das delphische Heiligtum in den Jahren 481 und 480 die Sache der Perser – vermutlich unter dem Einfluß der die Amphiktionie beherrschenden Thessaler – vertrat und somit den Athenern die Aufgabe des Widerstandes anraten mußte.[191] Für das erste athenische

τῶν Ἀθηναίων ἐς τὰς ναῦς, ἡνίκα τοῦ χρόνου ὁ Πέρσης τὸν μέγαν πόλεμον ἐπὶ τὴν Ἑλλάδα ἐξῆψε, καὶ ἔλεγον οἱ χρησμοὶ λῷον εἶναι τοῖς Ἀθηναίοις τὴν μὲν πατρίδα ἀπολιπεῖν, ἐπιβῆναι δὲ τῶν τριήρων. „Denn die Athener siedelten um auf die Schiffe, als einst der Perser den großen Krieg gegen Griechenland entfachte; und die Orakel sagten, es sei besser für die Athener, ihr Vaterland zu verlassen und die Triëren zu besteigen." Die Unabhänigigkeit des Ailian von Herodot bezweifelt jedoch GIULIANI 2001, 63 A. 23.

186 Auf eine solche Frage deutet die Antwortformel λῷον εἶναι τοῖς Ἀθηναίοις hin; cf. FONTENROSE 1978, 127.

187 Cf. Hdt. VIII 41, 2f.; 55; 65; Plut. Them. 10, 1–3. CRAHAY 1956, 295–304 bestreitet die Authentizität der Orakel; ebenso LABARBE 1957, 117–120; GARLAND 1992, 65–67. Auch ein gefälschtes Orakel hätte laut FONTENROSE 1978, 128 A. 8 im nachhinein die Anerkennung durch Delphis Priester gefunden.

188 So H.W. PARKE & D.E.W. WORMELL, The Delphic Oracle, vol. I: The History, Oxford 1956, 169–171. G.B. GRUNDY, The Great Persian War and its Preliminaries, London 1901, 237 und HIGNETT 443f. sehen das zweite Orakel hingegen von den Spartanern erwirkt, die fürchteten, die Athener als Verbündete zu verlieren. ROBERTSON 1987, 6f. vermutet sogar hinter der „Hölzernen Mauer" einen von den Spartanern initiierten Hinweis auf die Isthmosmauer.

189 Hdt. VII 148,3; 169,2. Für die Authentizität dieser Ratschläge treten ein Ed. MEYER, GdA IV⁵ 348; PARKE-WORMELL 1956, I 165f.; HOW-WELLS ad locc. (die jedoch das Orakel für die Argiver zwischen 494 und 490 datieren); G. ZEILHOFER, Sparta, Delphoi und die Amphiktyonie im 5. Jahrhundert vor Christus, Diss. Erlangen 1959, 26–28; J. ELAYI, Le rôle de l'oracle de Delphes dans le conflit gréco-perse d'après «Les Histoires» d'Hérodote, IA 14, 1979, 67–151, hier 120–122; KELLY 2003, 200f. Mit guten Argumenten sehen in diesen Orakeln jedoch eine später erfundene Apologie der Argiver und Kreter für ihr Fernbleiben vom griechischen Freiheitskampf STEIN ad locc.; BUSOLT GG II² 658 A. 6; CRAHAY 1956, 321–325; FONTENROSE 1978, 128; 315f.: Q 144, Q 145.

190 Um dies zu erklären, mußten die Delpher eigens eine Wundergeschichte von der Errettung des Heiligtums und der Stadt durch zwei Lokalheroen erfinden (Hdt. VIII 35–39). Cf. GIULIANI 2001, 58 mit A. 9.

191 Cf. GIULIANI 2001, 58–62, 68f., 76f., zum Einfluß der Thessaler ibid. 77 und M. SORDI, Larissa e la dinastia alevade, Aevum 70, 1996, 37–45, hier 39, 41, die Delphi insbesondere von den

Orakel liegt dasselbe Datum wie für die Weissagungen an die Argiver und Kreter nahe: Herbst oder Winter 481/0.[192] Denn im direkten Anschluß an das Bekanntwerden der persischen Drohungen hat eine Orakeleinholung die größte Wahrscheinlichkeit.

Allerdings kann dieses Datum kaum für das zweite Orakel gelten: Denn daß die athenischen Gesandten in Delphi den milderen Orakelspruch noch im unmittelbaren Anschluß an den ersten erwirken konnten, ist schon aufgrund der technischen Hindernisse bei der Orakelbefragung unwahrscheinlich. Vermutlich wurden nur am siebten Tag jeden Monats Weissagungen verkündet.[193] Vielmehr ist zu erwarten, daß die Athener nach Eintreffen des ersten entmutigenden Spruches lange Diskussionen über eine tatsächliche Auswanderung führten, bis sie sich entschlossen, den delphischen Apollon nochmals zu befragen.[194]

Den delphischen Orakelpriestern dürfte das Ausmaß der athenischen Seemacht bekannt gewesen sein, so daß – eine zumindest latent griechenfreundliche Haltung ihrerseits zugrundegelegt – der Rat zur Konzentration auf die Seeverteidigung nahelag. Die Annahme, daß dabei auch Themistokles nachgeholfen haben könnte, indem er die athenischen Gesandten anwies, im privaten Gespräch mit den Orakelpriestern eine religiöse Sanktionierung seiner Seekriegsstrategie zu erbitten,[195] ist deshalb abzulehnen, weil dann doch ein weit präziserer Verweis auf die Schiffe zu erwarten wäre.[196] War das Mittel zum effektiven Widerstand noch leicht zu erschließen, so hätte es demgegenüber wirklich hellseherischer Kräfte bedurft, im Jahr 481

perserfreundlichen Aleuaden gesteuert sieht. Ähnlich How–Wells II 247 und W.G. Forrest, Herodotus and Athens, Phoenix 38, 1984, 1–11, hier 7. J.A.S. Evans, The „Wooden Wall" again, AHB 2, 1988, 25–30, hier 27–30 und Parke-Wormell 1956, I 165–174 betonen den Opportunismus des delphischen Orakelpriester. – Hingegen wertet Ed. Meyer, GdA IV⁵ 347–349 diese defaitistischen Ratschläge als realistische Einschätzung der Lage. Er weist auf Jeremia, der die Israeliten zur Aufgabe des Widerstandes gegen den übermächtigen babylonischen König Nebukadnezar aufforderte (Jeremia 26f.); ebenso Hignett 444f. Elayi 1979a, 227–230 und 1979b, 94–151 erkennt im delphischen Heiligtum sogar das moralische Rückgrat für den griechischen Widerstand; kritisch dazu Giuliani 2001, 60 A. 15.

192 Man beachte, daß Hdt. VII 145,1 einzig und allein χρηστήρια ταῦτα, nicht jedoch die Debatte der Volksversammlung und ihren Beschluß unmittelbar vor dem ersten Griechenkongreß nennt.

193 Cf. G. Roux, Delphi. Orakel und Kultstätte, München 1971, 71–74 und Fontenrose 1978, 127; die Unsicherheit hierin betont M.P. Nilsson, Das delphische Orakel in der neuesten Literatur, Historia 7, 1958, 237–250, hier 244. Evans 1982, 25 nimmt jedoch nur eine jährliche Orakelbefragung am siebten Bysios (im Februar/März) an. In dringenden Fällen dürfte auch eine Befragung außerhalb der regulären möglich gewesen sein; allerdings bedurfte der Ratsuchende dazu der Vermittlung eines πρόξενος in Delphi (cf. Roux 1971, 74). Daß der Delpher Timon als πρόξενος der Athener auftritt, legt nahe, daß es sich um eine außerordentliche Orakelanfrage handelte.

194 Cf. Grundy 1901, 238; Labarbe 1957, 117 mit A. 3; Hignett 443. C.W. Fornara, The Value of the Themistocles Decree, AHR 73, 1967, 425–433, hier 427f., nimmt zwei unterschiedliche Quellen für die beiden Orakel an.

195 Cf. Holladay 1987, 186. So auch Zeilhofer 1959, 25–33, bes. 30, und Georges 1986, 30–39; kritisch Giuliani 2001, 66f. mit A. 32. Eine Instrumentalisierung der Pythia zur Absegnung politischer Ziele ist u.a. für Kleisthenes (Hdt. V 63,1f.; VI 123,2) und Kleomenes (VI 66) belegt. Cf. auch Harrison 2000a, 140–143.

196 Cf. Evans 1982, 27 und Garland 1992, 67f.

vorauszusehen, daß ein Jahr später bei der Insel Salamis die kriegsentscheidende Schlacht zu schlagen sei. Eine solche „Weitsicht" der Orakelpriester ist aber ebensowenig glaubhaft[197] wie die Annahme, daß sich Themistokles und die Athener schon Monate vor dem Fall der Thermopylen auf Salamis als Ort der Entscheidungsschlacht und auf eine ausschließliche Seeverteidigung festgelegt hätten. Denn wäre dies vor der Thessalien-Expedition der Griechen geschehen, die meines Erachtens in den Juli 480 zu datieren ist[198], so wäre das zahlenmäßig starke Engagement der Athener dabei nicht erklärbar.[199]

Würde man den athenischen Seekriegsbeschluß noch vor das erste Treffen der verteidigungswilligen Hellenen im Winter 481/0 setzen, so wäre man vollends in Erklärungsnotstand geraten: Warum hätten die Athener die Peloponnesier, insbesondere die Spartaner, die seit jeher auf eine Verteidigung zu Lande ihre Hoffnung setzten, so vor den Kopf stoßen sollen mit ihrem offenen Eingeständnis, man werde das eigene Gebiet im Notfall völlig kampflos preisgeben. Angesichts des sehr geringen Verteidigungswillens, ja der perserfreundlichen Gesinnung der meisten Nord- und Mittelgriechen wären die Peloponnesier durch eine solche Haltung der Athener doch nur in ihrem Plan bestärkt worden, sich hinter der Isthmos-Mauer zu verschanzen. Daß die Athener sich auf die Mithilfe der anderen Griechen bei der Verteidigung Attikas angewiesen fühlten, beweist auch ihre Propagandaerzählung, sie hätten Attika evakuieren müssen, da sich die Peloponnesier nach dem persischen Durchbruch bei den Thermopylen den Invasoren nicht in Boiotien entgegengestellt hätten.[200] Diese angeblich enttäuschte Hoffnung, von der Herodot selbst berichtet (VIII 40,2), widerspricht grundsätzlich dem Anspruch der Athener, sich schon lange vor dem Fall der Thermopylen zur Evakuierung Attikas entschlossen zu haben.

Möglicherweise hat Plutarch eine Erinnerung an die innerathenischen Auseinandersetzungen dieser Monate um die richtige Verteidigungsstrategie bewahrt, wenn er behauptet, Themistokles sei anfangs mit seiner Seekriegsstrategie bei den Athenern nicht durchgedrungen; erst nach dem Rückzug der Griechen aus Thessalien sei ihm das gelungen.[201] Sein später Erfolg dürfte mit dem bei Herodot wiedergegebenen athenischen Beschluß zur ausschließlichen Verteidigung zur See gleichzusetzen sein. Schon bei den Thermopylen finden wir keine athenischen Hopliten mehr; diese taten sämtlich auf den Schiffen am Kap Artemision Dienst. Deshalb ist dieser Beschluß und mit ihm auch das zweite Orakel über die „Hölzerne Mauer" kurze Zeit nach der Thessalien-Expedition im Frühsommer 480, in jedem Fall aber vor die Kämpfe beim Artemision zu datieren.[202]

---

197 Ebendies postulieren FROST 90f.; HAMMOND 1982, 80 A. 24 ; GIULIANI 2001, 64f.
198 Cf. J.F. LAZENBY, The Defence of Greece 490–479 B.C., Warminster 1993, 108f. HIGNETT 103 datiert sie in den Mai 480.
199 Gegenteiliger Ansicht ist HOLLADAY 1987, 187. Dennoch hält er – wie auch HIGNETT 198 und BURN 357 – die Zeit unmittelbar nach der Thessalien-Expedition für den letztmöglichen Zeitpunkt, an dem die Athener die Orakel einholen konnten.
200 Dazu s.u. S. 186.
201 Plut. Them. 7,1f. Cf. jedoch Kritik von HIGNETT 443f.
202 So Nep. Them. 2,8; J.A.R. MUNRO CAH IV 1930, 282; POHLENZ 1937, 138 A. 1; LABARBE 1957, 120; BURN 361; EVANS 1982, 29; HOLLADAY 1987, 187. Den Beschluß erst später als den Fall der Thermopylen zu datieren, erscheint unmöglich, da im Chaos der Evakuierung kaum noch eine

Der späte Zeitpunkt der offiziellen Beschlußfassung darf jedoch nicht darüber hinwegtäuschen, daß den verantwortlichen athenischen Strategen, allen voran Themistokles, schon viel früher der Plan einer reinen Seeverteidigung in den Sinn gekommen sein muß, zumal dieser von den Thasiern um 494/3 schon umgesetzt worden war. Angesichts der beträchtlichen Zahl der über lange Jahre hin gebauten Kriegsschiffe war sich Themistokles wohl schon zu Beginn des Xerxeszuges darüber im klaren, daß zur Gesamtmobilmachung der 180 Triëren, die im Jahre 480 zur Verfügung standen, bis zu 36 000 Mann benötigt würden.[203] Auch wenn wir vermuten müssen, daß Herodot mit seiner Angabe (V 97,2) von 30 000 Bürgern eher die Schätzgröße der Bürgerschaft des dritten Viertels des fünften Jahrhunderts[204] an dessen Beginn zurückprojiziert hat, so wird dennoch auch für das Jahr 480 mit 25–35 000 wehrfähigen Bürgern zu rechnen sein.[205] Herodots Zahl mangels besserer Alternativen zugrunde gelegt, können um die 10 000 Metöken[206] in Athen angenommen werden, so daß vielleicht knapp eine ausreichende Bemannung der Schiffe gewährleistet war. Die Tatsache, daß vor der Schlacht bei Artemision die Athener sogar die zur See gänzlich unerfahrenen Plataier zur Bemannung der eigenen Schiffe heranzogen und zudem zwanzig ihrer Schiffe an die Chalkidier ausliehen, läßt darauf schließen, daß Athens Reservoir an einsatzfähigen Männern völlig ausgeschöpft war.[207] Der schlagendste Beweis dafür[208] und für die Unmöglichkeit einer Landverteidigung ist das bloße Faktum, daß die Athener keinerlei Hopliten zu den Thermopylen entsandten.[209] Allerdings blieben die jüngsten und die ältesten Jahrgänge des Aufgebotes nach griechischer Gepflogenheit[210] erst einmal in

beschlußfähige Volksversammlung zusammentreten konnte, was jedoch GEORGES 1986, 22 aufgrund von Hdt. VIII 40,1 und bes. Plut. Them. 10,4 annimmt.

203 Für 200 Mann als durchschnittliche Besatzung einer Triëre cf. Hdt. VII 184,1; HAMMOND 1982, 88; MORRISON-COATES-RANKOV 2000, 107f.; ausführlich GABRIELSEN 1994, 106. Hingegen sind laut WALLINGA 1993, 171–174 die athenischen Triëren mit nur 100 Ruderern ausgekommen (unter Verweis auf das sog. „Themistokles-Dekret", R. MEIGGS & D. LEWIS, A Selection of Greek Historical Inscriptions to the End of the Fifth Century BC, Oxford ²1989, Nr. 23, Z. 32).

204 Für das Jahr 450 gehen P.J. RHODES, Thucydides History II, Warminster 1988, 271–277: Appendix: Athenian Population Figures, und M.H. HANSEN, Three Studies in Athenian Demography, Historisk-filosofiske Meddelelser Det Kongelige Danske Videnskabernes Selskab 56, Kopenhagen 1988, 14–28, allerdings von 45–60 000 Bürgern aus. Allerdings bedeutete die Ägyptische Katastrophe für Athen einen deutlichen Verlust an wehrfähigen Bürgern.

205 A.W. GOMME, The Population of Athens in the Fifth and Fourth Centuries B.C., Oxford 1933, 26 setzt 35 000 Bürger im Jahr 480 an; cf. ausführlich C. PATTERSON, Pericles' Citizenship Law of 451/50 B.C., Salem 1981, 40–81.

206 Die vollständige Evakuierung Attikas ließ den Metöken keine andere Wahl. M.H. JAMESON, The Provisions for Mobilization in the Decree of Themistokles, Historia 12, 1963, 385–404, hier 393, erwägt aufgrund von Hdt. VIII 142,4 sogar den Einsatz von Sklaven auf den Schiffen, ähnlich wie im Jahre 406 (Xen. Hell. I 6,24).

207 Hdt. VIII 1,1f.; cf. auch EVANS 1969, 390.

208 Cf. LABARBE 1957, 177–181; HANDS 1965, 60; HOLLADAY 1987, 186. Cf. Lys. II 32f.; zudem Frontin. strat. I 3,6. Den bewußten Verzicht auf die Landverteidigung belegt auch die Anekdote bei Plut. Kim. 5,2f., laut der Kimon sein Zaumzeug der Athena geweiht habe, da die Stadt jetzt Schiffskämpfer benötige.

209 Verwundert darüber zeigen sich HIGNETT 118; EVANS 1969, 394.

210 Cf. z.B. Thuk. II 13,6f. und Xen. Hell. VI 4,17.

Attika zurück und bildeten eine Art „Landsturm", so daß bei der eigentlichen Evakuierung der nichtwehrfähigen Bevölkerung genug tatkräftige Hände zur Verfügung gestanden haben.

Die Athener selbst, insbesondere Themistokles, hatten mit dem wohl bereits
seit der Jahrzehntmitte umgesetzten Flottenbauprogramm, spätestens durch ihre verstärkten Seerüstungen in den letzten Jahren vor 480 schon die Weichen für eine
Konzentration auf eine Verteidigung zur See gestellt.[211] Allerdings wäre es sicherlich ein Fehler, durch die Verabschiedung des Flottenbauprogrammes einen Auto-
matismus in Gang gesetzt zu sehen, der unweigerlich zur ausschließlichen Seekriegsstrategie im Perserkrieg führen mußte. So war der Großteil der Schiffe des Flottenbauprogramms keineswegs gegen die Perser, sondern für die langjährigen Auseinandersetzungen mit Aigina gebaut worden. Die Annahme größerer Seegefechte gegen die Aigineten könnte auch erklären, warum die athenischen Rudermannschaften bei Salamis bereits genug Übung und Erfahrung besaßen, um die komplizierten
Manöver des περίπλους und möglicherweise des διέκπλους auszuführen.[212] Somit
eröffnete die große Zahl verfügbarer Trièren den Athenern eine Option zum reinen
Seekrieg, blockierte aber nicht für die kommenden Jahre die Möglichkeit einer Abwehr zu Lande, wie ihre Teilnahme an der Thessalien-Expedition und das Aufgebot
von 8 000 Hopliten für die Schlacht von Plataiai im Jahre 479 zeigen.[213] Überdies
war der große Erfolg des athenischen Hoplitenaufgebotes bei Marathon vermutlich
ebenso frisch in Erinnerung[214] wie die Niederlage der griechischen Flotte bei Lade
im Jahre 494.[215] Die Verteidigung des eigenen Bodens war außerdem das Nächstliegende, da die bisherigen Kriege der Griechen untereinander meistens zur Erringung von Beute, hingegen nur selten der Eroberung neuen Landes dienten. Deshalb
hat vermutlich Themistokles die heikle Frage des ausschließlichen Flotteneinsat-

---

211 Cf. F. MILTNER, Des Themistokles Strategie, Klio 31, 1938, 219–243, hier 223f.
212 Nach Bekanntwerden der persischen Drohungen wurde sicherlich das Training der Schiffs-
    mannschaften verstärkt; cf. BURN 293 und HOLLADAY 1987, 185.
213 Dies vermochten die Athener, weil bei der zeitgleichen Schlacht von Mykale von den 110 grie-
    chischen Schiffen höchstens 80 bis 90 athenische waren.
214 Cf. Aristoph. Vesp. 1081f. Gerade die Zeugiten waren als Hopliten und Sieger von Marathon
    kaum gewillt, sich der Seekriegsstrategie völlig anheimzugeben; cf. H. BERVE, Zur Themisto-
    kles-Inschrift von Troizen, SBAW 1961, 3, München 1961, 39f. Zur Hoplitenhochschätzung
    nach Marathon cf. GARLAN 1974, 67; W.C. WEST III, Saviors of Greece, GRBS 11, 1970, 267–
    282; N. LORAUX, «Marathon» ou l'histoire idéologique, REA 75, 1973, 13–42; P. VIDAL-NA-
    QUET, La tradition de l'hoplite athénien, in: J.P. VERNANT (ed.), Problèmes de la guerre en Grèce
    ancienne, Paris 1968, 161–181, bes. 167–170 = überarbeitete deutsche Fassung in: id., Der
    schwarze Jäger. Denkformen und Gesellschaftsformen in der griechischen Antike, Frankfurt-
    New York-Paris 1989, 87–104, bes. 93–96; LORAUX 1986, 155–171; V.D. HANSON, Hoplites
    into democrats: the Changing Ideology of Athenian Infantry, in: J. OBER & C. HEDRICK (edd.),
    Demokratia. A Conversation on Democracies, Ancient and Modern, Princeton 1996, 289–312.
    – Plat. leg. III 699c6–d1; IV 707b7–c8 beschreibt die Perserabwehr im Jahre 480 so, als ob nur
    die athenischen Hopliten ihr Vaterland verteidigt, hingegen die Seeschlachten bei Artemision
    und Salamis keine Bedeutung gehabt hätten (ähnlich And. II 107). Laut Lys. II 33 und Isokr. IV
    96 hätten die Athener die Perser 480 sowohl in einer Seeschlacht als auch in einem Hoplitenge-
    fecht abgewehrt. Cf. LORAUX 1986, 162f.; VIDAL-NAQUET 1989, 221f.
215 Cf. EVANS 1969, 390; HOLLADAY 1987, 183f.

zes, die für einen Kreis eingeweihter Strategen schon längst entschieden war, erst im letzten Moment an die Öffentlichkeit gebracht, als ihm das Orakel von der „Hölzernen Mauer" die Gelegenheit dazu bot. Diese schien nach dem Scheitern der Thessalien-Expedition gekommen zu sein.[216] Denn zu diesem Zeitpunkt mußten die Athener große Zweifel an der Wirksamkeit der Landverteidigung an den Thermopylen hegen, zumal möglicherweise bereits abzusehen war, daß die Peloponnesier zuerst nur mit kleinen Vorauskommandos an diesem Engpaß stehen würden.[217]

Daß die reine Seekriegstrategie den Athenern jedoch zuerst abwegig erschien, könnte man aus der nachdrücklichen religiösen Sanktionierung erschließen, deren sie laut Herodot bedurfte: In der Volksversammlung diskutierten die Athener nicht die beste Strategie, sondern über den Sinn der Orakel. Diese selbst hatten eine hohe legitimatorische Funktion für die Athener: Das erste rechtfertigt die kampflose Preisgabe Attikas, besonders der dem Untergang geweihten Göttertempel, Häuser und Gräber als gottbefohlen – ein gewaltiges Opfer, das für die Bewohner einer jeden Polis den Verlust zentraler Erinnerungs- und Identifikationsorte bedeutete und das für die Athener um so größer war, als sie sich ihrer Autochthonie rühmten. Auffallenderweise fordert diese erste Weissagung ebenso die Aufgabe der Höhen in der Stadt, da auch das Haupt nicht unversehrt bleiben werde,[218] mithin die Räumung der Akropolis. Diese Zeilen sind wohl *ex eventu* gedichtet, um die Interpretation der „Hölzernen Mauer" als der Dornenhecke um die Akropolis zu blockieren. Dann würde schon das erste Orakel deren Deutung als Kriegsschiffe vorbereiten. Eine göttliche Sanktionierung des Beschlusses zum ausschließlichen Seekrieg war dringend geboten, weil damit das griechische Ideal eines „unverwüsteten Territoriums" (χώρα ἀπόρθητος)[219] von vornherein aufgegeben wurde und zudem die Invasoren durch Attika hindurch gefährlich nahe an den Isthmos vordringen konnten.

Darüber hinaus bilden die beiden Orakel den Kern für eine Apologie des delphischen Apollon. Die Voraussetzungen dafür sind jedoch schlecht: Die erste seiner Weissagungen verheißt nichts anderem als einer Auswanderung aus Attika Erfolg und auch die zweite rät von Widerstand zu Lande ab, ruft zur Flucht auf und prophezeit erst für einen unbestimmten Zeitpunkt einen Kampf mit den Eindringlingen. Der defaitistische Grundton der ursprünglichen Orakel[220] hat sich offensichtlich auch noch in ihrer nachträglich versifizierten Version bewahrt. Doch um den Eindruck zu vermeiden, Delphi wolle die Athener zum feigen Verrat an der griechi-

---

216 So HOLLADAY 1987, 186.
217 Cf. Hdt. VII 206; zudem BERVE 1961, 30f., der jedoch mit seiner Deutung der Kämpfe an den Thermopylen und bei Artemision lediglich als „delaying operations", um Zeit für den Bau der Isthmos-Mauer und die Evakuierung Attikas zu gewinnen (Theorie von J.B. BURY, The Campaign of Artemisium and Thermopylae, BSA 2, 1895/96, 83–104; so auch HOW–WELLS II 371; GURATZSCH 1961, 58), die Entschlossenheit der Verbündeten und die Anstrengungen bei Artemision verkennt, wo sich immerhin 271 griechische Schiffe versammelt hatten; cf. LAZENBY 1964, 271–274; J.H. THIEL, The Inscription from Troezen, MAWA 25, 1962, 525–541, hier 528–531; A. ROOBAERT, Isolationnisme et Impérialisme Spartiates de 520 à 469 avant J.-C., Louvain 1985, 84–104.
218 Hdt. VII 140,2, Z. 2f.
219 Dazu s.u. S. 244.
220 Diesen betont GIULIANI 2001, 67f. und folgert daraus die Authentizität der Orakel.

schen Sache verleiten, wird die zweite Orakelkonsultation als Fingerzeig auf einen Ausweg hervorgehoben. Ebenso spontan, wie die Pythia ungefragt, auf das bloße Erscheinen der Athener hin ihnen die traurigen Zukunftsaussichten offenbart, spornt der angesehene Delpher Timon[221] die Gesandten an, einen milderen Spruch zu erbitten, den die Pythia dann auch prompt gewährt. Beide Orakel und ihre äußeren Umstände sind gleichsam spiegelbildlich angeordnet: Raubt die Pythia anfangs alle Hoffnungen, so gibt sie nach dem massiven Eingreifen des Timon wieder einige zurück. So nehmen die beiden Weissagungen und die anschließende Debatte der athenischen Volksversammlung – gerade in Herodots Darstellung – sowohl für das delphische Orakel als auch für die Athener einen bedeutenden Platz in der Konstruktion der eigenen Geschichte ein.

Der apologetisch-legitimatorische Effekt der gesamten Erzählung wird noch gesteigert, wenn die Orakeldebatte zudem in den Kontext des Jahres 481 gestellt wird. Auch wenn die Athener im Jahre 480 die Hoffnung auf eine erfolgreiche Landverteidigung Attikas noch lange nicht aufgaben und an der gemeinsamen Strategie der Griechen festhielten, so bot ihnen die gegenteilige Version in den folgenden Jahrzehnten weit größeren propagandistischen Gewinn: Sie hätten schon seit Bekanntwerden der persischen Drohungen die siegbringende Seestrategie verfochten. Denn diese Chronologie konnte im nachhinein nicht nur das Fehlen athenischer Kontingente bei den Thermopylen, sondern auch den Rückzug aus Thessalien und vom Kap Artemision rechtfertigen. Selbst das mehrmalige Zurückweichen markierte unter dieser Prämisse nur die notwendigen Vorstufen zur eigentlichen Entscheidung bei Salamis. Den wesentlichen Anstoß für die nachträgliche Vordatierung ihres Seekriegsbeschlusses lieferte den Athenern jedoch, wie GEORGES[222] überzeugend ausführt, die spätere Auseinandersetzung mit den Spartanern darüber, welche Polis die Vorbild- und Führungsrolle im Freiheitskampf der Griechen eingenommen hatte.[223] Denn die Spartaner hatten sich nach eigener Auffassung schon „zu Beginn des Krieges"[224] zum Widerstand gegen die Perser entschlossen, als sie nämlich auf Anfrage bei der delphischen Pythia die Weissagung erhielten, entweder würde Sparta zerstört werden oder einer ihrer Könige würde sterben. Auch wenn die bei Herodot vorliegende Versfassung des Orakels sicherlich erst *post eventum* erdichtet worden ist[225], so könnte ein Orakel mit derselben Grundaussage in der ebenfalls bei Herodot bezeugten knappen Prosaform zu Beginn des Krieges an die Spartaner ergangen sein. Ungeachtet der Echtheitsfrage ist jedoch für uns entscheidend, daß die Spartaner nach den Perserkriegen über dieses Orakel den Anspruch erhoben, die Führer der Griechen gewesen zu sein[226] und daß Leonidas sich freiwillig für das Überleben

---

221 Zur dramaturgischen Funktion des Timon cf. ROSENBERGER 2001, 84.
222 GEORGES 1986, 23f.
223 Für den athenischen Anspruch cf. Hdt. VII 139,5; 144,3.
224 Hdt. VII 220,3f. Denn laut VII 239,1 hatten sie als erste (πρῶτοι) von den Invasionsabsichten des Xerxes durch Demaratos' Geheimbotschaft erfahren.
225 Cf. das Wortspiel mit dem Namen Leonidas (Z. 4: μένος … λεόντων) und den Hinweis auf die Verstümmlung der Leiche des Leonidas (Z. 6: δάσηται; cf. Hdt. VII 238); cf. CRAHAY 1956, 309–312; ZEILHOFER 1959, 20–23; FONTENROSE 1978, 77f., Q 153; GEORGES 1986, 29 A. 32; für echt hält es hingegen ELAYI 1979b, 122–124.
226 Cf. Thuk. I 18,2; I 69,1 (bezieht auch die Perserkriege mit ein!).

Spartas und damit ganz Griechenlands geopfert habe. In deutlichem Widerstreit dazu steht die Version der Athener, sie hätten sich ebenso früh und ebenfalls auf göttliche Anweisung zu einem ähnlich schweren Opfer – dem des Heimatbodens – entschlossen, um alles auf die schließlich rettenden Schiffe zu setzen.[227] Diese Orakelkonkurrenz und die einander ausschließenden Ansprüche der Spartaner und Athener auf den strategischen Primat im Xerxeszug haben entscheidend deren jeweilige Deutung der Geschehnisse geprägt.

Daß geschichtskundige Athener nicht auf der Einhaltung der korrekten Chronologie für den Evakuierungs- und Seekriegsbeschluß bestanden, wenn – zumal in der aufgeheizten Atmosphäre der 430er und 420er Jahre – ein Geschichtsschreiber die patriotische Propagandaversion der Athener wiedergab, verwundert nicht. Wieso aber ist gerade Herodot deren falscher Chronologie gefolgt? Wieso hat er die beiden delphischen Weissagungen, deren erste noch in den Herbst oder Winter 481/0 gehört, sowie die verschiedenen Debatten der athenischen Volksverammlung und ihren Beschluß[228] auf einen Zeitpunkt zusammengezogen und vor die Verteidigungsplanungen aller anderen Griechen gestellt? Hierbei hilft das der Orakeldebatte unmittelbar vorausgehende Athenerkapitel (VII 139) weiter: Darin hat Herodot die Bewahrung der Freiheit Griechenlands allein auf den Opfer- und Kampfesmut der Athener zurückgeführt. Doch nicht ihr grundsätzlicher Widerstandswille war ausschlaggebend, sondern ihre Strategie, ausschließlich mit Schiffen den Persern entgegenzutreten. Eben diesen Beschluß stellt der Historiker mit der Orakeldebatte gleichsam als Fanal an den Anfang aller Abwehrmaßnahmen der Hellenen.

5. Die Struktur der Orakeldebatte und der Salamis-Vers

Gegen eine bloße Wiedergabe einer athenischen Erzählung durch Herodot spricht nachhaltig jedoch die heterogene Struktur seiner Schilderung. Zusammen mit der zweimaligen Orakelbefragung in Delphi (VII 140f.) bildet der erste Teil der Debatte der athenischen Volksversammlung (VII 142,1–2 in.) einen monolithischen Erzählblock: Darin finden wir zwei gegensätzliche Parteien: die Verfechter einer Verschanzung auf der Akropolis und die Schiffspartei. „Die anderen sagten hingegen, der Gott weise auf Schiffe hin, und stellten den Antrag, diese instand zu setzen und alles andere aufzugeben.“[229] Hier treten deutlich die formalen Elemente einer Aussprache in der Volksversammlung oder im Areopag hervor: Argumentation und Schlußantrag.[230] Nach diesem Antrag bricht der stringente Bericht ab, so daß zwei

---

227 Cf. Bowden 2003, 272f. Die Weitsicht der Athener und gerade die Freiwilligkeit der Räumung Attikas wurden schon von Thuk. I 74,2 betont und im 4. Jh. (Lys. II 32–34; Isokr. IV 96) zum Dogma erhoben; in beiden Epochen wurden sie zur Rechtfertigung der Hegemonie in Griechenland verwendet; cf. M. Nouhaud, L'utilisation de l'histoire par les orateurs attiques, Paris 1982, 157–159.

228 All dies samt dem zweiten Orakel ist erst in den Frühsommer 480 zu datieren.

229 Hdt. VII 142,2: οἱ δ' αὖ ἔλεγον τὰς νέας σημαίνειν τὸν θεόν, καὶ ταύτας παραρτέεσθαι ἐκέλευον τἆλλα ἀφέντας.

230 Cf. zum folgenden Goldscheider 30; zu κελεύειν als Umschreibung – wohlgemerkt: nicht

entscheidende Fragen offenbleiben: Welche Schiffe hat die Schiffspartei im Sinn, die kampfbereit gemacht werden sollen?[231] und: Sollen die Schiffe zur Auswanderung oder zum Kampf gegen die Perser dienen? Die endgültige Lösung dieser Fragen legt Herodot Themistokles durch die Interpretation des Salamis-Verses in den Mund – obgleich sie im Antrag der Schiffspartei *in nuce* schon vorgegeben ist. Denn dieser Antrag setzt die Existenz der im Themistokleischen Flottenbauprogramm geschaffenen Kriegsschiffe schon vollständig voraus. Da kann der doppeldeutige Verweis auf Salamis nur irritieren, wenn die Schiffspartei für den Kampf zur See plädiert. Allein die Orakelsammler fordern – und das erst später – die widerstandslose Aufgabe Attikas (VII 143,3).

An dieser Stelle sind die beiden Gegensatzpaare in der Orakelinterpretation scharf voneinander zu scheiden: Im ersten Teil der Debatte stehen sich nur die Akropolis- und die Schiffspartei gegenüber; eine Auswanderung wird darin noch überhaupt nicht erwogen. Im zweiten Teil verhilft Themistokles der Schiffspartei, indem er den Seekrieg aufgrund des göttlichen Hinweises auf Salamis propagiert, gegen die vehemente Opposition der χρησμολόγοι zum Sieg. Hier ist nun von der Verteidigung der Akropolis keine Rede mehr. Den Umschlagpunkt zwischen beiden „Debatten" bildet die Ratlosigkeit der Schiffspartei über den Salamis-Vers, die einmal direkt vor dessen Zitat und einmal danach betont wird.[232] Somit hätte die Schiffspartei nach den Implikationen des ersten Teils der Orakeldebatte den Kampf zur See schon zum Beschluß erheben können – wenn da nicht dieser verwirrende Vers zu Salamis gewesen wäre.

Doch diese Aporie der Schiffspartei ist kaum historisch, sondern vermutlich bloß zu dramaturgischen Zwecken erfunden worden, um Themistokles als Retter in dieser verfahrenen Situation einführen zu können. Seiner Glorifizierung dient nicht nur seine seltsame Vorstellung, sondern auch die chronologisch deplazierte Beschreibung seines Flottenbauprogramms. Dort erweckt die Herodoteische Darstellung den Eindruck, als wären erst mit dem Auftritt des Themistokles in der Orakeldebatte plötzlich und gleichsam *ex nihilo* auch die zum Seekrieg notwendigen Schiffe entstanden. Doch gerade diese schon existenten Schiffe entlarven den Beschluß zum ausschließlichen Seekrieg als keineswegs in einer Sitzung der ἐκκλησία durch die geniale Orakeldeutung eines *deus ex machina* extemporiert, sondern als Produkt langfristiger Planungen und Rüstungen der athenischen Verantwortlichen, das im Angesicht der Persergefahr seine verfassungsrechtliche Bestätigung erfuhr. Die Schiffe des Flottenbauprogramms bilden genau den Punkt, an dem die für den ersten Teil der Orakeldebatte benutzte Quelle allmählich wieder zum Vorschein kommt. Dagegen nimmt Herodot gerade im Laufe der Beschreibung des Flottenbauprogramms seinen Themistokles immer weiter zurück, um ihn schließlich ganz hinter dem Krieg gegen Aigina und dem Volksbeschluß zum Seekrieg verschwinden zu lassen. Würde man die Textpassage von der Ratlosigkeit der Schiffspartei

terminus technicus – eines förmlichen Antrages cf. Hdt. V 96,2; VI 41,3; VIII 108,4; Xen. Hell. I 7,32; Lys. X 12; XII 25; 74; XXVI 1; Demosth. IV 21.

231 Hdt. VII 138,2 hat zuvor den Mangel an Schiffen in Hellas beklagt. Παραρτέεσθαι kann nicht den Bau neuer Schiffe meinen; cf. LIDDELL–SCOTT–JONES s.v.

232 Hdt. VII 142,2f.: ἔσφαλλε und συνεχέοντο.

über den Salamis-Vers bis zum Antrag des Themistokles zum Bau der 200 Triëren (VII 142,2 fin. – 144,1 fin.) vollständig aus der Orakeldebatte streichen, hingegen nur eine kurze Erklärung für die Existenz so vieler Kriegsschiffe einfügen, wie wir sie schon ansatzweise in VII 144,2 finden, so ergäbe sich eine stringente Erzählung, wie sich die athenischen Bürger aufgrund gemeinsamer Beratung über die ursprüngliche Version des zweiten Orakels, die allein auf die „Hölzerne Mauer" hinwies, zum Seekrieg durchgerungen hätten.[233]

Die Möglichkeit, ohne Einbußen an Kausalität das Wirken des Themistokles völlig aus Herodots Schilderung zu streichen, erweist den Bericht darüber als Einschub; und ich bin versucht anzunehmen, daß dieser Einschub auf niemand anderen zurückgeht als auf Herodot selbst. Allerdings ist eine Tradition, die Themistokles als Interpreten des Salamis-Verses vorstellt und damit als Retter aus der Aporie glorifiziert, als Vorlage Herodots durchaus denkbar. Jedenfalls hat die These, daß erst *ad maiorem gloriam Themistoclis* der Vers über Salamis dem zweiten Orakel nach den Perserkriegen hinzugefügt worden ist und nie in der athenischen Volksversammlung zur Debatte stand[234], deutlich an Wahrscheinlichkeit gewonnen.

Überhaupt wird sich die Transformation in Hexameter und epische Ausschmückung der beiden Orakel erst in mündlicher Überlieferung in den folgenden vier Jahrzehnten vollzogen haben[235], so daß Herodot die beiden Weissagungen samt der „erweiterten" Version des Orakels von der „Hölzernen Mauer" in Versform vorlagen. Maurizio betont den oralen Charakter der Überlieferung schon in der Berichterstattung der athenischen Orakelbefrager (θεοπρόποι) über die Orakel vor der athenischen Volksversammlung und zudem, daß die Weissagungen erst durch die Akzeptanz durch die anfragende Gemeinschaft autorisiert wurden.[236] Gerade der Salamis-

---

233 Cf. Hignett 442f.: „… if the reference to Salamis is a later alteration of the original B (d.i. das zweite Orakel, Zeile) 11, made after the battle was fought, the debate in Athens on B, if historical, must have turned on the meaning of the ‚wooden wall', and Herodotus' statement that it was also concerned with the mention of Salamis must be fiction, grafted later on the authentic tradition of the debate and obviously suggested by the ‚edited' version of B."

234 So schon Hauvette 1894, 326 A. 1. Labarbe 1957, 113–116 hat mit Hinweis auf die Diskrepanz zwischen der exakten Angabe des Schlachtortes und der ungenauen Zeitbestimmung behauptet, daß Themistokles kurz vor der Evakuierung Attikas die vorletzte Zeile (VII 141,4, Z. 11) abgeändert habe, die in ihrer ursprünglichen Version unmittelbar vor der vagen Zeitbestimmung lediglich eine allgemeine Ortsangabe – z.B. „das Meer (wird die Kinder der Frauen vernichten)" – geliefert habe.

235 Cf. Fontenrose 1978, 128; Evans 1982, 29. Die Bedeutung der mündlichen Überlieferung von Orakeln im 5. Jh. betonen L. Pearson, Rez. von Crahay 1956, AJPh 79, 1958, 306–311, hier 310f., und Nilsson 1958, 246f.; ibid. zu privaten und öffentlichen Orakelsammlungen sowie Rosenberger 2001, 166–170 und Fontenrose 1978, 158–165; skeptisch gegenüber deren Existenz Crahay 1956, 11f. Zu Recht heben Smith 1989, 150–152; E. Lévy, Devins et oracles chez Hérodote, in: J.-G. Heintz (ed.), Oracles et prophéties dans l'antiquité. Actes du colloque de Strasbourg 15–17 juin 1995, Paris 1997, 345–365, hier 361–365, und A. Giuliani, Erodoto, Tucidide e gli indovinelli degli indovini. Considerazioni sull'ambiguità del linguaggio oracolare, Aevum 74, 2000, 5–20, hier 8 A. 10, die Unzuverlässigkeit und Anfälligkeit solcher Sammlungen gegenüber Manipulation hervor; ausführlich s.u. S. 156.

236 L. Maurizio, Narrative, biographical and ritual conventions at Delphi, in: Sibille e linguaggi oracolari: mito, storia, tradizione. Atti del convegno internazionale, Macerata 1994, Pisa 1999,

Vers könnte im Laufe der mündlichen Tradierung in die Überlieferung gelangt sein, da die Athener ihren Sieg bei Salamis in den entscheidenden Orakeln erwähnt sehen wollten und entsprechend diese leicht umformten.[237] Es ist also durchaus wahrscheinlich, daß der Salamis-Vers schon in die Version der Orakeldebatte eingebunden war, die Herodot für seinen Bericht benutzt hat, daß jedoch in dieser ursprünglichen Fassung der Vers keinerlei Anstoß erregte oder gar schon als Hinweis auf einen dort zu erwartenden Sieg interpretiert wurde – wozu bei Herodot erst Themistokles in der Lage ist. Denn der gesamte Salamis-Vers in seiner uns vorliegenden Form scheint nicht eigens auf den Zielpunkt der Themistokleischen Interpretation hin gedichtet worden zu sein. Das von Themistokles als Hinweis auf einen griechischen Sieg ausgewiesene Epitheton θείη ist keineswegs notwendigerweise so zu verstehen, da auch der Kithairon, dem dasselbe Orakel sechs Zeilen zuvor die Verwüstung weissagt, mit dem synonymen Beiwort ζάθεος „hochheilig" geschmückt ist.[238] Herodot hätte dann selbst das „Krisenpotential" dieser Orakelzeile zutage gefördert – oder gar durch eine leichte Veränderung des Wortlautes erst geschaffen –, um seinen Protagonisten in das Geschehen einführen zu können.[239] Hätte das Eingreifen des Themistokles in die Debatte tatsächlich zur ursprünglichen mündlichen Überlieferung der Athener gehört, so wäre es – zumal er später als Verräter verrufen war – eines der „extraneous details" gewesen, von denen MAURIZIO zu Recht behauptet, daß sie dem „streamlined plot" mündlicher Orakelüberlieferungen geopfert wurden und aus diesen herausfielen.[240] Deshalb ist es unwahrscheinlich, daß Themistokles' rettender Einfall schon in der ursprünglichen Tradition über die Orakeldebatte enthalten war, die der Masse der athenischen Bürger das Verständnis der

133–158, hier 136f.; ead., Delphic Oracles as Oral Performances: Authenticity and Historical Evidence, ClAnt 16, 1997, 308–334, hier 316f.: „Rather the community is a collection of experts who, in some crucial sense, author this oracle and in so doing deem it authentic – that is, they accepted it as a divine utterance with predictive value, and their acceptance facilitates the remembrance and introduction of this oracle into the Delphic tradition."

237 Ähnliches kennen wir vom athenischen Pestorakel bei Thuk. II 54,2f. (cf. MAURIZIO 1997, 317f.; 1999, 137): Nach Aufkommen der Pest entstand in Athen 430 Streit darüber, ob im Orakelspruch ἥξει Δωριακὸς πόλεμος καὶ λοιμὸς ἅμ' αὐτῷ („Es wird ein dorischer Krieg kommen und eine Seuche mit ihm.") nicht von einer Seuche, sondern von Hunger (λιμός) die Rede sei; angesichts der Lage aber siegten diejenigen, die „Seuche" meinten: „Denn die Menschen formten ihre Erinnerung nach dem Erlebten." (οἱ γὰρ ἄνθρωποι πρὸς ἃ ἔπασχον τὴν μνήμην ἐποιοῦντο.)

238 Cf. COZZOLI 1968a, 42–44; EVANS 1982, 24–27; GIULIANI 2001, 67, der jedoch u.a. daraus auf die Authentizität der beiden Versorakel schließt.

239 Es ist keineswegs mit MAURIZIO 1997, 317 zu postulieren, daß Herodot eng an die Erwartungen seines Publikums in dieser für Athen essentiellen Angelegenheit gebunden war.

240 MAURIZIO 1999, 137f. (Zitate 137), die als Plot der Orakelerzählungen folgenden Ablauf herausstellt, der das Ergebnis einer fortschreitenden Durchstrukturierung nach erzählökonomischen Aspekten im Laufe des mündlichen Überlieferungsprozesses ist: Krise, Orakelkonsultation, Interpretation des Orakels, Maßnahmen gemäß dieser Interpretation, Nutzen oder Schaden der Orakel(interpretation) für den Anfragenden. In dieser Abfolge bleibt kein Raum für solche „Umwege", daß Themistokles der von den Athenern schon als richtig erkannten, dann aber aufgrund von Einsprüchen der Orakeldeuter in Zweifel gezogenen Ausdeutung letztlich zum Durchbruch verhilft.

„Hölzernen Mauer" als Schiffe zugeschrieben hat. Die Einfügung des Themistokles könnte auf Herodot selbst zurückgehen.[241]

Die Unterschiede gerade in der Tendenz zwischen seinem Einschub über das Eingreifen des Themistokles und der von ihm zugrunde gelegten Version über die Orakeldebatte sind eklatant: Diese ist darum bemüht, die gesamte ἐκκλησία als beratendes Organ zu loben und die Orientierung zur See als von der großen Mas-se[242] der Bürger initiiert darzustellen. Auffallenderweise entbrennt in diesem ersten Teil der Streit ausschließlich um die Form des Widerstandes, nicht um die prinzipielle Frage, ob man sich den Persern entgegenstellen solle; beide diskutierten Alternativen sind geprägt von unbeugsamem Kampfesmut. Im zweiten Teil der Orakeldebatte steht jedoch plötzlich die grundsätzliche Frage im Vordergrund, ob die Athener überhaupt Widerstand leisten sollen. Hingegen dient die anschließende Kontrastierung der Wehrhaftigkeit des Themistokles mit der Feigheit der Orakelsammler keineswegs der „Selbstbeweihräucherung" der Athener als Freiheitskämpfer, die lediglich, wie im ersten Teil, um die beste Form des Widerstandes wetteifer-ten.[243] Denn das Eingreifen des Themistokles, der den ratlosen Athenern zur richtigen Einsicht verhilft, zerstört das Bild der weitsichtigen und in ihrem Widerstandswillen einmütigen athenischen Volksversammlung. Indem Themistokles durch die Prophezeiung, die Athener würden bei Salamis einen Sieg erfechten, die erfolgreiche Abwehr der Perser gleichsam schon garantiert, geht nahezu das gesamte Verdienst des Seekriegsbeschlusses vom Gros der athenischen Bürgerschaft auf den Strategen selbst über. Der zweite Teil der Debatte dient also vor allem der Glorifizierung des Themistokles, der nicht nur als Vollender der Idee vom Abwehrkampf zur See, sondern gar als Offenbarer ihrer göttlichen Sanktionierung gerühmt wird.

Trotz seiner Verzerrung der vorliegenden Tradition müssen wir Herodot zugute halten, daß er der Überlieferung, die Interpretation der „Hölzernen Mauer" als Schiffe gehe ursprünglich auf die Versammlung aller Athener zurück, einen, wenn auch unauffälligen, Platz eingeräumt hat.[244] Denn auf die rettende Auslegung gekommen zu sein bildet in allen späteren Berichten das *alleinige* Verdienst des Themistokles.[245]

Die Existenz der Triëren ist eine Grundvoraussetzung für die von der Schiffspartei propagierte Seeverteidigung, auf deren Absegnung die Herodoteische Orakeldebatte notwendigerweise hinausläuft. Diese Zielvorgabe bot Herodot die Mög-

241 In jedem Falle ist die Nebeneinanderstellung der Themistokleischen Intervention und seiner Flottenbauinitiative Herodot zuzuschreiben.

242 Die Verfechter der Dornenhecke werden nur als ein Teil der Alten bezeichnet: τῶν πρεσβυ-τέρων ... μετεξέτεροι. Im Gegensatz zu diesen, auf die Hdt. VII 142,2 in. mit οἱ μὲν ... Bezug nimmt, bilden „die anderen, restlichen" (οἱ δ᾽ αὖ), die Schiffe meinen, offenbar eine deutliche Mehrheit in der Volksversammlung.

243 C.A. POWELL, Athens and Sparta. Constructing Greek Political and Social History from 478 B.C., London 1988, 388–392, übersieht diesen Zwiespalt und überschätzt deshalb die Bedeutung der Orakel für die Entscheidung der Athener.

244 D. FRIEDEL, Es kommt nicht zur Schlacht bei Salamis. Überlegungen zu Herodot und zur Lektüre in der 11. Jahrgangsstufe, Die alten Sprachen im Unterricht 43, Hf. 4, 1996, 15–22, hier 20f., geht auch von zwei verschiedenen Traditionen aus.

245 So Schol. Aristoph. Equ. 1040; Nep. Them. 2,7; Plut. Them. 10,3; Pomp. Trog. bei Iust. II 12,15f.; Suda s.v. ἀνεῖλεν. Cf. CULASSO GASTALDI 1990, 24.

lichkeit, das Eingreifen des Themistokles als historisch plausibel darzustellen. Denn
dieser war es, der Mitte der 480er Jahre die Athener zum Bau einer Flotte veranlaßt
hatte. Aber sein angebliches „Auftauchen" als Retter in der Not wäre völlig unglaubhaft geworden durch einen zu früh – d.h. vor der Aporie über den Salamis-
Vers – gegebenen Hinweis, daß den Athenern im Jahre 481/0 schon längst eine
große Flotte zu Gebote stand. Dies hätte auch den Beschluß der Athener zum ausschließlichen Seekrieg als fast schon unausweichliche Konsequenz aus ihren langjährigen Rüstungen erwiesen und dessen göttliche Motivation durch die delphischen
Orakel in Frage gestellt. Um jedoch gerade diese metaphysischen Hintergründe der
Rettung Athens und ganz Griechenlands schon gleich zu Beginn des Xerxeszuges –
gleichsam programmatisch – aufleuchten zu lassen, hat Herodot die verschiedenen
Stadien der athenischen Kriegsvorbereitungen des Jahres 481/0 auf einen Punkt
konzentriert, durch die Einführung des Salamis-Verses eine Aporie der Schiffspartei provoziert (bzw. die entsprechende Version aus seiner Vorlage übernommen)
und so erst die rettende Intervention des Themistokles ermöglicht.

6. Die Rolle des Themistokles

Infolge dieser dramatischen Verdichtung der Ereignisse „erscheint" (durchaus im
Sinne einer Epiphanie) Themistokles als Retter in der Not[246], der im kritischen Augenblick wie aus dem Nichts auftaucht und scheinbar aus dem Stegreif heraus den
rettenden Vorschlag macht.[247] Obgleich Themistokles wie ein Instrument der Götter zur Durchsetzung des von ihnen vorherbestimmten Sieges erscheint, ist er doch
nicht ihre willenlose Marionette. Denn nicht die Orakel an sich bringen die Rettung,
sondern nur deren verständige Auslegung durch Themistokles[248]; diese intellektuelle
Leistung des Themistokles, aber auch anfangs der Athener betont Herodot.[249] Die
Konvergenz von göttlichem Fingerzeig und menschlicher Interpretationsfähigkeit
manifestiert sich sinnfällig in dem Adjektiv θείη „göttlich", das Themistokles als
Grundlage seiner Deutung verwendet. Den Kommentar dazu legt Herodot seinem
Themistokles während des Kriegsrates vor Salamis in den Mund (VIII 60γ): Nur
wenn sich der Mensch bei seinem Planen nach dem Wahrscheinlichen richte, sei
ihm Erfolg beschieden; plane er gegen die Wahrscheinlichkeit, so könne auch der
Gott ihm kein Gelingen verleihen. Folglich bedarf die Auslegung einer göttlichen
Weissagung, die *per se* mehrdeutig ist,[250] großer Behutsamkeit, um das Wahrschein-

---

246 Cf. HART 1993, 185f.: „Herodotus has distorted the literal truth of history to give Themistocles
the impact of a ‚deus ex machina'." Schon Ael. Arist. III 239 BEHR = II p. 252 DINDORF: οὕτω
γὰρ ὡς ἀληθῶς ἐκεῖνος θείᾳ τινὶ μοίρᾳ καὶ ὑπὲρ τῆς Ἑλλάδος πάσης ἔφυ. „So ist in der Tat
Themistokles durch eine göttliche Fügung auch zum Heil ganz Griechenlands geboren worden."

247 Cf. STRASBURGER 1955, 21 = MARG WdF 603; BENCSIK 1994, 108f.

248 Cf. NICOLAI 1986, 44; Aristot. rhet. I 15,14, 1376a1–3 und Nikol. Progymn. X 11 (Synkr. Per. et
Them.), I p. 374 WALZ bezeichnen ihn als μάντις.

249 Mit den Verben des überlegenden Abwägens δίζησθαι, συλλαμβάνειν (VII 142,1f.), βου-
λεύεσθαι und δοκεῖν mit Komparativ, cf. KIRCHBERG 1965, 92f.

250 Cf. Heraklit 22 B 93 DK; GARLAND 1992, 69f. Zum Glauben der Griechen an die Orakel D.

liche zu finden, ohne den Kreis möglicher Antworten voreilig einzuengen;[251] deshalb empfiehlt sich, die Auslegung nicht allein vorzunehmen, sondern andere Personen miteinzubeziehen. Nach Herodoteischer Darstellung war der schließliche Beschluß der Athener zur Seekriegsführung weder eine Auflehnung gegen den Götterwillen, wie es einige Forscher in Verkennung der Hinweise des zweiten Orakels auf einen Ausweg sehen,[252] noch ein blindes Sichfügen in das gottverhängte Schicksal, sondern ein besonnenes Handeln im Einklang mit dem Götterwillen.[253] Zu Recht betont Parker:[254]

> „By the ‚wooden walls' oracle, Apollo referred the problem back to them (sc. den Athenern, d. Verf.); discussion resumed, though appearance at a different level: no longer a problem of tactics or politics, but of philology. Arguments about the interpretation of particular oracles are so common as to suggest that they not a by-product but an essential part of the institution's working."

Die Bedeutung der menschlichen Beratung und ihres Entschlusses hat Herodot schon im Athenerkapitel durch den bewußten Wahlakt der Athener zwischen Freiheit und Sklaverei (VII 139,5) hervorgehoben. Daß die Athener in den Orakeln im Spiegel der Themistokleischen Interpretation eine religiöse Sanktion, ja sogar eine Aufforderung zum Seekampf sahen, zeigt der Zusatz im Beschluß τῷ θεῷ πειθομένους („dem Gott gehorsam").[255] Themistokles erweist die Göttersprüche als den metaphysischen Urgrund für die Rettung Griechenlands.[256] Da er Urheber sowohl des Flottenbauprogrammes als auch des Seekriegsbeschlusses ist, der laut Herodots eigener Auffassung den entscheidenden – menschlichen – Faktor bei der Abwehr der Perser darstellt, kommt Themistokles unter allen Verantwortlichen auf griechischer Seite das größte Verdienst zu.[257]

Asheri, Erodoto e Bacide. Considerazioni sulla fede di Erodoto negli oracoli (Hdt. VIII 77), in: Sordi 1993, 63–76, hier 74f. Cf. Kirchberg 1965, 93: „Immer steht es beim Menschen, das Schicksal, das sich in den Göttersprüchen andeutet, besonnen herauszulesen, oder aber leichtfertig zu verkennen."

251 So prägnant E. Flaig, Ödipus. Tragischer Vatermord im klassischen Athen, München 1998, 123. An dieser Voreiligkeit und Überfrachtung mit Hoffnungen scheitern die irrigen Orakelauslegungen des Kroisos (Hdt. I 54–91).

252 So Kleinknecht 1940, 249f.; Shimron 1989, 40, 50 A. 48; Munson 2001a, 197; mit Zurückhaltung Meier 1968, 98f.

253 Ähnlich Asheri 1993, 73; cf. zudem Giuliani 2001, 68: „il giudizio finale dell'assemblea fu motivato da considerazioni strategiche, delle quali Temistocle dimostrò la compatibilità con l'oracolo, piuttosto che dall'esito obiettivo di un'esegesi del responso delfico. Erodoto stesso, che difende l'autorevolezza dei vaticini, mostra di essere consapevole della contrapposizione tra un significato evidente dei due oracoli ed uno riposto, che gli Ateniesi intelligentemente sanno intravedere e valorizzare; posti di fronte all'ambiguità del dio delfico, essi rappresentano il paradigma opposto all'imprudente superficialità di Creso."

254 R. Parker, Greek States and Greek Oracles, in: P.A. Cartledge & F.D. Harvey (edd.), Crux, FS G.E.M. de Ste. Croix, Haldon Road 1985, 298–326, hier 301f., der auf Hom. Od. II 180; Hdt V 79f.; Aristoph. Equ. 1025, 1045, 1070, 1084; Plut. 51; Xen. Hell. III 3,3 verweist.

255 Hdt. VII 144,3. Cf. Kirchberg 1965, 94f., bes. 95: „Durch weises Überlegen bringen sie ihre Entscheidung mit dem Schicksalsplan in Übereinstimmung."

256 Cf. Elayi 1979a, 230 und M. Forderer, Religiöse Geschichtsdeutung in Israel, Persien und Griechenland zur Zeit der persischen Expansion. Das Auftreten des Perserreiches in der zeitgenössischen Geschichtsdeutung, Diss. masch. Tübingen 1952, 211.

257 Cf. Bencsik 1994, 109 und Moles 2002, 45.

II. Die Thessalien-Expedition (VII 172f.)

In einem nüchternen Bericht schildert Herodot das Scheitern der Expedition des Griechenheeres nach Thessalien: Die Thessaler haben die verteidigungswilligen Griechen auf deren zweiter Versammlung auf dem Isthmos im Frühjahr 480 um Unterstützung gegen die heranrückenden Perser gebeten. Doch nachdem das Heer von 10 000 Hopliten am Tempe-Paß angekommen ist, entschließen sich die Heerführer der Griechen, an erster Stelle der spartanische Oberbefehlshaber Euainetos, darunter aber auch der athenische Stratege Themistokles, von dort abzuziehen. Denn der Makedonenkönig Alexander habe sie mittels Boten überzeugt, daß sie der persischen Übermacht nicht gewachsen seien. Herodot selbst äußert hingegen die Vermutung, daß die Griechen aus Furcht vor der Umgehung durch die Perser abgezogen seien, da es noch einen anderen Übergang nach Thessalien außer dem Tempe-Paß gebe.

Diese Vermutung wurde Herodot von vielen Forschern als Gehässigkeit gegenüber Themistokles ausgelegt, da er dem sonst hochgelobten Strategen mit dem untergeschobenen Motiv der Furcht, die aus der Überraschung erwachsen sei, Dilettantismus in der Auskundschaftung des Terrains vorwerfe.[1]

1. Der Medismos der Thessaler und die Haltung des Makedonenkönigs

Bevor wir über Herodots Einschätzung des Verhaltens der Griechen bei Tempe ein Urteil abgeben können, gilt es, sich ein Bild von der mutmaßlichen historischen Situation zu machen. Herodot (VII 172,1) selbst gibt den wichtigsten Hinweis auf die Motivation des thessalischen Hilfegesuches an die Griechen: die Uneinigkeit der Thessaler untereinander. Die Partei der Perserfreunde unter ihnen sammelte sich um das Adelsgeschlecht der Aleuaden, das von Larisa aus wohl eine dynastische Macht in großen Teilen Nordthessaliens ausübte. Dessen Paktieren mit dem Großkönig erwähnt Herodot mehrmals[2]: Die Aleuaden hätten Xerxes schon kurz nach dessen Thronbesteigung dazu verleiten wollen, gegen Griechenland zu ziehen.[3] Herodots Einschätzung wird vollauf bestätigt durch die numismatischen Untersuchungen HERRMANNS[4], der bei den Münzen von Larisa aus der Zeit unmittelbar vor

---

1   OBST 1913, 52–54; STEIN, HOW–WELLS ad loc.; BUSOLT GG II² 682 A. 3; JACOBY 458. Anders LEVI 1955, 238f. und GOLDSCHEIDER 34f.
2   Hdt. VII 130,3; IX 1; IX 58; cf. Ktesias FGrHist 688 F 13 § 27, cf. J.M. BIGWOOD, Ctesias as Historian of the Persian Wars, Phoenix 32, 1978, 19–41, hier 25.
3   Cf. Hdt. VII 6,2. A. KEAVENEY, The Medisers of Thessaly, Eranos 93, 1995, 30–38, bes. 33f., meint, daß die Thessaler schon direkt nach dem Mardonios-Zug um 492, der die Perser an ihre Nordgrenze gebracht habe, deren Oberherrschaft anerkannt hätten, um einer Invasion zuvorzukommen. Cf. GRAF 1979, 164f.
4   F. HERRMANN, Die Silbermünzen von Larisa in Thessalien, ZN 23, 1923, 33–43, und ZN 25, 1925, 1–69, bes. 3–18. Dazu KEAVENEY 1995, 35 A. 31.

dem Xerxeszug (500 bis 480) – den ersten Münzen überhaupt, die in Thessalien geprägt wurden – persischen Standard konstatiert, was für eine unabhängige griechische Polis doch sehr bemerkenswert ist.[5] Zwar hat ROBERTSON[6] bestritten, daß im Jahr 481/0 der Aleuade Thorax als höchster Magistrat des thessalischen κοινόν fungierte, da bei dessen zweimaliger Erwähnung durch Herodot (IX 1; 58) jeweils die Amtsbezeichnung ταγός fehle; doch aufgrund der Aussagen Herodots[7] und Pindars[8] ist die beherrschende politische Stellung der Aleuaden in Thessalien vor und während der Perserkriege sowie ihre Verantwortung für den Medismos der Thessaler offenbar.

Untermauert wird diese Sichtweise durch das Zeugnis des nur fragmentarisch erhaltenen Historikers Damastes von Sigeion, dessen Schaffenszeit wir in das letzte Viertel des fünften Jahrhunderts setzen können.[9] Ihn stellt der Leiter der Akademie und Neffe Platons, Speusippos, in einem Brief an den Makedonenkönig Philipp II. aus dem Jahre 343/2 als autoritative Darstellung der Perserkriege neben Herodot:

Ξέρξου γὰρ πρέσβεις ἐπὶ τὴν Ἑλλάδα πέμψαντος γῆν καὶ ὕδωρ αἰτήσοντας, Ἀλέξανδρος τοὺς μὲν πρέσβεις ἀπέκτεινεν· ὕστερον δὲ στρατευσάντων τῶν βαρβάρων οἱ Ἕλληνες ἐπὶ τὸ ὑμέτερον (JACOBY nach V: ἡμέτερον) Ἡράκλειον ἀπήντησαν, Ἀλεξάνδρου δὲ τὴν Ἀλεύου καὶ Θετταλῶν προδοσίαν τοῖς Ἕλλησι μηνύσαντος ἀναζεύξαντες οἱ Ἕλληνες δι᾽ Ἀλέξανδρον ἐσώθησαν. καίτοι τούτων χρῆν μὴ μόνον Ἡρόδοτον καὶ Δαμάστην μεμνῆσθαι τῶν εὐεργεσιῶν ...[10]

„Als Xerxes Boten nach Griechenland sandte, um Erde und Wasser zu fordern, ließ Alexander die Boten töten. Als später die Barbaren zu Felde zogen, traten ihnen die Griechen bei eurem (JACOBY: unserem) Herakleion entgegen. Als Alexander den Verrat des Aleuas und der Thessaler den Griechen anzeigte, zogen die Griechen wieder heim und wurden so von Alexander gerettet. Und doch ist es nötig, daß nicht nur Herodot und Damastes an diese Wohltaten erinnern ...“

Es wäre vor dem Hintergrund des schmeichlerischen Tones, den Speusippos gegenüber Philipp anschlägt[11], durchaus verständlich, wenn er den Bericht Herodots über

---

5 Cf. H.D. WESTLAKE, The Medism of Thessaly, JHS 56, 1936, 12–24, hier 12.
6 N. ROBERTSON, The Thessalian Expedition of 480 B.C., JHS 96, 1976, 100–120, hier 104–107 zur Dauer, dem Charakter und den mutmaßlichen Inhabern der thessalischen ταγεία cf. die ibid. 104 A. 14 und bei H.-J. GEHRKE, Stasis. Untersuchungen zu den inneren Kriegen in den griechischen Staaten des 5. und 4. Jahrhunderts v. Chr. (Vestigia 35), München 1985, 184 A. 1 genannte Literatur. Eine heterodoxe Ansicht vertritt B. HELLY, L'état thessalien. Aleuas le roux, les Tétrades et les tagoi, Lyon 1995, *passim*, zusammenfassend 329–353.
7 Hdt. VII 6,2; zudem V 63,3. Herodots ungenaue Wortwahl erklärt sich aus seinem Desinteresse an den eigentlichen verfassungsrechtlichen Hintergründen; cf. HELLY 1995, 124–130 und ROBERTSON 1976, 106 A. 28.
8 Pind. P. X (um 498 v. Chr.), 1 6; 63–66; 69–72; cf. HELLY 1995, 112f. Zur Stellung der Aleuaden in Thessalien cf. ibid. 112–124; SORDI 1996, 38–42.
9 Cf. E. SCHWARTZ, RE IV 2 (1901), s.v. 3), 2050f. und ROBERTSON 1976, 102.
10 Text nach E. BICKERMANN & J. SYKUTRIS, Speusipps Brief an König Philipp, Berichte über die Verhandlungen der Sächsischen Akademie der Wissenschften, Phil.-hist. Kl. 80, 3, Leipzig 1928, 8, § 3f. Cf. auch FGrHist 5 F 4 = *apud Speusippum, Epistolae Socraticae* 30,3.
11 Cf. BICKERMANN-SYKUTRIS 1928, 23; F. JACOBY Komm. zu FGrHist 69; J. STENZEL, RE III A 2

den Inhalt der Botschaft Alexanders, eines direkten Vorfahren des Adressaten, dahingehend geändert hätte, daß sie vor dem „Verrat der Aleuaden und der Thessaler" gewarnt habe – dadurch hätte sich Alexander weit größeres Lob verdient als durch die Mitteilung nach Herodoteischer Version. Denn sein Rat an die Griechen, angesichts des übermächtigen persischen Heeres die Verteidigung des Tempe-Passes vollständig aufzugeben, kommt einer Aufforderung zur Unterwerfung unter den Großkönig gleich:[12] Wenn Griechenland nicht an den Pässen zu verteidigen ist, wo sonst? Auch die Herodoteische Parenthese (VII 173,3) χρηστὰ γὰρ ἐδόκεον συμβουλεύειν, καί σφιν εὔνοος ἐφαίνετο ἐὼν ὁ Μακεδών „Denn sie (Alexanders Boten) schienen nützliches zu raten, und ihnen (den Griechen) schien der Makedone wohlgesinnt zu sein" gibt durch die Kombination von δοκέω und φαίνομαι zu verstehen, daß hier vor allem der Anschein für die Griechen entscheidend war;[13] über die seines Erachtens tatsächlichen Beweggründe Alexanders möchte sich Herodot offenbar nicht äußern. Indem er Alexander bei seiner Gesandtschaft im Namen des Mardonios nach Athen 479 dasselbe Argument von der Unüberwindlichkeit der persischen Streitmacht verwenden läßt, um die Athener zur Unterwerfung zu überreden, macht Herodot deutlich, daß Alexanders Maßnahme nicht positiv in dem Sinne zu bewerten ist, er hätte die Griechen vor einem unnützen Blutopfer bewahren wollen.[14] Herodot spricht Alexander sogar dieses denkbare Verdienst ab, da die Griechen nach seiner Einschätzung aus anderen Gründen die Sperrstellung in Nordthessalien räumten.

Obgleich Speusippos selbst also hinreichende Gründe für eine Abänderung der Herodoteischen Version gehabt hätte, legt doch die zweite Abweichung von Herodot – die Griechen hätten nicht im Tempe-Tal, sondern noch weiter nördlich, bei

(1929), s.v. Speusippos 2, 1636–1669, hier 1668. – Speusippos schreibt Alexander durch die Verkürzung der Geschichte von der Tötung der sieben persischen Gesandten zum Makedonenkönig Amyntas eine wohl unhistorische philhellenische Gesinnung zu. Denn, wie BADIAN 1994, 108–117 (anders ERBSE 1992, 99–104) zeigt, kann diese Erzählung (Hdt. V 17–21) nur notdürftig den freiwilligen Medismos der Makedonen um 511 kaschieren (cf. R.M. ERRINGTON, Alexander the Philhellene and Persia, in: Ancient Macedonian Studies, FS C.F. EDSON, Thessaloniki 1981, 139–143). Zur freiwilligen Unterwerfung Makedoniens cf. M. ZAHRNT, Der Mardonioszug des Jahres 492 v. Chr. und seine historische Einordnung, Chiron 22, 1992, 237–279, hier 245–249.

12 Wenn P. KARAVITES, Macedonian Pragmatism and the Persian Wars, AncW 28, 1997, 119–126, hier 121, den Herodoteischen Alexander die Griechen hingegen vor „the risk of being trapped" warnen und sie dadurch „a clearer picture of the future designs of the Persin King" (124) gewinnen läßt, verwundert es nicht, daß KARAVITES zu einer nicht mehr am Text nachvollziehbaren Apologie des Makedonienkönigs und seiner Haltung in den Perserkriegen gelangt.

13 Diese seltsame Kombination der beiden Verben finden wir auch für Themistokles in Hdt. VIII 110,1; s.u. S. 263.

14 Man beachte die Ähnlichkeit der Argumente bei Hdt. VII 173,3 und VIII 140 α 3 und bes. β 2; cf. BADIAN 1994, 117. Ähnliche Bewertung der Rolle Alexanders bei K. ROSEN, Alexander I., Herodot und die makedonische Basileia, in: W. WILL (ed.), Zu Alexander d. Gr., FS G. WIRTH, Bd. I, Amsterdam 1987, 25–51, hier 32; R. SCAIFE, Alexander I in the Histories of Herodotos, Hermes 117, 1989, 129–137, hier 131. – Wenn tatsächlich diese Warnung Alexanders an die Griechen der Grund für die Anerkennung als εὐεργέτης in Athen gewesen ist (Hdt. VIII 136,1), warum läßt Herodot diesen unmittelbaren Zusammenhang zwischen zwei Fakten, die er beide berichtet, völlig im dunkeln?

Herakleion ihre Stellung bezogen – insgesamt die Vermutung nahe, daß Speusippos sowohl den Inhalt von Alexanders Botschaft als auch den genauen Ort der Sperrstellung nicht selbst erfunden, sondern Damastes entnommen hat.

Wenn wir Damastes' Zeugnis fortan Glauben schenken[15], so sind hinter der Angabe τὴν Ἀλεύου[16] καὶ Θετταλῶν προδοσίαν die Aleuaden und ihre Verbündeten, aber beileibe nicht sämtliche Thessaler zu vermuten.[17] Denn die gegenteilige Annahme würde das Hilfegesuch der Thessaler an die Griechen als bloße Farce und taktisches Manöver entlarven. Damit hätten die Thessaler dann das Ziel verfolgt, eine griechenfreundliche Haltung zu heucheln und es der Trägheit und Feigheit der Griechen zuschreiben zu können, daß die Thessaler selbst sich schließlich *notgedrungen* den Persern unterwarfen, um so im Falle eines griechischen Sieges dem eidlich bekräftigten Zehnten (δεκατεύειν) der Griechen zu entgehen.[18] Auch wenn diese Hypothese nicht von vornherein zu verwerfen ist, sollten wir – Herodots explizitem Zeugnis folgend – weiterhin von der Spaltung der Thessaler in Perserfreunde und Griechenfreunde, somit auch von einem ernsthaften Bemühen einiger einflußreicher Thessaler um den Beistand der Griechen ausgehen.[19] Schließlich haben die Thessaler doch ihre gesamte Kavallerie für diese Expedition aufgeboten.[20] Als Anführer der Philhellenen vermutet WESTLAKE das Adelsgeschlecht der Echekratiden aus Pharsalos, das seit jeher mit den Aleuaden verfeindet gewesen sei; doch in diesem Punkte ist kein sicherer Grund zu gewinnen.[21]

---

15 Wie schon WESTLAKE 1936, 19; HAMMOND 1982, 91, 92 A. 69. Die These, daß diese Nachricht ein reines Phantasieprodukt des Speusippos sei, der dem Makedonenkönig schmeicheln wollte, indem er dessen Vorfahr eine weit gewichtigere Warnung übermitteln läßt als Herodot, wird widerlegt durch die späteren Zeugnisse des Pausanias (VII 10,2) und des Aelius Aristeides (III 244 BEHR = II p. 254 DINDORF), die beide vom Verrat der Thessaler 480 berichten und dafür wohl kaum den Brief des Speusippos als Quelle benutzt haben.

16 Hier ist mit einer Verschreibung für Ἀλευάδου zu rechnen; cf. ROBERTSON 1976, 103 und HAMMOND 1982, 91 A. 63.

17 Cf. ROBERTSON 1976, 102; HELLY 1995, 114; anders KEAVENEY 1995, 34f.

18 Man vergleiche im δεκατεύειν-Eid die Klausel μὴ ἀναγκασθέντες („nicht gezwungen", Hdt. VII 132,2). Diese Theorie wurde von BELOCH GG II² 1,41f. und mit Vehemenz von M. SORDI, La Tessaglia dalle guerre persiane alla spedizione di Leotichida, RIL 86, 1953, 297–323, hier 309f., und in La lega tessala fino al Alessandro Magno, Rom 1958, 92–96, sowie ead. 1996, 41f. vertreten, die dafür auf Ps.-Herodes Atticus περὶ πολιτείας 23 verweist, der das Hilfegesuch als „hinreichenden Vorwand" (ἱκανὴ πρόφασις) bezeichnet. Cf. die Kritik von F. GSCHNITZER, Rez. zu SORDI 1958, Gnomon 32, 1960, 167–169, hier 169 mit A. 1.

19 Cf. ROBERTSON 1976, 103f.

20 Cf. Hdt. VII 173,2. Zudem HELLY 1995, 115f., 224f.

21 WESTLAKE 1936, 17; ähnlich J.S. MORRISON, Meno of Pharsalus, Polycrates, and Ismenias, CQ 36, 1942, 57–78, hier 61f. WESTLAKE 1936, 21–24 versucht unter Hinweis auf die ungefährdete Durchreise von griechischen Kämpfern (Hdt. VII 182; 232) durch Thessalien, während Perser angeblich um ihr Leben fürchten mußten (VII 191), nachzuweisen, daß der Großteil des Adels und der thessalischen Bevölkerung den Persern feindlich gesinnt war. Skeptisch Y. BÉQUIGNON, RE Suppl. XII (1970), s.v. Pharsalos, 1038–1084, hier 1053; ROBERTSON 1976, 103; GRAF 1979, 167; KEAVENEY 1995, 35 mit A. 30. – Wenn die Vermutung von BELOCH GG II² 1,62 A. 3 zutrifft, daß die beiden „Dynasten" Aristomedes und Agelaos, die der Spartanerkönig Leotychidas (laut Plut. Her. malign. 21, p. 859d) bei seiner Strafexpedition um 477 aus ihren Herrschaften entfernte, aus Pherae bzw. Pharsalos stammten, dann finden sich auch unter den Echekratiden Perserfreunde; cf. GRAF 1979, 168 mit 236 A. 63.

Das Kräfteverhältnis zwischen beiden Parteien unmittelbar vor der Gesandtschaft zu den verteidigungswilligen Griechen am Isthmos mag vielleicht sogar Herodot selbst mit der Formulierung Θεσσαλοὶ δὲ ὑπὸ ἀναγκαίης τὸ πρῶτον ἐμή-
δισαν, ὡς διέδεξαν, ὅτι οὔ σφι ἥνδανε τὰ οἱ Ἀλευάδαι ἐμηχανῶντο („Die Thessaler hielten nur unter Zwang zuerst zu den Persern, wie sie auch bekundeten, daß
ihnen nicht gefalle, was die Aleuaden anzettelten." VII 172,1) angedeutet haben.
Die Frage, zu welchem Zeitpunkt die Thessaler sich für den Medismos entschieden
hatten, hängt von der Interpretation des τὸ πρῶτον ab: In den Kontext der unmittelbar zuvor geschilderten griechischen Gesandtschaften nach Argos, Syrakus und
Kreta, die sämtlich eine Beteiligung am Freiheitskampf ablehnten (VII 148–171),
würde es sehr gut passen, als Gipfelpunkt der Erfolglosigkeit der Griechen *den ersten* Stamm zu nennen, der auf die persische Seite trat.[22] Allerdings wäre der prädi-
kative Gebrauch des der Form nach deutlich adverbialen τὸ πρῶτον im Sinne „als
die ersten" doch ungewöhnlich, wenn auch nicht unmöglich.[23]
    Näherliegend ist die Deutung „*zuerst* traten die Thessaler nur notgedrungen auf
persische Seite"[24] im Gegensatz zu ihrem späteren Medismos, den sie „fest entschlossen und ohne Wanken" (προθύμως οὐδ᾽ ἔτι ἐνδοιαστῶς VII 174) begingen.[25]
Dann könnten wir vermuten, daß das Thessalische κοινόν schon zum Zeitpunkt, als
sie das Hilfegesuch an die Griechen am Isthmos richteten, dem Großkönig Erde
und Wasser geschickt hatte[26], daß also einige einflußreiche Thessaler kurz nach der
Unterwerfung aus der von den Aleuaden bestimmten perserfreundlichen Linie aus-
geschert waren, um sich später – nach dem Abzug des griechischen Expeditions-
heeres – endgültig den Persern in die Hände zu geben – und dies mit um so größerem, vielleicht nur vorgetäuschtem Enthusiasmus, um persisches Mißtrauen zu zerstreuen.[27] An zwei formale Unterwerfungsakte – einen unmittelbar vor dem Hilfegesuch und einen nach der Aufgabe der Verteidigungsstellung – ist nicht zu denken.[28] Da sich die Thessaler schon vor ihrem Hilfegesuch an die Griechen dem
Großkönig anheimgegeben hatten, ist zu vermuten, daß auch schon in den Jahren
vor dem Xerxeszug die Perserfreunde die thessalische Politik bestimmten.[29]
    Jedoch macht der geringe Organisationsgrad des verstreuten thessalischen Rei-
teradels es wahrscheinlich, daß die einzelnen Adelsgeschlechter in dieser Frage kei-

---

22 Dann hätten wir hier eine nachlässigere Wortwahl Herodots gegenüber VII 130,3: πρῶτοι Ἑλ-
    λήνων ἐόντες Θεσσαλοὶ ἔδοσαν ἑωυτοὺς βασιλέϊ. „Als erste von den Griechen hatten sie (die
    Aleuaden), die Thessaler waren, sich dem Großkönig ergeben."
23 So übersetzt HORNEFFER. Cf. Thuk. III 101,2: καὶ αὐτοὶ πρῶτον (*cuncti codd.*) δόντες ὁμήρους;
    zudem KÜHNER–GERTH 1898, II 1, 275f.
24 Am deutlichsten die Übersetzung von GODLEY; ähnlich auch MARG.
25 Τὸ πρῶτον i.S.v. „anfangs, zu Beginn" Hdt. I 73,3; II 125,2; IV 114,1; VII 46,1.
26 WESTLAKE 1936, 16 wertet das Verhalten der Aleuaden im Jahre 485/4 und deren politische
    Führungsstellung in Thessalien als Zeichen dafür, daß sich das gesamte κοινόν schon zwischen
    485/4 und 481 dem Perserkönig unterworfen hatte. KEAVENEY 1995, 31f., 37f. bezieht hingegen
    τὸ πρῶτον auf den ersten Medismos der Thessaler um 485.
27 Cf. GRAF 1979, 159f. mit 233 A. 46.
28 So auch P.A. BRUNT, The Hellenic League against Persia, Addendum B: Thessalian Medism,
    in: id. 1993, 80–83, hier 82.
29 Laut BRUNT 1953/4, 142f. = 1993, 56 hatten die Aleuaden die nationalgesinnten Thessaler da-
    von abgehalten, schon am ersten Kongreß der Griechen teilzunehmen.

neswegs geschlossen einer Meinung waren. Aufschluß über die politische Spaltung der Thessaler gibt Herodot schon früher mit der Bemerkung, Xerxes habe die Aleuaden mit ihrer ausgesprochen perserfreundlichen Haltung für repräsentativ für das gesamte thessalische Volk gehalten, wobei mit dem Begriff δοκέων impliziert ist, daß sich Xerxes darin gründlich getäuscht habe.[30] Jedoch dürfen Diodors (XI 3,2) beide Listen der mittelgriechischen Stämme, die sich schon vor der Expedition des Griechenheeres zum Tempe-Paß den Persern unterworfen hatten (Ainianen, Doloper, Malier, Perrhaiber und Magneten) bzw. die erst nach deren Scheitern auf die persische Seite traten (Phthiotische Achaier, Lokrer, Thessaler und „die meisten" Boioter[31]), als Beleg für die Uneinigkeit der Völker im thessalischen Machtbereich nicht überbewertet werden.[32]

2. Der Zweck der Thessalien-Expedition

Aus der Zeitangabe bei Herodot (VII 174), die Griechen seien nach Tempe aufgebrochen, als Xerxes mit seinem Heer noch in Abydos kurz vor der Hellespontüberquerung gestanden habe, haben einige Forscher geschlossen, daß diese Expedition nur der Aufklärung des Terrains und der Erkundung der besten Verteidigungsstellungen gedient haben könne.[33] Ausgehend vom Zeugnis des Plutarch, laut dem die Thessalien-Expedition für Themistokles gleichsam nur die unliebsame „zweite Wahl" war,[34] unterstellen andere dem griechischen Expeditionsheer eine hintersinnige Motivation: Die Expedition sei nur halbherzig durchgeführt worden, um durch ihr Scheitern diejenigen, die sich auf die Landverteidigung verlegt hätten, zu entmutigen und die Abwehr zur See als einzig erfolgversprechend zu erweisen.[35] Diese Erklärung kann jedoch für die Spartaner nicht zutreffen, die seit jeher die Feldschlacht bevorzugten und gerade darin ihre größten Erfolge errangen. Ein anderer

---

30 Hdt. VII 130,3: ... δοκέων ὁ Ξέρξης ἀπὸ παντός σφεας τοῦ ἔθνεος ἐπαγγέλλεσθαι φιλίην. So BRUNT 1993, 81; gegenteiliger Auffassung KEAVENEY 1995, 33 mit A. 19.

31 ROBERTSON 1976, 100f. erkennt den wichtigsten Unterschied zwischen den beiden Gruppen darin, daß die ersteren sämtlich die Bergvölker Thessaliens darstellen, während unter den letzteren die Phthiotischen Achaier und die Thessaler selbst Bewohner der Ebenen und somit Landbesitzer waren. P. SANCHEZ, L'Amphictionie des Pyles et de Delphes. Recherches sur son rôle historique, des origines au IIe siècle de notre ère (Historia Einzelschriften 148), Stuttgart 2001, 93f. sieht hier die Amphiktionie in großer Uneinigkeit.

32 Cf. die mit Anachronismen durchsetzte Liste der μηδίζοντες bei Hdt. VII 132,1; s.o. S. 92 A. 177. Diodors Zeugnis widerspricht Plut. Her. malign. 31, p. 864e, laut dem 500 Thebaner unter Mnamias an der Thessalien-Expedition teilnahmen, was ROBERTSON 1976, 101 und BUCK 1979, 130 für historisch halten, WESTLAKE 1936, 18 A. 29 und LAZENBY 1993, 109 aber bezweifeln.

33 G. DE SANCTIS, La spedizione ellenica in Tessaglia del 480 a.C., RFIC 8, 1930, 339–342 = ND in: id., Scritti minori IV, Rom 1976, 485–488; SORDI 1953, 299–310, 323 und 1958, 92–96.

34 Plut. Them. 7,1f. Cf. dazu die Kritik von HIGNETT 443f.

35 Cf. F. SCHACHERMEYR, Die Themistokles-Stele und ihre Bedeutung für die Vorgeschichte der Schlacht von Salamis, JÖAI 46, 1961/63, 158–175, hier 169; M.R. CATAUDELLA, Erodoto, Temistocle, e il decreto di Trezene, Athenaeum 43, 1965, 385–418, hier 389f.; J.A.O. LARSEN, Greek Federal States, Oxford 1968, 116f.

Erklärungsversuch sieht in der Expedition nur einen Test für die Reaktion der Thessaler und für die Durchführbarkeit einer aus verschiedenen Kontingenten gebildeten Heeresexpedition.[36] Doch dafür kann die Tatsache, daß die Spartaner nicht einen regierenden König, sondern nur einen Polemarchen als Anführer[37] entsandten, nicht als Beleg gewertet werden.[38] Denn nur wenige Wochen später sind dreihundert Spartaner um König Leonidas bereit, den Opfertod an den Thermopylen zu sterben.

Weiter deutet die beachtliche Zahl von 10 000 Hopliten auf die große Bedeutung, welche die Hellenen diesem Unternehmen beimaßen. ROBERTSON geht davon aus, daß die 10 000 Hopliten vom gesamten thessalischen Reiteraufgebot von ca. 6 000 Kämpfern[39] und zudem noch durch einige tausend Leichtbewaffnete[40] verstärkt wurden – wofür uns allerdings jeder Beleg fehlt. Daß die thessalische Reiterei erst zum Heerlager der Griechen im Tempe-Tal stieß, ist unwahrscheinlich angesichts der propagandistischen Wirkung, die ein gemeinsamer Zug von griechischen Hopliten und thessalischen Reitern durch Thessalien gehabt haben dürfte. Auch die Schiffe zum Transport der Hopliten[41] müssen in unsere Rechnung einbezogen werden: Hier ist an etwa 100 Schiffe, vielleicht sogar Triëren zu denken, die zum Großteil von Athen gestellt wurden, da dieses schon damals trainierte Schiffsmannschaften besessen haben muß.[42] Überdies bildeten das Tempe-Tal und die ihm vorgelagerte Peneios-Mündung einen idealen Platz für die Landverteidigung, da von der Küste Pieriens am Olymp bis zum Kap Sepias die gesamte magnesische Küste keinerlei Hafen bot, folglich hier keine Landung der persischen Flotte drohte.[43] Auch die Athener werden mit derselben Ernsthaftigkeit die Verteidigung Thessaliens betrieben haben wie die anderen Griechen.[44] Denn sie konnten sich die Chance nicht

36 So J.W. COLE, Alexander Philhellene and Themistocles, AC 47, 1978, 37–49, hier 43.

37 Hdt. VII 173,2. Die Spartaner konnten nicht ihre Gesamtreserven an strategischem Potential nach Thessalien schicken, da sonst ihre Heimat feindlichen Einfällen von Argos hilflos ausgesetzt gewesen wäre; cf. MILTNER 1938, 224.

38 So J.A.S. EVANS, Notes on Thermopylae and Artemisium, Historia 18, 1969, 389–406, hier 393; ROBERTSON 1976, 109; LAZENBY 1993, 110f.

39 ROBERTSON 1976, 109. Hdt. VII 173,2. Cf. zur Zahl: Xen. Hell. VI 1,8. LARSEN 1968, 115 läßt zu den 10 000 Hopliten, die in Halos anlandeten, dort noch weitere aus Boiotien, Phokis und Lokris dazustoßen, für die sich der Seetransport nicht gelohnt hätte. HELLY 1995, 224f. veranschlagt 5 120 Reiter.

40 DE SANCTIS 1930, 339 rechnet sogar mit insgesamt 10 000 Leichtbewaffneten.

41 LAZENBY 1993, 109 vermutet als Grund für den Seetransport der Truppen, daß die Griechen den Thebanern mißtrauten. Zudem habe die griechische Flotte eine Landung der Perser im Magnesischen Golf verhindern sollen (111).

42 Cf. HIGNETT 464f., zur Zahl von 100 Schiffen und ihrer größtenteils athenischen Herkunft auch H.B. MATTINGLY, The Themistokles Decree from Troizen, in: G.S. SHRIMPTON & D.J. McCARGAR (edd.), Classical Contributions, FS M.F. McGREGOR, Locust Valley 1981, 79–87, hier 82. LAZENBY 1993, 111 greift mit 250 Schiffen zu hoch. Zum Einsatz von Triëren als Truppen- (στρατιώτιδες, ὁπλιταγωγοί) und Kavallerietransporter (ἱππαγωγοί) cf. Thuk. II 56,1f.; VI 43; MORRISON-COATES-RANKOV 2000, 226–230 beschreiben ihren zeitraubenden Umbau.

43 Das nächste mögliche Schlupfloch ins Innere Griechenlands bot sich der persischen Flotte erst wieder beim Artemision. Cf. BURN 354. Daher sieht WALLINGA 1993, 163 mit A. 82, sogar das Tempe-Tal und das Kap Artemision als erste von den Griechen erwogene Verteidigungslinie, die jedoch aus der Tradition verschwunden sei, weil Thessalien so schnell aufgegeben wurde.

44 Anders HOLLADAY 1987, 187.

entgehen lassen, den Invasoren am Nadelöhr zwischen dem Olymp und der Ossa entgegenzutreten. Zudem: In welcher zukünftigen Situation konnten die Athener erhoffen, daß sie mit der Unterstützung der Peloponnesier und der Mittelgriechen insgesamt vielleicht bis zu 15 000 Hopliten in den Kampf zu schicken vermöchten?[45] Ein Ausscheren der Athener aus den gemeinsamen Operationen der Verbündeten hätte sicherlich ihren Einfluß auf die Planungen der Griechen stark geschmälert, wenn nicht gar der Verlust der Bundesgenossen gedroht hätte, auf deren Mithilfe Athen dringend angewiesen war.[46] Angesichts dieser Ausgangslage und des hohen Einsatzes scheinen mir an der Ernsthaftigkeit der griechischen Abwehrbemühungen Zweifel nicht erlaubt.[47]

COLE sieht hingegen im Abzug der Griechen ein abgekartetes Spiel zwischen Themistokles und dem Makedonenkönig zur Überrumpelung der Spartaner: Alexander sei schon seit ca. 500 mit Themistokles befreundet gewesen; ihre Freundschaft habe sich vor allem dadurch gefestigt, daß Alexander aus seinem Königreich das für das Themistokleische Flottenbauprogramm nötige Holz geliefert habe.[48] COLE hält es für denkbar, daß Themistokles seinen Freund Alexander veranlaßt habe, die ohnehin nur mit geringen Erwartungen ausharrenden Griechen durch die Warnung vor der persischen Übermacht, insbesondere vor der persischen Flotte, die im Golf von Pagasai zu landen drohe[49], weiter zu demoralisieren und den von Themistokles erhofften, von den Spartanern aber bisher verhinderten Abzug herbeizuführen.[50] Dieses spekulative Szenario ist jedoch viel zu stark auf die Person des Themistokles zugeschnitten und läßt folglich die mannigfaltigen Fährnisse, welche die Hellenen im Tempe-Tal erwarteten, besonders aber die doch entscheidende Rolle der Thessaler selbst völlig außer acht.

An dieser Stelle sei ein Problem diskutiert, das auch für alle anderen Szenen, in denen Themistokles als Feldherr der Athener auftritt, von großer Bedeutung ist: seine Stellung innerhalb des zehnköpfigen athenischen Strategenkollegiums, die FORNARA überzeugend dargelegt hat.[51] War Themistokles etwa als oberstem Feld-

45 Cf. MILTNER 1938, 220; 224f.
46 Darauf deuten Hdt. VII 139,5; 144,3; VIII 3,1, die dennoch mit Skepsis zu betrachten sind, da sie primär auf das Lob Athens abzielen.
47 Cf. OBST 1913, 52–55; HART 1993, 107. ROBERTSON 1976, 109f. räumt der Expedition einen sehr hohen Stellenwert ein; cf. LAZENBY 1993, 109–111.
48 COLE 1978, 42f. Dazu s.o. ausführlich S. 82.
49 COLE 1978, 43f. A. 13. Eine vom vorrückenden Heer losgelöste Landungsoperation der Perserflotte im Golf von Pagasai war unwahrscheinlich; man denke nur an die persischen Mühen des Durchstiches durch die Athos-Halbinsel, um ein gemeinsames Vorrücken von Heer und Flotte zu ermöglichen (Hdt. VII 22), zudem Hdt. VII 49; 58; 236,2; cf. MILTNER 1938, 219f.; HIGNETT 106; A. FERRILL, Herodotus and the Strategy and Tactics of the Invasion of Xerxes, AHR 72, 1966, 102–115, hier 106f.; HOW-WELLS II 369: eine enge Verbindung zwischen Heer und Flotte schon beim thrakischen Feldzug des Dareios (Hdt. IV 89f.) und des Mardonios (VI 43–45). Cf. zu den großen Versorgungsproblemen des Perserheeres F. MAURICE, The Size of the Army of Xerxes in the Invasion of Greece 480 B.C., JHS 50, 1930, 210–235; EVANS 1969, 400–402; T.C. YOUNG Jr., 480/479 B.C. – A Persian Perspective, IA 15, 1980, 213–239.
50 Auch MILTNER 1938, 222 macht Divergenzen im Kriegsrat zwischen Themistokles und Euainetos für das Scheitern der Expedition verantwortlich.
51 C.W. FORNARA, The Athenian Board of Generals from 501 to 404 (Historia Einzelschriften 16), Wiesbaden 1971, 12–18.

herrn der Athener die Vollmacht gegeben, den Rückzug zumindest seines eigenen Kontingentes zu befehlen? Herodot erweckt in seinen Berichten oft den Eindruck, als seien Themistokles und später Aristeides zu Lande und Xanthippos zur See ein στρατηγὸς ἡγεμών mit sämtlichen Vollmachten über die athenischen Truppen gewesen, indem er sie jeweils als Ἀθηναίων στρατηγός bezeichnet bzw. sogar den verbalen Ausdruck Ἀθηναίων ἐστρατήγεε verwendet.[52] Doch angesichts seines Desinteresses an verfassungstechnischen Fragen[53] ist nicht zu erwarten, daß Herodot hier den Begriff στρατηγός als *terminus technicus* für den Oberbefehlshaber benutzt: Das jeweilige Fehlen von Kollegen insbesondere in seinen Kriegsratszenen entspringt wohl einzig Herodots Bedürfnis, seine Protagonisten als allein verantwortliche Entscheidungsträger darzustellen und tatsächlich langwierige Absprachen innerhalb des Führungsstabes der einzelnen Poliskontingente dramatisch auf eine Person zu konzentrieren. Jedoch geht die besondere Spannung in der Vorgeschichte zur Schlacht von Marathon darauf zurück, daß Miltiades gerade nicht der Oberbefehlshaber der Athener ist, sondern warten muß, bis die Leitung der Operationen turnusgemäß für einen Tag auf ihn übergeht.[54] Dies spiegelt ebenso die historischen Strukturen wider wie Herodots Bemerkung (IX 44), daß Alexander am Vorabend der Schlacht von Plataiai „zu den herbeieilenden Heerführern der Athener" spricht. Am deutlichsten ist jedoch die Nachricht, daß „die Feldherren der Athener" ihren Soldaten die Heimkehr von der Belagerung von Sestos vorerst versagten[55], so daß der Schluß sich aufdrängt, daß im frühen fünften Jahrhundert die Athener keinen Oberbefehl vergaben. Vielmehr waren alle zehn Strategen eines Jahres mit denselben Vollmachten ausgestattet. Hatte einer von ihnen größeren Einfluß auf die Entscheidungen des Kollegiums, so beruhte dies allein auf seiner persönlichen Autorität.[56]

3. Die Lage der griechischen Verteidigungsstellung und ihrer Umgehungen

Für die Wahl des Landungsortes der griechischen Truppen im Golf von Pagasai, Halos, hat ROBERTSON eine einleuchtende Erklärung gefunden: Halos lag direkt an der Nord-Süd-Verbindung vom Phthiotischen Achaia nach Thessalien und zudem

---

52   Themistokles: Hdt. VII 173,2; VIII 4; Xanthippos: VIII 131,3; IX 114,2; Aristeides: IX 28,6. Daraus schlossen BUSOLT GG II² 664 A. 2; BUSOLT-SWOBODA 1926, 891 A. 2 und MILTNER 1938, 222 auf deren formellen Oberbefehl. Von einem στρατηγὸς αὐτοκράτωρ spricht Plut. Arist. 8,1 und 11,1 im Fall des Themistokles bzw. des Aristeides (cf. auch Them. 6,1f. und Mor. 185a zur angeblichen Bestechung eines unfähigen Konkurrenten um die ἡγεμονία durch Themistokles). Dazu FORNARA 1971c, 13f. und FROST 84f.

53   Cf. G. BUSOLT, Griechische Staatskunde (HAW IV 1,1), Bd. I, München 1920, 62; HIGNETT 1952, 170f.; MEIER 1980, 432; RAAFLAUB 1988, 213.

54   Hdt. VI 109f.; cf. FORNARA 1971c, 15.

55   Cf. Hdt. IX 117; FORNARA 1971c, 16.

56   Cf. FORNARA 1971c, 17f.; ebenso K.J. DOVER, ΔΕΚΑΤΟΣ ΑΥΤΟΣ, JHS 80, 1960, 61–77, bes. 72f., der eine rechtliche Suprematie noch für das spätere 5. Jh., so bei Perikles, bestreitet. Anders D. HAMEL, Athenian Generals. Military Authority in the Classical Period, Leiden 1998, 201–203 zu den στρατηγοὶ αὐτοκράτορες.

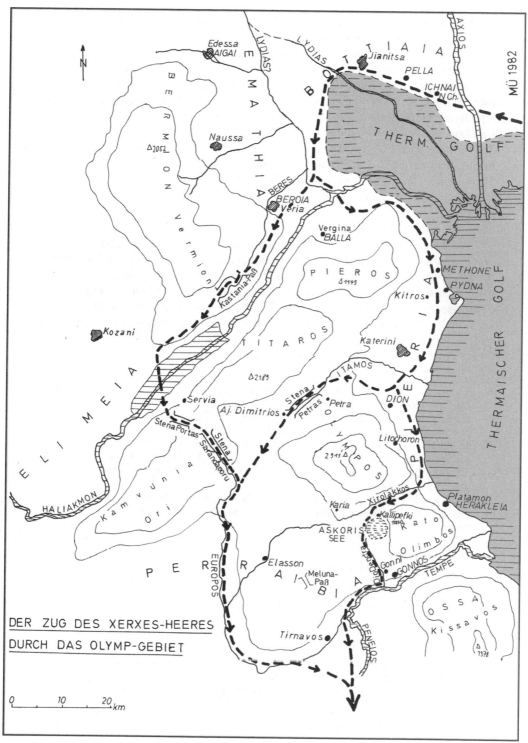

Das Olymp-Gebiet (Karte aus Müller 1987, 243)

in der Nähe des thessalischen Bundesheiligtums der Athena Itoneia in Iton, wo sich
vermutlich die thessalischen Reiter sammelten.[57]

Aus der Tatsache, daß von Doriskos bis Akanthos das persische Heer in drei
Marschgruppen aufgeteilt war, können wir mit MÜLLER folgern, daß die Perser auch
das Tempe-Tal in drei getrennten Heeressäulen umgangen haben:[58] Die eine Route
zieht sich den Fluß Sys entlang, dann den stark bewaldeten Nordabhang des Niederen Olymp hinauf über den Askuris-See nach Gonnos. Die zweite Route – bei der
sich laut MÜLLER Xerxes selbst befunden habe – verläuft über Petra am Oberlauf
des Europos nach Olosson. Die dritte folgt dem Tal des Haliakmon über den Vo-
lustana-Paß nach Olosson.[59] Daß die Küstenroute für den Vormarsch der Perser
überlebenswichtig war, ist aus rein logistischen Gründen unmittelbar verständlich.[60]
Obgleich uns jeder direkte Beleg dafür fehlt[61], muß eine solche Aufteilung des persischen Heeres bei seinem Zug durch das Makedonien und Nordthessalien als das
wahrscheinlichste Vorgehen gelten.

Wo können wir nun die griechische Verteidigungsstellung lokalisieren? Das
von Damastes genannte Herakleion, eingebettet zwischen den Niederen Olymp und
die Küste des Thermaiischen Golfes, lag[62], wie ROBERTSON zu Recht betont, strategisch deutlich günstiger als das Tempe-Tal, das nur gegen von Süden heranrücken-
de Invasoren gut zu schützen ist.[63] Denn wurde die griechische Sperrstellung ca. 2
km nordwestlich von Herakleion, unweit des Südufers des Flusses Sys, aufgeschla-
gen, so war nicht nur die Route durch das Tempe-Tal selbst blockiert, sondern die
Griechen hätten von diesem Ort aus dem persischen Heer, auch wenn es auf die

---

57   ROBERTSON 1976, 111. WESTLAKE 1936, 17 und BURN 341 vermuten, daß man den näherliegen-
      den Landungsort Pagasai nicht auswählte, weil dieser unter dem Einfluß der Aleuaden gestan-
      den habe, während Halos seit jeher enge Beziehungen zu Pharsalos und somit zu den national-
      griechisch gesinnten Echekratiden unterhalten habe.

58   D. MÜLLER, Topographischer Bildkommentar zu den Historien Herodots, Griechenland, Tübin-
      gen 1987, 242–251, bes. 246, 249f.; zur Teilung des Heeres bis Akanthos Hdt. VII 121,2f. Laut
      VII 131: τῆς στρατιῆς τριτημορίς war das Heer noch in Pierien dreigeteilt. Ähnlich HIGNETT
      110; LAZENBY 1993, 116.

59   Zur Illustration der Routen cf. die Karten und Photographien bei H. KIEPERT, Zeitschrift der
      Gesellschaft für Erdkunde zu Berlin, 17, 1882, Karte II, Tafel IV; W.K. PRITCHETT, Xerxes'
      Route over Mount Olympos, AJA 65, 1961, 369–375, Tafeln 114–117; B. HELLY, Gonnoi I,
      Amsterdam 1973, Karte II, und ROBERTSON 1976, 112, Fig. 1; s.o. S. 117 die Karte vom Olymp-
      Gebiet aus MÜLLER 1987, 243.

60   Cf. PRITCHETT 1961, 374; anders MÜLLER 1987, 249.

61   Hdt. VII 131 sagt explizit, das mit der Wälderrodung betraute Heeresdrittel habe den Weg für
      das *gesamte* Heer ebnen sollen. Cf. die Kritik von W.K. PRITCHETT, Studies in Greek Topogra-
      phy, Part VII, Amsterdam 1991, 130f. an MÜLLER 1987.

62   Das im *Codex Vaticanus Graecus* 64 (= V) überlieferte ἐπὶ τὸ ἡμέτερον Ἡράκλειον ist – mit
      O. SCHERING, *Symbola ad Socratis et Socraticorum epistulas explicandas*, Diss. Greifswald 1917,
      75, dem BICKERMANN-SYKUTRIS 1928 gefolgt sind – zu ἐπὶ τὸ ὑμέτερον Ἡράκλειον (d.h. das
      makedonische) zu emendieren. Das zwischen dem Olymp und dem Thermaiischen Golf gele-
      gene Herakleion galt seit jeher als makedonisch (Ps.-Skyl. 66; Plin. nat. IV 34). Man beachte
      überdies die Verwechslung zwischen ὑμέτερος und ἡμέτερος in § 2 desselben Briefes.

63   ROBERTSON 1976, 116. Cf. Liv. XLIV 6,9–11; 8,9; cf. W.K. PRITCHETT, Studies in Ancient Greek
      Topography, Part III: Roads, Berkeley-Los Angeles-London 1980, 355. Zu den Schlachten im
      Tempe-Tal selbst cf. F. STÄHLIN, RE V A 1 (1934), s.v., 473–479, hier 477f.

Route über den Niederen Olymp eingeschwenkt wäre, beim Übersetzen über den Sys und auch beim Ersteigen des Nordabhanges des Niederen Olymp[64] übel zusetzen können. Zudem war eine Umgehung der griechischen Verteidigungsstellung bei Herakleion auf dem Seeweg nicht zu befürchten. Denn eine Landung im sumpfigen Mündungsgebiet des Peneios und weiter südlich davon, an der Küste Magnesias, war der persischen Flotte nicht möglich[65], da die Schiffe in den Untiefen schnell auf Grund gelaufen wären.[66] Zudem hätte – wenn wir die thessalische Expedition im Juli 480 ansetzen[67] – der stürmische Nordostwind der Etesien, heute *Meltemi* genannt, ein Landungsmanöver äußerst riskant gemacht.[68] Da also die Stellung bei Herakleion den Griechen die größten Vorteile bot, hat die Version des Damastes die größere Wahrscheinlichkeit[69] für sich, zumal Herakleion als *lectio difficilior* von vornherein gegenüber der Herodoteischen *lectio facilior* mit dem allbekannten Tempe-Paß als Einfallstor nach Mittelgriechenland den Vorzug genießen sollte.[70]

Wenn jedoch die Griechen mit ihrer Stellung in Herakleion die Route über den Niederen Olymp und den Askuris-See gesperrt hatten, so kann nicht das Bekanntwerden dieses Umgehungsweges sie zum Rückzug bewogen haben, wie es Herodot anscheinend behauptet. Denn dessen Verlauf beschreibt er als „vom oberen Makedonien durch das Land der Perrhaiber bei der Stadt Gonnos" führend.[71] Entweder müssen wir Herodot eine terminologische Ungenauigkeit unterstellen – ἡ ἄνω Μακεδονίη bezöge sich dann nicht auf „Obermakedonien", d.h. die Makedonis[72], sondern meinte „gebirgiges Makedonien".[73] Oder aber es ist eine Kontamination ver-

---

64   Cf. die Strapazen der Truppen des Marcius beim Abstieg (Liv. XLIV 5).
65   Cf. HIGNETT 107; BURN 354; HART 1993, 107; anders LAZENBY 1993, 109 A. 21.
66   Eine athenische Triëre aus der auf Skiathos stationierten Vorhut lief dort auf Grund (Hdt. VII 182). Heute noch behindern dort die vielen seichten Gewässer (5 m Wassertiefe im Abstand von 500 m vom Land) Schiffe mit größeren Tiefgang; cf. A. PHILIPPSON, Die griechischen Landschaften, Bd. I, Teil 1: Thessalien und die Spercheios-Senke, Frankfurt/Main 1950, 114f. Auch die Landung einer Flotte südlich der Ossa am Magnetischen Küstengebirge ist sehr riskant, cf. WESTLAKE 1936, 17. Allerdings sind aus den Jahren des Dritten Makedonischen Krieges Landungen römischer Flotten bei Herakleion belegt, cf. Liv. XLIV 9,2; 35,13.
67   Cf. LAZENBY 1993, 108f.
68   Zu den Etesien, die von Mai bis September wehen und ihren Höhepunkt um den Frühaufgang des Sirius (18. Juli) erreichen, cf. A. PHILIPPSON, Das Klima Griechenlands, Bonn 1948, 24–26; A. DASCALAKIS, Problèmes historiques autour de la Bataille des Thermopyles (MEFRA 12), Paris 1962, 122–128; EVANS 1969, 391; CASSON 1986, 273f. Theophr. vent. 30f. belegt gerade für das Seegebiet östlich des Olymp und der Ossa nordöstliche Sturmwinde.
69   Ähnlich HAMMOND 1982, 76 A. 5, 91 A. 63 und CAH IV² 1988, 545; GEHRKE 1985, 185 mit A. 13. Bezeichnenderweise spricht Diod. XI 2,5: ... τὰς περὶ τὰ Τέμπη παρόδους von der gesamten Paßlinie als Operationsgebiet; cf. MILTNER 1938, 221.
70   Der Einwand von PRITCHETT 1980, 351, daß Herakleion doch müheloser per Schiff zu erreichen gewesen wäre, wäre – ganz ungeachtet des fehlenden Landungsplatzes – ebenso auf die Stellung im Tempe Tal selbst anzuwenden, die ja nur 10 km von Herakleion entfernt ist.
71   Hdt. VII 173,4: κατὰ τὴν ἄνω Μακεδονίην διὰ Περραιβῶν κατὰ Γόννον πόλιν.
72   Cf. HIGNETT 110. Hdt. VII 173,1 sieht aber das Tempe-Tal als Durchlaß „vom unteren Makedonien" (ἀπὸ Μακεδονίης τῆς κάτω), wozu Pierien gehört, nach Thessalien; cf. MÜLLER 1987, 246.
73   Dies legt immerhin die Formulierung bei Hdt. VII 128,1 nahe, Xerxes habe zur Besichtigung

schiedener Nachrichten bei ihm anzunehmen. Denn eine Route, die durch Gonnos verläuft, das Herodot zweimal als Zielpunkt der Route nennt[74], und eine, die tatsächlich in „Obermakedonien", d.h. in der Makedonis, ihren Ausgangspunkt nahm, allemal also westlich des Hohen Olymp lag, können nicht identisch sein. MÜLLER hat daraus geschlossen, daß Herodot verschiedene Wegbeschreibungen vorlagen, welcher er fehlerhaft kontaminiert habe.[75] In jedem Fall scheint Herodot nur den nächstliegenden Umgehungsweg einer angeblichen Sperrstellung im Tempe-Tal selbst als vermeintlich offensichtlichen Abzugsgrund angegeben zu haben – ohne die dortigen Möglichkeiten und Gefahren für die Griechen durch die anderen Umgehungswege zu verdeutlichen.

Auch in einem weiterem Punkte ist Herodots Bericht zu mißtrauen: seiner Zeitangabe für die Expedition nach Thessalien, die stattgefunden habe, als sich Xerxes mit seinem Heer in Abydos gerade erst zur Überquerung des Hellespont anschickte.[76] Wenn wir die Hellespont-Überquerung in die zweite Maihälfte datieren, so hätten laut Herodot die Griechen ihre Stellung bezogen zwei, wenn nicht gar drei Monate, bevor das persische Heer Therma in Makedonien erreicht hätte, was frühestens in die erste August-Hälfte zu setzen ist.[77] Es ist unwahrscheinlich, daß die griechischen Strategen, die um die ungefähren Marschzeiten wissen mußten, ihr Heer schon so lange Zeit im voraus in Alarmzustand versetzt und so von vornherein erheblichen Logistikproblemen ausgesetzt hätten, ohne daß eine unmittelbare Bedrohung für Thessalien bestanden hätte.[78] Näherliegend erscheint mir die Datierung der Expedition nur wenige Wochen vor den Einmarsch der Perser in Therma, folglich ungefähr in den Juli 480.

der Peneios-Mündung geplant, „den oberen Weg durch das Gebiet der oben wohnenden Makedonen zu den Perrhaibern und an der Stadt Gonnos vorbei zu nehmen" (... τὴν ἄνω ὁδὸν ἔμελλε ἐλᾶν διὰ Μακεδόνων τῶν κατύπερθε οἰκημένων ἐς Περραιβοὺς παρὰ Γόννον πόλιν). Cf. PRITCHETT 1980, 357; HELLY 1973, I 35. Hdt. VII 131 zeigt, daß sich die Rodungsarbeiten in Pierien abspielten, sich also auf die Askuris-Gonnos-Route beziehen können.

74   Hdt. VII 128,1; 173,4. Mit genauer Analyse PRITCHETT 1961, 371–375; J.-C. DECOURT, La vallée de l'Énipeus en Thessalie (BCH Suppl. 21), Athen 1990, 81f.

75   MÜLLER 1987, 246.

76   WESTLAKE 1936, 18 A. 28 verweist auf den Widerspruch innerhalb von Herodots Bericht: VII 172,1 wird die Entsendung der thessalischen Gesandten zum Kongreß am Isthmos auf genau diesen Zeitpunkt kurz vor der Hellespont-Überquerung datiert, während er VII 174,1 die Expedition selbst just zu dieser Zeit ansetzt.

77   Dieses große Intervall halten jedoch HIGNETT 103, 453; BURN 342, 344 und LAZENBY 1993, 114 für historisch.

78   Cf. DE SANCTIS 1930, 340; WESTLAKE 1936, 18 A. 28. Die Begründung von ROBERTSON 1976, 110 für den angeblich sehr frühen Zeitpunkt der Expedition – es sei zu befürchten gewesen, daß ein persisches Vorauskommando vom Vorposten auf der Athos-Halbinsel bereits einige Wochen vor dem Heer nördlich des Olymp an der makedonischen Küste landen könnte – erscheint angesichts der notwendig engen Kooperation von Heer und Flotte der Perser unrealistisch. Seine Überlegung (110 mit A. 51), daß die fruchtbare thessalische Ebene die Griechen mühelos über lange Zeit versorgen konnte, unterschätzt ihre prekäre Position dort.

4. Die Version der Thessaler und ihre Umarbeitung durch Herodot

Wenn wir die griechische Verteidigungsstellung tatsächlich bei Herakleion lokalisieren, so versperrte sie sowohl den Weg durch das eigentliche Tempe-Tal als auch die Umgehung über den Niederen Olymp. Da Herodot nur diesen einen Umgehungsweg erwähnt, ist es denkbar, daß die Einheimischen ihm bei seinem Besuch des Tempe-Tales[79] nur diesen als Abzugsgrund genannt haben, um ihre eigene unrühmliche Rolle bei den griechischen Verteidigungsanstrengungen zu verschleiern. Oder Herodot hat aus dem gegensätzlichen Verhalten der Griechen bei den Thermopylen einerseits, wo die Griechen in Unkenntnis des Schleichweges die Stellung zu halten suchten, und in Thessalien andererseits geschlossen, daß eben dort den Hellenen die Umgehung bekannt geworden war.

Da die verteidigungsbereiten Griechen Herakleion offenbar mit Überlegung ausgewählt hatten und wohl auch um die beiden westlich gelegenen Übergänge nach Thessalien wußten, werden sie vor und während dieser großen Truppenoperation das Terrain erkundet haben. Es ist unwahrscheinlich, daß die griechischen Strategen nicht alle Informationen einholten, die sie aus eigener Anschauung oder von Einheimischen gewinnen konnten[80] – zumal ihnen mit den thessalischen Boten zum Isthmos und ihren Auftraggebern ortskundige Berater zur Seite standen.[81]

Uns bleibt im folgenden zu klären, ob die Griechen tatsächlich ihre strategisch gesehen günstige Stellung – das gilt sowohl für Herakleion als auch für die Tempe-Schlucht – auf eine bloße Botschaft des Makedonenkönigs hin geräumt haben würden. Eine Warnung der Griechen vor der Übermacht des Perserheeres kann kaum der Grund dafür gewesen sein. Denn ihnen mußte die zahlenmäßige Überlegenheit der Perser schon längere Zeit bekannt gewesen sein,[82] hatten sie doch selbst Spione nach Sardeis entsandt.[83] Da liegt als tatsächliches Motiv der Griechen das Grundelement der Version des Damastes näher, die Erkenntnis des Medismos der Aleuaden und vieler Thessaler. Ephoros mag somit das historisch Richtige getroffen haben[84], wenn er sagt, die Griechen seien aus dem Tempe-Tal abgezogen, weil sie gewahr wurden, daß „die meisten Thessaler und andere Griechen, die nahe dem Tempe-Paß wohnten, den persischen Boten schon Erde und Wasser gegeben hat-

---

79 Diesen legt VII 129f. nahe; cf. Jacoby 270f., 453f.; Müller 1987, 246.

80 Miltner 1938, 221f. mit Verweis auf Hdt. VII 146,1.

81 Pritchett 1980, 352 ist in diesem Punkte zu skeptisch. Auch im Kapitel „Scouts" in: Ancient Greek Military Pratices, Part I, Berkeley 1971, 127–133, geht Pritchett von einer unterentwickelten Aufklärungstechnik der Griechen aus. Ähnlich Kelly 2003, 200 und F.S. Russell, Information Gathering in Ancient Greece, Ann Arbor 1999, 8f. Georges 1986, 51f. glaubt, die thessalische Reiterei habe die Griechen weder über die Umgehungswege des Tempe-Tales noch der Thermopylen aufgeklärt.

82 Gegen Herodot behauptet Ephoros bei Diod. XI 2,5, daß die Griechen die Heeresstärke des Xerxes schon kannten, als sie nach Thessalien zogen. Hierbei mag aber des Ephoros Bemühen, Herodot zu korrigieren, eine Rolle gespielt haben.

83 Hdt. VII 146f. Cf. Westlake 1936, 18; Robertson 1976, 118. Anders Lazenby 1993, 110.

84 Auch wenn ihm vermutlich keine unabhängigen Informationen vorlagen; cf. Obst 1913, 54. Burn 344 sieht hierin nur eine „'rationalization' of Herodotos", Goldscheider 35 sogar eine Verleumdung der Thessaler durch Ephoros.

ten".[85] Wenn dies zutrifft, so waren die verteidigungsbereiten Hellenen beim Entschluß zur Entsendung eines Expeditionskorps einer Fehleinschätzung der bündnispolitischen Situation in Thessalien erlegen.[86] Seit Beginn der persischen Bedrohung im Jahr 481 mußten die Griechen eher mit einem Medismos aller Thessaler rechnen, da die propersische Gesinnung der Aleuaden und ihrer Anhänger seit Jahren bekannt gewesen sein dürfte. Deshalb hielten sie von vornherein eine Abwehrstellung in Thessalien für unmöglich. Erst nach dem Hilfsgesuch der Thessaler mögen die Griechen diese ernsthaft erwogen haben.[87] Die Boten der Thessaler beim Kongreß auf dem Isthmos haben – vermutlich absichtlich – den falschen Eindruck erweckt, ganz Thessalien sei nun perserfeindlich gesinnt. Als die Hellenen in Nordthessalien ankamen, mußte ihnen jedoch schnell aufgehen, daß ein erheblicher Teil der dortigen Bewohner auf persischer Seite stand. Es ist bezeichnend, daß zur Unterstützung der Abwehrmaßnahmen nur die thessalische Reiterei hinzukam, die sicherlich ausschließlich von Aristokraten gestellt wurde.[88] Wir finden in der späteren Geschichte Thessaliens ein weiteres augenfälliges Beispiel für die gegensätzlichen Orientierungen der Aristokraten und der anderen waffenfähigen Bürger: In der Schlacht von Tanagra wohl im Jahre 458 zwischen Spartanern und Athenern wechselte die thessalische Reiterei, obgleich als Verbündete der Athener zu deren Unterstützung herbeigeeilt, während der Schlacht die Fronten.[89] Vor diesem Hintergrund möchte ich annehmen, daß die Aristokraten, die wir in den Ebenen Thessaliens ansiedeln dürfen[90], in der Mehrheit nationalgriechisch gesinnt waren, während die Bewohner der bergigen Regionen willens waren, sich dem Perserkönig zu unterwerfen.[91] Diesen politischen Gegensatz mag die ausgeprägte Rivalität zwischen dem mächtigen larisäischen Adelsgeschlecht der Aleuaden[92] und den anderen lokalen Dynasten Thessaliens wie den Echekratiden von Pharsalos oder den Skopaden von Krannon verschärft haben. Gerade die Aleuaden spielen – zusammen mit Alexander – hier die Schlüsselrolle: Das Einflußgebiet der Aleuaden scheint sich nach Norden bis ins Tempe-Tal und somit ins Gebiet der dortigen Perrhaiber erstreckt zu haben;[93] namentlich die Stadt Gonnos stand wohl unter ihrer direkten Kontrolle.[94]

---

85 Diod. XI 2,6. Ebenso Plut. Them. 7,2.
86 WESTLAKE 1936, 20 bezweifelt aber die Möglichkeit eines offenen Medismos der thessalischen Stämme in Gegenwart einer großen griechischen Heeresmacht.
87 Cf. ROBERTSON 1987, 17.
88 Ob die thessalische Kavallerie den Griechen in dem gebirgigen Gelände von großem Nutzen war, darf mit BURN 343 bezweifelt werden.
89 Thuk. I 107,7. Cf. D.W. REECE, The Battle of Tanagra, JHS 70, 1950, 75f., LARSEN 1968, 124f.; MEIGGS 98f., 417f.; die Weihung der thessalischen Reiter in Delphi SEG XVII 243, cf. G. DAUX, Dédicace thessalienne d'un cheval a Delphes, BCH 82, 1958, 329–334; HELLY 1995, 226–233.
90 Cf. H.-J. GEHRKE, Jenseits von Athen und Sparta. Das Dritte Griechenland und seine Staatenwelt, München 1986, 98–101, bes. 185 mit Belegen und Literatur.
91 Daß nur Larisa und die dazugehörenden Gebiete persisch gesinnt waren, wie ROBERTSON 1976, 119 behauptet, läßt sich weder erhärten noch widerlegen.
92 Cf. SORDI 1996.
93 Cf. Aristot. fr. 498 ROSE. Zudem BUSOLT-SWOBODA 1926, 1479; SORDI 1958, 67; HELLY 1995, 168, 182f. Zum Gebiet der Perrhaiber HELLY 1973, I 33 zum Peneios als Grenze zwischen Perrhaibien und Thessalien; zudem I 56.
94 Cf. HELLY 1973, I 75f.: Die Perrhaiber mußten nach den Statuten Aleuas' „des Roten" Tribute an Larisa zahlen; ihr Gebiet wurde als χώρα von Larisa angesehen.

Als die Griechen die perserfreundliche Gesinnung der Bewohner des unteren Peneios-Tals[95] über Gonnos bis nach Larisa hinauf erkannt hatten, mußten sie von diesen Bewohnern Anschläge auf ihre Kommunikations- und Versorgungslinien befürchten, die zweifellos durch das Peneios-Tal verliefen. Eine sorgfältige Sicherung der Logistik war aber für die Hellenen in Herakleion lebenswichtig, zumal abzusehen war, daß sie einige Zeit auf die Invasion von Pierien her warten mußten. Die Logistik war jedoch angesichts der perserfreundlichen Haltung der Perrhaiber stark gefährdet, die jederzeit östlich von Gonnos das Tempe-Tal sperren und die zurückweichenden Griechen in einer tödlichen Falle einschließen konnten.[96] Vermutlich schon nach wenigen Tagen wurde den Griechen ihre prekäre Lage bewußt, in der sie den Aleuaden und deren Anhängern über längere Zeit ausgeliefert sein würden.[97]

An dieser Stelle der Rekonstruktion könnte auch die Botschaft des Makedonenkönigs eine tragende Rolle erhalten. Jedoch kann eine historische Warnung Alexanders kaum durch seinen angeblichen Philhellenismus hervorgerufen, sondern letztlich nur eine dürftig verschleierte Aufforderung zum Medismos gewesen sein. Denn er selbst muß daran interessiert gewesen sein, daß die Perser nicht in langwierige Kämpfe in der Küstenebene von Pierien verwickelt und am zügigen Vormarsch gehindert würden, da dies zu einer raschen Erschöpfung der Ressourcen dieses ohnehin armen Landstriches geführt hätte.[98] In einem schnellen Medismos der Thessaler trafen sich folglich die Ziele des Makedonenkönigs mit denen der Aleuaden – eine Interessenharmonie, die wir auch in den folgenden Jahrzehnten finden und die zu einer engen Zusammenarbeit beider Parteien führte.[99] Deshalb ist es unwahrscheinlich, daß Alexander, wie Damastes berichtet, die Griechen vor einem Verrat der Aleuaden gewarnt hat. Denn dann hätte ein Perserfreund, Alexander, andere Perserfreunde, die Aleuaden und die Perrhaiber, denunziert. Zudem war der Medismos der Aleuaden und vieler anderer Thessaler zu offensichtlich, als daß die Griechen erst von Alexander darüber hätten aufgeklärt werden müssen.[100]

Sofern nicht eine offene Aufforderung zum Medismos den historischen Kern der Botschaft Alexanders bildet, könnte eine solche Botschaft von der Argeaden-

---

95 Laut Burn 343 stachelten die persischen Boten, die zuvor schon bei den meisten Stämmen Thessaliens die Übergabe von Erde und Wasser erwirkt hatten, weiterhin unter dem Schutzmantel ihrer Unverletzlichkeit die Bergstämme der Perrhaiber zur Sabotage der griechischen Abwehrbemühungen an; skeptisch dazu Kelly 2003, 205.

96 Denn Gonnos galt immer als „Schloß, das die Tür verschließen konnte"; cf. Liv. XLII 67,6; XXXIII 10,6 u.ö.; Pol. XVIII 27,2 sowie Robertson 1976, 119 A. 86.

97 Diese Gefahr bestreitet Cole 1978, 41, 43 A. 13.

98 Cf. Burn 344; Robertson 1976, 118.

99 Thuk. IV 78,2: Der Larisäer Nikonidas, ein Freund des Makedonenkönigs Perdikkas, führte 424 den mit Perdikkas verbündeten Brasidas durch Thessalien. Ps.-Herodes Atticus περὶ πολιτείας 16–18: Der Aleuade Aristippos überantwortete Ende des 5. Jhs. Larisa König Archelaos. Aristot. pol. V 10, 1311b 17–20; Diod. XV 61,3, XVI 14,2. Die Aleuaden riefen Alexander II. 369/8 gegen Iason von Pherai, 357/6 gegen dessen Söhne zu Hilfe. Athen. XIII 5, p. 557c; Demosth. XVIII 48: Eudikos und Simos aus Larisa, vermutlich beide Aleuaden, verrieten Thessalien an Philipp II. Cf. Gehrke 1985, 189–196; Borza 1990, 164f., 175–178, 189f.; Helly 1995, 62f., 117.

100 Cf. Graf 1979, 163.

Dynastie in den folgenden Jahrzehnten als publizistisches Mittel eigens fingiert worden sein, um den berechtigten Vorwurf des offenen Medismos zu widerlegen; gleiches mag für die Erzählung von Alexanders Botschaft in der Nacht vor der Schlacht von Plataiai gelten, laut der er den Athenern die schwierige Lage des Mardonios angezeigt und den persischen Angriff für den nächsten Tag angekündigt habe.[101] Trotz der verbreiteten Annahme, Herodot habe diese beiden Botschaften neben den anderen Geschichten, die den Makedonenkönig als Philhellenen darstellen[102], direkt oder mittelbar aus einer makedonischen Quelle übernommen, läßt er die äußerst ambivalente, letztlich nur opportunistische Haltung Alexanders durchscheinen. Bezeichnenderweise beeinflussen beide Botschaften den Verlauf der Ereignisse in keiner Weise[103] – ein Indiz, das Zweifel an ihrer Historizität nachhaltig nährt. Herodots Behauptung (VII 175,1), die Griechen hätten auf die Warnung Alexanders hin nach ihrer Rückkehr zum Isthmos neue Verteidigungstellungen beraten, klingt angesichts der darin implizierten Aufforderung zur vollständigen Aufgabe des Widerstandes unglaubwürdig.

Doch ganz abgesehen von der Authentizität einer Intervention Alexanders in Thessalien erweist sich der Verrat der Thessaler als eigentlicher Beweggrund für die Aufgabe dieser Abwehrstellung. Erst von dieser Grundlage aus können wir die Entstehung der Herodoteischen Version ausgewogen beurteilen. Daß wir bei Herodot keinerlei Hinweis auf diesen Verrat der Aleuaden finden, muß doch sehr verwundern. Statt dessen bietet er zwei Erklärungen, die gleichermaßen unglaubwürdig sind, jedoch beide dieselbe Herkunft verraten: Thessalien selbst. Die Existenz mindestens des einen Umgehungsweges über den Niederen Olymp hat Herodot sicherlich bei der Erforschung Nordthessaliens von Einheimischen erfahren. Ob sie ihm jedoch diesen Weg als Abzugsgrund der Griechen genannt haben, ist unsicher. Denn zum einen hätten sie sich dann der peinlichen Frage ausgesetzt, warum sie diesen nicht gemeinsam mit den Griechen gesperrt haben. Zum anderen drängte sich diese Erklärung mit diesem allbekannten und naheliegenden Umgehungsweg von selbst demjenigen auf, der wie Herodot den griechischen Rückzug allein auf die Unhaltbarkeit der Sperrstellung infolge der Geographie zurückführen wollte; er weist ja auch das Furchtmotiv explizit als seine eigene Einschätzung aus. Weit weniger verfänglich und kompromittierend für die Thessaler, die Herodot von dieser Expedition berichteten, ist als Begründung für den griechischen Rückzug Alexanders angebliche Botschaft, so daß die Nachricht darüber wahrscheinlich ebenfalls in Thessalien ihren Ursprung hat. Denn vom Makedonenkönig kann schwerlich die Erzählung von der Botschaft stammen, da eine solche, gleich welchen Inhalts, Alex-

101 Hdt. IX 44f. Skeptisch How-Wells ad loc. Rosen 1987, 29, 32 und Borza 1990, 107–114 sehen letztere als Phantasiegeschichte, hingegen die Botschaft im Tempe-Tal als historisch an. Badian 1994, 117–121 und Scaife 1989, 131 mit A. 7 setzen einen authentischen Kern für beide voraus. Mir scheint nur Alexanders Botenfunktion für die Unterwerfungsforderung des Mardonios an die Athener (Hdt. VIII 140) historisch zu sein.

102 Hdt. V 17–22: Ermordung der persischen Gesandten; V 22: die angebliche Teilnahme Alexanders an den Olympischen Spielen; VIII 136–139: Abstammung der Argeaden-Dynastie aus Argos.

103 Cf. Scaife 1989, 130f. mit A. 5.

ander in ein schlechtes Licht rückte: Schließlich zielte sie darauf ab, daß die Griechen eine insgesamt gute Verteidigungstellung aufgäben. Auch die von Damastes angeführte Warnung vor „dem Verrat des Aleuas und der Thessaler" erscheint mir eher als Umdeutung einer früheren Version. Denn zu Lebzeiten Alexanders hätte eine Nachricht über eine solche Denunziation der Thessaler das Verhältnis zwischen dem makedonischen Königshaus und den Aleuaden doch stark belastet.[104]

Wenn wir deshalb weiterhin von einer thessalischen Erzählung als eigentlichem Usprung der Nachrichten über die gescheiterte Expedition ausgehen, so ist festzuhalten, daß weder Herodot noch Damastes den Inhalt und Tenor dieser Version auch nur annähernd korrekt wiedergeben. Die Herodoteische Fassung besitzt keinesfalls genug an Tendenz entweder für oder gegen Alexander, um von den Thessalern zu stammen. Denn für ein nachhaltiges Lob des Makedonenkönigs kommt nur eine Version in Frage, nach der seine Botschaft die Griechen vor einer existentiellen Gefahr warnte, die einzig gerade in ihrer Verteidigungsstellung, also nur im Norden Thessaliens, auf sie lauerte; doch dafür ist allein ein Verrat der einheimischen Thessaler denkbar, also die Version des Damastes, die jedoch ausscheidet, da sich mit ihr die Thessaler selbst denunziert hätten. Allerdings spricht Damastes von zwei Gruppen von Verrätern: Aleuas bzw. den Aleuaden einerseits und den Thessalern andererseits. An dieser Stelle sollten wir uns erinnern, daß Herodots thessalische Quelle darum bemüht ist, die Aleuaden als Alleinschuldige am Medismos aller Thessaler zu brandmarken.[105] So könnte die zu rekonstruierende Erzählung der Thessaler besagt haben, daß Alexander die Griechen auf die ausgeprägte perserfreundliche Haltung der Aleuaden hingewiesen hat. Doch da den Thessalern sowohl Alexanders Medismos als auch seine enge Verbindung zu den Aleuaden bekannt gewesen sein muß, werden sie die Botschaft keinesfalls als gutgemeinte Warnung, sondern weit eher als Drohung präsentiert haben, dergestalt, daß Alexander den Hellenen unzweideutig zu verstehen gegeben hat, daß, zögen sie nicht aus Nordthessalien ab, sie sich nicht nur der Perser, sondern auch seiner Truppen sowie der Sabotageakte der Aleuaden und ihrer Anhänger zu erwehren hätten. Eine solche Diffamierung nicht nur der Aleuaden, sondern auch des Makedonenkönigs war für die anderen Thessaler angezeigt, um nicht vor den übrigen Hellenen als Komplizen dieser „Landesverräter" zu gelten. Daß Damastes – oder möglicherweise doch erst Speusippos – diese überlieferte Drohung in eine Alexanders philhellenische Einstellung betonende Warnung umformte, ist nachvollziehbar, da zu Damastes' und erst recht zu Speusippos' Zeit das Bild des patriotischen Makedonenkönigs voll ausgebildet war.

Doch es ist noch eine andere Erzählung der Thessaler denkbar, die nicht nur Alexander (und die Aleuaden), sondern überdies ein Mitglied des griechischen Strategenkollegiums als schuldig an dessen Abzug denunziert. Denn es ist zu beachten, daß Herodot unmittelbar vor Alexanders Botschaft Themistokles als Führer des athenischen Kontingents nennt. Wenn wir von einer Ausbildung der hier rekonstruierten thessalischen Darstellung erst einige Jahre nach den Ereignissen ausgehen, so

---

104 Oder aber wir nehmen an, daß Alexander nach 478 das ohnehin bekannte Faktum des Medismos der Aleuaden zur eigenen Entschuldigung verwenden konnte, zumal diese von den Thessalern zu Sündenböcken gemacht wurden.

105 Deutlich VII 6,2 und 172,1; zudem VII 130,3; IX 1; 58. Cf. FORREST 1984, 5f.

mag zu diesem Zeitpunkt, d.h. nach ca. 465, Themistokles' Flucht als wegen Landesverrats Verurteilter nach Persien schon allgemein bekannt gewesen sein. In diesem Fall lag es nahe, dem Inbegriff des Verräters – dieses Zerrbild des Themistokles mußte auch bis nach Thessalien vorgedrungen sein – eine große Mitschuld an der Preisgabe Thessaliens anzudichten. Lassen wir diese zugegebenermaßen zahlreichen Prämissen gelten, so könnten die Thessaler folgende Geschichte verbreitet haben: Alexander habe eine Geheimbotschaft an Themistokles geschickt, in der er den Athener durch Geld oder sonstige Leistungen bestochen habe, damit er die Griechen zum Rückzug bewege – was Themistokles dann auch bewerkstelligt habe.

In dieser Rekonstruktion der Erzählung über die Thessalien-Expedition wäre die Beteiligung der Aleuaden an diesem Verrat nicht zwingend notwendig, aber sie ist dennoch wahrscheinlich. Zumindest darf aus ihrem völligen Fehlen im Herodoteischen Bericht über die Botschaft nicht zwangsläufig auf ihre Abwesenheit in der hier als ursprünglich rekonstruierten Form geschlossen werden: Herodot konnte die Aleuaden (samt der persisch gesinnten Thessaler) in diesem Kontext keinesfalls erwähnen, da sonst Alexander entweder – vor deren Verrat warnend – als Retter oder – den Griechen eine Kooperation mit den Aleuaden androhend – als Verräter erschienen wäre. Damit wäre es Herodot aber nicht möglich, Alexander in das Zwielicht zu stellen, das er sonst auf ihn fallen läßt: Mit all seinen Botschaften an die Griechen zielt er – trotz seiner angeblich nationalgriechischen Gesinnung – zuallererst auf seinen eigenen Nutzen.[106]

Was jedoch Themistokles betrifft, so zeigt eine ganze Reihe von Parallelen, daß die obige Rekonstruktion der Herodot zugrundeliegenden Version keineswegs aus der Luft gegriffen ist: Denn in der Zeit nach 480 hatte offenbar die Bestechung griechischer Heerführer im thessalisch-makedonischen Raum – oder zumindest Gerüchte darüber – Hochkonjunktur. Herodot berichtet, daß der Spartanerkönig Leotychidas wohl 477/6[107] zur Bestrafung der perserfreundlichen Thessaler ein Heer nach Thessalien führte, jedoch schließlich bestochen den Feldzug abbrach, obwohl er ganz Thessalien hätte unterwerfen können. Pausanias fügt hinzu, daß die Aleuaden ihn korrumpiert hätten. Leotychidas hat offenbar diesen Vorwurf bestätigt, indem er nach Tegea floh.[108] Plutarch erzählt von der 463/2 schließlich niedergeschlagenen Anklage gegen Kimon, der verdächtigt wurde, er habe Makedonien nicht unterworfen – obgleich dies vom gerade eroberten Thasos aus ein Leichtes gewesen wäre –, weil er von Alexander bestochen worden sei.[109] Diese beiden Fälle[110] wa-

---

106 Cf. V 17–21; VIII 140; IX 44f. Cf. SCAIFE 1989, 136f. und bes. BADIAN 1994.

107 Zur schwierigen Frage der Chronologie cf. SORDI 1953; A.S. SCHIEBER, Leotychidas in Thessaly, AC 51, 1982, 5–14; ROOBAERT 1985, 246–258, bes. 247–249, 257f.; GEHRKE 1985, 186 A. 16; LEWIS CAH V² 1992, 499.

108 Hdt. VI 72; Diod. XI 48,2; Paus. III 7,9. Die Angabe der Aleuaden halten SORDI 1953, 312 und ROOBAERT 1985, 252f. für authentisch. Dazu K.L. NOETHLICHS, Bestechung, Bestechlichkeit und die Rolle des Geldes in der spartanischen Außen- und Innenpolitik vom 7.–2. Jh. v. Chr., Historia 36, 1987, 129–170, hier 143f.

109 Stesimbrotos FGrHist 107 F 5 = Plut. Kim. 14f. (cf. Kommentar von A. BLAMIRE, Plutarch: Life of Kimon, London 1989 ad loc.); Aristot. Ath. Pol. 27,1. Zum Prozeß J.T. ROBERTS, Accountability in Athenian Government, Madison 1982, 55–59; E.M. CARAWAN, *Eisangelia* and *Euthyna*: The Trials of Miltiades, Themistocles, and Cimon, GRBS 28, 1987, 167–208, hier 202–

ren sicher bekannt, als die thessalische Quelle Herodot vom Scheitern der Expedition von 480 berichtete, so daß eine ähnliche Anklage des Themistokles nicht nur in Nordgriechenland Glauben finden konnte. Wie wir im weiteren Gang der Arbeit noch ausführlich sehen werden, ist es für die Herodoteische Anekdote über die Bestechung des Themistokles durch die Euboier vor Artemision (VIII 4f.) durchaus denkbar und für diejenige über seine Erpressung der Kykladen (VIII 111f.) sehr wahrscheinlich, daß sie ursprünglich jeweils auf themistoklesfeindliche Hetze zurückgehen; diese erklärte durch die Diffamierung, der Stratege sei von griechischen Perserfreunden selbst bestochen worden, wieso die Hellenen ihre jeweilige günstige Stellung aufgaben.

Deshalb liegt die Annahme keineswegs fern, daß die Thessaler die Gerüchte über die Praxis des Makedonenkönigs[111] sowie der Aleuaden, ihre Gegner „zu kaufen", und die berüchtigte Bestechlichkeit des Themistokles ausschlachteten, um sich selbst vom Vorwurf des Medismos reinzuwaschen, indem sie den Abzug der Griechen aus Nordthessalien allein einer Bestechung des athenischen Strategen durch Alexander und die Aleuaden zuschrieben. Diese Kombination gewinnt Wahrscheinlichkeit, wenn wir bedenken, daß es Anhaltspunkte für Beziehungen des Themistokles zu den führenden perserfreundlichen Kreisen in Thessalien gibt.[112] Denn auf der Herbstpylaia 479 oder der Frühjahrspylaia 478 der Delphischen Amphiktionie verhinderte er den von den Spartanern geforderten Ausschluß aller derjenigen Mitglieder, die sich nicht am Kampf gegen die Perser beteiligt hatten.[113] Da zu dieser Zeit die Thessaler die Stimmen der von ihnen abhängigen Perrhaiber, Doloper, Magneten, Ainianen, Malier und phthiotischen Achaier kontrollierten[114], hätte der Ausschluß sämtlicher nord- und mittelgriechischer Stämme einen katastrophalen Machtverlust für die Thessaler nach sich gezogen, den Themistokles abwehrte. Da die Aleuaden unmittelbar nach dem Xerxeszug noch immer den ταγός für ganz Thessalien stellten und im Hieromnemonenrat die entscheidende Rolle gespielt haben

---

205; STEIN-HÖLKESKAMP 1989, 218f.; R. KULESZA, Die Bestechung im politischen Leben Athens im 5. und 4. Jh. v. Chr. (Xenia 37), Konstanz 1995, 37, 85; HAMEL 1998, 141.

110 Zu deren Publizität cf. CARAWAN 1987, 202–205. Laut Plut. Kim. 14,4 waren die sprichwörtlich „reichen Thessaler" für ihre Winkelzüge berüchtigt.

111 Im Griechenland v.a. des 4. Jhs. benutzte neben dem Perserkönig bekanntermaßen der makedonische König „Geschenke" an ausländische Gesandte als Mittel der Politik. Cf. mit Belegen S. PERLMAN, On Bribing Athenian Ambassadors, GRBS 18, 1976, 223–233, hier 224–226; F.D. HARVEY, *Dona ferentes*: Some Aspects of Bribery in Greek Politics, in: CARTLEDGE-HARVEY 1985, 76–117, hier 106.

112 Schon 479 hatten die Athener die von den Spartanern geforderte Vertreibung der perserfreundlichen Griechen, so auch der Thessaler, aus ihren Gebieten und die dortige Ansiedlung der Ioner verhindert (Hdt. IX 106,2f.); cf. SORDI 1996, 42.

113 Plut. Them. 20,3f. Cf. Plut. Her. malign. 35, p. 868f. Cf. H. BENGTSON, Themistokles und die delphische Amphiktionie, Eranos 49, 1951, 85–92; FLACELIÈRE 1953, 19–28; ZEILHOFER 1959, 41–43; FROST ad loc.; ROOBAERT 1985, 166–170 mit Literatur. SANCHEZ 2001, 98–103 zieht jedoch die historische Glaubwürdigkeit des Plutarchischen Berichts massiv in Zweifel.

114 Cf. W.G.G. FORREST, CAH III² 3, 317; ZEILHOFER 1959, 45; HELLY 1995, 135f. Die Thessaler führten auch seit jeher den Vorsitz im amphiktionischen Synhedrion; cf. G. ROUX, L'amphictionie, Delphes et le temple d'Apollon au IVᵉ siècle, Lyon 1979, 52f.; SANCHEZ 2001, 57, 72, 88–90.

dürften, sind freundschaftliche Beziehungen zwischen Themistokles und den Aleuaden wahrscheinlich.[115]

Weit gewichtiger als diese Verbindung zu den Aleuaden ist jedoch das enge Verhältnis des Themistokles zum Makedonenkönig. Ein entscheidendes Indiz dafür ist die Tatsache, daß Alexander schon πρόξενος und εὐεργέτης der Athener war, als er im Winter 480/79 als Unterhändler des Mardonios nach Athen kam.[116] Da eine von seinem Vater ererbte Proxenie kaum in Frage kommt[117], ist doch die wahrscheinlichste Erklärung für Alexanders Proxenie, daß er – wie auch spätere Makedonenkönige[118] – seit den frühen 480er Jahren kontinuierlich Schiffsbauholz aus den großen Waldbeständen seines Königreiches für das Themistokleische Flottenbauprogramm geliefert hat.[119] Daraufhin könnte Themistokles beim athenischen

---

115 Die Taten sowohl der Aleuaden als auch des Themistokles wurden vom Dichter Simonides besungen, der enge Beziehungen zu ihnen pflegte: zu den Aleuaden cf. Theokr. XVI 34–47; Ov. Ib. 511; J.H. MOLYNEUX, Simonides. A Historical Study, Wauconda 1992, 118–138, bes. 118–121, 126; HELLY 1995, 104f.; MCMULLIN 2001, 59–61; zu Themistokles cf. Marmor Parium FGrHist 239 A 54; Plut. Them. 5,6; Cic. de or. II 86, 351; PODLECKI 49–51; E. CULASSO GASTALDI, Temistocle, Eschilo, Simonide e il culto della vittoria, in: E. CORSINI (ed.), La polis e il suo teatro, Padua 1986, 31–47, hier 42–47, und E. CULASSO GASTALDI, Temistocle e la via dell'esilio, in: BRACCESI 1986, 133–163, hier 153–163. C. BEARZOT, P.Oxy. 3985: Considerazioni sulla data e sull'ispirazione dell'elegia di Simonide per la battaglia di Platea, in: B. KRAMER et al. (edd.), Akten des 21. Papyrologenkongresses Berlin 1995, Bd. 1, Stuttgart 1997, 71–79, sieht dessen Elegie über die Schlacht bei Plataiai (fr. 10–18 IEG²) von Themistokles in Auftrag gegeben und den Lobpreis auf Achilles (fr. 11 IEG²) als dessen Versuch, Thessalien zu rehabilitieren; anders A. ALONI, The Proem of Simonides' Plataea Elegy and the Circumstances of Its Performance, in: BOEDEKER–SIDER 2001, 86–105, hier 100f.
116 Hdt. VIII 136,1. Cf. F. GSCHNITZER, RE Suppl. XIII (1973), s.v. Proxenos 17, 629–730, hier 671, 714, 725f. G. LOMBARDO, Alessandro Filelleno, RFIC 59, 1931, 480–484 setzt die Privilegienverleihung erst nach den Perserkriegen an.
117 BADIAN 1994, 121f. denkt als erwägenswerte Alternative zu den Holzlieferungen zwar an die Proxenie, die sein Vater Amyntas erhalten habe, als er Hippias Anthemus als Exil angeboten hat (Hdt. V 94,1); doch ein Proxenie-Verhältnis der Makedonen zu den athenischen Tyrannen wäre vermutlich nicht vom attischen δῆμος weitergeführt worden; cf. WALLACE 1970, 199; M.B. WALBANK, Athenian Proxenies of the Fifth Century B.C., Toronto-Sarasota 1978, 66. BADIAN 1994, 123–126 hält jedoch einen möglichen Rat Alexanders an die Athener und eine Vermittlung des Bündnisses mit dem persischen Satrapen in Sardeis 507 (Hdt. V 73) als Grund für die Verleihung des Ehrentitels für am wahrscheinlichsten (ähnlich HORNBLOWER 2002, 382f.), was Herodot aber habe verschweigen müssen, um die Athener nicht zu kompromittieren.
118 Makedonien und Thrakien waren die wichtigsten Lieferanten von Schiffbauholz, cf. Theophr. h. plant. IV 5,5; V 1,6; Thuk. IV 108,1; And. II 11. Aus dem Vertrag der Athener mit König Perdikkas (IG I³ 89, bes. Z. 31: [… καὶ οὐδένα κο]πέας ἐχσάγεν ἐάσο ἐὰμ μὲ Ἀθε[ναίο…] „ich werde niemanden Ruderholz ausführen lassen außer die Athener"; aus den Jahren 417–413?) und bezeichnenderweise aus einem Proxeniedekret für König Archelaos von 407/6 (IG I³ 117 = MEIGGS–LEWIS 91, bes. Z. 30: [ἔδοκεν αὐτοῖς χσύλ]α καὶ κοπέας „er gab ihnen (den Athenern) Holz und Ruder"; cf. GSCHNITZER 1973, 671; WALBANK 1978, 460–469) geht hervor, daß der Holzexport unter der Kontrolle des Königs stand; cf. WALLACE 1970, 199f. A. 13; COLE 1978, 42.
119 So WALLACE 1970, 199f. A. 13 (auf 200); WALBANK 1978, 63–67, bes. 66; COLE 1978, 42f.; A. GEROLYMATOS, Espionage and Treason. A Study of Proxenia in Political and Military Intelligence Gathering in Classical Greece, Amsterdam 1986, 25f.; id., The proxenia of Alexander I

Volk die Verleihung der Proxenie an Alexander und seine Anerkennung als εὐεργέτης erwirkt haben, was die Freundschaft zwischen beiden Staatsmännern weiter
gestärkt haben dürfte.[120] Sowohl bei Thukydides als auch noch deutlicher in den
pseudothemistokleischen Briefen finden wir Hinweise auf Alexanders Hilfe für den
aus Hellas flüchtenden Themistokles.[121] Wie sich nun zeigt, könnten die Kontakte
des Atheners mit den Aleuaden und zu Alexander so eng gewesen sein, daß es auch
zur Erfindung einer diffamierenden Erzählung vom gemeinschaftlichen Verrat des
Alexander, der Aleuaden und des Themistokles an den verteidigungswilligen Thessalern und Griechen um das Tempe-Tal wenig Phantasie bedurfte und daß sie Glauben fand.

Möglicherweise läßt sich die Herkunft der mutmaßlichen thessalischen Aus-
gangserzählung für Herodot sogar weiter präzisieren: Da sich vom thessalischen
Gesamtaufgebot laut Herodot (VII 173,2) nur die Reiterei an der Verteidigung be-
teiligte, ist durchaus denkbar, daß die zahlreichen Adligen der thessalischen Ebenen, welche die traditionell äußerst starke Kavallerie stellten, diese Version in Umlauf brachten. Hier ist am ehesten an die scharfen Rivalen der Aleuaden um die
Vorherrschaft in Thessalien zu denken, die Skopaden aus Krannon oder die Echekratiden aus Pharsalos. Gerade letztere sind dafür die ersten Kandidaten. Denn laut
Demosthenes hat der Echekratide Menon den Athener Kimon bei dessen Feldzug
gegen das persische Eion um das Jahr 476/5 mit 300 Reitern und 12 Talenten unterstützt, wofür ihm zu einem späteren, uns unbekannten Zeitpunkt das athenische
Bürgerrecht verliehen wurde.[122] Es ist durchaus vorstellbar, daß sich mit der Erfindung einer Erzählung, die Aleuaden und Alexander hätten Themistokles bei der
Thessalien-Expedition bestochen, die Echekratiden ein Propagandainstrument geschaffen haben, um ihre Rivalen in Thessalien zu diffamieren. Und Kimon mag
dieses Gerücht auch in Athen in den politischen Kämpfen mit Themistokles verbreitet haben.[123] Weiter untermauern läßt sich diese Hypothese jedoch nicht.

of Makedonia, LCM 11, 1986, 75f.; Borza 1990, 109f.; auch von Badian 1994, 122f. erwogen.
Anders Meiggs 1982, 123f. Zu den Handlungsspielräumen Alexanders s.o. S. 82.
120 So Cole 1978, 42f.
121 Laut Thuk. I 137,2 ist Themistokles von den Molossern „ins Pydna Alexanders" geflohen. Ps.-
Them. ep. 20,15 Cortassa: ... εἰς Πύδναν ἐλθὼν πρὸς Ἀλέξανδρον Μακεδόνων ἄρχοντα,
πέμπομαι ὑπ' Ἀλεξάνδρου ἐπὶ τὴν ἐκεῖ θάλασσαν. „Als ich nach Pydna zu Alexander, dem
Führer der Makedonen, gekommen bin, werde ich von Alexander auf das dortige Meer hinaus-
gesandt." Zudem ep. 5,6. Cf. Cole 1978, 48; N.A. Doenges, The letters of Themistokles, New
York 1981, 282; für fiktiv hält dies Culasso Gastaldi 1990, 266 (zum historischen Wert der
pseudothemistokleischen Briefe s.u. S. 163). Allerdings sind Coles Hypothesen über beider
Kontakte während der Gesandtschaft Alexanders nach Athen im Winter 480/79 (44) und ihre
Pläne zum Aufbau einer makedonischen Vormacht in Nordgriechenland (46f.) zu spekulativ.
122 Cf. Demosth. XIII 23; XXIII 199; Morrison 1942, 62; Béquignon 1970, 1054; M.J. Osborne,
Naturalization in Athens, vol. III, Brüssel 1983, 20–23; Helly 1995, 304f.
123 Laut Plut. Kim. 16,1 hat Kimon einen seiner Söhne Thessalos benannt, woraus Blamire 1989
ad loc. schließt, daß Kimon später sogar Proxenos der Thessaler war. Um 460 versuchten die
Athener erfolglos, den aus Pharsalos vertriebenen Orestes, Sohn des Echekratidas, dort wieder
in seine alte Stellung einzusetzen; cf. Thuk. I 111,1; Diod. XI 83,3; cf. Gehrke 1985, 186f. Laut
Forrest 1984, 6 verunglimpft Herodot mit seinen Anklagen der Aleuaden den von Perikles

Als Fazit bleibt festzuhalten, daß vermutlich eine thessalische Quelle mit stark antialeuadischer Tendenz Herodots Bericht zugrunde liegt; als Initiatoren der thessalischen Erzählung haben die Echekratiden einige Wahrscheinlichkeit; doch der gesamte thessalische Adel hatte Grund, eine ihn exkulpierende Version der Ereignisse von 480 zu schaffen. In Opposition zu den Aleuaden stehende Adlige entsandten die Boten zum Kongreß der Griechen[124] und berichteten Jahrzehnte später Herodot von der griechischen Expedition. Welchen Inhalt die fingierte Botschaft hatte – ob nun eine Drohung Alexanders und der Aleuaden gegenüber den Griechen oder eine Bestechung des Themistokles durch jene Perserfreunde –, läßt sich nicht mehr festmachen. Herodots Schilderung jedoch gibt wohl nicht die Erzählung seiner Quelle – geschweige denn die historischen Geschehnisse – getreu wieder, sondern einiges weist darauf hin, daß er sie grundlegend verändert hat. Wenn wir eine Version über die Bestechung des Themistokles durch Alexander postulieren, so würde Herodots Vorgehen, diesen Verrat aus dem Bericht zu tilgen, indem er den Athener auf eine Statistenrolle reduziert und dem Makedonenkönig eine zweideutige Botschaft unterschiebt, mit seinen Intention bei der sonstigen Darstellung der beiden schillernden Protagonisten konform gehen, wie wir später mehrfach sehen werden: Alexander als – keineswegs philhellenischen – Opportunisten darzustellen, Themistoles jedoch niemals des Verrats zu beschuldigen.

Ganz ungeachtet dieser Hypothesen soll kurz noch der Ausgang der Expedition in Herodots Bericht erläutert werden. Er sah in dem Faktum einer fehlgeschlagenen Heeresexpedition keinen Widerspruch zu seinem sonstigen Bericht von den athenischen Verteidigungsbemühungen. Offensichtlich hat die Thessalien-Expedition vor dem Entschluß der Athener zum ausschließlichen Seekrieg stattgefunden. Mehr noch: Gerade vor dem Hintergrund eines solchen vorzeitig gescheiterten Versuches der Landverteidigung wird der Seekriegsbeschluß überhaupt erst verständlich.[125] Daß Themistokles an beiden Entscheidungen beteiligt war, erweist diesen Beschluß, der in der Orakeldebatte noch als Themistokleische Ausdeutung der göttlichen Hinweise erscheint, nun als Ausfluß der Erfahrungen in Nordgriechenland. Angesichts der Ernsthaftigkeit der griechischen Anstrengungen kann der eigentliche Grund für deren Scheitern nur im Medismos der Aleuaden und wohl auch der Perrhaiber zu suchen sein.

Herodot nennt die Furcht als eigentliches Movens der Griechen für ihren Abzug – ein Faktor, der uns im Laufe der Untersuchung des Xerxeszuges noch häufig begegnen wird.[126] Doch die Phrase ἀρρωδίη ἦν τὸ πεῖθον umschreibt keine panische Angst, sondern eine Furcht, die aus einem überlegten Abwägen der Gefahrenmomente und der Möglichkeiten ihrer Bewältigung hervorgegangen ist, was auch durch τὸ πεῖθον betont wird.[127] Tatsächlich dürfte die Griechen Furcht ergriffen

---

bevorzugten Partner in Thessalien. Zum häufigen Wechsel der Koalition der Thessaler zwischen 480 und 421 cf. Thuk. I 102,4; I 107,7; II 22,3; IV 78; Paus. I 29,9; GEHRKE 1985, 188f.

124　Cf. WESTLAKE 1936, 17.

125　S.o. ausführlich S. 96–99. So deutlich Plut. Them. 7,1f.

126　Dazu GEORGES 1986, 40f. und ausführlich R. VON HAEHLING, Furcht und Schrecken in Herodots Darstellung und Deutung der Perserkriege, Klio 75, 1993, 85–98.

127　Zur Semantik von ionischem ἀρρωδίη, attischem ὀρρωδία cf. J.H.H. SCHMIDT, Synonymik der

haben, als sie erkannten, daß durch den Verrat der Thessaler ihre Verteidigungsstellung unhaltbar geworden war. Durch Angabe des erst nachträglich bekannt gewordenen Umgehungsweges hat Herodot immerhin eine akzeptable Entschuldigung für die griechischen Strategen gefunden.[128] Aus ihrer Ratlosigkeit erwächst schon die siegbringende Idee einer Konzentration auf den Seekrieg, die Herodot zuvor in der Orakeldebatte als Zielpunkt dieser Entwicklung erwiesen hatte. Die bittere Erfahrung, daß eine Abwehr der Perser zu Lande unmöglich ist, spiegelt wohl seine eigene Auffassung wider, daß im Jahr 480 die Zeit noch nicht gekommen war, um den Invasoren in der Hoplitenrüstung entgegenzutreten. Zuvor mußte erst der Nimbus der persischen Unbesiegbarkeit durch die Seeschlacht bei Salamis gebrochen werden.

griechischen Sprache, Leipzig 1876–86, Bd. III, 533f. Seine Definition verwirft B. Drobig, Psychologie und Begrifflichkeit bei Thukydides, dargestellt an den Problemen seiner Furchtsynonyma, Diss. masch. Bonn 1958, 521 A. 1447. Cf. Hdt. I 111,1; VII 49,5; Drobig 1958, 397f.; 391–409 zu den Furchtsynonyma bei Herodot.

128 Von Haehling 1993, 88f. mit A. 23, wertet es als Ausdruck von Panik, daß die Griechen sich nicht nur bis zur nächstmöglichen Verteidigungstellung, den Thermopylen, sondern gleich zum Isthmos zurückzogen (Hdt. VII 173,4). Doch auch an den Thermopylen hätte ein solch großes Heer schon aus logistischen Gründen nicht längere Zeit auf die Angreifer warten können.

III. Die Seeschlacht am Kap Artemision (VIII 4f.; 19f.; 22)

1. Der Streit der Griechen um den Flottenoberbefehl (VIII 2f.)

In seiner Vorgeschichte der Kämpfe um das Kap Artemision läßt sich Herodot scheinbar eine Gelegenheit entgehen, die bedeutende Rolle des Themistokles herauszuheben: im Streit der Griechen um den Flottenoberbefehl (VIII 2f.). Gerade der Verfechter der Seekriegsstrategie muß doch die Führung der griechischen Schiffe für die Athener beansprucht haben. Herodots „Versäumnis" fällt um so eher auf, als spätere Autoren, besonders Plutarch, diese Szene nutzten, um Themistokles' angebliche Erkenntnis zu loben, daß ein fortdauernder Zwist darüber das gemeinsame Ziel der Griechen gefährden würde.[1] Dennoch überging Herodot oder seine Quelle Themistokles nicht aus Böswilligkeit, sondern weil in sein Bild vom athenischen Strategen ein Themistokles nicht passen würde, der anfänglich nachgeben muß, ohne letzten Endes den Sieg davonzutragen. Vor Salamis und im Kriegsrat auf Andros wird er zwar überstimmt, am Ende jedoch gewinnt Themistokles. Diese Möglichkeit eines schließlichen Sieges war vor Artemision jedoch nicht gegeben.

So sehr uns hier Herodot für Themistokles enttäuschen mag, so aufschlußreich sind seine Ausführungen über den Führungsanspruch der Athener insgesamt:[2] Diese geben laut Herodot noch vor der Gesandtschaft nach Sizilien im Streit um den Oberbefehl zur See nach, da die Bundesgenossen eine athenische Leitung strikt ablehnen. Wer damals vorgeschlagen hat, den Athenern den Oberbefehl zu übertragen, sagt Herodot nicht; hingegen gibt er präzise die Motivation für deren Nachgiebigkeit an: Sie hätten erkannt, daß ein solcher Zwist Griechenland den Untergang bescheren würde. Als kurz vor der Schlacht von Artemision nun diese Frage wieder aufgekommen sei, habe dieselbe Einsicht die Athener zur erneuten Aufgabe ihrer Forderung bewogen. Herodot krönt das Lob der Athener für ihre Weitsicht mit einer Sentenz über die innere Zwietracht, die soviel verderblicher sei als einmütig geführter Krieg gegen äußere Feinde wie Krieg überhaupt gegenüber Frieden.

Doch die Athener scheinen weniger von Edelmut getrieben zu sein als vielmehr von einer realistischen Lageeinschätzung der bündnispolitischen Konstellation des Jahres 481/0. Ein Verzicht auf den Hegemonieanspruch zur See empfahl sich um so eher, wenn wir der von Tronson und Baltrusch[3] vertretenen Sichtweise folgen,

---

1   Cf. Plut. Them. 7,3; Ael. Arist. III 239 Behr = II p. 252 Dindorf. Cf. Burn 351.

2   Hdt. VIII 2,2–3,2.

3   A. Tronson, The Hellenic League of 480 B.C. – Fact or Fiction?, AClass 34, 1991, 93–110 und E. Baltrusch, Symmachie und Spondai. Untersuchungen zum griechischen Völkerrecht der archaischen und klassischen Zeit (8.–5. Jahrhundert v. Chr.) (UaLG 43), Berlin-New York 1994, 30–43. So schon U. Kahrstedt, Griechisches Staatsrecht, Bd. I: Sparta und seine Symmachie, Göttingen 1922, 26–28; Busolt–Swoboda 1926, 1321–1323; H. Schaefer, Staatsform und Politik. Untersuchungen zur griechischen Geschichte des 6. und 5. Jahrhunderts, Leipzig 1932, 214; 256; ATL III 95–100; Amit 1973, 30; Georges 1986, 23; J. Wickersham, Hegemony and Greek Historians, Lanham 1994, 1f., 34, 45 u.ö.

daß das hellenische Abwehrbündnis gegen die Perser nichts anderes war als der um wenige Staaten, insbesondere eben Athen[4], erweiterte Peloponnesische Bund, der schon seit dem sechsten Jahrhundert bestand.[5] Dafür spricht das Fehlen zuverlässiger Nachrichten über einen eigenen Namen für das Bündnis von 481/0 sowie einen Ort für seine erste Zusammenkunft.[6] Daß Sparta dessen alleiniger ἡγεμών, hingegen die Verbündeten, durch bilaterale Verträge an Sparta gebunden, nur σύμμαχοι im Sinne von „Mitkämpfern" gewesen sind, könnte die Herodoteische Phrase οἱ γὰρ σύμμαχοι οὐκ ἔφασαν ... Ἀθηναίοισι ἕψεσθαι ἡγεομένοισι („Denn die Verbündeten weigerten sich, ... den Athenern als Führern zu folgen." VIII 2,2) belegen, die wohl dem Eid in den spartanischen Bündnisverträgen nachempfunden ist, wie der spartanische Vertrag mit einem verbündeten Staat aus dem frühen fünften Jahrhundert zeigt.[7] Im Falle des lediglich erweiterten Peloponnesischen Bundes ist wohl KAHRSTEDT[8] beizupflichten, wenn er den athenischen Anspruch auf die maritime Hegemonie und die daran anschließende Diskussion für einen Anachronismus hält. Dann könnte Herodots Darstellung auf eine athenische Überlieferung[9] zurückzugehen, die erklären sollte, wieso die Athener – obgleich bei weitem stärkste griechische Seemacht – auf den Oberbefehl verzichteten.

---

4   Athen pflegte wohl schon vor 481 rege Verbindungen zu Sparta; cf. Hdt. VII 133; VI 48 (Gesandtenermordung von 491); VI 105f. (Hilfegesuch an Sparta vor Marathon), VI 49f. (Athen adressiert seine Klagen über Aigina an Sparta); VI 73 (Aiginetische Geiseln in Athen 490). Cf. BALTRUSCH 1994, 33f. A. 162.

5   Cf. TRONSON 1991, 100–102. Dazu K. TAUSEND, Amphiktyonie und Symmachie. Formen zwischenstaatlicher Beziehungen im archaischen Griechenland (Historia Einzelschriften 73), Stuttgart 1992, 167–180, und L. THOMMEN, Lakedaimonion Politeia. Die Entstehung der spartanischen Verfassung (Historia Einzelschriften 103), Stuttgart 1996, 55–69 mit Literatur.

6   Hdt. VII 145,1 nennt für das erste Zusammenkommen der Griechen weder Ort noch Zeit (cf. TRONSON 1991, 95–98). Paus. III 12,6 belegt Sparta als Versammlungsort. Dies akzeptiert BALTRUSCH 1994, 34 mit A. 163; mit Skepsis TRONSON 1991, 97f. Hingegen nennt Diodor XI 1,1; 3,3 den Isthmos. Den Namen des Bündnisses bei Plut. Arist. 10,6 ἡ τῶν Ἑλλήνων συμμαχία sieht TRONSON 1991, 95 mit 105 A. 15 als späte Rekonstruktion.

7   Cf. BALTRUSCH 1994, 36–39, 48–51, bes. 39 mit A. 193. Die Inschrift publizierte W. PEEK, Ein neuer spartanischer Staatsvertrag, ASAW 65,3, Berlin 1974, 4; verbesserte Lesung mit weiteren Ergänzungen bei F. GSCHNITZER, Ein neuer spartanischer Staatsvertrag und die Verfassung des Peloponnesischen Bundes (Beiträge zur Klassischen Philologie 93), Meisenheim 1978, 41, Z. 4–10: ... [ἑποιμ]ένος hόπυι κα Λα[κεδαιμόνιλο]ι hαγίονται καὶ κα[τὰ γᾶν ι κ]αὶ κὰ(θ) θάλα(θ)θαν, τὸ[ν αὐτὸν] ι φίλον καὶ τὸνν αὐτ[ὸν ἐχθρὸν] ι ἔχοντες hόν περ [καὶ Λακε]λδαιμόνιοι. „... zu folgen, wohin die Lakedaimonier führen sowohl zu Lande als auch zu Wasser, denselben Freund und denselben Feind zu haben wie auch die Lakedaimonier." Zur Datierung PEEK 1974, 12; GSCHNITZER 1978, 34; anders P.A. CARTLEDGE, A new 5th-century Spartan treaty, LCM 1, 1976, 87–92; D.H. KELLY, The new Spartan treaty, LCM 3, 1978, 133–141. Zur Verbreitung dieser Klausel PEEK 1974, 6f. (cf. Xen. Hell. II 2,20; IV 6,2; VI 3,7) und L.H. JEFFERY, CAH IV² 1988, 350, 361; zu ihrem hohen Alter GSCHNITZER 1978, 34–36; G.E.M. DE STE. CROIX, The Origins of the Peloponnesian War, Ithaca 1972, 108–111, 339f.; TAUSEND 1992, 174–180; skeptisch THOMMEN 1996, 59 mit A. 28.

8   KAHRSTEDT 1922, 84 A. 3.

9   Laut TRONSON 1991, 93, 99, 103f. hat Herodot in seiner angeblich athenfreundlichen Tendenz die Perserabwehr als panhellenische Leistung auf diese Weise glorifizieren wollen; cf. STARR 1962, 322–324; BALTRUSCH 1994, 33.

Doch selbst, wenn wir dieses Bündnis als Neugründung eigens zur Perserabwehr ansehen[10], konnte ein Versuch Athens, die Flottenführung an sich zu reißen,
kaum von Erfolg gekrönt gewesen sein. Zu stark war dafür Spartas Hegemonie sowohl zu Lande als auch zur See, die Herodot selbst die Spartaner und Athener gegenüber Gelon von Syrakus beschreiben läßt[11]; überdies hätten die anderen Bundesgenossen durch ein Privileg für die Athener die Bündnisregel, die nur einen Hegemon vorsah, in Gefahr gesehen und deren Sonderstellung nicht geduldet.[12] Ob
die Bündner angesichts der drohenden Gefahr und ihrer Aufgabe, die Thermopy-
len-Stellung zu schützen, jedoch tatsächlich damit drohen konnten, den Flottenverband vollständig aufzulösen, ist doch fraglich.

Aber zurück zu Herodot: Er läßt dieses Loblied auf die Einsicht der Athener nur
für die Perserkriegszeit gelten, als sie auf die anderen Griechen angewiesen waren.
Doch kaum waren die Invasoren aus Griechenland vertrieben[13], schüttelten die Athener, so Herodot (VIII 3,2), alle Zurückhaltung ab und steuerten zielstrebig auf die
Vormachtstellung zu: Die dazu erforderliche Absetzung des spartanischen Regenten Pausanias als Oberbefehlshaber bewerkstelligten sie, indem sie seine ὕβρις als
Vorwand benutzten. Die Kritik Herodots am Doppelspiel der Athener ist unbestreitbar.[14] Diese Passage hat mit ihrer abrupten Wende in der Bewertung der Athener
schon programmatischen Charakter für die gesamten *Historien*. Haben sich die Athener während der Perserkriege die größten Meriten um die Freiheit Griechenlands
erworben, so bricht sich in der Folgezeit ihre bisher verborgene Herrschsucht unge-
hemmt Bahn.[15] Die Mehrdeutigkeit des Begriffes ἡγεμονίη als militärischer Ober-

10   Wie ausführlich BRUNT 1953/54, 140–142 = 1993, 54–56 (dem HIGNETT 97–99 folgt); schon
      BELOCH GG II² 1,40; K. WICKERT, Der peloponnesische Bund von seiner Entstehung bis zum
      Ende des archidamischen Krieges, Diss. Erlangen 1961, 36–40 (mit beachtenswerten Argu-
      menten); STE. CROIX 1972, 150; P. SIEWERT, Der Eid von Plataiai (Vestigia 16), München 1972,
      88; SEALEY 1976, 205f.; CARTLEDGE 1979, 202; HAMMOND CAH IV² 1988, 543f.; HAMEL 1998,
      100f.; jüngst D. KIENAST, Der Hellenenbund von 481 v. Chr., Chiron 33, 2003, 43–77, bes. 45.
11   Hdt. VII 159; ausführlich die Athener VII 161,2f. Cf. auch IX 27,6.
12   Cf. BALTRUSCH 1994, 38; H.D. MEYER, Vorgeschichte und Begründung des delisch-attischen
      Seebundes, Historia 12, 1963, 405–446, hier 405–408; F. KIECHLE, Athens Politik nach der
      Abwehr der Perser, HZ 204, 1967, 265–304, hier 303. Als Agitatoren gegen Athens Führungs-
      anspruch sehen BRUNT 1953/54, 139 = 1993, 53 und D. LOTZE, Selbstbewußtsein und Macht-
      politik. Bemerkungen zur machtpolitischen Interpretation spartanischen Verhaltens in den Jah-
      ren 479–477, Klio 52, 1970, 255–275, hier 258, vor allem Aigina und Korinth an.
13   Damit war *de facto* das Kriegsziel der Symmachie erreicht. Spartas Weigerung, den Krieg wei-
      ter nach Asien hineinzutragen, führte schließlich zur Übertragung des Oberbefehls an die Athe-
      ner (cf. BALTRUSCH 1994, 50f., 54f.), was die Ioner betrieben, während die Peloponnesier ihrer
      Vormacht treu blieben (Thuk. I 95).
14   Cf. STRASBURGER 1955, 20; MASARACCHIA ad loc. sowie die meisten Übersetzungen. MUNSON
      2001a, 215f. sieht die ambivalente Ausdrucksweise als Konsequenz aus Herodots Diskurs an,
      der „tends to praise openly (…) and to blame allusively" (216). Hingegen haben POHLENZ 1937,
      170–172 und IMMERWAHR 220–222 als Subjekt zum vorletzten Satz von Hdt. VIII 3,2 οἱ Ἕλλη-
      νες vorgeschlagen. Jede Kritik an Athen darin bestreiten auch MACAN und POWELL ad loc.;
      JACOBY 355f., 378, (der VIII 3 einer älteren, nicht redigierten Fassung der *Historien* zuweist;
      Widerlegung bei FOCKE 1927, 34–36; COBET 1971, 75f.); CARRIÈRE 1988, 252f.; WICKERSHAM
      1994, 25–30.
15   So FOCKE 1927, 33–37, bes. 34; COBET 1971, 76; BICHLER 2000, 367; MUNSON 2001a, 214–217;

befehl in der konkreten Situation vor Artemision einerseits und als Herrschaft im Sinne der ἀρχή über die Griechen in den folgenden Jahrzehnten anderereits ermöglicht diese Ausweitung der Kritik. Worin sich die Athener damals vergangen haben, das läßt Herodot in seinem Bericht über die Seeschlacht von Artemision durchscheinen, wie ich im folgenden zu zeigen beabsichtige.

2. Die „Bestechung" der griechischen Feldherren (VIII 4f.)

Die Geschichte, die Themistokles als Bestochenen und Bestechenden zugleich zeigt, damit die Griechen sich den Persern am Kap Artemision zur Seeschlacht stellen (VIII 4f.), wird schon von Plutarch[16] verworfen, dem die moderne Forschung weitgehend beipflichtet.[17] Der kunstvolle zweigliedrige Aufbau der Geschichte fällt sogleich auf:[18] In ihrem ersten Teil wird Themistokles bestochen. Die Euboier, die ihre Insel beim Rückzug der Griechen verloren sehen, bitten erfolglos den spartanischen Oberbefehlshaber, Eurybiades, solange noch zu verweilen, bis sie ihre Habseligkeiten in Sicherheit gebracht haben; daraufhin bieten sie erfolgreich Themistokles 30 Talente dafür, daß er die Griechen dazu bewegt, doch vor Euboia die Seeschlacht zu schlagen. Im zweiten Teil der Geschichte besticht Themistokles selbst, und zwar doppelt: Eurybiades und den Korinthier Adeimantos. Diese beiden Feldherren widerstreben zuerst, Eurybiades den Euboiern, Adeimantos dem Athener, bis sie Themistokles schließlich mit insgesamt 8 Talenten doch umstimmt. Am Ende stehen zwei Gewinner (VIII 5,3): die Euboier und Themistokles, der den kleineren Teil der Summe weggibt, um die übrigen 22 Talente in den eigenen Geldbeutel einstreichen zu können.

Allerdings beschreibt Herodot seine „Bestechung" durch die Euboier eher neutral: Die Phrase πείθειν ... ἐπὶ μισθῷ („durch eine Belohnung überzeugen", VIII 4,2) deutet bei Herodot eher auf eine rein geschäftliche Beziehung zwischen Gebenden und Nehmenden hin.[19] Diese „Kommerzialisierung" der Verteidigungsan-

---

MOLES 2002, 43. Daß Herodot gerade diese Folgezeit in den Blick nimmt, zeigt seine abschließende Bemerkung VIII 3,2 fin.: „Aber dies geschah erst später."

16 Plutarch bemerkt zur Seeschlacht in Her. malign. 34, p. 867c: Ἡρόδοτος δέ, ὑφ' κεκοσμῆσθαί τινες ἀξίουσι τὴν Ἑλλάδα, δωροδοκίας καὶ κλοπῆς ἔργον ἀποφαίνει τὴν νίκην ἐκείνην γενομένην καὶ τοὺς Ἕλληνας ἀκουσίως ἀγωνισαμένους, ὑπὸ τῶν στρατηγῶν ἐξαπατηθέντων ἀργύριον λαβόντων. „Zwar halten einige Herodot für einen Lobredner Griechenlands, doch stellt er diesen Sieg als Frucht von Bestechung und Betrug dar und zeigt die Griechen unwillig zum Kampf, hintergangen von den Strategen, die Geld genommen hätten." Aufschlußreich für Plutarchs allesbestimmende Polemik gegen Herodot in dieser Schrift ist es, daß er in seiner Themistokles-Biographie (7,5–7) Herodots Bericht kommentarlos übernimmt.

17 Cf. STEIN sowie HOW-WELLS ad loc.; BUSOLT GG II² 682 A. 3; Ed. MEYER, GdA IV⁵ 359 A. 1; OBST 1913, 114 P GREEN, The Year of Salamis 480/79 B.C., London 1970, 130f. und LAZENBY 1993, 129 halten diese Geschichte aber für historisch.

18 GOLDSCHEIDER 35 sieht sonderbarerweise darin ein Argument für deren Echtheit.

19 Zum Ausdruck μισθῷ πείθειν cf. Hdt. IV 151,3; VIII 134,1; IX 33. Negativ konnotiert finden wir ihn nur bei Hdt. I 160. Sonst heißt μισθός „Lohn" (Hdt. II 86,3; IV 9,2; VIII 137,2. V 65, 2 „Pfand"). Dazu E. WILL, Notes sur μισθός, in: J. BINGEN, G. CAMBIER & G. NACHTERGAEL (edd.),

strengungen pflanzt sich weiter fort, als Themistokles seinerseits nun Eurybiades mit fünf Talenten umstimmen kann. Für diesen wie auch für die anderen, die etwas erhalten, ist entscheidend, daß das Geld von verbündeter Seite, d.h. formell aus der Staatskasse der Athener, stammt.[20]

Auch bei der Bestechung des Korinthiers Adeimantos ist die Herodoteische Erzähllogik eindeutig. Themistokles unterstellt ihm implizit, daß es für ihn nur eine Frage der angebotenen Geldsumme sei, ob er bleibe oder abziehe (VIII 5,2). Wenn er wirklich abfahre und somit die Bundesgenossen schmählich im Stich lasse, so setze er sich unmittelbar dem Verdacht aus, vom Großkönig bestochen worden zu sein. Für Themistokles steht außer Zweifel, auf welche der beiden Geldofferten – die erfundene des Feindes oder die des Verbündeten Themistokles – einzugehen Adeimantos folglich keinesfalls umhinkommen würde. Auch sein Eid auf seine Aussagen (ἐπομόσας) verstärkt diesen Eindruck seines Überlegenheitsgefühls. Zudem gibt er Adeimantos folgendes zu bedenken: Wenn er sich schon bestechen lasse, so solle er doch den höheren Gewinn für sich wählen. Da es diesem nach der Entgegnung des Themistokles gar nicht mehr möglich ist abzusegeln, ohne später des Verrats an den Griechen geziehen zu werden, kann der Athener, ohne auch nur seine Antwort abzuwarten, ihn mit einer vergleichsweise geringen Summe abspeisen.[21] Themistokles' Einführung einer *ad hoc* fingierten Offerte des Perserkönigs an Adeimantos erinnert als Zeugnis seines Einfallsreichtums an das konstruierte Antonym σχετλίη zu θείη in der Orakeldebatte (VII 143,1f.). Für die weitere Rekonstruktion ist festzuhalten, daß Themistokles selbst die Möglichkeit in den Raum stellt, daß ein griechischer Stratege vom Großkönig bestochen wird. Daß Adeimantos wenig mehr als die Hälfte von dem erhält, was Eurybiades, der nach Erhalt von fünf Talenten ohne Zögern einwilligte zu bleiben, einstreichen kann, gibt jenen der Lächerlichkeit preis.[22] Die Verspottung des Adeimantos rundet die humoristische Verwendung von ἀσπαίρειν „zappeln" ab.[23]

Le monde grec pensée littérature histoire documents, FS C. Préaux, Brüssel 1975, 426–438, hier 428f.

20 Cf. Hdt. VIII 5,3. ὡς παρ' ἑωυτοῦ δῆθεν διδούς (5,1) bedeutet „als ob er es von sich aus gäbe"; eine ähnliche Bedeutung ist auch für Themistokles' Versprechen gegenüber Adeimantos „ἐπεί τοι ἐγὼ μέζω δῶρα δώσω" („Denn ich werde dir mehr Geschenke geben …", 5,2) zu postulieren. Hieße es „wie aus eigenem Vermögen", wäre die abschließende Bemerkung über die von allen Bestochenen postulierte athenische Herkunft des Geldes unverständlich. Damit wird lediglich ausgedrückt, daß Themistokles Eurybiades gegenüber verschleierte, daß das Geld von den Euboiern selbst stammt (man beachte das ironische δῆθεν!).

21 Um wieviel kunstvoller ist dieser Schachzug gegenüber den plumpen Manövern bei Thuk. I 137,2 und Plut. Them. 7,7, bei denen Themistokles dem Schiffskapitän bzw. dem Trierarchen Architeles unverhohlen droht, sie bei Nichteingehen auf sein Angebot als bestochen zu denunzieren!

22 E.G. Millender, Νόμος Δεσπότης: Spartan Obedience and Athenian Lawfulness in Fifth-Century Thought, in: V.B. Groman & E.W. Robinson (edd.), Oikistes. Studies in Constitutions, Colonies, and Military Power in the Ancient World, FS A.J. Graham (Mnemosyne Suppl. 234), Leiden-Boston-Köln 2002, 33–59, hier 38 A. 15, sieht hingegen vor allem Eurybiades in Verruf gebracht, da Themistokles ihn anderen als finanziellen, nämlich Sachargumenten nicht für zugänglich erachte, was er immerhin bei Adeimantos tue.

23 Cf. M.B. Wallace, Herodotos and Euboia, Phoenix 28, 1974, 22–44, hier 29–32; Shimron

Von diesen Antihelden Eurybiades und Adeimantos hebt sich Themistokles um so deutlicher ab.[24] Denn er ist es, der die Griechen von der feigen Flucht abgebracht und zu neuem Widerstandswillen aufgerüttelt hat. Allerdings bedarf er dazu – wie schon zuvor in der Orakeldebatte und später vor Salamis durch Mnesiphilos – offensichtlich eines Impulses von außen. Zudem bedient er sich dabei des unheroischen Mittels der „Bestechung", bei der er selbst den größten Gewinn einsteckt. Daß Themistokles dies vor allen verheimlichen kann, erfährt die Bewunderung Herodots.[25]

Wegen der zentralen Bedeutung des Geldes und der Bestechung in dieser Erzählung erscheint es mir an dieser Stelle angebracht, die Haltung der Griechen der frühklassischen Zeit zur Zahlung bzw. Annahme von Geld oder Geschenken als Gegenleistung für bestimmte Dienste im staatlichen Leben in aller Kürze zu beleuchten. Auffälligerweise kennt das Griechische keine speziellen Begriffe für „Bestechung"; die dafür verwendeten Termini δῶρον, δώρημα („Geschenk") und das eher seltene δωροδοκία und – im weiteren Umkreis – χρήματα („Geld") und μισθός („Belohnung") sind *voces mediae,* so daß wir mit Herman[26] fragen dürfen: „How could the δῶρον-gift be distinguished from the δῶρον-bribe?" Allgemein wird eine weitgehende Verbreitung der Bestechung in der Politik und Rechtsprechung griechischer Poleis schon seit frühen Zeiten angenommen, auch wenn dies nur für das Athen des vierten Jahrhunderts genauer zu belegen ist.[27]

Zweifellos verfiel derjenige Staatsmann oder Feldherr der Ächtung seiner Mitbürger, welcher der Heimatstadt infolge eigener Bestechlichkeit Schaden zufügte. Besonders schmachvoll war der Vorwurf gegen einen Feldherren, er habe, von den Gegnern bestochen, diese nicht vollständig besiegt, sondern ihnen eine Fluchtmöglichkeit gelassen.[28] Andererseits scheint eine gleichsam „kommerzielle" Beendi-

---

1989, 67; Bencsik 1994, 111. Zu ἀσπαίρειν cf. Hdt. I 111,3; IX 120,1; auch Hom. Il. XIII 571–573; Od. XXII 473.

24 Cf. Hart 1993, 189f.; bes. Bencsik 1994, 111f.

25 Cf. Bencsik 1994, 110f. Ähnliches gilt für Amasis (Hdt. II 172), den Meisterdieb (II 121), Alexander (V 21,2), Artemisia (VIII 87f.) sowie Teisamenos und Melampus (IX 33–36).

26 G. Herman, Ritualised Friendship and the Greek City, Cambridge 1987, 75; cf. zum folgenden Abschnitt ibid. 73–81; zudem S. von Reeden, Exchange in Ancient Greece, London 1995, 88–98, 117–123, 132–134. Zur griechischen Terminologie für Bestechung cf. Harvey 1985, 82–89. Cf. auch die Quellensammlung bei T.J. Figueira, KREMATA: Acquisition and Possession in Archaic Greece, in: K.D. Irnai & M. Silver (edd.), Social Justice in the Ancient World, Westport-London 1995, 41–60, hier 56–60.

27 Kratinos fr. 70, 435, 510 Kassel-Austin spricht sogar von den Göttinnen Δωρώ, Δεξώ und Ἐμβλώ. Cf. auch Pol. XVIII 34,7 und Harvey 1985, 89f., 95f., 98, 101: die geringe Zahl derjenigen, die als „unbestechlich" galten, Aristeides, Ephialtes, Perikles und Phokion sowie Lysander, Agesilaos und Epameinondas, spricht ebenfalls für die Verbreitung der Bestechung auch schon im 5. Jh.; ähnlich Kulesza 1995, 41. Perlman 1976, 232f. weist jedoch der Bestechung Bedeutung nur im diplomatischen Verkehr der Griechen mit dem persischen und makedonischen Königshof, nicht jedoch zwischen den griechischen Poleis zu.

28 Die Beispiele für Anklagen dieser Art gegen Feldherren sind Legion: die Spartanerkönige: Leotychidas gegenüber den Thessalern (Hdt. VI 72; dazu und dem Fall des Kimon s.o. S. 126f.), Kleomenes gegenüber den Argivern (Hdt. VI 82,1), Pleistoanax gegenüber den Athenern (Thuk. II 21,1; Plut. Per. 22). Zur hohen Bestechlichkeit spartanischer Könige und Beamte Noethlichs

gung kriegerischer Auseinandersetzungen für die Griechen des frühen fünften Jahrhunderts durchaus akzeptabel gewesen zu sein – sofern wir Herodot (VIII 29f.) darin trauen dürfen: Er berichtet, daß die mit den Persern verbündeten Thessaler nach dem Fall der Thermopylen den Phokern anboten, sie gegen Zahlung von 50 Talenten zu verschonen. Die Phoker begründeten ihre Ablehnung damit, daß sie ihr Geld sparen könnten, indem sie sich selbst den Persern anschlössen. Nicht das „Erkaufen" der Schonung war ihnen zuwider, sondern der hohe Preis für etwas, das weit billiger zu haben war. Auch der Vorschlag der Thebaner, die Perser sollten große Geldbeträge an die Mächtigen der einzelnen freien Griechenstädte senden, damit sich diese ihnen auslieferten,[29] spielt wohl auf die Neigung der Griechen an, zwischenstaatliche Konflikte mit möglichst geringem Aufwand, d.h. mit Geld, statt mit Blutvergießen aus der Welt zu schaffen.[30] Herodot ist sich der Macht des Geldes sehr wohl bewußt.[31]

Wer mittels aktiver Bestechung Schaden von seiner Heimatpolis abwendete, gelangte durchaus zu Ruhm. So schadete es Perikles' Ruf, selbst ἀδωρότατος („gänzlich unbestechlich") zu sein, keineswegs, daß er im Jahre 446 den Spartanerkönig Pleistoanax durch Bestechung zum Rückzug aus Attika bewegen konnte.[32] Daß vornehmlich der Nutzen oder der Schaden für die Polis den Ausschlag bei der Beurteilung von Bestechung gab, belegt explizit der athenische Gerichtsredner Hypereides[33] und ex negativo das Ausmaß an rhetorischem Geschick, das Demosthenes auf den Nachweis verwenden muß, daß Bestechlichkeit eo ipso ein Verbrechen darstelle, auch wenn es nicht unmittelbar der Polis zum Schaden gereiche.[34] Überhaupt galt – wohl angesichts ihrer großen Verbreitung – die Zahlung von Schmiergeldern

---

1987, *passim* mit insgesamt 36 Fällen; auch Herodot betont diese, cf. MILLENDER 2002, 36–39, mit weiteren Quellen und Literatur 36 A. 11; H. BARTH, Das Verhalten des Themistokles gegenüber dem Gelde. οὐ γὰρ ἐπαύετο πλεονεκτέων (Herodot VIII 112), Klio 43–45, 1965, 30–37, hier 36f..; s.u. ausführlich S. 315f.

29   Cf. Hdt. IX 2,3; 41,2–4.

30   Diese Einstellung mag noch daher rühren, daß seit alters Kriegszüge in erster Linie der Erlangung von Beute dienten.

31   Cf. R. BICHLER, Herodot und die Macht des Geldes, in: F. MATHIS & J. RIEDMANN (edd.), Exportgewerbe und Außenhandel vor der Industriellen Revolution, FS G. ZWANOWETZ, Innsbruck 1984, 11–24 und E. SCHEID-TISSINIER, Le don entre public et privé. La circulation des présents et des richesses dans le monde d'Hérodote, Ktema 23, 1998, 207–220, zu Themistokles 216f. Anders K. CHRIST, Die Griechen und das Geld, Saeculum 15, 1964, 214–229, hier 227.

32   Cf. Thuk. II 65,8. Dazu ausführlich s.u. S. 165–167.

33   Hyp. V col. 25: ... ἓν μόνον παραφυλάττοντες, ὅπως δι᾽ ὑμᾶς καὶ μὴ καθ᾽ ὑμῶν ἔσται τὸ λαμβανόμενον. „... nur ein einziges ist im Auge zu behalten, daß die Bestechungssumme zu eurem Nutzen und nicht zu eurem Schaden angenommen wird." Cf. auch IV 8, 29f.; Dein. I 47; Demosth. XIX 293–295; 277–279; XXI 113; Lys. XXI 22; IG II² 223, 5–6, 11; Paus. VII 10,1; Syll.³ 360, Z. 29f. HARVEY 1985, 108–113 macht daraus sogar ein „Hypereides principle", nach dem nur „catapolitical bribery" strafwürdig gewesen sei; ähnlich PERLMAN 1976, 224, KULESZA 1995, 42f.; D. WHITEHEAD, Hypereides. The Forensic Speeches, Oxford 2000, 438; bestritten von H. WANKEL, „The Hypereides principle"? Bemerkungen zur Korruption in Athen, ZPE 85, 1991, 34–36.

34   Demosth. XIX 7, 268, 275; 277; cf. PERLMAN 1976, 232f.

gerade in rein persönlichen Angelegenheiten als verzeihliches Vergehen.[35] Um so mehr mußte ein Bestechungsmanöver zum Wohle der Polis einem Tadel von seiten der Mitbürger entgehen. Einem erfolgreichen Politiker wurde gerade in Athen diese Quelle des Wohlstandes nachgesehen, solange er die Gunst der Mitbürger besaß. Hatte er aber diese verloren, so wurde ihm daraus ein Strick gedreht.[36]

Mangels professionellen diplomatischen Personals kamen politisch aktive Bürger nicht selten in eine Vermittlerrolle bei den Verhandlungen zwischen einzelnen griechischen Poleis, die sie sich fürstlich entlohnen ließen.[37] Gerade bei Symmachien war die Grenzlinie zwischen persönlichem Geschenk und Beitrag zu den Kriegskosten nicht genau zu ziehen.[38] Jedoch scheint auch bei Herodot und den Griechen die Schmerzgrenze rasch überschritten gewesen zu sein, wenn sich ein Feldherr durch die Geldzahlung eines Fremden zu einem von der eigenen Polis nicht initiierten militärischen Unternehmen verleiten ließ.[39]

Doch um zum Ausgangspunkt zurückzukehren: Ein solcher Fall liegt in der Herodoteischen Schilderung über die Geldtransaktionen am Kap Artemision ebensowenig vor wie eine Schädigung der beteiligten Poleis, noch wurden die Strategen zu einer Verletzung ihrer Amtspflichten verleitet. Ganz im Gegenteil: Die Zahlungen an die einzelnen Feldherren geben erst den Anstoß zur Erfüllung ihrer Pflichten, ermöglichen somit erst den Abwehrkampf gegen die Perser.[40] Obgleich die 30 Talente einem hehren Zweck dienen, sind die Ungereimtheiten der Anekdote augenfällig:[41] Daß die Euboier nach Eurybiades' Abschlagen ihrer Bitte sich an Themistokles, zudem sogleich mit einem fürstlichen Lohn wenden, macht den Leser stutzig. Denn warum haben die Euboier dasselbe „Überzeugungsmittel" nicht schon bei Eurybiades ausprobiert? Dieser ist doch der Oberbefehlshaber, nicht Themistokles.[42] Immerhin ist festzustellen, daß die Euboier Eurybiades lediglich um ein kurzes Verweilen bitten, damit sie ihre Habe in Sicherheit bringen können, während sie von Themistokles weit Größeres als Gegenleistung für den enormen Betrag von 30 Talenten verlangen, nämlich die Griechen zur Seeschlacht vor dem Kap Artemision

---

35 Cf. Dein. fr. I 2 Conomis; Plat. rep. IX 575b-c; Harvey 1985, 98, 112 postuliert eine solche Toleranz schon für das 5. Jh. Cf. Diesner 1957, 901; Immerwahr 209–215; Munson 1988, 99–101, bes. 100.

36 Cf. M.H. Hansen, Die athenische Demokratie im Zeitalter des Demosthenes, Berlin 1995, 286f.

37 Dies belegt eindrücklich der Fall des Spartaners Menalkidas um 150 v. Chr., der große Ähnlichkeit mit unserer Anekdote aufweist (Paus. VII 11,7–12,3; cf. Noethlichs 1987, 154). Cf. A. Cozzo, Kerdos. Semantica, ideologie e società nella Grecia antica, Rom 1988, 25–71, zum Gewinn im Krieg 32–35.

38 Z.B. Hdt. V 30,6; 35,1.

39 Beim spartanischen König Kleomenes spielt dieses Motiv eine wichtige Rolle: Hdt. III 148; V 51; VI 50,2 (dazu Noethlichs 1987, 138f.).

40 Cf. Bichler 1984, 17f.; T. Braun, The choice of dead politicians in Eupolis' *Demoi*. Themistocles' exile, hero-cult and delayed rehabilitation; Pericles and the origins of the Peloponnesian War, in: D. Harvey & J. Wilkins (edd.), The Rivals of Aristophanes. Studies in Athenian Old Comedy, London 2000, 191–231, hier 194.

41 Cf. Wallace 1974, 23f.

42 Cf. How–Wells ad loc. Allenfalls könnte man argumentieren, daß Themistokles als Führer des größten griechischen Kontingents die Möglichkeit hatte, allein mit den athenischen Triëren Euboia zu schützen.

zu bewegen. Dieser Wechsel im Vorgehen der Euboier mag aus der Erzähllogik folgendermaßen zu erklären sein: Auch sie wissen um die Bestechlichkeit des Themistokles, bei dem man am schnellsten mit Geld zu Ziel kommt. Würde Themistokles das Verbleiben der Flotte am Kap Artemision für notwendig erachten, so würde er einiges daran setzen, dies im Kriegsrat durchzusetzen – wovon wir bei Herodot kein Wort hören. Allein die 30 Talente bewirken sein Umschwenken. Diese eigenartige Darstellung soll offensichtlich der Charakterisierung des Themistokles dienen: Er erscheint ausschließlich von persönlichem Gewinnstreben angetrieben. Die Frage drängt sich auf: Ist eine solche Motivation und mit ihr ein solches „Erkaufen" der Seeschlacht am Kap Artemision durch die Euboier überhaupt historisch wahrscheinlich?

3. Die Alternativen der Griechen vor der Seeschlacht

Um die Authentizität dieser Anekdote beurteilen zu können, müssen wir uns die historischen Rahmenbedingungen für einen angeblich erwogenen Rückzug vergegenwärtigen. Oft wurde gegen Herodots Bericht eingewendet, Eurybiades habe, solange sein Landsmann Leonidas an den Thermopylen stand, das Kap Artemision gar nicht verlassen dürfen.[43] Tatsächlich hätte der vollständige Abzug der Griechen Euboia unwiderruflich den Persern preisgegeben, und auch die Athener hätten dem Vordringen der persischen Flotte bis in ihre heimatlichen Gewässer tatenlos zusehen müssen. Sowohl der Thermopylen-Paß als auch das Kap Artemision waren als Sperrstellungen gegen einen persischen Angriff ausgewählt worden, weil ihre Nähe zueinander von ca. 65 km eine schnelle Kommunikation zwischen den griechischen Befehlshabern ermöglichte.[44] Die Wahl der Seestellung fiel auf Artemision, weil dort die persische Flotte vorbeisegeln mußte; denn der einzig sichere Seeweg nach Süden führte am Kap Artemision vorbei, die Westküste Euboias entlang und durch den Euripos zwischen dem Festland und Chalkis hindurch. Der Weg östlich Euboias galt als äußerst gefährlich. Die primäre Funktion der griechischen Flotte am Artemision war somit, die persische Flotte daran zu hindern, von der lokrischen Küste aus dem griechischen Heer an den Thermopylen in den Rücken zu fallen.[45] Zudem sollten die Perser nicht auf Nord-Euboia landen und dann nach Chalkis durchmarschieren können, um dort den Euripos zu besetzen.[46] So bildete die See-

---

43   Cf. How–Wells II 371–374; Beloch GG II² 2,89f.; Hammond CAH IV² 1988, 552.
44   Hdt. VII 175–177, bes. 175,2–176,1; VII 236; VIII 21. Zu den strategischen Überlegungen cf. Ferrill 1966, 109f.; M. Beike, Kriegsflotten und Seekriege der Antike, Berlin 1987, 53f.; Hammond CAH IV² 1988, 550f.
45   Laut S. Sidebotham, Herodotus on Artemisium, CW 75, 1982, 177–186, hier 183 mit Skizze auf 179, konnten die Hellenen mit ihren angeblichen 271 Schiffen (Hdt. VIII 1f.) gleichzeitig den Zugang zum Malischen Golf und die Einfahrt in den Euboiischen Golf sperren. 279 konnten athenische Trieren an der Küste des Malischen Golfes nördlich der Thermopylen landen und die von Norden anrückenden Kelten zum zeitweiligen Rückzug zwingen (Paus. X 21,4); cf. Grundy 1901, 265.
46   Cf. Sidebotham 1982, 184 A. 33 zu den Problemen eines solchen Unterfangens.

straße beim Kap Artemision zusammen mit den Thermopylen eine feste Verteidigungslinie, mithin die Schlüsselstellung für die Verteidigung Mittelgriechenlands.[47]

Statt einer vollständigen Räumung Euboias könnten die Griechen lediglich ein Zurückweichen zum Euripos erwogen haben, um den laut Herodot (VIII 15,2) ja der eigentliche Seekampf ging. Dafür spricht auch der – angebliche – erste Rückzug der Griechen gerade dorthin[48]; zudem galt der Euripos seit jeher wie die Thermopylen als Tor nach Griechenland.[49] Eurybiades beabsichtigte wohl, durch einen Rückzug zumindest in den Euboiischen Golf die persische Flotte in die Gewässer zwischen Euboia und dem Festland zu locken.[50] Landeten dann die Perser tatsächlich an der lokrischen Küste, so mußten sie größere Abteilungen zu deren Sicherung auf See behalten. Diese wären dann leichter als die gesamte persische Flotte für die Griechen anzugreifen gewesen, zumal die Perser dort in engen Gewässern hätten operieren müssen, so daß sie ihre technische Überlegenheit nicht hätten ausspielen können.[51] Die Griechen konnten damit rechnen, daß die Perser ihnen in die Meerenge nachsetzen würden, weil deren Hauptziel war, die griechische Flotte am Artemision zu vernichten.[52] Zu diesem Zweck werden auch – sofern überhaupt historisch – die 200 Schiffe zur Umfahrung Euboias auf der östlichen Route entsandt, die den Griechen von Süden her in den Rücken fallen sollen, später aber laut Herodot vom Sturm bei den „Euboiischen Klippen" vernichtet werden.[53]

Und dennoch: Ganz gleich, welche Absicht hinter dem Plan zum Rückzug gesteckt haben mag, Herodots Wortwahl καταρρωδήσαντες δρησμὸν ἐβούλευον ἀπὸ

---

47   Cf. BURN 354 und HIGNETT 149–155, bes. 153.

48   Hdt. VII 183,1. Eine Übersicht über die Theorien zum ersten Rückzug (von HIGNETT 163f. bestritten) bei GEORGES 1986, 44 A. 64, der (45–50) den Euripos als die eigentliche Verteidigungsposition ansieht. Cf. LAZENBY 1964, 275–277.

49   Cf. Hdt. V 77,1; 173,1; VIII 7,1; 66,1; Liv. XXX 23,12; XXVIII 6,8.

50   So EVANS 1969, 396–400; überzeugend SIDEBOTHAM 1982 passim. Herodots Beschreibung (VIII 16,2) für die Kämpfe bei Artemision hat große Ähnlichkeit mit der Schlacht bei Salamis (cf. VIII 86; 89,2), so daß man annehmen könnte, daß die Griechen schon bei Artemision dieselbe Taktik anwandten wie bei Salamis; so MILTNER 1938, 227; SIDEBOTHAM 1982, 177f., die (182f.) zeigt, daß die Hellenen als eigentliche Verteidigungslinie die nur ca. 4 km breite Straße von Knemis ausgewählt hatten. Denn diese Gewässer waren wegen ihrer Enge weit besser zu verteidigen als die verhältnismäßig offenen vor dem Kap Artemision.

51   Daß die Griechen einen Kampf in engem Gewässer anstrebten, zeigt R. CUSTANCE, War at Sea: Modern Theory and Ancient Practice, Edinburgh-London 1919, 13–15. Zu ihrer möglichen Taktik SIDEBOTHAM 1982, 185 (mit Skizze auf 179).

52   Cf. Hdt. VIII 15,2.

53   Hdt. VIII 7,1; 13. Cf. zur Lokalisierung der Κοῖλα τῆς Εὐβοίης F. GEYER, Topographie und Geschichte der Insel Euboia, I. Bis zum peloponnesischen Kriege, Berlin 1903, 7–9 und W.K. PRITCHETT, The Hollows of Euboia, in: id., Studies in Ancient Greek Topography, Part II (Battlefields), Berkeley-Los Angeles-London 1969, 19–23. H. HÖRHAGER, Zu den Flottenoperationen am Kap Artemision, Chiron 3, 1973, 43–59, hier 51–57, versucht dieses Umgehungsmanöver als historisch nachzuweisen; ähnlich BEIKE 1987, 56; P. KEHNE, Ein Altar für die Winde. Die persischen Flottenkatastrophen 480 v. Chr., in: E. OLSHAUSEN & H. SONNABEND (edd.), Stuttgarter Kolloquium zur Historischen Geographie des Altertums 6, 1996: Naturkatastrophen in der antiken Welt, Stuttgart 1998, 364–375; A.J. BOWEN, The place that beached a thousand ships, CQ 48, 1998, 345–364, hier 361–363. Den Umgehungsversuch verwirft jedoch HIGNETT 386–393 wie schon H. DELBRÜCK, Geschichte der Kriegskunst im Rahmen der politischen Geschichte, 1. Teil: Das Altertum, Berlin ³1920, 86f. als unhistorisch.

τοῦ Ἀρτεμισίου ἔσω ἐς τὴν Ἑλλάδα („Voller Furcht beschlossen sie die Flucht vom Artemision in das innere Griechenland" VIII 4,1) impliziert keinerlei taktischen Rückzug, sondern einzig ein Weichen vor der Übermacht.[54] Dagegen aber spricht, daß die Hellenen bei den ersten beiden Seegefechten beim Artemision jeweils die Initiative ergriffen. Denn da sie laut Herodot wissen, daß nach der Entsendung des Umgehungsgeschwaders die Perser bei Aphetai nicht mehr in voller Stärke stehen, entschließen sie sich an zwei aufeinanderfolgenden Tagen zu einem Überraschungsangriff.[55] Bei den griechischen Kämpfern treffen wir diese Furcht nicht nur vor Artemision, sondern schon in Thessalien und an den Thermopylen als auch bei Salamis an, so daß wir hier eher von einem Herodoteischen Topos ausgehen sollten als von einer glaubwürdigen Überlieferung[56]. Deshalb ist Skepsis gegenüber Herodots Darstellung angebracht, die Griechen hätten wegen der Größe der Perserflotte – die ihnen schon längst bekannt sein mußte – eine vollständige Aufgabe Euboias geplant und ihr Fluchtwunsch habe die beschriebenen Transaktionen hervorgerufen.

4. Ein möglicher historischer Kern der „Bestechung": Soldauszahlungen?

Damit sind wir zur Frage nach dem historischen Kern dieser Geschichte gekommen:[57] Da Themistokles und Adeimantos anscheinend *coram publico* über die Geldsummen sprechen und der spartanische als auch der korinthische Feldherr von der athenischen Herkunft des Geldes ausgehen, drängt sich der Eindruck auf, daß es sich hierbei um öffentliche Gelder gehandelt hat. Dies läßt als Kern dieser Geschichte eine tatsächliche Bezahlung der Flotte durch die Euboier vermuten; denn, so könnte man argumentieren, die Flotte schützte primär Euboia, so daß die Unterhaltung der griechischen Flotte durch die Euboier verständlich wäre.[58] Auch bei Herodot

54 Mit Verweis auf den ersten Rückzug (VII 183,1) erachten Roobaert 1985, 107f. und von Haehling 1993, 90 diese Furcht als eigentliches Motiv für den zweiten.
55 Herodot betont zweimal (VIII 8,3–9; 14) diesen unmittelbaren Zusammenhang; cf. C. Guratzsch, Eurybiades und Themistokles bei Artemision und Salamis, Klio 19, 1923–25, 62–74, hier 66f., und Sidebotham 1982, 181.
56 Wer von den Griechen hätte solch Beschämendes über die später siegreichen Freiheitskämpfer berichten und noch Glauben finden können? Sidebotham 1982, 182 vermutet aber, daß Herodot nur die in die Taktik nicht eingeweihten einfachen Ruderer der griechischen Triëren als Quelle für seinen Bericht gehabt habe.
57 Cf. Wallace 1974, 24–29, Endnote A: The Sums in the Bribery Story, 41–43.
58 Der Begriff μισθός könnte darauf hinweisen (cf. μισθωτός i.S.v. „Söldner" bei Hdt. I 61,4; III 45,3). Cf. Cawkwell 1970, 41; Wallace 1974, 25f.; W.K. Pritchett, The Greek State at War, Part II, Berkeley-Los Angeles-London 1974, 46–48; Y. Garlan, Le partage entre alliés des dépenses et des profits du guerre, in: Armées et fiscalité dans le monde antique, Colloques Nationaux du CNRS No. 936, Paris 14–16 octobre 1976, Paris 1977, 149–164, hier 150–158; eund., Guerre et économie en grèce ancienne, Paris 1989, 46; für solche Praktiken cf. Thuk. IV 80,1; IV 83,6; V 47,6; VI 6,2f.; 8,1f.; 22; 44,4; 46f.; 62; VIII 37,4; Meiggs–Lewis 42 A 21–33; dazu Garlan 1977, 151f. und 1989, 42–50. Zur Übernahme der Kriegskosten cf. die Materialsammlung bei Pritchett 1974, 126–132.

finden wir Beispiele für solche Finanztransaktionen bei der Verpflegung und Besoldung verbündeter Truppen.[59]

WALLACE (28f.) rekonstruiert deshalb folgendes Szenario: Die Peloponnesier drängen bei den Diskussionen um den Sold vehement auf eine ausreichende Bezahlung ihrer Schiffsbesatzungen, da in ihren Augen der Kampf am Kap Artemision in erster Linie dem Schutze Euboias und auch Attikas dient, während ihre eigene Festung am Isthmos noch nicht in Gefahr scheint. Themistokles garantiert deshalb die geforderte Besoldung auch der peloponnesischen Besatzungen im Namen Athens und besonders der Euboier und bezahlt den Korinthiern drei Talente aus und den anderen Peloponnesiern unter Eurybiades insgesamt weitere fünf; das entsprach ihrem Stärkeverhältnis von 40 zu 68 Schiffen ungefähr, so daß sich pro Mann ein Sold von insgesamt zwei ein Viertel Drachmen ergäbe für die gesamte Zeit der Schlacht.[60] Die Summe von 22 angeblich übriggebliebenen Talenten für die Athener muß man deutlich reduzieren, da sonst den Mannschaften der 165 unter athenischem Kommando stehenden Schiffe fast doppelter Sold von insgesamt vier Drachmen zugestanden worden wäre. Insgesamt ist dabei von einer deutlichen Übertreibung auszugehen, da hier Themistokles' großer Gewinn hervorgehoben werden soll.

Gestützt wird diese Rekonstruktion durch die bei Plutarch[61] für Phainias von Eresos überlieferte Anekdote, die von Konflikten wegen der Besoldung der Schiffsmannschaften in der Schlacht von Artemision spricht. Danach bewegt Themistokles Architeles, den Trierarchen des heiligen Schiffes der Athener, der zur sofortigen Abfahrt drängte, da er seine Mannschaft nicht besolden könne, dadurch zum Verweilen, daß er ihm dazu ein Talent gibt.[62] Auch die atthidographische Tradition wertete als Grundstein für den Sieg bei Salamis gerade die ausreichende Besoldung der attischen Ruderer, welche die ᾿Αθηναίων Πολιτεία dem Areopag – der angeblich jedem Ruderer acht Drachmen gab –, Kleidemos hingegen Themistokles zugeschrieben hat.[63]

Soweit überzeugt WALLACES Hypothese von der Truppenbesoldung.[64] Doch es findet sich eine grundlegende Schwachstelle, die WALLACE auch selbst eingesteht:[65]

---

59 Hdt. III 46; V 30f.; VII 158,4; cf. GARLAN 1977, 151 und WALLACE 1974, 26.

60 WALLACE 1974, 28f.; für die Berechnung der einzelnen Beträge und eine Umrechnung auf den Sold pro Tag ibid. 41–43.

61 Zuvor hat Plut. Them. 7,5f. die herodoteische Anekdote in einer Kurzfassung wiedergegeben: Danach hat Themistokles die große Summe euboiischen Geldes vollständig an Eurybiades weitergeleitet. Im unklaren bleibt, welchen Bruchteil der gesamten Summe das eine Talent Silber für Architeles darstellt.

62 Plut. Them. 7,6f. = Phainias fr. 24 WEHRLI. Cf. WALLINGA 1993, 156 A. 68. Zu den Unwahrscheinlichkeiten dieser Anekdote – u.a. ist die Summe von einem Talent für die Besoldung einer Schiffsmannschaft viel zu hoch (cf. WALLACE 1974, 27 A. 16) – cf. FROST ad loc.; C. COOPER, Phaenias of Eresos on Solon and Themistocles, EMC 14, 1995, 323–335, hier 330; GOTTLIEB 1963, 105f., der aufgrund von Theopomp FGrHist 115 F 193 in Architeles einen Korinthier zu erkennen glaubt.

63 Cf. Aristot. Ath. Pol. 23,1 (vermutlich auf Androtion zurückgehend) und Kleidemos FGrHist 323 F 21 = Plut. Them. 10,6f.; s. o. ausführlich S. 85f.

64 Von GARLAN 1977, 154f. mit einer gewissen Zurückhaltung akzeptiert.

65 WALLACE 1974, 25. Das ibid. A. 10 angeführte Gesetz aus Eretria vom Ende des 6. Jhs. IG XII

Es fehlt jeglicher Beleg, daß die Schiffsmannschaften der Hellenen schon zu Beginn des fünften Jahrhunderts einen festen Sold (μισθός) oder zumindest Geld erhielten, um sich auf dem Feldzug auf den Märkten der benachbarten Ortschaften selbst zu versorgen.[66] Die allgemeine Besoldung athenischer Soldaten (μισθοφορία) wurde wohl erst von Perikles eingeführt[67], so daß die beiden konkurrierenden Versionen der Atthidographen über die Besoldung der athenischen Ruderer bei Salamis ohnehin nur Propagandamaterial aus den politischen Kämpfen späterer Zeit und somit wertlos für uns sind.[68] Auch die Annahme, daß die Euboier 30 Talente für den Schutz vor den Invasoren zahlten, scheint verfehlt, da am Kap Artemision nicht nur Euboia, sondern ganz Mittelgriechenland verteidigt wurde. Daran mußten die Athener und auch die Peloponnesier ein ebenso vitales Interesse haben wie die Euboier. Die Teilnahme der beiden größten Städte Euboias am Abwehrkampf macht von vornherein solche Zahlungen der Euboier unwahrscheinlich. Laut Herodot (VIII 1,2) bemannten die Chalkidier die zwanzig Schiffe, die ihnen die Athener zur Verfügung gestellt hatten, die Eretrier sieben; schließlich die Styreër zwei Triëren. Karystos, das ohnehin vom übrigen Euboia durch Berge abgetrennt ist, stellte keinerlei Schiffe, weil es damals wohl schon unter persischer Kontrolle stand.[69] Wieso sollten also die Euboier den anderen Hellenen noch eine enorme Summe Geldes für die gemeinsame Abwehrschlacht bezahlen? Weder stellen die thessalischen Gesandten, die am Isthmos zur Verteidigung Nordgriechenlands aufrufen, Geld dafür in Aussicht (VII 172), noch hören wir von solchen Schutzgeldzahlungen der Phoker und Lokrer an die peloponnesischen Verteidiger der Thermopylen. Am aufschlußreichsten ist jedoch ein Blick auf die bevorstehende Evakuierung Attikas, die der Notlage der Euboier – zumindest laut Herodot – in vielerlei Hinsicht ähnelt. Auch die Athener hatten die Evakuierung bis zum letzten Augenblick hinausgezögert, so daß sie ihre Bundesgenossen um militärische Absicherung bitten mußten. Doch

---

9, 1273–1274, 4 (neu ediert von F. CAIRNS, The „Laws of Eretria" [IG XII.9 1273 and 1274]. Epigraphical, legal, historical, and political aspects, Phoenix 45, 1991, 296–313, hier 310–313), bes. Z. 10–12, läßt jedoch offen, ob es sich bei den Fahrten um Militärdienst handelte, wie CAIRNS 311 annimmt.

66 Cf. PRITCHETT 1971, 3–14, bes. 12f. Wie die Belege aus dem späten 5. und 4. Jh. zeigen, mußten die Flottenbefehlshaber dafür sorgen, daß ein Markt in der Nähe des Landungsplatzes der Flotte lag oder zumindest von den Einheimischen aufgebaut werden konnte, wo sich die Seeleute selbst mit dem Lebensnotwendigen versorgen konnten; cf. L. CASSON, The Feeding of the Triremes Crews and an Entry in *IG* ii² 1631, TAPhA 125, 1995, 261–269, hier 262f.

67 Cf. Ulpian ad Ps.-Demosth. XIII 11; Aristot. Ath. Pol. 27,2: im Jahre 432/1. Thuk. III 17,3f. spricht von einem Sold von einer Drachme pro Mann und Tag für die Belagerung Poteidaias von 431 bis 428. Laut GABRIELSEN 1994, 111–114 bewegte sich der Tagessold eines athenischen Ruderers in der zweiten Hälfte des 5. Jhs. und dann auch im 4. Jh. zwischen einer halben und einer Drachme.

68 S.o. S. 85f. A. 141. GABRIELSEN 1994, 110f. spricht kaum über die Besoldung im frühen 5. Jh., hält aber die entsprechenden Geschichten über Themistokles, Kimon (Plut. Kim. 9,2–4) und Perikles (Per. 11,4) sämtlich für unhistorisch. Auch das „Themistokles-Dekret" von Troizen sagt nichts über eine Besoldung der Schiffsmannschaften aus; cf. G. HUXLEY, On Fragments of Three Historians: II Kleidemos and the ‚Themistokles Decree', GRBS 9, 1968, 313–318.

69 GEHRKE 1986, 147f. sieht Karystos seit der Eroberung 490 bis 480 unter persischer Kontrolle. Zum Fehlen von Schiffen aus Histiaia s.u. S. 160–162.

Herodot erwähnt keinerlei Zahlungen an diese. Wenn solche üblich gewesen wären, so hätte Herodot sicherlich Erzählungen über die Geldgier der Peloponnesier, welche die Notlage der Athener ausgenutzt hätten, in Athen vorgefunden und in seine Vorgeschichte zu Salamis eingebunden. Deshalb erscheinen mir euboiische Zahlungen solchen Umfangs zwecks Versorgung der Griechenflotte doch zweifelhaft. Es ist vielmehr anzunehmen, daß die Kämpfer am Artemision – wie die bei Plataiai ein Jahr später – durch Nachschubkonvois mit Nahrungsmitteln versorgt wurden.[70] Für eine vermutlich zusätzliche Verpflegung der Schiffsmannschaften durch die Euboier spricht die Geschichte von der Schlachtung des euboiischen Viehs nach den Kämpfen zur See, die uns weiteren Aufschluß geben kann.[71]

5. Der Abzug der Griechen vom Kap Artemision und die Schlachtung des euboiischen Viehs (VIII 19)

Es ist vorauszuschicken, daß Herodot in seinem Bericht über die eigentlichen Kampfhandlungen am Kap Artemision[72] Themistokles ebensowenig als Kommandanten des athenischen Kontingentes weder in einer Einzelaktion noch gar als Lenker des Schlachtverlaufes hervortreten läßt wie die anderen Strategen, vom Oberbefehlshaber Eurybiades ganz zu schweigen.[73] Dies mag in erster Linie in Herodots Neigung begründet liegen, den Sieg in den Schlachten des griechischen Freiheitskampfes von den einzelnen Kontingenten der hellenischen πόλεις mit ihren Tausenden von Hopliten und Ruderern erfochten zu sehen statt sie dem Genius eines überragenden Feldherrn zuzuschreiben.[74] Da die Aktionen der griechischen Flotte keineswegs von Panik geprägt waren, sie sogar zweimal die Initiative ergriff, herrschte im Generalstab vermutlich weitgehend Konsens über die Taktik.

Vor der Anonymität der Akteure in den verschiedenen Gefechten hebt sich die Vorgeschichte der Seeschlacht deutlich ab, die erklärt, wer die treibende Kraft dahinter war. Daß die Anekdote von der „Bestechung" der griechischen Befehlshaber aus einer anderen Quelle stammt und von gänzlich unterschiedlichen Darstellungsabsichten geprägt ist als die eigentliche Schlachtschilderung, ersieht man leicht daraus, daß man die Kapitel VIII 4 und 5 aus dem Text herausschneiden könnte, ohne auch nur die kleinste Lücke in den Bericht zu reißen.

Gleichsam als Pendant zum entscheidenden Eingreifen des Themistokles vor der Schlacht finden wir an deren Ende erneut eine Anekdote, die ihn in den Mittel-

70   Cf. PRITCHETT 1971, 30–52, bes. 34f. zur Versorgung ausschließlich mit Naturalien im frühen 5. Jh. Cf. Hdt. IX 39,2 für Plataiai; Diod. XI 80,3f. für den Konvoi für die athenischen Truppen bei Tanagra 457; MEIGGS–LEWIS 42 A 23–25.

71   Auch WALLACE 1974, 33 A. 27 sieht die beiden Episoden in engem Zusammenhang.

72   Zum Ablauf der insgesamt drei Seegefechte cf. W.K. PRITCHETT, The Battle of Artemision in 480 B.C., in: id. 1969, 12–18; HÖRHAGER 1973; SIDEBOTHAM 1982; BEIKE 1987, 56f.; LAZENBY 1993, 120–124, 128f., 148–150.

73   GURATZSCH 1925, 65–68 schießt über das Ziel hinaus, wenn er allein Eurybiades zum großen Lenker macht und Themistokles jegliches Verdienst abspricht.

74   Cf. ausführlich FROST 10.

punkt stellt. Ihr Ausgangspunkt ist erneut der Fluchtwunsch der Griechen. Laut Herodot „beschlossen sie" angesichts der schweren Beschädigung und Verluste der eigenen, insbesondere der athenischen, Schiffe „den Rückzug ins innere Griechenland".[75] Dies geschah unmittelbar nach der Trennung der beiden Flotten voneinander am dritten Schlachttag, ausdrücklich noch bevor eine Nachricht von der Niederlage der Griechen an den Thermopylen zu ihnen gelangt war. Themistokles ruft die Feldherren zusammen. Herodot erläutert die Absichten des athenischen Strategen, als ob er dessen Gedanken lesen könne. Sein Themistokles ist zur Erkenntnis gelangt, daß die Griechen nur dann eine Chance gegen die persische Übermacht hätten, wenn sie Xerxes seine besten Verbündeten, die Ioner und Karer, abspenstig machen könnten. Doch seinen Kollegen verrät Themistokles lediglich, daß er ein durchschlagendes Mittel gefunden habe, den Großkönig seiner besten Kontingente zu berauben.[76] Im Gegensatz zu seiner Erfolgsgewißheit, die sich auch in dem stark poetischen Begriff παλάμη[77] ausdrückt, steht das Verschweigen seines eigentlichen Planes und der genauen Vorgehensweise. Für den Augenblick sollten die Griechen so viele Rinder der Euboier schlachten wie möglich und Feuer anzünden, da es besser sei, daß die eigenen Truppen das Vieh verzehrten als der Feind. Der Umstand, daß Themistokles die Strategen gerade dort (ταύτῃ!) versammelt hat, wo die Euboier ihr Vieh ans Meer treiben, läßt vermuten, daß der Auftrag zu deren Schlachtung der Hauptgrund für diese Zusammenkunft ist. Die Andeutung über die mögliche Zersetzung der persischen Flotte diente somit nur als Vorwand. Auch die unmittelbare Anknüpfung des Stichwortes κομιδῆς δὲ πέρι[78] „für den Rückzug" an die vorhergehende Anweisung πῦρ ἀνακαίειν impliziert, daß „das Anzünden der Feuer" irgendwie mit dem Abzug der Flotte zu tun hat. Um die Sorge der Griechen zu zerstreuen, sie könnten über der Viehschlachtung die rechtzeitige Abfahrt versäumen, versichert Themistokles, er werde sich selbst darum kümmern.

Hinter dem Ratschlag des Themistokles scheint sich eine Kriegslist zu verbergen. Zwar gehören eine ausreichende Versorgung der Truppen wie auch das Bestreben, dem Feind keinen Proviant zu überlassen, zu den Maximen kluger Kriegsführung; doch des Rätsels Lösung ist in dem Feuer zu suchen, das zur Zubereitung des Viehs für das Mahl notwendig ist. Denn die an der Küste zumal bei hereinbrechender Dunkelheit weithin sichtbaren Feuer und ihr Rauch sollten den Persern suggerieren, daß die Griechen ein Siegesmahl feierten, und sie dadurch vom tatsächlichen Abzug der griechischen Flotte ablenken.[79] Dieser Schachzug der ψευδόπυρα[80] war hier nur möglich, wenn die Perser sich selbst nicht für die Sieger, sondern für die

75   Hdt. VIII 18 mit der stereotypen Formel δρησμὸν δὴ ἐβούλευον ἔσω ἐς τὴν Ἑλλάδα.
76   Hdt. VIII 19.
77   Bei Herodot ἅπαξ λεγόμενον. Cf. Hom. Il. III 128, 338; V 558; Pind. O. X 21; XIII 52; P. I 48; Soph. Phil. 177. Philologische Analyse bei GOLDSCHEIDER 48f.
78   Betont durch die Anastrophe.
79   Cf. HART 1993, 190; GEORGES 1986, 58.
80   Zur ψευδόπυρα cf. Thuk. VII 80,3; Liv. XXII 43,6; Frontin. strat. I 5,24; II 5,17; III 11,5; Polyain. IV 18,2; Onas. X 13; Suda s.v.; zudem IMMERWAHR 243f.; W. PETERS, Untersuchungen zu Onasander, Diss. Bonn 1972, 163f.; E.L. WHEELER, Stratagem and the Vocabulary of Military Trickery (Mnemosyne Suppl. 108), Leiden 1988, 41 mit A. 74.

Unterlegenen hielten. Und das war, wenn wir Herodot hierin Glauben schenken dürfen, der Fall. Zum einen hatten die Perser größere Verluste erlitten als die Griechen. Letzteren war es sogar gelungen, die Leichen und Schiffstrümmer zu bergen, was als erstes Anzeichen eines Sieges galt.[81] Zum anderen zeigt die große Verwunderung und das Mißtrauen der Perser gegenüber der Nachricht vom Rückzug der Griechen, daß die Perser die Schlacht verloren gegeben hatten; was nur verständlich ist, da sie ihr Hauptziel, die Vernichtung der griechischen Flotte, mitnichten erreicht hatten.[82]

Themistokles mußte an einem unbehelligten Abzug ohne neue Verluste (ἀσι-νέας) interessiert sein, da der Zustand der athenischen Flotte laut Herodot (VIII 18) desolat war. Denn ein übereilter Rückzug hätte gerade diese schwer beschädigten Schiffe in eine gefährliche Position am Ende des Verbandes gedrängt.[83] Zudem hätten auch die Perser ein vorzeitiges Zurückweichen der Griechen bemerkt, da sich das vorhergehende, letzte der drei Gefechte direkt vor dem Kap Artemision abgespielt hatte und die beiden Schiffslager in Sichtweite zueinander lagen[84]; die unerwartete Flucht der vermeintlichen Sieger hätte die Perser zum Nachsetzen verleiten können. Ein probates Mittel, all dies zu verhindern, war, ihnen durch die Feuer ein Siegesmahl der Griechen vorzugaukeln.

Die Anekdote bietet auch Hinweise auf ein Verständnis der Viehschlachtung als eines Brandopfers an die Götter: Terminologisch manifestiert sich dies in Themistokles' Aufforderung zum καταθύειν[85] der Tiere, zudem im Umstand, daß er keineswegs vom Verzehr des Fleisches spricht, sondern vor allem das Anzünden von Feuer anmahnt.

Auf den ersten Blick scheint die Authentizität des Herodoteischen Berichtes durch die Erklärungen als Kriegslist oder als religiöse Zeremonie bestätigt. Doch schon die Angabe, daß die Euboier ihr Vieh an den Strand trieben, ist unglaubhaft. Sie hätten ihr Vieh nicht bis zum letzten Gefechtstag in diesem gefährdeten Gebiet Nordeuboias belassen, da Vieh üblicherweise sehr früh, allemal vor den Kindern, vielleicht gleichzeitig mit Sklaven, an einen sicheren Ort verbracht wurde.[86] Eine Evakuierung des Viehs auf Schiffen, gar auf den Triëren, ist gänzlich undenkbar. Überdies: Wo sollte es hingebracht werden? Wenn sich die Griechen von Euboia zurückgezogen hätten, wäre ganz Mittelgriechenland in die Hand der Perser gefal-

---

81 Hdt. VIII 16,3; 18. Als Siegeszeichen bei Hdt. I 82,5; Thuk. II 92,4; IV 97,1; VII 72,1; außerdem MILTNER 1938, 233.

82 Hdt. VIII 23,1, sofern diese Meldung des Histiaiers nicht Herodots völlig freie Erfindung ist (s.u. S. 161)! Zudem Hdt. VIII 14,1. Cf. die Rachsucht der Perser bei Salamis: VIII 76,2: ... δοῖεν τίσιν τῶν ἐπ᾽ Ἀρτεμισίῳ ἀγωνισμάτων. „... sie (die Griechen) sollten büßen für die Kämpfe bei Artemision."

83 Wo sie sich auch laut Hdt. VIII 21,2 später befanden.

84 Cf. Hdt. VIII 16,1; 16,3; 18. Das Schiffslager der Griechen bei Artemision (bei der heutigen Ortschaft Pefki) lag ca. 14,4 km vom persischen bei Aphetai auf der Halbinsel Magnesia (bei dem modernen Plataniá) entfernt (cf. Hdt. VIII 4,1; 6,1). Cf. zur genauen Geographie PRITCHETT 1969, 12–18; MÜLLER 1987, 305–315.

85 Hdt. VIII 19,2; cf. LIDDELL–SCOTT–JONES s.v.

86 Cf. Ain. Takt. 10,1; H. MÜLLER, Φυγῆς ἕνεκεν, Chiron 5, 1975, 129–156, hier 147; V.D. HANSON, Warfare and Agriculture in Classical Greece, Pisa 1983, 96f.

len. Mindestens vorläufigen Schutz hätte eine Evakuierung des Viehs in das unzugängliche, weit südlich gelegene Makistos-Gebirge geboten[87] – wozu die Euboier allerdings mitnichten die Hilfe der griechischen Flotte benötigten, da dies schon Tage und Wochen vor der Seeschlacht hätte vonstatten gehen müssen. Insgesamt ist also eine Bitte der Euboier um Hilfe der griechischen Flotte bei der Deckung einer Evakuierung unwahrscheinlich, so daß auch die „Bestechungsanekdote" weiter an historischer Glaubwürdigkeit verliert. Gegen die näherliegende Erklärung, daß die Euboier mit ihrem Vieh die Griechen verpflegen sollten, spricht zum ersten der angebliche Zeitpunkt erst nach der Schlacht, zum zweiten, daß dazu eher an Getreideprodukte zu denken wäre, die schon gegart hätten angeboten werden können und nicht wie das Fleisch der frisch geschlachteten Tiere erst noch mühsam hätten zubereitet werden müssen[88], und zum dritten Herodots Wertung der Viehschlachtung als des „größten Unglücks" für die Euboier.

Kaum authentisch erscheint zudem die angebliche Heimlichkeit des Themistokles, der wohl kaum den Kriegsrat einberufen konnte, da er nicht Oberbefehlshaber war.[89] Denn auch wenn es durchaus denkbar ist, daß Themistokles – sei es durch eigenen Augenschein, sei es durch Kundschafter – wissen konnte, daß die Perser sich als Geschlagene zurückzogen, so gilt doch dasselbe auch für seine griechischen Kollegen. Wenn er wirklich besser informiert war: Warum verheimlicht er dann seinen Plan zur Sicherung des griechischen Rückzuges, der ja schon zuvor beschlossen worden war?

Insgesamt erweist sich Herodots Bericht für die Lage nach dem letzten Gefecht bei Artemision, die der Viehschlachtung als Hintergrund dient, als ungereimt und kaum glaubhaft. Sicherlich unhistorisch ist Herodots Darstellung, die Griechen hätten beschlossen, sich vom Artemision zurückzuziehen, noch bevor sie vom Fall der Thermopylen erfahren hatten. Denn sofern wir Herodots Angaben über die drei Gefechte Glauben schenken, so fehlte zu einer solchen Maßnahme jegliche Notwendigkeit, hatten die Hellenen doch die beiden ersten Treffen offensiv begonnen und waren bisher nicht geschlagen worden. Nur von zweifelhaftem Wert sind Herodots Erklärungsversuche dafür, daß die Griechen ihrerseits den angeblich weit überlegenen Gegner angegriffen haben: beim ersten Mal, „um für die Schlacht und den διέκπλους zu üben" (VIII 9), beim zweiten Mal, weil sie von 53 athenischen Schiffen verstärkt worden seien, die zudem von der Zerstörung des persischen Umgehungsgeschwaders berichtet hätten (VIII 14). Er versucht offensichtlich, den Eindruck zu vermeiden, die griechischen Angriffe seien Ergebnis einer durchdachten Schlachtplanung gewesen. Im ersten Gefecht konnten die Griechen den Persern 30 Schiffe, im zweiten sogar ein ganzes kilikisches Geschwader entreißen.[90] Herodot liefert selbst, wie schon erwähnt, eine Reihe von Hinweisen darauf, daß die Grie-

---

87 Da die persische Flotte auf dem Weg nach Attika sicherlich nicht Zeit hatte, in unzugänglichem Gebiet nach den Herden zu suchen. Cf. auch Hdt. VI 100,2.
88 Cf. CASSON 1995, 264, 267f.; für Getreide als wichtigstes Versorgungsmittel von Flotten cf. Ps.-Aristot. oec. II 7, p. 1347a; Thuk. VIII 100,1f., Plut. Mor. 349a.
89 Cf. BUSOLT–SWOBODA 1926, 1322; SCHULTE 90f.; BALTRUSCH 1994, 42 A. 221.
90 Cf. Hdt. VIII 11,2; 14,2. Cf. MILTNER 1938, 233 mit A. 1, der zu Recht die offensive Ausrichtung der Griechen in der Seeschlacht betont.

chen im letzten Treffen das Feld behauptet hatten: Er spricht von größeren Verlusten der Perser, von der Bergung der Gefallenen und Schiffstrümmer durch die Griechen und dem Mißtrauen der Perser, als sie vom Abzug der Griechen erfuhren.[91] Verdächtig ist auch der Sturm, der – so Herodot (VIII 13) – „nach dem Willen der Gottheit" das Umgehungskontingent zerstört haben soll, um „die Stärke der persischen Flotte derjenigen der griechischen anzugleichen".[92] So werden die Perser zahlenmäßig ursprünglich keineswegs vierfach, sondern höchstens doppelt überlegen gewesen sein.

Daß die Griechen in den Gefechten am Artemision – entgegen einer verbreiteten Forschungsmeinung[93] – die Oberhand behielten, belegen zwei von Plutarch überlieferte zeitgenössische Zeugnisse: Zum einen das Pindar-Fragment zu Artemision:[94]

ὅθι παῖδες Ἀθαναίων ἐβάλοντο φαεννάν
κρηπῖδ' ἐλευθερίας

„wo der Athener Söhne den schimmernden Grundstein
der Freiheit legten";

zum zweiten das dem Simonides zugeschriebene Siegesepigramm, das am Tempel der Artemis Proseoa am Kap Artemision angebracht war:[95]

Παντοδαπῶν ἀνδρῶν γενεὰς Ἀσίας ἀπὸ χώρας
παῖδες Ἀθηναίων τῷδέ ποτ' ἐν πελάγει
ναυμαχίᾳ δαμάσαντες, ἐπεὶ στρατὸς ὤλετο Μήδων,
σήματα ταῦτ' ἔθεσαν παρθένῳ Ἀρτέμιδι.[96]

„Über die Scharen zahllos bunter Männer aus Asiens Landen
siegten der Athener Söhne in diesem Meer einst
in einer Seeschlacht, als der Meder Heer vernichtet ward.
Diese Zeichen setzten sie der Jungfrau Artemis."

---

91 Cf. Hdt. VIII 16,3; 18; 23,1. Den letzten Punkt wirft Plut. Her. malign. 34, p. 867e Herodot vor: Τί σὺ λέγεις; ἀποδιδράσκειν ὡς κεκρατημένους, οὓς οἱ πολέμιοι μετὰ τὴν μάχην ἀπιστοῦσι φεύγειν ὡς πολὺ κρατοῦντας; „Was behauptest du? Daß die Griechen weglaufen wie Besiegte, welche doch die Feinde nach der Schlacht als ausgemachte Sieger ansehen und von denen sie nicht glauben wollen, daß sie fliehen?"

92 BELOCH GG II² 2,87–90, DELBRÜCK 1920, 83–87 und HIGNETT 386–392 sehen mit guten Gründen die beiden Stürme, die einen erheblichen Teil der Perserflotte zerstören, als reine Erfindung Herodots an, um deren Zahl an die der griechischen anzunähern.

93 Cf. BURN 397–402, bes. 402; HAMMOND CAH IV² 1988, 554–557. HIGNETT 183–192 sieht zwar die Gefechte „without decisive result" (192), betont aber die vorteilhafte Position der Griechen; so schon DELBRÜCK 1920, 86; ähnlich GRAF 1979, 153; BEIKE 1987, 58.

94 Pindar fr. 77 SNELL–MAEHLER = Plut. Them. 8,2 = Her. malign. 34, p. 867c.

95 Simonides fr. 109 DIEHL = fr. XXIV PAGE FGE = Plut. Them. 8,5 = Her. malign. 34, p. 867f. Die Zuschreibung des Gedichtes bestätigen A.J. PODLECKI, Simonides: 480, Historia 17, 1968, 257–275, hier 262–266; CULASSO GASTALDI 1986a, 41; MOLYNEUX 1992, 156–163. Zur Lage des Tempels cf. FROST 99f.

96 D.L. PAGE, Further Greek Epigrams, Cambridge 1981, Simonides fr. XXIV, 236–238, hier 237, veranschlagt das Maß der Übertreibung des Sieges und seiner Beschränkung auf die Athener zu hoch; zu Recht dagegen MOLYNEUX 1992, 207 A. 74. Dennoch ist PAGE darin zuzustimmen, daß der Adverbialsatz ἐπεὶ στρατὸς ὤλετο Μήδων sich auf die Zeit nach 479 bezieht.

Während Pindar nur vage den „Grundstein der Freiheit" am Artemision lobt, preist Simonides explizit den Sieg der Athener. Diese Bewertung wird auch durch die Nachricht gestützt, daß die Athener dem Gott Boreas einen Tempel am Fluß Ilissos errichteten, weil er durch einen gewaltigen Sturm laut Herodot (VII 189f.) schon Tage vor den Gefechten mehr als 400 persische Schiffe zerstört habe; diese hätten an der magnesischen Küste Schutz gesucht. Doch kann die persische Flotte schwerlich an der hafenlosen magnesischen Küste zwischen Kasthania und dem Kap Sepias geankert haben. Daß sie dies wegen der geringen Breite der Küste nur in acht Reihen hintereinander taten und mit den aufragenden Schnäbeln zum Meere hin (πρόκροσσαι), ist unmöglich.[97] Der Bericht scheint dem Versuch Herodots entsprungen, den Vorgang parallel dem in der Ilias beschriebenen Ankern der achaiischen Schiffe vor Troja zu gestalten.[98] Ob die von Herodot aufgeführten Stürme sämtlich historisch sind, ist weder zu beweisen noch zu widerlegen. Dennoch ist sein Bemühen allzu offensichtlich, die Götter „ins Spiel zu bringen" und eine Aitiologie für die Gründung des Boreas-Heiligtums am Ilissos zu liefern. Da ein solches „Wunder", das schon im Vorfeld der Seeschlacht stattgefunden hätte und dessen Ausmaß für die Athener nur sehr schwer abzuschätzen gewesen wäre, als Grund für diese Weihung unwahrscheinlich ist, liegt die Vermutung näher, daß Boreas vor allem während der Schlacht als Helfer der Athener und der Griechen überhaupt gedacht wurde. So können wir eher von für die Hellenen günstigen Winden während der Gefechte selbst ausgehen.[99] Warum hat Herodot diese Winde nicht erwähnt? Vermutlich, weil er in keinem Fall den Eindruck erwecken wollte, daß die Griechen in der Schlacht durch den Nordwind begünstigt wurden, geschweige denn, daß sie eigentlich als Sieger daraus hervorgegangen sind.[100]

Auch die spätere athenische Tradition, wie sie uns in der Komödie und Rhetorik greifbar ist, wertete[101] Artemision als Sieg insbesondere der Athener, und das zu

---

97 Hdt. VII 188,1. Cf. W.W. TARN, The Fleet of Xerxes, JHS 28, 1908, 202–233, hier 214.

98 Hom. Il. XIV 30–36, bes. 35: τῷ ῥα προκρόσσας ἔρυσαν. „Darum lagen sie gestaffelt heraufgezogen." Man beachte die Ähnlichkeit bei Hdt. VII 191,1, daß die Perser nach diesem ersten Sturm eine Mauer aus Schiffstrümmern um ihr Schiffslager gebaut hätten. Cf. STEIN und HOWWELLS ad loc., bes. TARN 1908, 214f. Die Unwahrscheinlichkeiten betont FERRILL 1966, 115, während KEHNE 1998, 369f. und BOWEN 1998 Herodots Bericht für glaubwürdig halten.

99 PODLECKI 1968, 263f. nimmt zu Recht an, daß Herodot diesen Sturm fälschlicherweise vor die Gefechte datiert hat (skeptisch MOLYNEUX 1992, 163–166, bes. 166). Die wichtige Rolle des Sturmes in diesen Gefechten wird auch daraus ersichtlich, daß Simonides in seinem Gedicht ἡ ἐν Ἀρτεμισίῳ ναυμαχία Boreas eine entscheidende Rolle zugewiesen hat (frr. 1–4 IEG²; cf. POxy LIX 3965, fr. 20, Z. 10–15, dazu M.L. WEST, Simonides Redivivus, ZPE 98, 1993, 1–14, hier 3f.); cf. PODLECKI 1968, 262–266; MOLYNEUX 1992, 157–162; RUTHERFORD 2001, 36f.; BOEDEKER 2001, 123f.

100 Cf. GEORGES 1986, 41. Zur Verzerrung von Schlachtdarstellungen cf. J. DILLERY, Reconfigure the Past: Thyrea, Thermopylae and Narrative Patterns in Herodotus, AJPh 117, 1996, 217–254, der zeigt, daß beide Schlachten als Duell stilisiert sind und dadurch der besondere Beitrag des Leonidas betont werden soll.

101 Cf. Aristoph. Lys. 1250–1253: (aus dem Chorgesang der Spartaner) ... οἶδεν ἁμὲ τώς τ᾿ Ἀσαναίως, | ὅκα τοὶ μὲν ἐπ᾿ Ἀρταμιτίῳ | πρώκροον συείκελοι | ποττὰ κᾶλα τὼς Μήδως τ᾿ ἐνίκων „... die du (Mnemosyne) uns und die Athener kennst, wie diese zum Artemision in Windeseile gefahren sind und dort die Meder gehörig besiegt haben ..." Cf. Lys. II 30f.: ἐπ᾿ Ἀρτεμίσιον

Recht: Denn die Griechen hatten die Perser nicht nur an einem Durchbruch gehindert, sondern ihnen schwere Verluste zugefügt, so daß spätestens seit Artemision nicht mehr von einer grundsätzlichen Überlegenheit der persischen Flotte zu sprechen war. Deshalb, aber vor allem angesichts der strategischen Konzeption der Griechen ist es unglaubhaft, daß sie vor dem Eintreffen der Nachricht vom Fall der Thermopylen den Abzug beschlossen haben. Den Rückzug kann historisch nur eben der dortige Durchbruch des persischen Heeres ausgelöst haben; denn allein dadurch war die Sperrstellung der Griechen am Kap Artemision unhaltbar geworden, da nun das Perserheer sowohl ihre Versorgungs- als auch die Rückzugslinie abzuschneiden und in Attika einzufallen drohte.[102]

Als Hinweis auf den fiktiven Charakter des frühen Abzugsbeschlusses muß wie schon bei der Bestechungsanekdote gelten, daß dieser wie auch die daran angeknüpfte Viehschlachtung und das Bakis-Orakel (VIII 19f.) völlig aus dem Herodoteischen Bericht getilgt werden können, ohne daß sich in dessen kausaler Struktur Lücken auftäten. Die Fiktion mag zwei Motiven entsprungen sein: zum einen dem Bedürfnis Herodots, den militärischen Sieg der Griechen am Artemision zu verschleiern.[103] Denn die entscheidende Wende des Krieges bei Salamis konnte er als um so überraschender und wunderbarer hinsichtlich des dortigen Eingreifens der Götter darstellen, je erfolgloser die vorhergehenden Abwehrversuche der Griechen waren und je mutloser diese wurden. Letzterem Umstand verdankt auch die Betonung der großen Furcht und des Fluchtwunsches der Griechen ihre penetrante Wiederholung, sei es in Thessalien, sei es bei den Thermopylen, sei es beim Artemision, sei es sogar vor Salamis.[104] Zum anderen bot die Erfindung des frühen Ab-

---

... Ἀθηναῖοι μὲν ἐνίκων τῇ ναυμαχίᾳ. „Beim Artemision ... siegten die Athener in der Seeschlacht." Isokr. IV 90; Plat. Mx. 241a: ... τὰ δὲ δευτερεῖα τοῖς περὶ Σαλαμῖνα καὶ ἐπ' Ἀρτεμισίῳ ναυμαχήσασι καὶ νικήσασι. „... der zweite Preis (nach dem für die Marathon-Kämpfer gebührt) denen, die bei Salamis und am Artemision in den Seeschlachten gesiegt haben." (Platons Bemerkung bildet aber nur einen schwachen Beleg, da der Dialog *Menexenos* eine Parodie auf die athenische Gefallenenrede darstellt, s.u. S. 226 A. 245). Cf. NOUHAUD 1982, 38, 155; GREEN 1970, 145.

102 Cf. Plut. Her. malign. 34, p. 867d: ἀλλὰ πάντες μὲν ἄνθρωποι σχεδὸν ὁμολογοῦσι ταῖς ναυμαχίαις αὐτόθι κρατοῦντας τοὺς Ἕλληνας ὅμως ὑφέσθαι τοῦ Ἀρτεμισίου τοῖς βαρβάροις, τὰ περὶ Θερμοπύλας ἀκούσαντας· οὐδὲ ταρ ἦν ὄφελος ἐνταῦθα καθημένους φρουρεῖν τὴν θάλασσαν, ἐντὸς Πυλῶν τοῦ πολέμου γεγονότος καὶ Ξέρξου τῶν παρόδων κρατοῦντος. „Aber fast alle Menschen stimmen darin überein, daß die Griechen, obgleich Sieger in den Seeschlachten dort, dennoch Artemision den Barbaren überließen, als sie vom Schicksal der Thermopylen erfuhren. Denn es hatte keinen Wert, dort zu sitzen und das Meer zu überwachen, während der Krieg die Thermopylen schon erreicht hatte und Xerxes Herr über die Pässe war." Plutarch insistiert Her. malign. 34, pp. 867b–868a auf dem griechischen Sieg. Dies ist bei Them. 9,1 und Mor. p. 350a; 552b spürbar abgemildert. Diod. XI 13,2f. wertet die Schlacht als unentschieden.

103 MACAN 1908, II 261: „The Greek army (bei den Thermopylen, d. Verf.) is portrayed as a band of heroes, led by a hero and fighting like heroes; yet it is the army that fails, and lets the Barbarians into Hellas! The Greek fleet (bei Artemision, d. Verf.) is a mob of poltroons, that upon the advance of the enemy beats a hasty retreat, and, having been brought back to its proper station, twice again contemplates flight; yet the Greek fleet holds its own victoriously, or not unsuccessfully, upon the water, until retreat for it becomes inevitable, by reason of the loss of Thermopylai!" So auch GEORGES 1986, 41.

104 Hdt. VII 173,4; 183,1; 207; 219,2; VIII 4,2; 18; 49,2; 56; 57,2; 74,2; 75,2. Das penetrante

zugsbeschlusses Herodot die Möglichkeit, die Anekdote über die Viehschlachtung und das Bakis-Orakel in seinen Bericht einzubauen. Wie sehr diese Episode doch nur dem umgebenden Handlungsablauf aufgesetzt ist, zeigt der Umstand, daß nicht Themistokles den Zeitpunkt für den Abzug der Griechen festsetzt, sondern dieser von der Meldung über den Fall der Thermopylen ausgelöst wird.[105] Herodot will folglich das Anzünden der Feuer nicht als Kriegslist verstanden wissen. Das Element der ψευδόπυρα könnte also bereits aus einer Quelle Herodots stammen. Wieso aber hat er die militärischen Ursachen dieser Feuer nicht offengelegt? Den Schlüssel zu dieser Frage liefert eine Analyse des Bakis-Orakels, mit dem Herodot die Schlachtung des euboiischen Viehs als vom Schicksal vorherbestimmt zu erweisen sucht.

6. Das Bakis-Orakel (VIII 20)

Herodot schreibt den Euboiern die alleinige Schuld am Verlust ihrer Herden[106] zu, da sie ein warnendes Bakis-Orakel mißachtet hätten, das ihnen offenbar deren Evakuierung angeraten habe. Herodot hebt diese Wertung nachdrücklich hervor, einmal vor dem Orakelzitat und einmal unmittelbar danach.[107] Da jedoch der Bezug des Orakels zur Perserinvasion durch βαρβαρόφωνος „barbarisch stammelnd" und ζυγὸν εἰς ἅλα ... βύβλινον „ein byblisches Joch auf die Salzflut"[108] evident ist, würden die Euboier es kaum übersehen haben. Ihre angebliche „Mißachtung" kann nur dadurch erklärt werden, daß sie es überhaupt nicht kannten, da es ein *vaticinium ex eventu* ist.[109] Immerhin ist für eine solche mißachtete Warnung ein historischer Kern denkbar: Die Verpflegung der ca. 50 000 griechischen Soldaten bei Artemision würde die Euboier eine gewaltige Anzahl von Ziegen und Schafen gekostet haben.[110] Doch ist eine alleinige Belastung der Euboier in solchem Ausmaß zu unwahrscheinlich – sofern Nordeuboia von den Griechen nicht als Feindesland angesehen und ausgeplündert wurde –, als daß die Phrase φράζεο ... Εὐβοίης ἀπέχειν πολυμηκάδας αἶγας auf eine notwendige, aber verpaßte Evakuierung des Viehs von Euboia bezogen werden könnte.

Diese Anweisung hat vermutlich einen anderen Ursprung. Wir können ἀπέχειν nicht als „wegtreiben, entfernen von etwas" verstehen; vielmehr ist es als „fernhalten, abhalten von etwas"[111] zu übersetzen. Vor diesem Hintergrund deutet die

---

Angst-Motiv mißdeutet VON HAEHLING 1993 als Ausfluß fehlender strategischer Planung der Griechen. KELLY 2003, 208 sieht die Angst der Griechen bewirkt durch massive Propaganda der Perser. Überzeugender GEORGES 1986, 40–42.

105 Das macht Herodot selbst (VIII 21,1) deutlich. Cf. SCHULTE 95.

106 Zur starken Übertreibung durch Herodot cf. STEIN und MACAN ad loc.

107 Auch durch die Verwendung des Adjektives περιπετής „jäh umschlagend"– bei Herodot ein ἅπαξ λεγόμενον –, dessen Gebrauch in klassischer Zeit auf die Tragödie beschränkt ist.

108 Cf. Hdt. VII 25,2; 34 zur Überbrückung des Hellespont durch Schiffstaue.

109 Cf. FONTENROSE 1978, 170.

110 Cf. GEORGES 1986, 57 A. 99. Euboia galt als besonders gutes Weideland für Groß- und Kleinvieh; cf. Hdt. V 31,3; Paus. VIII 1,5; Hermippos fr. 63, Z. 17 KASSEL-AUSTIN. Dazu GEYER 1903, 14f.

111 Cf. die Parallelität der Konstruktion ἀπέχειν τινά τινος bei Hdt. VIII 22,3: τῶν ναυμαχιέων

Implikation von Ziegen als einem Weidevieh, das alles kahlfrißt und die Landschaftsvegetation zerstört, eher darauf hin, daß mit αἶγες die Perser gemeint sind, die das ganze Land verheeren würden. Diese Identifikation wird durch die semantische Verwandtschaft von πολυμηκάς „vielmeckernd"[112] mit βαρβαρόφωνος[113] untermauert. Mit βαρβαρόφωνος ist der Großkönig Xerxes selbst gemeint, während sich die πολυμηκάδες αἶγες auf sein Heer und seine Flotte beziehen, die jeweils aus Kontingenten verschiedener Völker und Sprachen zusammengesetzt waren.[114] Schon in der Parodos von Aischylos' *Persern* finden wir das Motiv des linnenen Joches, das Xerxes über den Hellespont werfe, mit dessen Deutung als „Hirt" seiner als „Herde" (ποιμανόριον) bezeichneten Streitmacht verbunden.[115] Auch wenn die Frage der Priorität dieser Motivkombination bei Aischylos gegenüber dem Bakis-Orakel nicht schlüssig zu beweisen ist, spricht doch die eigentliche Verbindung der Bilder für die vorgelegte Interpretation. Somit mag die ursprüngliche Aufforderung des Bakis-Orakels folgendermaßen gelautet haben: „Sobald der persische Großkönig das Meer mit Schiffstauen überspannt, halte seine Truppen von Euboia fern" – da sie wie die alles kahlfressenden Ziegen nicht nur Euboia, sondern ganz Hellas verheeren würden. Es ist sogar denkbar, daß in der ursprünglichen Orakelversion statt der Chiffre „vielmeckernde Ziegen" die persischen Invasoren oder ihre Schiffe direkt genannt waren, etwa in der Form ... Εὐβοίης ἀπέχειν πολυπήμονας νῆας oder πολυάϊκας ἄνδρας „halte von Euboia fern die vielschadenden Schiffe" oder „die stürmischen Männer", und daß diese erst später zu einer Empfehlung der raschen Evakuierung von Vieh im Falle einer persischen Invasion umgeformt wurde. Mit hoher Wahrscheinlichkeit lag hier ursprünglich eine Empfehlung vor, daß die

αὐτοὺς ἀπόσχῃ „er (Xerxes) sollte sie (die Ioner) von den Seegefechten fernhalten". Ähnlich Hom. Il. VI 96; VI 277; Aisch. Ag. 1125; cf. Passow s.v. 1); Liddell-Scott-Jones s.v. I 1.

112 Insgesamt ein ἅπαξ λεγόμενον; cf. Macan ad loc. und H. Stephanus, *Thesaurus Linguae Graecae*, vol. VI, Paris 1842–47, Sp. 1398.

113 Cf. das Bakis-Orakel bei Hdt. IX 43, Z. 2; Hom. Il. II 867 und Aly 1927, 115.

114 Dahinter steht das Bild eines Hirten, der seine Ziegenherde auf fremde Weiden treibt, damit sie alles dort abweidet – ein Vorgang, der in Griechenland nicht selten war, wie das Weiderecht zeigt; cf. H. &. M. van Effenterre, Nouvelles lois archaïques de Lyttos, BCH 109, 1985, 157–188, bes. 182–185; A.J.M. Weiler, Herders en kudden in griekse inscripties, Lampas 20, 1987, 16–22; S. Hodkinson, Animal Husbandry in the Greek Polis, in: C.R. Whittaker (ed.), Pastoral Economies in Classical Antiquity (PCPhS Suppl. 14), Cambridge 1988, 35–74, bes. 45–50.

115 Aisch. Pers. 65–75: πεπέρακεν μὲν ὁ περσέπτολις ἤδη ǀ βασίλειος στρατὸς εἰς ἀντίπορον γείτονα χώραν ǀ λινοδέσμῳ σχεδίᾳ πορθμὸν ἀμείψας ǀ Ἀθαμαντίδος Ἕλλας, ǀ πολύγομφον ὅδισμα ǀ ζυγὸν ἀμφιβαλὼν αὐχένι πόντου· ǀ πολυάνδρου δ' Ἀσίας θούριος ἄρχων ǀ ἐπὶ πᾶσαν χθόνα ποιμανόριον θεῖον ἐλαύνει ... „Schon hat des Königs städtezerstörendes Heer hinübergesetzt zum Nachbarland an der Gegenküste, indem es auf flachsverbundenem Steg überquerte den Sund der Athamastochter Helle, aus vielen Pflöcken die Bahn als Joch auferlegte dem Nacken des Meeres. Des männerreichen Asien stürmischer Herr treibt wider jedes Land die göttliche Herde ..." Zur Ähnlichkeit der Stellen cf. F. Petrounias, Funktion und Thematik der Bilder bei Aischylos (Hypomnemata 48), Göttingen 1976, 15, der das Schwarm-/Herde-sowie das Joch-Motiv als Leitmotive für die Tragödie herausarbeitet (2–15, 20). Man beachte in den unmittelbar folgenden Zeilen der Parodos die Parallelen zu Herodot: Z. 79f.: Xerxes als Zeussohn göttergleich, zu Hdt. VII 56 sowie Z. 84: Xerxes im syrischen Wagen daherjagend, Z. 87–92: Xerxes mit seinem Heer unüberwindbar, zu Hdt. VII 140,2. S.o. S. 93 A. 181.

Griechen an den „Grenzen" Euboias ihre Abwehrposition suchen sollten.[116] Mit diesem Orakelspruch scheint – vermutlich erst in den Jahren nach dem Xerxeszug – die Entscheidung der Hellenen, den Persern an der Nordspitze Euboias, am Kap Artemision, entgegenzutreten, religiös legitimiert worden zu sein. Das Bedürfnis danach wird plausibel, wenn man bedenkt, daß die Schlacht am Artemision die Invasoren nicht zurückwarf. Im Gegenteil: Trotz behauptetem Kampfplatz mußten sich die Hellenen bis in den Saronischen Golf zurückziehen. Sogar für ihren entscheidenden Triumph bei Salamis sahen sich die Athener wohl im nachhinein genötigt, durch den Salamis-Vers eine göttliche Sanktionierung des Kampfplatzes zu fingieren.

Herodot eine solche mißbräuchliche „Wiederverwendung" eines Orakels zuzutrauen scheint seiner weitverbreiteten Charakteristik als *homo religiosissimus* völlig zuwiderzulaufen, betont er doch für das Bakis-Orakel, das den Sieg der Griechen in der Seeschlacht bei Salamis unzweifelhaft voraussagt, sein unumstößliches Vertrauen in solche Weissagungen – vorausgesetzt, sie seien klar und unmißverständlich.[117] Doch gerade dieses zweite, oft als Hauptbeleg für seine große Orakelgläubigkeit angeführte Bakis-Orakel[118] wurde schon als wiederverwendete Weissagung über die Schlacht bei Marathon erkannt.[119] Denn die in den ersten beiden Zeilen genannte „heilige Küste der Artemis mit dem Goldschwert" und „Kynosoura im Meer", welche die Perser mit Schiffen überbrückt hätten, sind kaum mit einem Ort auf Salamis zu verbinden. Vielmehr deuten sie – nach der Auffassung von ASHERI – auf die Bucht von Marathon[120], das nordöstliche Vorgebirge und einen Artemis-Tempel südlich von Marathon oder – laut CARRIÈRE – auf das Kap Sepias und das gegenüberliegende Kap Artemision an der Nordspitze Euboias. Auch „das Schlagen von Erz auf Erz" und die „Rotfärbung des Meeres durch Blut" passen zum Seekampf am Kap Artemision und besser noch zur Schlacht von Marathon und deren Nachspiel zur See.[121] Einziges Hindernis für beide Thesen ist die zeitliche Bestimmung des Kampfes, „nachdem sie das glänzende Athen zerstört haben" (λιπαρὰς πέρσαντες Ἀθήνας), die sich natürlich nur auf die Plünderung Athens unmittelbar vor der Schlacht von Salamis beziehen kann. Doch an der Stelle des jetzigen Aorist-Partizips πέρσαντες könnte in der ursprünglichen Fassung – von der Metrik her problemlos – der Infinitiv Aorist πορθῆσαι gestanden haben, folglich der am Kap Artemision noch nicht ausgeführte bzw. durch die Niederlage bei Marathon schließlich vereitelte Plan der Perser zur Zerstörung Athens angesprochen worden sein.[122] CARRIÈRE folgert daraus: „l'oracle ne serait pas une prophétie *ex eventum,* mais un texte destiné à donner du courage aux combattants grecs et un texte ‚bri-

---

116 Vielleicht ganz ähnlich wie im ersten Vers des ersten delphischen Orakels an die Athener (VII 140,2); s.o. S. 66 A. 11.
117 Hdt. VIII 77. Zweimal wird ἐναργέως λέγειν als Bedingung für das Vertrauen betont.
118 Cf. KIRCHBERG 1965, 103; SCHULTE 108f.; HUBER 1965a, 7; LACHENAUD 1978, 278f.; HARRISON 2000a, 130f.
119 H. GRÉGOIRE, La légende de Salamine, ou comment les philologues écrivent l'histoire, LEC 4, 1935, 519–531, bes. 528–530; CARRIÈRE 1988, 230–236; ASHERI 1993, 65–71.
120 Cf. ASHERI 1993, 68f. CARRIÈRE 1988, 231 bezieht dies auf den Hellespont.
121 Hdt. VI 112–115. Cf. ASHERI 1993, 70f.
122 Cf. GRÉGOIRE 1935, 529f.; CARRIÈRE 1988, 231; ASHERI 1993, 70.

colé' en fonction de l'avance perse."[123] Doch können die Athener vor der Schlacht von Salamis diese klare Siegesverheißung nicht gekannt haben; andernfalls wäre ihre langwierige Debatte um die „Hölzerne Mauer" überflüssig gewesen. Um die Wirkungslosigkeit des Bakis-Orakels mußte auch Herodot wissen.[124]

ASHERI betont zu Recht, daß gerade das verbreitete Herodoteische Motiv der übersehenen, für unwichtig erachteten, schließlich jedoch wiedergefundenen und richtig interpretierten Prophezeiungen ein deutlicher Hinweis auf deren Wiederverwendung ist. Nicht nur für das Bakis-Orakel über die Ziegen von Euboia betont Herodot dessen Mißachtung durch die Betroffenen, sondern auch die letzte der drei Bakis-Weissagungen in seinem Werk, welche die Niederlage der Perser bei Plataiai in klaren Worten prophezeit, ist weder Mardonios von vornherein bekannt noch zitieren die von ihm versammelten Griechen sie, obgleich aufgefordert, für die Perser ungünstige Vorzeichen zu nennen.[125] Wir gelangen für die Bakis-Orakel bei Herodot zu einem absurden Ergebnis: Obgleich sie die Ereignisse unzweideutig voraussagen bzw. – im Fall der Euboier – klaren Rat erteilen und Herodot es gerade wegen dieser Deutlichkeit für unmöglich erachtet, sie für unwahr zu halten, nehmen sie allesamt keinerlei Einfluß auf den Lauf der Ereignisse, da sie den Akteuren laut Herodot unbekannt waren, und wirken wie ein Fremdkörper im sonstigen Kontext. Als Ausweg aus diesem Dilemma haben einige Forscher die völlige Athetese der jeweiligen die Bakis-Orakel umfassenden Kapitel VIII 20, 77 und IX 43 als spätere Zusätze gewählt, was durchaus auch mit deren sprachlichen Eigentümlichkeiten gerechtfertigt werden kann.[126] Hingegen erkennt ASHERI[127] in VIII 77 die expliziteste Manifestation des Orakelglaubens Herodots, der die Klarheit ihrer Aussagen als entscheidendes „Wahrheitskriterium" postuliere und damit die Bakis-Prophezeiungen absetze von den Probeweissagungen, zweideutigen und sogar gefälschten Orakeln, erpressbaren und sogar bestochenen Pythiae und Orakelpriestern, von denen Herodot selbst berichtet.[128]

Ob allerdings Herodot seinem Glaubensbekenntnis Überzeugungskraft dadurch verliehen hat, daß er Bakis-Orakel als Musterbeispiele für besonders wahre Weissagungen anführt, darf bezweifelt werden. Denn gerade diese galten seinen Zeitge-

---

123 CARRIÈRE 1988, 231, der zudem auf Plut. Them. 10,1 verweist.

124 Cf. KIRCHBERG 1965, 105 A. 1; ASHERI 1993, 71f.

125 Hdt. IX 42f. ASHERI 1993, 71 unterstellt also auch dem Bakis-Orakel in VIII 20 eine Wiederverwendung. Weitere Beispiele mißachteter Orakel: VIII 96,2; 141,1. Cf. MAURIZIO 1997, 326–329.

126 Cf. die Editionen von K.W. KRÜGER, Berlin 1855–56, von J.E. POWELL des VIII. Buches, Cambridge 1939, und von P. LEGRAND, Bd. IX, p. 2 n. 3; zudem JACOBY 406; H. PANITZ, Mythos und Orakel bei Herodot, Diss. Greifswald 1935, 57.

127 Cf. ASHERI 1993, 66, 68f. und CARRIÈRE 1988, 236 zur Einbindung von VIII 77 in den Kontext der Schlacht von Salamis (bes. zu VIII 76). Daß dieses Kapitel genuiner Bestandteil des Herodot-Textes ist (so auch ROSÉNS Ausgabe im Gegensatz zu HUDE), zeigt MACAN ad loc., dem CRAHAY 1956, 338f. und SCHULTE 109 folgen.

128 Cf. ASHERI 1993, 72–76 mit A. 30–36, z.B. Hdt. I 46f.; II 133; V 63; 92 ε 1; VI 66,1; 86; 91,2; VII 6; 140f. ASHERI (74f.) sieht Herodot in der Nachfolge des Heraklit (22B 93 DK), Aischylos (Ag. 1132–1135, 1254f.; Prom. 661f.) und Sophokles (TrGF IV F 771) als Kritiker von irreführenden Orakeln.

nossen, wenn wir dem reichen Zeugnis des Aristophanes glauben dürfen, keineswegs als zuverlässig, vielmehr erscheinen sie dort als Fälschungen aus der Feder betrügerischer Orakelsammler, die erst *post factum* ihre „Prophezeiungen" dichteten.[129] Wie schon Aristophanes erkannt hat, wurden die Bakis- und Sibylle-Orakel leicht manipulierbar und instrumentalisierbar durch ihre Sammlung in ganzen Büchern.[130] Im Gegensatz zu den delphischen Weissagungen waren diese nicht Produkt einer Orakelanfrage, sondern gaben sich aus als „spontane" Äußerungen der Gottheit; als solche fanden sie jedoch mitnichten allgemeine Anerkennung.[131] Sie waren in Verruf geraten durch ihre Ausdeuter, die sich skrupellos ihrer bedienten, um eigene Interessen durchzusetzen. Gerade Hierokles[132] wurde neben einigen anderen athenischen Orakeldeutern wie Lampon[133] von Aristophanes im *Frieden* als Lügenprophet und Kriegstreiber diffamiert. Offenbar schon in den 420er Jahren, spätestens aber nach dem Scheitern der von Weissagungen legitimierten Sizilischen Expedition 413 hatten nicht nur die Bakis-Orakel, sondern insbesondere deren Sammler und Deuter ihren Kredit bei den Athenern verspielt.[134] Es ist auffällig, daß auch Herodot die χρησμολόγοι in der athenischen Orakeldebatte als feige und vaterlandsvergessen darstellt, da sie zur Flucht vor den Persern und zur Auswanderung aus Attika raten.[135]

---

129 Cf. Aristoph. Pax 1085: Trygaios warnt Hierokles, niemals zu hoffen, „hintendrein am Geschehen etwas zu ändern"; Av. 963–965; Equ. 997–1000. Aus der Erdichtung *post factum* erklärt sich auch die Bakis zugeschriebene Klarheit (Aristoph. Equ. 128: ἄντικρυς λέγων „geradeheraus sprechend"; Av. 962). Cf. Smith 1989, 144f.; Asheri 1993, 63f.; Prandi 1993, 57f. (zur Identität des Bakis 51–55); Theopomp FGrHist 115 F 77; Plut. Mor. p. 399a.

130 Cf. Equ. 997–1098; cf. Smith 1989, 145f., 150–154 auch zum folgenden.

131 Cf. Parker 1985, 298; Smith 1989, 154; Prandi 1993, 62.

132 Cf. Aristoph. Pax: zu Bakis 1070–1072 (*quater*!); 1119 wird Hierokles sogar mit Bakis identifiziert; Pax 1045, 1069, 1084–1087, 1120f., 1124f.; cf. Smith 1989, 143f.; zudem Schol. Aristoph. Pax 1046, Eupolis fr. 231 Kassel-Austin. Zur Person cf. P. Kett, Prosopographie der historischen griechischen Manteis bis auf die Zeit Alexanders des Großen, Diss. Erlangen 1966, 50f.; J.M. Balcer, The Athenian Regulations for Chalkis. Studies in Athenian Imperial Law (Historia Einzelschriften 33), Wiesbaden 1978, 73 mit A. 46; B. Smarczyk, Untersuchungen zur Religionspolitik und politischen Propaganda Athens im Delisch-Attischen Seebund, München 1990, 103 A. 148; Bowden 2003, 263, 266–268.

133 Cf. Aristoph. Av. 521; Kratinos fr. 66 Kassel-Austin; Kett 1966, 54–57.

134 Cf. Thuk. II 8,2; 21,3; VIII 1,1; Kratinos fr. 62 Kassel-Austin; Athen. VIII p. 344e. Zur Kritik an den Orakeldeutern im Athen des 5. Jhs. J.H. Oliver, The Athenian Expounders of the Sacred and Ancestral Law, Baltimore 1950, 6–17; Fontenrose 1978, 153–157; Smith 1989, 144f., 155; Prandi 1993, 56–58; Asheri 1993, 63f.; Lateiner 1993, 187–194. Hingegen bestreiten R. Garland, Priests and Power in Classical Athens, in: M. Beard & J. North (edd.), Pagan Priests. Religion and Power in the Ancient World, London 1990, 75–91, und nachdrücklich Bowden 2003, 256f., 270, 274, daß die Aristophanischen Ressentiments für die Haltung der Athener zu Orakelsammlern und -deutern repräsentativ sind, die im Gegenteil sogar einen guten Leumund gehabt hätten.

135 VII 142,3–143,3. Auch die Orakelsammler Onomakritos, der, eng verbunden mit dem Tyrannen Hipparchos, Xerxes zum Krieg gegen Hellas drängte (VII 6,3–5), und Amphilytos von Akarnanien, der Peisistratos zur dritten Machtergreifung ermutigte (I 62,4), erscheinen in schlechtem Licht; cf. H.A. Shapiro, Oraclemongers in Peisistratid Athens, Kernos 3, 1990, 335–345.

War es ungeachtet des schlechten Rufes der Bakis-Orakel gerade die nur scheinbare Exaktheit der Ortsangaben der Weissagung in VIII 77, die Herodot von ihrer
„Wahrheit" überzeugte? Immerhin taucht Kynosoura – als eine uns nicht näher bekannte Lokalität auf Salamis – im vorhergehenden Kapitel 76 auf, und auch die dort
beschriebene Sperrung des Sundes von Salamis kann als die im Orakel beschriebene Brücke aus persischen Schiffen gedeutet werden. CARRIÈRE hat gerade im Motiv
der Schiffsbrücke das entscheidende Kriterium für die „Wahrheit" des Orakels erkannt: Schon Aischylos hat die Überschreitung der natürlichen Grenzen des Perserreiches als größten Frevel des Xerxes angesehen, und diese finden wir als ein Leitmotiv bei Herodot auf verschiedenen Perserkönige angewandt.[136] Da in diesem Bakis-
Orakel die maßlose Hybris des Perserkönigs in der Überbrückung des Meeres durch
Schiffe sinnfällig und zudem seine Bestrafung durch die Griechen als göttliches
Instrument prophezeit wird, also gerade die Kernthemen in Herodots Darstellung
der Perserkriege in wenigen Zeilen umrissen sind, „muß" diese Weissagung für
Herodot unbestreitbar „wahr" sein.[137] Die Frage, ob sie tatsächlich als Vorhersage
eines Sieges der Hellenen bei Salamis vor der Seeschlacht oder nicht doch erst *ex
eventu* formuliert wurde, hat für die Entscheidung über ihre „Wahrheit" keine Rele-
vanz angesichts der darin ausgesprochenen „Grundwahrheiten" über das griechisch-
persische Ringen: Das Orakel spricht ἀτρεκέως.[138] Wenn also besonders deutliche
„Weissagungen" Herodots Sinndeutung des Geschehens wiedergeben, so liegt der
Verdacht nahe, daß er diese Orakel als Sprachrohr benutzt hat, was ihm schon
Plutarch vorwirft.[139]

Welche Sinndeutung verbindet Herodot aber mit dem Bakis-Orakel über die
Ziegen von Euboia?[140] Zum einen liefert er damit eine metaphysische Begründung
für die von Themistokles initiierte Viehschlachtung. Inwieweit diese jedoch dadurch

---

136 Aisch. Pers. 71f., 89f., 103–113, 130–133, 185–195, 719–725, 745–748, 790–792. Hdt.: Kyros:
     I 205; Dareios: IV 83–88; 97f.; 118; 133–141; V 23; VII 10; Xerxes: VII 10; 21; 34–36; 54f.;
     95; 157; VIII 97; 107; 108; IX 106; 114f.; 121. Cf. CARRIÈRE 1988, 234f.
137 So CARRIÈRE 1988, 236. Ähnlich MUNSON 2001a, 199–201.
138 CARRIÈRE 1988, 233 spricht von „le caractère tortueux et ‚rusé' de cette ‚objectivité'" Herodots,
     der sich u.a. in der spitzfindigen doppelten Verneinung zu Beginn von VIII 77 zeige, (cf. auch
     MUNSON 2001a, 198f. zum ἀντιλέγειν) und verweist zudem auf VIII 94 und 119,2. DARBO-
     PESCHANSKI 1987, 81 sieht Herodot als „chresmologue … du passé, herméneute paradoxal de
     prévisions portant sur des faits révolus et dont l'interprétation prend, par là même, la force de
     l'évidence". Cf. auch F. HARTOG, The invention of history: the pre-history of a concept from
     Homer to Herodotus, H&T 39, 2000, 384–395, hier 394f., und den Titel von HARRISON 2003:
     „Prophecy in reverse".
139 Plut. Her. malign. 40, p. 871d wettert zu Hdt. VIII 122 (der delphische Apoll forderte von den
     Aigineten, sie sollten ihm den für Salamis erhaltenen Siegespreis weihen): τῷ τοῦ Πυθίου προσ-
     ώπῳ χρώμενος ἀπωθεῖ τῶν ἐν Σαλαμῖνι πρωτείων τὰς Ἀθήνας „Er benutzt Pythios als Sprach-
     rohr, um Athen den ersten Preis für Salamis abzusprechen." Cf. ASHERI 1993, 73f.
140 Die Hypothese, die der Verf., The Herodotean Picture of Themistocles: A Mirror of Fifth-cen-
     tury Athens, in: LURAGHI 2001, 179–197, hier 189, geäußert hat, daß Herodot durch seine offen-
     sichtlich falsche Auslegung des Bakis-Orakels die betrügerischen Praktiken der χρησμολόγοι
     wie Hierokles habe imitieren und damit kritisieren wollen, scheint dem Verf. nun nicht mehr
     haltbar, da eine solche Kritik durch die vielen Brechungen hindurch nicht erkennbar gewesen
     wäre.

auch legitimiert wird, ist unten weiter zu betrachten. Zum zweiten mag Herodot, wie GOLDSCHEIDER (51) richtig bemerkt, diese Geschichte über das angeblich selbstverschuldete Leid der Euboier als Verweis intendiert haben auf die spezifische Gefahr, in der die Athener zu derselben Zeit schwebten: Auch sie waren laut Herodot von Orakeln angewiesen worden, ihr Land völlig aufzugeben; auch sie hatten die Räumung ihrer Heimat bis zum letztmöglichen Moment aufgeschoben; auch sie mußten die Bündner bitten, die Evakuierung Attikas zu decken. Gerade der implizite Kontrast zwischen den furchtbaren Folgen der verpaßten Räumung Euboias und der gelungenen Evakuierung Attikas mag darauf hindeuten, daß die Schicksalslinie der Hellenen seit ihrem Tiefpunkt bei den Thermopylen und beim Artemision eine entscheidende Wendung zum Besseren genommen hat.

Als Herodot das Bakis-Orakel einer Orakelsammlung entnommen hat, stellte er es offensichtlich als Basis für seine Schilderung bewußt in einen neuen Kontext.[141] Diese These wird durch den Befund gestützt, daß dieses Bakis-Orakel meines Wissens die einzige Wahrsagung in den gesamten *Historien* ist, die Herodot erst *nach* der Schilderung des geweissagten Ereignisses anführt; sonst taucht sie schon im Vorfeld bzw. im Zenit der Geschichte auf, nicht jedoch nach ihrem Abschluß.[142] Die Sonderstellung des Bakis-Orakels in VIII 20 erklärt sich m.E. aus der Tatsache, daß dabei wohl Herodot den umgekehrten Vorgang vollzogen hat wie bei allen anderen. Während diese oft als *vaticinia ex eventu* erst aus der Kenntnis der Ereignisse heraus geschaffen wurden, hat jenes Orakel, wie schon SCHULTE erkannt hat[143], Herodot erst den Anstoß zur Komposition der Erzählung von der Viehschlachtung geliefert.

7. Herodots literarische Folie für die Themistokleische Viehschlachtung

Das Handlungsschema für diese Anekdote hat Herodot vermutlich der berühmtesten Geschichte über eine Viehschlachtung[144] in der griechischen Mythologie entliehen, dem Raub der Rinder des Helios durch die Gefährten des Odysseus.[145] Homers Darstellung fungiert meines Erachtens hierbei als literarische Folie, welche aufgrund ihrer allgemeinen Bekanntheit das Herodoteische Publikum leicht dessen

---

141 Daß er dazu den originalen Wortlaut verändert hat, läßt sich für VIII 20 ebensowenig beweisen wie für VIII 77.

142 Cf. KIRCHBERG 1965, 117 mit A. 1f. mit Beispielen.

143 SCHULTE 94: „Herodot haben im Zusammenhang mit dem Geschehen von Artemision zwei Fakten vorgelegen, das Bakis-Orakel und die Botschaft des Feldherrn (sc. an die Ioner; d. Verf.). Um das Orakel ohne Bruch in das Werk einzulagern, erfindet der Autor eine Handlung, die er aus den überlieferten Angaben zusammensetzt."

144 Herodot läßt mit πρόβατα offen, ob es sich um Rinder oder Schafe und Ziegen handelt. Πρόβατα kann sowohl Groß- als auch Kleinvieh bezeichnen (Hdt. II 41,2; VIII 137,2); i.S.v. „Rind" Simonides fr. 562 PMG; cf. LIDDELL-SCOTT-JONES s.v. Homer spricht öfter von Schaf- und Ziegenherden (μῆλα) des Helios (Od. XI 108; XII 128f., 136, 263, 301, 322).

145 Od. XII 260–425. Dieser Geschichte ist schon die Hälfte des Proömiums der Odyssee (I 5–9) gewidmet. Cf. zudem Od. XIX 273–277. Cf. K. REINHARDT, Die Abenteuer der Odysse, in: id., Tradition und Geist, Göttingen 1960, 47–124, hier 87–90.

Anekdote unterlegen konnte. Denn erst vor dem Hintergrund dessen, was Odysseus und seine Gefährten auf der Insel Thrinakia tun und erleiden, erschließt sich dem Publikum die ambivalente Bewertung von Themistokles' Ratschlag durch Herodot.

Die Grundgegebenheiten sind in beiden Geschichten gleich: 1. Ein Orakelspruch bildet den metaphysischen Hintergrund des Geschehens. 2. Die Heimkehr von Griechen steht auf dem Spiel. 3. Vieh wird von den Griechen geschlachtet. Die Nekromantie des Teiresias, die Odysseus auf seiner Unterweltsfahrt erhält, warnt diesen nachdrücklich vor der Schlachtung der Helios-Rinder.[146] Das Bakis-Orakel bei Herodot mahnt die Euboier dazu, ihr Vieh in Sicherheit zu bringen. Die Mißachtung beider Orakel zeitigt schlimme Folgen für die Beteiligten: Bei Homer besiegeln die von Hunger getriebenen Gefährten des Odysseus mit der Viehschlachtung ihren Untergang. Für die Euboier bei Herodot stellt die Schlachtung ihres Viehs ein „gewaltiges Unglück" dar. Die Schuldigen daran, die Griechen am Artemision, drängt hingegen keine materielle Not dazu; dennoch folgen sie willig den Anweisungen des Themistokles. Im Gegensatz dazu brechen Odysseus' Gefährten den Eid, den er ihnen zur Verschonung der Helios-Rindern auferlegt hat, und büßen ihren Ungehorsam mit einem schlimmen Tod.[147]

Die Spaltung zwischen Anführer und Gefährten ist kennzeichnend für die Rolle des Odysseus: Er beachtet das Verbot des Teiresias; der gottgesandte Schlaf, der ihn übermannt, verhindert dann zwar, daß er mitschuldig wird am Frevel seiner Gefährten und mit ihnen zugrunde gehen muß, doch nimmt er Odysseus und seinem sonst bewiesenen Erfindungsreichtum jede Möglichkeit, die Gefährten vor dem Untergang zu bewahren. Themistokles hingegen ist es, der gerade nicht „schläft", sondern die Zügel fest in der Hand behält und selbst in seiner altbekannten Findigkeit die Griechen dazu anstiftet, die Absprache mit den Euboiern zu brechen und deren Vieh zu schlachten. Er kümmert sich somit zwar um die Versorgung seiner Mitkämpfer und versäumt darüber auch den rechtzeitigen Rückzug nicht; doch all diese Leistungen können seinen offenen Vertragsbruch gegenüber den Euboiern nicht verdecken.[148]

Der Homerische Odysseus auf Thrinakia erweist sich somit als Kontrastfolie für den Herodoteischen Themistokles: Während jenen seine Ohnmacht vor einer Mitschuld am Rinderfrevel bewahrt, ist dieser Herr der gesamten Situation und wird als solcher sogar Urheber des schweren Vergehens am Besitz der Euboier.[149] Da Herodot das Wissen um die unausweichliche Strafe, welche Odysseus' Gefährten für ihr Sakrileg getroffen hat, bei seinem Publikum voraussetzen konnte, hat er diesem die Frage nahegelegt, ob Themistokles' Perfidie ungesühnt bleiben wird.

---

146 Od. XI 106–115. Die Warnung wird von Kirke wiederholt, Od. XII 137–141. Man beachte bei beiden Warnern das zentrale Stichwort der Unberührtheit ἀσινέας (XI 110; XII 137), das Herodot von den Rindern auf die Griechenflotte überträgt: ὥστε ἀσινέας ἀπικέσθαι (VIII 19,2).

147 Od. XII 329–361; 295–304; 399–425.

148 Hdt. VIII 20,1f. betont zweimal, welch riesigen Verlust Themistokles den Euboiern zufügt. Laut GOLDSCHEIDER 36, 51 hätten die Euboier jedoch nur für die Evakuierung ihrer Familien und der Sklaven bezahlt, nicht jedoch für die des Viehs; deshalb sei Themistokles keinerlei Vorwurf zu machen. So auch BENCSIK 1994, 112f.

149 Themistokles ähnelt mit seiner rücksichtslosen Schläue also weit weniger dem Homerischen Odysseus als dem der Tragödie, so in Sophokles' Philoktet.

Gerade der epische Hintergrund läßt die Beurteilung des Herodoteischen The-mistokles in ihrer gesamten Widersprüchlichkeit – einerseits geschickter und für-sorglicher Feldherr seiner Soldaten, andererseits treuloser Opportunist – klar her-vortreten und liefert somit den Schlüssel zu einem differenzierten Verständnis die-ser schillernden Figur bei der Schlacht von Kap Artemision.

8. Die ursprüngliche Erzählung und ihre Umarbeitung durch Herodot

Wie oben dargelegt, tragen sowohl die Bestechungsanekdote als auch die Erzäh-lung von der Viehschlachtung unverkennbare Merkmale literarischer Fiktion an sich. Historisch gesehen geht es weder in der Bestechungsankedote noch beim eu-boiischen Vieh am Kap Artemision um das In-Sicherheit-Bringen von Habseligkei-ten. Beide Geschichten sind dennoch inhaltlich eng miteinander verknüpft. Die Eu-boier bezahlen Themistokles für eine Dienstleistung, welche dieser auch anfangs erbringt; doch schließlich wird er selbst zum Verantwortlichen für einen horrenden Schaden gerade an dem, was die Euboier durch die Zahlung zu sichern suchten. Wie Themistokles schon zuvor einen Teil der 30 Talente Eurybiades und Adeiman-tos abgegeben hat, so läßt er nun auch die anderen Griechen Nutzen aus seiner Per-fidie gegenüber den Euboiern ziehen. Diese Bereitschaft zu teilen zeigt er nach der Schlacht von Salamis nicht mehr, wenn er die Kykladen nur noch ausschließlich zu seinem persönlichen Profit ausbeutet.

Um weiteren Aufschluß über die Entstehung dieser Anekdoten zu erlangen, müssen wir die Herodoteische Sammelbezeichnung „Euboier" analysieren. Wie oben schon gezeigt, stellten die Chalkidier, Eretrier und Styreër selbst zahlreiche Schiffe für die griechische Flotte.[150] Daß keinerlei Triëren aus Histiaia genannt sind, ist hingegen höchst verwunderlich. Denn im frühen fünften Jahrhundert umfaßte das Gebiet der Polis Histiaia wohl das gesamte nördliche Viertel der Insel Euboia. Die von thessalischen Perrhaibern gegründete Stadt bildete mit ihrer aiolischen Bevölkerung[151] ein starkes ethnisches Gegengewicht zur Mitte und dem Süden Euboias, die von Ionern besiedelt waren. Die unmittelbare Umgebung der Stadt hieß Histiaiotis, während Ellopia das gesamte aiolische Nordeuboia bezeichnete. Schon früh dehnte Histiaia seine Herrschaft über die anderen Städte Nordeuboias wie Kerinthos, Aidepsos, Orobiai, schließlich auch Aigai aus und später möglicher-weise auch über die an den Abhängen des Kenaion-Vorgebirges, der Westspitze Euboias, gelegenen Dion und Athenai Diades, so daß sein Gebiet schließlich bis in das siedlungsarme Makistos-Gebirge reichte und an das Territorium der Chalkidier grenzte.[152] Angesichts dieser ausgedehnten Herrschaft ist es völlig unverständlich,

---

150 Die Karystier fallen dafür wegen ihres Medismos ohnehin aus.
151 Cf. Strab. IX 5,17, p. 437; X 1,4f., p. 446; Ps.-Skymn. 578. Neben den nordgriechischen Dia-lekteigentümlichkeiten deutet auch der dortige Landschaftsname Ellopia auf diesen Ursprung hin. Cf. F. Geyer, RE Suppl. IV (1924), s.v. Histiaia, 749–757, hier 750f. Cf. Demosth. XXIII 213.
152 Cf. Strab. X 1,3, p. 445; Hesych. s.v. Ἑλλοπιῆες. Zudem Geyer 1924, 751; E. Erxleben, Die Kleruchien auf Euböa und Lesbos und die Methoden der attischen Herrschaft im 5. Jh., Klio 57, 1975, 83–100, hier 89f.

daß die Histiaier sich nicht mit Schiffen an der Verteidigung ihrer eigenen Heimat – das Kap Artemision und der dortige Tempel gehörten direkt zu Histiaia – beteiligt haben sollten, zumal davon auszugehen ist, daß sie im Attischen Seebund vermutlich bis zum Jahre 450 – wie u.a. auch die Chalkidier und Eretrier – Schiffe stellten statt φόρος zu zahlen.[153] Das Fehlen jeder Nachricht über Abwehrmaßnahmen der Histiaier ist nur durch die Annahme erklärbar, daß sie dem Großkönig schon zuvor Erde und Wasser gegeben hatten[154] – und damit dem Beispiel der stammverwandten Bewohner der Gegenküste, der Thessaler, der Magneten und phthiotischen Achaier, sowie der perrhaibischen Stammväter gefolgt waren. Auch im Herodoteischen Text finden wir noch eine kleine Spur vom Medismos der Histiaier: Ein Mann aus Histiaia habe den heimlichen Rückzug der Griechen vom Artemision den Persern gemeldet, die ihm jedoch zuerst nicht glauben wollten; schließlich seien sie dennoch nach Histiaia gekommen und hätten die Stadt und Teile der Ellopia besetzt sowie alle Dörfer an der Küste im Gebiet von Histiaia geplündert.[155] In dieser Geschichte ist ein Sündenbock zu greifen, der gleichsam die Schuld für den Medismos aller Histiaier und mit ihr sogar das eigentliche Faktum auf sich allein nimmt; sie selbst sollen als keineswegs perserfreundlich erscheinen. Denn hätten sonst die Perser ihre Stadt besetzt und ihre Habe geplündert? Die apologetische Zielsetzung dieses „Berichtes", den Herodot vermutlich von Histiaiern selbst bei einer örtlichen Erkundung vernommen hat, ist nur allzu deutlich und macht ihn damit historisch zweifelhaft. Auch die sich unmittelbar anschließende Nachricht, daß die persischen Schiffsmannschaften ihre Kriegsschiffe unbewacht in Histiaia ankern lassen konnten, um die von Xerxes inszenierte Leichenschau der griechischen Gefallenen bei den Thermopylen zu besuchen – diese Anekdote besitzt keinen historischen Kern[156] –, setzt eine perserfreundliche Haltung der Histiaier voraus. Zudem könnte die Angabe, die „Euboier" hätten ihr Vieh nach der Seeschlacht an den Strand getrieben, ein Nachhall von Überlieferungen sein, daß die Histiaier die persische Flotte am Strand mit Nahrungsmitteln willkommen geheißen hätten, zumal der Herodotei-

---

153 Cf. ATL III 197; 239 mit A. 31; 244 mit A. 6; 267f. Daß für Histiaia nur eine Zahlung von 980 Drachmen – und die erst im letzten Jahr seiner Existenz 447/6 – belegt ist, wird zum einen damit zusammenhängen, daß Dion und Athenai Diades selbst Tribute von jeweils 2 000 Drachmen bezahlten, zum anderen aber mit dem sich schon abzeichnenden Abfall Euboias unter Histiaias Führung 446, so daß diese 980 Drachmen nur eine geringe Teilzahlung des geforderten Tributes dargestellt haben; cf. GEYER 1903, 85. BELOCH GG II² 2,358 veranschlagt für Histiaia einen normalen Tribut von drei Talenten – vergleichbar dem von Chalkis und Eretria.

154 Dies vermuteten schon ATL III 99 A. 21: „Neither Karystos nor Hestiaia was on the Greek side; the former was with Xerxes (VIII, 66,2) and perhaps the latter too (VIII, 23)." Die Histiaier werden auch nicht auf der delphischen Schlangensäule aufgeführt. Sie werden zu „allen übrigen Inselbewohnern" gehört haben (Ausnahmen VIII 46 namentlich genannt), die sich laut Hdt. VIII 66,2 nach dem griechischen Rückzug aus Mittelgriechenland den Persern angeschlossen hatten. WALLACE 1974, 27 A. 14; 28 A. 18; 33 geht aber von ihrer Beteiligung am griechischen Abwehrkampf aus.

155 Hdt. VIII 23. Man beachte die Betonung, daß „sämtliche Dörfer der Histiaiotis" geplündert worden seien. GILLIS 1979, 68 stellt ausführliche Spekulationen über mögliche Motive des Histiaiers an.

156 Hdt. VIII 24f. Cf. HOW-WELLS ad loc.

sche Themistokles selbst erwägt, daß diese Herden den Persern zur Verpflegung dienen könnten.[157]

Wenn wir nun den Medismos der Histiaier als historisch zugrunde legen, so ist zu fragen, inwieweit er die Anekdote von den Geldzahlungen der Euboier an Themistokles erklären könnte. Bedenken wir zudem das Ergebnis der Kämpfe am Kap Artemision, den schließlichen Abzug der Griechen trotz behaupteter Stellung, so drängt sich doch eine Ursprungsgeschichte auf, laut der die Histiaier Themistokles mit 30 Talenten bestochen haben, damit er die Griechen zum Abzug vom Kap Artemision bewege. Ein solches Schema für eine Erzählung, auf der Herodots Schilderung basieren könnte, wird wahrscheinlicher durch den Umstand, daß wir schon für den Bericht über die thessalische Expedition eine ähnliche Version als mögliche Grundlage vermuten konnten: daß Themistokles von Perserfreunden, Alexander und den Aleuaden, korrumpiert worden sei. Zudem läßt sich eine ganz ähnliche Erklärung für den Abbruch der Belagerungen von Andros und Karystos und die angebliche Erpressung der Inseln durch Themistokles wahrscheinlich machen. Wie bei diesen beiden entstammt auch bei Euboia die Erzählung dem Bedürfnis zu erklären, wieso die Griechen jeweils aus ihrer günstigen Stellung abgezogen sind. Im Fall vom Artemision ist dies um so gravierender, als vor allem die Athener – wie oben gesehen – die dortigen Treffen als Sieg für sich verbucht hatten und händeringend bei den damals Verantwortlichen nach Beweggründen für den Rückzug suchen mußten. In der Tradition, die in so hohem Maße auf die Verleumdung des Themistokles einerseits und der Histiaier andererseits abzielte, konnte das rationale Argument, daß nach dem Fall der Thermopylen die Stellung am Artemision für die Hellenen trotz der Behauptung des Kampfplatzes nicht mehr haltbar war, keinen Niederschlag finden.

Für eine solche verleumderische Anekdote über Themistokles ist ein athenischer Ursprung am wahrscheinlichsten, auch wenn keineswegs auszuschließen ist, daß sie in anderen griechischen Bündnerpoleis entstanden ist. Denn daß in Athen zahlreiche Anekdoten umliefen, die ihn als Verräter zu denunzieren suchten, ist nicht erst nach seiner Flucht zum Großkönig zu erwarten; dies hoffe ich ausführlich in den Kapiteln über Themistokles' Handeln auf Andros und seinen politischen Niedergang nach 480 nachzuweisen. Überdies hatten die Athener allen Grund dazu, die Histiaier als μηδίζοντες anzuschwärzen, insbesondere nach dem Jahr 446: Damals hatten die Histiaier den Aufstand Euboias gegen die Herrschaft Athens angeführt und bei den Kämpfen sogar eine gesamte athenische Schiffsmannschaft niedergemetzelt.

In der gesamten Überlieferung finden wir nur einen Hinweis auf eine Diffamierung des Themistokles als einen am Kap Artemision von Perserfreunden Bestochenen: in den pseudothemistokleischen Briefen, die vermutlich Ende des ersten nachchristlichen Jahrhunderts entstanden sind.[158] Obgleich diese zweifellos nicht authen-

---

157 Hdt. VIII 19,1; 2: κρέσσον γὰρ εἶναι τὴν στρατιὴν ἔχειν ἢ τοὺς πολεμίους „Denn es sei besser, daß die (eigene) Truppe (das Vieh) habe statt der Feinde."
158 Neuedition des Textes samt Übersetzung und Kommentar von G. CORTASSA (ed.), Le lettere di Temistocle, vol. I, Padua 1990. Cf. für eine Bewertung CULASSO GASTALDI 1990, 253–288; zudem P. ROSENMEYER, Ancient Epistolary Fictions. The letter in Greek literature, Cambridge

tisch sind, sollten wir ihre Informationen keineswegs von vornherein verwerfen. Denn die Episteln bieten mit Thukydides und dem von diesem vermutlich benutzten Charon von Lampsakos einige bemerkenswerte Übereinstimmungen[159], die sich deutlich von der späteren Überlieferung unterscheiden. Diese Gemeinsamkeiten legen nahe, daß der Autor der Episteln durch Vermittlung anderer oder auch unmittelbar auf die Angaben des Charon über das Schicksal des Themistokles zurückgegriffen hat.[160] Im 20. Brief gibt der angebliche Themistokles wieder, was Diopeithes von Bargylia zu ihm gesagt habe, als dieser ihn auf seiner Flucht aus Griechenland auf einem Schiff erkannt habe:[161] Er gab sich als derjenige zu erkennen, den Themistokles gerettet habe. Denn Diopeithes, der als Kaufmann zum Kap Artemision gekommen war, sollte auf Veranlassung eines persönlichen Feindes aus Histiaia hingerichtet werden, da er ein Abgesandter des Großkönigs sei. Themistokles habe den Anklägern jedoch keinen Glauben geschenkt und sie gescholten. Damit hat er vielleicht einem enttarnten Spion des Perserkönigs[162] zur Flucht verholfen. Daß die ursprüngliche Erzählung im Brief mitnichten vollständig wiedergegeben ist, wird an einigen ungeklärten Kausalitäten deutlich: Was hat ein karischer Händler am Kap Artemision um die Zeit der dortigen Seeschlacht – um keine andere

2001, 231–233. PODLECKI 129–133 veranschlagt den historischen Wert der Briefe als gering. Eine englische Übersetzung der Briefe bei LENARDON 1978, 154–193 und DOENGES 1981.

159 R.J. LENARDON, Charon, Thucydides, and „Themistocles", Phoenix 15, 1961, 28–40, hier 38–40, macht dies deutlich: 1. Themistokles trifft schließlich auf Artaxerxes, nicht auf Xerxes (Charon FGrHist 262 F 11 = Plut. Them. 27,1; Thuk. I 137,3; Ps.-Them. Ep. 20,32; 34). 2. Themistokles trifft vor Naxos, nicht vor Thasos, auf die athenische Flotte (Thuk. I 137,2; Ep. 20,16; 23). Cf. CULASSO GASTALDI 1990, 262f. für weitere innerhalb der Themistokles-Traditionen singuläre Informationen der Briefe, die auf Charon zurückgehen könnten, so Themistokles' Landung in Kyllene (Ep. 3,3; 17,1; 20,2–4; so LENARDON 1961, 39), die Tributbefreiung von Lampsakos durch Themistokles (Ep. 20,39; so L.I. HIGHBY, The Erythrae Decree [Klio Beiheft 36], Berlin 1936, 46–50; ATL III 112f.), die Bezeichnung σατράπης βασιλέως ἐπὶ τοῖς πρὸς θαλάσ-σῃ ἔθνεσιν „Satrap des Großkönigs bei den Völkern am Meer" (Ep. 16,5; so R. SCHMITT, Die achaimenidische Satrapie TAYAIY DRAYAHYA, Historia 21, 1972, 522–527) und die assyrischen Briefe des Dareios (Ep. 21,1; so NYLANDER 1968), die beide über die Vermittlung des Charon sogar aus persischer Tradition stammen könnten.
160 Diese These vertreten neben LENARDON 1961, 39f. auch NYLANDER 1968, 134f.; SCHMITT 1972, 524f.; MOGGI 1977, 21 mit A. 95; ACCAME 1982, 28. DOENGES 1981, 454 und CULASSO GASTALDI 1990, 286 vermuten Atthidographen als Vermittler, wobei DOENGES als Urquelle Charon annimmt. S.u. S. 351–353.
161 Ps.-Them. Ep. 20,21 CORTASSA: ἐγὼ γάρ τοί εἰμι ἐκεῖνος, ὃν σὺ ἐρρύσω ὅτε με εἰς Ἀρτεμί-σιον ἔμπορον καταπλεύσαντα ἀνδρὸς Ἑστιαιέως ἐχθροῦ ἰδίου ἕνεκα ἀποθανεῖν ὡς παρὰ βασιλέως πλέοντα ἠξίουν. σὺ δέ, ὅπερ ἦν, ἀπιστήσας αὐτοῖς ἔτι καὶ ἐκάκισας τῆς ἐπιχει-ρήσεως … „Denn ich bin derjenige, den du gerettet hast, als man für mich, der ich als Kaufmann zum Artemision gesegelt war, wegen eines persönlichen Feindes aus Hestiaia die Todesstrafe forderte, da ich vom Großkönig gekommen sei. Du aber hast ihnen keinen Glauben geschenkt, *obgleich ich dies war* (?), und den Angriff getadelt…"
162 Daß sich Diopeithes als solcher hier zu erkennen gibt, könnte ὅπερ ἦν, ἀπιστήσας nahelegen; so die Übersetzung von LENARDON 1978, 189. Daß er dieses gerade dadurch bestreitet, behauptet hingegen die Übersetzung von CORTASSA 1990, 132. DOENGES 1981, 377 „with respect to what I was" läßt es offen. Für die Interpretation des Diopeithes als persischer Spion spricht auch der Rest des Abschnittes: Er habe niemals erwartet, dem Anführer des Kampfes gegen den Großkönig helfen zu können.

Gelegenheit kann es sich handeln – zu suchen, wenn nicht, um für die Perser zu spionieren und hochverräterische Kontakte mit den griechischen Verantwortlichen anzuknüpfen? Wenn dem so ist, welche Rolle spielt dann sein persönlicher Feind aus Histiaia? Wer sind seine Ankläger? All diese Elemente einer ursprünglich ausführlicheren Erzählung lassen sich ebensowenig eruieren wie die Quelle dafür.[163] Dennoch bleibt die Überlieferung, Themistokles habe am Kap Artemision einen Händler verteidigt, der zumindest im Verdacht stand, ein Spion des Großkönigs zu sein.

Wenn wir nun die oben skizzierte Erzählung über die Bestechung des Themistokles durch die Histiaier als Vorlage für Herodot postulieren, so müssen wir natürlich erklären, warum der Historiograph seine Quelle so grundlegend verfälscht haben sollte. Wie schon bei der Thessalien-Expedition ist die Absicht dahinter zu vermuten, Themistokles mit allen Mitteln vom Verdacht des Landesverrats reinzuwaschen. Zu diesem Zweck zeichnet ihn Herodot als eigentlich Verantwortlichen für die Schlacht vom Kap Artemision. Herodots apologetischen Impetus verrät am deutlichsten sein Kunstgriff, Themistokles mit euboiischem Geld erklärtermaßen einer Bestechung des korinthischen Strategen Adeimantos durch den Großkönig vorbeugen zu lassen. Diese Potenzierung seines Bemühens um den griechischen Kampfeswillen erklärt sich am besten als Reaktion Herodots auf Verleumdungen des Themistokles als eines Verräters: Wer so effizient einem möglichen Verrat an die Perser zuvorkommt – so Herodots Tenor –, der kann selbst keinesfalls vom Feind bestochen worden sein. Denn so, wie Adeimantos der vorzeitige Rückzug vom Artemision durch den Schachzug des Themistokles versperrt war, kann auch Themistokles selbst keineswegs von den Perserfreunden bestochen worden sein, da er ebenfalls dort kämpft. Zur Entkräftung der Diffamierungen des Themistokles muß Herodot überdies das Faktum verschweigen, daß die Histiaier im Jahre 480 auf persischer Seite gestanden haben; deshalb läßt er die Histiaier vollständig in den „Euboiern" aufgehen. Derselben Motivation unterliegt auch seine leicht verzerrte Darstellung, daß die Schlacht am Artemision die Griechen nicht als Sieger gesehen habe, sondern unentschieden ausgegangen sei.[164] Zweifel an der Loyalität des Themistokles gegenüber der griechischen Sache zu zerstreuen ist auch Ziel der Anekdote von der Viehschlachtung. Sie weist nach, daß sich Themistokles um das Wohl der griechischen Freiheitskämpfer kümmert und das strategisch Notwendige tut. Sein Patriotismus ist jedoch erkauft durch einen eklatanten Bruch der Schutzvereinbarung mit den Euboiern, durch den er ihnen gerade das entreißt, was sie zu retten erhofften.

Dieser Verrtragsbruch könnte jedoch sogar einen realen Hintergrund haben. Denn die griechischen Truppen am Artemision werden angesichts des wahrscheinlich nur wenig verhohlenen Medismos der Histiaier keinerlei Hemmungen empfunden haben, sich in den Tagen vor der Schlacht[165] die nötige Verpflegung mit Gewalt aus der Habe der Küstenbewohner zu verschaffen. Diese Plünderungen dürften

163 CULASSO GASTALDI 1990, 267 mit A. 34, 270 hält diese Episode für eine Erfindung ohne historischen Wert. DOENGES 1981, 86 sieht jedoch in Diopeithes eine historische Persönlichkeit.
164 Hdt. VIII 18 betont deshalb die großen Verluste der Athener.
165 Cf. Hdt. VII 177.

die Histiaier zu Anklagen veranlaßt haben, daß die griechischen Landsleute ihnen das nahmen, was sie eigentlich durch ihren Kampf vor Artemision zu schützen vorgaben. Die griechischen Verheerungen der ellopischen Küstenorte sind es wohl, die in anderen Erzählungen der Histiaier, auf denen das Herodot-Kapitel VIII 23 basiert, den Persern angelastet wurden. Solche Berichte der Histiaier könnten Herodot den Anstoß zur Komposition der Anekdote von der Schlachtung des euboiischen Viehs geliefert haben.

Daß er dabei gerade auf πρόβατα als geraubtes Gut verfiel, bot sich ihm nicht nur durch die von ihm benutzte literarische Folie des Frevels an den Helios-Rindern in der Odyssee an, sondern war durch das Bakis-Orakel, das er zur Legitimation des Themistokles anführt, schon vorgegeben. Indem Herodot Εὐβοίης ἀπέχειν πολυμηκάδας αἶγας offensichtlich wissentlich als „weg von Euboia treibe die vielmekkernden Ziegen!" deutet, überträgt er die für die Perser angewandte Metapher der Ziegen in die „Realität" seiner Anekdote. Die Absicht dahinter ist evident: War das Bakis-Orakel ursprünglich zur nachträglichen Rechtfertigung der Wahl von Artemision als Schlachtort erdichtet worden – was um so dringlicher war, als dort der persische Vormarsch nicht zum Stillstand gebracht werden konnte –, so legitimiert Herodot durch die Umdeutung der „Ziegen" die eigens für Themistokles fingierte Viehschlachtung. Sie soll nachweisen, daß auch keine noch so hohe Summe Geldes Themistokles dazu verleiten konnte, die Erfordernisse der griechischen Flotte hintanzusetzen.

Herodot stellt die beiden Anekdoten nicht nur hinsichtlich des Inhalts und der Tendenzen im Vergleich zu den Ausgangserzählungen auf den Kopf, sondern ordnet sie auch in ihrer zeitlichen Orientierung zur Seeschlacht spiegelverkehrt an. Wenn wir tatsächlich Plünderungen der Küstenorte durch die Hellenen annehmen, so werden die eher vor oder zwischen den Seegefechten stattgefunden haben, Herodot setzt solche Übergriffe auf das Eigentum der Euboier hingegen danach an. Ist in der ursprünglichen Erzählung die Bestechung des Themistokles durch die Histiaier vermutlich erst nach der Schlacht datiert, so schreibt Herodot es einer solchen Bestechung zu, daß die Griechen überhaupt die Schlacht liefern. Durch diese Umstellungen wird aus dem Landesverräter der Vorkämpfer Griechenlands, der allein den griechischen Widerstand zusammenhält, als dieser, kaum formiert, schon wieder auseinanderzubrechen droht. Sofern diese gravierenden Umstellungen auf Herodot selbst zurückgehen, entstammt wohl auch der Rückzugsplan der Griechen, der angeblich erst die Bestechung des Themistokles hervorruft, Herodoteischer Fiktion.

Damit ist zwar eine mögliche Erklärung für die Entstehung der Anekdote über die Zahlungen der Euboier an Themistokles geliefert, jedoch noch keineswegs die Frage geklärt, wie das Motiv der doppelten Bestechung hineinkommt, das sich durch seine Zahlungen an die beiden peloponnesischen Strategen ergibt. Hierfür verfügt Herodot womöglich über eine historische Vorlage. Denn die gleiche Handlungskonstellationen finden wir nur 34 Jahre nach der Schlacht von Artemision wieder: Nach dem Abfall Euboias von Athen im Jahr 446[166] hatte Perikles schon mit einem athenischem Heer nach Euboia übergesetzt, als ihn die Nachricht erreichte, daß die

---

166 Zur Revolte von Euboia und ihrer Unterdrückung cf. MEIGGS 177–181; 563–568; BALCER 1978, 18–21; GEHRKE 1985, 39f.; LEWIS CAH V² 1992, 134f.

Lakedaimonier zusammen mit anderen Peloponnesiern, u.a. den Korinthiern, unter der Führung des Spartanerkönigs Pleistoanax in Attika bis nach Eleusis und die Thriasische Ebene vorgedrungen waren und das Land verheerten. Darauf zog Perikles seine Truppen wieder von Euboia zurück und trat den Invasoren entgegen.[167] Laut Plutarch[168] gelang es Perikles, die Peloponnesier zum Rückzug aus Attika zu bewegen, indem er mit zehn – Ephoros[169] spricht von zwanzig – Talenten Kleandridas, den Ratgeber des noch jungen Pleistoanax, bestach, der seinerseits wiederum seinen Schützling zur Erteilung des Rückmarschbefehles veranlassen konnte. Die Historizität dieser Bestechung ist zwar angezweifelt worden[170]; doch die Tatsache, daß kurz nach diesem Feldzug sowohl Pleistoanax als auch Kleandridas wegen dieser Bestechung von den Spartanern hart bestraft wurden und außer Landes fliehen mußten,[171] spricht doch für die Authentizität[172] – ebenso wie die Nachricht bei Plutarch (23,1), daß Perikles im Rechenschaftsbericht für diesen Feldzug zehn Talente unter dem Titel „Notwendige Ausgaben" (εἰς τὸ δέον) aufführte. Selbst wenn wir annehmen würden, daß die Einrichtung einer „Schwarzen Kasse", die wir bei Ephoros erstmals in aller Ausführlichkeit finden, erst nachträglich erfunden worden ist, so war das Perikleische Bonmot in jedem Falle schon wenige Jahre nach 446 in

167 Cf. ausführlich Thuk. I 114,1f. und Plut. Per. 22,1.

168 Plut. Per. 22,2. Cf. P.A. Stadter, A Commentary on Plutarch's Pericles, Chapel Hill-London 1989, 225–232, bes. 227f. Zu den Beratern der spartanischen Könige im Felde cf. Thommen 1996, 131–134.

169 Ephoros FGrHist 70 F 193 = Schol. Aristoph. Nub. 859: Περικλῆς πολλῶν ὄντων χρημάτων ἐν τῇ ἀκροπόλει εἰς τὸν πόλεμον τὰ πλεῖστα ἀνάλωσε. φασὶ δὲ ὅτι καὶ λογισμοὺς διδοὺς τάλαντα εἴκοσιν ἁπλῶς εἶπεν εἰς τὸ δέον ἀνηλωκέναι. φησὶ δὲ Ἔφορος ὅτι μετὰ ταῦτα μαθόντες οἱ Λακεδαιμόνιοι Κλεανδρίδην μὲν ἐδήμευσαν, Πλειστοάνακτα δὲ ιε̄ ταλάντοις ἐζημίωσαν, ὑπολαβόντες δωροδοκήσαντας αὐτοὺς διὰ τὸ φείσασθαι τῆς λοιπῆς Ἀθηναίων γῆς ὑπὸ τῶν περὶ τὸν Περικλέα, μὴ θελήσαντα γυμνῶς εἰπεῖν ὅτι δέδωκα τοῖς Λακεδαιμονίων βασιλεῦσι τὸ ἐνδεές. „Von dem vielen Geld auf der Akropolis verwandte Perikles das meiste für den Krieg. Es heißt, daß er bei der Rechenschaftslegung von 20 Talenten einfach behauptete, er habe sie 'für das Notwendige' aufgewendet. Wie Ephoros berichtet, erfuhren die Lakedaimonier später davon und konfiszierten den Besitz des Kleandridas und erlegten Pleistoanax eine Buße von 15 Talenten auf; denn sie vermuteten, daß diese bestochen worden waren von den Agenten des Perikles, weil sie das restliche Gebiet der Athener verschont hatten, und daß Perikles nicht unumwunden zugeben wollte: ‚Ich habe den Königen der Lakedaimonier den fehlenden Betrag gegeben.'" Cf. zudem Suda s.v. δέον.

170 Von D. Kagan, The Outbreak of the Peloponnesian War, Ithaca-London 1969, 125 und Welwei 1999, 124. De Ste. Croix 1972, 197–199 läßt es offen, ob der Abzug der Peloponnesier durch Bestechung erreicht wurde oder auf Absprachen zwischen Perikles und den Spartanern zurückging, die kurze Zeit später im Winter 446/5 zum Abschluß des Dreißigjährigen Friedens führten: Danach zogen sich die Athener aus Megara, Troizen und Achaia zurück, die Peloponnesier erkannten die Herrschaft der Athener im Seebund an (so schon Beloch GG II² 1,182–184; Gomme 1956, 74). Ungeachtet des genauen Grundes war der Abzug der Peloponnesier aus Attika ein „Geschäft" zu großem beiderseitigen Nutzen.

171 Cf. Thuk. II 21,1; V 16,3; ausführlich Plut. Per. 22,3f.

172 Die Vermutung liegt nahe, daß Herodot von Kleandridas in Thurioi, dessen Truppen Kleandridas später im Krieg gegen die Tarantiner anführte (cf. Thuk. VI 104,2; Polyain. II 10,1; 3f.; H.T. Wade-Gery, Thucydides the Son of Melesias, JHS 52, 1932, 205–227, hier 225 = id. 1958, 239–270, hier 266f.), über die Hintergründe dieser Bestechung informiert wurde.

Athen populär, da Aristophanes in den 423 aufgeführten *Wolken* auf dieses ausdrücklich Bezug nimmt.[173]

Erst nach dem Abzug der Peloponnesier aus Attika konnte sich Perikles mit voller Heeresstärke wieder den abtrünnigen Euboiern zuwenden und unterwarf die Insel vollständig.[174] Während die Athener aus Chalkis nur die aristokratischen ἱπ-ποβόται verbannten[175] und auch die anderen Städte mit Milde behandelten, vertrieben sie sämtliche Bewohner von Histiaia, weil diese die Mannschaft eines gekaperten athenischen Schiffes niedergemetzelt hatten.[176] An derselben Stelle, in dem früheren Demos von Histiaia, Oreos, als Mittelpunkt, siedelten die Athener tausend Kleruchen an, welche die für Athen lebenswichtige Seeverbindung nach Norden sichern sollten.[177]

Die Parallelen zur Herodoteischen Schilderung springen ins Auge: Perikles besticht ebenso wie Themistokles *qua* athenischer Stratege einen spartanischen Heerführer, um auf Euboia freie Hand zu erhalten. Wir finden das Herodoteische Motiv der doppelten Bestechung nicht nur in der Kette Perikles – Kleandridas – Pleistoanax, sondern schon weit grundlegender in den Tributzahlungen der Euboier an die Athener im Rahmen des Attischen Seebundes präfiguriert. Denn ähnlich, wie Herodot es für den Xerxeszug schildert, hatten die Euboier in den Jahren vor der Revolte 446/5 regelmäßig den φόρος in beträchtlicher Höhe *de iure* in die Bundeskasse, *de facto* den Athenern dafür gezahlt, daß diese Euboia vor einer persischen Invasion schützten.[178] Hier ist mithin die Abfolge der Zahlungen Euboier-Perikles-Spartaner anzusetzen.

Mir scheint es im Hinblick auf die 30 Talente, welche die Euboier Themistokles geben, kein Zufall, daß wir in der Neuveranlagung des φόρος der einzelnen Bündnerstädte durch einen von Thudippos beantragten athenischen Volksbeschluß

173 Aristoph. Nub. 859. Εἰς τὸ δέον wurde sogar zum Sprichwort; cf. Zenobios III 91 in: VON LEUTSCH-SCHNEIDEWIN 1839, I 80.

174 Die Wichtigkeit des Abzuges für Perikles betont DE STE. CROIX 1972, 198f.

175 FRENCH 1972a, 17f., 22, 26 hat eine weitere Herodot-Episode ausfindig gemacht, die nach den Ereignissen des Jahres 446 gestaltet worden sein könnte: Laut Herodot (V 74–77) fielen die Peloponnesier unter Führung des Spartaners Kleomenes im Jahre 506 in Attika ein, während von Nordosten die Chalkidier zusammen mit den Boiotern die Athener bekriegten. Nachdem das peloponnesische Heer aus Uneinigkeit – eine führende Rolle spielten dabei die Korinthier – wieder abgezogen war, besiegten die Athener die boiotischen und anschließend euboiischen Nachbarn. Dann hätten sie auf dem Land der chalkidischen ἱπποβόται 4000 attische Kleruchen angesiedelt (V 77,2). Doch da der Terminus κληροῦχος vor der Zeit des Perikles nicht belegt ist (cf. K.-W. WELWEI, DNP 6 [1999], s.v. Kleruchoi I. Athen, 598f., hier 598), ist dieser Vorgang insgesamt historisch keineswegs über jeden Zweifel erhaben. M. MANFREDINI, La cleruchia ateniese in Calcide. Un problema storico e una questione di critica testuale (Hdt. V 77), SCO 17, 1968, 199–212, hält jedoch Herodots Bericht auch in den Details für glaubwürdig.

176 Laut Theopomp FGrHist 115 F 387 = Strab. X 1,3, p. 445 siedelten sich die Histiaier in Makedonien an.

177 Cf. Thuk. I 114,3. Ausführlicher Plut. Per. 23,3f.; zudem Thuk. VII 57,2; VIII 95,2; 96,2; Aristot. Ath. Pol. 33,1; zur Kleruchenzahl Theopomp FGrHist 115 F 387; Diod. XII 7; 22,2; MEIGGS 178 A. 4. Zur Kleruchie cf. ERXLEBEN 1975, 88–91 und den athenischen Volksbeschluß IG I³ 41 = C. KOCH, Volksbeschlüsse in Seebundsangelegenheiten, Frankfurt/Main 1991, T 5, 170–207.

178 Cf. K. RAAFLAUB, Beute, Vergeltung, Freiheit? Zur Zielsetzung des Delisch-Attischen Seebundes, Chiron 9, 1979, 1–22; BALTRUSCH 1994, 52–58.

aus dem Jahre 425/4[179] für die euboiischen Städte insgesamt nur wenig über 30 Talente, genauer gesagt: 36 Talente und 100 Drachmen, finden.[180] Wenn wir annehmen, daß Herodot seine Angabe von den 30 Talenten der Euboier aus dieser Neuveranlagung des φόρος von 425/4 geschöpft hat, so läßt sich der Unterschied zum tatsächlichen Betrag von wenig mehr als 36 Talenten leicht erklären: Zum einen könnte er nur die Einzelposten der drei beitragsstärksten Städte Eretria, Karystos und Chalkis, die in der Inschrift IG I³ 71 auch als die ersten von den euboiischen Städten genannt sind, als gesamten φόρος aller Euboier auf exakt 30 Talente aufsummiert haben. Für wahrscheinlicher halte ich jedoch, daß Herodot von der Gesamtsumme der 36 Talente den Beitrag der Karystier von fünf Talenten subtrahiert hat[181], was neben der Tatsache, daß Karystos vor Salamis unter persischer Kontrolle stand[182], folgenden Grund haben dürfte: Laut Herodot (VIII 112,2f.) zahlten die Karystier Themistokles, der nach dem Sieg bei Salamis einige Inseln der westlichen Ägäis erpreßte, eine große Summe, wurden aber dennoch von ihm ausgeplündert. Somit widerfuhr ihnen dasselbe wie den anderen Euboiern um die Zeit der Schlacht von Artemision: Sie zahlten zwar Themistokles viel Geld, erlitten dennoch kurz danach gerade von ihm schweren Schaden. Da aber der Fall der Karystier nicht in den Kontext der Schlacht von Artemision gehört, läßt Herodot deren fünf Talente hier heraus.[183]

Die Möglichkeit, daß Herodot die 30 Talente der Euboier aus der Tributschatzung von 425/4 erschlossen hat, stärkt die These, daß er die beiden Anekdoten von Themistokles vor und nach der Schlacht von Artemision gemäß den Ereignissen des Jahres 446 gestaltet hat. Daneben weist Herodots Rekurs auf den φόρος deutlich auf seine intendierte Kritik hin. Wie angeblich im Jahre 480 bezahlten die Euboier auch in den folgenden Jahrzehnten hohe Tributsummen dafür, daß die Athener sie und ihre Habe vor den Persern schützen. Jedoch leisteten die Athener diesen Dienst

179   IG I³ 71 = ATL I 154–157 (A 9) = Meiggs–Lewis 69; dazu W. Schuller, Die Herrschaft der Athener im Ersten Attischen Seebund, Berlin-New York 1974, 55–58; ausführlich Meiggs 324–339; Koch 1991, 309–368 (T 11) mit Literatur.

180   Diese schlüsseln sich nach IG I³ 71, Kol. I folgendermaßen auf:

Z. 67	Ἐρετρι[ἐς]	15 T	
Z. 70	Καρύσ[τιοι]	5 T	
Z. 71	Χαλκι[δἐς]	10 T	
Z. 74	Στ[υ]ρἐς	2 T	
Z. 78	Διἐς	1 T	
Z. 79	Ἀθενῖται	1 T	(nur vermutet!)
Z. 81	Γρυγχἐς		2000 Dr.
Z. 83f.	Διακρἐς ἀπ[ὸ] Χαλκιδέον		2000 Dr.
Z. 91f.	Ποσίδειον ἐν Εὐβοίαι		100 Dr.
Z. 93	Διά[κρ]ιοι ἐν Ε[ὐβ]οία[ι]	1 T	2000 Dr.
Summe	Euboia	36 T	100 Dr.

181   Daß er die so entstandene Summe von 31 Talenten und 100 Drachmen auf 30 Talente abgerundet haben wird, dürfte niemanden verwundern.

182   Cf. Hdt. VI 99,2; 66,2. Ähnlich Bowen 1992, 135.

183   Strenggenommen müßte man auch die Zahlungen der Städte Dion, Athenai Diades und Posideion von insgesamt (vermutet) 2 T 100 Dr. herausnehmen, da sie um 480 im Herrschaftsgebiet von Histiaia lagen.

nur anfänglich; mit der Ausdehnung und Festigung der athenischen ἀρχή im Seebund begannen sie selbst, die Euboier über den φόρος auszuplündern. Doch mit
seinen Anekdoten tadelt Herodot die Athener nicht nur für die Ausbeutung der Euboier, die hier stellvertretend für alle Mitglieder des Seebundes stehen, sondern auch
für die brutale Unterwerfung Euboias im Jahr 446, auf welche die Bestechungsanekdote gemünzt ist. In beiden Fällen stammt das Geld – zumindest mittelbar –
aus Euboia selbst. Denn Perikles nahm die zehn bzw. zwanzig Talente aus der athenischen Staatskasse, die sich zum Großteil aus dem φόρος der Bundesgenossen spei-
ste.[184] Somit haben die Euboier über ihre Beiträge zum Seebund vor 446[185] indirekt
ihre eigene Unterwerfung durch die Athener mitfinanziert. Während im Fall des
Perikles die Doppelbödigkeit der Geldquelle lediglich mitzudenken ist, macht Herodot sie in seiner Anekdote explizit. Zwar stammen die 30 Talente von den Euboiern, aber von dem Geld, das Themistokles an Eurybiades und Adeimantos wei-
tergibt, glauben die Begünstigten, es sei eigens zu diesem Zweck aus Athen gekommen.[186]

Das von Herodot aufgeworfene Problem des Umgangs mit evakuiertem Vieh
hatte für Athener wie Euboier in der Zeit des Archidamischen Krieges nichts von
seiner Aktualität[187] verloren. Denn vor den 431 nach Attika einfallenden Peloponnesiern hatten die Athener ihre Viehherden nach Euboia in Sicherheit gebracht.[188]
Angesichts der Aufnahme- und Hilfsbereitschaft der Euboier sowie der enormen
Bedeutung, die der landwirtschaftliche Ertrag Euboias für die Lebensmittelversor-
gung Athens hatte[189], muß es jedem Athener die Schamesröte ins Gesicht getrieben
haben, wenn er hörte, wie Themistokles die Schutzverpflichtung für das Eigentum
der Euboier mit Füßen getreten habe. Von Wechselseitigkeit der Verpflichtungen
konnte schon lange nicht mehr die Rede sein; zu oft griffen die Athener gegenüber
den Euboiern zur Gewalt.[190] So zogen sie erneut im Jahr 424/3 gegen Euboia zu
Felde.[191] Thuykdides hat dem Boiotarchen Pagondas die Einschätzung in den Mund

---

184 Ephoros FGrHist 70 F 193 sagt, Perikles habe dieses Geld „von der Akropolis" genommen.
    Ähnlich Thuk. II 13,3. Cf. zudem SCHULLER 1974, 70f., 169–172. Die Legitimation für die
    „Zweckentfremdung" des φόρος legt Plutarch seinem Perikles (12,3) in den Mund; cf. STADTER
    1989, ad loc.
185 Soweit uns die Zahlen seit 454/3 vorliegen, beliefen sich diese vor 425/4 für die euboiischen
    Städte zusammen auf jährlich ca. 13 Talente; cf. MEIGGS 558f.
186 Hdt. VIII 5,3.
187 Cf. Ain. Takt. 10,1f.; Xen. Hell. I 3,2–4; Plut. Alk. 29,6; zudem L. MORETTI, Iscrizioni storiche
    ellenistiche, Florenz 1967, vol. I, Nr. 25, Z. 17–20.
188 Cf. Thuk. II 14,1.
189 Cf. Thuk. VII 28,1; VIII 95,2; bes. 96,1f. Gerade deshalb waren die Athener sehr um den Schutz
    Euboias bemüht (Thuk. II 26,1; 32; III 17,2). Cf. H.D. WESTLAKE, Athenian Food Supplies from
    Euboia, CR 62, 1948, 2–5; ERXLEBEN 1975, 83.
190 Cf. ERXLEBEN 1975, 83–92; BALCER 1978, 15–25.
191 Cf. Aristoph. Nub. 211f.; Philochoros FGrHist 328 F 130 = Schol. Aristoph. Vesp. 71; IG I³
    418; A.E. RAUBITSCHEK, The Athenian Property on Euboia, Hesperia 12, 1943, 28–33, hier 32f.
    H.B. MATTINGLY, Athens and Euboea, JHS 81, 1961, 124–132 = ND in: id., The Athenian Em-
    pire Restored. Epigraphic and Historical Studies, Ann Arbor 1996, 53–67, setzt sogar das Chal-
    kis-Dekret IG I³ 40 erst nach diesem Feldzug an.

gelegt, daß die Euboier ein Paradebeispiel für die harte Unterdrückung der Bundesgenossen durch die Athener seien.[192]

In gleicher Weise üben auch Herodots Erzählungen über Themistokles am Kap
Artemision an der athenischen ἀρχή über Euboia zwar versteckte und subtile Kritik, die gleichwohl dem zeitgenössischen Publikum kenntlich gewesen sein dürfte.
Hier liegt eine Parallelisierung der Verhaltensmuster von Habgier, Gewalttätigkeit
und Herrschsucht zwischen Perikles und Themistokles vor. Doch die Kritik richtet
sich keineswegs allein gegen bestimmte Individuen. Denn diese fungieren in erster
Linie als Stellvertreter für die athenische Politik im Seebund, die sich spätestens
seit der Jahrhundertmitte nur noch den Prinzipien der Bereicherung und Machtausdehnung verpflichtet sah. Gerade darin erweist sich die Darstellung Themistokleischer Perfidie als ausgezeichnetes Beispiel für die Doppelbödigkeit der Herodoteischen Darstellungskunst. Benutzte Herodot diese Fiktion zuerst einmal als Nachweis, daß Themistokles sich selbst durch gewaltige Geldsummen nicht davon ab-
bringen ließ, umfassend für die griechische Flotte zu sorgen, so verkehrt sich die
gesamte Bewertung ins Negative, wenn man die Viehschlachtung vor der historischen Folie der Seebundszeit beleuchtet, in der die Athener den Bündnern mit ihren
hohen Tributforderungen förmlich das Blut aussogen. Mit diesem Kunstgriff projiziert Herodot auf die Figur des Themistokles die gesamte Widersprüchlichkeit athenischer Politik von den Perserkriegen bis in die Zeit die Seeherrschaft: zuerst glü-
hender Patriot und Vorkämpfer der Freiheit, später jedoch Ausplünderer und Unter-
drücker der griechischen Landsleute.

Die Hypothese von Herodots Parallelisierungen wird gestützt durch einige weitere Anhaltspunkte. Auch diese finden sich im direkten Umfeld der Rückeroberung
Euboias durch Perikles 446. Im vollständig überlieferten Volksbeschluß der Athener über die Wiedereingliederung von Chalkis in den Seebund aus dem Jahre 446/5
finden wir folgende sakralrechtliche Bestimmung:[193]

> τὰ δὲ ℎιερὰ τὰ ἐκ τõν χρεσμõν ℎυπὲρ Εὐβοίας θῦσαι ℎὸς τάχιστα μετὰ | ℎιερο-
> κλέος τρẽς ἄνδρας, ℎὸς ἂν ἔλεται ℎιε βολὲ σφõν αὐτõν· ℎόπος δ᾽ ἂν τάχιστα
> τυθℇ͂ι, ℎοι στρατεγοὶ συνεπιμελόσθον καὶ τℒὸ ἀργύριον ἐς ταῦτα [π]αρε-
> χόντον.
>
> „Die Opfer, die nach den Orakeln über Euboia zu vollziehen sind, sollen mög-
> lichst bald zusammen mit Hierokles drei Männer darbringen, die der Rat aus
> seiner Mitte wählen soll. Daß die Opfer möglichst rasch dargebracht werden,
> dafür sollen die Strategen mitverantwortlich sein und das Geld hierfür zur Ver-
> fügung stellen.“

Hier ist von „Orakeln über Euboia" die Rede, die offensichtlich die Schlachtung
von Opfertieren gebieten. Hierokles ist uns schon als Orakeldeuter bekannt, der sich
vor allem durch seine Interpretationen von Bakis-Orakeln hervorgetan hat. In Aristophanes' *Frieden* erscheint es als sein Charakterzug, für jedes Opfer ein Orakel
als Legitimation zu fordern. Getrieben wird er dabei nicht von religiöser Scheu,
sondern allein von Gier: denn er kann, wenn er ein solches Orakel den Opfernden

---

192 Thuk. IV 92,4 (für 424/3; cf. HORNBLOWER ad loc.); VI 76,2. Cf. ATL III 297.
193 IG I³ 40, Z. 64–69.

geliefert hat, als Lohn dafür die besten Stücke des Opfertieres beanspruchen.[194] Tatsächlich gehörte Hierokles wohl zu den Orakeldeutern, die häufig herangezogen wurden, wenn durch Wahrsagungen Opfer legitimiert werden sollten.[195] Hierokles wird das athenische Heer unter Perikles während der Unterwerfung Euboias im Jahr 446 als dessen χρησμολόγος begleitet haben[196]; denn er besaß später ein Landlos in der neuen attischen Kleruchie Oreos, dem früheren Histiaia.[197] Gerade Hierokles wurde neben einigen anderen athenischen Orakeldeutern wie Lampon von Aristophanes im *Frieden* als Lügenprophet und Kriegstreiber diffamiert – wohl deshalb, weil sie der von Perikles forcierten Herrschaftsausweitung einen religiösen Deckmantel verschafften.[198] Nicht zufällig erscheint der mächtigste athenische Kriegstreiber, der Demagoge Kleon, in der Rolle eines betrügerischen Orakeldeuters.[199] Deshalb ist es sogar wahrscheinlich, daß zur Rechtfertigung der Opfer auf Euboia Orakel schlichtweg fingiert wurden.[200]

Uns stellt sich eine Reihe von Fragen: Gehörte das von Herodot angeführte Bakis-Orakel zu den χρησμοὶ ὑπὲρ Εὐβοίας, die im Jahre 446 Hierokles zur Rechtfertigung der Götteropfer herangezogen hat und die kaum aus Delphi stammten, da dies sonst sicherlich in der Inschrift erwähnt worden wäre?[201] Wurden die entsprechenden Opfer gar in Oreos, der athenischen Kleruchie, dargebracht – gerade einmal 20 km entfernt vom Kap Artemision, wo sich 34 Jahre zuvor schon einmal ähnliches abgespielt haben soll?[202] Stammte das Geld für die Opfer, das die athenischen Strategen bereitzustellen hatten, von den Euboiern, denen sie es entweder während des Unterwerfungsfeldzuges von 446 oder schon vorher als φόρος zum Attischen Seebund abgepreßt hatten?[203] Findet die Teilnahme der athenischen Stra-

---

194 Cf. Pax 1088–1095, bes. 1088; zudem Smith 1989, 143.

195 Bowden 2003, 266 schließt aus dem Charakter der Bestimmungen als eines ausführlichen Zusatzes, daß dies nicht die Standardpraxis im 5. Jh. war. Für das 4. Jh. cf. Aristot. Ath. Pol. 54,6; Rhodes ad loc. R.S.J. Garland, Religious Authority in Archaic and Classical Athens, BSA 79, 1984, 75 123, hier 80 sieht alle staatlichen Opfer von Orakeln provoziert (113f. zur Aufgabe der χρησμολόγοι).

196 Cf. Balcer 1978, 73. Zur griechischen Praxis, Seher auf einen Feldzug mitzunehmen, und ihren Aufgaben cf. Thuk. II 21; VIII 1; Aristoph. Equ. 817; Schol. Aristoph. Nub. 988 und ausführlich Bearzot 1993 sowie die oben S. 93 A. 184 genannte Literatur.

197 Cf. Aristoph. Pax 1046–1048; 1125.

198 Cf. Smith 1989, 145f. auch zum folgenden. Gegen dieses Bild Bowden 2003.

199 Cf. Equ. 58–70; 997–1098; Av. 959–991; cf. Powell 1988, 395f.; Montana 2002, 276–280.

200 Zur Fiktion von Orakeln cf. Fontenrose 1978, 165; Smith 1989, 150–152; Asheri 1993, 71; Harrison 2000a, 143f.

201 So Parker 1985, 307 mit A. 33; Giuliani 2001, 108. Hingegen vermutet Balcer 1978, 72–74 eine Orakeleinholung in Delphi zwischen 447 und Winter 446/5.

202 Gegen ein Opfer in Attika spricht die Bestimmung, daß die Strategen die Finanzierung gewährleisten sollen; in Attika selbst taten das wohl die ἱεροποιοί (cf. Busolt-Swoboda 1926, 1066f. A. 3, 1101). Balcer 1978, 74 nimmt dafür Chalkis selbst an. Doch Hierokles war als Einwohner von Oreos bekannt, so daß zuerst an diese Stadt als Ort des Opfers zu denken ist, wo ja auch die athenischen Kleruchen am anschließenden Festmahl teilnehmen konnten.

203 Denn die athenischen Strategen waren laut IG I3 71, Z. 44–49 und IG I^3 68, Z. 40–42 (cf. Schuller 1974, 38f.) bei der Festsetzung und Eintreibung des φόρος maßgeblich beteiligt (s.u. S. 300 mit A. 92).

tegen an dem Tieropfer nicht in Themistokles' Ratschlag zur Opferung des euboiischen Viehs ihren historiographischen Widerhall? Ist das von Themistokles an-
geregte Tieropfer ebenfalls als Sinnbild für die Unterwerfung Euboias unter die athenische Herrschaft zu verstehen wie das aus dem Jahr 446/5? Diese hypothetischen
Fragen zweifelsfrei zu bejahen ist mangels weiterer Anhaltspunkte unmöglich. Doch
selbst wenn sich nur einige wenige Parallelen zwischen der Herodoteischen Darstellung und den Ereignissen von 446/5 ergaben, dürften Kenner der athenischen
Geschichte in Herodots Publikum diese erkannt haben.

Das Bakis-Orakel scheint auf den ersten Blick eine metaphysische Legitimation für die Viehschlachtung zu liefern; doch Herodots Betonung des großen Unglücks für die Euboier verdeutlicht, daß das von Themistokles provozierte Geschehen als widerrechtlicher Übergriff zu werten ist. Einen Hinweis auf diese Ambivalenz hat Herodot im direkten Anschluß an das Orakel gegeben: τούτοισι [δὲ] οὐδὲν
τοῖσι ἔπεσι χρησαμένοισι ἐν τοῖσι τότε παρεοῦσί τε καὶ προσδοκίμοισι κακοῖσι
παρῆν σφι συμφορῇ χρᾶσθαι πρὸς τὰ μέγιστα.[204] Dieser Satz ist aufgrund seines
ironischen Grundtones auffällig, der im παρῆν[205] – die Euboier „konnten" (statt
„mußten") das schlimmste Unglück erleiden – und der Kontrastierung von τούτοισι οὐδὲν τοῖσι ἔπεσι χρησαμένοισι und συμφορῇ χρᾶσθαι durchscheint.[206] „Die
gegenwärtigen üblen Zustände" meinen zweifellos den Verlust der Euboier an Herden an die griechische Flotte; „die noch zu erwartenden Übel" können sich auf die
bevorstehenden Verheerungen durch die Perser bei ihrer Landung auf Euboia beziehen (VIII 23,2). Mir erscheint es jedoch auch legitim, darin einen Hinweis auf
die „zukünftigen" Leiden der Euboier unter den Athenern des Jahres 446 zu sehen.

Freilich kann Herodots Darstellung der Schlacht am Kap Artemision nicht nur
als kritischer Kommentar zum Verhalten der Athener nach der Vertreibung der Perser, sondern auch zu dem der Peloponnesier angesehen werden. Denn der Spartaner
Eurybiades und der Korinthier Adeimantos lassen sich von Themistokles zu Komplizen machen: Zuerst beteiligt er sie zu einem geringen Teil an dem Geld der Euboier, später macht er sie zu willigen Werkzeugen der Viehschlachtung. Auf die
Folie der Pentekontaëtie übertragen, erscheinen die Peloponnesier als Helfer der
Athener, indem sie diesen freie Hand ließen, d.h. der athenischen Unterwerfung der
„Bundesgenossen" tatenlos zusahen bzw. sich bei einer Verweigerung leicht von
„athenischem" Geld umstimmen ließen.

Vor diesem zeitgeschichtlichen Hintergrund wird nun auch der Verweis auf die
Rivalitäten zwischen Sparta und Athen um die Kriegsleitung zur See und auf die
spätere Absetzung des Spartaners Pausanias als Oberbefehlshaber in Kapitel VIII 3
in seiner programmatischen Funktion verständlich. Obgleich Spartas militärische
Hegemonie im Jahr 480 nicht zur Disposition stand, zeichnet Herodot die Führungs-
strukturen gerade in den Themistokles-Anekdoten so, als sei nicht der Spartaner

---

204 Hdt. VIII 20,2: „Da sie diese Worte nicht beachtet hatten, weder bei den damaligen noch bei
den zu erwartenden Übeln, konnte es ihnen geschehen, daß sie ein Unglück bis zum Äußersten
zu spüren bekamen." MACAN athetiert diesen Satz als „clumsy and inelegant" mitsamt dem
ganzen Kapitel.

205 Cf. STEIN; LEGRAND ad loc.; cf. jedoch Soph. El. 959–961.

206 Cf. POWELL sowie MASARACCHIA ad loc.

Eurybiades, sondern der Athener Themistokles der Lenker der griechischen Abwehrmaßnahmen gewesen: Durch diese auffällige Diskrepanz zwischen der Einführung und dem eigentlichen Bericht gibt Herodot den Blick auf die Verhältnisse nach den Perserkriegen frei.

9. Der inschriftliche Aufruf des Themistokles an die Ioner (VIII 22)

Unmittelbar nach dem Abzug der Griechen vom Kap Artemision berichtet Herodot von der Botschaft des Themistokles an die Ioner. Trotz des Abzuges nimmt sich Themistokles laut Herodot einen Schnellsegler, um an den „Stätten des Trinkwassers" (τὰ πότιμα ὕδατα)[207] jeweils eine Inschrift[208] für die Ioner anzubringen, die am nächsten Tage diesen Aufruf lesen. Bezeichnend für diesen bei Herodot in direkter Rede wiedergegebenen Aufruf ist, daß er nach Art einer symbouleutischen Rede von den Ionern einklagt, gemäß ihrer Verpflichtung gegenüber ihrer Mutterstadt Athen zu handeln, da es nicht recht sei, daß die Ioner gegen ihre Väter zu Felde zögen. Daß der Herodoteische Themistokles den Anspruch auf Vaterschaft allein auf Athen konzentriert, belegt das bis in den Wortlaut gleiche Argument des Artabanos gegenüber Xerxes, die Ioner nicht auf den Feldzug gegen Griechenland mitzunehmen, da sie sonst höchst ungerecht gegen „ihre Mutterstadt" handeln müßten.[209] Mit dieser Begründung fordert Themistokles die Ioner auf, den persischen Invasoren so großen Schaden zuzufügen, wie es die jeweilige Situation zulasse. Nach der Abstufung des auf ihnen liegenden Zwanges nimmt der offene Abfall und Übertritt auf die griechische Seite den ersten Rang ein. Sei das nicht möglich, so bittet Themistokles sie wenigstens um das Ausscheiden aus dem persischen Kampfverband[210], wobei sie auch die Karer zur Niederlegung der Waffen bewegen sollten. Lasse ihnen jedoch Xerxes keine andere Wahl, als am Kampf teilzunehmen, so

---

207 Diese Stätten konnten bisher nicht lokalisiert werden (cf. MÜLLER 1987, 315, der nur von einer solchen Stätte ausgeht). Diese Wasserstellen müßten zwischen dem Kap Artemision und der Westspitze Euboias gelegen haben, da die Ioner die Inschriften angeblich ja schon am nächsten Tag lesen (VIII 22,1; cf. GOLDSCHEIDER 55), als die persischen Schiffsmannschaften noch das Küstengebiet von Histiaia verheert haben sollen (VIII 23,2).

208 Auf eine Mehrzahl von Inschriften (cf. MACAN und LEGRAND ad loc.; GOLDSCHEIDER 55) weisen der Plural ἐν τοῖσι λίθοισι „in die Steine" sowie der iterative Aspekt von ἐπορεύετο und ἐντάμνων hin. Plut. Them. 9,2 arbeitet die Vielzahl der Orte, an denen Themistokles die Inschriften anbringt, nachdrücklich heraus.

209 Hdt. VII 51,2. Cf. J. HEINRICHS, Ionien nach Salamis. Die kleinasiatischen Griechen in der Politik und politischen Reflexion des Mutterlandes (Antiquitas I 39), Bonn 1989, 150; zudem GOLDSCHEIDER 52f.; SMARCZYK 1990, 393f.; RAVIOLA 1986, 67f. W.R. CONNOR, The Ionic Era of Athenian Civic Identity, PAPhS 137, 1993, 194–206, hier 196, spricht von einer „judicious ambiguity" des Themistokles. Allerdings ist es nicht auszuschließen, daß das allein auf Athen gemünzte Argument des Artabanos von Themistokles auf alle mutterländischen Griechen ausgedehnt wurde; so verstehen M.B. SAKELLARIOU, La migration grecque en Ionie, Athen 1958, 30 und D.B. STEINER, The Tyrant's Writ. Myths and Images of Writing in Ancient Greece, Princeton 1994, 153 den Aufruf.

210 Für R.A. BAUSLAUGH, The Concept of Neutrality in Classical Greece, Berkeley-Los Angeles 1991, 98 beweist diese Nachricht, selbst wenn sie fiktiv sei, die große Rolle, welche die Neutralität in der Diplomatie der Perserkriege gespielt habe.

bleibe ihnen immer noch die gefahrlose Möglichkeit des absichtlichen Versagens. Im Schlußteil wird das Bild der Generationenfolge umgekehrt und auf die eigentliche Begründung seiner Forderung übertragen. Die Ioner, obgleich Kinder Athens, sind zu Vätern der Feindschaft zwischen Persien und Athen geworden, da ihr Hilfegesuch, in dem sie sich auf ebendiese Stammesverwandtschaft berufen haben, die Athener in den Konflikt hineingezogen hat.

Den Zweck dieses Aufrufes enthüllt Herodot im anschließenden Kommentar (VIII 22,3): Falls er nur von den Ionern entdeckt würde, könnte er sie zum Abfall bewegen; erfährt jedoch Xerxes davon, dann sind die Ioner für die Zukunft als unsichere Kantonisten kompromittiert, so daß ihnen ein Abfall dann wenigstens angesichts des gewaltigen Mißtrauens der Perser angeraten sein könnte. In dieser Ambivalenz seiner möglichen Wirkung erweist sich nun diese Botschaft als der Kunstgriff (παλάμη), dessen sich Themistokles vor seinen Mitfeldherren zuvor gerühmt hat. Die Nachricht selbst steht im Mittelpunkt, die Ioner sind hingegen nur Spielball seiner List.

Wenn wir im folgenden die historische Authentizität dieses inschriftlichen Aufrufes an die Ioner zu beurteilen suchen, so erregen doch gerade die äußeren Entstehungsbedingungen Skepsis: Das Einritzen einer Inschrift – damit sie überhaupt den Ionern auffiel und gelesen werden werden konnte, sollte man eher von Einmeißeln sprechen[211] – zudem an mehreren Orten erfordert geraume Zeit, ist jedoch mit mehreren Trupps sicherlich prinzipiell möglich. Als Hinweis auf die Unwahrscheinlichkeit dieses Vorgehens sind jedoch die Veränderungen des Mediums zu werten, die spätere Traditionen für notwendig erachteten: So spricht Justin von „Plakaten" (*symboli*), die Themistokles für die Ioner habe auslegen lassen, und laut Polyainos und seinem Exzerptor sei der Aufruf „auf die Türen und Wände der Häuser, in denen Ioner waren," geschrieben worden.[212] Da die griechische Flotte sich mit offenbar vielen beschädigten Schiffen auf dem Rückzug befand und ein schnelles Nachstoßen der persischen Flotte durch die Straße von Artemision zu den Thermopylen mitnichten ausgeschlossen werden konnte, war dieses zeitaufwendige und mühevolle Unternehmen durchaus riskant.[213] Den zeitlichen Spielraum dafür könnte sich Themistokles immerhin durch die ψευδόπυρα verschafft haben. Dennoch wird er als Aufruf mitnichten eine solch lange symbouleutische Rede in Stein geritzt haben[214], wie überhaupt ein so offensichtlich mündlicher Kommunikation entsprungener Text unter den frühen epigraphischen Zeugnissen völlig singulär wäre.

---

211 Auf ein Einmeißeln in die Steine weisen die Ausdrücke ἐντάμνων ἐν τοῖσι λίθοισι („in die Steine eingravierend", cf. auch V 49,1) und ἐνέγραψε („er schrieb ein", VIII 23,1) (PRITCHETT 1993, 160 möchte deshalb ἐντάμνων gänzlich ignorieren; hingegen Plut. Them. 9,2: ἐνεχάρατ- τε κατὰ τῶν λίθων ἐπιφανῆ γράμματα „er ließ weithin sichtbare Inschriften auf den Steinen einritzen", LEGRAND ad Hdt. VIII 22), auch wenn Hdt. I 187,1; II 106,2; 136,3; V 59 ἐγκολάπ- τειν für das säuberliche Einmeißeln repräsentativer Inschriften verwendet.

212 Pomp. Trog. bei Iust. II 12,3, der den Aufruf rhetorisch noch weiter ausgeformt hat; Polyain. I 30,7; exc. 8,1; Leo Imp. strat. 10,1.

213 Cf. GOLDSCHEIDER 55.

214 Cf. MACAN, VAN GRONINGEN, MASARACCHIA ad loc.; SCHULTE 92; S. WEST, Herodotus' Epigraphical Interests, CQ 35, 1985, 278–305, hier 286; HARRIS 1989, 59f.; ROSENMEYER 2001, 52f., die

Die Vorstellung von den Ionern als den Abkömmlingen Athens bildet die eigentliche Grundlage des Aufrufes, die Themistokles am Anfang und Ende betont. Neben der Berufung des Aristagoras auf diese Abstammung bei seinem Hilfegesuch an die Athener vertritt Herodot selbst einige Male die auch sonst Ende des fünften Jahrhunderts verbreitete Auffassung von Athen als Mutterstadt der Ioner.[215] Zwar ist der Metropolisstatus Athens als der Vormacht des Attischen Seebundes in ihrer religiösen Propaganda zu Herodots Zeit massiv hervorgehoben worden, doch erst durch das Thudippos-Dekret von 425/4 wurde sämtlichen Bündnern die Pflicht aufgeladen, zu den Großen Panathenäen eine Kuh und eine Panhoplie Athena zu weihen[216] – das hatte bisher vermutlich nur den explizit bezeugten Kolonien Athens oblegen und ist uns seit der Mitte des fünften Jahrhundert belegt.[217] Nicht zu entscheiden ist, ob schon vor der Begründung des Attischen Seebundes die Propaganda von Athen als Metropolis solche Verbreitung und Akzeptanz gefunden hatte, daß Themistokles mit seiner darauf gründenden Argumention für einen Abfall der Ioner auf Gehör hoffen konnte. Zwar gibt ein Solon-Fragment[218] einen gewichtigen Hinweis auf die große Bedeutung der ionischen Identität für die Athener und möglicherweise auch auf ihr Selbstverständnis als Heimat aller Ioner[219] schon im sechsten Jahrhundert[220], doch hat die Seebundspropaganda[221] die Versionen der Zeitgenossen so stark geformt, daß der Entstehungszeitraum der Version vom attischen Ursprung sämtlicher Ioner nicht mehr zweifelsfrei zu ermitteln ist. Ich neige der

den Appell als authentische Botschaft in Form eines „Briefes" versteht. Auch Levi 1955, 237 hält eine solche Botschaft für im Kern authentisch.

215 Hdt. V 97,2; bes. VII 95,1; VIII 46,2f.; 48; bes. IX 106,3. Thuk. I 2,6; 12,4; 95,1; VII 57,4. Eur. Ion 1585–1588, zudem 74f., gibt sogar nichtionische Städte um den Hellespont und den Bosporos als attische Gründungen aus.

216 IG I³ 71 = Koch 1991, T 11, Z. 55–58. Cf. dazu Smarczyk 1990, 549–591.

217 Cf. IG I³ 14 , Z. 3–8 (Erythrai, um 450); IG I³ 46, Z. 15f. (Brea, ca. 445); Schol. Aristoph. Nub. 386. Cf. Smarczyk 1990, 525–549.

218 Solon fr. 4 Diehl = 4a West = 4 Gentili-Prato, Z. 2: Athen als πρεσβυτάτην ... γαῖαν Ἰαονίας „älteste ... Erde Ioniens" gepriesen. Cf. U. von Wilamowitz-Moellendorff, Über die ionische Wanderung, SPAW, Berlin 1906, 59–79, hier 72 mit A. 34 = Kleine Schriften V,1, Berlin 1937, 152–176, hier 167 mit A. 1, und Sakellariou 1958, 24f. Meiggs 294 unterstreicht die Doppeldeutigkeit des solonischen Ausdrucks. Cf. J.M. Hall, Ethnic identity in Greek antiquity, Cambridge 1997, 51–56 und Connor 1993, 198–200. Hom. Il. XIII 685–689 gesellt unter die Ioner auch die Athener. F. Prinz, Gründungsmythen und Sagenchronologie (Zetemata 72), München 1978, 364f. hält diese Verse für interpoliert.

219 Einen achaiischen Ursprung der Ioner nimmt selbst Herodot (I 145f.) an, daneben Paus. VII 1,2–4; cf. Prinz 1978, 341–347, 372f.; Hall 1997, 51f.

220 Diese Annahme verfechten Meiggs 294f.; Schuller 1974, 113; Prinz 1978, 337; G. Maddoli, Erodoto e i Ioni. Per l'interpretazione di I 143, PP 34, 1979, 256–266, hier 264f.; C.J. Emlyn-Jones, The Ionians and Hellenism. A study of the cultural achievement of the early Greek inhabitants of Asia Minor, London-Boston-Henley 1980, 13f., 167; J. Alty, Dorians and Ionians, JHS 102, 1982, 1–14, hier 4 A. 20, bes. 9 A. 46; Raviola 1986, App. XXVII, Atene metropoli delle città ioniche, 104f.; Smarczyk 1990, 371–378, 385–392; Connor 1993, 203f.

221 Zur sekundären Stilisierung des Ion zum athenischen Stammvater aller Ioner cf. Prinz 1978, 347–369 und Hall 1997, 56. Zur mythologisch-genealogischen Propaganda Athens im Seebund cf. J.P. Barron, Religious Propaganda of the Delian League, JHS 84, 1964, 34–48, hier 46–48; Meiggs 293–295; Schuller 1974, 112–118; Emlyn-Jones 1980, 13; Connor 1993, 195f.

Auffassung der Forscher zu, die den umfassenden Metropolisanspruch Athens erst mit dem Seebund aufkommen sehen.[222]

Ob Herodot seine eigene Sichtweise Themistokles aussprechen läßt, wenn er diesem die „Schuld" der Ioner für die Feindschaft zwischen Persern und Griechen als Argument an die Hand gibt, ist keineswegs klar. Denn Herodots nachdrückliche Bewertung der 20 Schiffe, mit denen die Athener den ionischen Aufstand unterstützten, als ἀρχὴ κακῶν („Urgrund der Übel", V 97,3) scheint den Athenern doch eine nicht geringe Mitschuld an den persischen Invasionen zuzuschreiben,[223] auch wenn er den Milesier Aristagoras durch sein Hilfegesuch als eigentlichen Anstifter bezeichnet.[224]

Während die Aussagen des Appells nicht von vornherein gegen dessen Historizität sprechen, tun dies, wie oben erläutert, die äußeren Umstände seiner Übermittlung um so mehr. Gerade der schriftliche Modus der Übermittlung verbindet den Aufruf mit einigen Briefen in den *Historien,* die ebenfalls den Adressaten zum Abfall von seinem bisherigen Herren aufrufen: 1. So gibt Harpagos mit einer in einem Hasenkadaver durch die Kontrollen geschmuggelten Botschaft dem jungen Kyros das Zeichen für die Revolte gegen den Mederkönig Astyages. 2. Mittels selbst ver-

222 So schon VON WILAMOWITZ-MOELLENDORFF 1906/1937, nachdrücklich JACOBY im Kommentar zu FGrHist 323a F 11, S. 32f. mit A. 2, und zu F 23 sowie SAKELLARIOU 1958, 30f. und id., Between memory and oblivion: The transmission of early Greek historical tradition, Athen 1990, 137; zudem A. MOMIGLIANO, Questioni di storia ionica arcaica, (zuerst SFIC 10, 1932, 259–297) in: id., Quinto contributo alla storia degli studi classici e del mondo antico, Rom 1975, 369–402, hier 370–378, 400, und C. ROEBUCK, The Early Ionian League, CPh 50, 1955, 26–40, hier 34, 39f. A. 63; M.P. NILSSON, Cults, Myths, Oracles, and Politics in Ancient Greece, Lund 1951, 59–61, 63f., der diese Sichtweise auf Panyassis' Ἰωνικά zurückführt (61). Auch HALL 1997, 55f. scheint eine Spätdatierung vorzuziehen. Mit Zurückhaltung A.J. GRAHAM, Colony and Mother City in Ancient Greece, Chicago ²1983, 11 mit A. 2 und HUXLEY 1959, 701f. – Die Bedeutung der Stammeszugehörigkeit für die Griechen hat E. WILL, Doriens et Ioniens. Essai sur la valeur du critère ethnique appliqué à l'étude de l'histoire et de la civilisation grecque, Strasbourg 1956, bes. 67, rundherum bestritten. Dagegen betonen ALTY 1982; HEINRICHS 1989, 157–162; SMARCZYK 1990, 495–498; CONNOR 1993, 201f. und HALL 1997, 37f., daß die zahlreichen Bezüge auf die Stammeszugehörigkeit bei Herodot (V 67–69 u.ö.) und Thukydides (I 71,4; 95,1; 124,1; III 86,3; V 104; VI 6,2; VI 44,3) kaum verständlich wären, wenn dieses Motiv ihrem zeitgenössischen Publikum fremd gewesen wäre.

223 Dafür spricht auch sein Bonmot, 30 000 Athener zu überreden sei leichter als einen Spartaner (V 97,2). Laut Herodot geben auch die Perser (V 105; VII 5,2; 8 β 3; 9,2) und die Spartaner (VIII 142,2) den Athenern die Schuld. Dies muß auch SPATH 1968, 197–200 zugeben. So STRASBURGER 1955, 13 A. 3 = MARG WdF 592 A. 45; A. MOMIGLIANO, Persian Empire and Greek Freedom (zuerst in: A. RYAN [ed.], The Idea of Freedom, FS I. BERLIN, Oxford 1979, 139–151), in: id., Settimo contributo alla storia degli studi classici e del mondo antico, Rom 1984, 61–75, hier 71; HEINRICHS 1989, 140, 142; EVANS 1991, 32; nachdrücklich VAN DER VEEN 1996, 90–98. HUBER 1965a, 37 sieht in Herodots enger Anlehnung an den homerischen Wortlaut (Il. V 62f. nennt die Schiffe des Paris νῆας ... ἀρχεκάκους) eine Betonung der athenischen Schuld, während MACAN ad loc. und SPATH 1968, 200 A. 340 sie als bewußte Übertreibung Herodots werten.

224 V 105,1. So sehen die bei TOZZI 1978, 42f. A. 45 genannte Literatur, darunter H. IMMERWAHR, Aspects of historical causation in Herodotus, TAPhA 87, 1956, 241–280, hier 265–267, 272, sowie WALLINGA 1984, 402 und HART 1993, 101 die Ionische Revolte selbst als die von Herodot implizierte ἀρχὴ κακῶν.

faßter, aber mit dem großköniglichen Siegel versehener Briefe prüft der Perser Ba-
gaios die Loyalität der Leibwächter des unbotmäßigen Satrapen von Sardeis, Oroites.
Angesichts ihres Gehorsams gegenüber den vermeintlich königlichen Weisungen
befiehlt er ihnen im letzten dieser Briefe die Ermordung des Oroites. 3. Der nach
Susa verbannte milesische Tyrann Histiaios schickt die Aufforderung an seinen
Statthalter in Milet, Aristagoras, eine Revolte gegen die Perser zu beginnen, in einer auf den geschorenen Kopf seines Sklaven tätowierten Botschaft.[225] Herodot gilt
das Medium Schrift als Charakteristikum der Orientalen, insbesondere der ägyptischen und vorderasiatischen Könige zur Verwaltung ihrer riesigen Reiche.[226] Für
die Griechen in den *Historien* hingegen spielt die Schrift als Mittel der Nachrich-
tenübermittlung kaum eine Rolle. Um so auffälliger ist es, daß gerade Themistokles
sich dessen bedient, um die Ioner zum Abfall aufzurufen, wo er doch für seine sonstigen Winkelzüge, die beiden Geheimbotschaften an Xerxes oder die Erpressungen der Kykladeninsel, auf deren mündliche Übermittlung durch jeweils dieselben
Boten vertraut.[227] Während bei diesen Botschaften wie auch den oben vorgestellten
getarnten Briefen aus dem orientalischen Bereich ihr Erfolg in der Heimlichkeit
begründet liegt, präsentiert Herodot die Offenkundigkeit des inschriftlichen Aufrufes als Kalkül des Themistokles: Sowohl die griechenfreundlich gesinnten Ioner als
auch die Anhänger der Perserherrschaft sollten ihn lesen. Hoffnung auf eine große
Breitenwirkung des Aufrufes hätte sich Themistokles allerdings nicht machen können, da wir die Fähigkeit der ionischen Seeleute, einen solch vergleichsweise langen Text zu verstehen, als sehr gering ansetzen müssen.[228] Natürlich ist die Mund-
zu-Mund-Propaganda der Ioner untereinander nicht zu vernachlässigen, doch der
Inhalt des Aufrufes ist zu komplex, als daß er bei mündlicher Weitergabe in seiner
Substanz, d.h. in den verschiedenen Stufen einer angemahnten Distanzierung von
der Persermacht, hätte bewahrt werden können. Seiner gewünschten Breitenwirkung stehen also entscheidend sowohl seine Schriftform als auch sein komplexer
Inhalt entgegen.

Um so weniger verwundert Themistokles' weitgehender Mißerfolg, den Herodot nachdrücklich herausstreicht: Nur wenige Ioner hätten bei Salamis nach der
Anweisung des Themistokles ohne Eifer in der Perserflotte gekämpft, die meisten
jedoch entschlossen.[229] Allerdings muß man hinzufügen, daß ein Überlaufen der

---

225 Hdt. I 123–125; III 128; V 35. Cf. HARTOG 1988, 277f.; STEINER 1994, 150–152; ROSENMEYER
   2001, 47–51.
226 Cf. HARTOG 1988, 277–279 und ausführlich STEINER 1994, 127–185, bes. 152f. Die ionischen
   Tyrannen wie Polykrates und Histiaios bedienen sich auch dieses Mediums, da sie zwischen
   der orientalischen und der griechischen Welt stehen.
227 Cf. Hdt. VIII 75; 110,2; 112,1. Cf. HARTOG 1988, 279 A. 70.
228 So nachdrücklich HARRIS 1989, 60.
229 Hdt. VIII 85,1. Daneben nennt Herodot zwei Samier, die sich im Kampf gegen die Griechen
   besonders auszeichneten und vom Großkönig geehrt wurden; die Namen anderer (Ioner?), die
   sich bravourös für die Perser schlugen, verschweigt er angeblich absichtlich. Zwar liefen direkt
   vor der Schlacht bei Salamis vier naxische Schiffe (VIII 46,3) und eine Triëre der Tenier (VIII
   82,1) zu den Griechen über; doch ist es im Fall der Naxier wahrscheinlich – Hdt. VIII 46,3
   nennt Demokritos als treibende Kraft für den Seitenwechsel – und im Fall der Tenier sicher,
   daß dies nicht erst auf eine mögliche Botschaft des Themistokles geschah. Denn die Tenier

Ioner vor oder während der Schlacht von Salamis kaum zu erwarten war[230], da sich die Perser noch in der Offensivbewegung befanden und letztendlich ihr Sieg zu erwarten war. Ungeachtet seiner Abneigung gegenüber den Ionern mag Herodots Behauptung (VIII 10,2f.), schon vor der Schlacht von Artemision hätten sie die griechische Sache vollständig verloren gegeben, durchaus das historisch Richtige treffen. Vor dem Hintergrund des späteren Appells des Themistokles ist Herodots Bemerkung als ironisch zu werten, daß die Ioner[231], die sich über den erwarteten Untergang der Griechen freuten, wegen der ausgesetzten Belohnung beim Artemision darum wetteiferten, als erste ein attisches Schiff zu kapern. Dies verrät sicherlich kein Verbundenheitsgefühl der Ioner gegenüber ihrer angeblichen Mutterstadt. Auch Mißtrauen hat dieser Aufruf beim Großkönig nicht schüren können: Als Phoiniker die Ioner für den Verlust der eigenen Schiffe bei Salamis verantwortlich machen und Verräter schimpfen, enthebt eine von Xerxes soeben beobachtete Heldentat eines samothrakischen Schiffes im Gefecht mit einer athenischen und aiginetischen Triere sämtliche Ioner dieses Verdachts, vielmehr läßt Xerxes die Phoiniker ihre Verleumdung mit dem Tode büßen.[232] Angesichts der strategischen Lage vor der Wende bei Salamis sowie der angedeuteten Sympathien bei den Ionern legt Herodots Bericht die Folgerichtigkeit des Scheiterns des Themistokleischen Aufrufes nahe.

Doch unter anderen Umständen war es sehr wohl möglich, die Ioner zum Seitenwechsel zu bewegen, wie Herodot an zwei Situationen verdeutlicht: Dies gelang zum einen den ionischen Tyrannen vor der Schlacht von Lade 494, indem sie im persischen Auftrag Boten in ihre jeweiligen Städte gesandt hatten, die den aufständischen Ionern einerseits eine Amnestie durch die Perser versprachen und andererseits die drakonischen Strafen im Fall ihrer Niederlage plastisch ausmalten (VI 10f.). Zum anderen forderte der spartanische Oberbefehlshaber der griechischen Flotte, Leotychidas, vor der Schlacht von Mykale 479 mittels eines Heroldsrufes die Ioner in der Perserflotte auf, im Kampf zuallererst an die Freiheit zu denken, dann an das Losungswort der Griechen, „Here".[233] Dieser Aufruf und auch derjenige der ioni-

stießen erst nach der Schlacht von Artemision zu den Persern (VIII 66,2); gegen SMARCZYK 1990, 395f. A. 27, ibid. zur scharfen Kritik an Herodot bei Plut. Her. malign. 36, p. 869a-c, der sich auf Hellanikos FGrHist 323a F 28 und Ephoros FGrHist 70 F 187 stützt, laut denen das naxische Kontingent von vornherein zur Unterstützung der Griechen entsandt worden sei.

230 Dennoch berichtet Diod. XI 17,3f. von einem den Griechen per Boten übermittelten Versprechen der Ioner, während der Schlacht zu ihnen überzulaufen; von dessen Einhaltung erfahren wir freilich nichts. Cf. ähnliche Berichte bei Paus. VIII 46,3; Pomp. Trog. bei Iust. II 12,25f.; Oros. II 2,10,1–4; zudem SMARCZYK 1990, 395 mit A. 25.

231 Der Anklang von ὅσοισι δὲ καὶ ἡδομένοισι … „alle diejenigen, die sich (über den erwarteten Untergang der Griechen) freuten …" (VIII 10,3) an das vorhergehende ὅσοι μέν νυν τῶν Ἰώνων ἦσαν εὔνοοι τοῖσι Ἕλλησι … „alle diejenigen von den Ionern, die den Griechen wohlgesinnt waren, …" (10,2) rechtfertigt MACAN ad loc., wenn er zu ὅσοισι erklärend τῶν Ἰώνων hinzusetzt.

232 Hdt. VIII 90. Deshalb kann diese Episode nicht, wie PODLECKI 1966, 20 und MASARACCHIA ad loc. meinen, als Hinweis auf das Eintreten der von Themistokles erhofften Wirkung bei den Persern gewertet werden.

233 Hdt. IX 98,2f. Das von ROSCHER emendierte Losungswort mag auf das nahegelegene Heraion

schen Tyrannen unterscheiden sich durch ihre jeweilige mündliche Übermittlung und insbesondere in ihrem Inhalt grundlegend von dem des Themistokles am Artemision. Betont Herodot bei dessen Aufruf den „orientalischen" Modus der Schrift, der auch den Persern das Verstehen ermöglicht, so stellt der Wortlaut des Appells des Leotychidas selbst durch das dreimalige ἐπακούειν „hören" gerade seinen oralen Charakter heraus, der erklärtermaßen der Geheimhaltung vor den Persern dient.[234] Hat Themistokles die Ioner ausschließlich an ihre moralische Verpflichtung gegenüber ihren athenischen Ahnen erinnert, so stellen ihnen jeweils die Tyrannen und Leotychidas den Gewinn eines Überlaufens vor Augen. Der Spartaner traut der Parole „Freiheit" eine solche Überzeugungskraft zu, daß er eine ausdrückliche Aufforderung zum Frontenwechsel nicht mehr für nötig hält. Wiederum ist zu bedenken, daß sich den Ionern nach dem Rückzug der stark dezimierten Perserflotte von Salamis nach Kleinasien die Chance weit aufgetan hatte, das Perserjoch abzuschütteln. Doch Herodot möchte nicht diese grundsätzlich veränderte Ausgangslage für den Erfolg des spartanischen Appells verantwortlich gemacht, sondern die beiden Botschaften des Themistokles und des Leotychidas in Übermittlungsmodus, Inhalt und Wirkung unmittelbar miteinander verglichen sehen: Zu diesem Zweck erklärt er, Leotychidas habe mit seinem Aufruf dieselbe Absicht verfolgt wie Themistokles: entweder die Ioner abspenstig oder die Perser diesen gegenüber mißtrauisch zu machen.[235] Der Spartaner reüssierte laut Herodot damit auf der ganzen Linie: Die Perser entwaffneten die Samier[236] und schickten die Milesier aus dem Lager, jeweils aus Furcht vor ihrem Überlaufen (IX 99). In der Schlacht selbst unterstützten die Samier und, ihrem Beispiel folgend, die anderen Ioner die Griechen nach Kräften, und schließlich metzelten die Milesier die fliehenden Perser hin, so daß Herodot lapidar resümiert: „So fiel Ionien zum zweiten Mal von den Persern ab" (IX 103,2–104). Vor dem Hintergrund des erfolgreichen Leotychidas wird die Bewunderung, die Herodot für Themistokles' taktisches Geschick bei seinem Appell beim Publikum anfangs geweckt haben mag, schließlich von dessen Mißlingen erheblich geschmälert.

Denjenigen, die angesichts seines geringen Erfolgs Themistokles' Appell an die Ioner für eine Erfindung Herodots halten[237], kommt die Bringschuld zu, für diese Episode eine Existenzberechtigung, d.h. Herodots Darstellungsabsicht, aufzu-

von Samos zurückgehen, von wo die Griechenflotte aufbrach (IX 96,1). Alle Codices haben das nicht weiter erklärbare Ἥβης. Cf. Rosén App. crit.

234 Hdt. IX 98,3: πάντως γὰρ οὐδὲν συνήσουσι Πέρσαι τῶν ἐγὼ ὑμῖν ἐντέλλομαι. „Denn die Perser werden nichts verstehen von dem, was ich euch auftrage."

235 Hdt. IX 98,4. So auch Steiner 1994, 153f. Wieso Stein, Macan, How-Wells und Legrand ad loc., Krüger folgend, diesen Paragraph als Dublette zu VIII 22,3 athetieren möchten, leuchtet nicht ein; cf. Goldscheider 54 und Rosén App. crit.

236 Allerdings nennt Hdt. IX 99,2 als Hauptgrund für das Mißtrauen gegenüber den Samiern, daß diese nach Samos deportierte Athener freigekauft hätten.

237 Goldscheider 55f.; West 1985, 285–287; Harris 1989, 59f.; Steiner 1994, 153f.; Boedeker 2000, 101f.; sehr skeptisch Macan ad loc.: „Is it an Attic invention?" Für historisch halten sie jedoch u.a. H. Volkmann, Die Inschriften im Geschichtswerk des Herodot, in: Convivium, FS K. Ziegler, Stuttgart 1954, 41–65, hier 63f.; Burn 402; Gillis 1979, 30; Emlyn-Jones 1980, 169; S. Hornblower, Mausolus, Oxford 1982, 23; Heinrichs 1989, 41f; Kelly 2003, 208.

spüren. Dafür bieten die Eigentümlichkeiten des Aufrufes Anhaltspunkte. Nicht nur
das Anbringen auf Stein, sondern auch der Inhalt mit seiner Klauselform erinnert
stark an athenische Inschriften. Mit uns inschriftlich erhaltenen Eiden versuchten
die Athener, Seebundsmitglieder nach ihrem jeweiligen Abfall zur Treue gegenüber der Hegemonialmacht zu verpflichten. Als Beispiel für einen solchen Treueid
der Bündner möchte ich hier denjenigen aus der uns mittlerweile bekannten Inschrift
über die Wiedereingliederung von Chalkis von 446/5 anführen:[238]

κατὰ τάδε Χαλκιδέας ὀμόσαι· οὐκ ἀπο[σ]τέισομαι ἀπὸ τõ [δ]έμο τõ Ἀθεναίον οὔτε τέ[χ]νιει οὔτε μεχανεῖ οὐδεμιᾶι οὐδ᾽ ἔπει οὐδὲ ǀ ἔργοι οὐδὲ τõι
ἀφισταμένοι πείσομαι, κǀαὶ ἐὰν ἀφιστεῖ τις κατερõ Ἀθεναίοισι, κǀαὶ τὸν
φόρον ηυποτελõ Ἀθεναίοισιν, ἡὸν ǀ ἂν πείθο ǀ Ἀθεναίος, καὶ χσύμμαχος
ἔσομαǀι ηοῖος ἂν δύνομαι ἄριστος καὶ δικαιότǀατος καὶ τõι δέμοι τõι Ἀθεναίον βοεθέσǀο καὶ ἀμυνõ, ἐάν τις ἀδικεῖ τὸν δέμον τὸν ǀ Ἀθεναίον, καὶ
πείσομαι τõι δέμοι τõι Ἀθǀεναίον.

„Gemäß folgendem sollen die Chalkidier schwören: ,Nicht abfallen werde ich
vom Volk der Athener, mit keinem Mittel und mit keiner List, weder in Wort
noch in Tat, und ich werde dem, der abfällt, nicht Folge leisten, und wenn jemand abfällt, so werde ich ihn den Athenern anzeigen. Und den Tribut werde
ich den Athenern entrichten, von dem ich die Athener überzeuge, und ich werde Bundesgenosse sein, soweit ich es vermag, der beste und pflichtbewußteste,
und ich werde dem Volk der Athener Hilfe und Beistand leisten, wenn jemand
Unrecht dem Volk der Athener zufügt, und ich werde dem Volk der Athener
gehorchen.‘"

Dieser Schwur stellt den weitestgehenden Versuch dar, den Bündnern jedes legiti-
me Schlupfloch zu versperren, ohne offenen Eidbruch erneut von Athen abzufallen.
SIEWERT[239] hat folgende Charakteristika der athenischen Eide dieser Zeit herausgearbeitet: 1. das Interpretationsverbot, d.h. das Verbot, die Eidesbestimmungen zu
umgehen, in unserem Fall durch Winkelzüge von den Athenern abzufallen oder
selbst andere dazu anzustiften[240]; 2. das Versprechen, sich nicht von anderen zum
Eidbruch verleiten zu lassen, und 3. das Maximalversprechen, das den höchstmög-
lichen Grad der Eideserfüllung in Aussicht stellt. Wenn wir damit den Ioneraufruf
vergleichen, so fällt ins Auge, daß erstens die von Themistokles angemahnten, dem
jeweiligen Zwang angepaßten Stufen des Abfalls von den Persern – offenes Überlaufen, Fernbleiben aus der Schlacht oder darin absichtliches Versagen – Finten
und Schliche beschreiben, welche die athenischen Eidvorschriften verhindern sol-

---

238 IG I³ 40, Z. 21–32, dazu BALCER 1978, 46–49. Ähnliche Formeln auch in den Dekreten zu
    Erythrai IG I³ 14, Z. 21–28, von ca. 453/2; über Kolophon IG I³ 37, Z. 46–51, bes. 48f.: [οὐκ
    αὐτομολλ]έσο „ich werde nicht überlaufen", von 448/7; über Eretria IG I³ 39, Z. 7–11; über
    Samos IG I³ 48, Z. 17–21, von 439/8; cf. MEIGGS App. 16: Oaths of Allegiance, 579–582. Zur
    Treueformel cf. SCHULLER 1974, 103–106; T. PISTORIUS, Hegemoniestreben und Autonomiesi-
    cherung in der griechischen Vertragspolitik klassischer und hellenistischer Zeit, Frankfurt/Main-
    Bern-New York 1985, 40–47; BALTRUSCH 1994, 61–63.
239 SIEWERT 1972, 38–42.
240 Der Gegensatz zwischen der Anstiftung zum Abfall und dem eigenen Abfall steckt in der For-
    mel IG I³ 40, Z. 24f. οὐδ᾽ ἔπει οὐδὲ ǀ ἔργοι. Cf. SIEWERT 1972, 39.

len. Gleiches gilt zweitens für die Themistokleische Aufforderung an die Ioner, auch die Karer zum Abfall von den Persern anzustiften. Gemäß den Eiden müßten die Bündner sich nicht nur solchen Versuchen vehement widersetzen, sondern auch die Anstifter dem Hegemon melden. Drittens finden wir die Maximalforderungen der Bündnereide im Aufruf ins Gegenteil verkehrt: Themistokles bittet die Ioner, absichtlich schlecht und zurückhaltend zu kämpfen (ἐθελοκακέετε!), während der Bündnereid gerade den nach Kräften besten Einsatz für Athen fordert; zudem wirft er den Ionern vor, mit ihrem Zug gegen ihre Vorfahren täten sie „nichts Rechtes" (οὐ ... δίκαια).

Schon Artabanos hat die Ioner für den Fall der Mithilfe bei der Versklavung der Mutterstadt als ἀδικωτάτους „höchst ungerecht", wenn sie jedoch Griechenland befreien hälfen, als δικαιοτάτους „höchst gerecht" bezeichnet.[241] Da sich Artabanos in dieser fiktiven Warnerrede als Kenner der Normen in den Beziehungen zwischen Kolonie und Mutterstadt erweist, folgert SMARCZYK zu Recht:[242]

> „Zieht man die Publikationszeit der Herodoteischen *Historien* in Betracht, so läßt sich dies als eindeutige und auf das aktuelle Verhältnis der Seebundsstaaten zu Athen bezogene Aufforderung an die ionischen Bündnerstädte verstehen, ihre Treuepflicht gegenüber der Mutterstadt zu erfüllen."

Welche große Bedeutung der Verstoß der Ioner gegen diese Pflicht während des Xerxeszuges für die Rechtfertigung der athenischen Herrschaft über sie im attischen Seebund hatte, belegt die Rede, die Thukydides dem athenischen Gesandten Euphemos 415/4 in Kamarina in den Mund gelegt hat. Darin argumentiert Euphemos, die Athener hätten die stammverwandten Ioner keineswegs widerrechtlich unterworfen, da diese einen Abfall von den Persern nicht gewagt hätten, sondern mit ihnen gegen die eigene Metropolis gezogen seien, um sie zu versklaven.[243] HEINRICHS bringt diese Argumentation in unmittelbare Beziehung zum Aufruf des Themistokles:[244]

> „Im Lichte der Thukydidesstelle offenbart die wenige Jahrzehnte zuvor von Herodot stilisierte 'nationale' Ermahnung des Themistokles ihre eigentliche, ideologische Natur. Sie begründet eine besondere Verpflichtung, deren Mißachtung durch die Ioner ein Recht der Athener, an die Stelle der persischen Herrschaft die eigene ἀρχή treten zu lassen."

Es ist bezeichnend für das Ausmaß, in dem der Aufruf an die Ioner schon den Geist der Seebundsideologie atmet, daß Themistokles darin die Perser[245] keineswegs als

---

241 Hdt. VII 51. Cf. HEINRICHS 1989, 150. Ähnlich Isokr. IV 122.

242 SMARCZYK 1990, 397. Daß SMARCZYK zu diesem Schluß gelangt, ist umso erstaunlicher, als er den Wortlaut des Themistokleischen Aufrufes für den Ausfluß seiner Ionienpolitik hält (392–406).

243 Thuk. VI 82,3f. Cf. K. RAAFLAUB, Die Entdeckung der Freiheit. Zur historischen Semantik und Gesellschaftsgeschichte eines politischen Grundbegriffes der Griechen (Vestigia 37), München 1985, 223f.

244 HEINRICHS 1989, 45. Jedoch meint T. HARRISON, The Emptiness of Asia. Aeschylus' *Persians* and the history of the fifth century, London 2000, 64, daß Themistokles' Appell „justifies the Athenians' allies against a charge of Medism".

245 Die Perser erscheinen als Zwingherren der Ioner ganz anonym und unpersönlich im Ausdruck ὑπ' ἀναγκαίης μέζονος („unter allzu großem Zwang", VIII 22,2).

existentielle Bedrohung für die Freiheit aller Griechen geißelt, die es gemeinsam niederzuringen gelte, sondern erst am Ende lapidar als Widerpart der Athener benennt.

Nicht nur in den athenischen Ansprüchen gegenüber den Ionern ist der Aufruf des Themistokles – allerdings mit entgegengesetzter Absicht – parallel zu den Versuchen der Athener konstruiert, die Bündnerstädte durch eidliche Verpflichtungen an Athen zu binden, sondern auch im geringen Erfolg. Denn die Geschichte des Attischen Seereiches seit der Mitte des fünften Jahrhunderts ist von zahlreichen Revolten bedeutender, zumeist ionischer „Bundesgenossen" geprägt: So finden wir um 450 schwere Aufstände in Erythrai und Milet[246], 446 auf Euboia, schließlich die Revolte von Samos im Jahre 440/39, die von Perikles erst nach neunmonatiger Belagerung mit Hilfe der Chier und Lesbier blutig niedergeschlagen wurde.[247] In dieser Zeit fielen Byzantion und die binnenländischen Städte Kariens von Athen ab.[248] Schließlich folgte 428/7 der Abfall von Lesbos.[249] Thukydides unterstreicht mehrmals, daß neben den Tributforderungen die Verweigerung der Heeresfolge und offene Desertion ganzer Poliskontingente mitten aus der Schlacht die Hauptgründe für den Abfall der Bündner von Athen waren.[250]

Die letztendliche Wirkungslosigkeit der Treueide der athenischen Bündner findet ihre Entsprechung nicht nur im Fehlschlag des Themistokleischen Aufrufes, sondern schon in dessen Kern, in der Aufforderung an die Ioner, je nach Möglichkeit mehr oder weniger offen von den Persern abzufallen – also genau dasjenige, wovon die späteren Eide sie abhalten sollten. Als eine Spitze gegen die Ioner erweist sich deshalb Herodots Betonung, daß sie trotz dem Themistokleischen Appell bis in das Jahr 479 dem Perserkönig größtenteils zuverlässig dienten[251], während sein Publikum sehr wohl wußte, daß später nicht wenige ionische Städte ihren Treueid gegenüber Athen brachen. Doch dasselbe Publikum dürfte gerade die Treueide der Bündner als Manifest des Zwangs bewertet haben, sich den Athenern völlig auszuliefern, somit als Zeichen ihrer Versklavung.[252] Zudem dürften sie aus Themistokles' War-

---

246 Zu beidem cf. ausführlich MEIGGS 112–117.

247 Cf. Thuk. I 115,2–117; VIII 76,4; Plut. Per. 24–28; zudem MEIGGS 189–193; T.J. QUINN, Athens and Samos, Lesbos and Chios: 478–404 B.C., Manchester 1981, 11–16; G. SHIPLEY, A History of Samos, 800–188 B.C., Oxford 1987, 113–120. FRENCH 1972a, 13–16 und STADTER 1992, 803–808 vermuten sogar, daß Herodot seinen Bericht von der Ionischen Revolte in den Grundzügen nach den Grundgegebenheiten des Samischen Aufstandes gestaltet hat.

248 Cf. Ktesias FGrHist 688 F 14 § 45 (mit Vorsicht); die Tributlisten der karischen Städte bei MEIGGS 552–559; 306f.; zudem ATL III 212; BALCER 1984, 417f.; HORNBLOWER 1982, 28–31. Zu den Jahren 430–427 Thuk. II 69; III 19.

249 Thuk. III 2–18; 27f.; bes. III 3,1; 4,3; 11,4. Der Abfall von Lesbos scheiterte an der verspäteten Hilfe der Spartaner. Cf. MEIGGS 311–317; QUINN 1981, 25–35.

250 Thuk. I 99,1. Cf. GOMME 1945 ad loc. zu λιποστράτιον und BALCER 1978, 46f.; zudem Thuk. VI 76,3 und Aristoph. Pax 621.

251 Hdt. VIII 85,1f.; IX 99. Er zeichnet die Ioner auch sonst als feige und der Freiheit unwürdig (IV 142; VI 12,3; VIII 10,3f.). Zu Herodots Haltung zu den Ionern GILLIS 1979, 1–25; EMLYN-JONES 1980, 169f.; ALTY 1982, 8, 11f.; HEINRICHS 1989, 150–153; SMARCZYK 1990, 487f. mit A. 224; STADTER 1992, 803–806.

252 So versteht SCHULLER 1974, 104–106 Thukydides' (I 98,4) Bewertung der Unterwerfung von Naxos. Schon 479 bei ihrer Aufnahme in den Bund der Griechen müssen die Ioner laut Hdt. IX

nung an die Ioner, οὐ ποιέετε δίκαια … τὴν Ἑλλάδα καταδουλούμενοι[253] eine
Mahnung an die Athener herausgehört haben, von der weiteren Knechtung von Griechen abzulassen,[254] da die zeitgenössische athenfeindliche Propaganda das Schlagwort der καταδούλωσις τῶν Ἑλλήνων auf die Situation der Seebundsmitglieder
gemünzt hatte.[255]

Vor diesem Hintergrund erweist es sich als folgerichtig, daß Themistokles in
seinem Appell die Ioner keineswegs zum Kampf für die Freiheit Griechenlands oder
Ioniens aufruft.[256] Daß Herodot seinen Themistokles sich – statt auf die erfolgversprechende Parole „Freiheit" – allein auf religiöse und moralische Verpflichtungen
der Ioner gegenüber Athen berufen läßt, ist also Herodots Bestreben geschuldet, im
Aufruf an die Ioner die attische Seebundsideologie anklingen zu lassen.

Als Kontrast dazu wirkt der lapidare Appell des Leotychidas an den Freiheits-
wunsch der Ioner vor der Schlacht von Mykale. Die Abstraktion des Freiheitsbe-
griffes bei Leotychidas fällt um so stärker ins Auge, als im Zusammenhang des
gesamten Xerxeszuges bei Herodot[257] nur noch einmal von der Befreiung Ioniens
die Rede ist: Im Frühjahr 479 fordern Gesandte der Ioner bezeichnenderweise die
Spartaner auf, Ionien zu befreien.[258] Gerade angesichts dieser Seltenheit bietet der
Freiheitsaufruf des Leotychidas eine weitere Parallele zur ideologischen Auseinandersetzung zwischen Athen und Sparta vor und im Peloponnesischen Krieg: Während die Athener ihre ἀρχή nur noch durch religiöse Bindungen der Bündner und
mit der „Schuld" der Ioner in den Perserkriegen, nicht mehr aber durch ein allge-
meines Bündnisziel legitimieren konnten und von Zeitgenossen als Versklaver der
Griechen gebrandmarkt wurden[259], hatten sich die Spartaner die „Befreiung aller

106,4 schwören, „immer treu zu bleiben und nicht abzufallen." Cf. STADTER 1992, 799f.: „Ionian freedom had been won by revolting from Persia: no sooner had it been achieved than the
freedom to revolt itself was to be surrendered. For an audience in the 430s and 420s, revolt
against Athenian domination seemed the only path to freedom for the Greek cities of the Delian
League. Surrendering the right to revolt was an invitation to slavery."

253 Hdt. VIII 22,1: „Ihr tut nicht recht daran … , Griechenland zu versklaven!"

254 RAAFLAUB 1985, 250 mit Verweis auf Hdt. I 5,3; 6,2f., III 21,2: „Kaum zufällig hat gerade in
jenen Jahren Herodot programmatisch in der Einleitung seines Werkes die 'Verknechtung' freier
Griechenstädte als Unrecht bezeichnet."

255 Cf. Thuk. I 69,1; 98,4; 121,5; III 10,3–5; 58,5; 63,3; IV 86,2; 87,3; V 9,9; 27,2; 77,1.

256 Freilich stand 480 die Autonomie allein der mutterländischen Griechen zur Disposition; ein
Überlaufen zu diesen konnte für die Ioner – wollten sie Frau und Kind, Haus und Hof jemals
wiedersehen – schon zu diesem Zeitpunkt nur dann verlockend sein, wenn sie langfristig die
Befreiung Ioniens anstrebten.

257 Cf. Hdt. I 6,1; IV 133,2; 137,1; 142; V 109,2; VI 11,2.

258 Hdt. VIII 132,1. Cf. HEINRICHS 1989, 35f. Laut Hdt. V 49,2f. hatte schon 499 Aristagoras König
Kleomenes gebeten, Ionien von der Knechtschaft zu befreien.

259 Cf. ausführlich Thuk. VI 76,4; zudem I 68,3–69; 98,4; 122,3; 123,1; bes. 124,3; II 63,2; III
10,3f., bes. III 63,3; IV 87,3. Cf. C. TUPLIN, Imperial Tyranny: Some Reflections on a Classical
Greek Political Metaphor, in: CARTLEDGE-HARVEY 1985, 348–375, hier 352–357; mit Literatur
348 A. 1–4. Die Athener bei Thuk. I 76,2; II 63,2; III 40,4; V 89 geben freimütig zu, daß ihre
Herrschaft mit Unrecht verbunden sei. Ausführlich W. SCHULLER, Die Stadt als Tyrann – Athens
Herrschaft über seine Bundesgenossen, Konstanz 1978; K.A. RAAFLAUB, Athens ‚Ideologie der
Macht' und die Freiheit des Tyrannen, in: J.M. BALCER et al., Studien zum Attischen Seebund
(Xenia 8), Konstanz 1984, 45–86.

Hellenen" von der athenischen Unterdrückung auf ihre Fahnen geschrieben.[260] Doch ebensowenig, wie sich die Spartaner nach dem Sieg bei Mykale für die weitere Befreiung Ioniens einsetzten, sondern schließlich diesen Kampf den Athenern überließen[261], schlugen die militärischen und diplomatischen Siege Spartas im Peloponnesischen Krieg zugunsten der Ioner aus, sondern brachten ihnen teils mit Sparta einen neuen, teils mit den Persern den alten Zwingherrn zurück.[262]

10. Zusammenfassung

Der Anekdote über die Bestechung des Themistokles und der anderen griechischen Strategen vor der Schlacht am Kap Artemision liegt womöglich eine verleumderische athenische Erzählung zugrunde, laut der Themistokles von den persisch gesinnten Histiaiern bestochen worden sei, die Strategenkollegen zu bewegen, trotz behauptetem Schlachtfeld die griechische Flotte vom Artemision abzuziehen. Indem Herodot die Zahlung der Euboier von 30 Talenten an Themistokles – bei dieser Summe mag er sich an der Neuveranlagung des φόρος aus dem Jahr 425/4 orientiert haben – vor die Schlacht verlegt und als eigentlichen Anstoß für den Kampf der Griechen beim Artemision darstellt, erweist er Themistokles als den Organisator des Widerstandes. Sein Einsatz des Geldes zur Prävention persischer Bestechung eines griechischen Strategen antwortet offensichtlich auf solche Korruptionsvorwürfe gegen ihn. Der Betonung seiner ungeteilten Loyalität gegenüber der hellenischen Sache, von der er sich auch nicht durch frühere Abmachungen abhalten läßt, dient auch die Anekdote von der Schlachtung des euboiischen Viehs, die Herodot aus dem Bakis-Orakel mittels Umdeutung der Metapher von den Ziegen komponiert hat. Die ursprüngliche Intention der Viehschlachtung, die Perser durch das Strategem der ψευδόπυρα über den Rückzug der Griechen hinwegzutäuschen, wird aber von Herodot nicht mehr eigens erläutert.

Doch wenn wir von der insgesamt positiven Schilderung des Individuums absehen und Themistokles als Stellvertreter der Athener verstehen, so tritt die Kritik Herodots an Athen hervor. Vor dem historischen Hintergrund der Seebundzeit erfährt die Viehschlachtung eine negative Bewertung. Denn wie die Euboier trotz der gezahlten Geldsumme von Themistokles schwer geschädigt werden, so ist das ihrer Situation im Attischen Seebund vergleichbar. Auch dort entrichteten sie hohe Tribute an die Athener, damit diese sie vor den Persern schützten; dennoch plünderten die Athener sie aus. Aber neben der permanenten Bedrückung der athenischen Bündner allgemein illustrieren die beiden Anekdoten von der Bestechung und der Vieh-

---

260 Belege aus Thukydides bei RAAFLAUB 1985, 249 A. 153; zur spartanischen Freiheitspropaganda cf. ibid. 248–250, 256f. und H. DILLER, Freiheit bei Thukydides als Schlagwort und als Wirklichkeit, in: H. HERTER (ed.), Thukydides (WdF 98), Darmstadt 1968, 639–660; L. PRANDI, La liberazione della Grecia nella propaganda spartana durante la guerra del Peloponneso, in: M. SORDI (ed.), I canali della propaganda nel mondo antico (CISA 4), Mailand 1976, 72–83.
261 Hdt. IX 106,1–3; 114,2.
262 Cf. RAAFLAUB 1985, 251–256. Herodot erlebte jedoch die schlimmsten Folgen spartanischer Politik für die Ioner sicherlich nicht mehr.

schlachtung, die Herodot beide nach den Vorgängen bei der Unterwerfung Euboias 446 durch Perikles geformt hat, wie die Athener das Recht der Euboier mit Füßen getreten haben. Zu diesem Zweck hat er das Bakis-Orakel seines urspünglichen Zwecks, das Kap Artemision als Schlachtort sakral zu legitimieren, beraubt und mit der Themistokleischen Viehschlachtung kombiniert, indem er die Homerische Erzählung vom Frevel der Gefährten des Odysseus an den Helios-Rindern als kontrastive Folie zugrunde legte. Im fingierten inschriftlichen Aufruf des Themistokles an die Ioner zum Abfall von den Persern reflektiert Herodot die athenische Seebundsideologie, die sich in den Treueiden der Bündner widerspiegelt, und das Scheitern ihres Versuches, diese nur noch durch religiöse Verpflichtungen an die Mutterstadt Athen zu binden, nicht mehr durch das – in der Seebundszeit völlig pervertierte – gemeinsame Bündnisziel, die Freiheit der Griechen.

IV. Die Seeschlacht von Salamis (VIII 40–97)

1. Der erste Kriegsrat auf Salamis und Mnesiphilos' Rat (VIII 56–58)

Die vom Kap Artemision abziehende griechische Flotte nahm direkten Kurs auf Salamis, die große Insel unmittelbar vor der Westküste Attikas. Wie Herodot berichtet, hatten dies die Athener bewirkt, da sie nach dem Fall der Thermopylen Attika vor den anrückenden Persern räumen mußten. Laut Herodot (VIII 40) entschlossen sich die Athener zur Preisgabe ihres Landes allerdings erst, als sie durch die Feigheit der Peloponnesier dazu gezwungen worden seien; denn diese hätten nach dem Fall der Thermopylen nicht, wie von den Athenern erwartet, ihr Gesamtaufgebot in Boiotien den Persern entgegengestellt, sondern ausschließlich den Ausbau der Isthmos-Mauer vorangetrieben. Allerdings war eine aussichtsreiche Verteidigungsstellung in Boiotien nicht vorhanden.[1] So mag ein solcher Abwehrplan nur in den Köpfen der Athener des späteren fünften Jahrhunderts existiert haben, deren Bestreben es war, die Spartaner, mittlerweile ihre erbitterten Rivalen, als Urheber ihres Leids in den Perserkriegen anzuklagen.[2] Diese Version stellt eine absichtliche Dublette zu den Berichten vom Juni 479 dar, als kurz vor dem Angriff des Mardonios auf Attika angeblich dasselbe Versäumnis der Peloponnesier die Athener zur erneuten Räumung Attikas nötigte.[3] Trotz dieser Schuldzuweisung bietet Herodot (VIII 41,2f.) mit der Nachricht, selbst die heilige Schlange habe ihr Heiligtum auf der Akropolis verlassen, eine religiöse Legitimation der Evakuierung.[4]

Herodot schließt die glaubwürdige Angabe (VIII 42,1) an, daß auch die übrigen Schiffe der Griechen von ihrem Sammelplatz, dem Hafen von Troizen, Pogon, nach Salamis gekommen seien. Dennoch bildet die Furcht der meisten Griechen den Grundtenor der gesamten Erzählung: Im ersten Kriegsrat (VIII 49; 56) votiert die

---

1   Cf. Ed. Meyer GdA IV⁵ 362f.; Beloch GG II² 1,46; How-Wells ad loc.; Hignett 448; Holladay 1987, 187. Masaracchia 1969/70, 83 hält zu Recht diese Geschichte für athenische Propaganda. Hingegen kritiklos übernehmen sie Burn 428; Evans 1969, 398; J.M. Balcer, The Persian Conquest of the Greeks 545–450 BC (Xenia 38), Konstanz 1995, 258 und Roobaert 1985, 123f. Macan ad loc. vermutet die Kithairon-Pässe (How-Wells II 370 betonen jedoch, daß diese leicht über Oropos und Dekelia zu umgehen waren); Georges 1986, 52f. plädiert für Salganeus als geplanten Standort des peloponnesischen Kontingents unter König Kleombrotos.

2   M.H. Jameson, A Decree of Themistocles from Troizen, Hesperia 29, 1960, 198–233, hier 204, spricht von einem „Athenian myth of desertion"; ähnlich Georges 1986, 23f.; C.W. Fornara, The Value of the Themistocles Decree, AHR 73, 1967, 425–433. Doch Fornara schließt vom unhistorischen Charakter der Version Herodots, deren Entstehung im Perikleischen Athen er überzeugend erklärt, unzulässigerweise auf die Historizität der mit ihr konkurrierenden Angaben des Themistokles-Dekrets, somit auf dessen Authentizität (431–433).

3   Hdt. IX 6. Georges 1986, 50–52 verteidigt jedoch die Historizität dieser Planungen für eine Abwehrstellung in Boiotien sowohl 480 als auch 479.

4   Jedoch deutet Herodot durch ὡς ἐόντι an, daß er von der Existenz der Schlange nicht überzeugt ist (cf. Stein; Macan; How-Wells ad loc.). Plut. Them. 10,1–3 verwirft diese Geschichte als Machwerk des Themistokles. Cf. Lonis 1979, 47f.

Mehrheit der versammelten Feldherren für einen Rückzug zum Isthmos. Eurybiades schränkt die möglichen Optionen entscheidend ein, indem er Attika als Kampfplatz von vornherein ausschließt, da dessen Küsten schon von den Persern besetzt seien.[5] Auch das Argument der Mehrheit, im Falle einer Niederlage könne sich jeder vom Isthmos in seine Heimatstadt retten, während ihnen auf Salamis eine Belagerung drohe, verrät ihr mangelndes Zutrauen in die Schlagkraft der griechischen Flotte und so ihre heimliche Hoffnung, ein Kräftemessen mit den Persern zur See ganz vermeiden zu können.[6] Laut Herodot (VIII 50,1; 56) spitzt sich die Situation für die Athener immer weiter zu, als mitten in die Beratung die Nachricht vom Fall der Akropolis platzt: Denn einige Feldherren lassen daraufhin sofort voll Furcht die Segel setzen und verlassen Salamis, während die verbleibenden beschließen, sich von Salamis zurückzuziehen und die Seeschlacht vor dem Isthmos zu liefern.

In das von Panik bestimmte Geschehen läßt Herodot erst jetzt wieder Themistokles eingreifen. Zuletzt war von ihm bei der Botschaft an die Ioner an der euboiischen Küste die Rede, während wir über seine Rolle bei der Evakuierung Attikas, der Sammlung der griechischen Flotte bei Salamis und im ersten Kriegsrat nichts hören. Der Aufschub seines Auftretens bis zur Krisis stellt – wie schon in der Orakeldebatte – keinerlei Herabsetzung durch Herodot dar, sondern betont es vielmehr.[7] Doch der eigentliche Anstoß zum Eingreifen des Themistokles geht von einem bisher Unbekannten aus, dem Athener Mnesiphilos, von dem sonst nichts weiter berichtet wird. Als Themistokles in der Nacht aus dem Kriegsrat auf sein Schiff zurückkehrt, stellt ihm Mnesiphilos eindrücklich die große Gefahr vor Augen, die allen noch freien Griechen erwachse, wenn die griechische Flotte von Salamis abfahre: Von den Griechen würde jeder in seine Stadt eilen, so daß ein gemeinsamer Kampf aller unmöglich würde. Somit besiegele die Unvernunft der Hellenen selbst den Untergang Griechenlands.[8] Deshalb fordert Mnesiphilos den athenischen Strategen auf, Eurybiades zum Verbleiben zu bewegen. Themistokles leistet dieser Aufforderung Folge und legt Eurybiades diese Argumente gegen einen Abzug von Salamis so vor, als wären es seine eigenen.

Diese Anekdote wurde schon von Plutarch als Versuch Herodots gewertet, Themistokles' entscheidendes Verdienst um den Sieg bei Salamis nach Kräften zu schmälern.[9] Dem Vorwurf, Themistokles habe den Rat des Mnesiphilos ohne ein Wort des Dankes aufgenommen, ist jedoch entgegenzuhalten, daß die Dringlichkeit der Umsetzung des Ratschlages in die Tat für lange Höflichkeiten keine Zeit läßt.[10]

---

5   Durchaus nachvollziehbar bei der damaligen Kriegspraxis; cf. LENDLE 1992, 54.
6   Cf. Hdt. VIII 74,1.
7   Cf. GOLDSCHEIDER 58, 61; s.o. S. 73.
8   Hdt. VIII 57,2.
9   Plut. Her. malign. 37, p. 869d-f. Forschungsüberblick bei OBST 1913, 138 und SCHULTE 31–38. Ähnliche Bewertung bei Ed. MEYER 1899, 223f.; HIGNETT 203f.; ERBSE 1961, 27f. = HERTER WdF 608; SPATH 1968, 130–136, CAWKWELL 1970, 41f., S. MAZZARINO, Il pensiero storico classico, vol. I, Rom-Bari [4]1974, 187; EVANS 1991, 78; BRENNE 2001, 243f.
10 Cf. Hdt. VIII 58,1 mit VIII 80,1. Auffällig ist die Parallele zu Odysseus in der Διάπειρα der Ilias, der ebenfalls ohne jedes Wort der Bestätigung auf die Anweisung der Athena sofort zur Tat schreitet (Il. II 182f.; ähnlich X 512f.). Annahme eines Rates ohne Dank: Hdt. III 85,2; 127,2f.; VI 85,3; IX 10,1; 87,2.

Auch Themistokles' stillschweigende Aneignung eines fremden Rates, die Herodot sonst negativ bewertet[11], erklärt sich durch die Situation: Gegen den deutlichen Widerstand des Eurybiades – man beachte die große Überzeugungsarbeit des Themistokles – hatten nur Argumente Aussicht auf Erfolg, hinter denen Themistokles mit seiner gesamten Autorität als Militär und Staatsmann stand.

Ungeachtet der lapidaren Vorstellung des Mnesiphilos verbirgt sich dahinter eine historische Person:[12] Plutarch nennt in seiner Themistokles-Biographie den Phrearrhier Mnesiphilos als dessen Lehrer besonders in Fragen der Politik und des praktischen Lebens.[13] Daß bedeutende Politiker des fünften Jahrhunderts von Lehrern und Sophisten auf ihre öffentlichen Aufgaben hingeführt wurden, war allgemeine Auffassung späterer Zeiten, besonders der peripatetischen Schule.[14] Doch Mnesiphilos ist auch epigraphisch belegt: Von den im Kerameikos neugefundenen Ostraka, die wohl sämtlich entweder in das zweite oder das dritte Jahrzehnt des fünften Jahrhunderts zu datieren sind, nennen neben mehr als 2175 mit dem Namen des Themistokles auch insgesamt zwölf Scherben einen Μνεσίφιλος Φρεάρριος als „Kandidaten" für den Ostrakismos.[15] Auf eine Verbindung zwischen Mnesiphilos und Themistokles, deren genauer Charakter für uns nicht mehr erfindlich ist,[16] scheint auch Herodot gestoßen zu sein.

Dennoch läßt er diese enge Verbindung gänzlich unerwähnt, obgleich sie doch hinreichend erklärt hätte, warum der gefeierte athenische Feldherr sich die Mahnung eines Bürgers so zu Herzen nimmt. Die Unbekanntheit des Urhebers enthebt die Warnung dem kleinlichen Streit um ihre Richtigkeit. Denn diese Mahnung ist

---

11 Cf. Hdt. II 123,3; 156,6; GOLDSCHEIDER 62f. Zudem LATTIMORE 1939, 33.

12 BENCSIK 1994, 115f. scheint diesen sprechenden Namen, „der des Freundseins gedenkt und als Freund waltet", hingegen für eine Erfindung Herodots zu halten.

13 Plut. Them. 2,6. Cf. G.B. KERFERD, The First Greek Sophists, CR 64, 1950, 8–10, hier 9f.; FROST 61f.; BRENNE 2001, 243f. Plutarch nennt Mnesiphilos in Mor. p. 154d einen Schüler, bei Them. 2,6 einen Fortsetzer der Lehren Solons; cf. G. FERRARA, Temistocle e Solone, Maia 16, 1964, 55–70.

14 Cf. die Diskussion in Ps.-Plat. de virt. 376–379, ob die Lehrer des Themistokles, Aristeides und Perikles überhaupt zu ermitteln seien, und Stesimbrotos' Behauptung, Themistokles sei Schüler des Anaxagoras und Melissos gewesen (FGrHist 107 F 1 = Plut. Them. 2,5, cf. FROST ad loc.), für die klassische Zeit, cf. F.J. FROST, Themistocles and Mnesiphilus, Historia 20, 1971, 20–25, hier 21f. Die Erziehung von Staatsmännern war im 5. Jh. Gegenstand von Polemiken; cf. C. PELLING, Childhood and Personality in Greek Biography, in: id. (ed.), Characterization and Individuality in Greek Literature, Oxford 1990, 213–244, hier 215f. Gerade Themistokles spielte eine große Rolle in den Diskussionen v.a. des frühen 4. Jhs., ob staatsmännische Fähigkeiten angeboren oder erlernt seien; cf. Xen. Mem. IV 2,2; Symp. VIII 39; Plat. Men. 93b, 99b; Aischines Sokratikos, Alkibiades fr. 1 KRAUSS = Ael. Arist. III 348 BEHR = II pp. 292–294 DINDORF; POxy XIII 1608, fr. 4 (dazu FROST 19 mit Literatur); ausführlich M.L. MINKIN, Themistocles as Statesman in the Biographical Tradition of Greece, Diss. Columbia University, New York 1968, 56–186; PODLECKI 77–87.

15 Cf. BRENNE 2001, 243–245, 297; eund. in: SIEWERT 2002, 42f. In den Zeitraum 480 bis 470 datiert einen Großteil der Ostraka, besonders die für Themistokles und Mnesiphilos, mit guten Gründen LEWIS 1974 und id. bei BURN (²1984) 605; für die konventionelle Datierung in den Zeitraum 490 bis 480 plädiert WILLIAMS 1978. S.o. S. 72 A. 54.

16 FROST 1971, 24f. sieht in Mnesiphilos eine „graue Eminenz", welche die Politik seines Demengenossen Themistokles gelenkt habe (cf. Plut. Mor. p. 795c).

an Wichtigkeit dem Beschluß der Athener zum Seekrieg gleichzustellen und bildet das literarische Mittel, mit dem Herodot dem Hörer an einem Ruhepunkt in der Panik, die das griechische Heerlager ergriffen hat, die fatalen Folgen eines Auseinanderlaufens der Griechen „in ihre Städte" (κατὰ πόλις) vor Augen führt.[17] Diese Gefahr hat Herodot selbst schon im Athenerkapitel erwiesen und läßt sie später Artemisia nochmals formulieren.[18]

Die Mnesiphilos-Episode gewinnt somit aus darstellungstechnischen Gründen ihre Existenzberechtigung: Wie im Epos und in der zeitgenössischen Tragödie die Motivationen zu Handlungen der Menschen in Worte gefaßt werden müssen[19], so haben noch bei Herodot gerade die Warnerreden die Funktion, dem Leser die Gedanken und Beweggründe der Protagonisten vorzustellen.[20] Während Homer verschiedentlich vor Troja die Götter herabsteigen läßt, um einen Umschwung zu bewirken, führt Herodot den Warner ein.[21] Auch das unvermutete Auftreten des Mnesiphilos kann als von den Göttern gesandt interpretiert werden.[22] Denn die Angabe „Nacht war es" rückt seine Warnung in die Nähe des Traums, der ja gerade bei Herodot als Instrument zur Vorausschau und zur Erkenntnis des von den Göttern verhängten Schicksals dient.[23] Der Ratschlag des Mnesiphilos soll aber nicht nur prinzipiell einen Einblick in die Motivationen der Protagonisten und den metaphysischen Hintergrund des Geschehens gewähren, sondern auch die Argumente strukturieren: Er überläßt das strategische Hauptargument dem Themistokles für seine Rede vor den Feldherren, stellt jedoch die eigentliche Schicksalsfrage eines gemeinsamen griechischen Widerstandes zur See in aller Dringlichkeit.[24] Gerade den mas-

---

17 Cf. FORNARA 72 A. 19; HART 1993, 147; BENCSIK 1994, 142.

18 Cf. Hdt. VII 139,3; 219,2 (wo er dem Auseinanderlaufen der Griechen die Schuld für den Untergang des Leonidas gibt); VIII 68β 2: dort jeweils κατὰ πόλις.

19 Zu der Veranschaulichung innerer rationaler Vorgänge cf. für Homer (v.a. Il. II 271–278) H.A. GÄRTNER, Beobachtungen zu Bauelementen in der antiken Historiographie besonders bei Livius und Caesar (Historia Einzelschriften 25), Wiesbaden 1975, 173–175. H. MONTGOMERY, Gedanke und Tat. Zur Erzähltechnik bei Herodot, Thukydides, Xenophon und Arrian, Lund 1965, (der Hdt. VIII 57 nicht behandelt) 129 A. 3 und 130 A. 4, sieht den ersten inneren Monolog erst bei Xen. an. III 1,13 und And. I 51–53.

20 Cf. BISCHOFF 1932, 7f.

21 Cf. HUBER 1965a, 80f. A. 3; R. HENI, Die Gespräche bei Herodot, Diss. Heidelberg 1976, 120 mit A. 69; LENDLE 1992, 57.

22 LENDLE 1992, 58 führt dies auf Herodots Weigerung zurück, weltgeschichtliche Taten in ihrem Urgrund „als autonome menschliche Handlungen oder als die Umsetzung von frei entwickelten Konzeptionen großer Einzelpersönlichkeiten in Taten dar[zu]stellen." Ibid. zum „theonomen" Weltbild Herodots; cf. SCHULTE 102f.

23 Hdt. VIII 56: νύξ τε ἐγίνετο. Cf. P. FRISCH, Die Träume bei Herodot, Meisenheim/Glan 1968, 36–38 zu den „Auftragsträumen". Cf. FRISCH 47f., 71; HARRISON 2000a, 122–124, 132–137 zur Göttlichkeit von Träumen bei Herodot. Mnesiphilos' Auftreten ist mit dem Eingreifen der Hera und Athena in der Διάπειρα (Il. II 155–210) vergleichbar, wo es des göttlichen Impulses bedarf, um Odysseus dazu zu bewegen, die Hellenen vom Aufbruch von Troja abzuhalten. Cf. STEIN ad loc.; POHLENZ 1937, 144; GOLDSCHEIDER 59; BENCSIK 1994, 142; MOLES 2002, 45.

24 Cf. FEHLING 1971, 149: „Schließlich ist auch die Einführung des Atheners Mnesiphilos 8,57sq. dieser Trennung von Rat und Entscheidung zu verdanken …" LENDLE 1992, 56 sieht Mnesiphilos als „das ‚alter ego' des mit sich selbst zu Rate gehenden Feldherren". Ähnlich ALY 1921,

siven Zweifel an dem Gemeinschaftssinn und Kampfeswillen der Peloponnesier konnte Themistokles in der Rede vor den Feldherren aus Gründen des Takts nicht äußern.

Mnesiphilos spricht zudem als Vertreter aller Athener und aller anderen, deren Schicksal vor Salamis auf dem Spiel steht.[25] Er erweist sich folglich als Herodots dramatisches Medium[26], um einerseits Themistokles an seine Aufgabe zu erinnern, die ihm das delphische Orakel übertragen hat, vor Salamis eine Seeschlacht herbeizuführen, und ihn andererseits der Unterstützung seiner athenischen Landsleute dabei zu versichern. Mnesiphilos drückt deren Konsens über die nötigen Maßnahmen aus und erteilt dem Strategen – unmittelbar nachdem dieser die Bühne vor Salamis betreten hat – eine Legitimation, für das Schicksal aller Athener einzutreten. So erscheinen in den Kriegsratssitzungen bis zur eigentlichen Schlachtschilderung keine anderen Athener mehr: Themistokles steht und handelt fortan für sie.

Mitnichten verdunkelt also dieser dramatische Kunstgriff Herodots den Glanz des Themistokles: Allein seiner Findigkeit obliegt es, einen Ausweg aus der existenziellen Gefahr, auf die Mnesiphilos hingewiesen hat, zu ersinnen.[27] MOLES vermutet, daß Herodot eine ursprünglich themistoklesfeindliche Erzählung zugrunde gelegt hat, um dann deren Tendenz zu verkehren in dessen Lob.[28]

Da das Eingreifen des Mnesiphilos kaum als historisch anzusehen ist, erscheint THOMPSONS These nicht abwegig, daß Herodot in Themistokles' Umgang mit dem Rat des Mnesiphilos einen Hinweis auf seine eigene historiographische Methode gibt[29]: Für die „Wahrheit" des Berichteten ist nicht die Authentizität der Quellen entscheidend, sondern die „Richtigkeit" seiner intendierten Botschaft.[30]

2. Der zweite Kriegsrat (VIII 59–63)

In dem von Eurybiades einberufenen Kriegsrat prescht Themistokles sogleich mit seiner langen, argumentativen Rede vor. Die darauffolgende Anekdote mit apophthegmatischem Kern über den Tadel des Korinthiers Adeimantos an Themisto-

---

192; HUBER 1965a, 80f.; WATERS 1966, 165, 167; MASARACCHIA 1969/70, 88–90, bes. 89: „intervento psichico".

25   Cf. ERBSE 1992, 110 und BENCSIK 1994, 115f. A. 41; zur Widerlegung der Plagiatshypothese ERBSE 1992, 108–111.

26   Cf. A. DEFFNER, Die Rede bei Herodot und ihre Weiterbildung bei Thukydides, Diss. München 1933, 51 A. 1; P. HOHTI, The Interrelation of Speech and Action in the Histories of Herodotus, Helsinki 1976, 64f.

27   Cf. ausführlich LEVI 1955, 237–242, der betont, Themistokles sei wie auch in VII 79f. (dazu ibid. 242f.) als „saggio" dargestellt; zudem LENDLE 1992, 58; BENCSIK 1994, 116.

28   MOLES 2002, 46; anders BRUNS 1896, 88f.

29   Zu solcherart Projektion DEWALD 1985, 60: „there are obvious parallels to be drawn between the author's presentation of his own role and that of the most intelligent individuals of his narrative. Thus Herodotus' authorial stance bears affinities to the position of the savants and trickster figures in his text."

30   THOMPSON 1996, 92f.: „... the source of wisdom is less important than the use to which it is put. Even lying stories can educate; there are noble and ignoble lies."

kles, weil er die Sitzungseröffnung durch den Oberbefehlshaber nicht abgewartet habe, und die schlagfertige Antwort des Gescholtenen[31] erweisen dessen „viele Worte" im Vorfeld der Beratung als von Herodot konstruiert. Denn die eigentliche Rede des Themistokles beginnt erst mit der Anrede an Eurybiades: „In deiner Hand liegt jetzt die Rettung Griechenlands, wenn du auf mich hörst, hier bleibst und die Seeschlacht schlägst …"[32] Herodot ist offenbar bemüht, Themistokles vor dem Plagiatsvorwurf in Schutz zu nehmen, wenn er betont, daß dieser sowohl in der ersten Unterredung mit Eurybiades als auch im Kriegsrat andere Argumente für eine Seeschlacht benutzt als Mnesiphilos.[33]

In einer symbouleutischen Rede (VIII 60α-γ)[34] stellt er in ausgefeiltem antithetischen Aufbau den Nachteilen der Isthmos-Stellung die Vorteile einer Schlacht vor Salamis gegenüber.[35] Am Beginn der ἀποτροπή (VIII 60α) erweist Themistokles das offene Gewässer vor dem Isthmos als verhängnisvoll für die schwerfälligeren und den Persern zahlenmäßig unterlegenen Schiffe der Hellenen.[36] Hingegen von der Hypothese, in engen Gewässern sei eine kleinere Flotte einer stärkeren gegenüber sogar im Vorteil, leitet Themistokles in einem Wahrscheinlichkeitsschluß und einem *argumentum e contrario* den Sieg der Hellenen ab. Dafür stellt er die Wahl des geeigneten Kampfplatzes als das einzig entscheidende Moment dar.[37] Sofern man nicht alle Argumente als *ex eventu* konstruiert ansieht,[38] könnten diese taktischen Überlegungen aus den Erfahrungen der Schlacht vom Kap Artemision gewonnen sein: In den dortigen offenen Gewässern konnten die Griechen ihre technische und seemännische Überlegenheit nicht entscheidend gegen die Überzahl der persischen Schiffe ausspielen; im zweiten Gefecht dagegen behinderten sich die persischen Triëren bei dem Einkreisungsmanöver gegenseitig sogar so stark, daß sie größeren Schaden als die Griechen davontrugen.[39]

---

31 Hdt. VIII 59; cf. M. DI MARCO, Herodot. VIII 59, MCr 13/14, 1978/9, 251–256. Laut S.O. SHAPIRO, Proverbial Wisdom in Herodotus, TAPhA 130, 2000, 89–118, hier 105–107, dient das Duell mit Sentenzen zur Charakterisierung der Akteure.

32 Hdt. VIII 60α: Ἐν σοὶ νῦν ἐστι σῶσαι τὴν Ἑλλάδα, ἢν ἐμοὶ πείθῃ ναυμαχίην αὐτοῦ μένων ποιέεσθαι … Cf. den ähnlichen Beginn der Ansprache des Miltiades vor Marathon an den Polemarchen Kallimachos, der die entscheidende Stimme über das Beginnen der Schlacht besaß (VI 109,3). Cf. SCHULTE 104; HOHTI 1976, 65.

33 Hdt. VIII 58,2; 60. Cf. HUBER 1965a, 81 A. 3, 90; HOHTI 1976, 65. Zum folgenden cf. HAUVETTE 1894, 404.

34 Cf. GOLDSCHEIDER 65. Zur ἀποτροπή und προτροπή bei Herodot E. SCHULZ, Die Reden bei Herodot, Diss. Greifswald 1933, 28f. und DEFFNER 1933, 71f.

35 Cf. GOLDSCHEIDER 137f. A. 7.

36 Plut. Them. 14,3; ähnlich Diod. XI 18,6. Die bei Plutarch (cf. zudem Kim. 12,2 und Thuk. I 14,3) vorliegende Beschreibung der griechischen und persischen Schiffe akzeptieren MORRISON–COATES–RANKOV 2000, 154–157. Zu möglichen Gründen für das höhere Gewicht der griechischen Schiffe cf. LAZENBY 1993, 160f.

37 Hdt. VIII 60β. Cf. auch Aisch. Pers. 413–421 und HARRISON 2000b, 69f.

38 Zum fiktiven, der Epik entlehnten Charakter der Rede WATERS 1966, 167; zudem S. SAÏD, Guerre, intelligence et courage dans les Histoires d'Hérodote, AncSoc 11/12, 1980/81, 83–117, hier 105f.

39 Cf. Hdt. VIII 16,2.

Im zweiten Argument führt Themistokles die kampflose Preisgabe von Salamis, Megara und Aigina als unweigerliche Konsequenz aus dem Rückzug zum Isthmos seinen Kollegen vor Augen, da das persische Heer der Flotte unmittelbar auf
dem Fuße folgen werde. Themistokles erweist sich mit dieser Prognose als Kenner
der persischen Strategie, Heer und Flotte immer zugleich vorrücken zu lassen.[40]
Somit würde ein Rückzug zum Isthmos auch das Perserheer an das letzte Bollwerk,
die Isthmos-Stellung, unmittelbar heranführen. Wenn die Griechen an dieser Land-
enge von den Persern überrannt würden, so stünde diesen die gesamte Peloponnes
offen. Bei der ἀποτροπή geht Themistokles von der griechischen Niederlage am
Isthmos aus – und greift damit den Pessimismus der Peloponnesier auf, die eine
Seeschlacht vor dem Isthmos nur anstreben, weil sie im Falle der erwarteten Niederlage noch in ihre Heimatstädte flüchten könnten.[41] Deshalb gewinnt ein Kampf
vor Salamis, für den Themistokles stillschweigend einen Sieg voraussetzt, existentielle Bedeutung auch für die Peloponnesier. So identifiziert er die Interessen der
nach Salamis evakuierten athenischen Bevölkerung mit denen der Peloponnesier.[42]
Denn die griechische Flotte reiche aus, um den persischen Vormarsch nicht nur zur
See, sondern auch zu Lande zu stoppen.

Danach beruft Themistokles sich auf das Orakel über die „Hölzerne Mauer" als
Siegesvoraussage. Die wissentliche Mißachtung des darin geoffenbarten göttlichen
Gebots – so seine implizite Logik – würde unweigerlich durch die Niederlage der
Griechen bestraft werden. Dies begründet Themistokles mit einer Sentenz, daß diejenigen zum Ziel gelangen, die das Erfolgversprechende (τὰ οἰκότα) planen, jedoch denjenigen, die Unvernünftiges ins Auge fassen, noch nicht einmal (οὐδέ) der
Gott weiterhelfe.[43] Diese Sentenz als Zentralstelle für Herodots Weltanschauung
oder gar die des historischen Themistokles über eine prinzipielle menschliche Autonomie zu werten ist mit dem Problem behaftet, daß darin die exakte Gewichtung
der menschlichen Erkenntnis des Wahrscheinlichen gegenüber der göttlichen Hilfe
nicht recht deutlich wird. Denn immerhin erwähnt Themistokles unmittelbar davor
das Orakel (λόγιον) über die „Hölzerne Mauer".[44] Doch die menschliche Überlegung erscheint hier als Basis des Erfolges; die Lücke zwischen ihr und dem tatsäch-

---

40 Cf. Hdt. VII 236,2; zudem HIGNETT 38, 54, 94, 154 und FERRILL 1966, 106f. – Hingegen achten
    die Perser weder auf die taktischen Operationen ihrer Gegner noch suchen sie sie im voraus zu
    erahnen; cf. Hdt. VII 236,3.
41 Cf. VIII 49,2.
42 Hdt. VIII 60β. Cf. auch VII 175,1 zur Wahl der Stellung an den Thermopylen.
43 Hdt. VIII 60γ. Cf. LACHENAUD 1978, 387–389, 579; HARRISON 2000a, 235f.
44 Cf. SCHULTE 105; IMMERWAHR 275 mit A. 106. LENDLE 1992, 57 führt diese Stelle zu Unrecht als
    Beleg für Herodots theonome Sichtweise an. Hingegen sieht M.P. NILSSON, Geschichte der grie-
    chischen Religion (HAW V 2,1), Bd. I, München ²1955, 761 bei Herodot einen Wechsel vom
    deterministischen zum indeterministischen Denken vollzogen. Für KLEINKNECHT 1940, 264 =
    MARG WdF 573 erscheint hier das menschliche Wohlberatensein als Voraussetzung für die
    Mithilfe der Gottheit; ähnlich MEIER 1968, 97, 100 A. 14 und SHIMRON 1989, 32, 56. A. DIHLE,
    Herodot und die Sophistik, Philologus 106, 1962, 207–220, hier 218, betont das sophistische
    Element in der Argumentation mit dem Wahrscheinlichen (εἰκός), welches das Göttliche schon
    ersetze.

lichen Eintreffen des Berechneten füllt der Herodoteische Themistokles mit der Götterhilfe.[45]

Sogleich nach dessen Rede schilt ihn der Korinthier Adeimantos, daß er als Heimatloser (ἄπολις) spreche, obgleich er als solcher in einer Strategenversammlung nicht mehr Rede und Stimme beanspruchen könne (VIII 61). Darauf reagiert Themistokles mit Schmähungen und weist die Existenz des athenischen Gemeinwesens in der Flotte[46] nach, auch wenn dessen Territorium von Persern besetzt sei. Es sei viel größer als Korinth, wenn es 200 Schiffe bemannen könne gegenüber den 40 korinthischen. Er droht sogar mit einem Angriff der Athener auf diesen Schiffen, denen niemand von den Griechen standhalten könnte. Diese auf den ersten Blick sonderbare Drohung erklärt sich zum einen daraus, daß diese Rede den epischen Rededuellen nachempfunden ist, in denen es zum Topos gehört, seine eigene Überlegenheit herauszustellen und dem Opponenten einen Übergriff anzukündigen.[47] Zum anderen konstruiert Herodot mit dieser sicherlich fiktiven Drohung einen Kontrast zu seinem Lob, daß diese 200 auf Initiative des Themistokles gebauten Schiffe zur Rettung für ganz Griechenland wurden[48], und verweist damit auf die Flotte als entscheidendes Zwangsmittel der Athener gegenüber ihren griechischen Landsleuten in der Folgezeit.[49]

Erneut zu Eurybiades gewendet, fährt Themistokles fort: Wenn der Spartaner nicht vor Salamis den Kampf liefere, so stürze er Griechenland ins Verderben. Denn die Entscheidung über den Ausgang des gesamten Krieges liege bei der Flotte (VIII 62,1). Hier spricht Themistokles den Kernsatz seiner Strategie aus, den auch Herodot in eigenem Namen schon vor der athenischen Orakeldebatte aufgestellt hat. Was den Griechen Erfolg verspricht, ist für die Perser verderblich: so warnt die halikarnassische Königin Artemisia Xerxes im persischen Kriegsrat (VIII 68β) und wird damit als dramatische Gegenfigur zu Themistokles gestaltet: Der Großkönig solle allein das Landheer über den Isthmos gegen die Peloponnes vorrücken lassen. Dann werde sich die gemeinsame griechische Streitmacht zerstreuen und jeder Grieche in seine Heimatstadt flüchten, da auf Salamis nur wenig Lebensmittelvorräte vorhanden seien. Wenn er jedoch zur See kämpfe, so sei nicht nur die Flotte in Gefahr, sondern das Landheer selbst. Obgleich Xerxes Artemisias Empfehlung ausdrücklich lobt und sich darüber freut,[50] entscheidet er sich dennoch für die Seeschlacht. Die harsche Kritik Plutarchs an Herodot, dieser stilisiere Artemisia als Sibylle, die auf das Verhängnis für die Perser vorausweise[51], enthüllt hier die dramatische Tech-

---

45 So GOLDSCHEIDER 68. Miltiades geht hingegen bei seiner Siegeserwartung von einer unparteiischen Haltung der Götter aus (Hdt. VI 109,5).

46 Ähnlich Alk. fr. 35 DIEHL = 112 LOBEL–PAGE, Z. 10; Aisch. Pers. 348f.; Soph. Oed. 56f.; Thuk. VII 77,7; Plat. leg. VI 778d; Isokr. III 13; Lykurg. Leocr. 12; 47; Demosth. XVIII 299; cf. PODLECKI 1966, 16, 158f.; HARRISON 2000b, 71.

47 Cf. MASARACCHIA 1969/70, 94 und Hom. Il. XVIII 285–309; cf. D. LOHMANN, Die Komposition der Reden in der Ilias, Berlin 1970, 21f., 25, 120, 181. Ein Vergleich Homerischer und Herodoteischer Streitreden bei STEINGER 1957, 102f.

48 Hdt. VII 144,2.

49 Ähnliche Überlegungen bei MUNSON 2001a, 204; zudem MOLES 2002, 46.

50 Das betont Hdt. VIII 69,2.

51 Plut. Her. malign. 38, p. 870a.

nik Herodots. Auch der Mißerfolg der Artemisia bildet das Gegenstück zur inhaltlich exakt konträren Mahnung des Mnesiphilos, die Themistokles zwar ohne ein
Wort des Dankes quittiert, dafür aber mit um so höherem Einsatz in die Tat um-
setzt.[52]

Während also Artemisia wie auch später Mardonios[53] den entscheidenden
Schlag vom persischen Landheer erwartet, trifft Themistokles' Hervorhebung der
Flotte historisch wohl das Richtige: Wenn die persische Streitmacht in Flotte und
Heer von sicherlich weit über 100 000 Menschen bei der Verpflegung nicht ausschließlich auf die Bereitschaft ihrer griechischen Verbündeten angewiesen sein
wollte[54] – das hätte sie in hohem Maße verwundbar gemacht –, so mußte sie sicher-
stellen, daß sie durch Schiffstransporte jederzeit verproviantiert werden konnte.[55]
Gewannen die Griechen auf dem Meer die Oberhand, so waren die Perser über kurz
oder lang zum Rückzug aus Griechenland gezwungen. Deshalb wagten es die Perser auch nicht, unter Umgehung der griechischen Flotte die Peloponnes von See her
anzugreifen. Da Heer und Flotte der Perser nur gemeinsam vorrückten, war es also
an den griechischen Flottenkommandanten, einen geeigneten Platz für die Schlacht
auszuwählen.

3. Siris und die Kolonisationspläne der Athener in Unteritalien (VIII 62)

An den Schluß seiner Rede stellt Themistokles die Drohung, wenn die Peloponnesier nicht vor Salamis kämpften, so würden die Athener nach Siris in Unteritalien
auswandern, das seit alters (ἐκ παλαιοῦ) den Athenern gehöre und laut Orakelsprü-
chen von ihnen zu gründen sei (VIII 62,2). Wenn die Peloponnesier erst solche
Bundesgenossen verloren hätten, würden sie noch an seine Worte denken.[56]

Einige Forscher sehen den Auswanderungsplan nach Siris und die entsprechenden Weissagungen in unmittelbarem Zusammenhang mit den Empfehlungen der
Orakeldeuter zur Emigration in der athenischen Orakeldebatte. RAVIOLA hält Themistokles selbst für den Erfinder der Orakel zu Siris.[57] RAVIOLAS Schluß aus der

---

52 Zur engen inhaltlichen Verbindung der Argumente der Artemisia mit denen des Mnesiphilos
    cf. MUNSON 1988, 97f. A. 24. Cf. THOMPSON 1996, 93: „Herodotus establishes a humorous con-
    trast in the way that the Greeks and Persians treat their sources of wisdom."

53 Cf. Hdt. VIII 130,3; Mardonios' Zuversicht (VIII 100,2; 101,2; 136,3; 140α3; IX 41,1). Man
    beachte jedoch die Werbungen des Mardonios um die Athener (Hdt. VIII 136,2f.), die laut
    Chileos von Sparta den Schlüssel zur Peloponnes in ihren Händen hatten (IX 9,2). Cf. HUBER
    1965a, 159.

54 Der Rückzug des Mardonios und seines Heeres nach Thessalien im Winter 480/79 (Hdt. VIII
    113) mag auf die Schwierigkeiten zurückgehen, im verheerten Attika und selbst im befreunde-
    ten Boiotien ausreichend Proviant zu finden.

55 Deshalb mußten die Perser auch an einer schnellen Beendigung des Feldzuges, d.h. an einer
    baldigen Entscheidungsschlacht interessiert sein. Cf. BURN 436f. und EVANS 1969, 392, 400–
    402.

56 Diese Prophezeiung erinnert an das Gebaren des gekränkten Achill gegenüber den Achaiern
    (Hom. Il. I 169; 240f.); cf. MASARACCHIA 1969/70, 94; 1990, p. X.

57 Cf. RAVIOLA 1986, 89–92, 109; GEORGES 1986, 27 und bes. L. MOSCATI CASTELNUOVO, Siris.

Auswanderungsdrohung des Themistokles sowie der Nachricht, er habe seinen Töchtern u.a. die Namen Italia und Sybaris gegeben[58], auf einen „sogno coloniale di Temistocle" für den Westen bleibt allerdings mangels weiterer Anhaltspunkte spekulativ.[59]

Für die Durchschlagskraft der Drohung ist ihre Umsetzbarkeit von Bedeutung: Unter diesem Aspekt hätte ein Erpressungsversuch des Themistokles seine Glaubwürdigkeit verloren. Zwar können die Athener vermutlich mehrere hundert private Transportschiffe – neben den für den Personen- und Lastentransport erst nach einem Umbau einsetzbaren Triëren – besessen haben, um die ca. 80 000 bis 100 000 Menschen aus Attika nach Italien zu bringen[60]; doch die Vorbereitung einer solchen Auswanderung, d.h. das geordnete Beladen der Schiffe mit genauen Eigentumslisten und den Vorräten, die ja auch unterwegs zugänglich sein mußten, hätte mehrere Wochen benötigt und war von Salamis aus mit seinen wenigen Hafenanlagen nicht zu bewältigen – dies um so weniger, als den Athenern angesichts der persischen Angriffe auf Salamis dafür kaum Zeit geblieben wäre.[61] Folglich hätte Themistokles den Oberbefehlshaber mit einer Auswanderungsdrohung kaum beeindrucken können. Zudem mußten die Athener, wenn sie tatsächlich aus der Verteidigungsgemeinschaft der Griechen ausscheren wollten, um ihre Angehörigen fürchten, die sich zum großen Teil auf Salamis, Aigina und in Troizen befanden und den Peloponnesiern als Faustpfand dienen konnten.[62]

Daß Themistokles tatsächlich diese Drohung ausgesprochen hat, wäre allenfalls denkbar, wenn die griechischen Feldherren gänzlich zerstritten gewesen wären, was zumindest in diesem Ausmaß historisch zweifelhaft ist.[63] Legt man den-

---

Tradizione storiografica e momenti della storia di una città della Magna Grecia (Collection Latomus 207), Brüssel 1989, 31f.

58 Cf. Plut. Them. 32,2. Busolt GG III 1, 518f. A. 6 (auf 519) betont die Zuverlässigkeit der Angaben Plutarchs über die Namen der Kinder und sonstigen Anverwandten. Marr 163 ad loc. vermutet hingegen, daß Italia und Sybaris erst geboren wurden, als sich Themistokles nach seiner Flucht in Epeiros aufhielt.

59 Raviola 1986, 16f., 68f. u.ö.; ähnliche Kolonisationspläne vermuten T.J. Dunbabin, The Western Greeks. The History of Sicily and South Italy from the Foundation of the Greek Colonies to 480 B.C., Oxford 1948, 374; H. Wentker, Sizilien und Athen. Die Begegnung der attischen Macht mit den Westgriechen, Heidelberg 1956, 46f.; de Ste. Croix 1972, 379; Piccirilli 1973, 339; G. Pugliese Carratelli, Le vicende di Sibari e Thurii, in: id., Scritti sul mondo antico, Neapel 1976, 365–391, hier 379; Moscati Castelnuovo 1989, 31f. (zum Gesamtproblem 28–37); M. Ameruoso, L'iter ideologico di Erodoto, MGR 16, 1991, 85–132, hier 111f., 129. Hingegen nimmt Crahay 1956, 141 an, daß die angeblichen Kolonisationspläne des Themistokles für den Westen schon in der Antike aus den Namen seiner beiden Töchter herausgesponnen wurden.

60 Über Massenauswanderungen der Samier und Milesier berichtet Herodot (VI 22) wie auch vom Plan des Bias zur Umsiedlung aller Ioner nach Sardinien (I 170).

61 Cf. Beloch GG I² 2,239 mit A. 1. Hingegen erachten Busolt GG III 1,518f. A. 6 (auf 519) – obgleich er insgesamt die Drohung für unhistorisch hält (GG II² 696 A. 4) – und Raviola 1986, 88f. eine Auswanderung als technisch durchführbar.

62 Cf. U. Cozzoli, Siris, MGR 2, 1968, 1–35, hier 4f.; anders Raviola 1986, 89 und Moscati Castelnuovo 1989, 29 A. 46.

63 Cf. Macan ad loc.

noch einen so grundsätzlichen Dissens zugrunde, so wäre als Reaktion auf den peloponnesischen Rückzugsplan immerhin eine Drohung des Themistokles denkbar,
die Athener würden dann den Abwehrkampf aufgeben und sich mit den Persern
arrangieren, da er ja kaum Zehntausende seiner auf Salamis zusammengepferchten
Landsleute wehrlos den Persern ausliefern konnte. Die eigentliche Emigrationsdro-
hung antwortet jedoch auf den unmittelbar zuvor von Adeimantos vorgebrachten
Vorwurf der Heimatlosigkeit der Athener: Denn wenn die Bürger ihre Stadt verloren haben, müssen sie sich eine neue Heimat suchen.[64] Zudem bewegt sich Themistokles mit seinem Verweis auf die Weissagungen, die eine Gründung von Siris
durch die Athener forderten, auf derselben Ebene sakraler Legitimation wie zuvor
mit dem Orakel über die „Hölzerne Mauer". Wie DEMAND[65] betont, dient Herodot
die Drohung als dramaturgisches Mittel, die Entscheidung der Athener, nicht aus-
zuwandern, sondern den Invasoren entgegenzutreten, wie schon im Athenerkapitel
als kriegsentscheidend zu erweisen. Diese Bezüge zum engeren wie weiteren Umfeld lassen sich durch die Annahme erklären, daß Herodot den Bericht über die
Drohung des Themistokles – wie vermutlich die gesamten Beratungen vor Salamis
– selbst komponiert hat.

Doch sprechen nicht gerade die detaillierten Angaben über das Ziel der möglichen Emigration und dessen sakrale Rechtfertigung für die Historizität der Drohung? Allerdings ist Themistokles' erste Behauptung, Siris gehöre seit alters den
Athenern, nicht zweifelsfrei belegbar: Dieser Anspruch wird mit der angeblichen
Gründung von Siris im siebten Jahrhundert durch Kolophonier erklärt, die als Ioner
den Metropolisanspruch Athens auch auf ihre eigene Kolonie übertragen hätten.[66]
Allerdings läßt sich hierbei mit BELOCH fragen: „Auf was alles hätte Athen sonst
nicht Anspruch erheben können?"[67] Es lassen sich auch gewichtige Anhaltspunkte
für eine achaiische Abkunft von Siris, wohl als Agrarkolonie von Metapont, fin-

---

64 Hdt. VIII 61. So GOLDSCHEIDER 73.

65 N. DEMAND, Herodotus and Metoikesis in the Persian Wars, AJPh 109, 1988, 416–423, hier
    421f., die aber dieses dramaturgische Mittel zu Unrecht als Beweis für die Authentizität der
    Drohung wertet.

66 Cf. Timaios von Tauromenion FGrHist 566 F 51 = Aristot. fr. 584 ROSE = Athen. XII p. 523c;
    Lykophr. Alex. 978–992 mit Schol.; Ps.-Aristot. mir. 106; Strab. VI 1,14, p. 264. Hegesander
    von Delphi fr. 44, FHG IV 421 MÜLLER = Athen. XIV p. 656c läßt Samier dort landen. Zu Siris'
    Reichtum Archil. fr. 22 IEG². Zum Webgewicht aus der 1. Hälfte des 6. Jhs. mit dem einzigen
    Zeugnis des ionischen Alphabets aus der Siritis (SEG XXVIII 815) J. BÉRARD, Les Ioniens à
    Siris, in: K. SCHAUENBURG (ed.), Charites. FS E. LANGLOTZ, Bonn 1957, 218–222; A.R. BURN,
    The Lyric Age of Greece, London ²1967, 79, 374; RAVIOLA 1986, 60f.; MOSCATI CASTELNUOVO
    1989, 30; AMERUOSO 1991, 107f., 110f. Auch die neuere archäologische Forschung nimmt eine
    ionische Gründung an: J. BOARDMAN, Kolonien und Handel der Griechen. Vom späten 9. bis
    zum 6. Jahrhundert v. Chr., München 1981, 217; M. LOMBARDO, Siris – Polieion: fonti lettera-
    rie, documentazione archeologica e problemi storici, in: Siris – Polieion. Fonti letterarie e nuo-
    va documentazione archeologica. Incontro Studi, Policoro 1984, Galatina 1986, 55–86; M.
    OSANNA, Il problema topografico e toponomastico di Siris-Polieion, in: Studi su Siris-Heraclea,
    Rom 1989, 75–84; N. LURAGHI, La fondazione di Siri ionica. Problemi di cronologia, Hesperìa
    1, 1990, 9–17.

67 BELOCH GG I² 2, 239.

den.[68] Selbst wenn wir von einem ionischen Ursprung ausgehen, mutet Themistokles' Anspruch im Jahr 480 doch sonderbar an, weil die Stadt Siris schon seit mindestens einem halben Jahrhundert nicht mehr existierte. Es war von seinen achaiischen Nachbarn, den Metapontiern, den Sybariten und den Krotoniaten, vermutlich geraume Zeit vor 530 zerstört worden.[69] Immerhin spricht Themistokles folgerichtig nicht von einer Wiederbesiedlung, sondern von einer Stadtneugründung.[70]

Die von Themistokles angeführten Orakel zur athenischen Besiedlung von Siris liefern einen neuen Anhaltspunkt: Athens erstes Ausgreifen in die Magna Graecia wird erst in der Gründung von Thurioi 443 manifest. Thurioi lag ca. 65 km südwestlich von Siris und sollte für dessen Wiederbesiedelung eine zentrale Rolle spielen. Zur sakralen Legitimation der Kolonisation von Thurioi wurden – wie bei jeder solchen Unternehmung – zahlreiche Orakelsprüche eingeholt.[71] Diese spielten eine so bedeutende Rolle, daß Aristophanes für den Orakeldeuter dieses Kolonisationsunternehmens, Lampon, einen Parteigänger des Perikles, eigens den Terminus Θουριομάντεις geprägt hat.[72] Sogar Herodot selbst gehörte zu den Kolonisten von Thurioi, wo er vermutlich auch seine letzten Lebensjahre verbrachte.[73] Ob er dabei den

---

68   Antiochos von Syrakus FGrHist 555 F 12 = Strab. VI 1,15, p. 264sq. hielt die früheren Bewohner von Siris für Achaier (cf. Jacobys Komm. zu F 11; zur Glaubwürdigkeit des Antiochos cf. L. Pearson, The Greek Historians of the West. Timaeus and His Predecessors, Atlanta 1987, 11–18; D. Musti, Strabone e la Magna Grecia. Città e popoli dell' Italia antica, Padua 1988, 95–148 zu Siris; N. Luraghi, Ricerche sull' archeologia italica di Antioco di Siracusa, Hesperìa 1, 1990, 61–87). Beloch GG I² 2, 238–245 = Siris, Hermes 29, 1894, 604–610, stützt sich für seine These vom achaiischen Ursprung auf Eur. fr. 496 Nauck² = Athen. XII p. 523d, auf Hyg. fab. 186 und das Schol. Dion. Per. 461 (dazu Cozzoli 1968b, 2–4) und auf die Münzen aus Siris und seiner mutmaßlichen Kolonie Pyxus mit Legenden in achaiischem Alphabet (cf. H.R. Sternberg, Die Silberprägung von Siris und Pyxus, in: Siris e l' influenza ionica in occidente. Atti del ventesimo convegno di studi sulla Magna Grecia, Tarent 1980, Neapel 1987, 123–140). H. Philipp, RE III A 1 (1927), s.v. Siris, 309–313 folgt Beloch. J. Perret, Siris. Recherches critiques sur l'histoire de la Siritide avant 433/2, Paris 1941, 130–135 u.ö. führt Siris auf die achaiischen Sybariten zurück. Eine ausführliche Analyse der widersprüchlichen Zeugnisse des Antiochos und des Timaios bei Moscati Castelnuovo 1989, 43–92.
69   Cf. Pomp. Trog. bei Iust. XX 20,3f.; Lykophr. Alex. 984–992, bes. 985f., Scholion zu 984, 987 (cf. Moscati Castelnuovo 1989, 125–129); Strab. VI 1,14, p. 264; dazu Moscati Castelnuovo 1989, 18–41. Zum Zerstörungsdatum um 580 cf. P.J. Bicknell, The Date of the Fall of Siris, PP 23, 1968, 401–408; akzeptiert von G.L. Huxley, Siris archaica nella storiografia greca, in: Siris e l' influenza ionica in occidente. Atti del ventesimo convegno di studi sulla Magna Grecia, Tarent 1980, Neapel 1987, 27–43, hier 36f., und Sternberg 1987, 126f. Raviola 1986, 79–85 setzt die Zerstörung um 510 an. Weitere Literatur bei Ameruoso 1991, 108 A. 110f., der sie um 550 datiert (109).
70   Cf. Beloch GG I² 2,244; Huxley 1987, 42f.
71   Cf. für Thurioi Diod. XII 10,5. Zur Rolle der Orakel dabei cf. W. Leschhorn, „Gründer der Stadt". Studien zu einem politisch-religiösen Phänomen der griechischen Geschichte (Palingenesia 20), Stuttgart 1984, 133–135; I. Malkin, Religion and Colonization in Ancient Greece, Leiden 1987, 23, 27, 98–103; zur Fiktion von Orakeln für eine Kolonisation Smith 1989, 150–152.
72   Aristoph. Nub. 332; Schol. ad loc.; Suda s.v.; Phot. lex. s.v. Cf. Leschhorn 1984, 131–139; Malkin 1987, 98–101; Bowden 2003, 269f. zu Lampon; Plut. Per. 6,2f.
73   Cf. Strab. XIV 2,16, p. 656; Suda. s.v. Ἡρόδοτος. Plut. Mor. p. 604sq.; Steph. Byz. s.v. Θούριοι. Cf. Podlecki 1977, 264; Brown 1983.

Idealen des Panhellenismus gefolgt ist[74], die Perikles mit seiner Einladung aller Peloponnesier zur Teilnahme an der Koloniegründung beschworen haben könnte[75], muß angesichts der spärlichen Informationen zur Biographie des Historiographen unklar bleiben. Seine Übersiedlung kann ebensogut als Rückzug aus den Brennpunkten Griechenlands an die Peripherie gewertet werden.[76] In Thurioi wurde Herodot gleich zweimal selbst Augenzeuge, wie das Zusammenleben von Hellenen aus verschiedenen Stämmen und Poleis scheiterte: Zum einen wurden die Sybariten von den anderen Griechen aus ihrer ursprünglichen Heimat, die jetzt Thurioi hieß, vertrieben oder gar getötet.[77] Zum anderen entbrannte wohl schon kurz nach Thuriois Gründung ein jahrelanger Krieg mit der lakedaimonischen Kolonie Taras um die Siritis, das Gebiet der seit mehr als einem Jahrhundert verlassenen Stadt Siris.[78] Um 432 beschlossen Thurier und Tarantiner, gemeinsam eine Kolonie auf dem Boden des zerstörten Siris zu gründen, die deshalb auch diesen Namen erhalten sollte. Später bemächtigten sich jedoch die Tarantiner dieses neuen Siris und zwangen dessen Bewohner zur Umsiedlung in die neue, nun ausschließlich tarentinische Kolonie Herakleia. Siris verlor als Hafen von Herakleia seine Unabhängigkeit.[79]

Zahlreiche Forscher vermuten, daß die bei Herodot genannten λόγια über Siris erst im Kontext der Gründung von Thurioi oder von dessen Kampf mit Taras um die Siritis entstanden sind. Herodots nicht nur lokale Nähe zu den Ereignissen untermauert diese Annahme. Herodot lasse Themistokles die Orakel anführen, um den Anspruch der Thurier auf Siris sakral zu legitimieren.[80] Neben diesem Motiv nimmt

74 So verstehen JACOBY 1949, 242–244; V. EHRENBERG, The Foundation of Thurii, AJPh 69, 1948, 149–170, hier 156 = id., Polis und Imperium. Beiträge zur Alten Geschichte, Zürich-Stuttgart 1965, 298–315, hier 303, und AMERUOSO 1991, 130 Herodots Übersiedlung als Zeichen der Billigung der Perikleischen Politik.

75 Inwieweit Perikles durch den Panhellenismus nur die athenische Westexpansion kaschieren wollte, ist seit langer Zeit strittig; die Forschungsmeinungen zusammengefaßt bei N.K. RUTTER, Diodorus and the Foundation of Thurii, Historia 22, 1973, 155–176, hier 163–168, LESCHHORN 1984, 136f. A. 6; HEINRICHS 1989, 191–193; AMERUOSO 1991, 124–130.

76 So STRASBURGER 1955, 23–25; OSTWALD 1991, 148; MOLES 1996, 270.

77 Cf. Diod. XII 11,1f.; 35,1–3: Die Athener mußten 434 im Streit der einzelnen Siedlergruppen die Ehre des Gründers dem delphischen Apollon abtreten.

78 Cf. Diod. XII 23,2; MEIGGS-LEWIS 57. Der wegen des Bestechlichkeitsvorwurfs aus Sparta geflohene Kleandridas führte dabei die Truppen der Thurier an (cf. Thuk. VI 104,2; Polyain. II 10,1; 3f.).

79 Antiochos von Syrakus FGrHist 555 F 11 = Strab. VI 1,14, p. 264 zeugt von dem Plan der gemeinsamen Besiedlung von Siris; Ephoros bei Diod. XII 36,4 berichtet hingegen nur von der erzwungenen Umsiedlung der Siriten nach Herakleia. Die Rekonstruktion des historischen Ablaufes stammt von F. SARTORI, Eraclea di Lucania: Profilo storico, in: B. NEUTSCH (ed.), Archäologische Forschungen in Lukanien, II. Herakleiastudien (RM Erg.-Heft 11), Heidelberg 1967, 16–95, hier 24–29; zustimmend LOMBARDO 1986, 71 und OSANNA 1989, 81–83. Cf. G. DE SENSI SESTITO, La Calabria in età arcaica e classica. Storia, economia, società, Rom-Reggio di Calabria 1984, 84–88.

80 JACOBY Komm. zu FGrHist 555 F 11 und EHRENBERG 1948, 155f. = 1965, 303 sehen darin die Unterstützung für die Kolonisationspläne in Thurioi (DUNBABIN 1948, 374 kritisiert aber mit Recht, daß bei einer solchen Motivation im Herodot-Text Sybaris statt Siris zu erwarten sei). Ähnlich PERET 1941, 128–130; CRAHAY 1956, 140–142; B. VIRGILIO, I termini di colonizzazione in Erodoto e nella tradizione preerodotea, AAT 106, 1972, 345–406, hier 381f.; M. GUARDUCCI,

BRACCESI[81] noch einen literarischen Anstoß für Herodot an: Ausgehend von der Version, die wir bei Lykophron und Strabon finden, daß Flüchtlinge aus Troja Siris gegründet hätten, sieht er motivisch Troja, Athen und Siris eng miteinander verknüpft: In allen drei Städten wurden Schutzflehende im Heiligtum von den Eroberern niedergemetzelt.[82] Und wie die Trojaner nach der Zerstörung ihrer Stadt nach Siris auswanderten, so habe nach Herodots Auffassung auch für die Athener eine Übersiedlung dorthin nahegelegen.

Auch wenn nicht *a priori* ausgeschlossen werden kann, daß Themistokles vor Salamis mit einer Auswanderung der Athener nach Siris gedroht hat,[83] so ist es doch weit wahrscheinlicher, daß Herodot diese Episode eigens geschaffen hat, um auf die Westexpansion der Athener seit 444 zu verweisen. Nach der zwangsweisen Umsiedlung der Siriten nach Herakleia Ende der 430er Jahre mußte Siris dem kundigen Herodoteischen Publikum primär als Beispiel für das Scheitern eines polisübergreifenden Kolonisationsunternehmens in den Sinn kommen.

HARTOG hat in dieser Szene weitere aufschlußreiche Motivparallelen ausgemacht: Sowohl die Schmähung des Themistokles als „Heimatloser" als auch dessen Auswanderungsdrohung greifen zentrale Elemente der Skythen und ihrer Strategie gegen das Invasionsheer des Dareios auf, wie überhaupt Herodot dessen Skythenzug in vielerlei Hinsicht nach dem Marsch des Xerxes gegen Hellas gestaltet hat und deshalb seine Skythen erstaunliche Ähnlichkeiten mit den Athenern aufweisen.[84] Die Skythen sind als Nomaden in der Tat „ohne Stadt" und damit kaum zu fassen; in ihrer ἀπορία liegt jedoch gerade ihre Stärke, ähnlich wie auch die Athener sich durch ihren erzwungenen Rückzug auf Schiffe den Persern gegenüber als überlegen erweisen und – wie Themistokles ja Adeimantos einschüchtert – auch allen anderen Griechen gefährlich werden können.[85] Zudem drohen auch die Skythen ihren Nachbarn, die sie um Hilfe gegen die Perser bitten, mit Auswanderung oder gar mit einem Übereinkommen mit den Eindringlingen.[86] Das ererbte bzw. aus Not angenommene „Nomadentum" macht Skythen wie Athener stark. Seine Zeitgenossen dürfte Herodot damit an die Strategie des Perikles zu Beginn des Peloponnesischen Krieges erinnert haben, eine offene Feldschlacht zu vermeiden, die Landgebiete Attikas den Peloponnesiern preiszugeben, nur die mauerbewehrte Stadt Athen zu verteidigen und die ganzen Hoffnungen auf die Flotte zu setzen.[87]

Siris, RAL 23, 1978, 273–288, hier 286. Kritik bei RAVIOLA 1986, 22f.; MOSCATI CASTELNUOVO 1989, 28–30; AMERUOSO 1991, 112.

81   L. BRACCESI, Troia, Atene e Siri, Hesperìa 5, 1995, 61–73, bes. 70–73.

82   Troja: Iliupersis; Eur. Tro.; Siris: Lykophr. Alex. 984–992; Strab. VI 1,14, p. 264; Athen: Hdt. VIII 53,2.

83   Für historisch halten dies Ed. MEYER GdA IV⁵ 364, 674 A. 2; HANDS 1965, 59; BURN 1967, 374; PODLECKI 21 (zurückhaltend); LAZENBY 1993, 85, 88, 162.

84   Ausführlich HARTOG 1988, 35–40 (dort die Parallelen aufgeführt). Hdt. VII 10γ läßt Artabanos beide miteinander vergleichen. Kritisch zu HARTOGS These THOMPSON 1996, 121–130.

85   Cf. Hdt. IV 46,2f. und HARTOG 1988, 56f., 198f.

86   Hdt. IV 118,2f. Ein Bündnis mit Xerxes drohten auch die Athener den Spartanern an (IX 11,1f.). Cf. HARTOG 1988, 39.

87   Cf. Thuk. I 143; GARLAN 1974, 44–65; HARTOG 1988, 50f., 202–204.

Allein die Gefahr, den stärksten Bundesgenossen samt einigen kleineren Kontingenten – auch die Megarer und Aigineten hätten sich wohl den Athenern angeschlossen – zu verlieren, bewegt laut Herodot den Oberbefehlshaber Eurybiades dazu, doch vor Salamis zu kämpfen,[88] obwohl alle anderen Strategen erst durch die Umzingelung dazu genötigt werden.[89] Und in der Tat dürften die verschwindend geringen Chancen, ohne die athenische Flotte vor dem Isthmos gegen die Perser zu bestehen, die Peloponnesier von vornherein zur „Solidarität" mit den Athenern genötigt haben.

Für die gesamten Diskussionen der Griechen vor Salamis bleibt festzuhalten, daß Themistokles darin ebensowenig die eigentlichen Argumente vorbringen kann wie die Mitglieder des persischen Kronrates – von der erfolglosen Artemisia abgesehen.[90] Da eine Warnung vor einem Zerfall der Griechenflotte im Falle eines Rückzuges zum Isthmos Themistokles diplomatisch isoliert hätte, muß er auf das zweitbeste Argument, den für die Griechen vorteilhaften Kampf in der Meerenge bei Salamis, ausweichen, womit er historisch gesehen wohl das Richtige trifft. Allerdings dringt er auch damit nicht durch, so daß er mit der Auswanderungsdrohung *ex negativo* zu seiner eigentlichen Motivation zurückkehren muß. Die Debatten im griechischen Kriegsrat lassen sich aufgrund dieser vielen Volten und Verschleierungen mit PELLING als Travestie einer fruchtbaren Beratschlagung charakterisieren.[91] Themistokles kombiniert in seiner Gesprächstaktik seine Überzeugungsgabe (πειθώ) mit einem Zwangsmittel (ἀνάγκη);[92] als selbst dieses nichts fruchtet, erzeugt er – wie wir im folgenden sehen werden – durch die Geheimbotschaft an Xerxes und die damit bewirkte Umzingelung der Griechen einen unausweichlichen Zwang zum Kampf – wobei er sich gegenüber Xerxes auf seine Überredungsgabe stützen muß, um ihn gleichsam mit der Wahrheit zu „betrügen".[93]

4. Das Bild des Eurybiades als Oberbefehlshaber der Griechen

Die Glorifizierung des Themistokles geht in der Herodoteischen Darstellung notwendigerweise stark zu Lasten des Oberbefehlshabers Eurybiades, wie GURATZSCH gezeigt hat.[94] In der Versammlung der Flottenführer auf Salamis scheint ihm jede

---

88 FERRILL 1966, 108 und VON HAEHLING 1993, 90 halten dies für historisch. Ähnlich Isokr. IV 97, laut dem die Athener auch allein den Kampf vor Salamis hätten bestehen wollen.

89 Dies verkennt DEMAND 1988, 422.

90 Artemisia schmäht die Ägypter, Kyprier, Kiliker und Pamphyler wegen ihrer Nutzlosigkeit und warnt deshalb Xerxes vor einem Seegefecht (VIII 68γ). Trotz aller Unverhohlenheit ist Artemisia damit, anders als Themistokles, kein Erfolg beschieden. Zum Vergleich beider MUNSON 1988, 97f.

91 Ausführlich C. PELLING, Literary Texts and the Greek Historian, London 2000, 11: „No-one is talking straight here either, even when they tell the truth; yet the styles of the travesty are expressively different, with terrified acquiescence the Persian keynote, wily articulate self-interest the Greek, and frank, constructive exploration of the issues nowhere at all."

92 Cf. ausführlich THOMPSON 1996, 93f.

93 Cf. PELLING 2000, 11.

94 C. GURATZSCH, Eurybiades und Themistokles bei Artemision und Salamis, Klio 19, 1923–25, 62–74 und Der Sieger von Salamis, Klio 39, 1961, 48–65.

Autorität und oberste Befehlsgewalt entglitten zu sein: Einige Kontingente nehmen
auf die Nachricht von der Brandschatzung der athenischen Akropolis sofort Reiß-
aus, während die Mehrzahl der Strategen daraufhin den Rückzug zum Isthmos beschließt.[95] Schließlich entmachten die anderen Strategen ihn *de facto* als Oberbefehlshaber, als sie aus Protest gegen seine Entscheidung zum Kampf bei Salamis
erneut eine Versammlung einberufen und sich somit sein Vorrecht anmaßen (VIII
74). Ob das Mehrheitsvotum des Strategenkollegiums historisch ist, ist angesichts
der widersprüchlichen Nachrichten bei Herodot nicht zweifelsfrei zu belegen: Denn
einige Zeugnisse finden sich dafür, daß sich der spartanische Oberbefehlshaber nach
dem Votum des Strategenkollegium richtete[96], so beim Beschluß zum nächtlichen
Abzug vom Kap Artemision, bei der Forderung des Adeimantos, Themistokles als
Heimatlosen von der Abstimmung (ἐπιψηφίζειν) auszuschließen, und schließlich
bei der Ablehnung des Themistokleischen Planes, die Hellespontbrücken zu zerstören.[97] Wenn der spartanische Oberbefehlshaber im Strategenkollegium tatsächlich
abstimmen ließ, so mußte er – entscheidungstheoretisch gesehen[98] – zwangsläufig
dem Mehrheitsvotum folgen, da er sich sonst dem Vorwurf ausgesetzt hätte, die
Auffassungen seiner Kollegen zu mißachten.[99] Der Eindruck drängt sich auf, daß
diese Darstellungen die versammelten griechischen Strategen, insbesondere Adeimantos, als die prinzipiellen Widersacher des Themistokles erweisen sollen.[100] Bezeichnenderweise erringt dieser einen zeitweiligen Durchbruch erst dann, als er
Eurybiades – ähnlich wie schon zuvor im Ratschlag des Mnesiphilos impliziert –
als allein Entscheidenden anspricht.[101] Doch auch die Belege für eine alleinige Ent-
scheidungsbefugnis des spartanischen Oberbefehlshabers sind wenig aussagekräftig.[102] Überhaupt wirkt Herodots Darstellung so widersprüchlich und von Tenden-

95 Hdt. VIII 56. Historisch ist eine solche Panik bei den Strategen unwahrscheinlich, da die Ein-
    nahme der Akropolis zu erwarten war. Verdächtig ist auch Herodots Unterlassung, die Flüchti-
    gen namentlich zu nennen.
96 So ausführlich BALTRUSCH 1994, 42f., HAMEL 1998, 102f.; ähnlich WICKERT 1961, 39; H.D.
    MEYER 1963, 408f. Das Verb κυροῦν, das Herodot zweimal in VIII 56 für die Entscheidung des
    Kriegsrates benutzt, ist bei ihm sonst in der Bedeutung „einen rechtskräftigen Beschluß fassen"
    zu finden (VI 68 β2; VI 110; 126,2; 130,2) und deutet damit auf einen Mehrheitsbeschluß hin.
97 Hdt. VIII 9; 61,1; 74–75,1; 108,4–109,1. Cf. THOMPSON 1996, 92.
98 Diesen Hinweis verdanke ich Egon FLAIG.
99 Deshalb ist die Einschätzung von BUSOLT–SWOBODA 1926, 1322f.: „Nach seinem (sc. des Kriegs-
    rates) Beschlusse richtete sich im allgemeinen der Oberbefehlshaber, er besaß aber das Recht,
    von ihm abzugehen und nach eigenem Ermessen zu handeln", nicht zu halten. Man vergleiche
    nur aus dem Jahr 420 die von Thuk. V 30,1–4 überlieferten Klauseln, die einen Mehrheitsbe-
    schluß für die Entscheidungen des Peloponnesischen Bundes vorsehen. Cf. J.A.O. LARSEN, Spar-
    ta and the Ionian Revolt, a Study of Spartan Foreign Policy and the Genesis of the Peloponnesi-
    an League, CPh 27, 1932, 136–150; eund., The Constitution of the Peloponnesian League, CPh
    28, 1933, 257–276; CPh 29, 1934, 1–19; WICKERT 1961, 29f.; 71–73; DE STE. CROIX 1972, 115–
    120; BALTRUSCH 1994, 19–30.
100 Allerdings bildet der Gehorsam der Strategen gegenüber dem Themistokleischen Rat zur
    Schlachtung des euböischen Viehs (Hdt. VIII 19) eine Ausnahme davon.
101 Hdt. VIII 57,2; 60α: „In deiner Hand liegt nun die Rettung Griechenlands ..."
102 Hdt. IX 90f.: Der Oberbefehlshaber Leotychidas entscheidet eigenmächtig über die Unterstüt-
    zung der Samier bei ihrem Aufstand. Dies halten KAHRSTEDT 1922, 184f. A. 5 unter Verweis auf
    Thuk. III 31; VIII 79,1; Xen. Hell. II 1,31 sowie BUSOLT-SWOBODA 1926, 1322f. und G. BUSOLT,

zen entstellt, daß sie – falls man sie überhaupt noch als Quelle für die Beratungen vor der Seeschlacht heranziehen kann[103] – allenfalls als Beleg für die tatsächlich prekäre Stellung des spartanischen Oberbefehlshabers während des Xerxeszuges gewertet werden darf: Er mag zwar *de iure* die alleinige Enscheidungsgewalt über das militärische Vorgehen der Griechen innegehabt haben, doch gerade bei der Flotte war ihm aufgrund des nur kleinen spartanischen Kontingents von gerade einmal 16 Schiffen angeraten, auf die Meinungen der anderen Strategen Rücksicht zu nehmen.[104]

Dies reicht allerdings kaum aus, um sein völliges Verschwinden als Akteur aus dem Herodoteischen Bericht nach seinem einsamen Entschluß zum Kampf vor Salamis (VIII 63) zu erklären. Immerhin ist Herodot bei seiner Darstellung darin konsequent, daß ein Oberbefehlshaber, der erst durch Bestechungsgelder zum Ausharren am Kap Artemision bewegt werden kann (VIII 4f.), der nur aus Angst vor dem Ausscheren der Athener vor Salamis die Schlacht wagen will (VIII 63) und dessen vermeintlicher Unvernunft seine peloponnesischen Kollegen schließlich nicht mehr den geringsten Gehorsam zu schulden meinen (VIII 74), nicht die Seeschlacht leitete, die schließlich die bedeutendste Etappe in der Perserabwehr darstellen sollte. Mit diesem Bild des Eurybiades wird Herodot dessen tatsächlicher Leistung vermutlich nicht gerecht. Ob er Eurybiades schon durch seine Vorstellung als nicht von königlichem Blut abqualifizieren wollte[105], ist nicht zu entscheiden. Denn später im fünften Jahrhundert entstammten einige fähige spartanische Heerführer nicht den beiden Königshäusern, so Brasidas, Gylippos und Lysander.[106]

Als Grundkonstante spartanischer Politik der Perserkriegszeit erweist Herodot die tiefsitzende Angst, einerseits über die Grenzen der Peloponnes hinaus militärisch aktiv zu werden, andererseits von auswärtigen Mächten – sei es Argos, sei es Athen oder Persien – in ihrer „Festung", die nur auf dem Isthmos ein Einfallstor bot, überrannt zu werden.[107] Und auch in der Pentekontaëtie finden sich mannigfaltige Belege für die Scheu der Spartaner, sich in Händel außerhalb der Peloponnes einzumischen, wohl aus Angst vor Helotenaufständen;[108] ebenso für das Zurückziehen aus einer prekären Situation und den raschen Abschluß von Waffenstillständen, wenn der Heimat selbst Schaden drohte.[109] Dies lag, wie HODKINSON überzeu-

Die Lakedaimonier und ihre Bundesgenossen, Bd. I: Bis zur Begründung der athenischen Seehegemonie, Leipzig 1878, 412–415, die sämtlich vom erweiterten Peloponnesischen Bund als antipersischer Allianz ausgehen, sowie HIGNETT 204 für die Regel.

103 Cf. ROOBAERT 1985, 109–111.

104 Cf. BRUNT 1953/4, 140f.; HAMEL 1998, 102f.

105 Hdt. VIII 42,2; ähnlich beim Spartaner Euainetos (VII 173,2).

106 Cf. S. HODKINSON, Social Order and the Conflict of Values in Classical Sparta, Chiron 13, 1983, 239–281, hier 260–265; THOMMEN 1996, 111f.

107 Hdt. VII 139,3f.; bes. VIII 141,1; IX 9,2. Zu Herodots Sparta-Bild cf. G.L. HUXLEY, Herodotos on Myth and Politics in Early Sparta, PRIA 83, 1983, 1–16; P. VANNICELLI, Erodoto e la storia dell'alto e medio arcaismo (Sparta – Tessaglia – Cirene) (*Incunabula Graeca* 95), Rom 1993, 21–98; E. LÉVY, La Sparte d'Hérodote, Ktema 24, 1999, 123–134.

108 Cf. Thuk. I 118,2 (dazu DE STE. CROIX 1972, 94–98); I 68–71, bes. 69,4f. und 70,4; 82,5; III 10; 13; 29; 55; IV 108; V 13f.; 109; 115; VIII 9. Cf. P.H. EPPS, Fear in Spartan Character, CPh 28, 1933, 12–29, hier 18f.

109 Thuk. I 89,2 (dazu Hdt. IX 77,1f.) zur Weigerung der Spartaner 479, die Perser zu verfolgen;

gend darlegt[110], einerseits im durch die spartanische Staatsraison[111] stark einge-schränkten Handlungsspielraum spartanischer Befehlshaber außerhalb der Pe-loponnes und andererseits in der Persönlichkeitsstruktur und Erziehung der Heer-führer begründet: Die meisten von ihnen – rühmliche Ausnahmen stellen laut Thu-kydides allein Brasidas und Gylippos dar – reagierten nur zaghaft und ängstlich auf die Attacken der Gegner und ließen auch dann jegliche Initiative vermissen, wenn gerade ein entschlossenes Vorgehen den größten Erfolg versprach.[112] In der militä-rischen Ausbildung der Spartiaten, die höchsten Wert auf absoluten Gehorsam und strengste Disziplin legte, wurde jegliche Eigeninitiative und damit jedes Aussche-ren aus den starren Handlungsschemata scharf gerügt und bestraft.

Den Spartanern wurde ihre Zögerlichkeit wohl schon früh als Verschlagenheit und Hinterlist ausgelegt, mit der sie aus ihrer sicheren, weil unzugänglichen Heimat heraus doppelzüngig zwar vieles verspächen und lauthals drohten, doch in der Fremde bei der kleinsten Gefahr sich zurückzögen und die Verbündeten „die Kasta-nien aus dem Feuer holen" ließen. Die Athener schmähten sie deshalb als „zu Hau-se Löwen, im Felde Füchse".[113] Im Peloponnesischen Krieg verschärfte sich in Athen die Hetze gegen die Spartaner in der politischen Diskussion[114] und im Thea-ter.[115]

Angesichts der stereotypen Diffamierungen der Spartaner und ihrer Anführer in Athen zu Herodots Zeit verdient auch dessen Bild von Eurybiades nur wenig Glauben.[116] Wie GURATZSCH dargelegt hat[117], dient der träge, rückgratlose, bis zur

IV 5; 38–41; 55; V 60 (cf. EPPS 1933, 15f.; 19–21; 25f.); Xen. Hell. III 5,23f.; V 4,55; VI 5,21; VII 4,24f. Zum Sparta-Bild des Thukydides cf. E.N. TIGERSTEDT, The Legend of Sparta in Clas-sical Antiquity, vol. I, Lund 1965, 127–148; A.S. BRADFORD, The duplicitous Spartan, in: A. POWELL & S. HODKINSON (edd.), The Shadow of Sparta, London-New York 1994, 59–85, hier 66–76.

110 Cf. HODKINSON 1983, 265–268.

111 Zu den innenpolitischen Bedingungen spartanischer Außenpolitik cf. DE STE. CROIX 1972, 124–166; C.D. HAMILTON, Spartan Politics and Policy, 405–401 B.C., AJPh 91, 1970, 294–314 (der die Parteikämpfe in Sparta überbetont); korrigierend dazu W.E. THOMPSON, Observations on Spartan Politics, RSA 3, 1973, 47–58; zudem HODKINSON 1983, 268.

112 Cf. HODKINSON 1983, 265; Beispiele 265–267; cf. auch BRADFORD 1994, 69.

113 Aristoph. Pax 1189f.: οἴκοι μὲν λέοντες, | ἐν μάχῃ δ' ἀλώπεκες; Thuk. I 69,5; Plut. Mor. p. 223a–b; 229a–b (cf. BRADFORD 1994, 59f.). Cf. M.P. NILSSON, Die Grundlagen des spartani-schen Lebens, Klio 12, 1912, 308–340, hier 336f. = id., Opuscula Selecta, vol. II, Lund 1952, 826–869, hier 863f.; B. JORDAN, The Honors for Themistocles after Salamis, AJPh 109, 1988, 547–571, hier 557f. Zur spartanischen Geheimdiplomatie cf. ausführlich Thuk. I 58,1; 101,2; IV 22,1; Xen. Hell. II 4,35.

114 Cf. Thuk. I 140–144, bes. 140,2; 5; 141,1. Zudem A. POWELL, Mendacity and Sparta's Use of Visual, in: id. (ed.), Classical Sparta: Techniques behind her Success, London 1989, 173–192, bes. 173–180.

115 Cf. Eur. Andr. 445–453; BRADFORD 1994, 70. Zur Haltung des Euripides zu Sparta cf. TIGER-STEDT 1965, 115–122 und W. POOLE, Euripides and Sparta, in: POWELL-HODKINSON 1994, 1–33. Cf. Aristoph. Pax 1067f.; Lys. 629; Ach. 308; zu dessen Einstellung cf. TIGERSTEDT 1965, 122–127; F.D. HARVEY, Lacomica: Aristophanes and the Spartans, in: POWELL-HODKINSON 1994, 35–58.

116 Später wurde das Bild von Eurybiades noch mehr verzerrt: Plut. Them. 11,2–5 sieht ihn von vornherein als weichlich und nur zur Flucht geneigt, legt ihm den Tadel für den „Frühstart" des

Feigheit ängstliche und selbstsüchtige Spartaner[118] dem Geschichtschreiber nur als schwarzer Hintergrund, vor dem die Entschlußkraft und der Erfindungsreichtum des Themistokles um so strahlender hervorleuchten. Dennoch hat selbst Herodot wohl einen Beleg für das Verdienst des Spartaners bewahrt. Der allein gefaßte Entschluß des Eurybiades, doch bei Salamis die Schlacht zu liefern (VIII 63), läßt die mutmaßlichen historischen Abläufe erahnen: In Absprache mit den anderen griechischen Flottenführern, insbesondere mit Themistokles, hatte er den dortigen Sund als Verteidigungsstellung schon vor dem eigentlichen Rückzug vom Artemision ausgewählt und damit den Grundstein für den griechischen Seesieg mit gelegt.[119]

5. Themistokles' Geheimbotschaft an Xerxes (VIII 75)

Von den fieberhaften Anstrengungen der Peloponnesier um den Ausbau ihrer Isthmosstellung (VIII 70,2 – 74,1) leitet Herodot mittels des Motivs der Angst der Peloponnesier vor der Einkesselung auf Salamis über zur Schilderung, wie sich ihr Unwille gegenüber Eurybiades' Entscheidung zum Kampf dort Bahn bricht und zu einer erneuten Versammlung führt (VIII 74). Wer diese einberuft, bleibt ebenso im dunkeln wie die eigentlich treibenden Kräfte dahinter.[120] Darin drohen die Befürworter des Salamis-Kampfes, Athener, Aigineten und Megarer, von den Peloponnesiern überstimmt zu werden, die nur vor dem Isthmos den Kampf wagen wollen.[121]

Themistokles in den Mund; er will dessen schlagfertige Antwort sogar mit dem Stock ahnden, worüber Themistokles mit dem Apophthegma πάταξον μέν, ἄκουσον δέ „Schlage nur, aber höre!" triumphiert (cf. Ail. var. XIII 40; Ael. Arist. III 253 BEHR = II p. 258 DINDORF).

117 GURATZSCH, 1923–25, 69–72 und 1961. Ähnlich BENCSIK 1994, 115.

118 Daß im folgenden Jahr König Leotychidas statt Eurybiades die spartanische Flotte befehligte, braucht keineswegs auf dessen Versagen während des Xerxeszuges zurückgeführt werden. Dieser Wechsel könnte durchaus in der Struktur der spartanischen Nauarchie begründet liegen, die laut K.J. BELOCH, Die Nauarchie in Sparta, RhM 34, 1879, 117–130 und GG II² 2,269–289 vermutlich nur auf ein Jahr bzw. den Feldzug begrenzt und deren Iteration vielleicht verboten war (zustimmend L. PARETI, Ricerche sulla potenza marittima degli spartani e sulla cronologia dei navarchi, in: id., Studi minori di storia antica, vol. II: Storia greca, Rom 1961, 1–131, hier 19–37; KAHRSTEDT 1922, 161; 228f.; BUSOLT-SWOBODA 1926, 715f.; H. MICHELL, Sparta. τὸ κρυπτὸν τῆς πολιτείας τῶν Λακεδαιμονίων, Cambridge ²1964, 277–280; J.F. LAZENBY, The Spartan Army, Warminster 1985, 20; THOMMEN 1996, 68). Diese Beschränkungen sehen aber R. SEALEY, Die spartanische Nauarchie, Klio 58, 1976, 335–358, hier 346f., 358, und J.F. BOMMELAER, Lysandre de Sparte. Histoire et traditions (BEFAR 240), Athen-Paris 1981, 66–79, 163, 203 erst unter Lysander eingeführt.

119 Man beachte, daß Eurybiades – zumindest laut Hdt. VIII 124,2 – in Sparta selbst für seine Tapferkeit geehrt worden sei. Cf. ROOBAERT 1985, 129, 135. Laut MEYER 1899, 204 und THOMMEN 1996, 104 hatte die politische Führung Spartas mit Themistokles schon längst die Verteidigungsstrategie festgelegt, aus der Eurybiades nicht habe ausscheren können.

120 Herodot verwendet auf die Ausgestaltung dieses Kriegsrats weit weniger Mühe als auf den in seinen Entscheidungen schon zweimal überholten zweiten Kriegsrat.

121 Das Imperfekt ἐσσοῦτο (Hdt. VIII 75,1) macht laut MACAN ad loc. deutlich, daß der Rückzugsbeschluß noch nicht endgültig gefaßt worden ist.

In diesem kritischen Moment tritt der Herodoteische Themistokles erneut auf den Plan: Er schickt heimlich einen zuverlässigen Boten, den Erzieher seiner Kinder, Sikinnos[122], zu den persischen Feldherren mit der Botschaft, daß der athenische Stratege Themistokles auf persischer Seite stehe und deshalb zum schnellen Angriff auf die griechische Flotte rate. Diese befinde sich nämlich in Auflösung, die griechischen Strategen seien zerstritten und sännen nur noch auf Flucht. Deshalb könnten die Perser einen leichten Sieg erringen, wenn sie die Griechen nicht auseinanderlaufen ließen. Themistokles kündigt sogar an, daß sich die persischgesinnten Griechen im Kampf sofort gegen ihre Landsleute stellen würden (VIII 75,2f.).

Um die Historizität dieser Geheimbotschaft zu klären, müssen wir weiter ausholen und uns die mutmaßliche Ausgangssituation der Schlacht von Salamis vergegenwärtigen: Auch wenn nicht klar ist, wie Herodot an zuverlässige Angaben über die einzelnen Kontingentgrößen gelangt ist, so dürfen wir mit TARN seine Angabe von 378 Triëren, die bei Salamis auf nationalgriechischer Seite kämpften, wohl als ungefähr historisch zutreffende Zahl der Kampfschiffe ansehen, die während des gesamten Jahres 480 eingesetzt wurden.[123] Obgleich Sicherheit in diesen Fragen der Kontingentstärken nicht zu gewinnen ist, so könnte doch Aischylos' Angabe von 310 griechischen Schiffen für Salamis[124] durchaus die tatsächliche Zahl treffen. Insgesamt sollten wir den Aussagen des Tragödiendichters zur Schlacht von Salamis von vornherein ein gewisses Vertrauen entgegenbringen, da er selbst an ihr teilgenommen hat und die *Perser* schon 472, also nur acht Jahre danach, aufgeführt wurden;[125] allzu große Entstellungen des tatsächlichen Verlaufes konnte er deshalb seinem Publikum, das größtenteils ebenfalls die Schlacht miterlebt hatte, nicht zumuten.

Gegenüber den Herodoteischen Zahlen von 1207 bzw. 1327 Schiffen, welche die Perser in Nordgriechenland aufzubieten hatten, ist jedoch größte Skepsis angebracht.[126] Die Zahl von 1207 Schiffen hat Herodot zweifellos von Aischylos über-

---

122 Diesen belohnte er für seine Dienste später mit dem Bürgerrecht der Thespier und Reichtümern. Man beachte dieses Zeichen großer Freigebigkeit und Dankbarkeit bei Themistokles, dem sonst Habgier und Treulosigkeit vorgeworfen werden.

123 TARN 1908, 219, der Aischylos' Angabe zur Schiffszahl bei Salamis für authentisch hält, 219–221; so auch SIDEBOTHAM 1982, 180 A. 14; LAZENBY 1993, 172f.; HIGNETT 210.

124 Pers. 339f. Zu verschiedenen Erklärungsversuchen für die Diskrepanz zwischen Herodots 378 und Aischylos' 310 (oder 300, cf. Schol. ad loc.) Triëren cf. J. LABARBE, Chiffres et modes de répartition de la flotte grecque a l'Artemision et a Salamine, BCH 76, 1952, 384–441, hier 432–439; N.G.L. HAMMOND, The Battle of Salamis, in: id., Studies in Greek History, Oxford 1973, 251–310, hier 268f.; HIGNETT 209f.; GREEN 1970, 162f.; G. ROUX, Éschyle, Hérodote, Diodore, Plutarque racontent la bataille de Salamine, BCH 98, 1974, 51–94, hier 54f.

125 Cf. TrGF III T 14 = Ion von Chios FGrHist 392 F 7 = Schol. Aesch. Pers. 427; vit. Aesch. 4 – Hypoth. Aisch. Pers.

126 Für den Nachweis der Unmöglichkeit dieser Zahlen und zu ihrer mutmaßlichen Entstehung cf. die scharfsinnigen Überlegungen von H. DELBRÜCK, Die Perserkriege und die Burgunderkriege, Berlin 1887, 137–147; zudem TARN 1908, 204f., 231; BURN 330–332; KEHNE 1998, 368 mit weiterer Literatur. Aischylos' und Herodots Angaben für die Perserflotte halten dennoch für authentisch RODGERS 1937, 113–115; HAMMOND 1973, 269f.; ROUX 1974, 55–57; A.D. PAPANIKOLAOU, Aischylos über die Flottenstärke bei Salamis (Pers. 333–347), RhM 114, 1975, 217–

nommen.[127] Darin könnten die Versorgungs- und Transportschiffe einbegriffen sein; daß diese sich mit den Triëren auf deutlich über tausend Schiffe beliefen, ist jedoch schwer vorstellbar. Zudem veranschlagt Herodot (VII 97; 184,3) eigens für die Trie-konteren, Pentekonteren, Last- und Pferdetransportschiffe, die den Xerxeszug begleiteten, die unglaubliche Anzahl von 3000. Am einfachsten ist die Zahl von 1207 persischen Schiffen literarisch erklärbar: Sie wurde fingiert, um Xerxes' Flotte größer zu machen als die Agamemnons gegen Troja, die sich im Schiffskatalog der Ilias auf 1186 aufsummiert.[128] Für die Flottenzüge zur Zeit des Dareios gegen die Skythen (IV 87,1), bei der Schlacht von Lade (VI 9,1) und im Datis-Feldzug gegen Eretria und Athen (VI 95,1) nennt Herodot stereotyp eine Zahl von 600 Schiffen, was angesichts der jeweiligen Aufgaben weit übertrieben erscheint. Ob man daraus mit TARN und HIGNETT direkt auf eine Zahl von 600 Triëren als authentischen Umfang für die größte persische Flottenoperation, den Xerxeszug gegen Griechenland, schließen darf, ist meines Erachtens zweifelhaft.[129] Entscheidend für die Maximalgröße einer Expeditionsflotte waren die Möglichkeiten, diese zu versorgen. Auch wenn mit Recht betont wird, daß Hunderte von kleinen Transportschiffen und enorme Hafenkapazitäten notwendig waren, um die gewaltigen Menschenmassen sowohl im persischen Heer als auch in der Flotte zu verproviantieren,[130] sind doch in solchen Berechnungen zu viele Unbekannte enthalten, so z.B. das Ausmaß der Möglichkeiten, sich aus den durchzogenen Gebieten zu ernähren. Unser Vertrauen verdient am ehesten noch Herodots Einschätzung, daß dem Großkönig bei Salamis nur noch wenig mehr Triëren zur Verfügung standen als den Hellenen; er führt dies auf eine beachtliche – wohl unhistorische – Dezimierung der persischen Flotte durch zwei Stürme vor der Schlacht am Kap Artemision zurück.[131] Die historische Realität mag die Annahme einer numerischen persischen Überlegenheit im Verhältnis von vier zu drei, höchstens fünf zu drei treffen.[132]

226; J.F. LAZENBY, Aischylos and Salamis, Hermes 116, 1988, 168–185, hier 169, und id. 1993, 92–94, 173f.; WALLINGA 1993, 161f.

127 Hdt. VII 89: 1207 Schiffe bei Doriskos; VII 184,1 und 185,1: 1327 bei Therma. Aisch. Pers. 341–343. Cf. HIGNETT 345.

128 Hom. Il. II 484–877. Thuk. I 10,4 spricht von 1200 Schiffen unter Agamemnons Befehl. Cf. MUNRO CAH IV 1930, 273; HIGNETT 347.

129 TARN 1908, 204; HIGNETT 347f. Knapp 700 Schiffe nimmt BURN 332 an.

130 Das betont YOUNG 1980, 224, 229, 235, der von 660 Schiffen als möglichem Maximum ausgeht.

131 Hdt. VII 189f.; VIII 13. Cf. BURN 331; HIGNETT 208f. Zu diesen Stürmen s.o. S. 149f. KELLY 2003, 198f., 210f. vertritt jüngst die meines Erachtens unhaltbare These, Herodot sei bei den riesigen Zahlen für die Flotte und das Heer der Perser der Propaganda aufgesessen, welche die persischen Boten in Hellas verbreitet hätten. Die Griechen hätten jedoch völlig unrealistische Zahlen nicht über Jahrzehnte weiterkolportiert, wenn sie nicht selbst daraus propagandistischen Gewinn gezogen hätten: Ein haushoch überlegener Feind machte den griechischen Sieg um so bewundernswerter.

132 Daß die Perser weder haushoch überlegen waren noch schon als sichere Sieger gesehen wurden, zeigen das abwartende Verhalten der Parier (VIII 67,1) und das Überlaufen der Naxier unter Demokritos (VIII 46,3) und auch der Tenier unter Panaitios (VIII 82); cf. BURN 440. KELLY 2003, 208f. führt dieses Verhalten der Inselbewohner darauf zurück, daß sie bessere Informationen über die persische Flottenstärke gehabt hätten.

Deshalb mußte es den Persern geboten erscheinen, mit der gesamten Schiffs-
macht die bei Salamis lagernde hellenische Flotte anzugreifen und auszuschalten.[133]
Denn diese konnte aufgrund ihrer beachtlichen Größe empfindlich die Nachschubwege der Perser zur See stören. Auf diese war das persische Heer gerade in seiner
weitvorgeschobenen Stellung vermutlich ausschließlich angewiesen. Während nämlich in den persisch kontrollierten Gebieten Nordgriechenlands einschließlich Thessaliens zumindest eine teilweise Versorgung aus den Mitteln des Landes möglich
war, so konnten die Perser in Attika und der Megaris auf eine solche Möglichkeit
nicht mehr hoffen – auch wenn wir nichts von einer Vernichtung der Nahrungsvor-
räte hören, welche die flüchtenden Athener und Megarer zurücklassen mußten.[134]
Aus diesem Grund war es der persischen Flotte nicht möglich, unabhängig vom
Invasionsherr zu agieren, d.h. die griechische Seestreitmacht bei Salamis zu umgehen und die Küsten der Peloponnes anzugreifen.[135] Auch eine Teilung der Flotte in
ein Kontingent, das den griechischen Seeverband vor Salamis bindet und sogar besiegt, und eines, das z. B. auf der Insel Kythera landet, um von dort aus Sparta
direkt zu bedrohen und somit die Spartaner zum Abzug ihrer Truppen und Schiffe
aus der nationalgriechischen Streitmacht zu nötigen, scheint kaum noch möglich
gewesen zu sein; denn der vor Salamis verbleibende Teil der Flotte wäre zahlenmäßig den Griechen nicht mehr gewachsen gewesen, wie Herodot ja auch Achaimenes
gegen den Teilungsvorschlag des Demaratos argumentieren läßt.[136] Immerhin hätte
die Perserflotte unter Umgehung von Salamis direkt den Isthmos ansteuern können,
um dem Invasionsheer die unverzichtbare Unterstützung bei der Bestürmung der
Isthmosmauern zu liefern. Doch MILTNER hat zu Recht darauf aufmerksam gemacht,
daß es für die Griechen vermutlich von Salamis aus möglich war, die Küstenstraße,
den infolge eines Steilabhangs des Geraneia-Gebirges westlich von Megara nur
schmalen und schwer gangbaren Skironischen Weg von Eleusis zum Isthmos, zu
kontrollieren, auf dem das persische Heer gegen den Isthmos von Korinth ziehen
mußte.[137] Die Griechen konnten über die enge Straße von Trupika Hopliten über-

---

133 GREEN 1970, 177 erwägt noch die Möglichkeit des Aushungerns der Griechen auf Salamis, was
     auch die Herodoteische Artemisia angeraten hat (VIII 68β).
134 Dies verkennt LAZENBY 1993, 96, wenn er den langen Marsch des Xerxesheeres von Therma
     durch Makedonien und Thessalien als Beispiel für eine von Versorgungsschiffen unabhängige
     Verproviantierung anführt. Zur Verpflegung aus dem Land selbst cf. Hdt. VII 50,4; 118–120.
     Auch wenn LAZENBY 1993, 96f. zu Recht auf die zahlreichen Lasttiere zum Transport der Ver-
     pflegung von eigens angelegten Depots verweist (Hdt. VII 25; 40; 55,1), so dienten die mehr-
     fach (VII 184,5; 186,1; 191,1) genannten Transportschiffe sicherlich nicht nur der Versorgung
     der Flotte, sondern auch des Heeres.
135 Cf. ausführlich CUSTANCE 1919, 26f.; zudem GURATZSCH 1961, 58f., 62; HIGNETT 208f.; GREEN
     1970, 171f.; WATERS 1985, 150 A. 14.
136 VII 235f. Cf. BURN 402, 437; HIGNETT 209; GREEN 1970, 146f. Daß Herodot für den Vorschlag
     des Demaratos (VII 235) Quellenberichte vorlagen, ist unwahrscheinlich. Denn gerade die von
     ihm angeführte Prophezelung des Chilon von Sparta, von Kythera werde schwerer Schaden für
     Sparta ausgehen, findet als Anspielung Herodots auf ihre Besetzung durch die Athener 424
     eine hinreichende *raison d'être*. S.o. S. 26 mit A. 67.
137 MILTNER 1938, 240f. Cf. Hdt. VIII 71,2; zudem E. MEYER, RE XV 1 (1931), s.v. Megara, 152–
     205, hier 169f.; MÜLLER 1987, 713. Ein großes Heer konnte kaum auf der schon antiken Alter-
     nativroute über den 820 m hoch gelegenen Derveni-Paß durch das Geraneia-Gebirge ziehen.

setzen und so den von den Peloponnesiern verschütteten Skironischen Weg sperren oder auch von Booten aus das vorrückende Heer mit Bogenschützen beschießen.[138] Selbst wenn wir – gegen die Wahrscheinlichkeit – annehmen, das Perserheer hätte direkt die Isthmosmauern bestürmen und somit die Perserflotte die Griechen auf Salamis umgehen können[139], so wird doch der nahende Herbst und damit das Ende der Feldzugssaison sie zu einer schnellen Entscheidung getrieben haben.[140] Womöglich war die Versorgung des Invasionsheeres in Attika schon so prekär, daß den Persern die Erringung der vollständigen Kontrolle des Meeres unaufschiebbar schien.

Da zudem auf Salamis Tausende von Athenern samt ihren Magistraten und Beratungsgremien zusammengepfercht waren, konnte sich der Großkönig, der ja ausgezogen war, die Athener zu strafen, die Gefangennahme seiner Erzrivalen kaum entgehen lassen. Eine völlige Zerschlagung der athenischen Widerstandskraft hätte womöglich auch die meisten anderen Griechen zur Aufgabe ihres Freiheitskampfes gebracht.[141] Aus diesen Gründen war der prinzipielle Entschluß des Großkönigs zum Kampf bei Salamis nur folgerichtig und ist nicht auf eine trügerische Geheimbotschaft eines Griechen zurückzuführen.[142] Denn laut Herodot[143] wurde der Angriff schon zuvor, noch am Tag des Eintreffens der Flotte im Phaleron, befohlen, so daß die persischen Schiffe nur wenige Stunden nach ihrer Ankunft wieder gegen Salamis ausliefen. Daß es nicht schon an diesem Tag zur Seeschlacht kam, erklärt der Historiker damit, daß die hereinbrechende Nacht dies verhinderte. Da jedoch den persischen Kommandanten sicherlich nicht bei einer leicht voraussehbaren Größe wie dem Sonnenuntergang ein solch gravierender Fehler unterlaufen wäre, ist eine andere Ursache zu postulieren: Die Griechen waren auf das Angebot der Perser zur Seeschlacht in den offenen Gewässern vor dem Sund um die Insel Psyttaleia nicht eingegangen.[144]

Wenn die persische Flotte also gemäß der hier angenommenen Chronologie am Tag ihres Eintreffens in Attika, d.h. einen Tag vor der tatsächlichen Schlacht, gegen

---

138 Dadurch werden sowohl die Vorhersage des Themistokles im Kriegsrat, die Barbaren würden im Falle eines griechischen Sieges bei Salamis „nicht über Attika hinaus vorrücken" (Hdt. VIII 60γ), als auch Herodots Angabe (VIII 71,1) verständlich, Xerxes habe erst in der Nacht vor der Seeschlacht sein Heer mit dem Vormarsch auf den Isthmos beginnen lassen; cf. MILTNER 1938, 240f.

139 Dies erwägen EVANS 1969, 392 und LAZENBY 1993, 161. Ähnlich schon Ed. MEYER 1899, 204. Auch GRUNDY 1901, 352 sieht Salamis als sehr risikoreiche Stellung für die Griechen an. Hingegen bewerten CUSTANCE 1919, 26f. und GURATZSCH 1961, 58f. diese Stellung als bestmögliche Wahl.

140 Cf. Ed. MEYER GdA IV⁵ 1, 367.

141 Cf. BURN 436.

142 Cf. HOW–WELLS II 379–381.

143 Hdt. VIII 70,1. Cf. G. GIANNELLI, La spedizione di Serse da Terme a Salamina. Saggi di cronologia e di storia, Mailand 1924, 55f., 79.

144 Cf. MACAN 1908, II 305–308 und HIGNETT 217, 406, der jedoch ein mehrtägiges Intervall zwischen dieser ersten Herausforderung der Perser und ihrer Ausfahrt in der Nacht vor der eigentlichen Schlacht ansetzt. BELOCH GG II² 119f. sieht hingegen im persischen Beschluß zur Schlacht in Hdt. VIII 69–70,1 nur eine konkurrierende Version zur Erzählung von der Geheimbotschaft, die Herodot nebeneinander gestellt habe; dagegen zu Recht HIGNETT 406.

Abend ihre Bemühungen, die Griechen aus ihrer sicheren Stellung im Sund herauszulocken, aufgab und zum Hafen Phaleron zurückkehrte[145], so nimmt es doch wunder, daß die Perser laut Herodot noch am selben Abend erneut ausfuhren[146]. Hier dürfte die trügerische Botschaft an den Großkönig den entscheidenden Impuls geliefert haben. HART kann sich das Ausfahren nur durch diese Verlockung erklären.[147] Den Griechen hatte die persische Provokation gezeigt, daß die Invasoren an einer schnellen Entscheidung interessiert waren. Angesichts der hohen Kampfbereitschaft der Perserflotte, die sich auch für einige blamable Rückschläge am Kap Artemision revanchieren wollte[148], mußte jedes scheinbare Zeichen der Schwäche der Hellenen dem Großkönig und seinen Feldherren als ersehnte Gelegenheit zum Losschlagen hochwillkommen sein.

Dennoch wurden gerade einige Diskrepanzen zwischen der Aischyleischen und der Herodoteischen Version der Geheimbotschaft als Argumente gegen deren Historizität angeführt:[149] Erstens erreiche die Botschaft bei Aischylos noch vor Einbruch der Nacht das persische Lager[150], während die Herodoteische Abfolge der Ereignisse impliziere, daß die Botschaft erst nach der Abenddämmerung dort eingetroffen sei. Doch bei genauerer Analyse Herodots löst sich der scheinbare Widerspruch auf: Daß er das Vorrücken der persischen Armee gegen die Peloponnes in der Nacht vor der Seeschlacht um eine beachtliche Erzählzeit vor die Entsendung der Geheimbotschaft setzt, läßt m.E. keinerlei chronologische Schlüsse[151] zu. Der

---

145 Cf. HIGNETT 406; ROUX 1974, 57–60; HAMMOND CAH IV² 1988, 570; LAZENBY 1993, 166f. Daß Aischylos dieses Manöver der Perser völlig unerwähnt läßt, ist mit seiner dramatischen Konzentration auf den fatalen nächtlichen Aufbruch der Flotte zu erklären, zu der er durch die dichterische Erzählökonomie gezwungen war; cf. HOW-WELLS II 380; A. PUECH, Trois récits de la bataille de Salamine, in: Mélanges G. GLOTZ, vol. II, Paris 1932, 757–764, hier 758f.; ROUX 1974, 59.

146 Daß die Perser zum Phaleron zurückkehrten und nicht über Nacht auf See blieben – wie MACAN ad loc. vermutet –, beweist schon die Praxis der antiken Seefahrt und auch das Verb ἀνάγειν (VIII 76,1), das den Aufbruch der Perser am Abend beschreibt und immer bei Schiffen verwendet wird, die einen Hafen oder eine Küste verlassen (cf. C.N. RADOS, Les guerres médiques: la bataille de Salamine, Paris 1915, 282). Die Annahme von GRUNDY 1901, 377, 382f., daß Herodot die Vorwärtsbewegung der Flotte in der Nacht auf den vorangehenden Tag vordatiert hat, also daß VIII 70,1 nur eine Dublette zu VIII 76,1 sei, bietet keine Lösung.

147 Cf. HART 1993, 134: „If there had been no evidence for it (sc. die Geheimbotschaft), it would almost have been necessary to invent it." Ibid. 193.

148 Zum großen Eifer der Perser Hdt. VIII 69,2; bes. 76,2; 86 fin.; 89,2; 90,4; bei Artemision VIII 6, bei Plataiai IX 41,4. Xerxes wartete aber immerhin vier Tage lang ab, ob die Griechen nicht doch von den Thermopylen abzögen (VII 210,1).

149 Für die folgenden Einwände cf. HIGNETT, Appendix IX (a), 403–408, bes. 404. Alle späteren Autoren wie Ephoros bei Diod. XI 1–15, Nep. Them. 4 und Plut. Them. 12 können hier außer Betracht bleiben, da sie die Berichte des Aischylos und Herodot kombiniert haben; dazu ausführlich L. BODIN, Histoire et géographie. Phanias d'Erèse, REG 30, 1917, 117–157, hier 123–137.

150 Xerxes' Befehl zum Auslaufen ist laut Aisch. Pers. 364f. bei Anbruch der Nacht auszuführen.

151 VIII 71,1 gegenüber VIII 75. Die Angabe „Das Heer der Barbaren brach noch in derselben Nacht gegen die Peloponnes auf" (VIII 71,1) ist im Kontext zeitlich nicht genau festgelegt; dies könnte auch heißen, daß das Heer erst zusammen mit der zweiten Ausfahrt der Flotte nach der Geheimbotschaft aufgebrochen ist.

Vormarsch der Perser gegen die Peloponnes bildet für Herodot den Anlaß, die immensen Anstrengungen der Peloponnesier zur Befestigung des Isthmos ausführlich (VIII 71–74,1) zu schildern.[152] Die vermeintliche Stärke dieser Abwehrstellung[153] und ihr Wunsch nach einem Rückzug von Salamis bilden den nötigen Hintergrund für die erfolglosen Überredungsversuche des Themistokles und seinen schließlichen Ausweg. Zudem erzeugt eine Geheimbotschaft, die im letztmöglichen Moment abgesandt wird, weit größere Spannung als eine schon einige Stunden vor dem Abzugsbeschluß der Griechen auf den Weg gebrachte. Deshalb sollte gegenüber Herodots dramatisch begründeter Ereignisabfolge der Zeitansatz des Schlachtteilnehmers Aischylos in jedem Falle Priorität genießen[154], so daß wir annehmen können, daß der griechische Bote gegen Abend im persischen Lager eintraf.[155]

Ein zweiter Einwand: Es fehlt in der Aischyleischen Version der Botschaft jeglicher Hinweis auf die Zerstrittenheit der Griechen und ein voraussichtliches Überlaufen der Perserfreunde, wie er bei Herodot zu finden ist.[156] Der Bericht des Dichters entbehre – so Hignett (404f.) – folglich jeder Motivation für den Großkönig, die Hellenen an ihrer Flucht zu hindern und in jedem Fall die Schlacht bei Salamis zu suchen; denn, wie Herodot Mnesiphilos, Themistokles und Artemisia prophezeien läßt und sogar selbst zuvor behauptet hat, eine Zersplitterung der griechischen Flotte hätte den Persern leichtes Spiel bereitet. Da die Botschaft nach dieser Logik das genaue Gegenteil dessen, was sie beabsichtigte, notwendigerweise erreicht haben würde, müsse sie eine Fiktion sein.[157] Doch hätte eine Abfahrt der einzelnen griechischen Kontingente von Salamis keineswegs nur *disiecta membra* hinterlassen, die aufgrund ihrer jeweiligen geringen Schiffszahl leichte Beute der Perser geworden wären: Denn dem großen athenischen Verband von ca. 150 Schiffen hätten sich zweifellos die Aigineten und Megarer sowie die Euboier und wenigen Ioner weiterhin angeschlossen. Selbst wenn wir die korinthischen, epidaurischen und troizenischen Kontingente – die als Anrainer des Saronischen Golfes allen Grund hatten, sich mit der stärksten griechischen Flottenmacht zu vereinigen – sowie die Spartaner, Sikyonier und die Griechen aus dem Westen abziehen, so hätten es die Perser immer noch mit einer griechischen Flotte – nun unter athenischer Führung – von reichlich über 200 Trieren zu tun gehabt. Entkamen den Persern so viele Schiffe und konnten sie sich dann wieder zu einem operationsfähigen Verband formieren, so hätten die Hellenen die persischen Nachschubwege über See, die für den bevorstehenden Winter von größter Wichtigkeit sein würden, von ihren Rückzugshäfen

---

152 Cf. die Zusammenfassung der archäologischen Überreste der Mauer bei J. Wiseman, The Land of the Ancient Corinthians, Göteborg 1978, 60–62.

153 Zur Überschätzung durch die Peloponnesier cf. Hdt. VII 139,3f.; IX 9,2; Cartledge 1979, 207.

154 Aber auch Aischylos spielt mit dem Wechsel von Tag, an dem die Griechen handeln, und Nacht, die den Persern vorbehalten ist; cf. J. Kakridis, Licht und Finsternis in dem Botenbericht der Perser des Aischylos, GB 4, 1975, 145–154.

155 Cf. Morrison–Williams 1968, 154; Hammond CAH IV² 1988, 570; Lazenby 1988, 170f.

156 Laut Kierdorf 1966, 69 hat allein der Umstand, daß ein Abgesandter einer griechischen Abteilung Xerxes von den Fluchtabsichten berichtet, diesem die Uneinigkeit der Griechen klarmachen müssen.

157 So Beloch GG II² 119; Erbse 1992, 109; C. Carena, M. Manfredini & L. Piccirilli, Plutarco, Le vite di Temistocle e di Camillo, Mailand ²1996, 250; Welwei 1999, 64.

im Saronischen Golf, insbesondere wohl Pogon und Kenchreai, aus, jederzeit abschneiden können. Die Perser durften dieses Risiko nicht eingehen.

Was hingegen der Herodoteische Themistokles in seiner Botschaft ganz in den Mittelpunkt stellt, daß nämlich die Griechen untereinander heillos zerstritten seien und sogar mit dem Überlaufen der Athener und anderer zu rechnen sei, spielt für die oben angestellten strategischen Überlegungen keinerlei Rolle. Während die Geheimbotschaft laut Aischylos auf die Täuschung der Perser abzielt, dient sie in Herodots Version dazu, die Peloponnesier zum gemeinsamen Kampf zu zwingen;[158] denn laut Herodot (VIII 75,1) schickte Themistokles die Geheimbotschaft erst ab, als er von den Peloponnesiern überstimmt zu werden drohte. Von einer Falle für die Perser spricht Herodot hingegen nicht.[159] Dennoch sollten die fiktive Zusage des Überlaufens perserfreundlicher Griechen und die unglaubhafte Spätdatierung der Geheimbotschaft uns nicht den Blick für die einfache, historisch gesehen wohl authentische Botschaft bei Aischylos verstellen.[160]

Als drittes Argument gegen die Historizität der Geheimbotschaft führt HIGNETT (407) schließlich die Unwahrscheinlichkeit an, daß der Großkönig eine Nachricht von seinen erklärten Erzfeinden, den Athenern,[161] zur Grundlage seiner Schlachtplanung machte.[162] Eine solche List jedoch *a priori* auszuschließen ist unzulässig. Und daß der militärisch Unterlegene eine Kriegslist anzuwenden sucht, ist sogar zu erwarten. Da Verrat mittels geheimer Botschaften wohl so alt ist wie der Krieg selbst[163], war auch die trügerische Botschaft (ψευδαγγελία) ein verbreitetes Mittel

---

158 Cf. MACAN II 310 und CULASSO GASTALDI 1990, 36. Zum Betrug der eigenen Truppen als taktischem Mittel cf. Frontin, strat. I 10,3; 11,1f.; 11,6f.; 11,9; Cass. Dio LXVIII 23,2 Epitome.

159 Dieses Motiv wird jedoch der Herodoteischen Version der Geheimbotschaft immer wieder zu Unrecht zugeschrieben, zuletzt so P. KRENTZ, Deception in archaic and classical Greek warfare, in: H. VAN WEES (ed.), War and Violence in Ancient Greece, London 2000, 167–200, hier 171, 185.

160 Cf. PODLECKI 1966, 133–135, der zu Recht Herodots Version als Ausschmückung der Aischyleischen Botschaft versteht, ähnlich CULASSO GASTALDI 1990, 36. Hingegen bevorzugen MUNRO 1902, 331; TARN 1908, 223; MACAN ad loc., HOW–WELLS App. XXI §§2–3, II 380f. Herodots Version. Cf. LAZENBY 1988, 170.

161 Auch bei Aisch. Pers. 355 ist der Überbringer der Botschaft „ein Grieche aus dem Heer der Athener" (ἀνὴρ γὰρ Ἕλλην ἐξ Ἀθηναίων στρατοῦ). Daß Aischylos hier nicht den Namen des Themistokles als Urheber nennt, hängt wohl mit seiner Praxis zusammen, die Griechen insgesamt als Kollektiv darzustellen, so daß kein Platz für ein herausragendes Individuum bleibt; cf. MINKIN 1968, 5–7.

162 Die Geschichte des Histiaiers, dessen Meldung, die Griechen seien schon abgezogen, bei den Persern am Kap Artemision auf größtes Mißtrauen stößt (Hdt. VIII 23), ist wohl vollständig erfunden (s.o. S. 161) und kann keineswegs als Beleg für das prinzipielle Mißtrauen der Perser gegenüber Überläufern und Meldungen vom Feind gewertet werden.

163 Cf. KRENTZ 2000, 183–200 mit einer Zusammenstellung bekannter griechischer Kriegslisten (177 zur List als naheliegendem Mittel des zahlenmäßig Unterlegenen) und K. MATARANGA, Le ruse dans la guerre, in: Guerres et sociétés dans les mondes grecs 490–322: questions d'histoire, Paris 1999, 21–28 bes. zu Kriegslisten bei antiken Historikern. Beispiele für den Verrat der eigenen Truppe bei C.G. STARR, Political Intelligence in Classical Greece (Mnemosyne Suppl. 31), Leiden 1974, 12–14; S. LEWIS, News and Society in the Greek Polis, London 1996, 77f., 175 A. 10. Zu weiteren Geheimbotschaften bei Hdt. I 123; V 33,4; 35; 98; VII 239 cf. BENCSIK 1994, 59–62.

zur Verwirrung des Gegners.[164] In der antiken Literatur zu Kriegslisten (στρατηγή-
ματα) finden wir mannigfaltige Beispiele dafür unter den Stichworten ψευδαγγελία, ψευδοπροδοσία („vorgetäuschter Verrat“) und ψευδαυτομολία („vorgetäusch-
tes Überlaufen“).[165]

Dennoch hatten Xerxes und seine Admiräle, abgesehen von einer prinzipiellen
Skepsis gegenüber solchen Meldungen, wenig Grund, die Nachricht des Themistokles für eine griechische List zu halten.[166] Denn weder die Herkunft noch der Inhalt
der Botschaft haben sie als Strategem verraten. Die griechische Verteidigungsalli-
anz hatte sich zu oft als brüchig erwiesen, als daß die Nachricht von ihrer großen
Uneinigkeit Verdacht erregen mußte. So floh ein Großteil der Ioner, durch persische Amnestieversprechen verleitet, aus der Schlacht von Lade 494, so ging der
Großteil der Nord- und Mittelgriechen ohne jeden Widerstand, ja teilweise sogar
mit fliegenden Fahnen zu den Persern über.[167] Die noch verteidigungswilligen Griechen hatten in Nordthessalien das Eintreffen des Feindes nicht einmal abgewartet;
auch von den Thermopylen war ein Großteil der Hellenen vor der eigentlichen
Schlacht schon abgezogen. Für die eigentliche Botschaft von der bevorstehenden
Flucht der Griechen war weder Identität noch Herkunft des Kuriers von Bedeutung,
so daß Aischylos sie nicht nennen muß. Der anonyme Überbringer reihte sich nahtlos unter die Griechen wie Alexander, Ephialtes oder die Aleuaden ein, welche dem
Großkönig Dienste erwiesen hatten.[168] Selbst daß einer der Athener oder gar ihr
strategischer Kopf, Themistokles, seinen Vorteil in einer Kollaboration mit den Persern suchen könnte, war nicht unglaubhaft: Schon einige andere Athener wie die
Peisistratiden und ihre Anhänger, vielleicht auch die Alkmaioniden bei Marathon
hatten sich den Persern angedient.[169]Als durchaus denkbares Motiv könnte bei den

---

164 Cf. zu frühen Belegen für ψευδάγγελος Hom. Il. XV 159; Aristoph. Av. 1340.

165 Der Syrakusaner Hermokrates verleitete laut Thuk. VII 73f. durch eine trügerische Botschaft
413 die Athener dazu, daß sie die Nacht, in der sie hätten ungestört abziehen können, ungenutzt
verstreichen ließen. In derselben Nacht besetzen die Syrakusaner alle Abzugswege (cf. Diod.
XIII 18,3; Frontin. strat. II 9,7; Plut. Nik. 26,2f.; Polyain. I 43,2). Beispiele in chronologischer
Reihenfolge: Polydoros: Polyain. I 15; Solon: Frontin. strat. II 9,9 = Polyain. I 20,2 (cf. Plut.
Sol. 8,4–6; Ain. Takt. 4,8); Perser gegen Klearchos: Xen. an. II 4,14–25 = Polyain. II 2,4;
Philipp V.: Polyain. IV 18,2 (Übrigens liegt hier der umgekehrte Fall zu der Botschaft bei Sala-
mis vor: Philipp läßt den Feinden unter König Attalos hinterbringen, daß er am nächsten Tag
die Seeschlacht beginnen wolle. Die nötigen Rüstungen der Feinde halten sie dann davon ab,
Philipps Flucht zu verhindern.) Zudem Thuk. VI 64f.; Xen. equ. mag. 4,7; 5,8; Polyain. V 33,4;
VI 16,5 = Pol. I 21,4–8; Polyain. VI 38,7; VII 26; weitere Beispiele bei STARR 1974, 15 A. 4 und
WHEELER 1988, 40 A. 73.

166 Hdt. VIII 76,1 und Diod. XI 17,2 betonen die Plausibilität des Gemeldeten. Cf. MORRISON-
COATES-RANKOV 2000, 58.

167 Hdt. VI 9f., 13f.; VII 132; cf. HART 1993, 134. Cf. Hdt. IX 2,2f. für den Rat der Thebaner an
Xerxes, die Griechen durch Geldzahlungen an die mächtigsten Männer der einzelnen Städte zu
spalten.

168 Cf. die ionischen Tyrannen vor Lade (Hdt. VI 9,2f.); die Aleuaden übergaben Thessalien kampflos dem Großkönig (VII 6,2); Ephialtes als Verräter bei den Thermopylen (VII 213,1); Timo-
xeinos als Verräter von Poteidaia an Artabazos (VIII 128,1). Cf. GILLIS 1979 passim und GRAF
1979 passim.

169 Cf. ausführlich GRAF 1979, 281–312 .

Persern sogar noch die Mutmaßung hinzugekommen sein, daß Themistokles mit einem Seitenwechsel im letzten Augenblick das Ziel haben könnte, die Lage der Athener auf Salamis zu entschärfen, die ihm angesichts der Konzentration der Peloponnesier auf die Isthmos-Stellung aussichtslos erschienen sein mag. Aufgrund dieser Erfahrungen und Überlegungen wird die Nachricht eines Verräters, „die Griechen haben voll Furcht die Flucht beschlossen"[170], bei den Persern Glauben gefunden haben.[171]

Die Handlungsoptionen, die sich aus der Botschaft für die persischen Admiräle ergaben, machten eine Entscheidung nicht schwer: Ließen sie die Botschaft unbeachtet, so konnte es dazu kommen, daß die griechischen Kontingente heimlich flohen. Hätte sich dabei die griechische Flotte völlig aufgelöst, so hätten sich die Perser die Chance entgehen lassen, die versprengten Abteilungen nacheinander zu vernichten, was sie der Eroberung Gesamtgriechenlands ein entscheidendes Stück näher gebracht hätte. Ließen sie die Griechen jedoch als geschlossenen, operationsfähigen Verband entkommen – was dann wahrscheinlich war, wenn sie keine Gegenmaßnahmen trafen –, so drohte ihnen – wie oben dargelegt – von der Hellenenflotte fortgesetzt Gefahr im Saronischen Golf und der erhoffte entscheidende Seesieg, den die Perser zur Sicherung der Versorgung des Invasionsheeres nötig brauchten, würde sich immer weiter verzögern. Vor diesen Gefahren im Verzug bildete die Sperrung sämtlicher Ausfahrten aus dem Sund nur ein kleines Wagnis für die persische Flotte – sofern sie nicht in diesen hineinfuhr. In Anbetracht dieser geringen Gefahr konnte die Aussicht auf die völlige Zerschlagung der griechischen Flotte die Perser zur Umzingelung der Griechen verleiten.

Diesen Eifer der Perser sich zunutze zu machen war das erste Hauptziel der trügerischen Geheimbotschaft: Indem sie den Großkönig veranlaßte, die persische Flotte noch am selben Abend – an dem sie sich ursprünglich erst einmal von den Schlachtvorbereitungen an diesem Tage erholen sollte – wieder gegen Salamis ausfahren zu lassen, waren die persischen Soldaten die ganze Nacht hindurch in Unruhe und Anspannung versetzt, da sie die verschiedenen Ausfahrten aus dem Sund zu bewachen hatten, wie Aischylos hervorhebt.[172] Dieses Faktum erachtet auch Herodot der Erwähnung wert.[173] Die Taktik, den Gegner schon Stunden vor der eigentli-

---

170 Hdt. VIII 75,2: οἱ Ἕλληνες δρησμὸν βουλεύονται καταρρωδηκότες. Cf. Aisch. Pers. 357–360: ὡς εἰ μελαίνης νυκτὸς ἵξεται κνέφας, | Ἕλληνες οὐ μενοῖεν, ἀλλὰ σέλμασιν | ναῶν ἐπανθορόντες ἄλλος ἄλλοσε | δρασμῷ κρυφαίῳ βίοτον ἐκσωσοίατο. „… daß, wenn erst das Dunkel der schwarzen Nacht gekommen sei, die Griechen nicht bleiben würden, sondern auf das Verdeck der Schiffe springend, der eine hierhin, der andere dorthin, ihr Leben retten auf geheimer Flucht." Zudem δρασμός in 370.

171 Aufgrund der als historisch angesehenen Konstanz der Furcht der Griechen hält von Haehling 1993, 90f. die Geheimbotschaft für authentisch.

172 Aisch. Pers. 382f.: καὶ πάννυχοι δὴ διάπλοον καθίστασαν | ναῶν ἄνακτες πάντα ναυτικὸν λεών. „Und die ganze Nacht hindurch ließen die Führer der Schiffe das gesamte Schiffsvolk am Ruder bleiben." Διάπλοος bezeichnet hier nicht „dauerndes Hin- und herrudern", sondern „stetiges Am-Ruder-Bleiben", cf. Groeneboom ad loc.; Liddell-Scott-Jones s.v.; Hignett 224f. Hingegen sieht Roux 1974, 66 in διάπλοον die Überfahrt vom Phaleron nach Salamis hin, welche die gesamte Nacht gedauert habe.

173 Hdt. VIII 76,3: οἱ μὲν δὴ ταῦτα τῆς νυκτὸς οὐδὲν ἀποκοιμηθέντες παραρτέοντο. „Sie trafen

chen Schlacht in gespannte Erwartung und hektische Betriebsamkeit zu versetzen und so zu ermüden, damit sie bei Anbruch des Entscheidungskampfes nicht im Vollbesitz ihrer körperlichen und geistigen Kräfte sind, ist oftmals für antike Heerführer bezeugt.[174]

Nicht nur des nötigen Schlafes scheinen die Perser in den letzten zwölf Stunden vor dem Schlachtbeginn entbehrt zu haben, sondern auch angemessener Nahrung. Auf diesen Punkt weist meines Erachtens Aischylos (375) hin, wenn er bemerkt, daß die persischen Seeleute noch ein Mahl zu sich nahmen, bevor sie bei Einbruch der Nacht die Schiffe bestiegen. Auch der Schachzug, den Gegnern nicht die Möglichkeit zur Nahrungsaufnahme zu lassen, spielt gerade bei antiken Militärschriftstellern eine große Rolle.[175] Wir können also die Unbequemlichkeiten und Strapazen der persischen Ruderer und Kämpfer, welche die Nacht auf See zwischen den Duchten und ohne ausreichende Verpflegung verbringen mußten, kaum überschätzen.[176] Den Persern den Nachtschlaf und ausreichende Ernährung vor der Entscheidungsschlacht zu entziehen stellt also für Aischylos den primären Zweck dieser Finte dar.[177] Und dieser Plan der Griechen war augenscheinlich von Erfolg gekrönt.

Auch das zweite Hauptziel der Geheimbotschaft ist keineswegs unmittelbar aus unseren Primärquellen Aischylos und Herodot ablesbar. Sie sollte nämlich den Groß-

---

diese Vorkehrungen nachts, ohne sich Schlaf zu gönnen." Für die nächtliche Ausfahrt der Perser betont RODGERS 1937, 87, „that above all things it was necessary for the leaders to save the strength both of rowers and of soldiers for the effort of battle." Zudem ibid. 91f. Ähnlich MORRISON-WILLIAMS 1968, 153; MORRISON-COATES-RANKOV 2000, 58; 101f. zur Ermüdungstaktik des Hermokrates gegenüber der Athenerflotte (Thuk. VI 34,4–6).

174 So besiegte Alexander d. Gr. bei Gaugamela die Perser nicht zuletzt, weil diese übernächtigt waren (Arr. an. III 11,1f.). Deshalb empfiehlt Ain. Takt. 27,14 eine Störung der Nachtruhe im feindlichen Lager durch das Herantreiben von mit Klingeln versehenen Ochsen. Der Athener Timotheos ließ seine 20 schnellsten Schiffe die kampfbereite Flotte der Lakedaimonier durch unerwartete Manöver ermüden, um sie dann mit dem Gros seiner Flotte zu besiegen (Frontin. strat. II 5,47; Polyain. III 10,6; 12; 16). Cf. Frontin. strat. II 1,4; 8; 9. Die Wichtigkeit des Ausruhens direkt vor der Schlacht betont Onas. VI 9 fin. (cf. PETERS 1972, 131).

175 Pol. III 71,10; 72,3; 73,2f. stellt die List, vor dem Frühstück anzugreifen, als Grundlage für Hannibals Sieg an der Trebia 218 dar. Später wandte Scipio Africanus dieses Mittel erfolgreich gegen Hasdrubal an (Pol. XI 22,4; 8; 24,5). Cf. Xen. Kyr. VI 3,7; 21; an. VI 5,21; Frontin. strat. II 1,5; Polyain. III 9,53; Onas. XII 1f.; Veg. mil. III 11; dazu PETERS 1972, 180–182.

176 Diese beschreiben eindrücklich J. TAILLARDAT, La trière athénienne et la guerre sur mer aux Ve et IVe siècles, in: J.-P. VERNANT (ed.), Problèmes de la guerre en Grèce ancienne, Paris-La Haye 1968, 183–205, hier 200f., und ROUX 1974, 60. Cf. auch MORRISON-COATES-RANKOV 2000, 124 und CASSON 1995, 261 zu Demosth. L 22, wo Apollodoros die Strapazen schildert, als seine Ruderer mangels zugänglicher Ankerplätze die Nacht „auf See, ohne Nahrung und Schlaf" (μετεώρους, ἀσίτους καὶ ἀγρύπνους) im Angesicht der Feinde verbringen mußten.

177 Dies hat Frontin. strat. II 2,14 als primäres Ziel von Themistokles' List erkannt: *qua ratione effecit, ut exercitus barbarorum primum inquietaretur, dum tota nocte in statione custodiae est, deinde, ut sui mane integris viribus cum barbaris vigilia marcentibus confligerent.* „Durch diese Maßnahme bewirkte er, daß zum einen die Barbarenflotte in Unruhe versetzt wurde, während sie die gesamte Nacht auf Wachtposition war, dann, daß die Seinen am Morgen mit frischen Kräften die Schlacht gegen die von der Wacht ermüdeten Barbaren schlugen." GURATZSCH 1961, 59 erwägt diese Motivation als einzig denkbare, um sie doch als „eine sehr fragwürdige Annahme" zu verwerfen.

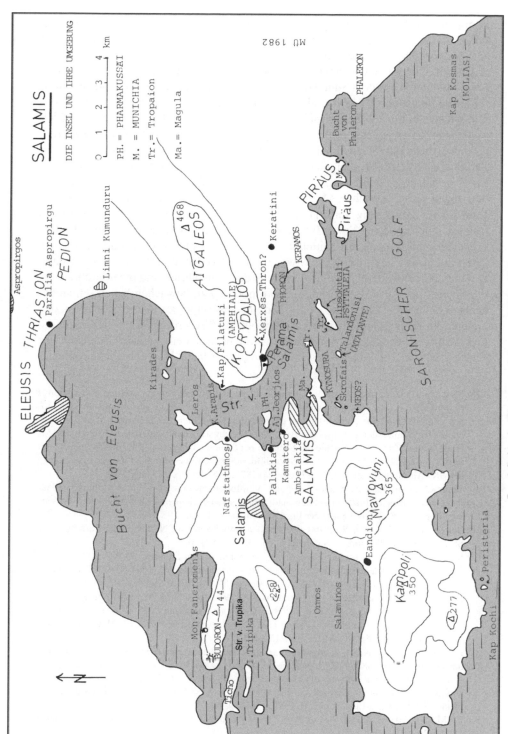

Insel Salamis (Karte aus MÜLLER 1987, 693)

könig zu verleiten, seine Hauptflotte zu schwächen, indem er ein Geschwader davon abziehe, das den Griechen den Fluchtweg durch den Golf von Eleusis und die
Straße von Trupika zwischen Salamis und der Megaris versperren sollte.
Aischlyos[178] berichtet von drei Geschwadern, die Xerxes ausgesandt hatte, um sämtliche Ausfahrten aus dem Sund von Salamis zu sperren. Zwei davon riegelten zweifellos die Straße von Salamis nach Süden hin ab auf einer Linie Kynosoura[179]-Psyt-
taleia-Keos. Ein drittes Geschwader nennt uns Herodot (VIII 76,1) samt dem Zielpunkt seines Vorrückens: τὸ ἀπ' ἑσπέρης κέρας κυκλούμενοι πρὸς τὴν Σαλαμῖνα
(„der westliche Flügel zur Umzingelung von Salamis"). Dieser westliche Flügel der
Perser könnte identisch sein mit dem ägyptischen Geschwader, von dem uns Ephoros[180] berichtet, es habe den Auftrag gehabt, Salamis westwärts zu umfahren und
den engen Kanal zwischen Megara und der Nordwestspitze der Insel zu sperren.
Eine solche Zielsetzung verbirgt sich wohl hinter dem Herodoteischen Ausdruck
κυκλούμενοι πρὸς τὴν Σαλαμῖνα; denn er beschreibt die Kreisbewegung des Geschwaders mit Salamis als Mittelpunkt.[181] Auch unsere beste Quelle, Aischylos,
spielt auf dieses ägyptische Geschwader an: entweder indirekt, subsumiert unter
den drei „Geschwadern" (στοῖχοι), welche die „Ausfahrten und meerdurchrauschten Sunde" (ἔκπλους … καὶ πόρους ἁλιρρόθους) zu bewachen haben – man beachte den Plural –, oder direkt mit ἄλλας δὲ κύκλῳ νῆσον Αἴαντος πέριξ („den
anderen im Kreis um die Insel des Aias herum").[182] Allerdings wäre hierbei für die
kreisförmige Umsegelung von Salamis weit eher das Verb πέμψαι „schicken" zu
erwarten als das von Aischylos gewählte τάξαι „ordnen".[183] Doch noch problema-

---

178 Pers. 366–368: τάξαι νεῶν στίφος μὲν ἐν στοῖχοις τρισίν Ι ἔκπλους φυλάσσειν καὶ πόρους
ἁλιρρόθους Ι ἄλλας δὲ κύκλῳ νῆσον Αἴαντος πέριξ. „Die Schar von Schiffen solle sich ordnen in drei Reihen, die Ausfahrten und die meerdurchrauschten Sunde bewachen; andere sollten im Kreis umstellen die Insel des Aias." Als Geschwader interpretieren στοῖχοι BURN 451;
H. BENGTSON, Zur Vorgeschichte der Schlacht bei Salamis, Chiron 1, 1971, 89–94, hier 92 mit
A. 6; ROUX 1974, 63–65 (bes. 65 mit Schaubildern für die Entsendung der drei Geschwader zu
den drei Ausfahrten); ähnlich auch HAMMOND 1973, 278. Anders LAZENBY 1988, 171.

179 Obgleich dieser Name nicht antik belegt ist, wird fortan das in west-östlicher Richtung verlau-
fende Vorgebirge südlich der antiken Stadt Salamis so bezeichnet, an dessen Spitze Kap Varvara liegt. S.o. S. 215 die Karte der Insel Salamis (aus MÜLLER 1987, 693).

180 Bei Diod. XI 17,2. Den Wert des Ephorischen Berichts betont N. NIKOLAOU, La bataille de
Salamine d'après Diodore de Sicile, REG 95, 1982, 145–156.

181 So erstmals A. WILHELM, Zur Topographie der Schlacht von Salamis, SAWW 211, 1, Wien
1929, 25 = id., Akademieschriften zur griechischen Inschriftenkunde (1895–1951), Teil 2, Leipzig 1974, 235–271 (ähnlich schon W.W. GOODWIN, The Battle of Salamis, PASA 1, 1882/83,
237–262, hier 251) akzeptiert von BENGTSON 1971, 93. ROUX 1974, 68 bezieht hingegen πρὸς
τὴν Σαλαμῖνα ausschließlich auf das Verb ἀνῆγον „sie stachen in See". HIGNETT 221 und LA-
ZENBY 1988, 174 verstehen – m.E. ohne jede Grundlage – diese Phrase als Hinweis auf eine
Umzingelung allein der Stadt Salamis vom Sund aus.

182 Pers. 367f. P.-E. LEGRAND, A propos de l'énigme de Salamine, REA 38, 1936, 55–60, hier 60,
und GOTTLIEB 1963, 88 mit A. 8 halten die Gleichsetzung des Herodoteischen κυκλούμενοι mit
dem Aischyleischen κύκλῳ für unzulässig. Skeptisch auch N. NIKOLAOU, Hérodote et le dispositif des forces navales à Salamine, in: J. SERVAIS, T. HACKENS & B. SERVAIS-SOYEZ (edd.), Stemmata, FS J. LABARBE, Liège-Louvain 1987, 275–289, hier 280.

183 Cf. MACAN 1908, II 306 mit A. 1 und den Perser-Kommentar von H.D. BROADHEAD, Cambridge
1960, 329.

tischer als die Annahme einer sprachlichen Inkonzinnität des Aischylos scheint mir die alternative Interpretation einer vollständigen Umzingelung der Insel von Psyttaleia über deren Süd- und Westküste bis zur Straße von Trupika hinauf: Von diesen Küstenabschnitten ging doch keine Gefahr für die Perser aus.[184] Daher dürften sie höchstens einige wenige Schiffe zur Kontrolle der Inselküste abgestellt haben, die ja auf den Schlachtverlauf keinen Einfluß nehmen konnten.[185] Diese wenigen hatten wahrscheinlich die primäre Funktion, die Kommunikation mit dem ägyptischen Geschwader aufrechtzuerhalten.[186]

Die Absperrung des Kanals zwischen Megara und Salamis war für die Perser eine strategische Notwendigkeit, um ein Entkommen der kampffähigen Hellenenflotte zu verhindern.[187] Allerdings haben OBST und MARG eingewandt[188], daß die Perser dazu keinesfalls mehrere Dutzend, sondern nur einige wenige Schiffe benötigt hätten; denn die Fahrrinne sei an der flachsten Stelle nur 2,2 m tief und zwischen 200 und 300 m breit gewesen, da der Meeresspiegel damals um ca. 2,8 m tiefer als heute gelegen habe.[189] Doch nach neueren Forschungen wird der Anstieg des Meeresspiegels von der Zeitenwende bis heute für das Mittelmeer deutlich geringer angesetzt, auf nur noch 0,3 bis 0,5 m bei einem mittleren Fehler von ± 0,3 m.[190]

---

184 Cf. HIGNETT 223; LAZENBY 1988, 173; 1993, 174. Hingegen erwägen F. MILTNER, Der taktische Aufbau der Schlacht von Salamis, JÖAI 26, 1930, 115–128, hier 117f., und BENGTSON 1971, 92–94, daß die Perser dadurch jeglichen Nachschub von Aigina her für die auf Salamis Eingeschlossenen und deren Flucht zu verhindern suchten. Beider Versuch (ähnlich HAMMOND 1973, 279f., 298f.), die vollständige Umzingelung von Salamis mit Aristeides' Meldung an Themistokles (Hdt. VIII 79,4; Plut. Them. 12,6) nachzuweisen, ist aufgrund von deren historischer Zweifelhaftigkeit auf Sand gebaut.

185 GURATZSCH 1961, 58 sieht darin eine beträchtliche Schwächung der Perserflotte.

186 Cf. J.A.R. MUNRO, Some Observations on the Persian Wars, JHS 22, 1902, 294–332, hier 327.

187 Cf. MACAN II 306f.; MILTNER 1930, 117f.

188 OBST 1913, 151; W. MARG, Zur Strategie der Schlacht von Salamis, Hermes 90, 1962, 116–119, bes. 117f. mit Karte. Beide verweisen darauf, daß die Athener 429 die Straße von Trupika mit dem Fort Boudoron auf der Salamis-Halbinsel Perama und mit nur drei Trieren gegen Angriffe der Megarer und Peloponnesier sicherten, wo sie allerdings von diesen überrannt wurden (Thuk. II 93,4).

189 MARG 1962, 117 stützt sich auf den mittlerweile überholten Ansatz von D. HAFEMANN, Die Frage des eustatischen Meeresspiegelanstiegs in historischer Zeit, in: Deutscher Geographentag, Berlin 20.–25. Mai 1959, Wiesbaden 1960, 218–231.

190 So N.C. FLEMMING, Holocene eustatic changes and coastal tectonics in the northeast Mediterranean: Implications for models of crustal consumption, Philosophical Transactions of the Royal Society of London, A (Mathematical and Physical Sciences) 289, 1978, 405–458. Id. & C.O. WEBB, Tectonic and Eustatic Coastal Changes During the last 10,000 Years Derived from Archeological Data, in: A. OZER (ed.), Dating Mediterranean shorelines (Zeitschrift für Geomorphologie N.F., Suppl. 62), Berlin-Stuttgart 1986, 1–29, hier 23, zeigen in Tabelle 4, wie in der Fachliteratur der Ansatz des Meeresspiegelanstiegs vom Beginn zum Ende des 20. Jhs. schrittweise von 5,0 m bis auf 0,3 bis 0,5 m reduziert wurde; cf. dort auch Fig. 11C auf 19. Ähnlich M.D. & R. HIGGINS, A geological companion to Greece and the Aegean, London 1996, 12 in Fig. 1.9. Außerdem lassen sich aus dem prinzipiellen Ansatz des Meeresspiegelanstiegs keine Rückschlüsse auf einzelne Orte anstellen ohne Datenmaterial mit ausreichender zeitlicher Streuung für diese Orte. Denn die tektonischen Verschiebungen gerade in einem geologisch so unruhigen Gebiet wie dem Mittelmeer spielen dafür eine wichtige Rolle, cf. G.A. WAGNER, Strandverschiebung und archäologische Datierung (Ein Diskussionsbeitrag), in: J. SCHÄFER & W. SI-

Doch ganz abgesehen von Frage, wie breit die Einfahrt nun genau war, haben die Griechen gewiß ihrerseits die Halbinsel Perama mit Hopliten gesichert und auch einige Triëren dort stationiert, die ein Übersetzen der persischen Truppen nach Salamis verhindern und zudem deren Vormarsch auf dem Skironischen Weg nach Westen stören sollten. So war dort durchaus mit Gefechten größeren Ausmaßes zu rechnen. Vielleicht war aber dieses Nadelöhr gar nicht das Hauptziel des ägyptischen Geschwaders, sondern die Einfahrt in die Bucht von Eleusis, um von Norden her den Griechen im Sund in den Rücken zu fallen. Die allerdings keineswegs gesicherte Entsendung eines beachtlichen Geschwaders um Euboia herum während der Kämpfe am Artemision könnte die Vorliebe der Perser für eine solche Umgehungsstrategie belegen.[191] Diese könnte auch eine Erklärung für Herodots polemischen Bericht von der angeblichen Flucht der Korinthier liefern:[192] Adeimantos sei schon zu Beginn der Schlacht mit den 40 korinthischen Schiffen geflohen; erst die Erscheinung eines gottgesandten Schnellseglers, dessen Besatzung den Fliehenden den griechischen Sieg voraussagte, auf der Höhe des Heiligtums der Athene Skiras[193] habe die Korinthier zur Umkehr bewogen; sie hätten den Ort des Kampfes aber erst nach dessen Ende erreicht. Die beiden gegenläufigen Bewegungen der Korinthier lassen sich mühelos als griechische Vorsichtsmaßnahme gegen das ägyptische Umgehungsgeschwader erklären:[194] Entweder warfen sie dieses zurück, oder sie erkannten, daß dieses nicht in die Bucht von Eleusis einfahren und den Griechen in den Rücken fallen würde, und kehrten deshalb zum eigentlichen Schlachtfeld zurück.[195] Insgesamt besitzt also die Sperrung aller Ausfahrten aus dem Sund von

MON (edd.) Strandverschiebungen in ihrer Bedeutung für Geowissenschaften und Archäologie (Ruperto Carola Sonderheft), Heidelberg 1981, 225–230; J. SCHÄFER, s.v. Meeresspiegel, in: H. SONNABEND (ed.), Mensch und Landschaft in der Antike. Lexikon der Historischen Geographie, Stuttgart-Weimar 1999, 336f., hier 337.

191 Hdt. VIII 7. Cf. GURATZSCH 1961, 61; HART 1993, 134; s.o. S. 141 A. 53.

192 Hdt. VIII 94. Cf. NIKOLAOU 1987, 280f., 288f., der betont, daß Herodot dieses Umgehungsmanöver nicht erwähnen durfte, da sonst die angebliche Flucht der Korinthier eine Erklärung gefunden hätte. Zur Entstehung dieser antikorinthischen Polemik ausführlich CARRIÈRE 1988, 236–241.

193 H.G. LOLLING, Der Tempel der Athene Skiras und das Vorgebirge Skiradion auf Salamis, AM 1, 1876, 127–138, hier 131–135; F. GEYER, RE III A 1 (1927), s.v. Skiradion, 533; T. KOCK, ibid., s.v. Skiras, 534f. und MÜLLER 1987, 707 lokalisieren das Heiligtum im Nordosten nahe oder auf dem Inselchen Leros. MUNRO 1902, 329 und WILHELM 1929, 38 plädieren dagegen aufgrund von Plut. Her. malign. 39, p. 870b περὶ τὰ λήγοντα τῆς Σαλαμινίας „gerade am äußersten Ende von Salamis" für den äußersten Nordwesten der Insel, nahe der Straße von Trupika.

194 Schon bei der Schlacht von Artemision stationierten die Athener 53 Schiffe bei Chalkis gegen solche Umgehungsversuche (VIII 14); cf. MUNRO CAH IV 1930, 310.

195 Cf. J.L. MYRES, Herodotus. Father of History, Oxford 1953, 270; BURN 458; HAMMOND 1973, 292; ROUX 1974, 72f. Skeptisch HIGNETT 413f.; LAZENBY 1993, 189f. Die Beteiligung der Korinthier an der Seeschlacht ist oft belegt: IG I³ 1143 = MEIGGS-LEWIS 24; Hdt. VIII 94,4; Plut. Her. malign. 39, pp. 870d–871b; das Grabepigramm des Adeimantos Anth. Pal. VII 347 = Dion von Prusa XXXVII 19 = Plut. Her. malign. 39, p. 870f (cf. BURN 445): Οὗτος Ἀδειμάντου κείνου τάφος, οὗ διὰ βουλὰς Ἑλλὰς ἐλευθερίης ἀμφέθετο στέφανον. „Dies ist das Grab jenes Adeimantos, dank dessen Ratschlägen Griechenland sich den Kranz der Freiheit umlegen konnte." Verweist βουλαί auf seinen Vorschlag im Kriegsrat, ein Kontingent gegen mögliche persische Umgehungsgeschwader zu schicken?

Salamis und somit die Entsendung des ägyptischen Geschwaders in die Straße von Trupika hohe historische Wahrscheinlichkeit.[196] Die dazu notwendige Aufteilung ihrer keineswegs weit überlegenen Flotte konnte der persischen Admiralität nur dann sinnvoll erscheinen, wenn ernsthaft mit einer Flucht der Griechen zu rechnen war. Deshalb dürfte Xerxes zu dieser Schwächung seiner Hauptstreitmacht gerade durch die trügerische Geheimbotschaft verführt worden sein.

Etwas war allerdings niemals Ziel oder tatsächlicher Effekt der Geheimbotschaft, was wir in vielen Abhandlungen zum Teil noch neuesten Datums finden:[197] die Perser, sei es während der Nacht, sei es erst am Morgen, in die Enge des Sundes von Salamis zu locken. Denn von einer solchen Einfahrt der Perser in den knapp 2 km breiten Kanal zwischen dem Vorgebirge Kynosoura und dem attischen Festland unmittelbar nach ihrem Auslaufen aus dem Phaleron spricht keine unserer Quellen. Vielmehr betonen sowohl Aischylos als auch Herodot, daß es sich bei der nächtlichen Operation der Perser lediglich um eine Sperrung aller Ausfahrten aus dem Sund vor Salamis gehandelt hat. Laut Herodot postierten die Perser den Großteil ihrer Schiffe in den beiden Ausfahrten zwischen Kynosoura und Psyttaleia sowie zwischen dieser Insel und Mounichia an der attischen Küste[198], d.h. um die Insel Psyttaleia herum, die in der Mitte zwischen Kynosoura und dem attischen Festland liegt und heute Lipsokoutali heißt[199]. Aus diesem Grund ist οἱ ἀμφὶ τὴν Κέον τε καὶ τὴν Κυνόσουραν τεταγμένοι als Angabe des Zielortes, nicht des Ausgangs-

196 Dies akzeptieren auch Ed. MEYER, GdA IV[5] 1, 368f.; MUNRO CAH IV 1930, 308f.; GOTTLIEB 1963, 87 mit A. 6; HAMMOND 1973, 292f.; CAH IV[2] 1988, 573f.; GREEN 1970, 181f.; ROUX 1974, 69f.; MÜLLER 1987, 697–699; CARRIÈRE 1988, 223, 237; MORRISON-COATES-RANKOV 2000, 57. Skeptisch BROADHEAD 1960, 328f. Die Historizität dieser Entsendung bestreiten OBST 1913, 151; MARG 1962; HIGNETT 221f., 409f., 412f., (ähnlich BURN 453, 458), da Ephoros diese Aktion nur aus Pers. 368 und dem Fehlen der Ägypter in Herodots Bericht erschlossen habe (221f.), sowie PODLECKI 1966, 181 A. 14; LAZENBY 1988, 173; 1993, 175.

197 LAZENBY 1988, 175–181; 1993, 180f.; HAMMOND 1973, 270–286; CAH IV[2] 1988, 572–574, dem BROADHEAD 1960, 322–339 folgt; BEIKE 1983, 63f.; MORRISON-COATES-RANKOV 2000, 57f. und V.D. HANSON, Kein Ruhmesblatt für die Griechen. Die Perser gewinnen bei Salamis 480 v. Chr., in: R. COWLEY (ed.), Was wäre gewesen, wenn? Wendepunkte der Weltgeschichte, München 2000 (zuerst englisch: What if?, New York 1999), 28–51, hier 46f., führen die Einfahrt der Perser am Morgen auf die Botschaft zurück. Selbst HIGNETT 215–230, WELWEI 1999, 64f. und H.E. HERZIG, Der «Freiheitskampf» der Griechen, Salamis, September 480 v. Chr., in: S. FÖRSTER, M. PÖHLMANN & D. WALTER (edd.), Schlachten der Weltgeschichte. Von Salamis bis Sinai, München 2001, 19–31, hier 27f., postulieren eine nächtliche Einfahrt der Perser in den Sund aus eigenem Antrieb, da sie die Geheimbotschaft für unhistorisch halten.

198 Hdt. VIII 76,1: .... ἀνῆγον δὲ οἱ ἀμφὶ τὴν Κέον τε καὶ τὴν Κυνόσουραν τεταγμένοι, κατεῖχόν τε μέχρι Μουνιχίης πάντα τὸν πορθμὸν τῇσι νηυσί. „... die in die Nähe von Keos und Kynosoura beorderten (Abteilungen) stachen in See und nahmen die gesamte Meerenge bis nach Mounichia mit ihren Schiffen ein."

199 An dieser Identifizierung kann trotz HAMMONDS Gleichsetzung von Psyttaleia mit der heute Hagios Georgios benannten Insel (1973, 301f.; CAH IV[2] 1988, 574) kein Zweifel sein; cf. W.K. PRITCHETT, Towards a restudy of the Battle of Salamis, AJA 63, 1959, 251–262; HIGNETT 397–402; E. BAYER, Psyttaleia, Historia 18, 1969, 640; ausführlich P.W. WALLACE, Psyttaleia and the trophies of the battle of Salamis, AJA 73, 1969, 293–303; E. MEYER, RE Suppl. XIV (1974), s.v. Psyttaleia, 566–571; MÜLLER 1987, 700–705.

punktes der persischen Vorwärtsbewegung zu verstehen.[200] Da Herodot betont, daß die Perser „bis Mounichia die gesamte Meerenge" besetzt hielten, kann meines Erachtens die Lokalisierung von Keos an der attischen Küste westlich von Mounichia kaum in die Irre gehen.[201] Alle genannten Lokalitäten deuten auf eine Sperrstellung deutlich außerhalb des Sundes. Wichtiger noch: Ein Vorrücken der Perser in den Sund hinein wäre äußerst riskant gewesen, zum einen weil das Navigieren und das Einhalten der Ordnung bei Dunkelheit in dieser engen Wasserstraße für einen Verband von mehreren hundert Schiffen kaum möglich war, zum anderen weil sie sich dadurch einem eventuellen Hinterhalt der Griechen schutzlos ausgeliefert hätten, da das Einfahren diesen nicht verborgen bleiben konnte.[202] Wären die Perser überdies dem griechischen Lager bis auf einige hundert Meter nahe gekommen, so hätten sie doch sicherlich nicht abgewartet, bis die griechischen Strategen am Morgen ihre Reden gehalten und die Griechen in Ruhe ihre Schiffe bestiegen hätten.[203] Zudem ist damit zu rechnen, daß die Griechen mit wenigen Vorpostenschiffen die Einfahrt in den Sund gesperrt hatten.[204]

Am schlagendsten sind jedoch die Aussagen unserer Quellen: Aischylos, Herodot und auch Plutarch stimmen darin überein, daß die Perser Truppen auf der Insel Psyttaleia landeten, da um diese herum die Schlacht stattfinden sollte und diese Soldaten strandende Griechen töten und schiffbrüchigen Persern helfen sollten.[205] Auch die Aischyleische Beschreibung besagt, daß die Perser von der in See stechenden Griechenflotte zuerst nur das Schlagen der Ruder, den Trompetenruf und den Schlachtgesang, vielfach verstärkt durch die Felsen am Sund, hörten, bevor sie

---

200 So zuerst WILHELM 1929, 23–28, 35–37 mit einer Parallele für das Perfekt von τάττειν als Richtungsangabe in IG I³ 117, Z. 9f. Cf. auch HIGNETT 219; ROUX 1974, 68; LAZENBY 1988, 172.

201 So WILHELM 1929, 28–35, der in Κέος eine Verlesung im Herodot-Text für Κέ<ραμ>ος vermutet, wie noch heute das Kap auf dem attischen Festland direkt gegenüber von Kynosoura heißt. Ähnlich ROUX 1974, 68f.; BURN 472. LAZENBY 1988, 172 identifiziert Keos mit dem späteren Hafen Zea auf der Piräus-Halbinsel. MÜLLER 1987, 706 lokalisiert Keos jedoch nahe Kynosoura.

202 HIGNETT 226, 229f. unterschätzt diese Schwierigkeiten; cf. die Kritik bei PODLECKI 1966, 139–141. Das persische Bestreben nach Heimlichkeit beim Vorgehen (Hdt. VIII 76,3) ist keineswegs nur mit der angeblichen großen Nähe zum griechischen Schiffslager zu erklären (so HIGNETT 226 und LAZENBY 1988, 173), sondern alternativ mit dem erhofften Überraschungseffekt auf die vermeintlich zu ertappenden Flüchtigen.

203 Die Perser hätten doch dann viel eher wie Lysander bei Aigospotamoi die Athener (Xen. Hell. II 1,27f.) beim Besteigen der Schiffe angegriffen. Die einzelnen Argumente ausführlich bei GOODWIN 1882/3, 241–253, 261, der aber einige Argumente aus der unhistorischen Episode über die Unterredung zwischen Themistokles und Aristeides zu gewinnen glaubt, und mit Ergänzungen id., The Battle of Salamis, HSCPh 17, 1906, 73–101, und konzise zusammengestellt bei HOW-WELLS II 382. Der Versuch von LAZENBY 1988, 177–181, diese Argumente zu widerlegen, schlägt fehl.

204 So GURATZSCH 1961, 63 mit Verweis auf MILTNER 1938, 240; GREEN 1970, 184.

205 Aisch. Pers. 447–453; Hdt. VIII 76,1f., bes. 2: ἐν γὰρ δὴ πόρῳ ναυμαχίης τῆς μελλούσης ἔσεσθαι ἔκειτο ἡ νῆσος. „Denn die Insel lag in dem Sund, in dem die Seeschlacht voraussichtlich geschlagen werden würde." Laut Plut. Arist. 9,1 und 9,4 lag die Insel genau im Zentrum der Seeschlacht. Hätten die Perser die Schlacht im Kanal geplant, so hätten sie zur Rettung der eigenen Soldaten in erster Linie die attische Küste südlich des Korydallos dicht besetzen müssen.

sie sehen konnten.[206] Diese Schilderung ist verständlich, wenn die Perser noch außerhalb des Sundes standen und die griechischen Schiffe erst zu Gesicht bekamen, als diese den einen Kilometer von ihren Lagerplätzen um die Stadt Salamis entlang dem Vorgebirge Kynosoura bis zu dessen Spitze zurückgelegt hatten.[207] Viele Belege machen eine nächtliche Einfahrt der Perser in den Sund höchst unwahrscheinlich.[208] Überhaupt gehe ich mit einigen Forschern[209] davon aus, daß die Schlacht nicht im Sund selbst begonnen hat, sondern in einem Rechteck, das sich nördlich von Psyttaleia vom Kap Varvara nach Osten entlang der attischen Küste bis zum Phoron-Hafen hin erstreckt. Auch wenn eine Diskussion der wahrscheinlichen Schlachtaufstellung der beiden Flotten und des -verlaufes hier zu weit führt, so sei hier doch bemerkt, daß ich es mit MUNRO für wahrscheinlich halte, daß es den Griechen gelang, durch das Zurückweichen des eigenen linken Flügels, das laut Herodot erst von einer göttlichen Erscheinung gestoppt worden sei, die persischen Schiffe auf der östlichen Seite in den Sund hineinzulocken[210] und sie in dieser Enge zu schlagen.

Wir halten fest: Es sind die beiden zuvor genannten Zielsetzungen – zum einen die Perserflotte eine ganze Nacht hindurch in Anspannung zu versetzen, ihr den Schlaf und die Möglichkeit zur Nahrungsaufnahme zu rauben, zum anderen deren Kräfte aufzusplittern, nicht jedoch die Perser des Nachts in den Sund zu locken – und deren erfolgreiche Umsetzung[211], welche die historische Authentizität einer trügerischen Geheimbotschaft eines Griechen an den Perserkönig vor der Schlacht von

206 Aisch. Pers. 388–391: πρῶτον μὲν ἠχῇ κέλαδος Ἑλλήνων πάρα· | μολπηδὸν ηὐφήμησεν, ὄρθιον δ᾿ ἅμα | ἀντηλάλαξε νησιώτιδος πέτρας | ἠχώ· „Zuerst erscholl von den Griechen ein Brausen, einen Gesang stimmten sie an, und hell zugleich hallte zurück das Echo vom Inselfelsen." 398: θοῶς δὲ πάντες ἦσαν ἐκφανεῖς ἰδεῖν. „Auf einmal waren sie alle deutlich zu sehen."
207 HAMMOND CAH IV² 1988, 573f. und WILLIAMS-COATES-RANKOV 2000, 59 vermuten hingegen, daß die – keineswegs hoch aufragende – Insel Hagios Georgios die Ausfahrt der Griechen verdeckt habe. Hdt. VIII 84,1: ἀναγομένοισι δέ σφι αὐτίκα ἐπεκέατο οἱ βάρβαροι „Auf die Abfahrenden stürzten sich sogleich die Barbaren" spricht zumindest auf den ersten Blick für eine große Nähe der Perser zu den Griechen (cf. LAZENBY 1988, 176), doch mag hier ἀναγομένοισι als (nach Durchfahren des Sundes) „auf die offene See hinausfahren" zu verstehen sein. Andernfalls verdient gegenüber Herodot sicherlich Aischylos den Vorzug.
208 So ausführlich zuerst GOODWIN 1882/83; GRUNDY 1901, 372–387; HOW-WELLS II 382–384; GURATZSCH 1961, 62f.; BURN 456f.; GREEN 1970, 184.
209 Gerade aufgrund der Wichtigkeit von Psyttaleia und der – mittlerweile überholten (s.o. S. 217 mit A. 190) – Hypothese, daß das Meeresniveau im Jahre 480 ca. 2 bis 3 m niedriger gelegen habe als heute, vertraten P. REDHIADHIS, Ἡ ἐν Σαλαμῖνι Ναυμαχία, Athen 1911 (dazu siehe die Karte bei K. OBERHUMMER, RE I A 2 [1920], s.v. Salamis 1), 1826–1831, hier 1829f.), dann MUNRO CAH IV 1930, 310–312 (mit Map 9 gegenüber von 307); MYRES 1953, 267–282 (mit Fig. 18 und 20 auf 269 bzw. 279) und ROUX 1974 (mit Fig. 4 auf 77) diese These.
210 Hdt. VIII 84; cf. MUNRO CAH IV 1930, 310–312; ähnlich HOW-WELLS II 385; MYRES 1953, 280f.; BURN 461; ROUX 1974, 78.
211 B.S. STRAUSS, Democracy, Kimon, and the Evolution of Athenian Naval Tactics in the Fifth Century BC, in: P. FLENSTED-JENSEN et al. (edd.), Polis & Politics. Studies in Ancient Greek History, FS M.H. HANSEN, Kopenhagen 2000, 315–326, hier 320, benennt diese beiden eigentlichen Ziele der Botschaft klar. Auch HANSON 2000, 43 erkennt darin „zwei verhängnisvolle Fehler" der persischen Admiralität, ohne sie aber mit der Geheimbotschaft in Verbindung zu bringen.

Salamis nahelegen – nicht zuletzt aufgrund des Aischyleischen Zeugnisses[212] und ungeachtet aller Zweifel, die gerade durch die zahlreichen fiktiven Elemente in den Herodoteischen Berichten über Themistokles nachhaltig genährt werden.[213]

Wie wichtig es ist, daß die Schlacht im Sund von Salamis geschlagen wurde, mithin den entscheidenden Einfluß der Themistokleischen List macht Herodot durch die übernatürlichen Zeichen augenfällig[214], deren Berichte er immer enger aufeinanderfolgen läßt, je näher die Schlacht heranrückt: ein Erd- und Seebeben, das die Griechen veranlaßt, von Aigina die Standbilder der Aiakiden herbeizuschaffen, das als Verweis auf die persische Niederlage gedeutete Wunderzeichen, daß sich in der tatsächlich menschenleeren Thriasischen Ebene von Eleusis her eine Staubwolke wie von 30 000 Soldaten und feierlicher Gesang wie bei den Eleusinischen Mysterien erhoben habe[215], und schließlich das Bakis-Orakel, das den Griechen bei Salamis den Sieg voraussagt.[216]

6. Die Meldung des Aristeides an Themistokles (VIII 79–81)

Nach dem Ausblick auf das glückliche Ende dieser Schlacht wendet sich Herodot wieder den zerstrittenen griechischen Feldherren zu, die noch kontrovers über den Rückzug zum Isthmos diskutieren; denn sie wissen noch nicht, daß die Griechen schon von persischen Schiffen eingeschlossen sind (VIII 78). In dieser Situation läßt der Historiker Aristeides auftreten, der mit einem Schiff von Aigina nach Salamis gekommen ist. Herodot preist ihn als „den besten und gerechtesten Mann in Athen"[217], wobei er betont, daß er sich über Aristeides' Lebensart erkundigt habe, was wohl bedeutet, daß er die Summe aus den umlaufenden Anekdoten gezogen hat.[218] Die Superlative in dieser Bewertung erwecken den Eindruck eines lobenden Nachrufes, wie wir ihn oft in Grabepigrammen finden.[219] Zwar preist schon Timokreon von Rhodos in seinem Schmähgedicht auf Themistokles die Tugend des Aristeides als des besten Atheners[220], doch Aristeides' Verklärung als „der Gerechte" schlechthin scheint erst in den folgenden Jahrhunderten kanonisiert worden zu sein.[221] Denn die schon erwähnten Ostraka[222] gegen Aristeides und die – wenn auch

---

212 Cf. Ed. MEYER, Kleine Schriften, Bd. II, Halle/Salle 1924, 518f. A. 1.
213 Ebenso urteilen CAWKWELL 1970, 42 und ROOBAERT 1985, 131.
214 Cf. SCHULTE 105–107 und BENCSIK 1994, 39 A. 5, 142f., die beide in den Götterzeichen eine Legitimation für Themistokles' Handeln sehen.
215 Hdt. VIII 64 und 65; zum letzteren cf. CARRIÈRE 1988, 220–228.
216 Hdt. VIII 77. Zum Bakis-Orakel s.o. ausführlich S. 154–157.
217 Hdt. VIII 79,1: … ἄριστον ἄνδρα γενέσθαι ἐν Ἀθήνῃσι καὶ δικαιότατον …
218 Cf. KNIGHT 1970, 39f. mit A. 40 und S. BRENNE in: SIEWERT 2002, 193–204, T 6.
219 Diesen Hinweis verdanke ich Herwig GÖRGEMANNS. Cf. M.N. TOD, Laudatory Epithets in Greek Epitaphs, BSA 46, 1951, 182–190, bes. 184–186; U. BECKER, Grabmal und Epigramm. Studien zur frühgriechischen Sepulkraldichtung (Palingenesia 29), Stuttgart 1990, 82–85.
220 Timokreon fr. 727 PMG = Plut. Them. 21,4, Z. 2–4; s.o. S. 60 A. 259.
221 Cf. E. STEIN-HÖLKESKAMP, DNP 1 (1996), s.v. Aristeides, Sp. 1094f., hier 1095. Cf. Plat. Gorg. 526b; Aischin. I 25; II 23; III 181; Plut. Arist. 3,5; weitere Belege bei BRENNE in: SIEWERT 2002, 200 A. 27.
222 S.o. S. 88f.

nicht über jeden Zweifel erhabenen – Nachrichten über seine an sich grundlose zwei-malige Verurteilung wegen Unterschlagung bzw. Bestechlichkeit bei der Tribut-festsetzung für den Seebund belegen, daß im fünften Jahrhundert seine Bewertung durchaus noch nicht unumstritten war.[223] Um so auffälliger ist deshalb, daß Hero-dot zuvor lapidar darauf verweist, daß Aristeides „durch das Scherbengericht vom Volk verbannt worden" sei, ohne auch nur im geringsten die Hintergründe zu erläu-tern.[224] Ebensowenig Erhellung schafft die folgende Gegenüberstellung von Aristei-des und Themistokles, der sein ärgster Feind gewesen sei. Zwar mag es zuerst ein schlechtes Licht auf Themistokles werfen, einen solchen Ausbund an Tugend poli-tisch bekriegt zu haben;[225] doch auch Aristeides erscheint bei näherem Hinsehen keineswegs makellos. Denn das Argument läßt sich mit GOLDSCHEIDER (80) auch umdrehen: Aristeides' Integrität erweist sich doch als beschattet durch seine Oppo-sition gegenüber dem Manne, der nun insgesamt schon dreimal die strauchelnden Athener bzw. Griechen auf den rettenden Weg zurückgebracht hat. Neben diesen Meriten nehmen sich die Eroberung von Psyttaleia, mit der Herodot immerhin Aristeides' Qualifikation als ἄριστος im Sinne von „im höchsten Maße tapfer" recht-fertigt,[226] und der nur beiläufig erwähnte Oberbefehl über die athenischen Truppen bei Plataiai (IX 28,6) doch bescheiden aus.[227] Das überschwengliche Lob des Aristei-des dient also nicht der Zurücksetzung des Themistokles, sondern ist notwendig, um Aristeides neben ihm, dessen facettenreiche Persönlichkeit und Verdienste dem Leser nun schon hinreichend vor Augen stehen, überhaupt Kontur gewinnen zu las-sen. Zum zweiten stellt sich die Frage: Warum hat das Volk von Athen einen solch vorbildlichen Mitbürger verbannt? Hätte Herodot tatsächlich das Ansehen des The-mistokles zu schädigen im Sinn gehabt, so hätte er an dieser Stelle sicher nicht ver-säumt, dessen Schuld am Ostrakismos des Aristeides zu erwähnen, die historisch wahrscheinlich ist.[228] Immerhin könnte Herodot darauf mit den „damaligen Übeln" angespielt haben, die „wegen der Größe der gegenwärtigen Übel vergessen" sein sollen (VIII 79,2).

223 Cf. Idomeneus von Lampsakos FGrHist 338 F 7 = Plut. Arist. 4,3f.; Krateros von Makedonien
FGrHist 342 F 12 = Plut. Arist. 26,2–4; dazu PICCIRILLI 1983, 174 = 1987, 70f.; C. COOPER,
Idomeneus of Lampsacus on the Athenian Demagogues, EMC 41, 1997, 455–482, hier 459f.,
467f.; BRAUN 2000, 195. FORNARA 74 A. 23 und jüngst BRENNE in: SIEWERT 2002, 200f. vermuten, daß Herodot Aristeides' Gerechtigkeit vor allem deshalb so hervorhebt, weil er ihn gegen
die zeitgenössischen Vorwürfe wegen seiner Tributfestsetzung für den Seebund in Schutz nehmen möchte.

224 Cf. BRENNE in: SIEWERT 2002, 198–200. Zu Herodots Desinteresse an Verfassungsfragen und
Innenpolitik LEVI 1955, 246, MEIER 1980, 432 und RAAFLAUB 1988, 213.

225 Laut DIESNER 1957, 901 wird Aristeides Themistokles als idealisiertes Gegenbild vorgestellt.
Ähnlich EVANS 1991, 79.

226 Zu ἄριστος als Kennzeichnung persönlicher Qualitäten, nicht einer sozialen Zugehörigkeit cf.
W.F. DONLAN, A Note on Aristos as a Class Term, Philologus 113, 1969, 268–270.

227 Cf. EVANS 1991, 79: „Herodotus … minimized his importance while praising his virtue." So
GOTTLIEB 1963, 101; BENGTSON 1994, 115 A. 40; MOLES 2002, 46f. Hingegen erkennt LEVI 1955,
247 hinter dem Lobpreis des Seebundsgründers Aristeides als δικαιότατος auch eine Polemik
gegen Perikles, der den Seebund als Unterdrückungsinstrument gegen Griechen mißbraucht
habe.

228 Zu dieser Frage s.o. ausführlich S. 86–89.

Doch ungeachtet der Versöhnungsbereitschaft läßt Herodot Aristeides mit einem Paukenschlag gegenüber Themistokles anheben: „Es ist notwendig/vorherbestimmt, daß wir scharfe Konflikte um den Vorrang zu jedem anderen Zeitpunkt und besonders in diesem darüber ausfechten, wer von uns beiden sich mehr Verdienste um das Vaterland erwerben wird."[229] Wenn Aristeides gerade für die aktuelle Situation auf Salamis die Notwendigkeit eines solchen Wettstreits betont, so mag er sich gegenüber dem scheinbaren Zaudern des Themistokles, den er offenbar unter die streitsüchtigen Feldherren im Kriegsrat einreiht, seine unter Lebensgefahr überbrachte Meldung als erste große Leistung in ihrem Wettkampf anrechnen. In der letzten Phase der Schlacht hat Aristeides laut Herodot (VIII 95) mit einer Schar von schwerbewaffneten Athenern, die schon an der Küste von Salamis warteten, auf die Insel Psyttaleia im Sund übergesetzt und alle dortigen Perser niedermetzeln lassen.[230] Hingegen finden wir bei Aischylos (*Perser* 454–464) eine andere Schilderung: Nach dem Sieg legten die Griechen, die zuvor auf den Triëren gedient hatten, ihre Hoplitenrüstung an, fuhren zur Insel Psyttaleia und bedrängten die dort versammelten Perser durch Steinwürfe und Pfeilschüsse und töteten sie im Nahkampf. Da Aischylos impliziert, daß diese Landungstruppen keine frischen, ausgeruhten Kämpfer waren, sondern schon auf den Schiffen gefochten und gerudert hatten und beim Kampf um Psyttaleia ausgiebig Bogenschützen und Steinschleuderer einsetzen konnten, liegt der Schluß nahe, daß es sich um Marineinfanteristen (ἐπιβάται) handelte, die auch schon zur Perserkriegszeit auf attischen Triëren zu finden waren.[231] Auch wenn eine klare Entscheidung zwischen beiden Versionen kaum möglich erscheint, gebe ich der Aischyleischen den Vorzug, da die bei Herodot implizierte Inaktivität des Aristeides und der athenischen Hopliten am Strand von Salamis während der Schlacht suspekt ist.[232] Selbst mit ihrer unspektakulären Erwäh-

229 Hdt. VIII 79,3: Ἡμέας στασιάζειν χρεόν ἐστι ἔν τε τῷ ἄλλῳ καιρῷ καὶ δὴ καὶ ἐν τῷδε περὶ τοῦ ὁκότερος ἡμέων πλέω ἀγαθὰ τὴν πατρίδα ἐργάσεται.
230 Plutarch (Them. 13,2–5, cf. FROST ad loc.; Arist. 9,1–4) folgt vollständig Herodots Version. Aus Aischylos' Betonung, daß die auf Psyttaleia stationierten Perser von höchstem Adel gewesen seien (Pers. 441–443), scheint Plutarch bzw. schon seine Quelle, Phainias von Eresos, die schaurige Geschichte herausgesponnen zu haben, daß bei der Rückeroberung der Insel drei Neffen des Großkönigs lebend gefangengenommen wurden, die Aristeides sofort zu Themistokles brachte, der sie – widerwillig – auf Geheiß eines Sehers dem Dionysos Omostes habe opfern lassen. Cf. P. DUCREY, Le traitement des prisonniers de guerre dans la Grèce antique, Paris 1968, 205f.; LONIS 1979, 48, 106, 114f. A. 109. A. HENRICHS, Human Sacrifice in Greek Religion; three case studies, in: Le sacrifice dans l'antiquité (Entretiens Fondation Hardt 27), Vandœuvres-Genf 1981, 195–242, hier 208–224, 239–241, und D.D. HUGHES, Human Sacrifice in Ancient Greece, London-New York 1991, 111–115, halten dieses Menschenopfer für unhistorisch; anders jüngst T. GRÜNEWALD, Menschenopfer im klassischen Athen?, AKG 83, 2001, 1–23, hier 18–22.
231 Cf. C.W. FORNARA, The Hoplite Achievement at Psyttaleia, JHS 86, 1966, 51–54, hier 52 mit A. 6. Ähnlich versteht es auch das Schol. Aesch. Pers. 457. Während der Perserkriege dürfen wir mit 10 bis 15 ἐπιβάται in Hoplitenrüstung samt Bogenschützen pro Schiff rechnen; cf. J.S. MORRISON, *Hyperesia* in Naval Contexts in the Fifth and Fourth Centuries BC, JHS 104, 1984, 48–59, hier 58, und GABRIELSEN 1994, 106f., 248 A. 3; die Annahme von deutlich mehr Hopliten an Bord (so JORDAN 1975, 187–195) ist unwahrscheinlich.
232 Laut FORNARA 1966a, 52 A. 7 spricht Aischylos' Genauigkeit bei der Schilderung der einzelnen

nung[233] hat Herodot dennoch ein Kernthema der innerathenischen Diskussionen seiner Zeit aufgegriffen: Hatte die Flotte, deren Aufstieg als Markstein der Demokratisierung Athens galt, oder das timokratisch konstituierte Hoplitenheer Athen zu Größe und Macht in der Pentekontaëtie verholfen?[234] Angesichts dieser jahrzehntelangen Debatte kann es nicht verwundern, daß sich die konservativ-aristokratischen Kreise eine Gallionsfigur für dieses Gefecht schufen, welche das Verdienst der Hopliten für die Perserabwehr und deren militärischen Führungsanspruch verkörpern sollte. Wie FORNARA zu Recht vermutet, war Aristeides dafür die erste Wahl.[235] Eine solche Tradition ließ sich um so leichter fingieren[236], als die Eroberung Psyttaleias keineswegs von einem Strategen angeführt werden mußte, so daß auch der erst kurz zuvor zurückgekehrte Aristeides dafür in Frage kommen konnte.[237]

Nach Aristeides' angeblicher Führungsrolle bei der Eroberung von Psyttaleia zu schließen, sah auch Herodot in ihm den Vorkämpfer der Landkriegsstrategie.[238] Doch in der Schlacht von Salamis war es noch nicht möglich, durch den Einsatz von Schwerbewaffneten den Schöpfer der athenischen Flotte in den Schatten zu stellen. Erst 479 war es Aristeides möglich „zu punkten": In der Schlacht von Plataiai war er ein Stratege des 8000 Mann starken athenischen Hoplitenheeres; hingegen vermissen wir seit dem Jahr 479 in der zugegebenermaßen lückenhaften Überlieferung Themistokles als athenischen Strategen. Hat Herodot vielleicht mit diesem merkwürdigen Ausspruch, den er Aristeides in den Mund legt, auf diesen Machtkampf um die Führung des Perserkrieges und den daraus resultierenden Aufstieg des Aristeides sowie den rapide schwindenden Einfluß des Themistokles schon vorausverwiesen?

Bestärkt werden wir in dieser Annahme durch Herodots auffällige Wortwahl, wenn er den propagierten Kampf um den Ruhm mit dem Verb στασιάζειν um-

---

Phasen der Eroberung und der verschiedenen Waffengattungen dafür. Anders BROADHEAD 1960 ad loc. HAMMOND 1973, 289–291 versucht, beide Berichte zu harmonisieren. Da Aischylos erst in Psyttaleias Eroberung den Anstoß zur überstürzten Flucht der Perser sieht (Pers. 465–470; cf. aber 728), unterstellen ihm HIGNETT 238, BURN 467, KIERDORF 1966, 70f. und LAZENBY 1993, 195, die Hopliten glorifiziert zu haben – obgleich er doch auch die Rolle der Leichtbewaffneten betont (459–461); cf. FORNARA 1966a, 52 A. 7; LORAUX 1986, 162f.; SMARCZYK 1990, 403f. A. 46f.; HARRISON 2000b, 97.

233 Sie bleibt durch ihre zeitliche Unbestimmtheit episodenhaft; nicht einmal bei der im direkten Anschluß geschilderten Bergung der Verletzten und Trümmer nach Salamis (VIII 96,1) erwähnt Herodot das rückeroberte Psyttaleia.

234 Cf. Ps.-Xen. Ath. Pol. 1,2; Thuk. I 141,2–143; Plat. leg. IV 707c. FORNARA 1966a, 52f.; LORAUX 1986, 162–165. Zur propagandistischen Auseinandersetzung zwischen Themistokles und Kimon cf. A.J. PODLECKI, Theseus and Themistocles, RSA 5, 1975, 1–24.

235 FORNARA 1966a, 53.

236 Cf. FORNARA 1966a, 51: „an historical fiction"; GREEN 1970, 183, 196f.; KNIGHT 1970, 40 mit A. 46.

237 Hingegen hat J.B. BURY, Aristeides at Salamis, CR 10, 1896, 414–418, aus der scheinbaren Kommandogewalt des Aristeides auf Psyttaleia geschlossen, daß er schon für das Jahr 480/79 zum Strategen gewählt worden wäre; dies haben zu Recht FORNARA 1971c, 42 und LAZENBY 1993, 209 A. 22 bestritten. S.u. S. 248f.

238 HARRISON 2000b, 98 wertet Aischylos' Perser als Beleg dafür, „that the idea of their competition for the good of Athens was current in 472."

schreibt, das vom Substantiv στάσις abgeleitet ist. Dieser Begriff unterlag in seiner Bedeutung „Zwietracht, Hader, Aufstand" und „innerer Krieg zwischen Mitbürgern um die Macht im Staate"[239] seit jeher einer ausschließlich negativen Bewertung.[240] Auch bei Herodot führt eine στάσις entweder zur Errichtung einer Tyrannis oder zum Eingreifen fremder Mächte.[241] Angesichts des Streits um den Flottenoberbefehl am Kap Artemision[242] formuliert Herodot sein politisches Credo, daß ein Krieg im Innern (στάσις … ἔμφυλος) um so viel verderblicher als ein einmütig geführter Krieg sei wie Krieg schlimmer als Frieden. Aufgrund dieser Äußerungen[243] kann kein Zweifel bestehen, daß er jede Form der στάσις verabscheute, zumal er selbst als Exilant das Opfer eines Bürgerzwistes in Halikarnassos war.[244] Um so verwunderlicher und aussagekräftiger muß daher Aristeides' Aufforderung an Themistokles zum στασιάζειν sein, da dies *per definitionem* keine harmlose oder gar produktive Konkurrenz[245], wie sie die Situation vor Salamis erforderte, sondern nur einen Verdrängungskampf ums politische Überleben bezeichnen kann.

Das große Unbehagen über diese Herodot-Passage verbirgt auch Plutarch in seiner Aristeides-Biographie nicht. Deshalb hat er den Wortlaut der Ansprache des Aristeides an Themistokles entscheidend verändert (8,3):

„Ἡμεῖς" εἶπεν „ὦ Θεμιστόκλεις, εἰ σωφρονοῦμεν, ἤδη τὴν κενὴν καὶ μειρακιώδη στάσιν ἀφέντες ἀρξώμεθα σωτηρίου καὶ καλῆς φιλονικίας πρὸς ἀλλήλους, ἁμιλλώμενοι σῶσαι τὴν Ἑλλάδα, σὺ μὲν ἄρχων καὶ στρατηγῶν, ἐγὼ δ' ὑπουργῶν καὶ συμβουλεύων."

Er sagte: „ Wenn wir Verstand haben, Themistokles, wollen wir jetzt den eitlen und kindischen Zwist beenden und einen heilsamen und edlen Wettkampf be-

---

239 Zur Unterscheidung der „inneren" στάσις vom πόλεμος gegen äußere Feinde cf. Plat. Rep. V 470b und die bei GEHRKE 1985, 8 A. 33 genannten antiken Autoren; zudem Aristot. eth. Nic. 1167a32–34 und N. FISHER, *Hybris*, revenge and *stasis* in the Greek city-states, in: VAN WEES 2000, 83–123, bes. 84–90.

240 Solon fr. 3 DIEHL = 3 GENTILI-PRATO, Z. 17–20; Aisch. Eum. 858–865; bes. 976–983; Demokrit 68 B 249 DK. Cf. M.I. FINLEY, Athenian Demagogues, P&P 21, 1962, 3–24, hier 7f. = id. (ed.), Studies in Ancient Society, London-Boston 1974, 1–15, hier 5f.

241 Cf. Hdt. I 59,3; 60,1; 73,3; IV 160,1; 162,2; V 66,2; VII 2. Cf. FISHER 2000, 103–106. Bei Herodot hat das Wort attisches Gepräge, cf. ALY 1927, 110.

242 Hdt. VIII 3,1: … εἰ στασιάσουσι περὶ τῆς ἡγεμονίης „wenn sie um die Führung streiten".

243 Im Streit zwischen den Tegeaten und den Athenern um den zweiten Ehrenplatz auf dem linken Flügel in der Schlacht bei Plataiai läßt Herodot die Athener eine Auffassung aussprechen, wie wir sie auch für Aristeides vor Salamis erwartet hätten, nämlich daß sich „ein Streit" um die Aufstellung angesichts der Gefahr „nicht zieme" (οὐ … στασιάζειν πρέπει, IX 27,6). Cf. WICKERSHAM 1994, 11–14.

244 Cf. Suda s.v. Ἡρόδοτος; JACOBY 216–224.

245 Die positive Konnotation von στασιάζειν im Platonischen Menexenos (243e–244a), das nach dem Sturz der Dreißig Tyrannen in Athen 404/3 eine so maßvolle und brüderliche Lösung erfahren habe (cf. das gegenteilige Urteil bei Xen. Hell. II 4,22), ist vermutlich allein auf die hier wie in anderen Dialogpassagen nachweisbare Parodie Platons auf die Epitaphientopik des Lysias (II 61–66) oder des Isokrates zurückzuführen. Cf. LORAUX 1986, 140f.; 200–204, bes. 202; C.W. MÜLLER, Platon und der „Panegyrikos" des Isokrates. Überlegungen zum platonischen „Menexenos", Philologus 135, 1991, 140–156, hier 153–155.

ginnen, indem wir miteinander wetteifern, Griechenland zu retten, du als Führer und Feldherr, ich als Helfer und Ratgeber."

Bezeichnend für das Verständnis Plutarchs ist seine scharfe Trennung zwischen dem
beizulegenden „eitlen und kindischen Zwist" und dem „heilsamen und edlen Wettkampf um die Rettung Griechenlands". Schon zuvor hat Plutarch betont, daß Aristeides dem athenischen Strategen mit Rat und Tat zur Seite gestanden und so seinem
ärgsten Widersacher um der Sache willen zu größtem Ruhm verholfen hat.[246]
Aristeides erkennt die Führungsposition des Themistokles vollständig an und nimmt
für sich von vornherein eine dienende Funktion ein. Sowohl der von Aristeides an-
gestrebte Wettkampf als auch Themistokles' Reaktion, in Aristeides' Bereitschaft
zur Zusammenarbeit sowie in dessen unter Lebensgefahr überbrachter Meldung
schon einen kleinen Sieg für diesen zu sehen[247], sind bei Plutarch geprägt vom Willen beider, gemeinsam die Rettung Griechenlands ins Werk zu setzen, und tragen
mitnichten die Züge eines erbitterten Kampfes um den Ruhm, wie er im Herodoteischen στασιάζειν impliziert ist.

Angesichts der negativen Bewertung von στάσις bei Herodot können wir vermuten, daß er seinen Aristeides mit seinem herausfordernden Auftreten weit über
die aktuelle Situation hinaus schon auf die erbitterten Auseinandersetzungen zwischen den beiden Politikern nach 480 vorausweisen läßt.[248] Aristeides macht klar,
daß er für die Folgezeit keineswegs auf seinen Führungsanspruch in der athenischen Politik zu verzichten bereit ist und neue Kämpfe um Macht und Ansehen als
unumgänglich ansieht. Dieser Impetus tritt um so deutlicher dadurch hervor, daß
Herodot – sicherlich gegen die historische Realität – den Eindruck erweckt, als käme
Aristeides direkt aus der Verbannung von Aigina nach Salamis, um Themistokles
diese Nachricht zu bringen: Die Rivalität flammt also sofort wieder auf, nachdem
beide aufeinander getroffen sind. Die Unvermeidlichkeit dieser Rivalität kommt einem *vaticinium ex eventu* gleich: Wohl schon unmittelbar nach dem Sieg bei Salamis scheint der Machtkampf zwischen Aristeides und Themistokles in aller Schärfe
erneut ausgebrochen zu sein, aus dem Aristeides und seine vermutlichen Verbündeten, die Alkmaioniden und die Philaiden, schließlich als Sieger hervorgegangen
sind.[249] Mit dem sonderbaren Einleitungssatz des Aristeides deutet Herodot an, daß
er in ihm einen Hauptverantwortlichen für das Verschwinden des Themistokles von
der politischen Bühne Athens nach 480 sieht.

Dieser Einleitungssatz des Aristeides ist keineswegs organisch mit dem Kontext verbunden, sondern für die eigentliche Meldung über die Umzingelung der Griechen gänzlich belanglos. Aristeides zeigt selbst volles Bewußtsein darüber, daß sei-

---

246 Plut. Arist. 8,1. Laut Arist. 9,5f. entspringt Themistokles' zweite Geheimbotschaft an Xerxes
   allein Aristeides' Rat, Xerxes' Flucht aus Hellas zu beschleunigen; er hält so Themistokles
   davon ab, „Asien in Europa fangen" zu wollen.
247 Plut. Arist. 8,5.
248 Man beachte als Verweis auf die Zukunft das betonte ἔν τε τῷ ἄλλῳ καιρῷ – der Singular ist
   entweder als Rückwirkung vom folgenden καὶ δὴ καὶ ἐν τῷδε (sc. καιρῷ) zu verstehen oder
   als Analogiebildung zu ἐν ἄλλῳ χρόνῳ (anders GOLDSCHEIDER 79) – und das futurische Tem-
   pus von ἔργασεται.
249 Dazu s.u. ausführlich S. 336f.

ne Meldung nichts zur Rettung der Griechen beitragen kann, indem er betont, die langen Diskussionen der Peloponnesier seien völlig nutzlos und gleichgültig (ἴσον ἐστί), da die Einschließung keine Flucht mehr zulasse. Die Irrelevanz seiner Botschaft wird am deutlichsten durch den Umstand, daß die peloponnesischen Strategen seiner Nachricht später keinerlei Glauben schenken und erst nach der bestätigenden Meldung einer übergelaufenen tenischen Triëre bereit sind, ihre Einkreisung zu akzeptieren.[250]

Die Antwort, die Herodot Themistokles in den Mund legt, läßt den ganzen Sinn seiner Fiktion von der Meldung des Aristeides deutlich werden. Themistokles' erste Reaktion nimmt deutlich Bezug auf deren zweiteilige Struktur: „Wahrlich vortreffliches rätst du, und gute Nachricht bringst du!" Er läßt seiner Freude über die eingetretene Umzingelung freien Lauf, als er sich anschließend voller Stolz Aristeides gegenüber als deren Urheber zu erkennen gibt. Unmittelbar daran schließt er eine Rechtfertigung für seine Geheimbotschaft an den Perserkönig an, die ihm bei einer griechischen Niederlage die Verfolgung als Landesverräter eingebracht hätte. Es hat rein dramaturgische Gründe, daß Herodot Themistokles sich schon vor der Schlacht, ohne daß also der Sieg der Hellenen auch nur in greifbare Nähe gerückt wäre, zu seiner Tat nachdrücklich[251] bekennen läßt, obgleich er seine Verantwortlichkeit doch ohne jeden Schaden für sich selbst oder die Griechen hätte weiterhin verschweigen können: Aristeides fungiert in Herodots Darstellung als Repräsentant aller Athener – wie schon zu Beginn der Debatten Mnesiphilos –, vor denen sich Themistokles zu legitimieren sucht. Mit diesem frühen Bekenntnis, das Aristeides und somit alle anderen Griechen zu Zeugen der originären Absicht des Themistokles macht, nimmt Herodot seinen Themistokles gegen den Vorwurf eines eigennützigen Doppelspieles in Schutz. Damit beansprucht dieser jedoch auch das „Urheberrecht" auf die schlachtentscheidende Tat. Deshalb kann er sich gelassen auf Aristeides' Herausforderung zu einer στάσις um den Ruhm einlassen und diese als „äußerst vortrefflichen Rat" loben. Doch durch sein Bekenntnis zur Geheimbotschaft erwirbt er sich nicht nur einen gewaltigen Vorsprung, sondern degradiert Aristeides zu demjenigen, der als erster den Erfolg seiner List wahrnimmt.[252] Durch seine unbewußte Späher- und Botenfunktion im Dienste des Themistokles wird also jedes originäre Verdienst, das Aristeides sich bisher noch zurechnen konnte, negiert. Er fordert Aristeides auf, selbst im Kriegsrat die Einkreisung der Griechen zu verkünden, und überläßt ihm so gönnerhaft die Genugtuung, das mit eigenen Augen Gesehene zu berichten, wodurch Themistokles ihn zu seinem Lobredner wider Willen macht. Daß Themistokles auf die Verkündung seines eigenen Ruhmes verzichtet, gerade weil er um seinen Ruf als hinterlistig und verschlagen weiß und mit dem großen Mißtrauen der anderen Feldherren rechnet[253], nötigt Achtung für seine realistische Selbsteinschätzung ab. Doch sein Opfer ist gering: Denn mußte Themistokles den Rat des Mnesiphilos, die Peloponnesier zum Kampf vor Salamis zu zwingen, noch in jedem Fall vor den anderen Strategen als seinen ureigenen ausge-

---

250 Hdt. VIII 81f.; 83,1. Cf. EVANS 1991, 79.
251 Hdt. VIII 80,1 mit insgesamt drei Sätzen, beachte vor allem ἴσθι „wisse".
252 Er greift das von Aristeides verwendete αὐτόπτης „Augenzeuge" auf (VIII 80,1).
253 Hdt. VIII 80,2. HART 1993, 193: „Themistocles was alive to the danger of overplaying his hand."

ben und mit seiner ganzen Autorität vertreten, um überhaupt Gehör zu finden, so kann er bei der Meldung des Aristeides auf eine Aneignung fremden Wissens verzichten, da dessen Akzeptanz durch die Feldherren völlig ohne Belang ist (ὅμοιον ἡμῖν ἔσται), was er Aristeides zu verstehen gibt (VIII 80,2). Man beachte, wie sich die von Aristeides betonte Gleichgültigkeit der Diskussionen im Kriegsrat zur von Themistokles hervorgehobenen Unerheblichkeit der Akzeptanz der Meldung durch die Strategen verschoben hat. Herodot stellt in dieser Episode die Schlauheit und Weitsicht des Themistokles – einmal mehr – heraus, in deren Schatten Aristeides, obgleich explizit als „der tapferste und gerechteste aller Athener" gelobt, rasch wieder in seiner Marginalität[254] verschwindet. Sofern Herodot tatsächlich eine aristokratische Version über die Verdienste des Aristeides schon vor der Schlacht vorlag, so hat er mit seiner Ausgestaltung deren ursprüngliche Tendenz vollständig verkehrt.

Das Gespräch der beiden athenischen Konkurrenten ist so stark literarisch durchgeformt, daß es in dieser Form sicherlich nicht stattgefunden hat. In den Einzelheiten ist es Herodoteischer Phantasie entsprungen; doch ist es höchst fraglich, ob Aristeides überhaupt eine solche Meldung von der Umzingelung überbracht hat.[255] Denn es ist unklar, welchen Weg Aristeides von Aigina nach Salamis genommen haben könnte, ohne den persischen Patrouillen in die Hände zu fallen: Soll er etwa durch den Kanal von Megara, den eine ägyptische Schwadron der Perserflotte gesperrt hatte, und den Golf von Eleusis gefahren sein? Aber wie sollte er dann gesehen haben, daß das Gros der Perserflotte den südöstlichen Ausgang der Straße von Salamis blockierte? Wenn er Kurs um den südlichen Teil der Insel herum nahm, kann er die Sperrung der nordwestlichen Einfahrt nicht beobachtet haben. Auch eine Landung in der auf der Westseite der Insel gelegenen Bucht von Trupika ist unwahrscheinlich, da ein Marsch über die Insel zum griechischen Heerlager zuviel Zeit beansprucht hätte. Zudem hätte er dann nicht die Blockaden passieren müssen, was der Herodoteische Aristeides getan hat (VIII 81), und das Gros der persischen Schiffe nicht vor der Einfahrt in den Sund von Salamis wahrnehmen können. Doch neben allen praktischen Schwierigkeiten spricht die völlige Wirkungslosigkeit der Meldung im weiteren Geschehen entscheidend dagegen, daß Herodots Bericht einen historischen Vorgang wiedergibt.[256] Die Abfolge der Ereignisse aus den umrahmenden Kapiteln 78 und 82 kann nahtlos aneinandergefügt werden.

Das Gespräch zwischen Aristeides und Themistokles schließt den Erzählbogen, der die Vorgeschichte zur Schlacht von Salamis umspannt und beim Ratschlag des Mnesiphilos seinen Ausgangspunkt genommen hat. Die beiden Gespräche des

---

254 Deshalb kann Ephoros (bei Diod. XI 17,3f.) Aristeides mühelos durch einen Samier ersetzen, der, von den nationalgriechisch gesinnten Ionern geschickt, den Griechen die Umzingelung meldet. Ephoros wollte damit seine ionischen Landsleute vom Vorwurf des Verrats an Griechenland entlasten; cf. GREEN 1970, 184f. Wie KNIGHT 1970, 40 zum Schluß kommt, daß durch Herodots Erzählung Themistokles' Bedeutung heruntergespielt werden soll, ist mir nicht erfindlich.

255 Zum folgenden ausführlich HIGNETT 408–411; zudem GREEN 1970, 184.

256 Dies bezweifeln auch BURY 1896; HIGNETT 408–411; FORNARA 1966a, 53f.; GREEN 1970, 196f.; FIGUEIRA 1981, 312f. Hingegen halten HAMMOND CAH IV² 1988, 572; LAZENBY 1993, 182f. und jüngst BRENNE in: SIEWERT 2002, 194, 196f. den Bericht für historisch.

athenischen Strategen mit seinen Landsleuten bilden somit dessen äußeren Rahmen; zudem verhalten sie sich spiegelbildlich zueinander: War es die vornehme Pflicht des Mnesiphilos, Themistokles vor den katastrophalen Folgen eines griechischen Rückzuges zum Isthmos zu warnen, so blieb Aristeides nur die Verkündung der Nachricht, daß Themistokles' List zur Vereitelung des Rückzuges Erfolg beschieden war.[257] Ein besonderes Licht auf die Geschichtsphilosophie des Herodot wirft die Beobachtung, daß es in seiner Dramaturgie gerade dem sonst unbekannten Athener Mnesiphilos bestimmt ist, mit seiner Warnung zum eigentlichen Urheber des griechischen Sieges bei Salamis zu werden, während dem von Herodot mit außergewöhnlichem Lob versehenen Aristeides nur eine Aufklärungsfunktion vergönnt ist. Diese beiden Athener dienen aber Herodot primär dazu, den eigentlichen Helden, Themistokles, als Stellvertreter aller Athener zu erweisen, indem sie ihm durch ihren prinzipiellen Konsens eine Legitimation verschaffen.

Die grundsätzliche Kooperationsbereitschaft von Themistokles und Aristeides läßt die Streitsucht und Eifersüchteleien der peloponnesischen Feldherren im Kriegsrat um so kindischer und gefährlicher erscheinen.[258] Dennoch ist auch die unverhohlene Rivalität der beiden Athener symptomatisch für das Verhalten der Griechen in den Perserkriegen überhaupt: Nur im Angesicht der existentiellen Gefahr vermögen sie ihre Zwistigkeiten und altererbten Feindschaften ruhen zu lassen.[259] Dies bildet wohl auch den Hintergrund der Anekdote, der Aiginete Polykritos habe mitten im Schlachtgetümmel von Salamis beim Anblick des Schiffes des Themistokles diesen geschmäht mit Anspielungen auf die – von den Athenern behauptete – perserfreundliche Gesinnung der Aigineten. Auch die athenische Diffamierung der Korinthier als Feiglinge in der Seeschlacht und deren hohes Lob durch die anderen Griechen spiegeln den Kampf verschiedener Poleis um die Deutung der glorreichen Vergangenheit wider.[260] Daß Herodot seinem Publikum Einblick in diesen Kampf gewährt, indem er die entgegengesetzten Bewertungen unverbunden nebeneinanderstellt, soll vermutlich die innere Zerrissenheit der Griechen nicht nur zur Perserkriegszeit, sondern auch in der Pentekontaëtie verdeutlichen.[261]

7. Die Herodoteische Version der Geheimbotschaft des Themistokles

Obgleich viele Forscher Herodots Bericht nicht nur in Grundzügen, sondern sogar in den Details als authentisches Zeugnis für die Haltung der einzelnen griechischen Kontingentführer werten[262], erscheint es doch schwierig, hinter dem beherrschen-

---

257 Ähnlich MOLES 2002, 46.
258 Cf. IMMERWAHR 277. MOLES 2002, 46 sieht darin sogar einen Hinweis auf „the historian's own role", nämlich eine Mahnung zur Überwindung der innergriechischen Streitereien.
259 MUNSON 1988, 101 A. 32 sieht beider Kooperation als bewußte Parallele zur Beilegung der langjährigen Feindschaft zwischen Athen und Aigina.
260 Hdt. VIII 92,2; 94. Cf. DE JONG 1999, 271.
261 Cf. THOMPSON 1996, 146. Laut DEWALD 1987, 166 gibt Herodot verleumderische Erzählungen deshalb wieder, weil er mit dem Glauben der Akteure an die Richtigkeit solcher Erzählungen deren spätere Handlungen erklären möchte.
262 So beispielsweise GREEN 1970, 163–165, 168–171, 176; ROOBAERT 1985, 128–130; HAMMOND

den Motiv der hellenischen Uneinigkeit und Kopflosigkeit einen ernstzunehmenden Reflex auf deren historisches Verhalten zu erkennen. Insbesondere das Furchtmotiv, das Herodot für sämtliche Verteidigungsstellungen der Griechen bis zum Überdruß wiederholt, muß uns stutzig machen.[263] Vielmehr ist anzunehmen, daß die Strategen sich in großer Mehrzahl spätestens unmittelbar nach dem Rückzug vom Kap Artemision, vermutlich aber schon zuvor in ihren strategischen Plänen für Salamis als Abwehrstellung im Saronischen Golf entschieden hatten.[264] Wären die Peloponnesier wirklich nur darauf aus gewesen, den Isthmos zu verteidigen, wieso hätten dann ihre Befehlshaber mitsamt ihren Gesamtaufgeboten den sicheren Sammelplatz vor Pogon verlassen, der einerseits den besten Ausgangsort für eine Fahrt nach Norden zum Isthmos, andererseits zwei Ausfahrtmöglichkeiten gegen eine mögliche Umzingelung bot[265], und sich zur bloßen weiteren Beratung nach Salamis vorgewagt, wo doch weit eher die Gefahr der Einschließung drohte? Überdies ist es unglaubhaft, daß sich gerade der Korinthier Adeimantos am heftigsten gegen einen Kampf vor Salamis gewehrt haben soll, weil fast die Hälfte des korinthischen Gebietes nördlich der Isthmos-Mauer lag, somit die Korinthier an einer möglichst frühen Abwehr der Perser interessiert gewesen sein müssen.[266] Selbst wenn man den dichtgedrängten Ablauf der griechischen Beratungen zugrunde legt, so wäre für die rückzugswilligen Peloponnesier ausreichend Zeit zur Durchführung ihres Entschlusses geblieben. Daß sie dennoch verweilten und endlos weiterdiskutierten, ist kaum historisch[267] – es sei denn, die Peloponnesier hätten versucht, auch die Athener zum Rückzug zum Isthmos zu bewegen, wovon die Quellen nichts berichten. Der Schlachtverlauf und der Sieg der Griechen legen jedoch die Vermutung nahe, daß die griechischen Strategen von vornherein Salamis ausgewählt und die Schlacht strategisch und taktisch im großen und ganzen einvernehmlich geplant hatten.[268]

CAH IV² 1988, 571; LENDLE 1992, 53–56; LAZENBY 1993, 161f., VON HAEHLING 1993; diese Liste ließe sich erheblich verlängern. LENDLE 1992, 60f. vermutet zudem, daß Herodot die tagelangen Diskussionen der Feldherren auf drei Kriegsratssitzungen verteilt habe.

263 Man beachte den stereotypen Gebrauch von δρησμός oder der vom Stamm ἀρρωδ- gebildeten Begriffe: am Tempe-Paß VII 173,4; bei den Thermopylen VII 207; 219,2; während der Schlacht von Artemision VII 183,1; VIII 4,1; 18; 23,1; auch bei Salamis VIII 63; 70,2 bis; 74,1; 75,2 bis. Cf. BOWEN 1992, 136.

264 Cf. MEYER 1899, II 203: „Der Kampf bei Salamis war von der griechischen Heerleitung von langer Hand vorbereitet, die nothwendige Ergänzung zu der Defensivstellung am Isthmos." So auch OBST 1913, 14; GURATZSCH 1961, 58f.; MASARACCHIA 1969/70, 82f.; anders LAZENBY 1993, 158–162. Hingegen vermutet GREEN 1970, 157f., bes. 162, (dazu ROOBAERT 1985, 126) eine Isthmos-Linie, d.h. eine maritime Abwehrstellung bei Pogon.

265 Cf. A. PHILIPPSON, Die griechischen Landschaften, Bd.. III: Der Peloponnes, Teil 1, Frankfurt am Main 1959, 120f.

266 Cf. J.B. SALMON, Wealthy Corinth. A History of the City to 338 BC, Oxford 1984, 254f., auch wenn dieses Gebiet nicht besonders fruchtbar war. K. ADSHEAD, Politics of the Archaic Peloponnese, Aldershot 1986, 69 hält hingegen das beschriebene Verhalten des Adeimantos für historisch.

267 Cf. WATERS 1966, 167.

268 Mit Recht Ed. MEYER 1899, II 204: „Eine aus zahlreichen Einzelcontingenten zusammengesetzte, des einheitlichen Commandos thatsächlich entbehrende Flotte, von der ein Drittel ohne Kampf die Flucht ergreifen will, die nur durch List zum Schlagen gezwungen werden kann, ist

Doch wenn kein eigentlicher historischer Kern hinter Herodots Darstellung zu finden ist, so bleibt zu fragen, was ihn dazu veranlaßt hat, die Feigheit und den eklatanten Mangel an Solidarität insbesondere bei den Peloponnesiern als beherrschendes Motiv in die Vorgeschichte von Salamis einzubauen. Hierfür könnte man wohl seine athenischen Quellen verantwortlich machen: BURN vermutet, daß die langwierigen Beratungen der griechischen Befehlshaber über die Detailfragen der richtigen Taktik für die Schlacht von den jungen athenischen Kämpfern als grundsätzlicher Streit darüber mißverstanden wurden, ob die Griechen sich überhaupt vor Salamis zum Kampf stellen sollten.[269] Auch wenn wir das Aischyleische Zeugnis, daß die Geheimbotschaft ausschließlich zur Täuschung der Perser diente, wegen seines Bemühens, die Griechen als solidarisch in ihrem Handeln darzustellen, nicht überstrapazieren dürfen, so liegt die Annahme nahe, daß die authentische Geheimbotschaft gar nicht das Ziel hatte, welches bei Herodot im Vordergrund steht, die Griechen zum gemeinsamen Kampf zu zwingen; vielmehr wird sie, der Erfindungsgabe eines Strategen entsprungen – für den Themistokles sicherlich der erste Kandidat ist –, im Kriegsrat gemeinsam erörtert und abgesegnet worden sein.[270] In diesem Falle könnten die hellenischen Feldherren sogar nur nach außen hin Uneinigkeit vorgetäuscht haben, um die persischen Spione im griechischen Heerlager irrezuführen und die Geheimbotschaft an Xerxes scheinbar zu bestätigen.[271] Das Vortäuschen einer Panik im eigenen Lager, die sog. ψευδοπανικά, ist mehrfach belegt.[272] Es sind also einige Umstände denkbar, wie sich den jungen athenischen Schiffsmannschaften bei Salamis der Eindruck aufgedrängt haben könnte, daß der griechische Generalstab eher an Rückzug als an Kampf gedacht habe. Daß sie in den späteren Erzählungen besonders nach 460, als sich das Verhältnis Athens zu Korinth und Sparta entscheidend verschlechtert hatte, ausschließlich die Peloponnesier als zaudernd, ängstlich und feige brandmarken, kann nicht verwundern.

Selbst wenn wir davon ausgehen, daß die Vorstellung von der Zerstrittenheit der Griechen und dem Abzugswunsch der Peloponnesier ihren Ausgangspunkt nicht schon in den Köpfen der athenischen Schlachtteilnehmer fand, sondern sich erst in den folgenden Jahrzehnten herausbildete, so kann jederzeit die Aischyleische Geheimbotschaft den Anstoß zu solch diffamierender Darstellung geliefert haben: In den Zeiten des sich verschärfenden athenisch-peloponnesischen Gegensatzes dürf-

---

völlig ausser Stande einen glänzenden Sieg zu erfechten, und nun gar, indem sie die Offensive ergreift."

269 BURN 445. Cf. HIGNETT 207; 215; ähnlich GREEN 1970, 182, der jedoch bis wenige Stunden vor Schlachtbeginn einen grundsätzlichen Streit der Griechen um die Stellung bei Salamis annimmt (168–171, 176, 178f.). Wie wenig nicht nur die einfachen Soldaten, sondern sogar die Mehrzahl der Offiziere von den genauen Abläufen der Schlacht – ganz zu schweigen von den Beratungen der Feldherren – wahrnahmen, illustriert J. KEEGAN, The Face of Battle: A study of Agincourt, Waterloo and the Somme, London 1988, 111–115 für die Schlacht von Waterloo.

270 Cf. GURATZSCH 1923–25, 71.

271 So BURN 447; ähnlich HART 1993, 134 A. 97

272 Im Fall des Söldnerführers Memnon von Rhodos ist sie sogar verbunden mit der ψευδαγγελία und somit parallel zur Botschaft an Xerxes (cf. Frontin. strat. II 5,18; Polyain. V 44,2). Cf. Frontin. strat. III 17,2; Polyain. III 9,10; 9,32 und WHEELER 1988, 40f. Ain. Takt. 23,3 empfiehlt die Vortäuschung von Uneinigkeit für den nächtlichen Ausfall aus einer belagerten Stadt.

ten die Athener die Aussage der Geheimbotschaft bei Aischylos, die Hellenen hätten bei Salamis nur an Flucht gedacht, keineswegs nur als fiktiv und Teil eines Strategems angesehen, sondern nur allzu bereitwillig als historisches Faktum aufgegriffen haben, um es ausschließlich auf ihre innergriechischen Widersacher zu projizieren. Auf die Existenz solcherart tendenziöser athenischer Überlieferungen über die Perserkriege weisen auch Herodots Berichte über das Verhalten der Peloponnesier bei Artemision und insbesondere über deren zweimalige Weigerung in den Jahren 480 und 479, sich in Boiotien zum Schutze Attikas den Persern entgegenzustellen.

Schon wenige Jahre nach dem endgültigen Sieg haben die Athener einem der ihren die entscheidende Finte zur Überrumpelung der persischen Flotte zugeschrieben: Dafür zeugt Aischylos, wenn er einen „Griechen aus dem Heer der Athener" als Überbringer der Botschaft an Xerxes bezeichnet (*Perser* 355f.). Gerade in dieser Bemerkung sieht PODLECKI einen deutlichen Hinweis darauf, daß Aischylos mit seinen *Persern* im Jahre 472, also kurz vor der Ostrakisierung des Themistokles, in dessen propagandistischem Schlagabtausch mit Kimon die Athener an die großen Verdienste des Siegers von Salamis habe erinnern wollen.[273] Doch dieser anonyme Verweis erscheint zu diesem Zweck keineswegs spezifisch genug.[274] Ganz unabhängig vom möglichen persönlichen Bezug zu Themistokles ist in jedem Falle die religiöse Aura des athenischen Boten in der Aischyleischen Darstellung bemerkenswert: Als „Rachegeist" (ἀλάστωρ) und „böser Daimon" (κακὸς δαίμων, 354) charakterisiert, stellt er das Instrument der Götter zur Züchtigung der Perser und zur Rettung der Griechen dar[275] – eine Rolle, die auch Herodot seinem Themistokles bis zum Sieg bei Salamis zugewiesen hat.

Selbst wenn die Aischyleische Darstellung nicht voraussetzen sollte, daß schon seinerzeit Themistokles als Erfinder der List angesehen wurde, so könnte doch das Plutarchische Referat einer Elegie des Simonides über die Schlacht bei Salamis für die Verbreitung dieser Zuschreibung bereits in der Zeit unmittelbar danach sprechen;[276] dieses Lob des athenischen Strategen mag jedoch ebensogut aus der mutmaßlich engen Verbindung des Simonides[277] zu Themistokles erklärt werden.[278]

---

273 PODLECKI 1966, 12f., 17–26, 133: „Aeschylus' account, by omitting the intermediary slave, throws greater emphasis on Themistocles as the author of the message." Ihm folgt SMARCZYK 1990, 403–405, bes. A. 47 und 50; dort Literaturübersicht; ebenso KIERDORF 1966, 68f.

274 So F. KOLB, Polis und Theater, in: G.-A. SEECK (ed.), Das griechische Drama, Darmstadt 1979, 504–545, hier 538f.; I. HAHN, Aischylos und Themistokles. Bemerkungen zu den „Persern", in: E.G. SCHMIDT (ed.), Pindar und Aischylos, Studien zu Werk und Nachwirkung, Berlin 1981, 173–186; C. PELLING, Aeschylus' Persae and history, in: id. (ed.), Greek Tragedy and the Historian, Oxford 1997, 1–19, hier 9–11; HARRISON 2000b, 34f., 38f., 95, 98.

275 Cf. H.D.F. KITTO, Greek Tragedy, London ³1961, 38f.; KIERDORF 1966, 68, 81f.

276 Plut. Them. 15,4: ... ἐτρέψαντο μέχρι δείλης ἀντισχόντας, ὥσπερ εἴρηκε Σιμωνίδης, τὴν καλὴν ἐκείνην καὶ περιβόητον ἀράμενοι νίκην, ἧς οὔθ᾽ Ἕλλησιν οὔτε βαρβάροις ἐνάλιον ἔργον εἴργασται λαμπρότερον, ἀνδρείᾳ μὲν καὶ προθυμίᾳ κοινῇ τῶν ναυμαχησάντων, γνώμῃ δὲ καὶ δεινότητι τῇ Θεμιστοκλέους. „Sie (die Griechen) besiegten (die Perser), obgleich diese bis zum Abend Widerstand leisteten, und erfochten, wie Simonides sagt, jenen herrlichen, vielbesungenen Seesieg, wie ihn strahlender weder Griechen noch Barbaren jemals errungen haben, einerseits durch die Tapferkeit und den Einsatz der Soldaten, andererseits durch den Verstand und die Schlauheit des Themistokles." Die gesamte Passage führen PODLECKI 1968, 267, 271–273 und CULASSO GASTALDI 1986b, 161; 1986a, 42–44, bes. 43 mit A. 45, auf Simonides

Wir haben also Grund, sowohl die Existenz glorifizierender Erzählungen über Themistokles als Urheber der Geheimbotschaft schon in der Zeit unmittelbar nach 480 anzunehmen als auch athenische Traditionen, welche die damaligen Peloponnesier als feige zu diffamieren suchten, längere Zeit vor der literarischen Gestaltung durch Herodot zu postulieren. So ist es keineswegs undenkbar, daß Herodot die kausale Verbindung beider Motive – die List des Themistokles und den Fluchtwunsch der Peloponnesier – schon bei seinen athenischen Gewährsleuten vorgefunden hat. Doch es ist sicherlich erst Herodot, der die Geheimbotschaft folgerichtig aus den Diskussionen im griechischen Kriegsrat erwachsen und die Fronten zwischen Themistokles einerseits und den Peloponnesiern andererseits auch in sämtlichen anderen Episoden ganz ähnlich verlaufen läßt, wie überhaupt die dramatische Ausgestaltung all dessen zweifellos originär Herodoteisches Produkt ist.[279] Deshalb dürfte er es erst gewesen sein, der als primäres Opfer des Themistokleischen Winkelzuges die fluchtwilligen Peloponnesier und nicht Xerxes vorgestellt hat. Indem er die anonyme Aischyleische Geheimbotschaft um die Nennung des Themistokles als des Absenders und das Versprechen seines Medismos erweitert, läßt er die egoistische Berechnung des Strategen durchscheinen. Denn im Fall eines persischen Sieges konnte sich Themistokles beim Großkönig auf diese Botschaft als Wohltat berufen. Da dieser Charakterzug des Eigennutzes auch in allen anderen Anekdoten über ihn zu finden ist, liegt die Annahme nahe, daß desgleichen die Ausformung der Geheimbotschaft dem Historiographen selbst zuzuschreiben ist.

Die These der vorliegenden Arbeit, daß Verleumdungen des Themistokles als eines Verräters einigen anderen Anekdoten Herodots zugrunde liegen, führt uns jedoch sogar zur Vermutung, daß auch dessen Version von der eigennützigen Botschaft auf eine solche Diffamierung des Themistokles zurückgeht. KNIGHT nimmt an, daß die Alkmaioniden schon bald nach 480 die authentische und seit 472 von Aischylos bezeugte Nachricht über eine trügerische Botschaft der Griechen an Xerxes als Grundlage für ihre üble Nachrede nutzten, Themistokles habe sie in hochverräterischer Absicht abgesandt. Ziel dieses Rufmordes sei es gewesen, nicht nur den Ostrakismos und sogar die Verurteilung des Themistokles als Landesverräter

---

zurück. MOLYNEUX 1992, 188f. (zum Gedicht Ἡ ἐν Σαλαμῖνι ναυμαχία cf. 187–196) sieht hingegen den letzten Halbsatz dieses Passus ab ἀνδρείᾳ einem Prosawerk entnommen, dessen Nachhall er auch noch in Ktesias FGrHist 688 F 13 § 30: βουλῇ πάλιν καὶ τέχνῃ Ἀριστείδου καὶ Θεμιστοκλέους „erneut durch den Rat und die List des Aristeides und des Themistokles" zu finden glaubt. Er schließt, daß Simonides sich nicht unmittelbar als Lobredner des Themistokles hergab. Auch PAGE in PMG fr. 536 adn. hat Zweifel an der Zuschreibung dieses Halbsatzes, WEST in fr. 5 IEG² führt ihn nicht mehr als Simonideisch auf.

277 Seine sonstigen Paiane für die Siege 480 sind uns vornehmlich bei Herodot (VII 228) und Plutarch (Her. malign. 34, 36, 39, 42; pp. 867f, 869d, 871b, 872d–e) im Wortlaut erhalten. Cf. deren sprachliche und historische Analyse bei KIERDORF 1966, 16–29; PODLECKI 1968; MOLYNEUX 1992.

278 Cf. Plut. Them. 1,4; 5,7; Cic. fin. II 32. Cf. CULASSO GASTALDI 1986b, 153–163 und eand. 1986a, 42–47. S.o. S. 128 A. 115.

279 Daß den Anekdoten und Bonmots aus dem Herodoteischen Kriegsrat (cf. Plut. Them. 11,3; 6) persönliche Reminiszenzen der Teilnehmer zugrunde liegen, wie es BURN 446 und LENDLE 1992, 56 für möglich erachten, ist unwahrscheinlich; so auch WALLACE 1974, 31 A. 25.

zu bewirken, sondern zuvor dessen politische Kaltstellung schon kurze Zeit nach seinem Triumph bei Salamis zu rechtfertigen.[280] Doch KNIGHTs These, Herodot habe diese Verleumdung von den Alkmaioniden ohne Veränderung übernommen,[281] wird durch zentrale Elemente der Herodoteischen Schilderung widerlegt: Sie mildert durch das Bekenntnis des Themistokles zur Urheberschaft dieser List gegenüber Aristeides (VIII 80,1), noch bevor der Sieg überhaupt errungen ist, das zuvor aufgebrachte Zwielicht eines möglichen Doppelspiels doch deutlich ab.[282] Noch nachhaltiger gegen KNIGHTs These spricht Herodots Preis der Geheimbotschaft als allein rettungsbringend. Allerdings ist wie bei anderen Herodoteischen Anekdoten auch bei der Geheimbotschaft von Salamis nicht auszuschließen, daß Herodot eine ihm vorliegende Erzählung über Themistokles' angeblichen Verrat völlig umgestaltet hat. Eine solche diffamierende Erzählung hätte sich dann jedoch schon spätestens seit 472 gegenüber der Aischyleischen Version behaupten müssen; für eine Koexistenz daneben und ein Weiterwirken einer solchen Erzählung standen aber die Chancen besonders nach Themistokles' Flucht aus Griechenland sehr gut. Sofern Herodot in der Tat eine solche Verleumdung des Strategen als Ausgangsbasis für seine Darstellung benutzt hat, so hat er dann nicht zum ersten Mal deren Tendenz nahezu ins Gegenteil verkehrt, indem er aus dem verhinderten Landesverräter den Retter Griechenlands gemacht hat.

Die in der Geheimbotschaft gezeigte Findigkeit und Entschlußkraft des Themistokles strahlt um so leuchtender vor dem Hintergrund der unnützen Debatten der Feldherren, die Herodot oft ironisiert: Durch die Metaphern ἔπεσι ἀκροβολισάμενοι „mit Worten von ferne schießend" und ὠθισμὸς λόγων πολλός „ein heftiges Stoßen mit Worten"[283] stellt er diese endlosen Wortgefechte als eine Art Ersatzhandlung für den eigentlichen Kampf dar.[284] Wie hoch Herodot die Tat über langes Gerede stellt, wird offensichtlich, wenn er die Rede des Themistokles vor den versammelten Soldaten unmittelbar vor Schlachtbeginn referiert: Er habe alle Vorteile der Griechen aufgeführt und das Bessere dem Schlechteren gegenübergestellt und schließlich die Griechen aufgefordert, das Bessere zu wählen.[285] Die offenkundige Banalität[286] des Herodoteischen „Referats" scheint mir nur erklärbar durch die An-

---

280 KNIGHT 1970, 42f.
281 KNIGHT 1970, 43f., der zudem spekuliert, Aischylos habe den Namen Themistokles im Zusammenhang mit der trügerischen Botschaft unterschlagen, um den schon umlaufenden Gerüchten von dessen angeblichem Doppelspiel nicht neue Nahrung zu geben (42f. A. 57).
282 Das Vorgehen, einen – hier nur impliziten – Vorwurf gegen einen Protagonisten erst aufzubringen und im folgenden wieder abzuschwächen, erinnert an Herodots Strategie bei den Alkmaioniden und dem Schildzeichen bei Marathon (VI 121–125), die ihm Plut. Her. malign. 27, pp. 862f–863a vorwirft. S.o. S. 52.
283 Hdt. VIII 64,1; 78. Cf. das homerische Vorbild: Il. I 304; II 377f.; XX 367.
284 Cf. IMMERWAHR 274 mit A. 102; STEINGER 1957, 102f.
285 Hdt. VIII 83. Ernster mag man vom Inhalt her den Aufruf der Griechen zum Schlachtbeginn nehmen, den uns Aisch. Pers. 402–405 liefert.
286 A.J. GRAHAM, Themistocles' speech before Salamis: the interpretation of Herodotus 8.83.1, CQ 46, 1996, 321–326, sieht in προηγόρευε εὖ ἔχοντα μὲν ἐκ πάντων Θεμιστοκλέης „Themistokles verkündete vor allem, was gut stand" (VIII 83,1) dessen Siegesvorhersage umschrieben. Es ist aber eine Überinterpretation des Textes, wenn GRAHAM 1996, 326 behauptet, daß in diesem Satz Anspielungen auf die von MACAN ad loc. vermißte Einschätzung des Gegners und der

nahme, daß der Historiker die hohlen Phrasen der Feldherrnreden ironisiert.[287] Den Griechen bleibt nur noch der Kampf. Bemerkenswert ist, daß Herodot gerade hier, wo ihm noch einige Augenzeugenberichte vorgelegen haben können[288], auf eine Rekonstruktion der Rede verzichtet, wohingegen er seiner Phantasie bei der detailreichen Ausmalung der zahlreichen Kriegsratszenen, über die ihm kaum genaue Nachrichten zur Verfügung standen, freien Lauf läßt.

Zentral jedoch für das Verständnis der Funktion des Themistokles in der Herodoteischen Schilderung der Vorgeschichte zur Schlacht von Salamis bleibt die Akzentuierung seiner Findigkeit und Tatkraft, die in der Geheimbotschaft ihren Kulminationspunkt erreichen. Auch wenn diese in ihrer spezifisch Herodoteischen Version schon das Motiv seiner Selbstsucht durchscheinen läßt, erweist der Geschichtsschreiber Themistokles bei Salamis wie schon zuvor in der athenischen Orakeldebatte und am Kap Artemision dennoch als denjenigen, der den Widerstand der Griechen gegen die persische Invasion zusammenhält und diese auch gegen ihren Willen zum Standhalten zwingt.

Appendix I: Die Διάπειρα der Ilias als literarisches Vorbild für die Vorgeschichte der Schlacht von Salamis bei Herodot

Herodots Darstellung des drohenden Rückzuges der griechischen Flotte von Salamis und dessen Verhinderung findet ihr literarisches Vorbild im zweiten Buch der homerischen Ilias (1–483), die sog. „Prüfung" (Διάπειρα) des Heeres.[289] Es sei vorausgeschickt, daß es sich dabei nicht um ein Vorbild handelt, das Herodot konsequent nachgeahmt hätte, sondern das – ähnlich wie bei der Themistokleischen

---

eigenen Chancen sowie Hinweise auf die Taktik enthalten seien. Thompson 1996, 94f. meint, Herodot habe mit der Rede des Themistokles den Griechen das Verständnis ihrer Außergewöhnlichkeit zu vermitteln versucht.

287 Burn 455: „*Sancta simplicitas;* if it had been some of the later historians, we should have had a ‚restoration' of the speech in *oratio recta,* which would leave us in doubt as to whether Themistokles really made a speech at all." Cf. für einen angeblichen Abschnitt aus Themistokles' Rede Ail. var. II 28. Cf. Waters 1985, 10. J.A.S. Evans, Rez. von Gillis 1979, CPh 78, 1983, 249–251, hier 250f., macht das Fehlen jeder Vorlage für eine Feldherrnrede für deren summarische Wiedergabe verantwortlich. Stein und Macan ad loc. nehmen diese Inhaltsangabe für bare Münze und rekonstruieren eine solche Rede (ähnlich Green 1970, 186, der von „by far the most memorable speech" spricht, und Hart 1993, 193). Steinger 1957, 105 und Masaracchia 1969/70, 96 glauben, selbst in diesem Referat noch homerische Züge erkennen zu können. Zu den Feldherrnreden M.H. Hansen, The Battle Exhortation in Ancient Historiography. Fact or Fiction?, Historia 42, 1993, 161–180, zu ihrem Fehlen bei Herodot 173.

288 Daß Themistokles' Rede bei den Zuhörern „une impression profonde" und „un souvenir précis" in Athen hinterlassen habe, wie Legrand (in seiner Herodot-Edition, Bd. VIII, 78 A. 3) und Graham 1996, 326 meinen, ist zwar grundsätzlich möglich, jedoch liefert Herodot keinerlei Anhaltspunkt dafür. Deshalb vermutet De Jong 1999, 267, daß Herodot die Rede nicht wiedergibt, „parce qu'il ne veut pas rivaliser avec l'original."

289 Cf. Huber, 1965b, 39: „Erstaunlich homerisch ist … die Struktur der Erzählung". Ansatzweise für die Mnesiphilos-Szene erkannten dies schon Stein ad VIII 56, Pohlenz 1937, 144 mit A. 2 und Goldscheider 59.

Viehschlachtung auf Euboia – als Kontrastfolie wirken soll. Dort finden wir die gleiche Grundsituation der beabsichtigten Abfahrt eines Heeres, die dem Schicksal und Götterwillen zuwiderläuft[290] und deshalb im letzten Moment verhindert werden *muß*. Die Διάπειρα scheint Herodot Motive für die Dramaturgie der Vorgeschichte zu Salamis und zur Charakterisierung des Themistokles geliefert zu haben, was die folgende Gegenüberstellung der beiden entsprechenden Partien der Ilias und der *Historien* belegen soll. Für die Interpretation der Διάπειρα stütze ich mich weitgehend auf die Dissertation von KATZUNG.[291]

(I) Um Agamemnon seine Abhängigkeit von der Kampfkraft des Achilleus drastisch vor Augen führen, täuscht Zeus Agamemnon mit einer Traumgestalt, die ihm prophezeit, er werde am folgenden Tag Troja erobern. Somit bildet die Täuschung des Agamemnon durch den Gott die Grundlage der gesamten Διάπειρα (3f.; 36–40; 419f.). Als „tragische Ironie" versteht es KATZUNG (55), daß Agamemnon, der selbst das Heer täuschen will, am Beginn seiner Versuchungsrede (11; 114) behauptet, Zeus habe ihm schlimmen Trug ersonnen, und damit, ohne es zu wissen, die Wahrheit über seine eigene Verblendung ausspricht. – Themistokles hingegen wird getragen von der Überzeugung, daß die Orakel Wahres verkünden und die Götter den Griechen bei Salamis den Sieg schenken wollen.

(II) Agamemnon will die Achaier nach altem Brauch versuchen[292] und durch seine heuchlerische Versuchungsrede, in der er sie zur Heimfahrt auffordert, bei der Ehre packen und zur Gegenreaktion aufstacheln, auf daß sie sich ihres Kampfesmuts besinnen. Dabei unterschätzt er völlig ihre Kriegsmüdigkeit und ihren Heimkehrwunsch, so daß das Scheitern seiner List das Scheitern des gesamten Feldzuges gegen Troja heraufbeschwört. – Themistokles hat die Ängstlichkeit der Peloponnesier nicht unterschätzt, und erst nachdem seine Überzeugungsversuche mit militärischen Argumenten nichts fruchten, verlegt er sich auf seine Finte der Geheimbotschaft an Xerxes.

(III) Agamemnon wird vor seiner Versuchungsrede als gebieterisch und voller Autorität charakterisiert; aber danach entgleitet ihm jegliche Initiative und Macht. Es bedarf eines Odysseus, um die Situation zu retten: Dieser muß die Autorität des Heerführers wiederherstellen, indem er die unbedingte Notwendigkeit hervorhebt, daß *einer* den Oberbefehl und damit das letzte Wort in allen Angelegenheiten habe (203–206) und daß alle sich ihm unterordnen.[293] – Der Oberbefehlshaber der Grie-

---

290 Cf. Hom. Il. II 155; 328–330; P. KATZUNG Die Diapeira in der Iliashandlung. Der Gesang von der Umstimmung des Griechenheeres, Diss. Frankfurt 1960, 59.

291 KATZUNG 1960, 44–73. Deshalb mache ich die genauen Entlehnungen aus KATZUNG nur an entscheidenden Punkten kenntlich. Für die vieldiskutierte Frage der Einheit dieses Buches cf. KATZUNG 7–43.

292 Cf. Hom. Il. II 73f. Cf. R. KNOX & J. RUSSO, Agamemnon's Test: Iliad 2.73–75, ClAnt 8, 1989, 351–358, bes. 352f., die als alttestamentarische Parallele zum Verfahren, die Feigen von den Tapferen zu scheiden und jener ledig zu werden, Deuteronomium 20,8 und Richter 7,3 anführen.

293 Cf. RUSSO–KNOX 1989, 356 mit A. 10. Κοίρανος meint hier „militärisches Kommando", πολυκοιρανίη folglich den „Zustand, in dem viele, auch die gemeinen Soldaten, Befehle geben"; cf. KATZUNG 1960, 62f. Zum Autoritätsverlust des Agamemnon cf. J.F. McGLEW, Royal Power and the Achaean Assembly at Iliad 2.84–393, ClAnt 8, 1989, 283–295.

chen vor Salamis, der Spartaner Eurybiades, wird von Herodot als äußerst beeinflußbar und willensschwach gezeichnet; selbst als er sich für das Verbleiben auf
Salamis entschieden hat, ist er infolge seines Mangels an Autorität und Macht nicht
in der Lage, eine Meuterei der Peloponnesier und eine erneute fruchtlose Debatte
zu unterdrücken. Erst mit seiner Geheimbotschaft kann Themistokles Eurybiades'
Beschluß zum Kampf vor Salamis realisieren.

(IV) Es bedarf des göttlichen Eingriffes der Hera und Athena (155–181), um
Odysseus zum entschlossenen Handeln anzuspornen und somit die schicksalswidri-
ge Abfahrt der Griechen zu verhindern. Odysseus gelingt es dann, die zu den Schiffen eilenden Kämpfer zurück in die Versammlung zu treiben (182–211). Außer
Odysseus und später Nestor beteiligen sich jedoch darin – entgegen ihrer Abma-
chung mit Agamemnon (75) – keine weiteren Ratsherren an der Disziplinierung des
Heeres. – Die Rolle eines von den Göttern gesandten Warners spielt bei Herodot
der Athener Mnesiphilos, der Themistokles erst zum Hintertreiben des Rückzugsbeschlusses ermutigt.[294]

(V) Daß Odysseus kurzentschlossen Agamemnon das Szepter aus der Hand
nimmt und sich somit eigenmächtig Autorität verschafft (185–187), ist Themistokles' Mißachtung der „Geschäftsordnung" vergleichbar, wenn er, ohne vom Vorsitzenden das Rederecht erhalten zu haben, sogleich beginnt, seine Argumente darzulegen.[295]

(VI) Thersites maßt sich mit seiner beißenden Kritik am Oberbefehlshaber Agamemnon (225–242) die Ehrenrechte der Ratsherrn (βασιλῆες) an und knüpft auch
in seiner gesamten Argumentation stark an Achilleus an, dessen Empörung gegen
Agamemnon die Kampfesunlust der Griechen mit hervorgerufen hat. Thersites fungiert hier als Sündenbock. Denn durch die Abscheu vor seiner Person wird auch die
von ihm geforderte Abfahrt diskreditiert. Seine Züchtigung durch Odysseus bewirkt
die Umstimmung des gesamten Heeres (265–277).[296] – Adeimantos zeigt in seiner
Schmährede auf Themistokles seine Geringschätzung für die Athener, die späteren
Retter Griechenlands. Er muß der Vertreter der schlechten Sache sein und nimmt so
die Stelle des Antihelden ein.[297]

(VII) Odysseus legt in seiner zweiten Rede (244–335) größten Nachdruck auf
das Spatzenorakel von Aulis, das den Achaiern die Einnahme Trojas erst für das
zehnte Kriegsjahr verheißt (299–332), argumentiert folglich ausschließlich mit dem
von den Göttern vorbestimmten Schicksal. Militärische Argumente wie die numeri-
sche Überlegenheit der Achaier gegenüber den Troern hat sonderbarerweise nur
Agamemnon entgegen seinem vorgeblichen Ziel in seiner Versuchungsrede vorgebracht (119–130). – Themistokles bringt vor allem strategische und taktische Gründe für eine Seeschlacht vor Salamis vor. Diese Überlegungen stellen die Grundvoraussetzung dar, unter der erst göttliche Hilfe zu erhoffen sei. Dennoch bildet der

---

294 Diese Parallele zieht explizit HUBER 1965b, 39; cf. auch 50 A. 54.
295 Cf. HUBER 1965b, 39. S.o. S. 193.
296 KATZUNG 1960, 64. Zum Rededuell von Thersites und Odysseus cf. A. SEIBEL, Widerstreit und
Ergänzung: Thersites und Odysseus als rivalisierende Demagogen in der Ilias (B 190–264),
Hermes 123, 1995, 385–397.
297 Die Ähnlichkeit von Thersites und Adeimantos betont MASARACCHIA 1969/70, 94.

Verweis auf Salamis als den gottverheißenen Ort des Sieges den krönenden Abschluß auch seiner Argumentation.[298]

(VIII) Nestor fordert ein Ende der nutzlosen Debatten (337–343); vielmehr solle Agamemnon zielstrebig voranschreiten und alle anderen ihm Gehorsam leisten (344f.). Die einzelnen Stämme ermahnt er zu gegenseitigem Beistand in der Schlacht (362f.). – Diese Forderungen sind mit noch weit größerem Nachdruck an die Peloponnesier vor Salamis heranzutragen: Denn durch ihr nutzloses Wortgezänk im Kriegsrat verlieren die Griechen jeden Handlungsspielraum; selbst als sich ihr phlegmatischer Oberfeldherr Eurybiades für den Kampf vor Salamis entschieden hat, leisten sie keinen Gehorsam und können nicht von ihren Diskussionen ablassen.

(IX) Agamemnon deutet in der abschließenden Rede (369–393) dem versammelten Heer seine Versöhnungsbereitschaft gegenüber Achilleus an und propagiert somit einen festen Schulterschluß alter Rivalen angesichts der bevorstehenden Aufgabe. – Aristeides hingegen betont seine Rivalität zu seinem Erzfeind Themistokles, allerdings auch seine Bereitschaft zur kurzfristigen Zusammenarbeit.

(X) Schließlich finden wir auch bei Herodot einen „Schiffskatalog" (VIII 43–48) wie im zweiten Buch der Ilias (484–877). Im Gegensatz zu seinen sonstigen Aufzählungen der griechischen Truppenstärke in den Schlachten von Lade (VI 8), an den Thermopylen (VII 202), beim Kap Artemision (VIII 1) und von Plataiai (IX 28), die sich auf die knappe Nennung der Größe der einzelnen Kontingente beschränken, führt Herodot für Salamis neben der Anzahl der von den einzelnen griechischen Staaten gestellten Schiffe mit einiger Akribie auch deren Stammeszugehörigkeit und weitere Einzelheiten zu ihrer Genealogie an. Auch die innere Struktur bei Herodot ist der im Schiffskatalog der Ilias ähnlich: Wie dieser[299] ist auch Herodots „Katalog" nach rein geographischen Gesichtspunkten gegliedert[300]: Mit den Peloponnesiern beginnend, geht Herodot anschließend zu den Athenern und Megarern über, um dann die Inselgriechen und die westgriechischen Ambrakioten und Leukadier, schließlich die Krotoniaten aus Unteritalien zu nennen. Wir finden aber eine vertauschte Stellung des Katalogs: Während er in der Ilias der Διάπειρα folgt, dient der „Katalog" Herodot als erfolgverheißende Einleitung zur gesamten Vorgeschichte von Salamis.

Man mag bei diesen vielen Parallelen und Gegensätzen zwischen beiden Schilderungen darüber streiten, wie viele davon sich *eo ipso* aus der Thematik der schließlich vereitelten Abfahrt einer Streitmacht ergeben[301] oder eher zufällig in die Herodoteische Darstellung geraten sind. Doch die Tatsache, daß sich hier zahlreiche auffällige Parallelen in der Rollenverteilung zwischen Agamemnon und Eurybiades, Thersites und Adeimantos, zwischen Nestor und Aristeides bzw. Mnesiphilos so-

298 Cf. Masaracchia 1969/70, 94.
299 Cf. A. Giovannini, Étude historique sur les origines du catalogue des vaisseaux, Bern 1969, 51–71, E. Visser, Homers Katalog der Schiffe, Stuttgart-Leipzig 1997, 746.
300 Cf. Myres 1953, 262f. mit A. 2; Immerwahr 275. Die Ähnlichkeit der beiden Kataloge betont auch Masaracchia 1969/70, 84, 87; cf. Huber 1965b, 39f.
301 K.J. Latham, Hysteria in History: Some *Topoi* in War Debates of Homer, Herodotus, and Thucydides, MPhL 5, 1981, 54–67 vergleicht die Διάπειρα u.a. mit den Beratungen zwischen Xerxes und Artabanos (VII 8–19); cf. Steinger 1957, 118f.

wie schließlich zwischen Odysseus und Themistokles[302] ergeben – obgleich hier Motive auch auf andere Personen übertragen sind –, liefert eine Legitimation für die Frage, inwieweit Herodot die Διάπειρα als kontrastive Folie herangezogen hat.

Das Götter- und Menschenbild beider Szenarien erweist sich als grundlegend verschieden: Obgleich Odysseus und Nestor unter mehrmaligem Hinweis auf die siegverheißenden Orakel hervorheben, daß es gerade jetzt auszuhalten gelte, sieht der Dichter der Διάπειρα die Menschen, allen voran Agamemnon, nur als Spielball der Götter, die selbst untereinander kaum eines Sinnes sind.[303] Herodot hingegen zeichnet Themistokles als entschiedenen Verfechter des Götterspruches über die „Hölzerne Mauer". Seiner religiösen Standhaftigkeit entspricht die Unverbrüchlichkeit der göttlichen Siegeszusage, die immer wieder durch verheißungsvolle Wunderzeichen und den Rat des Mnesiphilos erneuert wird. Die Treue beider Parteien, der Götter und der Athener, kommt auch der existentiellen Bedeutung des griechischen Freiheitskampfes vor Salamis zu, während es vor Troja eine Frage der Ehre, der Rache sowie der Beute, ursprünglich gar eine Frage der Götterlaune ist, ob das Achaierheer abfährt oder sich in den Kampf stürzt.

In der Διάπειρα bildet das kluge Wort das entscheidende Instrument, mit dem sowohl die Versuchung als auch die Verhinderung der Abfahrt erwirkt wird, so daß sie wie ein rhetorischer Wettkampf wirkt, in dem das Heer als Schiedsrichter fungiert. Bei Herodot aber macht eine entschlossene Tat die endlosen Wortgefechte zuschanden. In diese Interpretation fügt sich auch die Abfolge von List und Diskussion: In der Ilias gibt die List des Agamemnon den Anstoß zu den Reden, die den Schaden, welchen seine dilettantische Versuchungsrede angerichtet hat, mühsam zu beheben suchen. Vor Salamis ist jedoch die geniale Finte der Themistokleischen Geheimbotschaft erst die Reaktion und letzter Ausweg aus den nutzlosen Debatten der Feldherren.[304] Hier sind Ursache und Wirkung in bezug auf die List vertauscht, was den Einfallsreichtum des Themistokles hervorhebt. Seine List und Heimlichkeit erweist sich als Urgrund für den griechischen Sieg vor Salamis. Denn im Ausharren vor Salamis zur festgesetzten Zeit liegt die Rettung Griechenlands; hingegen: „das Hier und Jetzt ist Agamemnons Verblendung"[305].

Wie die Διάπειρα nicht aus der Gesamterzählung der Ilias wegzudenken ist, da sie die Verblendung Agamemnons beschreibt und somit ein Omen für die späteren Mißerfolge der Achaier gibt, solange Achilleus nicht mit ihnen kämpft,[306] so eröffnet auch die Vorgeschichte zur Schlacht von Salamis einen tiefen Einblick in Herodots Auffassung von der Kausalität des Xerxeszuges und von der Motivation und historischen Bedeutung des Themistokles. Ohne auf die Διάπειρα im Detail einzugehen, betont MASARACCHIA den Reichtum an homerischen Motiven in der Erzählung von Salamis bei Herodot.[307] Als Antitypus zum Odysseus der Ilias, der mit

---

302 Cf. MASARACCHIA 1969/70, 91, 94.

303 Cf. KATZUNG 1960, 59; RUSSO-KNOX 1989, 354f.

304 Ähnlich GOLDSCHEIDER 59, der jedoch die Dringlichkeit unterschätzt, mit der Themistokles die Abfahrt der Peloponnesier verhindern muß.

305 Zitat KATZUNG 1960, 70.

306 Cf. KATZUNG 1960, 73.

307 MASARACCHIA 1969/70, 98: „La conclusione è che tutta la parte qui presa in esame appare pensata e costruita in termini omerici, rielaborata però totalmente dallo scrittore nel suo stile. Ciò

seinem klugen Wort die Massen lenkt, erscheint Themistokles vor Salamis als derjenige, der nicht im hellen Licht der Öffentlichkeit seinen entscheidenden Sieg erringt – man denke nur an die Banalität seiner Rede vor den Soldaten (VIII 83) –, sondern hinter den Kulissen zwar unter Täuschung der Griechen, aber doch zu ihrem Wohl tatkräftig die Fäden zieht. Nicht zuletzt vor der Folie der Διάπειρα stellt sich die Vorgeschichte von Salamis als ein großes Enkomion auf den athenischen Strategen dar.

Appendix II: Die Evakuierung Attikas und das sog. Themistokles-Dekret von Troizen

a) Die Evakuierung Attikas

Im ersten Kapitel ist schon klargestellt worden, daß die Debatte der Athener über die delphischen Orakel und ihr Beschluß zum ausschließlichen Seekrieg erst kurze Zeit vor die Schlachten bei den Thermoyplen und am Kap Artemision zu datieren ist. In diesem Zusammenhang wurde oft behauptet, daß schon dieser Beschluß zur Konzentration auf die Schiffe einer Anordnung der Evakuierung Attikas gleichgekommen sei.[308] Denn wenn ein Großteil der wehrfähigen Männer auf den Triëren Dienst tue, so seien die Frauen, Kinder, Alten und Sklaven[309] völlig ungeschützt. Den Teilnehmern der athenischen Volksversammlung dürfte zwar die daraus resultierende Notwendigkeit der vollständigen Räumung für den Fall, daß die Perser nicht in Mittelgriechenland gestoppt werden könnten, bewußt gewesen sein, und schon vor dem Fall der Thermopylen werden die Athener Vorbereitungen für eine Evakuierung getroffen haben, d.h. sich um die Bereitstellung von genügend Transportschiffen gekümmert, nach Fluchtwegen umgeschaut und Wertsachen versteckt haben. Dennoch ist es unwahrscheinlich, daß die Athener einen förmlichen Beschluß über eine Evakuierung gefaßt haben.[310] Von einem solchen Beschluß spricht Herodot weder in der Orakeldebatte noch bei der Schilderung der eigentlichen Räumung. Vielmehr bezeugt er, daß die Evakuierung Attikas erst nach dem Fall der Thermopylen stattfand, auf einen Heroldsruf (κήρυγμα[311]) hin, jeder Athener möge sich retten, so gut er könne.[312]

comporta l'obbligo di sottolineare l'omerismo ideologico della narrazione su Salamina e proiettarlo sul metodo di lavoro dello storico per illuminarne, ove possibile, i modi e il ritmo." Ähnlich DE JONG 1999, 267–270, auch wenn sie die narrativen Unterschiede betont.

308 So M.H. JAMESON, Waiting for the Barbarian. New Light on the Persian wars, G&R 8, 1961, 5–18, bes. 10 (was LAZENBY 1964, 267 zurückweist); HOLLADAY 1987, 186.

309 Die Sklaven mußten zusammen mit dem Vieh zuerst evakuiert werden, da bei ihnen die Gefahr bestand, daß sie zum Feind überliefen, cf. Ain. Takt. 10,1; Onas. X 24; weitere Beispiele bei STARR 1974, 12 A. 5; HANSON 1983, 97.

310 Anders HIGNETT 198.

311 Zum Heroldsruf als Mittel zur Anordnung einer Evakuierung cf. Ain. Takt. 10,3 und HANSON 1983, 89. M. CHAMBERS, The Significance of the Themistocles Decree, Philologus 111, 1967, 157–169, hier 161, sieht im Gebrauch von κήρυγμα gerade den Beweis dafür, daß vorher kein Volksbeschluß über eine Evakuierung gefaßt wurde. PODLECKI 14, 19 vermutet hingegen, daß

Doch nicht nur die Quellenlage spricht gegen eine Evakuierung Attikas schon vor dem Fall der Thermopylen, sondern auch eine ganze Reihe historischer Überlegungen: Im Frühsommer, genauer gesagt zwischen Mitte Mai und Ende Juni, wurde in Griechenland das Getreide eingebracht, dessen Dreschen und Speichern sich bis weit in den Juli hineinzog. Im August konnten zudem Feigen und im Herbst Wein geerntet werden.[313] Ganz gleich, ob wir die Schlacht an den Thermopylen auf Ende August oder erst Mitte September 480 ansetzen, die Ernte des Getreides wäre unmöglich geworden durch eine Evakuierung geraume Zeit vor der Schlacht, beispielsweise unmittelbar nach dem Scheitern der Thessalien-Expedition im Juli 480. Es ist also keineswegs zu erwarten, daß die athenischen Bauern ihre Felder und das auf ihnen stehende Korn bereits vor der Ernte verlassen hätten auf die bloße Gefahr hin, die Perser könnten bei den Thermopylen durchbrechen.[314] Erst wenn Leib und Leben unmittelbar durch Invasoren bedroht gewesen wären, würden sie ihren Grund und Boden im Stich gelassen haben.[315]

Allerdings könnte eine Herodot-Stelle für eine sehr frühe Evakuierung sprechen: Die spartanischen Gesandten, welche die Athener – vermutlich im April/Mai 479 – vor einem Eingehen auf das Angebot des Mardonios warnen, drücken ihr Mitleid mit den Athenern aus, da „ihr schon zweier Ernten beraubt seid.“[316] Eine der „beiden verlorenen Ernten“ war sicherlich die des Jahres 479.[317] Vielleicht war die Olivenernte, die von Dezember 480 bis Februar 479 einzubringen gewesen wäre, von den Persern zerstört worden[318], oder die Athener waren im Herbst 480 nicht in

durch dieses κήρυγμα nur die Evakuierungsklausel in Kraft gesetzt worden sei, die in dem seines Erachtens schon im Herbst 481 gefaßten Mobilisierungsdekret enthalten gewesen sei. Laut Aristot. Ath. Pol. 23,1 war dieser Heroldsruf zur Evakuierung der Verzweiflungsakt der Strategen. S.o. S. 85f.

312 Hdt. VIII 41,1f. Alle späteren Autoren bis auf Nepos bieten dieselbe zeitliche Abfolge: Ephoros bei Diod. XI 13,3f.; Plut. Them. 10,4f., cf. Frost ad loc. und Georges 1986, 26; Ael. Arist. I 154 Behr = I p. 226 Dindorf; III 239f.; 247 Behr = II p. 251sq.; 256 Dindorf. Keinerlei chronologischen Hinweis liefern hingegen Thuk. I 18,2; Demosth. XVIII 204; Schol. Ael. Arist. III p. 446sq. Dindorf; Plut. Kim. 5,2f.; Frontin. strat. I 3,6; Just. II 12, 14–17; Schol. Bob. Cic. Sest. 141; Suda s.v. ἀνεῖλειν.

313 Cf. zu den Ernteterminen S. Isager & J.E. Skydsgaard, Ancient Greek Agriculture. An introduction, London-New York 1992, 25, 162; Garlan 1989, 96f.; Hanson 1983, 31–34; die Übersichten bei R. Osborne, Classical Landscape with Figures. The Ancient Greek City and its Countryside, London 1987, 15.

314 Cf. Ain. Takt. 7,1f., zudem Hignett 464.

315 Zu den verheerenden Folgen der häufigen Evakuierungen der attischen χώρα für die Bauern im Archidamischen Krieg cf. ausführlich Hanson 1983, 111–143. Die Akanthier, die vom Weinexport lebten, ergaben sich 424 den Forderungen des Spartaners Brasidas, um ihre zu dieser Jahreszeit reifen Reben vor der Vernichtung zu schützen; cf. Thuk. IV 84,1f.; 88,1 und Hanson 1983, 34.

316 Hdt. VIII 142,3: … καρπῶν ἐστερήθητε διξῶν ἤδη. Hierauf stützen sich Munro 1902, 320; Berve 1961, 26; Hammond 1982, 84f. mit A. 39; Lazenby 1993, 154.

317 Man könnte mit einer teleskopierenden Sichtweise des Sprechers rechnen, der schon den Verlust der Getreideernte von Mai-Juni 479 durch den zu erwartenden Einfall des Mardonios miteinbezieht (cf. Macan ad loc.), welcher tatsächlich Ende Juni erneut Attika heimsuchte (Hdt. IX 3,3; J.P. Barron CAH IV² 1988, 596).

318 Καρπός mußte nicht nur Getreide, sondern konnte auch Wein, Oliven und Feigen meinen; cf. Xen. Oik. V 20; Strab. V 4,2, p. 240; Robertson 1987, 15 A. 28.

ausreichendem Maße zum Säen des neuen Getreides gekommen. Die zweite Ernte muß wohl die des Jahres 480 sein. Jedoch braucht man keineswegs anzunehmen, daß die Getreideernte von Mai-Juni 480 „verlorengegangen" wäre, weil zu dieser Zeit ein Großteil Attikas schon evakuiert gewesen wäre. Es ist wahrscheinlicher, daß zum einen das Schneiden des Korns, vor allem aber das Dreschen und Speichern durch die Mobilisierung der männlichen Bevölkerung verzögert wurde[319], zum anderen aber den Athenern bei ihrer eiligen Flucht nach dem Fall der Thermopylen keine Zeit mehr blieb, um auch das dennoch gespeicherte Getreide mit sich zu nehmen. Andernfalls hätten sie den Abtransport ihres Korns sicher nicht verabsäumt, zumal dieses als das wertvollste Gut unter der beweglichen Habe galt.[320] Weder davon berichten uns die Quellen noch von einer eventuellen Vernichtung des Teils, den die Fliehenden nicht mit sich nehmen konnten.[321] Der Verlust dieser Ernte resultiert vermutlich also daraus, daß sie den eindringenden Persern in die Hände fiel.[322]

Nicht nur dieser Ernteverlust legt eine überstürzte Flucht nahe, sondern auch das Fehlen jeglicher Nachricht über Fallen und Hindernisse, welche die Athener sicherlich errichtet hätten, sofern sie tatsächlich bereits vor dem Fall der Thermopylen ihr Land geordnet verlassen hätten.[323] Auch die dramatischen Szenen, die Plutarch[324] ausmalt, erklären sich nur aus einer überstürzten Räumung Attikas nach dem Motto „Rette sich, wer kann!" So ist die geschilderte Zurücklassung der Alten und Kranken in der griechischen Geschichte kein Einzelfall.[325] Diese Verluste dürften um so größer gewesen sein, wenn wie im Fall der Athener nicht die wehrfähigen Männer zur Stelle waren, um beim Evakuieren zu helfen. Aufschlußreich ist dafür Herodots Nachricht, daß den in Attika eindringenden Persern 500 Athener in die Hände fielen, die sich nicht rechtzeitig retten konnten.[326] Auch wenn die Anekdote vom Hund des Xanthippos, der seinem Herrn nach Salamis hinterherschwamm und, am Strand angekommen, starb,[327] erst sekundär als Aitiologie mit dem Geländenamen Κυνὸς σῆμα („Hundsgrab") verbunden wurde, so bezeugt sie doch die noch lebhafte Erinnerung an das Chaos und die traurigen Schicksale der in Attika zu-

---

319 Cf. BURN 431f. HIGNETT 455 geht vom vollständigen Einbringen der Ernte aus.

320 Cf. Hdt. V 34,1; Thuk. V 115,4; Xen. an. IV 7,1; 7,17; Ain. Takt. 28,3; Diod. XII 50,5; XIII 81,3; cf. HANSON 1983, 87–89.

321 Obgleich die Strategie der „verbrannten Erde" in den innergriechischen Kriegen sehr selten angewandt wurde, da sich die Invasoren zumeist nur wenige Wochen im eroberten Gebiet aufhielten und sich deshalb durch den mitgebrachten Proviant versorgen konnten (cf. HANSON 1983, 98–100), wäre diese Strategie im Falle der Athener durchaus angebracht gewesen.

322 Cf. POWELL ad loc.; THIEL 1962, 537; G.A. LEHMANN, Bemerkungen zur Themistokles-Inschrift von Troizen, Historia 17, 1968, 276–288, hier 282.

323 Ain. Takt. 8 mit vielen Ratschlägen darüber, wie man dem Eindringling den Aufenthalt beschwerlich und gefährlich machen konnte; cf. den Kommentar ad loc. von D. WHITEHEAD, Oxford 1990, und HANSON 1983, 92f.

324 Plut. Them. 10,8–10. Zur Verteidigung der Authentizität der Darstellung cf. GEORGES 1986, 25f., dagegen HAMMOND 1982, 92f. Ähnliche Schilderung bei Ael. Arist. III 251 BEHR = II p. 257 DINDORF.

325 Cf. Diod. XIII 89,2 und 111,3; zudem HANSON 1983, 97f.; GREEN 1970, 160.

326 Cf. Hdt. IX 99,2: Diese Gefangenen wurden später von den Samiern losgekauft.

327 Plut. Them. 10,10. Cf. HIGNETT 199 und FROST ad loc. Ähnlich Ail. nat. XII 35.

rückgelassenen Angehörigen und Haustiere, die doch bei erst von Ferne drohender Gefahr hätten mitgenommen werden können.

Überhaupt sind Evakuierungen der Landbevölkerung in die Polis oder sogar die vollständige Räumung eines Gebietes zwar nicht ungewöhnlich in der griechischen Antike[328], doch fehlt es nicht an Zeugnissen des größten Unwillens der zu evakuierenden Bevölkerung.[329] Denn nicht nur die Felder, sondern auch die Tempel und Gräber der Ahnen im Stich lassen zu müssen war den Griechen zutiefst zuwider.[330] So waren bedrohte griechische Poleis in erster Linie darauf aus, einer Invasion mit Grenzposten und durch sofortige Entsendung des Gesamtaufgebotes an die Territoriumsgrenze zu begegnen und so das Ideal des „unverwüsteten Territoriums" (χώρα ἀπόρθητος) zu wahren.[331] So haben auch 490 die Athener keine Evakuierung Attikas erwogen.[332]

Nachdem wir die historische Wahrscheinlichkeit einer frühen Evakuierung Attikas, d.h. mehrere Wochen vor den Schlachten in Mittelgriechenland, bestritten haben, muß uns die Frage beschäftigen, ob eine Evakuierung nach dem Fall der Thermopylen überhaupt noch möglich war: Aus Herodots Angaben[333] ergibt sich, daß zwischen dem letzten Gefecht bei Artemision und der Ankunft der Perserflotte im Phaleron – einen Tag vor der Seeschlacht – genau neun Tage verstrichen sind. Daß das persische Heer auch erst einen Tag – oder höchstens zwei Tage – vor der Seeschlacht Athen erreichte, zeigt sich schon daran, daß die persische Flotte drei

---

328 Cf. die Evakuierung der Delpher nach Achaia und Amphissa (Hdt. VIII 36), die zweimalige Auswanderung der Phokaier (Hdt. I 164, 166); die Eretrier planten, sich vor dem Heer des Dareios in die Berge Euboias zurückzuziehen (Hdt. VI 100); zudem Thuk. VIII 41,2; Xen. an. IV 1,8; Hell. IV 6,4f.; Hanson 1983, 95–97; Garlan 1989, 101–103. Weitere Belege für das 5. Jh. bieten die ausführlichste Behandlung dieses Themas von Müller 1975, 132–137 sowie W.K. Pritchett, The Greek State at War, Part V, Berkeley-Los Angeles-London 1991, 348–352.

329 Sehr schwer fiel 431 der attischen Bevölkerung der lange vorbereitete Rückzug hinter die Mauern der Stadt (cf. Thuk. II 14,2; I 143,5; 144,5); cf. Goldscheider 24; J. Ober, Fortress Attica. Defense of the Athenian Land Frontier 404–322 B.C. (Mnemosyne Suppl. 84), Leiden 1985, 55; Georges 1986, 30f.

330 Cf. Plut. Them. 9,5; Kim. 5,2. Die Athener litten darunter um so schwerer, als sie sich für autochthon hielten, cf. Hdt. I 57f.; Loraux 1986, Index s.v. Autochthony. Man vergleiche auch die harsche Kritik bei Thuk. II 21; Isokr. VIII 77; Plut. Per. 33,7 an der Strategie des Perikles zu Beginn des Archidamischen Krieges, das flache Land den Invasoren preiszugeben (cf. Y. Garlan, La défense du territoire à l'époque classique, in: M.I. Finley [ed.], Problèmes de la terre en Grèce ancienne, Paris-La Haye 1973, 149–160), während diese Autoren die Evakuierungen der Jahre 480 und 479 unerwähnt lassen.

331 Cf. Garlan 1974, 20f. (20–44 zur traditionellen Strategie); 1989, 103f.; Hanson 1983, 149. Zur Verteidigung der χώρα als wichtigstem Motiv für die Schlacht von Marathon cf. Lys. II 23, And. I 107, Demosth. XIV 30, Aischin. II 75f. und Ober 1985, 61f.

332 Cf. L. Moretti, Nota al decreto di Temistocle trovato a Trezene, RFIC 38, 1960, 390–402, hier 399f.; W.K. Pritchett, Herodotos and the Themistocles Decree, AJA 66, 1962, 43–47. Auch schon 490 hätten genug kleine Boote und Kähne der Fischer und Händler dafür zur Verfügung gestanden; cf. Georges 1986, 30 A. 34.

333 Hdt. VIII 23–25; bes. VIII 66,1; cf. K.K. Sacks, Herodotus and the dating of the Battle of Thermopylai, CQ 70, 1976, 232–248, hier 243, auf dessen Ausführungen zur Datierung des Xerxeszuges ich mich im folgenden stütze.

Tage bei Euboia wartete, bevor sie nach Athen abfuhr.[334] Denn sie mußte sich so lange gedulden, bis das Heer den Phaleron-Hafen gesichert hatte.[335] Da die Perser keinen Tag zu vergeuden hatten, ist anzunehmen, daß zumindest einzelne Heeresteile erst kurz vor der Flotte das nahezu menschenleere Athen besetzt hatten.[336] Für die Strecke von ca. 170 bis 190 km[337] von den Thermopylen nach Athen blieben dem Perserheer höchstens neun Tage Zeit. Auch wenn man für die mögliche Prüfung der bündnispolitischen Haltung der Boioter einige Zeit in Rechnung stellen möchte – die angebliche Plünderung und Verwüstung der zwölf phokischen Städte halte ich für unhistorisch[338] –, so reichten dennoch dem in verschiedene Kolonnen aufgespaltenen Perserheer neun Tage für diesen Marsch zweifellos aus.[339] Herodots Chronologie ist in diesem Punkt also bestätigt. Wenn wir zwei Tage für die Übermittlung der Nachricht vom Durchbruch der Perser bei den Thermopylen nach Athen einrechnen[340], so blieben folglich den Athenern immerhin sieben Tage zur Evakuierung. Auch wenn diese Zeitspanne für eine staatlich organisierte Evakuie-

334 Hdt. VIII 66,1. In diesen sechs Tagen seit der Schlacht wurden die am Artemision beschädigten persischen Schiffe notdürftig repariert; cf. SACKS 1976, 245.
335 Xerxes erwartete die Flotte dort schon (Hdt. VIII 67,1).
336 Cf. GIANNELLI 1924, 38; HIGNETT 193; SACKS 1976, 243.
337 Die Entfernung von den Thermopylen über Thronion, Elateia, Chaironeia, Koroneia, Theben, den Kithairon-Paß und Eleusis nach Athen beträgt ca. 180 km.
338 Mit dieser (Hdt. VIII 33) wie auch weiteren Erzählungen (VIII 29–32; IX 17f.; 31,5) wollten die Phoker später ihren Medismos vertuschen. Die angeblichen Massenvergewaltigungen durch die Perser sind sicherlich fiktiv. Gegen eine Zerstörung des Tempels in Abai, die Paus. X 35,2 bezeugt, spricht Hdt. VIII 27,5 und 134,1; cf. HOW-WELLS ad VIII 33. – Daß die Perser jedoch exakt den von Herodot beschriebenen Weg nahmen, versuchen E.W. KASE & G.J. SZEMLER, Xerxes' March through Phokis (Her. 8.31–35), Klio 64, 1982, 353–366 nachzuweisen.
339 Zur Aufspaltung in Kolonnen Hdt. VIII 34. Mit sieben Tagen rechnet LAZENBY 1993, 152f.; HIGNETT 195f. geht hingegen von nur fünf oder höchstens sechs Tagen aus (so auch SACKS 1976, 245 und HAMMOND CAH IV² 1988, 565, 590f.). BUSOLT GG II² 673f. A. 1 vermutet 9 bis 10 Tage; Ed. MEYER GdA IV⁵ 352 A. 1 denkt an 10 bis 14 Tage. Daß für das gesamte Heer eine durchschnittliche Tagesmarschleistung von 20 km möglich ist, zeigt D. ENGELS, Alexander the Great and the Logistics of the Macedonian Army, Berkeley-Los Angeles-London 1978, 153–156: Dafür reichte ein vier- bis fünfstündiger Marsch mit einer für Infanterietruppen durchschnittlichen Geschwindigkeit von 4 bis 5 km/h aus (je nach Gelände; cf. MAURICE 1930, 229; C. NEUMANN, A Note on Alexander's March-Rates, Historia 20, 1971, 196–198). YOUNG 1980, 227 A. 35 vergleicht zu Recht den Xerxeszug mit dem Alexanders. Die sicherlich größere Zahl des Perserheeres, die den Vormarsch verlangsamte, mag durch die leichtere Bewaffnung der Perser gegenüber den griechischen Hopliten aufgewogen worden sein. Auch die Marschleistung der „Zehntausend" (Xen. an. I 2; 4f.) sank selbst bei längeren Gesamtstrecken (cf. an. I 2,11; 19; 23) nie unter einen Tagesdurchschnitt von 5 Parasangen (= ca. 27,5 km). Insgesamt skeptisch GIANNELLI 1924, 40f.
340 Es ist unwahrscheinlich, daß die offizielle Aufforderung – das κήρυγμα – zur schnellstmöglichen Räumung Attikas erst verbreitet wurde, als die Griechenflotte in den Phaleron eingelaufen war (Hdt. VIII 41,1); vielmehr wird sich die Nachricht vom Fall der Thermopylen schon einige Stunden, wenn nicht sogar schon einen ganzen Tag früher von Norden her in Attika herumgesprochen haben; cf. GIANNELLI 1924, 43; HIGNETT 199. Die von GEORGES 1986, 22 aufgrund von Hdt. VIII 40,1 angenommene Beratung der Athener auf ihren Schiffen vor Salamis über das weitere Vorgehen, die Herodot in der Orakeldebatte wiedergegeben habe (27), ist im Chaos einer überstürzten Evakuierung nicht vorstellbar.

rung zu kurz erscheint[341], so ist sicherlich kein Zweifel daran erlaubt, daß es für den einzelnen Bewohner Attikas möglich war, innerhalb von sieben Tagen eine Strecke von maximal 50 km zu Fuß bis zu den verschiedenen kleinen Bootshäfen an der Südwestküste Attikas zu bewältigen.[342] Der Schiffstransport von insgesamt zwischen 80 000 und 100 000 Menschen, einige davon nach Troizen, wohin man in Booten mehr als einen Tag benötigte, mag ein zwar schwieriges, aber keinesfalls unmögliches Unterfangen gewesen sein. Denn die Überfahrt zur vorerst sicheren Insel Salamis, die nur maximal 8 km vom attischen Festland entfernt liegt, war in kleinen Booten und Kähnen der Händler und Fischer möglich, die sich zu Hunderten an der Küste Attikas und des Saronischen Golfes fanden.[343] Insgesamt dürfen wir nicht eine von den attischen Behörden generalstabsmäßig durchgeführte Evakuierung der Bevölkerung postulieren – eine solche würde tatsächlich, selbst bei einem so kleinen Gebiet wie Attika von ca. 2 500 km^2 Fläche, mehr als eine Woche erfordert haben –, sondern das Prinzip der Selbsthilfe wird die maßgebliche Triebkraft der schnellen Räumung gewesen sein. Daß die Athener darauf vertrauten, sich innerhalb kürzester Zeit in Sicherheit bringen zu können, beweist auch ihre Rückkehr nach Attika bereits im Winter 480/79, obgleich das persische Heer unter Mardonios weiterhin in Thessalien und Boiotien stand.[344] Im Sommer 479 räumten sie – laut Herodot (IX 3,2) zehn Monate nach der ersten Invasion – zum zweiten Mal ihr Land, allerdings erst, als sie gewahr wurden, daß Mardonios mit seinem Heer durch Boiotien heranzog (IX 6). Die beste Bestätigung für unseren zeitlichen Ansatz finden wir in der unverdächtigen Nachricht Herodots, daß die Plataier sofort nach dem Rückzug von Artemision ihre Angehörigen evakuierten.[345]

Wir können also den Schluß ziehen, daß die Athener Attika erst geräumt haben, als sie nach dem Fall der Thermopylen die Perser in wenigen Tagen in Attika zu gewärtigen hatten. Daß schon vor diesem Datum eine ganze Reihe von Vorsichtsmaßnahmen getroffen wurde, d.h. das Vieh in Sicherheit gebracht und sonstige

341 U. a. BELOCH GG II^2 2,51; LAZENBY 1964, 267 und 1993, 154 sowie WELWEI 1999, 57 halten eine Evakuierung in dieser Zeitspanne für unmöglich. – Man vergleiche jedoch die Räumung der Südstaatenhauptstadt Richmond (Virginia) während der Endphase des Amerikanischen Bürgerkrieges am 3. April 1865: Erst am Morgen wurde nach dem Durchbruch der Unionstruppen durch die Verteidigungslinien der Konföderierten im 30 km entfernten Petersburg die Evakuierung der Stadt befohlen; schon am Abend war sie vollständig geräumt.

342 Cf. GIANNELLI 1924, 43f., der zwei bis drei Tage für das Sammeln der Bevölkerung im Phaleron, Piräus, in Eleusis oder Laurion ansetzt. So HIGNETT 198; GEORGES 1986, 30 A. 34; G. GROTE, A History of Greece, vol. III, London 1862, 453 A. 2 = dt. Ausgabe Berlin ^{2}1882, Bd. III, 87 A. 14, zu den Massenevakuierungen Attikas in moderner Zeit, besonders der dreimaligen 1821/22.

343 Cf. GEORGES 1986, 30 A. 34. Die Triëren hingegen konnten wohl nur sehr wenige, höchstens 40 bis 50 Passagiere aufnehmen.

344 Cf. Hdt. VIII 113,1; 126,2; 133.

345 Hdt. VIII 44,1. Wann genau sich die Thespier auf die Peloponnes gerettet haben (Hdt. VIII 50,2), ist nicht festzumachen. FORNARA 1967, 430 geht mit MACAN ad loc. davon aus, daß die Plataier – wie auch die Athener – während ihres Aufenthalts beim Artemision die Entscheidung getroffen haben, ihr Gebiet zu räumen.

Wertgegenstände an einen geschützten Ort zur Verwahrung gegeben wurden, ist zu erwarten. Dies beruhte aber sicherlich zum größten Teil auf privater Initiative.[346]

Warum hat aber Herodot die Leser so im unklaren über die genaue zeitliche Abfolge gelassen? Die Intention ist offensichtlich: Indem er die verschiedenen Stadien der athenischen Verteidigungsplanungen auf einen dramatischen Zeitpunkt, die Orakeldebatte, konzentriert und durch die Anordnung in seiner Erzählabfolge vor das erste Treffen der abwehrbereiten Griechen setzt, spricht er den Athenern das Verdienst zu, sich von Anbeginn ausschließlich der rettenden Seeverteidigung verschrieben zu haben. Nicht nur ihrem Opfermut, der als Vorbild für alle anderen Hellenen dienen sollte, sondern insbesondere der weisen Voraussicht des Themistokles setzt Herodot damit ein rühmendes Denkmal.[347] Wenn er dennoch – historisch richtig – die Evakuierung Attikas erst nach dem Fall der Thermopylen ansetzt, so folgt er sicherlich der athenischen Propagandaversion, daß erst das Versäumnis der Peloponnesier, sich den Persern in Boiotien entgegenzustellen, die Athener zur Flucht gezwungen hätte.

b) Das sog. Themistokles-Dekret von Troizen

Allein aufgrund dieses Ergebnisses ist es möglich, das sog. Themistokles-Dekret von Troizen als nicht authentisch zu erweisen, hinter dem seit seiner Entdeckung im Jahre 1959 durch JAMESON immer wieder eine Fälschung des vierten oder dritten Jahrhunderts vermutet wurde.[348] Gegen das Verständnis dieser Inschrift als einer Abschrift eines authentischen Dekretes aus der Perserkriegszeit sprechen nicht nur rein formale Kriterien wie zahlreiche sprachliche Anachronismen[349], die HABICHT in seiner maßgeblichen Abhandlung[350] aufgezeigt hat, sondern neben dem falschen Zeitansatz der Evakuierung[351] auch diverse sachliche Details.

346 Cf. HIGNETT 199.
347 GEORGES 1986, 19f., 23f. geht auch von einer solchen Doppeldeutigkeit in Herodots Darstellung aus, die jedoch primär dazu diene, die Voraussicht der delphischen Pythia zu preisen (24f.). Cf. HOLLADAY 1987, 187 A. 22: „Herodotus offers Athens the best of both worlds by attributing the decision (sc. zur ausschließlichen Seeverteidigung und Evakuierung Attikas) to 481 after the debate on the oracle (though not to 483/2) but leaving the impression that its implementation only came about when the fleet returned from Artemision." HOLLADAY vermutet aber, daß Herodot den Beschluß historisch korrekt so früh datiert, doch die Evakuierung selbst viel zu spät angesetzt habe.
348 Die editio princeps von M.H. JAMESON, A Decree of Themistocles from Troizen, Hesperia 29, 1960, 198–233 mit ausführlichem Kommentar; maßgeblicher Text nun bei MEIGGS-LEWIS 23.
349 Daß diese Anachronismen der Inschrift durch einen langen Übertragungsprozeß über zwei Jahrhunderte in den Text gekommen sind, da die Griechen ihre Dokumente im Wortlaut fortlaufend bei jeder neuen Abschrift modernisierten, behaupten u.a. BERVE 1961, 4–9 und PODLECKI 162–167; kritisch dazu LEHMANN 1968, 281 mit A. 19. Zu den Archiven in Athen cf. THOMAS 1989, 34–94. Daß der authentische Text des Evakuierungsdekretes zusammen mit dem über die ausschließliche Seekriegsstrategie als Kompilation mehrerer Beschlüsse über die Συναγωγὴ ψηφισμάτων des Krateros von Makedonien ins 3. Jh. in der Form eines einzigen Dekretes überliefert wurde, vermuten M. TREU, Zur neuen Themistokles-Inschrift, Historia 12, 1963, 47–69, und SCHACHERMEYR 1961/63, 158–175; ähnlich FIGUEIRA 1987, 292–294.
350 C. HABICHT, Falsche Urkunden zur Geschichte Athens im Zeitalter der Perserkriege, Hermes

248   IV. Die Seeschlacht von Salamis (VIII 40–97)

Einige problematische Anordnungen des Dekretes möchte ich herausgreifen: Zum einen ist es schwerlich denkbar[352], daß die 200 Kriegsschiffe, welche die Athener bereits seit einigen Jahren gebaut hatten, erst im Augenblick größter Not von den Strategen per Losverfahren an die einzelnen Trierarchen vergeben[353] und ebenso per Los die einzelnen Schiffsmannschaften[354] zusammengestellt wurden – sofern wir nicht annehmen wollen, daß sich anonyme Bürokraten bisher um die Schiffe gekümmert hatten.

Zum anderen widerspricht die Bestimmung des Dekretes, daß die Ostrakisierten nach Salamis kommen sollten[355], dem wenn auch nicht über jeden Zweifel erhabenen Zeugnis der aristotelischen Ἀθηναίων Πολιτεία (22,8), welche die Rückberufung ins Archontat des Hyperides, d.h. ins Jahr 481/0, datiert, das jedoch schon im Juni/Juli 480 geendet hat. Denn der Abfassungszeitpunkt eines authentischen Dekretes darf höchstens wenige Tage vor der Schlacht bei Artemision angesetzt werden, also in die Mitte des Augusts 480, die bereits zum Amtsjahr 480/79 zählte. BURY[356] schloß aus der Rolle, die Aristeides laut Herodot bei der Erstürmung der

89, 1961, 1–35, hier 1–11, 17f., 20f., 35 (Korrekturzusatz): Anachronistisch für die Urkunden(sprache) des frühen 5. Jhs. sind vor allem 1. die Verwendung des Patronymikons bei Themistokles (Z. 3), 2. die Anrede der Stadtgöttin als Ἀθηνᾶ ἡ Ἀθηνῶν μεδέουσα („Athena, die über Athen waltet", Z. 4f.), welche die Existenz des attischen Seebundes vorauszusetzen scheint, 3. die Bezeichnung der Perser als οἱ βάρβαροι (Z. 6, 15, 45) und 4. des athenischen Burgberges als ἀκρόπολις (Z. 12) sowie 5. die Vermeidung des Hiates und 6. die große Ausführlichkeit der Bestimmungen. Kritisch dazu BERVE 1961, 10–21, 34–36. Cf. den vorsichtigen Kommentar von MEIGGS-LEWIS 23, S. 50–52 und die Zusammenstellung der formalen Argumente gegen die Authentizität bei M. JOHANSSON, The Inscription from Troizen: A Decree of Themistocles?, ZPE 137, 2001, 69–92, hier 78–91.
351 Dazu HABICHT 1961, 10f. gegen BERVE 1961, 25–32.
352 Cf. BURN 366f. und HIGNETT 464f.
353 Soweit wir es rekonstruieren können, suchten die Trierarchen im 5. und 4. Jh. ihre Mannschaften selbst zusammen und wurden Kränze für die besten Schiffe und ihre Mannschaften vergeben. Dies alles spricht gegen ein Losverfahren; cf. HABICHT 1961, 5; GABRIELSEN 1994, 37f.; JOHANSSON 2001, 82–84.
354 Zur Problematik, inwieweit die angegebene Zahl von 10 ἐπιβάται und 4 τοξόται (Z. 23–26) pro Triëre den Verhältnissen des frühen 5. Jhs. entsprochen haben kann, und zur Bedeutung von ὑπηρεσία (Z. 34) cf. HAMMOND 1982, 88f., eund., The Manning of the Fleet in the Decree of Themistocles, Phoenix 40, 1986, 143–148; MORRISON 1984, 48–59; MORRISON-COATES-RANKOV 2000, 108–118, die alle von der Authentizität des Dekretes ausgehen, sowie BURN 367f. und HIGNETT 466f.
355 Z. 44–47: ὅπως δ᾽ ἂν καὶ ὁμονοοῦντες ἅπαντες Ἀθηναῖοι | ἀμύνωνται τὸμ βάρβαρον, τοὺς μὲν μεθεστηκότας τὰ [δ]έκα] ἔτη ἀπιέναι εἰς Σαλαμῖνα καὶ μένειν αὐτοὺς ἐ[κεῖ ἕως ἄν τι τῶι δήμ]ωι δόξηι περὶ αὐτῶν᾽… „Damit sämtliche Athener einmütig den Barbaren abwehren, sollen die für zehn Jahre Verbannten nach Salamis kommen und dort so lange bleiben, bis das Volk einen Beschluß über sie gefaßt hat." Das bei And. I 77 belegte Psephisma des Patrokleides aus der Zeit nach der Schlacht von Aigospotamoi nimmt deutlich Bezug auf eine Amnestie zur Perserkriegszeit.
356 BURY 1896, 414, 417f. Ähnlich BELOCH GG II² 2,142f.; HIGNETT 277. Allerdings hat G.V. SUMNER, Notes on Chronological Problems in the Aristotelian ΑΘΗΝΑΙΩΝ ΠΟΛΙΤΕΙΑ, CQ 55, N.S. 11, 1961, 31–54 (zum Gesamtproblem 33–35; zudem Postscript 129), bes. 35, zu bedenken gegeben, daß die Athener auch nach der Strategenwahl kaum auf einen so erfahrenen Feldherrn wie Aristeides verzichtet hätten, so daß hier auch mit einem außerordentlichen Komman-

Insel Psyttaleia und Xanthippos im Jahr 479 als Befehlshaber der athenischen Flotte gespielt haben, daß sie schon im Amtsjahr 481/0 für das Jahr 480/79 zu attischen Strategen gewählt wurden.[357] Obgleich für Aristeides das Strategenamt bei der Eroberung Psyttaleias zweifelhaft ist,[358] kann dieses Datierungskriterium dennoch für die Rückkehr der Ostrakisierten gelten. Denn Xanthippos führte als Stratege die athenische Flotte schon im Frühjahr 479 an, also noch im Amtsjahr 480/79, da die Strategen vermutlich auch schon im frühen fünften Jahrhundert erst am 1. Hekatombaion (ca. Juli) ihr Amt antraten.[359] Sofern wir nicht davon ausgehen wollen, daß Xanthippos in den Monaten nach Salamis als Stratege nachgewählt wurde oder sogar, wie Ephoros behauptet, den amtsenthobenen Themistokles ersetzt hat[360], kann die späte Rückberufung der Ostrakisierten im Dekret nicht authentisch sein.[361] Diese scheint vielmehr aus der unhistorischen Anekdote Herodots über die Begegnung von Aristeides und Themistokles kurz vor der Schlacht von Salamis herausgesponnen zu sein.[362] Ganz abgesehen von allen chronologischen Überlegungen ist zu vermuten, daß die Athener sich bereits nach Bekanntwerden der persischen Drohung und nach der Beendigung des Krieges mit Aigina im Herbst/Winter 481 um eine Aussöhnung zwischen den einzelnen rivalisierenden politischen Gruppen und einen „Burgfrieden" bemühten, der sich in der Rückberufung der Ostrakisierten juristisch manifestierte.[363]

Das dritte sicherlich unhistorische Detail des Dekretes umfaßt die Bestimmung, die Schatzmeister und Priesterinnen[364] sollten auf der Akropolis den Besitz der Göt-

do bzw. mit dem Rücktritt eines gewählten Strategen zugunsten des Aristeides zu rechnen sei. Obgleich Sumner das Rückberufungsdekret in den Juni/Juli 480 datiert, setzt er die Rückkehr des Aristeides selbst erst ins Jahr 480/79.

357 Zu Aristeides Hdt. VIII 95. A.E. Raubitschek, Die Rückkehr des Aristeides, Historia 8, 1959, 127f. = ND in: id. 1991, 26–28, datiert das Rückberufungsdekret in das Archontenjahr des Hypsichides (481/0), die Rückkehr des Aristeides aber erst in das des Kalliades (480/79), kurz vor die Seeschlacht; hingegen setzt G. Maddoli, Cronologia e storia. Studi comparati sull'«Athenaion Politeia» di Aristotele, Perugia 1975, 91–107, beides zwischen den Fall der Thermopylen und die Schlacht von Salamis. Cf. Chambers 1990, 244f.; Rhodes 281; zudem Hignett 277, 464; Chambers 1967, 163–165; Mattingly 1981, 80f. A. 11, 82–84. Auf die Zeitangabe bei Plut. Arist. 8,1, die Ostrakisierten seien rückberufen worden, als Xerxes durch Thessalien und Boiotien herangezogen sei, ist wenig zu geben; cf. Podlecki 15.

358 S.o. S. 224f.

359 Cf. Hdt. VIII 131,3. Cf. W.K. Pritchett, The Term of Office of Attic Strategoi, AJPh 61, 1940, 469–474; Rhodes 537; Hamel 1998, 14f., obgleich es doch verwundert, daß die Athener mitten in der Feldzugssaison ihre Befehlshaber auswechselten. Gewählt wurden die Strategen schon möglichst bald nach der 6. Prytanie (ca. Februar); cf. Aristot. Ath. Pol. 44,4.

360 Ephoros bei Diod. XI 27, 3 (Text s.u. S. 326 A. 44) berichtet die Ersetzung allerdings für das Jahr 479/8. Cf. Lazenby 1993, 209. S.u. S. 338f.

361 S.M. Burstein, The Recall of the Ostracized and the Themistocles Decree, CSCA 4, 1971, 93–110 versucht, die verschiedenen Berichte zu harmonisieren.

362 Hdt. VIII 79,1; s.o. S. 229. Cf. Hignett 465. Sumner 1961, 35 vermutet aber, daß Herodot die Rückfahrt des Aristeides von Aigina, wohin er die Evakuierten begleitet habe (Bury 1896, 418 denkt an die Herbeischaffung der Aiakiden-Standbilder), nach Salamis mit dessen eigentlicher Rückkehr aus dem Exil verwechselt habe.

363 Figueira 1987, 300f. erklärt die Rückberufung des Aristeides mit der Entspannung zwischen Athen und Aigina seit Herbst 481.

364 B. Jordan, Servant to the Gods (Hypomnemata 55), Göttingen 1979, 77–80, 84, schließt allein

ter bewachen. Die historische Unwahrscheinlichkeit einer solchen Verordnung hat LEHMANN nachgewiesen.[365] Herodot (VIII 51,2) liefert eine gegensätzliche Version: Danach waren es die Verwalter des Tempelschatzes und einige arme Leute, die sich auf der Akropolis verbarrikadiert hatten, da sie die Hecke um den dortigen heiligen Bezirk als die „Hölzerne Mauer" gedeutet hatten. Bei Herodot widersetzen sie sich also vehement der Evakuierungsanordnung. Doch die Herodoteische Anekdote (VIII 41,2f.) über den Honigkuchen der heiligen Schlange auf der Akropolis, aus dessen Unberührtsein die Priesterinnen auf Athenas Verlassen der Stadt geschlossen hätten, und auch die Themistokles von Plutarch (10,1f.) unterschobene Manipulation dieses Götterzeichens legen den Schluß nahe, daß nicht nur die athenischen Beamten, sondern sogar die Priesterinnen alles daran gesetzt haben, sämtliche Bewohner zum Verlassen der Stadt und auch der Burg zu bewegen. Außerdem wurde das Götterbild der Athena, das Ξόανον, gewiß auch in Sicherheit gebracht[366], so daß es unfromm gewesen wäre, an diesem von allen Göttern verlassenen Ort auszuharren. Zudem hätte das Volk das Personal des Heiligtums mit einer Verpflichtung zu dessen Verteidigung angesichts der fehlenden Fluchtmöglichkeiten gleichsam dem Untergang geweiht.[367] Welchen Zweck sollte es für die Athener haben, eine Besatzung auf der Akropolis zu lassen? Daran, daß ihre Verteidiger den persischen Vormarsch verzögern und somit den anderen Griechen Zeit zur weiteren Befestigung der Isthmos-Mauer verschaffen sollten[368], ist allein schon wegen der Größe des Perserheeres keinesfalls zu denken.[369]

Diese Motivation legen jedoch die Forscher[370] zugrunde, die im Herodoteischen Bericht nur eine spätere gehässige Umdeutung der tapferen, aber erfolglosen Verteidiger in arme religiöse Eiferer sehen, die zu verstockt waren, um von ihrer militärisch sinnlosen und selbstmörderischen Haltung abzulassen. Jedoch ist eine solche offizielle Umdeutung der historischen Überlieferung höchst unwahrscheinlich, böte doch im Gegenteil gerade das von diesen Forschern als historisch zugrunde gelegte Ereignis das Material für eine Heldenerzählung von der Selbstaufopferung aus religiösen Gründen, wie wir sie bei Herodot (VIII 36,2) in der Geschichte von der wun-

---

aus den Bestimmungen der Hekatompedon-Inschrift von 485/4 (IG I³ 4), daß die Priesterinnen sicherlich nicht auf der Akropolis bleiben mußten.

365 Z. 11f.: [τοὺς δὲ ταμίας καὶ τ]ὰς ἱερέας ἐν τῆι ἀκροπόλε|[ι μένειν φυλάττοντας τὰ τῶ]ν θεῶν. „Die Schatzmeister und die Priesterinnen sollen auf der Akropolis bleiben als Wächter des Götterbesitzes." Zum folgenden LEHMANN 1968, 276–281.

366 Cf. Kleidemos FGrHist 323 F 21 = Plut. Them. 10,6; ähnliche Bergung von Götterstandbildern belegt bei Hdt. VIII 64,2; 83,2; 84,2 und V 80,2; Ps.-Plut. Mor. p. 849a; cf. JAMESON 1960, 219.

367 HIGNETT 468. Zum unglaubwürdigen Bericht des Ktesias (FGrHist 688 F 13 §30), laut dem die Verteidiger schließlich doch von der Burg flohen, LEHMANN 1968, 278 mit A. 9. N. WECKLEIN, Ueber die Tradition der Perserkriege, SBAW, München 1876, 239–314, hier 272, schenkt jedoch Ktesias Glauben.

368 So BURN 431 und mit Vehemenz R. SEALEY, A Note on the Supposed Themistocles Decree, Hermes 91, 1963, 376f. und Again the Siege of the Acropolis, 480 B.C., CSCA 5, 1972, 183–194. Dagegen zu Recht JORDAN 1979, 66f.

369 An eine Verteidigung scheint auch im Dekret gar nicht gedacht, cf. Nep. Them. 4,1: *nullis defendentibus* „keiner verteidigte".

370 Wie MUNRO CAH IV 1930, 304 und BURN 431.

derbaren Errettung des delphischen Heiligtums wiederfinden. Eine Verklärung der historischen Tatsachen und Motivationen ist doch weit wahrscheinlicher, und eben eine solche harmonisierende Verklärung des Herodoteischen Berichtes stellt die Version des Troizener Dekrets dar. LEHMANN[371] erklärt einleuchtend: „An die Stelle hartnäckiger Opposition gegen die von Themistokles propagierte Evakuierung der Stadt und die Verteidigung Athens zur See ist hier völlige Harmonie zwischen dem großen Führer des attischen Volkes und den frommen Hütern des Heiligtums der Athena getreten." Gleichsam als Stellvertreter des gesamten athenischen Volkes sollten die Priesterinnen und Schatzmeister am Staatstempel Wache halten. Durch diese Bestimmung des Dekretes wird Themistokles neben Weitsicht und Organisationstalent auch pietätvolle Sorge um das Heiligtum und den Besitz der Götter zugesprochen. Aufgrund all dieser Tugenden kann dem genialen Strategen von allen Athenern nur Zustimmung und Unterstützung entgegengebracht werden; für Widerstand gegen seine wohldurchdachten Maßnahmen für alle Bereiche des öffentlichen Lebens bleibt in diesem Loblied auf Themistokles kein Platz mehr. Der Fälscher des Dekretes hat offenbar den Herodot-Text grundlegend umgestaltet, um die Verteidiger der Akropolis mit der Strategie des Themistokles – mehr schlecht als recht – in Einklang zu bringen.[372]

Eine vierte Merkwürdigkeit der Troizener Inschrift: Hellseherische Fähigkeiten eignen Themistokles nach Ausweis der Anordnung, daß die Hälfte der 200 Schiffe umfassenden athenischen Flotte vor Salamis bleiben solle, während nur 100 Trieren zum Kap Artemision segeln sollten.[373] Denn diese Maßnahme nimmt die Niederlage bei den Thermopylen und insbesondere die Aufgabe der Stellung beim Kap Artemision vorweg und hat die Schlacht vor Salamis bereits im Blickpunkt.[374] Diese Aufteilung erweist das ganze Dekret als einzigen Anachronismus, wenn man sich die verheerende Wirkung ausmalt, die eine solche Bestimmung auf die Moral der Athener, die auf den Schiffen bei Artemision kämpfen sollten, gehabt hätte.[375] Überhaupt versucht das Dekret alle Ereignisse des Jahres 480 als von Themistokles geplant und ihn somit als *spiritus rector* der griechischen Verteidigungsanstrengungen zu erweisen.

371 LEHMANN 1968, 280.
372 Zudem bestätigt der angeblich erbitterte Kampf um die Burg das Klischee von den tempelschänderischen, grausamen Persern; cf. LEHMANN 1968, 280. JOHANSSON 2001, 71 hält die Übereinstimmungen zwischen beiden Texten für Zufälle.
373 Z. 42–44: ... ταῖς δὲ ἑκατὸν αὐτῶν περὶ τὴν Σαλαμῖνα καὶ τὴν ἄλλην Ἀττικὴν ναυλοχεῖν καὶ φυλάττειν | τὴν χώραν. „... mit 100 davon sollen sie um Salamis und das übrige Attika vor Anker bleiben und das Land bewachen." Man fragt sich mit LEHMANN 1968, 282 A. 22, wieso Attika, das ja schon vollständig evakuiert sein soll, noch zu schützen ist.
374 Laut Isokr. IV 90 kämpften bei Artemision nur 60 athenische Schiffe. Im Dekret finden wir also die später verbreitete Auffassung, die Gefechte sowohl an den Thermopylen als auch am Artemision seien nur „delaying operations" gewesen. Cf. LEHMANN 1968, 283 A. 23; DASCALAKIS 1962, 195.
375 Cf. THIEL 1962, 532–534, der allerdings die Authentizität des Dekretes für möglich hält, sofern der Beschluß einen uns heute nicht mehr erhaltenen Zusatz umfaßt habe, der die Räumung erst für den Notfall fordere (538f.). Ähnlich BERVE 1961, 25f.; kritisch dazu LEHMANN 1968, 281f. A. 20.

Auffallend ist die Art und Weise, in welcher der Fälscher aus den zur Verfügung stehenden Informationen das Dekret komponiert hat. Um das Ergebnis vorwegzunehmen: Die meisten Einzelheiten wurden aus Herodot direkt entnommen.[376] Die wenigen, aber dafür um so charakteristischeren Abweichungen vom Historiker können mit der jeweiligen Darstellungsintention erklärt werden, bei der sich die Frage *„cui bono?"* leicht beantworten läßt. Sogleich fallen die sprachlichen Entlehnungen aus dem Herodoteischen Geschichtswerk bei den betonten Formulierungen über den gemeinschaftlichen Freiheitskampf der Griechen gegen die Barbaren ins Auge.[377] Wenn wir die einzelnen Teile der Inschrift durchgehen, so treten diese deutlich auseinander, und die Zuordnung zur jeweiligen Quelle bzw. dahinterstehenden Absicht des Fälschers wird augenfällig: Daß Themistokles der Antragsteller eines förmlichen Volksbeschlusses zur Evakuierung war, glaubte der Fälscher aus dem ἔδοξέ τέ σφι („sie beschlossen") des Herodoteischen Berichtes (VII 144,3) entnehmen zu können. Die Bestimmung, daß sich die Athener ihrer Stadtgöttin und den anderen Göttern anvertrauen sollten (Z. 4–6), hebt ganz offensichtlich die Frömmigkeit der Athener und insbesondere des Themistokles heraus. Der eigentliche Evakuierungsbeschluß (Z. 6–11) entspricht den Angaben bei Herodot – mit dem Unterschied, daß in der Inschrift Aigina als Evakuierungsort nicht zu finden ist.[378] Die Generalmobilmachung der gesamten wehrfähigen Bevölkerung Attikas (Z. 12–18) und ihr gemeinsamer Kampf mit den griechischen Verbündeten ist eine verbose Ausfaltung der Herodoteischen Wiedergabe des athenischen Beschlusses, den Persern Widerstand zu leisten (VII 144,3). Die Qualifikationen und das Losverfahren der Trierarchen (Z. 18–23) sowie die Eintragung aller Athener in die „Bürgerlisten" (ληξιαρχικὰ γραμματεῖα, Z. 29f.) spiegeln wohl die Praxis zur Zeit der Fälschung wider und zeichnen zudem den Gründer der attischen Seemacht als Urheber vieler zeitgenössischer Regeln und somit als fortschrittlichen Demokraten aus. Die Anordnung der speziellen Götteropfer der Schiffsmannschaften (Z. 38–40) erweist erneut Themistokles' Religiosität. Seine strategische Weitsicht, die in seiner Aufteilung der Flotte (Z. 40–44) aufleuchten soll, und die Benutzung der Herodoteischen Anekdote (VIII 79) über Aristeides auf Salamis für die Rückberufung der Ostrakisierten sind oben schon erläutert worden.

Diese Analyse zeigt, daß der Fälscher dieses Dekret vollständig als Loblied auf den Gründer der athenischen Flotte gestaltet hat, wobei er alle nötigen Informationen allein Herodot entnommen hat. Denn die ausführlichen Bestimmungen über die

---

376 So schon Habicht 1961, 7, 9.

377 Cf. Z. 14–18: ... ἀμύνεσ[θαι] τ[ὸμ βάρβαρον ὑπὲρ τῆ]ς ἐλευθερίας τῆς τε ἑαυlτῶν [καὶ τῶν ἄλλων Ἑλλήνων] μετὰ Λακεδαιμονίων καὶ Κοlριγ[θίων καὶ Αἰγινητῶν] καὶ τῶν ἄλλων τῶμ βουλομένωl[ν] κοινω[νήσειν τοῦ κινδύνο]υ. „Sie (die Athener) sollen den Barbaren abwehren, sowohl um ihrer eigenen Freiheit willen als auch der der anderen Griechen, zusammen mit den Lakedaimoniern, Korinthiern, Aigineten und den anderen, die die Gefahr auf sich nehmen wollen" sowie Z. 44f. mit Hdt. VII 144,3. Allerdings wäre in einem authentischen Beschluß statt der Aufzählung der Lakedaimonier, Korinthier u.a. die Formulierung μετὰ τῶν ἄλλων συμμάχων „mit den anderen Bundesgenossen" zu erwarten; cf. Habicht 1961, 7.

378 Die Troizenier könnten bei der Erstellung der Abschrift Aigina weggelassen haben, um die Bedeutung von Troizen zu steigern. Der herzlichen Aufnahme der Athener in Troizen gedenken Ps.-Demosth. Ep. II 18f.; Paus. II 31,7; Plut. Them. 10,5.

Organisation und Bemannung der Flotte (Z. 18–40) können, den fiktiven Charakter des Dekretes vorausgesetzt, nur der Verherrlichung des Themistokles dienen, ein anderes Ziel kann ein Fälscher des vierten oder dritten Jahrhunderts damit kaum verfolgt haben.[379] Einem Autor mit einer solchen Motivation boten die Angaben Herodots so viel Material, daß er die verschiedenen Ereignisse des Jahres 480 durch einen von ihm fingierten, vorgeblich von Themistokles initiierten Volksbeschluß begründet darstellen konnte – wobei er allerdings verkannte, daß solche *leges saturae* auf attischen Inschriften des fünften Jahrhunderts nicht vorkommen.[380]

HABICHT hat die Fälschung dieses Dekrets in die Zeit der beginnenden Auseinandersetzung Athens mit dem Makedonenkönig Philipp II. um die Mitte des vierten Jahrhunderts[381] datiert, worauf auch die erste literarische Erwähnung dieses Dekretes bei Demosthenes[382] im Jahre 348 hinweist. Es habe neben anderen nach HABICHTS Auffassung fiktiven „Urkunden"[383] aus der Perserkriegszeit dem Ziel einer gesamtgriechischen, vor allem athenisch-spartanischen Koalition gegen Philipp gedient. Gestützt wird diese Datierung durch den Umstand, daß Mitte des vierten Jahrhunderts „eine romantisch-patriotische, verklärende Rückbesinnung auf die große Vergangenheit, die Epoche der παλαιὰ ἐκείνη εὐδαιμονία, in Athen das Andenken des Themistokles der über ihn verhängten Ächtung entriß und wieder zu hohen Ehren brachte."[384] Zu dieser Zeit wurde vermutlich eine Statue des Themistokles im Prytaneion bzw. im Dionysos-Theater zusammen mit einer seines politischen Rivalen Miltiades aufgestellt.[385] Auch der Wiederaufbau des von Themistokles nach

---

379 FORNARA 1967, 432 läßt dies als einzigen Grund gelten, eine Fälschung dahinter zu vermuten.

380 Cf. HIGNETT 463, kritisch W. RIPPER, Bemerkungen zur Themistokles-Inschrift von Troizen, Gymnasium 74, 1967, 134–139, hier 137 A. 12, und PODLECKI 156, sowie die Verfechter der These, hier seien mehrere authentische Beschlüsse der Perserkriegszeit vielleicht durch Krateros von Makedonien zu einem Dekret kompiliert worden, wie SCHACHERMEYR 1961–63 und bes. I. HAHN, Zur Echtheitsfrage der Themistokles-Inschrift, AAntHung 13, 1965, 27–39.

381 Ähnlich datieren P. AMANDRY, Thémistocle, un décret et un portrait, BFS 39, 1960–61, 413–435 und M. GUARDUCCI, Nuove osservazioni sul decreto di Temistocle, RFIC 39, 1961, 48–78. Ins 3. Jh. stellen es S. DOW, The Purported Decree of Themistocles. Stele and Inscription, AJA 66, 1962, 353–368; L. BRACCESI, Il Problema del Decreto di Temistocle, Bologna 1968 (während des Lamischen Krieges); HUXLEY 1968 (vom Atthidographen Kleidemos verfaßt); MATTINGLY 1982, 85f. (aus der Zeit des Chremonideischen Krieges 265–262); N.D. ROBERTSON, The Decree of Themistocles in its Contemporary Setting, Phoenix 36, 1982, 1–44; 1987, 12–14; J. BUCKLER, Philip II and the Sacred War (Mnemosyne Suppl. 109), Leiden 1989, 116–118. Kritisch PODLECKI 158–160, der das Dekret im Inhalt für authentisch (167), in der Form aber für eine späte Kombination des Seekriegs- und des Evakuierungsbeschlusses hält (14).

382 Demosth. XIX 303: τὸ Θεμιστοκλέους ψήφισμα. Daß hier das Troizener Dekret gemeint ist, zeigt er später (XIX 311f.), und so haben es auch die Scholien ad loc. verstanden (I p. 446sq. DINDORF).

383 Schon Theopomp FGrHist 115 F 153–155 hatte einige athenische „Urkunden" als Fälschungen verworfen; cf. HIGNETT 459–461, BURN 372–377; PODLECKI 160–166; anders BERVE 1961, 43–50.

384 Zitat LEHMANN 1968, 284; cf. auch zum folgenden ausführlich ibid. A. 27.

385 D. METZLER, Porträt und Gesellschaft. Über die Entstehung des griechischen Porträts in der Klassik, Diss. Münster 1971, 191 schließt aus den Nachrichten bei Paus. I 18,3 bzw. des Schol. Ael. Arist. III p. 535sq. DINDORF, daß die Statuen ungefähr zur selben Zeit aufgestellt wurden, als auch Demosth. XIX 303 die beiden Perserbesieger in einem Atemzug – zudem in bezug auf

480 in seinem Heimatdemos Melite gestifteten und im späteren fünften Jahrhundert verfemten Heiligtums der Artemis Aristoboule scheint durch die Inschrift aus dem Jahr 330, die seinen Nachkommen Neoptolemos für den Wiederaufbau ehrt, für die Mitte des vierten Jahrhunderts belegt.[386]

Sogar das Weiterwirken des Themistokles-Dekretes in der antiken Literatur bestätigt den Fälschungsverdacht.[387] Außer Cornelius Nepos hat keiner der antiken Autoren, die offensichtlich das Themistokles-Dekret kannten, die Evakuierung Attikas vor den Fall der Thermopylen datiert.[388] Am bemerkenswertesten ist dieser Umstand bei Plutarch: Obgleich dieser die ersten Bestimmungen des Dekretes nahezu wörtlich zitiert, lehnt er sich doch in der Abfolge der Ereignisse eng an Herodot an.[389] Für Plutarch wäre es ein leichtes gewesen, mit Hilfe des Themistokles-Dekretes die Peloponnesier von dem von Herodot (VIII 40) kolportierten Vorwurf freizusprechen, durch ihre Weigerung, sich in Boiotien den Persern entgegenzustellen, die Evakuierung Attikas erst verursacht zu haben. Doch sein sonst penetrantes Bestreben, Herodot der proathenischen und antispartanischen Parteilichkeit zu zeihen und seinen Bericht zu korrigieren[390], wurde offensichtlich von seinem Unbehagen über die chronologischen Implikationen des Dekretes und seinem Vertrauen in die von Herodot überlieferte zeitliche Abfolge aufgewogen. Wie Plutarch haben auch die anderen antiken Autoren zwar den eindrucksvollen Beginn des Dekretes[391] gern zur Illustration und als Kulminationspunkt athenischer Selbstaufopferung in die Erzählung eingebaut; aber da ihnen offenbar bewußt war, daß die Bestimmungen des Dekretes vor allem am Ende in eklatantem Widerspruch zur Chronologie der Ereignisse bei Herodot stehen, haben sie diesen größeren, zweiten Teil des Dekretes ignoriert.[392] Bei der Einschätzung des Themistokles-Dekretes als Fälschung sollte die Forschung dem Beispiel der antiken Autoren folgen.

die angeblich von ihnen beantragten Dekrete – nannte. Zurückhaltender bei der Datierung besonders der Statue im Dionysos-Theater ist R. KRUMEICH, Bildnisse griechischer Herrscher und Staatsmänner im 5. Jahrhundert v. Chr., München 1997, 85–87, 148f., 242f. (A 51, A 52) mit Literatur.

386 SEG XXII 116. Cf. J. THREPSIADES & E. VANDERPOOL, Themistocles' Sanctuary of Artemis Aristobule, AD 19 A, 1964, 26–36, hier 31f., 35f.; zum Tempel Plut. Them. 22,2; Her. malign. 37, p. 869c-d.

387 Dazu jetzt JOHANSSON 2001, 72–78.

388 Nep. Them. 2,4–8. Hingegen ordnen Plut. Them. 10,4f. und Ael. Arist. I 154; III 239f.; 247 BEHR = I p. 226; II p. 251sq.; 256 DINDORF sie danach an. Schol. Demosth. XIX 303, I p. 446sq. DINDORF; Plut. Kim. 5,2; Lib. decl. IX 38, setzen den Inhalt des Dekretes voraus und erwähnen Themistokles nur als Urheber. Cf. JOHANSSON 2001, 76f.

389 Plut. Them. 10,4 hat offenbar das Themistokles-Dekret mit dem Heroldsruf bei Hdt. VIII 41,1 zeitlich und inhaltlich kombiniert; cf. LEHMANN 1968, 286 A. 33.

390 Vor allem Her. malign. 21f., 26f., 29, 41f.

391 Ihnen mag es laut LEHMANN 1968, 87 in der Συναγωγὴ ψηφισμάτων des Krateros vorgelegen haben.

392 Cf. Ed. MEYER 1899, II 70; MATTINGLY 1982, 80 und LEHMANN 1968, 287f. Daß im Altertum überhaupt nur die Anfangszeilen 1–18 bekannt waren, wie JAMESON 1960, 205 vermutet (HIGNETT 462, 468 hält eine Hinzudichtung des zweiten Teiles zu einer die Zeilen 1–18 umfassenden früheren Fälschung für möglich), erachte ich für unwahrscheinlich, da der Stil des Dekretes so einheitlich ist, daß dieses als Ganzes als Werk *eines* Fälschers anzusehen ist.

V. Der griechische Kriegsrat auf Andros und Themistokles' zweite Geheimbotschaft (VIII 108–110)

1. Der verworfene Plan zur Zerstörung der Hellespont-Brücken (VIII 108)

Nachdem die Griechen den Sieg bei Salamis errungen haben, rechnen sie mit einer Wiederaufnahme des Kampfes zur See durch die Perser. Doch auf die Meldung von der Flucht der persischen Flotte setzen sie sogleich den Fliehenden nach. Da sie aber die Perser auf ihrer bisherigen Fahrt nach Andros nicht erspäht haben, halten sie dort[1] Kriegsrat über ihr weiteres Vorgehen. Dem Antrag des Themistokles, ohne Aufenthalt zum Hellespont zu segeln und die dortigen Brücken des Großkönigs zu zerstören, widerspricht Eurybiades heftig, indem er betont, die Hellenen dürften den Perserkönig und sein Heer keinesfalls in Griechenland festhalten. Andernfalls seien diese durch die Ausweglosigkeit ihrer Lage dazu gezwungen, ums nackte Überleben zu kämpfen, und könnten sich ganz Griechenland noch unterwerfen. Vielmehr solle man den Kampf um das Land des Großkönigs führen, wenn dieser in sein Reich zurückgekehrt sei.[2] Da Themistokles einsieht, daß er die Peloponnesier nicht umstimmen kann, wendet er sich an die Athener, die besonders darauf brennen, Xerxes den Untergang zu bereiten, und überzeugt sie mit den Argumenten, die er aus denen des Eurybiades abstrahiert hat, von einer Zerstörung der Hellespont-Brücken abzulassen. Soweit der Herodoteische Bericht (VIII 108–110,1) über diesen Kriegsrat.

Eurybiades' Einschätzung, daß die Perser nun ohne Landschlacht aus Hellas abziehen würden, entspringt zum einen der Grundhaltung der Spartaner, die ihr Zögern beim Vorrücken gegen Mardonios' Heer in Mittelgriechenland 479 rechtfertigen konnte,[3] zum anderen dem Bild, das sich die Griechen schon wenige Jahre danach vom persischen Rückzug im Jahre 480 gemacht hatten: Laut Aischylos[4] setzte die kopflose Flucht der persischen Flotte und des größten Teiles des Invasionsheeres zum Hellespont schon unmittelbar nach der Niederlage bei Salamis ein. Auch Herodot erweckt an vielen Stellen den Eindruck, als habe Mardonios mit einem „kleinen" Teil des Heeres, der immerhin noch 300 000 Soldaten umfaßt haben soll,

---

1   Wahrscheinlich landete die gesamte griechische Flotte an der Südwestküste der Insel, wohl im Hafen des heutigen Gávrion und/oder der Bucht von Batsí und/oder im nördlichen Teil der Bucht von Paleópolis, die außerhalb des befestigten Bereiches der antiken Stadt Andros lag. Dort ging auch Alkibiades mit seiner athenischen Flotte bei einer ähnlichen gegen Andros gerichteten, letztlich erfolglosen Operation an Land (Xen. Hell. I 4,22f.); cf. MÜLLER 1987, 927.

2   Hdt. VIII 108,2–4, bes. 4. Man beachte die Ähnlichkeit des Ausdrucks in VIII 3,2.

3   Cf. M.P. MILTON, The Second Message to Xerxes and Themistocles' Views on Strategy, PACA 17, 1983, 22–52, hier 36f. Zudem BURN 468.

4   Aisch. Pers. 469f.; 480–512. Cf. ausführlich J. DUMORTIER, La retraite de Xerxès après Salamine (Éschyle, *Perses*, 480–514), REG 76, 1963, 358–360, der hinter dieser scheinbar chaotischen Flucht eine durchdachte Rückzugstaktik der Perser zu erkennen glaubt.

nach einer Überwinterung in Nordgriechenland den Kampf wiederaufgenommen, während ein großer Teil den Großkönig nach Asien begleitet habe. Dann wäre allerdings der Geleitschutz, den laut Herodot Artabazos mit 60 000 Soldaten dem Großkönig bis zum Hellespont gab, unnötig gewesen.[5] Die vermutlich unhistorische Tradition von der Flucht des größten Teiles des Perserheeres nach Asien im Herbst 480 dürfte in ganz Griechenland großen Anklang gefunden haben: In Athen hatte man wohl die Zahl der persischen Schiffe in der Schlacht von Salamis weit übertrieben, um die Bedeutung dieses Kampfes und somit auch die der athenischen Trieren zu steigern; auf der Peloponnes wurde wahrscheinlich eine phantastische Größe für das Perserheer genannt, womit man zu rechtfertigen suchte, wieso sich die Peloponnesier von den Thermopylen zum Großteil zurückgezogen und vollständig auf die Verteidigung des Isthmos beschränkt hatten. Da jedoch die weit geringere Größe des Mardonios-Heeres bei Plataiai ein Jahr später bekannt war, mußte dessen Schrumpfung innerhalb dieses Jahres erklärt werden.

Jedoch schreibt Herodot es an zahlreichen Stellen allein der Starrköpfigkeit und dem blinden Ehrgeiz des Mardonios zu, daß die Perser nicht vollständig aus Hellas abgezogen sind. Dazu überzeichnet er die Panik des Xerxes unmittelbar nach der Niederlage bei Salamis[6], die das Weichen aller persischen Einheiten verursacht habe. Die Sicherheit des Großkönigs war laut Herodot auch die größte Sorge seiner Untertanen.[7] Schon vorher hatte er insinuiert, daß sich bei einer Niederlage der persischen Flotte auch das Heer in Griechenland nicht mehr halten könne.[8] Gerade die gewaltigen Probleme bei der Versorgung des persischen Heeres spricht Eurybiades hier an, und zur Bestätigung malt Herodot die Hungersnot der zurückmarschierenden Soldaten des Xerxes in grellsten Farben aus.[9]

Zumindest ein teilweiser Rückzug der Perser war allein schon deshalb wahrscheinlich[10], weil Xerxes immerhin eines seiner erklärten Ziele der Strafexpedition erreicht hatte: Er hatte Athen eingenommen und zerstört sowie die Eretrier in die

5 Hdt. VIII 126,1f.; 129,3. Artabazos führte die Truppen später zu Mardonios zurück. Herodots Behauptung, Xerxes habe „nicht einmal einen Bruchteil seines Heeres zurückgeführt" (VIII 115,1), ist vermutlich eine starke Übertreibung, welche die Heeresgröße beim Rückmarsch mit der beim Hinmarsch kontrastieren soll; cf. STEIN ad loc.; BUSOLT GG II² 712f. A. 4; HIGNETT 267–270; LAZENBY 1993, 205. Jedoch gehen BURN 470f.; HAMMOND CAH IV² 1988, 585f. und HEINRICHS 1989, 7f. A. 17 (auf 8) von einer regelrechten Teilung des Heeres aus.
6 Hdt. VIII 97; 103. Dies akzentuiert W. MARG, Herodot über die Folgen von Salamis, Hermes 81, 1953, 196–210 = id. WdF 609–628.
7 Cf. Hdt. VIII 102,2; zudem VIII 99,2.
8 Cf. Artemisias Warnung an Xerxes, Hdt. VIII 68γ; zudem Aisch. Pers. 728.
9 Hdt. VIII 108,3; 115. Cf. YOUNG 1980, 234f. Eine ausreichende Versorgung der Truppen vermuten aber HAMMOND CAH IV² 1988, 585f. und LAZENBY 1993, 206.
10 Zudem handelte es sich beim Xerxeszug um ein Eroberungsunternehmen, dessen Mißerfolg die Stabilität des Reiches nicht gefährdete. Cf. Aisch. Pers. 213f. und HEINRICHS 1989, 10 A. 23. Jedoch läßt Aischylos den Chor große Furcht vor einem Herrschaftsverlust der Perser über ihre Untertanen nach Salamis äußern, der mit dem angeblichen Niedergang der großköniglichen Macht eher griechisches Wunschdenken ausdrückt bzw. die Situation einiger kleinasiatischer Griechen beschreibt (Pers. 584–590, bes. 589f., 594). Cf. DANDAMAEV 1989, 211f.; P. BRIANT, Histoire de l'empire perse. De Cyrus à Alexandre, Paris 1996, 533.

Sklaverei geführt. Folglich stellen die wenigen uns überlieferten persischen Zeugnisse den Xerxeszug als letztlich erfolgreiche Strafexpedition vor.[11]

Inwiefern der Herodoteische Eurybiades zu Recht davor warnt, die Perser durch Abschneiden ihrer Rückzugslinie zu einem Entscheidungskampf auf griechischem Boden zu zwingen,[12] ist in der Forschung umstritten. Schon DUNCKER monierte die Unlogik, daß angeblich ein untätiges Perserheer in Hellas verhungern müsse, während es im Vorrücken von der Jahresernte der Griechen leben könne.[13] Die Zerstörung der Hellespont-Brücken hätte zudem den Rückzug des Großkönigs und seiner Streitmacht keineswegs verhindert, sondern nur verzögert – Xerxes konnte jederzeit mit einem seiner Schiffe nach Kleinasien übersetzen. Auch hätte sie vielleicht die Versorgung der Perser in Griechenland zwar erschwert, aber das Heer des Mardonios kaum zum Rückzug gezwungen.[14] Insgesamt war die Fahrt der griechischen Flotte über die von Herbststürmen aufgepeitschte Ägäis zu riskant. Diese militärischen Überlegungen, die den Hellespont-Plan des Themistokles als gefährlich erweisen, werden aber nicht von Eurybiades vorgebracht und spielen auch für den Gesinnungswandel des Themistokles und seine Argumentation vor den Athenern keine Rolle.

Sein Umschwenken wird lapidar als Konsequenz aus der Einsicht in seine Unterlegenheit gegenüber der Stimmenübermacht der Peloponnesier begründet. Auch als er nun seinerseits die Athener, die laut Herodot am stärksten auf die Verfolgung der Perser und die Brückenzerstörung drängen, von der Aufgabe dieses Planes überzeugen muß, greift er nicht auf dessen offensichtliche Probleme zurück, sondern abstrahiert seine persönlichen Erfahrungen zu allgemeinen Regeln. Er stilisiert eine

---

11   Cf. Hdt. VIII 102,3. Xerxes behauptet in der sog. Daiva-Inschrift aus Persepolis (XPh, Z. 23f.), daß ihm *Yaunā tya drayahiyā dālrayatiy utā tyaiy paradraya dārayatiy* „die Ioner vom Meer und die jenseits des Meeres" untertan seien. Dion von Prusa, or. XI 148f. referiert angeblich die Sichtweise der Perser: ... ὁρμούντων δὲ αὐτῶν περὶ τὴν Εὔβοιαν ὀλίγας ναῦς ἀποσκεδασθῆναι πρὸς τὴν Ἀττικήν, οὐ πλείους τῶν εἴκοσι, καὶ γενέσθαι τινὰ μάχην τοῖς ναύταις πρὸς τοὺς αὐτόθεν ἐκ τοῦ τόπου. μετὰ δὲ ταῦτα Ξέρξην ἐπὶ τὴν Ἑλλάδα στρατεύσαντα Λακεδαιμονίους μὲν νικῆσαι περὶ Θερμοπύλας καὶ τὸν βασιλέα αὐτῶν ἀποκτεῖναι Λεωνίδην, τὴν δὲ τῶν Ἀθηναίων πόλιν ἑλόντα κατασκάψαι καὶ ὅσοι μὴ διέφυγον ἀνδραποδίσασθαι. ταῦτα δὲ ποιήσαντα καὶ φόρους ἐπιθέντα τοῖς Ἕλλησιν εἰς τὴν Ἀσίαν ἀπελθεῖν. „Während sie vor Euboia gelegen hätten, seien wenige Schiffe, nicht mehr als zwanzig, nach Attika abgetrieben worden und dort sei es dann zu einer Schlacht zwischen den Seeleuten und der dortigen Bevölkerung gekommen. Danach sei Xerxes gegen Griechenland gezogen und habe die Lakedaimonier bei den Thermopylen besiegt und ihren König Leonidas getötet, dann die Stadt der Athener eingenommen und zerstört sowie alle versklavt, die nicht geflohen waren. Nach diesen Erfolgen habe er sich die Griechen tributpflichtig gemacht und sei nach Asien zurückgekehrt." Cf. DANDAMAEV 1989, 225f.; BRIANT 1996, 558f.; YOUNG 1980, 221, 237–239.

12   BURN 468; GREEN 1970, 206 und MILTON 1983, 35 halten dies für schlagend.

13   M. DUNCKER, Geschichte des Altertums, Bd. VII, Leipzig ²1882, 298–300 A. 1 (auf 299).

14   Darin glaubt jedoch HIGNETT 243 gerade das Ziel des angeblich chancenreichen, doch von Eurybiades mißverstandenen Planes des Themistokles zu erkennen. Ähnlich BORNITZ 1968, 131f. Laut BUSOLT GG II² 709 hätte Themistokles deshalb eine weit längere Besetzung des Hellespont anstreben müssen, da sonst der Effekt der Zerstörung verpufft wäre. Dieses Argument führt BELOCH GG II² 148 zu Recht gegen die Historizität des Hellespont-Planes an.

Sperrung eines Rückzugsweges zur völligen Ausweglosigkeit (ἀναγκαίη) der Perser hoch, die sie mit dem Mute der Verzweiflung kämpfen lasse, was auch dem (scheinbaren) Sieger höchst gefährlich werden könne. Hier spielt Themistokles vor allem auf die Erfahrung von Salamis an: Xerxes verlor nach Herodoteischem Verständnis die dortige Seeschlacht, weil er die bei den Thermopylen besiegten Griechen nicht in ihre Heimatstädte entfliehen ließ, sondern in auswegloser Lage zum Kampf zwang. Auch wenn er die Argumentation des Eurybiades übernimmt, stellt er sie an Stringenz und rhetorischer Suggestivkraft weit in den Schatten; und indem Themistokles zudem gegenüber den Athenern das Geschehen in einen religiös-schicksalhaften Zusammenhang einbettet, verleiht er seiner Argumentation eine neue Qualität. Dennoch bleibt bei Herodot sein Plagiat im Raum stehen.[15]

Seine Mahnung, die Perser nicht zu verfolgen, begründet Themistokles mit der Feststellung, daß es die Griechen nur einem „glücklichen Fund" (εὕρημα) zu verdanken hätten, daß sie eine solche Menschenmasse abwehren konnten. Gegen εὕρημα … εὑρήκαμεν „wir haben einen Glücksfund gemacht" wäre einzuwenden, daß Themistokles hier seine eigene Leistung in einer sonst für ihn untypischen Bescheidenheit herabsetzt, zumal er im Vorfeld der Schlacht von Salamis das kluge Überlegen als Voraussetzung für den göttlichen Beistand betont hat.[16] Hält man sich die – angebliche – Unvernunft und Feigheit der Peloponnesier bei Salamis vor Augen, so mag der griechische Erfolg tatsächlich als Wunder erscheinen. Obgleich gottverheißen, hing er doch lange Zeit an einem seidenen Faden, bis ihn schließlich Themistokles sicherstellte. Der menschliche Anteil an der Rettung Griechenlands ist mit diesem Ausdruck keinesfalls geleugnet.[17] Die Betonung des Zusammenwirkens von Göttern und Menschen bei der Perserabwehr ist das vornehmste Privileg des Themistokles, der sich laut Herodot oftmals in den Dienst des Götterwillens gestellt hat.[18] Themistokles weist den himmlischen Mächten[19] gerade dann eine umfassende Bedeutung zu, wenn er den griechischen Sieg als Strafe für den Perserkönig darstellt, dem sie nicht zugestehen wollten, daß ihm sowohl Asien als auch Europa untertan seien. Herodot hat beim Motiv des Götterneids (φθόνος θεῶν) auf das Weltherrschaftsstreben des Xerxes wie schon bei der Darstellung von dessen Freveltaten auf die Vorstellungen des Aischylos zurückgegriffen.[20] Themistokles stellt

---

15   Cf. MILTON 1983, 34f., 48f. A. 41; CAWKWELL 1970, 42; KNIGHT 1970, 37.

16   Cf. Hdt. VIII 109,2 mit VIII 60 γ. MEIER 1968, 100 mit A. 14, sieht darin einen Widerspruch zu VIII 109,3; zu Recht arbeitet LACHENAUD 1978, 388–390, 578f. aber die Ähnlichkeiten heraus.

17   Dies zeigen auch Eur. Med. 551–554; 716; Heraclid. 533f.; Ion 1518, die jeweils durch diese *figura etymologica* ausgezeichnet sind: Von den Göttern mit einem harten Los belastet, gelingt es dort den Menschen oder es wird ihnen zumindest prophezeit, daß sie durch eigene Klugheit bzw. Hartnäckigkeit ihr Schicksal meistern. Für εὕρημα als Mittel aus einer Not cf. Eur. Hipp. 715f.; Hec. 250; zur engen Verbindung von σοφία und εὕρημα Plat. Tht. 150c-d. Cf. GOLDSCHEIDER 86.

18   Cf. Ael. Arist. III 239 BEHR = II p. 252 DINDORF; zudem IMMERWAHR 275; LACHENAUD 1978, 212 mit A. 1. Hingegen meint SCHULTE 117, hier eine „Entpersönlichung" und „Abkehr von der Geschichte" zu erkennen, da Themistokles' individuelles Verdienst verschwiegen werde.

19   Hdt. VIII 109,3. Ähnlich Pind. I. V 48–53.

20   Zum Weltherrschaftsstreben des Xerxes: Pers. 234 (cf. auch Eur. Iph. Aul. 1380–1400); Hdt. VII 8γ 1f. – Zu seinen Freveltaten: Verbrennung von Heiligtümern: Pers. 808–812; Hdt. VIII

Xerxes als schlimmsten Frevler gegen die Götter und als Ausgeburt von Schlechtigkeit dar. Angesichts der Furchtbarkeit seiner Verbrechen muß es den Griechen als Herausforderung an die Götter erscheinen, einen solchen Menschen nicht aus ihrem eigenen Lande abziehen zu lassen. In seiner προτροπή mahnt Themistokles die Athener dazu, sich erst einmal um die eigenen Belange zu kümmern: Jeder solle sein Haus wiederaufbauen und die Felder bestellen, „nachdem er den Barbaren vollständig vertrieben habe.“[21] Als Kompensation für den Verzicht auf eine sofortige Verfolgung der Perser stellt Themistokles den Athenern einen Flottenzug zum Hellespont und nach Ionien im folgenden Frühjahr in Aussicht.[22]

Der Kriegsrat auf Andros zeigt Themistokles mit einer bisher völlig ungewohnten Reaktion auf eine nun schon geläufige Situation: Sein Plan zur Hellespontfahrt scheitert an der Ablehnung durch die peloponnesischen Feldherren. Daß Themistokles sich diesem Widerstand beugt, scheint in der von Herodot beschriebenen Lage keineswegs unumgänglich. Denn wenn die Athener unter allen Umständen die Hellespont-Brücken zerstören wollten, hätte Themistokles mit seiner immer noch großen Flotte von gewiß deutlich über 100 Schiffen auch ohne die Peloponnesier seinen Vorsatz in die Tat umsetzen können.[23] Welch geringe Bedeutung der Plan zur Zerstörung der Hellespont-Brücken für Herodot selbst hat, erweist sich mehrfach: Er führt keinerlei Begründung oder Ziel für diesen Plan an.[24] Demgegenüber gewährt er der Widerrede des Eurybiades um so größeren Raum. Daß der Herodoteische Themistokles auf die Argumente des Spartaners den Athenern gegenüber zurückgreift und sie sogar verallgemeinert, deutet darauf hin, daß Herodot die Aufgabe der Verfolgung für richtig hält. Diesen Eindruck verstärkt die Deutung der Per-

---

33; 50,2; 53,2. Geißelung des Hellespont: Pers. 745–750; Hdt. VII 35. – Zum Neid der Götter: Pers. 361f.; 820–831, bes. 827f.; Hdt. I 32,1; III 40,4; VII 10ε. Zur Übernahme der Aischyleischen Anschauungen durch Herodot cf. Pohlenz 1937, 115–118; Lachenaud 1978, 338; Heinrichs 1989, 7, 185; Bichler–Rollinger 2000, 16, 94. Cf. N.R.E. Fisher, Hybris. A study in the values of honour and shame in Ancient Greece, Warminster 1992, 380.

21 Mit παντελέως ἀπελάσας τὸν βάρβαρον (VIII 109,4) impliziere Themistokles nach Meinung von Stein ad loc. und Milton 1983, 36, 49f. A. 47 eine weitere Landschlacht noch vor dem Winter 480/79, mit der die Athener die Perser aus Attika vertreiben sollten. Milton hält diesen nicht verwirklichten Plan des Themistokles für ein Indiz zugunsten der Authentizität dieser Rede, da eine erst *ex post facto* erfundene Rede einen solchen Plan nicht erwähnt hätte. Mir scheint jedoch eine solche Interpretation das Partizip ἀπελάσας weit zu überfrachten. Ein so gewichtiges Ereignis würde ein Redner in der Situation des Herodoteischen Themistokles wohl nicht so verstecken, zumal es ihm doch gerade darum gehen muß, die Athener zur Heimkehr zu bewegen, an deren Ende der Wiederaufbau Attikas weit verlockender erscheinen muß als eine sofort anschließende Feldschlacht. Eine kausale Übersetzung „da er nun den Barbaren vollständig (d.h. in der Schlacht von Salamis) vertrieben hat“ (so übersetzt Lange; auch Lazenby 1993, 202f. A. 10) entspricht der in Athen von Beginn an verbreiteten Sichtweise, die Athener hätten bei Salamis die Perser schon endgültig aus Hellas verjagt. Cf. Macan ad loc., der zu Recht den Gehalt dieser Trugrede von vornherein als gering ansetzt. S u. S. 261 und 281.

22 Cf. Macan ad loc.; Masaracchia ad loc.; Milton 1983, 37; Heinrichs 1989, 7.

23 Hignett 242 begründet den Meinungswechsel des Themistokles jedoch gerade mit dessen Einsicht, daß eine Zersplitterung der griechischen Flotte nicht ratsam gewesen wäre; ähnlich Cawkwell 1970, 42.

24 Cf. Milton 1983, 47f. A. 39 (auf 48).

serabwehr als von den Göttern und Heroen erwirkt; denn damit legt Herodot vermutlich seine eigene Interpretation des Xerxeszuges Themistokles in den Mund.[25]

Wenn jedoch Herodot seinen Themistokles so überzeugend den Verzicht auf eine Verfolgung der Perser verfechten läßt, warum erwähnt er überhaupt den Ursprung dieses Planes bei Themistokles?[26] Seine Weitsicht und Eloquenz strahlten doch viel heller, wäre der Plan der Brückenzerstörung unerwähnt geblieben. Es drängt sich der Verdacht auf, daß Herodot diesen vor allem anführt, um den Sinneswandel des Themistokles zu verdeutlichen. Bezeichnenderweise wäre das Wissen um seinen Hellespont-Plan nicht einmal nötig gewesen, um seine zweite Geheimbotschaft an Xerxes plausibel zu machen. Welch grundlegenden Umbruch der Herodoteische Themistokles durchmacht, illustriert Herodot durch eine völlige Umkehrung der Konstellationen: Eurybiades und die peloponnesischen Strategen vertreten auf Andros nicht, wie bisher, kleinmütige und fatale Pläne, sondern raten vernünftige Bescheidenheit an, während Themistokles, bislang immer der mutige Vorkämpfer der siegbringenden Entscheidungen, dort mit seinem hochriskanten Ansinnen scheitert.[27]

2. Der Gesinnungswandel des Themistokles (VIII 109)

Für den Sinneswandel des Themistokles, sich nicht nur der Argumentation des Eurybiades zu beugen, sondern diese sogar zur eigenen zu machen, spielt eine Einsicht in die Verkehrtheit seines ursprünglichen Planes und in die Richtigkeit der Einwände des Spartaners keinerlei Rolle[28]; allein die Notwendigkeit, sich der Mehrheitsmeinung zu fügen und die Athener für den Kriegsratbeschluß zu gewinnen, läßt ihn diese radikale Kehrtwendung vollziehen. Entscheidend ist dabei der Bezugspunkt des Sinneswandels: Themistokles' Haltung gegenüber seinen athenischen Landsleuten. Diese Wendung gleichsam nach innen ist um so bedeutsamer, als Herodot von Beginn an, mit dem Auftauchen des Themistokles in der Orakeldebatte, diesen als kompromißlosen Vertreter der Athener und ihrer Interessen präsentiert hat. Die innige Gemeinschaft, ja Identifikation von Themistokles und den Athenern findet jedoch ihr abruptes Ende im Kriegsrat auf Andros. Herodot hat diesen Bruch sogar in der Einleitung von dessen Rede durch die Formulierung μεταβαλὼν πρὸς τοὺς Ἀθηναίους (109,1) expliziert. Damit könnte zwar nur eine örtliche Wendung – aus

---

25 Der Begriff ἀνωσάμενοι (VIII 109,2) taucht nur noch in Herodots Athenerkapitel VII 139,5 nochmals auf. Ähnlich FORDERER 1952, 194 A. 3; HUBER 1965a, 8f.; SCHULTE 116; MEIER 1968, 100 mit A. 14; EVANS 1991, 80. HEINRICHS 1989, 184f. widerlegt die These von MILTON 1983, 35, 49 A. 44, Herodot gebe die authentischen Gedanken des Themistokles wieder.

26 FORNARA 70f. vermutet hingegen, daß Herodot damit die Fähigkeit des Themistokles illustrieren wolle, richtige strategische Entscheidungen zu treffen.

27 Diese Konstellation hat die spätere Tradition so massiv irritiert, daß sie sie umkehrte (Frontin. strat. II 6,8; Polyain. I 30,4; Pomp. Trog. bei Iust. II 13,5; Aristodemos FGrHist 104 F 1,7; Schol. Ael. Arist. III p. 615 DINDORF; cf. ROOBAERT 1985, 132): Eurybiades und die peloponnesischen Feldherren sind hier die Verfechter einer Zerstörung der Brücken, während es Themistokles ist, der diesen unvernüftigen Plan vereitelt. Cf. GREEN 1970, 206 A. *.

28 Cf. MILTON 1983, 25. Anders GOLDSCHEIDER 87.

der Strategenversammlung heraus zu den Athenern hin – gemeint sein;[29] doch hier umfaßt das Aktiv μεταβαλών zusätzlich die prägnante Bedeutung „seine Meinung, Einstellung ändern", was mit Herodots sonstigem Sprachgebrauch konform geht[30], obgleich dieser Sinn anderwärts häufiger für das Medium belegt ist.[31] Πρὸς τοὺς Ἀθηναίους gibt dann die Bezugsgröße dieses Gesinnungswandels an: Themistokles hat seine Einstellung gegenüber den Athenern nun jäh und grundlegend geändert.[32]

Er faßt diesen Wandel sogar in seiner Rede selbst in Worte (VIII 109,4). Obgleich die Aufforderung, „das eigene Haus wiederaufzubauen und sich um eine sorgfältige Aussaat zu kümmern" (καί τις οἰκίην τε ἀναπλασάσθω καὶ σπόρου ἀνακῶς ἐχέτω), vordergründig den Athenern eine sinnvolle Alternative zur Verfolgung der Perser bieten soll, so ist doch damit auch das gesamte Programm des Themistokles für die Folgezeit formuliert: Er sieht den Feind völlig besiegt – so ist die in seiner logischen Verknüpfung mehrdeutige Partizipialkonstruktion παντελέως ἀπελάσας τὸν βάρβαρον zu verstehen – und die Athener „zur Zeit in einer guten Position" (ἀλλ' εὖ γὰρ ἔχει ἐς τὸ παρεὸν ἡμῖν). Auf dem Zenit seines Ansehens und seiner Macht plant er schon, für sich selbst gleichsam Vorräte materieller und politischer Natur zu schaffen, von denen er in Notzeiten zehren kann. Und so kümmert er sich gemäß seinem Programm nun um seine ureigenen Interessen: Er „baut seinen Haus- und Besitzstand wieder auf", indem er – wie in den folgenden Kapiteln (VIII 111f.) geschildert – große Geldsummen von Kykladenbewohnern erpreßt und so Reichtümer beiseite schafft; überdies bemüht er sich „um eine sorgfältige Aussaat", indem er mit der Geheimbotschaft an Xerxes einen Keim in die Erde legt, der Jahre später reiche Frucht bringen sollte. Seine Maximen für die nächste Zukunft hat Themistokles also, wenn auch als Ratschlag für die Athener kaschiert, schon dargelegt und auch den Anstoß für diesen Wandel vom patriotisch bestimmten zum eigennützigen Handeln klar genannt: den vollständigen Wegfall der Bedrohung durch die Invasoren. Angesichts dieser Absichten kann die Ankündigung, daß „wir mit Frühlingsbeginn zum Hellespont und nach Ionien fahren wollen", nicht mehr als eine falsche Vertröstung der Athener sein. In dieser Heuchelei ist auf das weitere Schicksal des Themistokles verwiesen, weil ihm die Athener die Führung der von ihm geschaffenen Flotte versagt hatten, als sie erst im Herbst 479 mit anderen Griechen an die kleinasiatische Küste vorstießen.

29 So STEIN ad loc.; LIDDELL-SCOTT-JONES s.v. μεταβάλλω A III 2; GOLDSCHEIDER 84; so übersetzen
    GODLEY, HORNEFFER und FEIX. So gebraucht von Plat. Lys. 213d7. Bei einer rein räumlichen
    Wendung verwendet aber Herodot μεταβάλλω nicht.
30 Im Aktiv finden wir μεταβάλλω i.S.v. „seine Gesinnung ändern" bei Hdt. VII 52,1; VIII 22,3;
    IX 6. Die Bedeutung des Aktivs verkennt POWELL s.v. mit seiner Klassifikation, diese drei Stel-
    len samt der fraglichen unter der Rubrik „change sides, etc." einzuordnen und die allgemeinere
    Bedeutung „change one's mind" nur dem Medium vorzubehalten, wofür er als Beleg aber nur
    V 75,1 anführen kann, wo zudem der Codex Parisinus die Lesart μετέβαλλον bietet; cf. MACAN
    ad loc.
31 Cf. Lys. XVIII 5; Plat. Gorg. 481e3. – Im Aktiv jedoch auch bei Eur. Ion 1614; Xen. Hell. IV
    3,13; Plut. Aem. Paul. 32,1.
32 So PASSOW s.v., A II 1 c und STEPHANUS ThLG s.v., vol. V 843c. So übersetzen LANGE; SCHWEIG-
    HÄUSER s.v.; ABICHT; LEGRAND; FORNARA 70; MARG; BRAUN-BARTH; MASARACCHIA.

Daß die Athener-Rede schon Bestandteil des Themistokleischen Programmes ist, „sorgfältig auszusäen", konstatiert Herodot in eigenem Namen, indem er im direkten Anschluß an die Rede als deren Motivation ausführt (VIII 109,5):

ταῦτα ἔλεγε ἀποθήκην μέλλων ποιήσεσθαι ἐς τὸν Πέρσην, ἵνα ἤν ἄρα τί μιν καταλαμβάνῃ πρὸς Ἀθηναίων πάθος, ἔχῃ ἀποστροφήν· τά περ ὦν καὶ ἐγένετο.

„Mit diesen Worten wollte er sich beim Perser ein Guthaben schaffen, damit er, falls ihm irgendein Leid von den Athenern zustieße, eine Zuflucht hätte. Dies ist auch wirklich dann geschehen."

Ob Herodot Themistokles, wie vielfach angenommen[33], mit dieser Darstellung des Landesverrates anklagt, kann erst eine genauere Analyse seiner Wortwahl und des historischen Kontextes klären: Der Begriff ἀποθήκη, als ἅπαξ λεγόμενον bei Herodot schon besonders hervorgehoben, bezeichnet einen „sicheren Platz, an dem man etwas ablegen kann" – nicht ohne Absicht scheint hier das Bild einer sicheren Verwahrung von Schätzen impliziert.[34] Somit umschreibt Herodot das Bestreben des Themistokles, sich durch eine Wohltat gegenüber den Persern „eine Rücklage, ein Guthaben" zu schaffen, auf die er im Notfall zurückgreifen kann. Diese Metapher wird durch den Begriff ἀποστροφή „Zuflucht(sort) (vor einem Übel)" fortgeführt. Πάθος bezeichnet ein Ereignis, das einen Menschen trifft, ohne daß er sich dagegen wehren kann, betont also sein Leiden.[35] Unterstrichen wird dieses Bild durch das Verb καταλαμβάνειν „ergreifen", das hier den aggressiven Charakter des Unheils andeutet.[36] Herodot kennzeichnet hier allein die Athener als Ausgangspunkt des „Leids", das Themistokles später treffen sollte. Hingegen ist ein Selbstverschulden des Themistokles an diesem πάθος nicht im mindesten angedeutet, wenn auch nicht ausgeschlossen.

Bei Herodot trifft Themistokles kluge Vorsorge für die Wechselfälle des Lebens gerade auf dem Zenit seines Ruhmes. Denn wenn Themistokles, ohne irgendeine Wohltat gegenüber dem Großkönig vorweisen zu können, in Persien Asyl suchen müßte, so hätte er dort im Ruf des entschiedensten Gegners und Vernichters der Perser bei Salamis kaum eine freundliche Aufnahme erwarten dürfen. Um also nicht zukünftig zwischen die Fronten zu geraten, hat er sich in der Herodoteischen Darstellung bei Athenern wie Persern ein scheinbares Verdienst erworben. Mit diesem Schachzug scheint er die Lehre aus dem schlimmen Ende des Miltiades gezogen zu haben, vor dem diesen auch sein Triumph bei Marathon nicht bewahren konnte.

Die Frage, inwieweit Themistokles mit seiner Rede an den Athenern Landesverrat begangen hat, hängt von der Beurteilung ab, ob er sie zu ihrem Nachteil überredet. Wie oben erläutert, hält auch Herodot den Verzicht auf die Brückenzerstö-

---

33   STEIN ad loc. et VIII 4; Ed. MEYER GdA IV⁵ 372 A.1; BUSOLT GG II² 710; III 1,127; BRUNS 1896, 86; OBST 1913, 171; PODLECKI 70; GILLIS 1979, 56f.; CULASSO GASTALDI 1990, 271.

34   Cf. Thuk. VI 97,5; LIDDELL-SCOTT-JONES s.v. Zur sprachlichen Analyse cf. GOLDSCHEIDER 88, 144 A. 34.

35   Πάθος hebt mehr den Zustand hervor, der Folge der Einwirkung einer – zumeist – üblen Sache ist, als diese selbst. Cf. SCHMIDT 1876, I 424f., 439f.

36   So weitere 35 Male von Herodot gebraucht; cf. POWELL s.v. 2.

rung für die richtige Entscheidung, so daß Themistokles die Athener von einer ge-
fährlichen Aktion abhält. Daß dieser dazu keineswegs bloße Vorwände verwendet,
macht Herodot deutlich, indem er ihn die einleuchtenden und von den Peloponnesiern akzeptierten Argumente des Eurybiades benutzen läßt. Schließlich habe Themistokles einen Rückgriff auf dieses Verdienst gegenüber den Persern nur im Even-
tualfall beabsichtigt.[37] Da weder Athenern noch den anderen Griechen irgendein
Schaden durch Themistokles entsteht, kann folglich auch nicht von Landesverrat
die Rede sein.[38]

Vor diesem Hintergrund ist auch die positive Reaktion der Athener auf seine
Rede verständlich, die Herodot so beschreibt (VIII 110,1):

Θεμιστοκλέης μὲν ταῦτα λέγων διέβαλλε, Ἀθηναῖοι δὲ ἐπείθοντο· ἐπειδὴ
γὰρ καὶ πρότερον δεδογμένος εἶναι σοφὸς ἐφάνη ἐὼν ἀληθέως σοφός τε καὶ
εὔβουλος, πάντως ἕτοιμοι ἦσαν λέγοντι πείθεσθαι.

„Mit diesen Worten verschleierte Themistokles seine Absichten, die Athener
aber folgten. Denn da er schon früher als weise gegolten und sich nun wirklich
als klug und wohlberaten erwiesen hatte, waren sie bereit, auf ihn zu hören, was
auch immer er sagte."

Das absolut gebrauchte Verb διαβάλλειν ist hier am besten mit „seine Absichten
verschleiern" zu übersetzen. In der Charakterisierung des Themistokles als σοφός
und εὔβουλος läßt Herodot durch die Verwendung von δοκεῖν und φαίνεσθαι eher
offen, ob seines Erachtens Themistokles nur scheinbar oder tatsächlich „weise" und
„wohlberaten" ist.[39] Das Adverb ἀληθέως – sicherlich zu den Attributen zu ziehen
– könnte jedoch auf echte Bewunderung des Historikers hindeuten.[40] Ungeachtet
seiner kunstvollen Ambivalenz, die treffend das Handeln des Themistokles auf Andros charakterisiert, zeigt der Lobpreis, daß Herodot selbst den Verzicht auf die
Zerstörung der Hellespont-Brücken als richtig ansah.[41] Die Richtigkeit der Emp-

---

37 Auf dessen prinzipielle Unwahrscheinlichkeit weist ἦν ἄρα hin; cf. KÜHNER-GERTH II 2,324;
DENNISTON 1959, 37. Besonders FORNARA 71f.: „Herodotus has separated the actual treason eve-
ryone thinks of from Themistocles' own prognostication. It is a splendid example of Herodotus
having both ways, and intentionally so." HART 1993, 197: „... only a remote contingency."

38 So HAUVETTE 1894, 433; GOLDSCHEIDER 89; FORNARA 71f.; HART 1993, 196f.; MOLES 2002, 47:
„this duplicity reflects foresight, not yet treachery to Greece (the campaign will resume)." CAWK-
WELL 1970, 43 zu Themistokles: „nothing that he (sc. Herodot) records of 480 or 479 could be
labelled medism".

39 Cf. SCHULTE 119f. Φαίνεσθαι „geht auf die wirkliche äussere Erscheinung, die allerdings im
allgemeinen dem wahren Verhältnisse entspricht; aber dabei ist eine Täuschung keineswegs
ausgeschlossen". Δοκεῖν hingegen „geht auf das subjektive Urteil" (cf. SCHMIDT 1876, I 322).
In VII 173,3 drücken beide Begriffe Herodots Zweifel an der Aufrichtigkeit Alexanders bei
seiner Botschaft an die Griechen in Thessalien aus. S.o. S. 110.

40 Cf. Thuk. I 138,2 fin. Bezeichnenderweise sind diese Qualitäten nicht – wie sonst (II 160,1; III
25,5; IV 131,2; VII 130,1) – nur auf einzelne Handlungen bezogen, sondern als integraler Bestandteil des Charakters vorgestellt. Dennoch rückt die Kombination von σοφία und διαβολή
Themistokles in die Nähe des demagogischen Aristagoras (Hdt. V 50,2; 97,2; cf. MUNSON 1988,
104). Doch die εὐβουλία mag als Korrektiv gegen kurzsichtiges Gewinnstreben angesehen
werden (Hdt. VII 10 δ-ζ), cf. GOLDSCHEIDER 90f.

41 Cf. MACAN ad loc.

fehlung des Themistokles wird also davon, daß die Rede an die Athener vor allem seinen persönlichen Interessen dient, in keiner Weise tangiert; hierin liegt sogar die eigentliche Pointe, daß Themistokles sie gerade mit dieser „Wahrheit" über seine wahren Absichten hinwegtäuscht[42]. In ähnlicher Weise hatte Themistokles ja auch in seiner ersten Botschaft mit der „Wahrheit" über den Fluchtwunsch der Peloponnesier Xerxes zu entscheidenden Fehlern verleitet.

GOLDSCHEIDER (90) verbindet die von Themistokles angewandte List mit dem Gespräch zwischen Histiaios und Dareios, wo διαβάλλειν ebenfalls absolut verwendet ist.[43] Histiaios behauptet darin, daß der Ionische Aufstand nicht ausgebrochen wäre, wenn er in Ionien geblieben wäre (V 106,5) – dies ist richtig. Denn er selbst hatte den Aufstand durch eine Geheimbotschaft an Aristagoras – eine bemerkenswerte Parallele zu Themistokles – entfesselt, damit er vom Großkönig wieder ans Meer entsandt werde (V 35). Histiaios täuschte Dareios also über seine wahren Absichten, da er aus persönlichen Motiven ein Ereignis provoziert hatte, aus dessen Eintreten er den angestrebten Nutzen ziehen wollte. GOLDSCHEIDER hat einen ebensolchen von langer Hand vorbereiteten Winkelzug für den Herodoteischen Themistokles erwogen: Danach herrscht unter allen Griechen Einigkeit darüber, auf eine weitere Verfolgung der Perser zu verzichten. Da jedoch aus diesem Konsens, der Themistokles jeder Einflußmöglichkeit beraubt, keinerlei Gewinn für ihn herauszuschlagen ist[44], schafft er einen künstlichen Konflikt, indem er die Athener gerade mit seinem ersten Antrag dazu anfeuert, die Hellespont-Brücken zu zerstören, womit er unweigerlich den Widerspruch der Peloponnesier provozieren muß. Infolgedessen fällt nun Themistokles die Aufgabe zu, die Athener von ihrem Plan abzubringen. Durch seine Athener-Rede will er sich den Anschein geben, er habe die Griechen von einer Zerstörung der Brücken abgehalten. Ob jedoch Herodot die Täuschung (διαβολή) des Themistokles in der geschilderten Weise dem Gesinnungswandel (μεταβολή) vorausgestellt hat, erscheint zweifelhaft, da er impliziert, daß die διαβολή erst die Folge des peloponnesischen Widerstandes und somit von dessen μεταβολή war. Die Motivähnlichkeiten machen in jedem Fall die beiden Passagen von Histiaios und Themistokles der Fiktion durch Herodot verdächtig.

Kam bisher Themistokles' Wohlberatenheit allen Griechen zustatten, so beleuchtet dieser Ausdruck nun seine Weitsicht bei der Wahrnehmung seiner ureigenen Interessen, somit seine Eigennützigkeit, die ihn jedoch in den Augen Herodots keineswegs in Verruf bringt. Das Motiv des doppelten Nutzens – zum einen für alle Griechen, zum anderen für Themistokles selbst – verbindet die Episode auf Andros mit der Bestechungsanekdote auf Euboia: Hier wie dort muß Themistokles erst von

---

42   Cf. MEIER 1968, 100 A. 14. Für EVANS 1991, 80 ist er hier als „trickster" und „wise man" zugleich am Werke. Ähnlich MUNSON 1988, 104.

43   Hdt. V 107,1: ... λέγων ταῦτα διέβαλλε. Cf. GOLDSCHEIDER 90; BORNITZ 1968, 133; BENCSIK 1994, 74. An Histiaios' Rede arbeitet BENCSIK 1994, 44f. die typischen Merkmale der Herodoteischen Trugrede heraus.

44   BORNITZ 1968, 133 sieht Themistokles von großem Ansehensverlust bedroht, wenn er den Hellespont-Plan nicht in die Tat umsetzte. Denn nach BORNITZ waren die Athener selbst dessen Urheber. Dagegen spricht aber Herodots Darstellung, daß sie doch ohne jedes Zögern und allein durch Themistokles' Autorität überzeugt auf seine Alternativvorschläge eingegangen seien.

anderen mittels handfester „Argumente" von der „richtigen Entscheidung" überzeugt werden – von den Euboiern mit 30 Talenten, von den Peloponnesiern auf Andros durch ihre hartnäckige Weigerung, wobei wir beide Male keinen Hinweis auf eine tiefere Einsicht des Themistokles in die Richtigkeit dieses Entschlusses finden. Am Kap Artemision wie auf Andros benutzt Themistokles selbst eben dieselben „Argumente", um eine Gruppe Widerspenstiger zum Einlenken zu bewegen. Aus seiner Überzeugungsarbeit vermag er großen Gewinn zu ziehen, ohne daß es den anderen bekannt wird. Doch während die Vorgänge auf Euboia episodenhaft bleiben, so markiert Herodot auf Andros einen grundlegenden Wechsel in der Ausrichtung des Themistokles, der fortan nicht mehr das Wohl seiner Heimatstadt, sondern nur noch sein eigenes verfolgt.

3. Die zweite Geheimbotschaft des Themistokles bei Herodot (VIII 110) und späteren Autoren

Nach der Überredung der Athener zum Verzicht auf die Zerstörung der Hellespont-Brücken gehört es zum Plan des Themistokles, seine vorgebliche Wohltat dem Perserkönig bekannt zu machen. Dazu bedient sich der Stratege desselben Dieners Sikinnos, der auch schon die erste Geheimbotschaft über die angebliche Flucht der Griechen von Salamis den persischen Feldherren überbracht hat. Die Botschaft an Xerxes lautete nach Herodot (VIII 110,3) folgendermaßen:

> Ἔπεμψέ με Θεμιστοκλέης ὁ Νεοκλέος, στρατηγὸς μὲν Ἀθηναίων, ἀνὴρ δὲ τῶν συμμάχων πάντων ἄριστος καὶ σοφώτατος, φράσοντά τοι, ὅτι Θεμιστοκλέης ὁ Ἀθηναῖος σοὶ βουλόμενος ὑπουργέειν ἔσχε τοὺς Ἕλληνας τὰς νῆας βουλομένους διώκειν καὶ τὰς ἐν Ἑλλησπόντῳ γεφύρας λύειν. καὶ νῦν κατ᾽ ἡσυχίην πολλὴν κομίζεο.
>
> „Mich hat Themistokles geschickt, des Neokles Sohn, Feldherr der Athener, der tapferste und klügste Mann aller Bundesgenossen, um dir zu melden, daß der Athener Themistokles aus dem Willen, dir behilflich zu sein, die Griechen zurückgehalten hat, welche die Schiffe verfolgen und die Brücken am Hellespont zerstören wollten. Und nun ziehe in aller Ruhe heim."

In seiner Vorstellung, die nicht nur seinen vollständigen Namen und seine Stellung als athenischer Stratege anführt, schreibt Themistokles sich durch die Superlative ἄριστος καὶ σοφώτατος herausragende Tugenden zu, die ihn in Xerxes' Gedächtnis einprägen sollen, daß dieser sich auch noch nach Jahren seiner erinnere. Er rühmt sich hier solcher Fähigkeiten, die ihm zum einen (σοφώτατος) Herodot schon im Spiegel der δόξα der Athener zugestanden hat und die ihn zum anderen (ἄριστος) in die Nähe des Aristeides rücken. Die uns sonderbar anmutende Ruhmredigkeit des Themistokles[45] steht im Gegensatz zur Bescheidenheit in seiner Athener-Rede. Dieser Kontrast setzt sich auch im eigentlichen Kern der Botschaft fort, so daß sich hier das ganze Ausmaß seines Gesinnungswandels offenbart: Hatte er dort Xerxes noch als den verwerflichsten aller Frevler gebrandmarkt, so hebt er jetzt ihm gegen-

---

45   Die dem Epos entstammt: Hom. Il. I 186; II 248; IX 158–161; GOLDSCHEIDER 93.

über sein großes Wohlwollen hervor. Ihm wolle er einen „Gefallen erweisen".
Ὑποργέειν drückt oft einen Dienst aus, den sich gleichrangige Persönlichkeiten
erweisen.[46] So wird aus dem übermenschlich großen Ungeheuer, das nur von Göttern abgewehrt werden konnte, ein verletzlicher Potentat, dem Themistokles aus
reiner Gefälligkeit seine Unversehrtheit garantiert. Für sein Wohlwollen gegenüber
den Persern steht allerdings nur seine eigene Aussage; stichhaltig nachweisen kann
er es nicht. Er setzt mit seiner Empfehlung an Xerxes, dieser solle in aller Ruhe
zurückkehren, schon Herodots Darstellung von der großen Angst und abzusehen-
den Übereilung des Xerxes[47] voraus.

Bevor wir die Frage nach der Historizität dieser Erzählung stellen, sind die Berichte späterer Autoren in die Beurteilung mit einzubeziehen.[48] Den Herodot zeitlich nächsten Bericht finden wir bei Thukydides (I 137,4) in seinem Exkurs über
das Schicksal des Themistokles, in dem er auch dessen angeblichen Brief an den
Perserkönig Artaxerxes wiedergibt:

> καί μοι εὐεργεσία ὀφείλεται (γράψας τήν τε ἐκ Σαλαμῖνος προάγγελσιν τῆς
> ἀναχωρήσεως καὶ τὴν τῶν γεφυρῶν, ἣν ψευδῶς προσεποιήσατο, τότε δι᾽ αὐτὸν
> οὐ διάλυσιν).

> „Und ich verdiene Dank als Wohltäter (er schrieb von dem aus Salamis voraus-
> gemeldeten Abzug und von den seinetwegen, wie er fälschlicherweise bean-
> spruchte, damals nicht zerstörten Brücken)."

Vor allem die ältere Forschung, jedoch auch die beiden neueren Spezialuntersu-
chungen zu dieser Geheimbotschaft von MILTON und MARR vertreten die Ansicht[49],
der dortige Ausdruck τήν τε ἐκ Σαλαμῖνος προάγγελσιν τῆς ἀναχωρήσεως – mit
dem Thukydides in einem Einschub in eigenem Namen den Anspruch des Themistokles erklärt, der Perserkönig schulde ihm Wohltaten – könne sich nicht auf die
erste Geheimbotschaft des Themistokles über den angeblich geplanten Rückzug der
Griechen von Salamis vor der Schlacht beziehen. Denn die erste Geheimbotschaft
sei noch Teil seiner Strategie zur Niederringung der Perser gewesen, so daß er diese
List unter die den Persern zugefügten Übel zählen müsse, auf die Themistokles sich
später wegen ihrer Bekanntheit kaum habe berufen können. Nach der Logik der
Briefeinleitung können die Wohltaten gegenüber dem König nur aus der Zeit nach
Ende der griechischen „Zwangslage", d.h. nach dem Seesieg, stammen. Auf die
enge inhaltliche und zeitliche Zusammengehörigkeit der ersten Phrase mit der Verhinderung der Brückenzerstörung deutet womöglich die mit dem καί korrespondie-
rende Verbindungspartikel τε hin.[50] Folglich liegt die Annahme nahe, daß προάγ-

---

46   Cf. Hdt. VII 38,1; VIII 143,3; anders jedoch IX 109,2.

47   Hdt. VIII 97; 103; 107.

48   Dies hat J. MARR, Themistocles and the Supposed Second Message to Xerxes: the Anatomy of
a Legend, AClass 38, 1995, 57–69, hier 57–64, getan.

49   Cf. die Kommentare ad loc. von POPPO-STAHL; KRÜGER; CLASSEN-STEUP; MILTON 1983, 20f., 23,
27, 40f. und MARR 1995, 62–64, der darauf verweist, daß Nep. Them. 9,2 und Plut. Them.
28,1–5, die den Brief des Themistokles jeweils in enger Anlehnung an Thukydides wiedergeben, in keiner Weise auf die erste Geheimbotschaft anspielen.

50   Die Lesung τήν τε hat zwar allein der *Codex Laurentianus*; dieser aus dem frühen 10. Jh. ist
jedoch die älteste aller Handschriften; cf. GOLDSCHEIDER 146 A. 7. Aus diesem Grunde wählten

γελσις sich auf Themistokles' „Vorwarnung, dringende Mahnung" an Xerxes zum „Rückzug" (ἀναχώρησις) – gemeint sein muß: Rückzug aus Attika – bezieht. Die Wortstellung spricht dafür, daß der Ausdruck ἐκ Σαλαμῖνος vor προάγγελσιν den Herkunftsort der Botschaft des Themistokles angibt.[51] Damit widerspräche Thukydides allerdings dem Bericht des Herodot, daß Themistokles die zweite Geheimbotschaft erst von Andros abgesandt habe.[52] Diese Überlegung haben zahlreiche Forscher zum Anlaß genommen, in dieser Phrase doch den Bezug auf die erste Geheimbotschaft über den bevorstehenden Rückzug der Griechen zum Isthmos zu sehen, die auch laut Herodot von Salamis aus abgeschickt wurde.[53] Auch wenn diese erste Botschaft die Perser in eine Falle lockte, so mag Themistokles – zumindest nach Thukydides' Verständnis – selbst diese später gegenüber dem Großkönig unter die „großen Wohltaten" (μεγάλα ἀγαθά) gerechnet haben.[54] Sofern Thukydides' Erläuterung, die Verhinderung der Brückenzerstörung habe sich Themistokles zu Unrecht zugeschrieben, die Herodoteische Version zugrunde legt, mag auch die erste Phrase als eine Bestätigung Herodots und damit als Verweis auf die erste Botschaft zu verstehen sein.[55]

Wenn allerdings ψευδῶς ausdrückt – wie MILTON[56] mit einiger Plausibilität annimmt –, daß die Griechen niemals planten, die Perser weiter zu verfolgen, dann

alle neueren Ausgaben (HUDE; STUART-JONES & POWELL; DE ROMILLY; MADDALENA; LUSCHNAT; auch GOMME 1945 ad loc.) diese Lesart. Die Kombination τε ... καὶ zeugt laut KÜHNER-GERTH II 2,249f. von „einer innigen oder notwendigen Verbindung" der beiden Glieder, wobei das zweite der Erklärung des ersten dient. Zudem zeige es einen zeitlich parallelen Ablauf oder sogar deren kausale Verbindung an. Allerdings sehen GOMME 1945, 441 mit A. 2 und GOLD-SCHEIDER 101 τε ... καὶ eher als trennend an.

51 Ein Bezug von ἐκ Σαλαμῖνος auf ἀναχωρήσεως und somit auf den von Themistokles angemahnten Rückzug der Perser „von Salamis" erscheint sinnlos, da die Perser nie auf der Insel Salamis selbst waren. HIGNETT 242 hält ἐκ Σαλαμῖνος statt ἐκ Ἄνδρου jedoch für „a mere slip" des Thukydides.

52 Cf. MILTON 1983, 27. MARR 1995, 64 unterschätzt diese Differenz.

53 So Ed. MEYER GdA IV³ 368 A. 1; BODIN 1917, 140 A. 1; GOMME 1945, 441; GOLDSCHEIDER 101f.; PODLECKI 41; FROST 145f.; HORNBLOWER ad loc.; LAZENBY 1993, 200 mit A. 4; die Übersetzungen von LANDMANN und DE ROMILLY. Sofern, wie GOMME und FROST annehmen, der Autor von POxy XIII 1610, fr. 1 = FGrHist 70 F 191, Z. 6–13: π[ερὶ τοῦ] | Θεμιστοκλέο[υς λέ]|γουσι δ' οἱ μὲν ὅ[τι ὑπέ]|μνησεν αὐτ[ὸν ὢν] | περί τε τῆς ν[αυμα]|χίας καὶ τῆς γ[εφύρας | προ]ήγγειλε, „Über Themistokles berichten die einen, daß er ihn an das erinnerte, was er über die Seeschlacht und die Brücke im voraus gemeldet hatte" (cf. GRENFELL & HUNT ad loc.), Thukydides folgt, ist hierin eine Stütze für diese These zu finden. Ephoros' Autorenschaft für dieses Papyrusfragment hat T.W. AFRICA, Ephorus and Papyrus Oxyrhynchus 1610, AJPh 83, 1962, 86–89 bestritten.

54 Man beachte den Plural! Cf. GOMME 1945, 441. Daß Sikinnos beide Botschaften überbringt, impliziert immerhin, daß in Herodots Augen Themistokles bei Xerxes mit der Akzeptanz auch der zweiten Botschaft rechnet, weil dieser die erste Botschaft nur als mißglückten Verrat ansehen könne. Allerdings mag Herodots Angabe, Sikinnos habe dem Großkönig persönlich die Botschaft überbracht, zur Erklärung dienen, warum der Großkönig nicht mit größtem Mißtrauen gegenüber Sikinnos reagierte: Während Xerxes ihn bei der ersten Botschaft gar nicht zu Gesicht bekam, waren nun die persischen Feldherren schon abwesend (VIII 107,1), die Sikinnos beim ersten Mal empfangen hatten.

55 Cf. GOMME 1945, 441 und GOLDSCHEIDER 102f.

56 MILTON 1983, 45 A. 33.

mag hierin implizit doch eine Diskrepanz zu Herodot verborgen sein. Allerdings bleibt dann der Einwand bestehen, daß Thukydides sicherlich einen solch schlagenden Beweis für Themistokles' wahre Vaterlandsliebe – zudem eine wichtige Korrektur seines Vorgängers Herodot[57] – nicht lapidar in einer für den Leser kaum zu entschlüsselnden Bemerkung versteckt hätte, zumal Thukydides sonst darum bemüht ist, keinerlei Verratsverdacht auf Themistokles fallen zu lassen. Ungeachtet dieses Einwandes halte ich für die fragliche Phrase einen Bezug auf die zweite Geheimbotschaft, die also von Salamis abgesandt worden sei, und damit indirekt eine Korrektur Herodots für wahrscheinlicher. Allerdings ist wegen der verbleibenden Unsicherheit darauf zu verzichten, diese Ansicht als Basis für weitere Argumente zu verwenden.

Unzweideutig als Kriegslist hat Diodor die zweite Geheimbotschaft bewertet, worin er sicherlich auf Ephoros zurückgeht. Demgemäß hat Themistokles nach dem Sieg von Salamis aus eine Nachricht an Xerxes geschickt, daß die Griechen sich anschickten, die Hellespont-Brücken zu zerstören: Laut Ephoros hatte dieses Strategem den Zweck, Xerxes einen solchen Schrecken einzujagen, daß er schnellstmöglich den größten Teil seines Heeres aus Hellas abziehe – was dann auch geschehen sei.[58]

Dieselbe patriotische Motivation für die zweite Geheimbotschaft und denselben Ausgangspunkt hebt auch Plutarch hervor: Bei ihm hat Themistokles direkt nach der Schlacht angemahnt – angeblich um Aristeides zu versuchen –, die Griechen sollten durch Lösung der Schiffsbrücken am Hellespont dem Perserheer den Rückweg abschneiden. Aristeides bringt daraufhin nicht nur dieselben Argumente wie der Herodoteische Eurybiades vor, sondern geht noch weiter mit seiner Forderung, eine zweite Brücke zu bauen, um die Flucht der Perser zu beschleunigen.[59] Daraufhin ersinnt Themistokles die Geheimbotschaft, die vom Kriegsrat abgesegnet wird: Ein persischer Kriegsgefangener namens Arnakes[60] wird zu Xerxes geschickt mit der Nachricht, die Hellenen hätten die Zerstörung der Hellespont-Brücken beschlossen. Er, Themistokles, sei in Sorge um den Großkönig und rate ihm deshalb, nach Asien zurückzukehren, während er die Griechen an der Verfolgung hindern wolle. Allein der Klugheit des Themistokles und Aristeides sei es laut Plutarch (Them. 16,5f.) also zu verdanken, daß es die Griechen im Entscheidungskampf bei Plataiai nur mit dem kleinsten Teil des Perserheeres zu tun hatten. Im Unterschied zu Herodot sieht Plutarch – wie schon Ephoros – erst in der Geheimbotschaft die Initialzündung für den Rückzug des Xerxes und versteht die Botschaft

---

57   MARR 1995, 64 wertet dies jedoch nur als „a slight discrepancy of detail". MILTON 1983, 29, 44 A. 29 und in: The Date of Thucydides' Synchronism of the Siege of Naxos with Themistokles' Flight, Historia 28, 1979, 257–275, hier 264 A. 44, behauptet hingegen, daß Thukydides' Themistokles-Exkurs älter sei als die Herodoteische Passage, und erklärt die abgekürzte Form der Thukydideischen Bezugnahme auf die mutmaßliche Kriegslist mit deren Bekanntheit.

58   Diod. XI 19,5f.; zudem XI 59,2. Cf. BODIN 1917, 140f.; MILTON 1983, 24; MARR 1995, 58.

59   Plut. Them. 16,4. Cf. ausführlich BODIN 1917, 142–150, der diese Version größtenteils auf Phainias von Lesbos zurückführt.

60   Die Abweichung von Herodot erklärt GOLDSCHEIDER 94f. durch den Versuch, noch eine weitere Wohltat, nämlich die Rücksendung eines Kriegsgefangenen, zudem eines königlichen Eunuchen, dem Themistokles anzudichten (cf. Thuk. I 129,3).

als Kriegslist zugunsten der Hellenen. Bezeichnend ist zudem, daß die Griechen nach Ephorischer und Plutarchischer Version der Perserflotte gar nicht nachzusetzen beabsichtigen, sondern an ihrem Standort vorerst verweilen.[61] Trotz dieser gravierenden Abweichungen sind jedoch gerade in Plutarchs Darstellung die Entlehnungen aus Herodot offenkundig: so die ausgiebig von Eurybiades übernommenen Argumente des Aristeides oder die von Themistokles angekündigte Verzögerung der Verfolgung, die zur Beschleunigung der Flucht gar nicht notwendig ist und somit diesen ins Zwielicht rückt. Noch greifbarer wird Herodots Einfluß in der Kurzfassung in der Aristeides-Vita (9,5f.), wo Themistokles Xerxes melden läßt, er *habe schon* die Griechen von der Fahrt zum Hellespont abgebracht.

Die betonte Kooperation des Themistokles mit seinem Erzrivalen Aristeides hat Plutarch vielleicht seinem Gewährsmann Ktesias von Knidos entlehnt.[62] Dieser schreibt im knappen Bericht seiner Περσικά über die Schlacht von Salamis: „Und die Griechen siegen und 500 persische Schiffe werden vernichtet, Xerxes flieht – (dies) wiederum durch den Rat und List des Aristeides und des Themistokles."[63] Doch Ktesias' Angaben sind zu dürftig[64], als daß man auf die Version einer von beiden gemeinsam ausgeheckten zweiten Botschaft zurückschließen könnte, die MILTON auf die gemeinsame Quelle von Ktesias und Ephoros zurückführt.[65]

Während Plutarch die patriotische Version schon mit einigen Herodoteischen Elementen, die Themistokles im Zwielicht zeigen, kontaminiert hat, so finden wir doch bei Ephoros die glorifizierende Interpretation als Kriegslist vermutlich in ihrer Reinform vor.[66] Er hat Themistokles vehement gegen den Vorwurf des Landesverrats verteidigt, wie der von Plutarch für Ephoros überlieferte Vergleich mit dem Spartanerkönig Pausanias beweist.[67] Bei Ephoros handelt Themistokles während des gesamten griechischen Freiheitskampfes in Übereinstimmung mit seinen Kollegen im Feldherrenamt, auch mit den Peloponnesiern; schließlich preist Ephoros den Athener nach seinem Selbstmord im persischen Exil, nachdem ihn der Großkönig zu einem Feldzug gegen Hellas aufgefordert hatte, als „größten der Griechen"

---

61 Man beachte, wie weit entfernt von diesen Ereignissen Plutarch den Zug des Themistokles gegen Andros anordnet (Them. 21,1f.); cf. FROST 147.

62 Cf. W. Graf UXKULL-GYLLENBACH, Plutarch und die griechische Biographie. Studien zu plutarchischen Lebensbeschreibungen des V. Jahrhunderts, Stuttgart 1927, 69 und MILTON 1983, 25f. Plutarch zitiert ihn vor allem in seiner Artaxerxes-Vita. Zur generellen Unglaubwürdigkeit des Ktesias für die griechischen Verhältnisse cf. HIGNETT 8–10; BIGWOOD 1978, 31 zur Nachricht an Xerxes.

63 FGrHist 688 F 13 §30 = Phot. p. 39b 24–26: Καὶ νικῶσιν Ἕλληνες καὶ διαφθείρονται Περσικαὶ πεντακόσιαι νῆες, καὶ φεύγει Ξέρξης, βουλῇ πάλιν καὶ τέχνῃ Ἀριστείδου καὶ Θεμιστοκλέους. Cf. Plut. Them. 16,6: ... ἡ Θεμιστοκλέους καὶ Ἀριστείδου φρόνησις ... Auch „Arnakes" mag Plutarch aus Ktesias übernommen haben, der F 13 §24 = Phot. p. 38b 35f. den Eunuchen Νατάκας oder Ματακᾶς nennt.

64 Cf. PODLECKI 98f. GOLDSCHEIDER 94 bestreitet Ktesias' Bezug auf die Botschaft.

65 Cf. MILTON 1983, 24f., zudem BIGWOOD 1978, 31.

66 Dazu paßt auch, daß er die Kriegslist allein Themistokles zuschreibt (Diod. XI 19,5). Ktesias mag ein schwaches Echo davon wiedergegeben haben. Die Rekonstruktion von GOLDSCHEIDER 95 für die Berichte des Ephoros und Plutarch überzeugt nicht.

67 FGrHist 70 F 189 = Plut. Her. malign. 5, p. 855f. Zur Beurteilung des Themistokles durch Ephoros cf. PODLECKI 92–98.

(ἀνὴρ μέγιστος τῶν Ἑλλήνων).[68] Die späteren Autoren folgten der Sichtweise des Ephoros.[69]

Diese Zusammenstellung ergibt ein eindeutiges Bild: Herodot steht mit seiner Version der ausschließlich durch Eigennutz motivierten zweiten Geheimbotschaft des Themistokles in der Geschichtsschreibung allein auf weiter Flur. Sämtliche Nachfolger deuten diese zweite Botschaft als Kriegslist; und selbst für den in diesem Punkt undeutlichen Thukydides gibt es gute Gründe für die Annahme, daß er sie zumindest von Salamis ausgesandt und somit ebenfalls als Strategem angesehen hat.

4. Die zweite Geheimbotschaft: Kriegslist oder Verrat?

Ein Vergleich von Herodots Version mit den späteren Interpretationen als Kriegslist fördert zahlreiche Diskrepanzen zutage: Die Behauptung des Herodoteischen Themistokles, er habe die Griechen schon von der Verfolgung der Perser abgehalten, paßt in keiner Weise zu einer Kriegslist zur Beschleunigung des persischen Rückzuges: Aufgrund einer solchen Botschaft würde sich der Perserkönig eher in Sicherheit wiegen, so daß er sich keineswegs veranlaßt sähe, eine eilige Flucht anzutreten. So wenig sie als Strategem taugen kann, so wenig kann sie eine Wohltat gegenüber dem Großkönig darstellen. Denn allein das Faktum, daß sie laut Herodot nicht mehr von Salamis, sondern von Andros abgesandt wurde, beraubt sie jeder Glaubwürdigkeit und inneren Logik. Wie einfältig und gutgläubig, so ist mit CRESCI MARRONE zu fragen, hätte der Perserkönig nach den fatalen Erfahrungen mit der ersten Geheimbotschaft des Themistokles sein müssen, um einer solchen Zusage zu vertrauen, ohne sofort eine Finte zu argwöhnen? Er wußte doch gar nicht mehr, wo sich die griechische Flotte befand. Deren Abfahrt von Salamis außerhalb des Gesichtsfeldes persischer Späher mußte die Aussagen des Themistokles in Frage stellen.[70]

Herodots gesamte Schilderung der persischen Aktionen nach der Schlacht von Salamis erweckt nicht den Eindruck, als wäre der Rückzug der Perser durch eine Kriegslist der Griechen beschleunigt worden oder als stünde ein sofortiger Abzug aus Attika unmittelbar bevor: Herodot läßt Xerxes sogar durch den versuchten Dammbau vom attischen Festland nach Salamis seine Absicht vortäuschen, er wolle eine neue Schlacht beginnen (VIII 97). Mardonios schlägt seinem König zudem einen postwendenden Angriff auf die Isthmos-Stellung der Peloponnesier vor (VIII 100,2f.). Von größter Bedeutung ist jedoch, daß der Plan zur schnellen Rückkehr des Xerxes nach Persien laut Herodot nicht durch eine Geheimbotschaft des Themistokles initiiert, sondern von Mardonios angeregt (VIII 100,3; 5) und von Artemisia

---

68 Ausführlich bei Diod. XI 58,3–5.
69 Nep. Them. 5; Ael. Arist. III 254f. BEHR = II p. 259 DINDORF; Frontin. strat. II 6,8; Pomp. Trog. bei Iust. II 13,5–8; Aristodemos FGrHist 104 F 1, 7. Cf. BODIN 1917, 140–142; GOTTLIEB 1963, 108–110.
70 CRESCI MARRONE 1986, 123. Cf. MILTON 1983, 26.

gutgeheißen wird (VIII 102).[71] Allerdings betont Herodot schon Xerxes' große
Furcht um die Hellespont-Brücken, unmittelbar nachdem ihm der Niederlage bei
Salamis bewußt geworden ist (VIII 97, 103), weshalb dieser seine Flotte zu deren
Schutz zum Hellespont ausfahren läßt (VIII 107,1). Herodot schildert aber keine
übereilte Flucht der Perser aus Attika nach Thessalien, wo Mardonios die Truppen
für einen geplanten Feldzug gegen die Peloponnes im nächsten Frühjahr sammelt
(VIII 113,1f.). Auch die Nachricht, Xerxes habe noch einige Tage gewartet, bis er
mit seinem Heer aus Attika nach Boiotien abgezogen sei, spricht nicht für einen
eiligen, ungeordneten Rückzug.[72] Herodots Beschreibung der ersten Phase des persischen Rückzuges liest sich wie eine Explikation des späteren Rates des Themistokles an Xerxes, sich in aller Ruhe zurückzuziehen.

Wem hat die Herodoteische Geheimbotschaft nun eigentlich Gewinn gebracht?
Nur einem einzigen: Themistokles; und bei ihm steht zudem der Nutzen noch in
ferner Zukunft. Die Isolation seiner Maßnahme im Handlungsablauf wird schon
dadurch deutlich, daß Herodot keinerlei Reaktion des Xerxes auf die Botschaft berichtet: Sie beschleunigt dessen Flucht keineswegs.[73] In ihr rät Themistokles Xerxes eher einen wohlgeordneten und eher gemächlichen Rückzug[74] an. An dieser
Stelle wäre am ehesten ein Ansatzpunkt für den Vorwurf des Landesverrats gegenüber dem Herodoteischen Themistokles gegeben: Denn er hätte somit ein weit län-
geres Verweilen des Perserkönigs in Hellas verursachen können. Wollte Herodot
ihn jedoch als Verräter darstellen, so hätte er ein von Xerxes zumindest erwogenes
Verbleiben in Griechenland erwähnen müssen.

71 Die schrittweise Entwicklung des Rückzugsbeschlusses hat Marg 1953, 201–204 = id. WdF
    615–619 überzeugend herausgearbeitet.
72 Hdt. VIII 113,1. Ähnlich Dumortier 1963; anders Marg 1953, 197 = id. WdF 610; Bornitz
    1968, 131. Zu den chronologischen Problemen cf. Lazenby 1993, 202f., der bemerkt, daß Xer-
    xes schon drei bis vier Tage nach der Seeschlacht Attika verlassen hatte – zu dem Zeitpunkt
    nämlich, als Kleombrotos von der Sonnenfinsternis des 2. Oktober 480 während des Feldzugs-
    opfers von einer Verfolgung des Perserheeres abgehalten wurde (Hdt. IX 10,3). Cf. F.K. Gin-
    zel, Spezieller Kanon der Sonnen- und Mondfinsternisse für das Ländergebiet der klassischen
    Altertumswissenschaften und den Zeitraum von 900 vor Chr. bis 600 nach Chr., Berlin 1899,
    22, 56 Daten, Nr. 144; H. Mucke & J. Meeus, Canon of solar eclipses. –2003 to +2536, Wien
    ³1992, 102 Daten; 353 Darstellung der Sichtbarkeit unter der astronomischen Datierung „–479
    OCT 2" (Man beachte: Die Astronomen rechnen das Jahr 0 mit – im Gegensatz zur historischen
    Zählung!). An der Sichtbarkeit der Finsternis mit einem Bedeckungsgrad von ca. 60% sollte
    man nicht zweifeln trotz der Einwände von Ginzel 1899, 174f.; A. Demandt, Verformungsten-
    denzen in der Überlieferung antiker Sonnen- und Mondfinsternisse, AAWM 7, 1970, Mainz
    1970, 11f.; A. Mosshammer, Thales' Eclipse, TAPhA 111, 1981, 141–155, hier 152. Für seine
    Hinweise und die umfangreichen Berechnungen der Daten dieser Finsternis danke ich Dr. Rai-
    ner Bien vom Astronomischen Rechenzentrum Heidelberg.
73 Cf. VIII 110,3–111,1 mit 113,1 (unmittelbar nach der Brandschatzung der Inseln); Grundy
    1901, 415; Hignett 242. Wie aber Heinrichs 1989, 10f. Themistokles als „Lebensretter des
    Großkönigs" dargestellt finden kann, ist mir nicht erfindlich.
74 Hdt. VIII 110,3. Allerdings läßt κομίζεο offen, ob Themistokles tatsächlich einen Rückzug ins
    Perserreich anmahnt (so Feix) oder nicht doch nur einen ruhigen Marsch, ohne daß dessen Ziel
    festgelegt ist (so Marg: „ziehe dahin"). Diese Ambivalenz mag von Herodot beabsichtigt sein.

Eine exakt gegenteilige Interpretation des Herodoteischen Wortlautes der Botschaft liefert DUNCKER[75], laut dem Xerxes die Nachricht nach den fatalen Erfahrungen mit der ersten Geheimbotschaft als Finte verstehen und das Gegenteil des Gemeldeten für richtig halten sollte: Themistokles hat in Wirklichkeit die Griechen *nicht* aufgehalten, sondern zur Verfolgung angespornt; Xerxes muß *in aller Eile* Hellas verlassen.[76] Die Abfahrt der griechischen Flotte von Salamis hätte den Persern die Botschaft als Finte zu ihrer Vernichtung klar erweisen und so ihre Flucht beschleunigen sollen. Doch daß Herodot die zweite Geheimbotschaft nicht als Kriegslist verstanden wissen will, beweist wieder einmal ihre Folgenlosigkeit in seinem weiteren Bericht.[77] Wie sehr der Kriegsrat auf Andros und die Geheimbotschaft ausschließlich auf die Wendigkeit und die μεταβολή des Themistokles zugeschnitten sind, zeigt sich vor allem darin, daß die Kausalzusammenhänge des VIII. Buches der *Historien* völlig unbeschadet blieben, wenn diese Episode fehlte.

Daß jedoch die Tat eines einzelnen, die völlig isoliert vom Umfeld des Freiheitskampfes steht, Anstoß zu einer solchen Anekdote gibt, erscheint mir zweifelhaft. Vielmehr ist zu erwarten, daß eine Persönlichkeit wie Themistokles, für ihre Klugheit und Verschlagenheit berühmt, vermittels Episoden über geniale Winkelzüge in enge Beziehung zum eigentlichen Kriegsverlauf gebracht worden ist, indem er Siegbringendes ins Werk setzt oder verhängnisvollen Entwicklungen vorbeugt, wie für Artemision und Salamis gesehen. Jedoch ist solches im Falle des Kriegsrates auf Andros nur noch rudimentär in der Athener-Rede greifbar. Deshalb scheint mir die Herodoteische Version keineswegs die ursprüngliche Form darzustellen, in der die Anekdote der Geheimbotschaft tradiert wurde. Dagegen spricht neben der mangelnden Einbindung in den Kontext auch das Fehlen einer starken Tendenz, die in der Regel solchen Anekdoten anhaftet: Entweder sie zeichnen den Protagonisten uneingeschränkt positiv oder als Ausbund an Schlechtigkeit. Auf unseren Fall übertragen heißt das: Entweder pries die Ursprungsversion der Botschaft Themistokles als genialen Feldherrn, der durch Täuschung den Perserkönig zum raschen Rückzug trieb, oder sie brandmarkte ihn als Landesverräter. Bei der Herodoteischen Version ist, wie oben gesehen, keines von beidem der Fall: Von Landesverrat durch die Geheimnachricht wäre dann zu reden, wenn ihr Urheber durch sie hätte eigentlichen Schaden anrichten können. Dazu hätte man, wie MILTON richtig herausstellt, weit Schlimmeres behaupten müssen, als Herodot es tut.[78]

---

75   M. DUNCKER, Der angebliche Verrath des Themistokles, SPAW 1, Berlin 1882, 377–392; akzeptiert von BUSOLT GG II² 710. Der Widerlegungsversuch von GOLDSCHEIDER 95f. überzeugt nicht, da nicht mechanisch sämtliche Aussagen der Geheimbotschaft verneint werden dürfen.

76   Gerade der Rat, den Rückzug „in großer Ruhe" anzugehen, erweckt den Eindruck, daß Xerxes in falscher Sicherheit gewiegt werden soll.

77   Sie tritt um so deutlicher bei einem Vergleich mit den späteren Berichten (Ktesias, Ephoros, Plutarch) hervor, in denen erst die Kriegslist den zur Wiederaufnahme des Kampfes bereiten Perserkönig zum Rückzug veranlaßt.

78   Cf. MILTON 1983, 29: Die Verleumder des Themistokles nach den Perserkriegen „could have invented a much more incriminating message." Diesen Umstand erklärt er damit, daß ihre Möglichkeiten, eine solche verräterische Botschaft zu entwerfen, „seem to have been constrained by limitations imposed by familiar and generally accepted elements in an already existing version", womit er die Interpretation als Kriegslist meint.

Im folgenden soll durchgespielt werden, welche der beiden denkbaren tendenziösen Ausgangsversionen der Geheimbotschaft Herodot als Vorlage benutzt haben
könnte. Beginnen wir mit der Diffamierung als Verräter, was durchaus naheliegt,
weil die Herodoteische Version der Botschaft einzig und allein Themistokles als
Gewinner darstellt. Solche Verratsvorwürfe könnten auf themistoklesfeindliche Erzählungen athenischer Provenienz zurückgehen, die insbesondere nach dessen Flucht
nach Persien um 465 verbreitet waren.[79] Dafür ist zu bedenken: Herodot hat möglicherweise für den Bericht von der Thessalien-Expedition und vermutlich für den
über die Schlacht von Artemision sowie – wie noch zu zeigen – über des Themistokles' Ausplünderung der Kykladen Versionen, die ihn als Landesverräter diffamier-
ten, vollständig umgestaltet, um dieses Stigma von ihm zu nehmen. Daher ist ein
solches Vorgehen auch hier zu erwarten. Aus den historischen Grundkonstanten der
Situation – der persischen Niederlage bei Salamis, dem vermutlichen Abzug großer
Heeresteile aus Griechenland und der Bedrohung ihrer Rückzugslinie über den Hellespont durch die Griechen – könnte man, sollte der Absender der Geheimbotschaft
als Verräter denunziert werden, deren Inhalt und Wirkung folgendermaßen rekonstruieren: Themistokles schickt die Botschaft von Andros aus zu Xerxes, um ihm
ein Verbleiben mit dem gesamten Heer in Hellas anzuraten, da dessen Rückzugslinie nun, nachdem er die Griechen an der Fahrt zum Hellespont gehindert habe, nicht
mehr in Gefahr sei. Der vorgebliche „Verrat" gegenüber den Hellenen läge dann
darin, daß Themistokles einerseits sie der Chance beraubt hätte, die Perser in Europa logistisch zu „erdrosseln", andererseits verschuldet hätte, daß der Großkönig noch
immer mit seinem riesigen Invasionsheer in Hellas stünde. Doch nach griechischem
Verständnis waren beide Prämissen zu keiner Zeit gegeben: Erstens mußten es die
Griechen, was alle Berichte betonen, gerade vermeiden, „die Perser in Europa zu
fangen". Zweitens war es bei den Griechen *communis opinio*, daß der Perserkönig
mit dem größten Teil des Heeres im Herbst 480 Hellas fluchtartig verließ.[80] Eine
solche Fassung der Geheimbotschaft, die so deutlich seinen eigenen Einschätzun-
gen zuwiderlief, ist als Vorlage für Herodot unwahrscheinlich, da sie schon bei den
Zeitgenossen kaum Glauben gefunden haben dürfte.

Dennoch postuliert MARR jüngst eine anders gelagerte Beschuldigung des Themistokles als Landesverräter als Ursprung der verschiedenen Versionen.[81] Sie sei
nach dessen Flucht nach Persien von den Konservativen um Kimon in die Welt
gesetzt worden als Erklärung dafür, wieso Themistokles eine solch zuvorkommen-
de Aufnahme dort gefunden habe, und habe besagt, er habe unmittelbar von Salamis aus Xerxes gemeldet, dieser könne sich in Ruhe zurückziehen; er werde die
Griechen von einer Zerstörung der Brücken abhalten, was er dann auch getan habe.
MARRS Erklärung für die „particular variation of/improvement on the original story" durch Herodot und Plutarch, die Themistokles behaupten lassen, er *habe schon*

---

79 So STEIN ad loc.; BURN 469; ausführlich MILTON 1983, 28f., 32.
80 Cf. Hdt. VIII 100,5 (cf. aber VIII 115,1); neben Aischylos bes. Thuk. I 73,5; Nep. Them. 5,1f.;
   Diod. XI 19,6; Plut. Them. 16,6.
81 MARR 1995, 66–68 sieht diese Version insbesondere bei Herodot, der sich dabei auf die Alkmaioniden gestützt habe, und in Plut. Arist. 9,6 wiedergegeben. Auch CAWKWELL 1970, 43 geht
   von einem themistoklesfeindlichen Ursprung aus.

die Verfolgung der Perser verhindert, mit einer Kontamination durch die Nachricht, Themistokles habe den Athenern erst am Ende des Jahres 480 von einer Verfolgung abgeraten, überzeugt angesicht der Tragweite dieses Punktes mitnichten.[82] Nach MARRS Rekonstruktion haben die „Radikalen" um Perikles diese Diffamierung gekontert mit der Version, Themistokles habe tatsächlich eine Geheimbotschaft gesandt, die Xerxes hingegen eine schnelle Flucht aus Hellas empfohlen habe; dies sei jedoch eine mit den griechischen Strategen und Aristeides abgesprochene Kriegslist gewesen, nachdem Themistokles sich der Weigerung der Peloponnesier, ihm bei der Zerstörung der Hellespont-Brücken zu helfen[83], gefügt habe. Nach seiner Flucht habe er sich zwar gegenüber Artaxerxes auf dieses vorgebliche Verdienst berufen, zudem darauf, daß er die Griechen sogar aufgehalten habe; all das sei jedoch nur eine Täuschung des Großkönigs gewesen. Diese beiden konträren Versionen der zweiten Geheimbotschaft seien nach längerer mündlicher Weitergabe schließlich von Herodot und Thukydides aufgezeichnet worden. Aufgrund der anhaltenden Debatten über Themistokles sei es zu Kontaminationen der Versionen gekommen, welche die Differenzen über den Inhalt der Botschaft, über ihren Absendeort und ihren Überbringer erklärten. Doch die ersten beiden Unterschiede sind keineswegs, wie MARR meint[84], „some minor variations of detail", sondern entscheidend für ihre Wertung als Kriegslist oder Verrat.

Gegen die Annahme, Herodot habe mechanisch die antithemistokleische Tendenz seiner athenischen Quellen übernommen, spricht überdies die Bewertung des Verhaltens der Spartaner und Athener in dieser Anekdote: Auf der einen Seite fordern die Peloponnesier dieses Mal das Vernünftige, nämlich den Rückzug der Perser keinesfalls zu behindern, zudem erscheint der Spartaner Eurybiades als Vater der Idee, im nächsten Jahr um Königsland zu kämpfen. In einer athenischen Erzählung nimmt sich ungeachtet eines Kimon eine solche spartanerfreundliche Ausrichtung doch einigermaßen seltsam aus – dies um so mehr, als auf der anderen Seite die Athener bei Herodot selbst als diejenigen erscheinen, die im Gegensatz zu den Peloponnesiern hochriskante und im Endeffekt nutzlose Pläne fassen. Ihre wütende Entschlossenheit darin steht jedoch in Gegensatz zu ihrer späteren Leichtgläubigkeit gegenüber Themistokles, dem sie offenbar blind vertrauen. Ihre Vertrauensseligkeit stellt Herodot gerade dort heraus, wo Themistokles nicht ihre Interessen, sondern einzig seine eigenen verfolgt.[85] Schließlich nimmt der Historiker allein die Athener als Ausgangspunkt und Urheber der Übel an, die Themistokles später erei-

---

82   Zitat MARR 1995, 67. MARR bleibt jede Erklärung schuldig, warum Herodot „misleadingly" (67) die Athener-Rede des Themistokles vor der Geheimbotschaft plaziert haben sollte.

83   Weshalb Herodot dieses themistoklesfreundliche Element – zudem von den „Radikalen" um den Alkmaioniden (!) Perikles – als einziges in seine angeblich sonst so feindliche, von den Alkmaioniden herrührende Erzählung übernommen haben sollte, wie MARR 1995, 67 behauptet, leuchtet ebensowenig ein wie die Annahme, daß gerade wegen dieser Übernahme „Themistocles' treasonable message is *implausibly* (Hervorhebung des Verf.) presented by Herodotus as motivated primarily by pique at having his first plan rebuffed" (67).

84   MARR 1995, 68.

85   Hdt. VIII 110,1: „Sie waren bereit, auf ihn zu hören, was auch immer er sagte"; so übersetzen LANGE; GODLEY; LEGRAND; BRAUN–BARTH. Cf. BENCSIK 1994, 74 A. 16.

len sollten.[86] Nimmt man all diese versteckten Wertungen zusammen, so schmeichelt der Kriegsrat auf Andros den Athenern keineswegs.

Wohl am nachdrücklichsten spricht jedoch die eigentliche Charakteristik des Themistokles gegen eine feindliche Version: Bei Herodot vertritt Themistokles schließlich nicht nur die richtige Sache gegenüber seinen Mitbürgern, sondern verleiht den von Eurybiades übernommenen Argumenten auch durch Abstraktion eine enorme Durchschlagskraft. Schließlich preist Herodot ihn zumindest im Urteil der Athener, wenn nicht gar in eigenem Namen, als „klug und wohlberaten". Seine Anerkennung für den Strategen, dessen Schlauheit und Weitsicht es ihm erneut möglich machte, alle Beteiligten, Perser wie Griechen, zu täuschen[87], wird dennoch nicht vom Makel des Landesverrates befleckt.

Da die Gestaltungsmöglichkeiten der Geheimbotschaft durch das faktische Verhalten der Perser und der Griechen nach der Schlacht von Salamis, wie oben gesehen, stark eingeschränkt waren, gewinnt die patriotisch motivierte Geheimbotschaft, wie wir sie schon bei Ephoros, *in nuce* bei Ktesias und später mit Ausschmückungen bei Nepos und Plutarch finden, als Ursprungsform der Anekdote an Wahrscheinlichkeit. Für diese läßt sich folgender Umriß rekonstruieren: Themistokles hat von Salamis aus den Perserkönig durch einen Boten mahnen lassen, er solle Griechenland möglichst schnell mit seinem Heer verlassen, da die Griechen entschlossen seien, die Hellespont-Brücken zu zerstören. Themistokles werde versuchen, die Griechen daran zu hindern.[88]

MILTON, der bezüglich der Originalversion der Geheimbotschaft zu demselben Ergebnis gelangt ist, führt diese letztlich auf Selbstaussagen des Themistokles zurück, was für die Authentizität der Kriegslist spreche.[89] Als historischen Ablauf nimmt MILTON an, daß unmittelbar nach der Schlacht im Kriegsrat der Hellenen auf Salamis die Strategen zur Beschleunigung der Flucht des Perserheeres – möglicherweise auf Themistokles' Anregung – diese Geheimbotschaft an Xerxes ersannen,

---

86 Cf. Hdt. VIII 109,5.
87 Cf. GOLDSCHEIDER 90; FORNARA 72; BENCSIK 1994, 37, 74, 116f. Alle drei Gelehrten sehen jedoch Themistokles zu positiv von Herodot bewertet. Dieses glorifizierende Element von Herodots Bericht hat der Sokratiker Aischines in der ersten Hälfte des 4. Jhs. deutlich herausgehoben in seinem Dialog Alkibiades, fr. 1 KRAUSS = Ael. Arist. III 348 BEHR = II p. 293 DINDORF: ... οὐ μόνον ἡμεῖς οὐδ' οἱ ἄλλοι Ἕλληνες αἴτιον τῆς σωτηρίας Θεμιστοκλέα ἡγούμεθα εἶναι, ἀλλὰ καὶ αὐτὸς ὁ βασιλεὺς ὁ καταπολεμηθεὶς ὑπ' αὐτοῦ ὑπὸ μόνου ἀνθρώπων ἐκείνου ᾤετο σεσῶσθαι. „... nicht nur wir und die anderen Griechen sahen in Themistokles den Verantwortlichen für die Rettung, sondern auch der Großkönig selbst, obgleich von ihm im Krieg bezwungen, glaubte sich von ihm als dem einzigen der Menschen gerettet."
88 Ob die ursprüngliche Version schon die anschließende Fahrt der griechischen Flotte von Salamis nach Andros als Teil der Kriegslist beinhaltete – gleichsam als Mittel, um beim Großkönig die Angst zu schüren, Themistokles habe versagt, weshalb er noch rascher flüchten müsse – und von den späteren Autoren ausgeschieden wurde, um nicht in die Nähe des von ihnen als diffamierend verstandenen Herodoteischen Berichts zu geraten, vermag ich nicht zu entscheiden.
89 Cf. MILTON 1983, 26f., 30, 42 A. 19, wonach die Anspielungen auf diese Ursprungsversion des Stratagems, die bei Thukydides, Ktesias und Ephoros zu finden seien, aus Hellanikos stammten. Cf. F. JACOBY, RE XI 2 (1922), s.v. Ktesias, 2032–2073, hier 2061. Zum folgenden MILTON 1983, 30f.

die besagte, er solle Hellas schnell verlassen, da die Hellespont-Brücken in Gefahr seien: Obgleich die Griechen keineswegs beabsichtigten, den Persern den Rück-zugsweg abzuschneiden, seien sie dennoch, um der Ankündigung der Gefahr Nach-druck zu verleihen, von Salamis aus dem Gesichtskreis der Perser nach Andros ge-segelt. BURN und MILTON[90] vermuten weiter, daß bei den athenischen Mannschaften die Vorstellung aufgekommen sei, daß sie tatsächlich zum Hellespont segelten, um die Perser endgültig zu vernichten; die Strategen hätten zumindest bis zur Ankunft auf Andros die Mannschaften in diesem Glauben gelassen, um sie erst dort von ihren eigentlichen Absichten zu überzeugen.

Mir hingegen scheint die letztliche Herkunft dieser Version der zweiten Ge-heimbotschaft ebenso unsicher wie die der ersten, die doch vermutlich schon weni-ge Jahre nach 480 weitverbreitet war. Die These von der Selbstbezichtigung des Themistokles ist nicht zu widerlegen, besitzt jedoch auch keinen festen Grund, da der angebliche Brief des Themistokles an Artaxerxes, den wir bei Thukydides (I 137,4) finden und der die Basis dieser These bildet, kaum authentisch ist.[91] Den-noch könnte dieser fingierte Brief an Artaxerxes zu einer Mittelquelle, wenn nicht gar zum Ursprung der Anekdote über die zweite Geheimbotschaft führen: Der ge-samte Themistokles-Exkurs des Thukydides einschließlich der Briefe stammt ver-mutlich von Charon von Lampsakos, der somit auch die Machenschaften des Stra-tegen nach Salamis erzählt haben könnte.[92] Doch so wenig wir hierbei über Speku-lationen hinauskommen, so wenig beweist die nur erschlossene Version von einem Strategem dessen Historizität.

Ob eine solche Kriegslist bei Xerxes überhaupt die gewünschte Wirkung erzie-len konnte, hing maßgeblich von der Möglichkeit der Griechen ab, unmittelbar nach der Schlacht von Salamis die persischen Versorgungslinien über den Hellespont und den Rückzugsweg so massiv zu bedrohen. Obgleich sie der persischen Flotte eine schwere Niederlage beigebracht hatten, war Attika immer noch vollständig vom Perserheer besetzt, das sogar in Teilen im offensiven Vorgehen gegen die Pe-loponnes begriffen war.[93] Zudem dürfte die Situation der vielen zigtausend Men-schen, die auf Salamis zusammengepfercht waren, aufgrund der knapper werden-den Nahrungsmittel mittlerweile prekär geworden sein, so daß ein Verbleiben der griechischen Kämpfer dort nicht ratsam war.[94] Zu dieser Zeit konnten es die Helle-nen noch nicht wagen, an der Küste des attischen Festlandes zu landen und dem zahlenmäßig überlegenen und in der Kampfmoral ungebrochenen, da unbesiegten Perserheer in einer Feldschlacht entgegenzutreten. Als Ausweg aus dieser logisti-

---

90   BURN 469 und MILTON 1983, 31.
91   Wie MACAN ad VIII 110 und MILTON 1983, 30 glauben. MARR 1995, 65f. hält zwar einen Brief des Themistokles an Artaxerxes nach seiner Flucht für wahrscheinlich, doch habe der keinerlei Hinweis auf Geheimbotschaften an Xerxes enthalten; allein der Umstand, daß der Sieger von Salamis beim Perserkönig Zuflucht suchte, habe diesem solchen Prestigegewinn gebracht, daß Artaxerxes ihn mit Freuden aufnehmen konnte (cf. Plut. Them. 28,6).
92   Nachweise für diese Ansichten s.u. S. 350–353.
93   Cf. Hdt. VIII 96,1; 108,1; zudem VIII 71,1.
94   Cf. zum Nahrungsmittelmangel auf der Insel Hdt. VIII 68 β. Zum geringen Handlungsspiel-raum der Griechen infolge der eigenen Verluste cf. MARG 1953, 208f. = id. WdF 625–627.

schen Notlage mag den griechischen Befehlshabern in den Sinn gekommen sein, den desolaten Zustand der flüchtenden Perserflotte auszunutzen, um mit der gesamten griechischen Flotte in das bisher von den Persern beherrschte Gebiet der Ostkykladen vorzustoßen und es zurückzugewinnen. Ob es dabei jedoch ihre Absicht war, der persischen Flotte dicht auf den Fersen zu bleiben und in einer weiteren Seeschlacht die persische Bedrohung für die gesamte Ägäis mit einem Schlage auszuschalten, ist nicht mehr zu verifizieren.[95] Falls dies tatsächlich erwogen wurde, so sind als Vorreiter solcher Vorschläge die Athener zu sehen. Denn vor allem sie konnten zum einen ihr Land noch nicht wieder in Besitz nehmen[96], zum anderen besaßen sie gerade in der großen Flotte ihr schlagkräftigstes Instrument.[97]

Doch die Peloponnesier dürften ein solches Unternehmen, insbesondere die Verfolgung der Perser, abgelehnt haben, da immer noch nicht die Gefahr eines Angriffs des Perserheeres auf die Isthmos-Mauer beseitigt war. Zudem dürfte es mindestens ein bis zwei Tage gedauert haben, bis sich der griechische Generalstab auf dem ausgedehnten Areal der Seeschlacht ein Bild vom Ausmaß der persischen Niederlage gemacht hatte und das eigene Potential sicher abzuschätzen vermochte. Von dieser Grundkonstellation her, die wir durchaus bei Herodot wiederfinden, spricht also eine höhere Wahrscheinlichkeit für einen solchen Kriegsrat schon auf Salamis statt erst auf Andros, wohin ihn Herodot setzt.[98] Auch dürfen wir von den Strategen im Kriegsrat nicht erwarten, daß sie den hochfahrenden Plan entwarfen, die Versorgungs- und Rückzugslinie der Perser über den Hellespont zu zerreißen.[99] Denn, wie HEINRICHS überzeugend ausführt, besaß die griechische Flotte in keiner Weise den unbegrenzten Operationsradius, den Herodot suggeriert.[100] Mit Andros und den anderen östlichen Kykladen Tenos, Mykonos und Naxos begann schon der Machtbereich des Großkönigs[101], in dem sich die übrigen Schiffe der Perserflotte verstecken und von wo sie einen Überraschungsangriff auf die nach Osten vorrückenden Griechen führen konnten. Wie stark die Position der Perser auf den Kykladen immer noch war und wie wenig die dortigen Bewohner vom griechischen Sieg bei Salamis beeindruckt waren, erweist sich aus dem erfolgreichen Widerstand der Andrier und Karystier gegen die Hellenenflotte. Deshalb und auch wegen der Gefährlichkeit der schon von Herbststürmen aufgepeitschten Ägäis stellte ein Ausgreifen nach Osten für die Hellenen ein unkalkulierbares Risiko dar.

---

95 HEINRICHS 1989, 14 bestreitet einen solchen Plan der Griechen kategorisch.

96 Den Einwand von MACAN ad VIII 108; Ed. MEYER, GdA IV³ 372 A. 1 und BELOCH GG II² 148, die Griechen hätten Salamis nicht verlassen dürfen, bevor die Perser nicht aus Attika abgezogen waren, haben GRUNDY 1901, 413; HOW-WELLS ad VIII 108; BURN 469 A. 52; HIGNETT 240f. und LAZENBY 1993, 200 A. 5 widerlegt mit dem Argument, daß zum Schutz von Salamis nur wenige griechische Schiffe ausreichten.

97 HAUVETTE 1894, 433; BORNITZ 1968, 133; LAZENBY 1993, 201 sehen hinter dem Plan einer solchen Flottenoperation vor allem Themistokles, dem diese erlaubt hätte, seine Machtposition in Athen auszubauen.

98 Cf. MACAN und HOW-WELLS ad loc.; MILTON 1983, 28.

99 Dies vermutet jedoch HIGNETT 243.

100 HEINRICHS 1989, 14. Cf. CRESCI MARRONE 1986, 127.

101 Cf. Hdt. VIII 132,2f. Die Bemerkung, in der Vorstellung der Festlandsgriechen liege Samos so weit entfernt wie die Säulen des Herakles, bewerten viele Kommentare jedoch als Ironie.

Nicht anders dürfte auch der persische Generalstab die Möglichkeiten der Griechen beurteilt haben. Zudem stellten die Hellespont-Brücken nicht die Achillesferse dar, an der Xerxes und sein Invasionsheer entscheidend zu treffen waren; so würde ihn eine Nachricht über deren mögliche Zerstörung kaum erschreckt haben. Statt einer tatsächlichen Kriegslist ist also eine Erzählung anzunehmen, welche die aus griechischer Sicht schwer verständliche Flucht des Großkönigs und eines großen Heeresteils nach Asien sogleich nach der Niederlage bei Salamis erklären sollte. Als Anstoß für eine solche Überlieferung ist eine Selbstaussage des Themistokles über eine Kriegslist nach der Seeschlacht durchaus denkbar. Da aber schon kurz danach in Athen Erzählungen über seine erste Geheimbotschaft vor der Seeschlacht umliefen, liegt die Vermutung näher, daß in Analogie dazu eine zweite Botschaft als Kriegslist zur Beschleunigung des persischen Abzuges seinem Erfindungsgeist angedichtet wurde.

Ebenso historisch unwahrscheinlich wie die ernstliche Erwägung einer Fahrt zum Hellespont ist – hierin ist erneut HEINRICHS zu folgen – der einhellige Vorschlag des Eurybiades und des Themistokles bei Herodot, im folgenden Jahr mit einer griechischen Flotte nach Ionien zu segeln und den Kampf nach Kleinasien zu tragen.[102] Herodots Bericht, daß im Jahr 479 die Griechen erst auf Hilfegesuche der Chier und Samier hin gegen die persische Seestreitmacht bei Samos vorgingen, zeigt deutlich, daß der vorgebliche andrische Ionien-Plan des Jahres 480 keinerlei Konsequenzen zeitigte.[103] Sicherlich haben wir es hier, wie HEINRICHS[104] herausgearbeitet hat, mit einer Rückprojektion der Ereignisse der Jahre 479 und 478 in das Jahr von Salamis zu tun: Aus propagandistischen Gründen beanspruchten die Athener der Pentekontaëtie, bereits sogleich nach Salamis die Befreiung Ioniens auf ihre Fahnen geschrieben zu haben – wohl um die ältesten „Rechte" auf Ionien anzumelden und ihre ἀρχή zu rechtfertigen. Daß Herodot den Spartaner Eurybiades als Erfinder des Planes präsentiert, „um Königsland", d.h. um Ionien, zu kämpfen, erscheint deshalb als ironischer Einfall[105], weil er so dem konkurrierenden Anspruch der Athener implizit widerspricht.

Doch zurück zum mutmaßlichen historischen Geschehen: Allgemein von der Forschung akzeptiert ist das Motiv der Griechen, die abziehenden Perser so weit zu verfolgen, bis sie gewiß sein konnten, daß die feindliche Flotte nicht ihre bisherigen Schlüsselpositionen an der Südspitze Euboias, in Karystos, und auf Andros sowie die anderen östlichen Kykladeninseln zu verteidigen suchen und in diesem Bereich überwintern würde. Denn von diesen Stützpunkten aus hätten die Perser die Ein-

102 HEINRICHS 1989, 7f. A. 17. Hingegen halten MILTON 1983, 36 und SMARCZYK 1990, 432–434 A. 102 (auf 433) diesen Plan für authentisch. CORCELLA 1984, 203 sieht in Eurybiades' Vorschlag nur „un contentino" für die aggressiven Kontingente; auch sonst spiegele sich in seiner Haltung eher die spartanische Verzichtshaltung der folgenden Jahrzehnte wider, vor der sich „la spinta individualistica e «tirannica» di Temistocle" um so deutlicher abhebe.
103 Cf. Hdt. VIII 132, IX 90f. Selbst als den Griechen nach dem Sieg von Mykale Ionien offenstand, waren sie zunächst nicht bereit, das bereits Erworbene auch nur zu halten, geschweige denn weiter auszugreifen; cf. IX 106,2; zudem IX 98,1; cf. HEINRICHS 1989, 6.
104 HEINRICHS 1989, 5–7; bes. 12f.
105 Dies verkennen SMARCZYK 1990, 417 A. 69 und ROOBAERT 1985, 133–135.

fahrt in den Saronischen Golf kontrollieren und im folgenden Jahr unvermittelt in das Herz Griechenlands vorstoßen können, um den geplanten Vormarsch des Mardonios auf die Peloponnes zu unterstützen. Neben der Aufklärung[106] diente der Zug der Griechen nach Andros somit auch der Eroberung der östlichen Kykladen und der militärischen Sicherung des gesamten Kykladenraumes.[107]

5. Herodots Veränderung der ursprünglichen Version

Es bleibt uns nun zu ermitteln, wieviel von dieser gemutmaßten Wirklichkeit wir in Herodots Schilderung wiederfinden und was darin als seine Abwandlung anzusehen ist. Die bisherige Analyse macht es wahrscheinlich, daß Herodot den griechischen Kriegsrat über das weitere Vorgehen gegen die Perser von Salamis nach Andros verlegt hat.[108] Auf Salamis dürften die Athener bzw. Peloponnesier die oben genannten strategischen und logistischen Argumente für und wider einen Vorstoß nach Osten vorgebracht haben statt der allgemein menschlichen oder gar theologischen Erwägungen, die Herodot bietet. Daß den Griechen die volle Tragweite ihres Sieges unmittelbar danach schon bewußt war, darf bezweifelt werden.[109] Trotz den Meinungsverschiedenheiten ist aber die gesamte Griechenflotte nach Andros abgefahren, wie Herodot berichtet.[110] Daß es auf Andros zu einer Ansprache des Themistokles an die Athener kam, ist denkbar. Weit eher, als diese von einer Weiterfahrt zum Hellespont abzuhalten – wenn wir von wenigen allzu Rachedurstigen unter ihnen einmal absehen –, dürfte es Ziel der Rede gewesen sein, ihnen die Wichtigkeit der Aufgaben zu verdeutlichen, welche die Griechen dort zu erfüllen hatten: die Rückeroberung von Andros und Karystos.

Eine weitere Herodot-Passage nährt Zweifel an der Authentizität des athenischen Hellespont-Planes. Schon zuvor in den *Historien* bildet die Bedrohung von Brücken, welche die einzige Rückzugslinie für einen Perserkönig darstellten, durch einen Athener den Kernpunkt einer Episode:[111] Nachdem Dareios um das Jahr 513 über den Bosporos zu einem Unterwerfungsfeldzug gegen die Skythen ausgezogen ist und die Donau überbrückt hat, beauftragt er die ionischen Tyrannen, diese Brük-

---

106 Cf. GRUNDY 1901, 415; H.D. MEYER 1963, 409; GOLDSCHEIDER 82; ausführlich HEINRICHS 1989, 14.

107 Cf. HEINRICHS 1989, 14–17. Dies ist unten ausführlich zu erläutern; s.u. S. 293, 305.

108 MILTON 1983, 28 hebt zu Recht hervor, daß Herodot bemüht ist – MILTON führt dies auf dessen Quellen zurück –, über den mutmaßlichen Kriegsrat auf Salamis möglichst schnell hinwegzugehen; cf. VIII 108,1: ἐπεὶ δὲ ἐπύθοντο τὰς νῆας οἰχωκυίας, αὐτίκα μετὰ ταῦτα ἐδόκεε ἐπιδιώκειν. „Als sie von der Abfahrt der Schiffe erfahren hatten, beschlossen sie unmittelbar darauf, ihnen nachzusetzen."

109 Cf. GRUNDY 1901, 401; MACAN und MASARACCHIA ad loc.; HEINRICHS 1989, 10.

110 Aufgrund der Sorge der Peloponnesier um den Isthmos-Wall könnte man versucht sein, diese Tatsache tatsächlich auf eine List des Themistokles zurückzuführen. Erst nach deren Erörterung im Kriegsrat hätten sie die Notwendigkeit eingesehen, daß die gesamte griechische Flotte nach Osten aus dem Gesichtsfeld des Großkönigs verschwinde.

111 Hdt. IV 97f.; 136–138. Cf. IMMERWAHR in: MARG WdF 509–511; BORNITZ 1968, 113–136; HARTOG 1988, 36; HEINRICHS 1989, 8–10.

ken 60 Tage lang zu bewachen. Als später die Skythen vor den flüchtenden Persern an den Donaubrücken eintreffen, bitten sie die Tyrannen inständig, diese abzubrechen und heimzuziehen, da die Zeit abgelaufen sei. Den Athener Miltiades, damals Tyrann der Chersonnes, der für den Brückenabbruch plädiert, überstimmen jedoch alle anderen Tyrannen, überzeugt von den Argumenten des Histiaios von Milet, der dargelegt hat, wie sehr sie doch alle von der Macht des Perserkönigs abhingen; ohne diesen würden die ionischen Städte sämtlich die Demokratie wählen. An diesem Beispiel läßt Herodot später Artabanos gegenüber Xerxes die Furchtbarkeit dessen ausmalen, was ihn erwarte, wenn er in einer Seeschlacht geschlagen werde und die Griechen die Hellespont-Brücken zerstörten. Eine schreckliche Vorstellung für Artabanos, daß an den Donaubrücken das gesamte Wohl und Wehe des Großkönigs nur von einem Mann abhing![112] Auch Themistokles hält, wie Herodot suggeriert[113], kurzzeitig das Schicksal des Xerxes in seinen Händen, als er vor der Entscheidung steht, ob er den Widerstand der Peloponnesier ignorieren und allein mit den Athenern zum Hellespont segeln solle. Zwischen beiden Episoden, die Herodot im Munde des Artabanos explizit miteinander verknüpft hat, ergeben sich noch weitere Parallelen[114], insbesondere zwischen Miltiades und Themistokles: Beide Athener fordern den Abbruch der Brücken, werden jedoch von einer Mehrheit überstimmt und fügen sich widerstandslos. Später jedoch scheint der jeweilige Großkönig beiden, ohne daß sie es verdient hatten, die Unversehrtheit der Brücken als Verdienst oder ihren Plan zu deren Zerstörung zumindest nicht als Vergehen angerechnet zu haben.[115] Wie BORNITZ nahelegt, weisen auch Histiaios und Themistokles zahlreiche charakteristische Berührungspunkte auf: Auch Histiaios propagiert die Erhaltung der Donaubrücken nur aus machtpolitischem Kalkül, um seine Tyrannis in Milet zu schützen. Auch er täuscht mit einer doppelzüngigen Botschaft die Skythen über die wahren Absichten der Ioner. Schließlich wird Histiaios wie auch Themistokles überreich belohnt für sein – angebliches – Verdienst bei der Bewahrung der Brücken.[116] Beide Episoden unterstreichen die Bedeutung, die gerade Flußgrenzen als Scheidelinien zwischen den Völkern für Herodot besaßen, die seiner Auffassung nach nicht überschritten werden durften; dies gilt vor allem für den Hellespont, der den Orient vom Okzident und die Perser von den Hellenen trennt.[117]

Zweifellos spielten Übergänge über große Ströme oder Meerengen in den Überlegungen von Militärs immer eine zentrale Rolle; folglich ist es prinzipiell vorstell-

---

112 Hdt. VII 10β 2; γ 2.
113 Allerdings nur in der Andros-Episode selbst, nicht in den umgebenden Partien!
114 Cf. A. MASARACCHIA, Studi erodotei, Messina 1976, 17f.
115 So wird der auf der Flucht gefangengenommene Sohn des Miltiades, Metiochos, von Dareios freundlich empfangen und reich beschenkt (Hdt. VI 41,3f.).
116 BORNITZ 1968, 121–125. Hdt. IV 139 – V 11.
117 Zur Bedeutung des Hellesponts für Herodot cf. IMMERWAHR in: MARG WdF 501–514; STADTER 1992, 785–795, 798–801. Zur häufigen Mahnung in den *Historien* (I 53,3; VII 49; IX 36f., 59; 122), geographische Grenzen nicht expansionistisch zu überschreiten, cf. D. LATEINER, Limit, Propriety, and Transgression in the Histories of Herodotus, in: The Greek Historians, FS A.E. RAUBITSCHEK, Saratoga 1985, 87–100, hier 88–92; FLORY 1987, 54–57; HARTOG 1988, 57–60; J. ROMM, Herodotus, New Haven-London 1998, 80–89; BICHLER 2000, 379; RAAFLAUB 2002b, 172f.

bar, daß die Griechen des Herbstes 480 die Zerstörung der Hellespont-Brücken erwogen haben. Doch ein solcher Plan barg große Risiken und versprach nur einen geringen Gewinn. Da zudem der entsprechende Bericht des Herodot so viele Motivparallelen zum von Miltiades propagierten Abbruch der Donaubrücken aufweist, liegt der Schluß nahe, daß Erzählungen über solche Pläne – bei Themistokles schon in eine Kriegslist eingewoben – Herodot lediglich den Anstoß zur Komposition von Anekdoten darüber geliefert haben: Diese hat er so stark literarisch durchgeformt, daß sie als sein ureigenes Produkt anzusehen sind.[118] Diese These findet ihre massive Untermauerung in seinem Kunstgriff, Themistokles schon in der Athener-Rede verschlüsselt den Wandel seiner Ausrichtung programmatisch formulieren und durch den Wegfall der persischen Bedrohung begründen zu lassen. Die Ironie seiner Darstellung, daß es Themistokles gelingt, mit dem als Mahnung zur Selbstbeschränkung kaschierten Manifest seines zukünftigen Handels die Athener über seine wahren Absichten vollständig hinwegzutäuschen, gehört meines Erachtens zu den gelungensten Pointen der *Historien*. Die unauflösliche Verquickung der Athener-Rede mit den weiteren Taten des Themistokles kann nur auf den Geschichtsschreiber selbst zurückgehen – sofern wir nicht „einen Herodot vor Herodot" konstruieren wollen.

Doch die Mahnung zur Selbstbeschränkung auf die eigenen Belange könnte sogar noch eine weitere Funktion haben, nämlich die einer Paränese von seiten des Historikers selbst. Denn sie[119] scheint weniger zu den Athenern des Jahres 480 gesprochen als vielmehr zu denen der folgenden Jahrzehnte, da die Zustandsbeschreibung ἀλλ᾽ εὖ γὰρ ἔχει ἐς τὸ παρεὸν ἡμῖν νῦν („Denn es steht für jetzt alles gut mit uns", VIII 109,4) weit eher für das Athen der Pentekontaëtie gelten kann, kaum aber für das erst wenige Tage zuvor von den Persern in ein Trümmerfeld verwandelte, dessen Bewohner, auf Salamis, Aigina und in Troizen zusammengepfercht, erst auf den Rückzug der Perser aus Attika hoffen müssen. Dieser Anachronismus erklärt auch die Phrase παντελέως ἀπελάσας τὸν βάρβαρον. Herodot läßt Themistokles hier aus der Rückschau der Nachkriegsjahre sprechen, als schon längst „der Perser vollständig (aus Hellas) vertrieben ist". Für die lange Zeit der Sicherheit Athens vor äußeren Angriffen während der Pentekontaëtie gilt die Mahnung zur Selbstbescheidung auf den eigenen Besitzstand sowie die damit implizierte Warnung vor einem expansionistischen Ausgreifen auf fremde Gebiete.

Der kurzzeitige Dissens zwischen dem Strategen und seinen Landsleuten sowie dessen Überzeugungsarbeit sind Herodots literarisches Mittel, um die innere Distanzierung, ja Abkehr des Themistokles von seiner Heimatstadt zum Ausdruck zu bringen. Als Gipfelpunkt dieser μεταβολή setzt der Historiker die zweite Geheimbotschaft an Xerxes. Um sie aber zu diesem Zweck verwenden zu können, hat

118 BORNITZ 1968, 134: „Wenn wir bedenken, wie stark Herodot die Ereignisse des Xerxeszuges im Vergleich zum Skythenzug gestaltet hat, dürfen wir auch annehmen, daß diese Charakteristik des Themistokles nicht auf vorgeformte Quellen zurückzuführen ist, sondern als Herodots eigenste Leistung anerkannt werden muß."
119 Die Mahnung zeigt auch insofern keinerlei Wirkung, als die Athener keineswegs sogleich an den Wiederaufbau Athens gehen, sondern zusammen mit den anderen Griechen erst einmal Andros und später Karystos belagern.

Herodot vermutlich die patriotische Version der Botschaft verändert. Er verlegte ihr ihren Absendeort samt der Kriegsratsszene von Salamis nach Andros und drehte die Botschaft völlig um: Er läßt nun Themistokles behaupten, er habe die Hellenen schon an der Verfolgung der Perser und der Fahrt zum Hellespont gehindert, so daß Xerxes in aller Ruhe den Heimweg antreten könne.

Als unverändert aus einer Kriegslist übernommen ließe sich der Herodoteische Wortlaut der Geheimbotschaft jedoch dann retten, wenn wir Dunckers Interpretation zugrunde legen, Xerxes habe nach der Absicht der Griechen das genaue Gegenteil ihrer Aussagen für wahr halten sollen. Doch auch in diesem Falle hätte Herodot die überlieferte Version des Stratagems völlig aus ihrem Kontext gerissen und ihm eine gänzlich andere Motivation untergeschoben – ebenfalls eine Abwandlung, die allein zur Charakterisierung des Themistokles dient.

Welch entscheidendes Instrument die zweite Geheimbotschaft des Themistokles für dessen Charakterisierung bei Herodot bildet, wird auch durch einen Vergleich mit der ersten Geheimbotschaft unmittelbar vor der Schlacht von Salamis sichtbar. Bei beiden ist die Ausgangssituation identisch: Themistokles will die Peloponnesier zum Kampf gegen die Perser bewegen; diese weigern sich jedoch. Während er Xerxes vor Salamis durch die Botschaft verleitet, seinerseits die Peloponnesier zur Schlacht zu zwingen, und sich dann vor dem Athener Aristeides als Urheber dieser List bekennt, beschreitet er auf Andros gleichsam den entgegengesetzten Weg. Themistokles hält mit seiner Rede die Athener von einer Verfolgung der Perser und einer Brückenzerstörung ab, um sich dann mittels eines Boten gegenüber Xerxes auf seinen angeblichen Verrat an den Griechen und seine Wohltat zu berufen. Im Handlungsschema nehmen folglich die erste Botschaft und die Athener-Rede auf Andros einerseits sowie die Unterredung mit Aristeides und die zweite Meldung andererseits jeweils dieselbe Systemstelle ein.

Sowohl das Mittel der List als auch deren Objekt sind bei beiden Geheimnachrichten gleich: Themistokles betrügt Xerxes jeweils mit einer „Wahrheit", dem Fluchtwunsch der Peloponnesier und daß er selbst immerhin die Athener an einer Verfolgung gehindert hat; er hintergeht damit jeweils sowohl die Griechen als auch – mit deutlich nachhaltigerer Wirkung[120] – den Großkönig. Allerdings ist der jeweilige Effekt der Botschaften aufgrund ihrer unterschiedlichen Systemstelle im Handlungsschema grundverschieden: Die erste ist Urgrund für den griechischen Sieg, während die zweite in Herodots Darstellung weder den Griechen schadet noch dem Großkönig in irgendeiner Weise nützt. Denn der Großkönig hatte sich schon zuvor zum schnellen Rückzug entschlossen, so daß es Herodot gewiß nicht aus Vergeßlichkeit unterläßt, überhaupt eine Reaktion des Xerxes auf die Geheimbotschaft zu berichten. Ihre Bedeutungslosigkeit betont Herodot schließlich durch seine Nachricht, die Schiffsbrücken seien schon von einem Sturm zerstört gewesen, als das persische Heer nach Abydos kam; doch weder dem Großkönig noch dem Heer habe die Überfahrt zu Schiff nach Asien Schwierigkeiten bereitet.[121] Da Aischylos aller-

---

120 Die Täuschung der Athener ist nur kurzzeitig und bleibt für sie folgenlos; das nur fingierte Verdienst des Themistokles gewinnt für ihn später jedoch lebenswichtige Bedeutung; cf. Fornara 71; Bencsik 1994, 74, 116f.

121 Hdt. VIII 117,1. Man beachte aber den von Hdt. VIII 118f. selbst verworfenen Bericht von der

dings von der Existenz der Hellespont-Brücken bei der Rückkehr der Perser ausgeht und auch laut Herodot selbst noch im folgenden Jahr die Griechen zuallererst
darauf aus sind, sie einzureißen, ist davon auszugehen, daß sie im Herbst 480 noch
unversehrt waren[122] und daß Herodot ihre damalige Zerstörung nur behauptet, um
die Folgenlosigkeit der zweiten Geheimbotschaft augenfällig zu machen. Während
mit der ersten Botschaft Themistokles die Griechen zum Kampf bei Salamis zwingt,
dient die zweite einzig und allein seinen eigenen Interessen.[123] Indem Herodot die
beiden ihm jeweils vermutlich als Kriegslisten überlieferten Geheimbotschaften des
Themistokles auf diesen starken Kontrast hin zwischen weltgeschichtlicher Tat einerseits und rein persönlichem Eigennutz andererseits konstruiert,[124] enthüllt er dessen grundlegenden Gesinnungswandel: vom kompromißlosen Vorkämpfer der griechischen Freiheit zum selbstsüchtigen Opportunisten.

Herodot hat also seinen „Bericht" von Grund auf neu gestaltet, wobei er vermutlich die prothemistokleische Version einer patriotisch motivierten Kriegslist als
Vorlage herangezogen hat. Nach dieser Prämisse hat Herodot den Absendeort der
Nachricht von Salamis nach Andros verlegt und die Umstimmung der Athener durch
Themistokles eigens komponiert, um diesen ins Zwielicht zu setzen. Herodot selbst
mag dem Hörer einen Hinweis auf den unhistorischen Charakter seiner Erzählung
gegeben haben: Er behauptet, Themistokles habe Männer als Boten an Xerxes ausgesandt, bei denen er darauf vertraute, daß sie auch „unter der größten Folter" die
Botschaft nicht verraten würden.[125] Wenn diese Boten tatsächlich so verschwiegen
gewesen wären, woher sollte dann jemand von der Geheimbotschaft erfahren haben?[126] Herodots Aussage ist als impliziter „disclaimer" der Authentizität der Geheimbotschaft zu werten.

Wenn Herodot tatsächlich eine ursprüngliche Kriegslist so manipuliert hat, daß
die Geheimbotschaft ausschließlich Themistokles Gewinn einbringt, dann tat er dies

---

Schiffahrt des Xerxes von Eion nach Asien. BORNITZ 1968, 133f. wertete jedoch das Zerstört-
sein der Brücken schon zu diesem Zeitpunkt als Beleg für die Historizität der Geheimbotschaft,
da niemand eine solche im nachhinein, d.h. im Wissen, daß die Brücken schon zerstört waren,
erfunden hätte.

122 Aisch. Pers. 736; Hdt. IX 106,4; 114,1. So J.W. BLAKESLEY in seinem Herodot-Kommentar
(London 1854) ad VIII 117; ähnlich skeptisch MACAN ad loc.

123 Auf eine interessante Parallele hierzu weist MUNSON 1988, 98–100 hin: Als die erfolglose Ratgeberin Artemisia in der Seeschlacht vor Salamis von einer athenischen Triëre hart verfolgt
wird, versenkt sie ein befreundetes kalyndisches Schiff, so daß die Athener ihr Schiff für einen
Überläufer halten und von der Verfolgung ablassen. Xerxes erkennt das Doppelspiel der Artemisia nicht, sondern zollt ihr Anerkennung für ihre Tapferkeit (VIII 87f.). Wie Themistokles
gewinnt sie mit ihrer Tücke sowohl das Wohlwollen der Athener als auch des Großkönigs.

124 Ed. MEYER, GdA IV^5 372 A. 1; SCHULTE 118f.; MASARACCHIA 1990, p. XV und ERBSE 1992, 109
halten sie deshalb auch für eine Dublette zur ersten Botschaft.

125 Hdt. VIII 110,2: … ἐς πᾶσαν βάσανον.

126 Cf. MACAN ad loc.: „the phrase might even suggest a negation." Jedoch wertet MILTON 1983, 29
dies als Hinweis darauf (was schon MACAN ad loc. erwog), daß die Boten tatsächlich später in
Athen, als dort die Ankläger Belastungsmaterial gegen Themistokles zusammentrugen, unter
der Folter die Botschaft preisgegeben hätten. Von dem eigentlichen Überbringer der Botschaft,
Sikinnos, berichtet Herodot jedoch, daß Themistokles für ihn die Aufnahme unter die Neubür-
ger von Thespiai erwirkte und ihn zu einem reichen Mann machte (VIII 75,1).

dazu, um den Umschwung in der Ausrichtung des Themistokles zu veranschaulichen. Darüber hinaus läßt Herodot seinen Protagonisten diesen Umschwung gleichsam programmatisch für die folgenden Kapitel sogar ausformulieren, ohne daß dieser jedoch für die Athener erkennbar wird: Der Wandel ist integraler Bestandteil der Täuschung. Setzte Themistokles bis zum Triumph von Salamis seine Klugheit zur Durchsetzung der Interessen der Hellenen und insbesondere seiner athenischen Landsleute ein – man denke an die Bestechungsanekdote und die Viehschlachtung beim Kap Artemision und insbesondere die erste Geheimbotschaft –, so schielt er, nachdem die unmittelbare Bedrohung überwunden ist, auf Andros nur nach seinem eigenen Profit in materieller und machtpolitischer Hinsicht, mag dieser auch erst in ferner Zukunft einzulösen sein. Wie seine μεταβολή und daraus resultierende Heimlichkeit gegenüber den Athenern zeigt, hat sich seine bisherige vollständige Identifikation mit seinen Landsleuten nach Salamis gänzlich aufgelöst: Themistokles steht fortan nur noch für sich allein. Worauf Herodot mit diesem jähen Umschwung der Orientierung verweisen möchte, wird erst im folgenden Kapitel deutlich. Indem er Themistokles schon auf Andros die abschließende Wertung des Sieges von Salamis aussprechen läßt, markiert er das (zumindest vorläufige) Ende des schicksalhaften Prozesses der Perserabwehr: Der bisherige Vollstrecker des göttlichen Willens ist fürderhin nicht mehr dem Ideal der Freiheit der Griechen verpflichtet, sondern handelt nur noch im eigenen Interesse, getrieben von maßloser Habsucht.

Wenn wir jedoch davon ausgehen, daß Herodot für seine Version der zweiten Geheimbotschaft nicht eine themistoklesfreundliche Tradition ins Negative umgeformt, sondern im Gegenteil eine Verleumdung des Strategen als Verräter entscheidend abgemildert hat – ein Vorgehen, das ja schon für die Anekdote über sein Verhalten am Kap Artemision wahrscheinlich gemacht worden und für diejenige über seine Ausbeutung der Kykladeninseln noch zu zeigen ist –, so kommt als Vorlage Herodots zuerst die Selbstbezichtigung des Themistokles in seinem angeblichen Brief an Artaxerxes bei Thukydides (I 137,4) in Frage. Wie unten noch erläutert wird [127], stammt dieser fingierte Brief vermutlich aus der Feder des Charon von Lampsakos, der offenbar Themistokles bei dessen zweiter Geheimbotschaft als tatsächlichen Verräter an den Griechen dargestellt hat. Dazu wird schon Charon seinerseits die Ursprungsversion der Geheimbotschaft, die Kriegslist, umgedeutet haben. Wenn wir all diese Prämissen zugrunde legen, dann könnte Herodot Charons stark negatives Charakterbild des Themistokles grundlegend korrigiert haben. [128] Doch auch bei der Korrektur einer solchen diffamierenden Vorlage war Herodots Ziel mitnichten, den Strategen zu glorifizieren, sondern dessen vollständige Lösung aus den Bindungen an seine Vaterstadt augenfällig zu machen.

---

127 S.u. S. 352f. für die eigentliche Argumentation; zudem s.o. S. 276.
128 Derselbe Impetus ist auch bei Herodots Darstellung des Pausanias von Sparta festzustellen; s.u. S. 353f.

VI. Die Erpressung der Kykladenbewohner durch Themistokles (VIII 111f.)

1. Das Streitgespräch zwischen Themistokles und den Andriern (VIII 111)

Mit dem Bericht über den Kriegsrat auf Andros und der Geheimbotschaft hat Herodot die Erpressung der Inseln durch Themistokles unmittelbar verbunden.[1] Dieser setzt die Drohung, Athen könne jede griechische Stadt angreifen, die er schon im zweiten Kriegsrat vor Salamis Adeimantos gegenüber vorgebracht hat, in die Tat um.[2] Auch diese Episode ist völlig auf Themistokles zugeschnitten: Seine Geldforderung gegenüber Andros ist es, die laut Herodot die Griechen veranlaßt, sich gegen diese Polis zu wenden.[3] Doch daß sämtliche Griechen plötzlich den Plan des Themistokles zur Belagerung von Andros einmütig ausführen, ist ebenso unglaubwürdig wie die Darstellung, daß vor der Schlacht von Salamis die anderen Strategen seine Ratschläge samt und sonders in den Wind schlagen. Über die eigentliche Motivation der Griechen für diesen Akt der Aggression verliert Herodot hier kein Wort. Damit folgen die Athener nicht dem formal akzeptierten Rat des Themistokles zur Selbstbescheidung und Konzentration auf die eigenen Belange, sondern greifen weiter aus in den vorher persischen Machtbereich. Verdacht erregt auch der Umstand, daß neben Themistokles die anderen Strategen hier nicht mehr als Handelnde auftreten. Dabei wäre es doch an dem Oberbefehlshaber Eurybiades, die Forderungen an die Andrier heranzutragen.

Aus der Zahlungsverweigerung der Andrier entspinnt sich ihr verbaler Schlagabtausch mit Themistokles (VIII 111): Dieser behauptet, die Athener seien mit zwei mächtigen Göttinnen, der Überzeugung (Πειθώ) und der Notwendigkeit / dem Zwang (Ἀναγκαίη), gekommen, so daß den Andriern keine Alternative bleibe, als die geforderte Summe zu zahlen. Doch die Andrier erwehren sich der athenischen Erpressung geschickt, indem sie zwar die Überlegenheit Athens gerade wegen dieser begleitenden Götter ohne Umschweife eingestehen, jedoch ebenfalls zwei göttliche Mächte ins Feld führen, die wie Πειθώ und Ἀναγκαίη mit Athen ebenso untrennbar mit Andros verbunden seien: Armut (Πενίη) und Ohnmacht (Ἀμηχανίη). Jene „unnützen" Gottheiten machten den Andriern angeblich jede Geldzahlung unmöglich und erwiesen sich mithin als stärker denn alle athenischen Machtmittel.

Dieser Wortwechsel ist wesentlich von den gegeneinander geführten vergöttlichten Fähigkeiten und Eigenschaften geprägt, so daß deren Untersuchung Auf-

---

1 Herodot erweckt eher den Eindruck, daß diese Belagerung als Kompensation für die aufgegebene Verfolgung der Perser fungiert; cf. Bornitz 1968, 134; Cresci Marrone 1986, 127.
2 Hdt. VIII 61,2. Cf. Munson 1988, 101 A. 33.
3 Hdt. VIII 111,1f. Die Ansicht von Cresci Marrone 1986, 115, daß die Griechen als „promotori dell' assedio", Themistokles nur als „estensore della richiesta contributiva" fungiere, wird durch das γάρ in πρῶτοι γὰρ Ἄνδριοι ... widerlegt, das hier kausal-explikative Funktion hat (cf. Macan ad loc.; Powell s.v. 1).

schluß über den Sinn dieser Anekdote verspricht. Themistokles führt gleich zwei Götter ins Feld, auf deren komplementäre Wirkung er baut: die Überredung und den Zwang. Diese Kombination ist um so verwunderlicher, als diese die beiden Pole in der politischen Theorie der Griechen der klassischen Zeit bilden: Die Πειθώ steht mit ihrem Gebrauch von rationalen Argumenten für den Austrag von Meinungsverschiedenheiten und die Schaffung eines Konsenses innerhalb der Bürgerschaft. Hingegen mißachtet die Ἀναγκαίη und die mit ihr oft kombinierte Βία („Gewalt") die Zustimmung der Betroffenen völlig und macht so jeden zivilisierten Umgang von Menschen unmöglich. Deshalb macht der Gegensatz πειθώ – ἀναγκαίη/βία für viele Autoren auch den Unterschied aus zwischen Mensch und Tier, Griechen und Barbaren, Gesetz und Anarchie.[4] Welch zivilisatorische Leistung die Griechen der πειθώ zuschrieben, illustrieren eindrücklich die *Eumeniden* des Aischylos, deren Anspruch auf gewalttätige Rache für die Mordtat des Orestes die Überzeugungskraft der Athene nach zähen Verhandlungen abzuwehren weiß.[5] Insbesondere in der athenischen Demokratie kam der Fähigkeit, eine große Zahl von Mitbürgern zu überzeugen, großes Gewicht zu, weshalb sie zum Handwerkszeug der politischen Meinungsführer gehörte.[6] Von Perikles heißt es, die (Göttin) Πειθώ habe ihm förmlich auf den Lippen gesessen.[7] Doch auch das Vermögen, im Bedarfsfall das Gegenüber insbesondere in der Außenpolitik zu Handlungen zu nötigen, gehörte ebenfalls zum Repertoire der Politiker.[8] Auch der πειθώ schreiben die Griechen die Fähigkeit zu, βία / ἀνάγκη auszuüben.[9]

Mit den beiden Göttinnen Πειθώ und Ἀναγκαίη führt Themistokles nicht nur die üblichen Instrumente der Politik an, sondern damit läßt Herodot ihn auch seine ureigenen Fähigkeiten abstrakt formulieren:[10] So überzeugte er die Athener von der Notwendigkeit des Flottenbaus und dann von seiner Auslegung des Salamis-Ora-

---

4   Cf. den Lobpreis der πειθώ bei Gorgias 82 B 11, 8–14 DK; Alkm. fr. 44 DIEHL = 64 PMG; Parmenides 28 B 2 DK; Demokrit 68 B 181 DK; Lys. II 18f.; Isokr. XV 230–236. Cf. R.G.A. BUXTON, Persuasion in Greek Tragedy. A Study of *Peitho*, Cambridge 1982, 52–63; K.S. ROTHWELL, Jr., Politics and Persuasion in Aristophanes' *Ecclesiazusae* (Mnemosyne Suppl. 111), Leiden u.a. 1990, 26–35.

5   Cf. C. MEIER, Aischylos' Eumeniden und das Aufkommen des Politischen, in: id. 1980, 144–246, hier 196–200; BUXTON 1982, 105–114; F.I. KANE, Peitho and the Polis, Philosophy and Rhetoric 19, 1986, 99–124; ROTHWELL 1990, 33f.

6   Cf. G. KENNEDY, The Art of Persuasion, Princeton 1963, 152–206; A. PAPARIZOS, Logos et violence en tant que principes de la politique et de la démocratie des Athéniens, Minerva 9, 1996, 97–116; H. OTTMANN, Geschichte des politischen Denkens, Bd. 1/1: Die Griechen. Von Homer bis Sokrates, Stuttgart 2001, 11, 14, bes. 188f., 214f.

7   Cf. Eupolis fr. 102 KASSEL-AUSTIN, Z. 4–7, bes. 5: πειθώ τις ἐπεκάθιζεν ἐπὶ τοῖς χείλεσιν. Für die Sichtweise, πειθώ τις meine die Göttin, cf. L. RADERMACHER, ΠΕΙΘΩ und ΔΟΛΟΣ, JÖAI 29, 1934, 93–96, hier 93f., der sich auf Cic. Brut. 59 und Quint. inst. X 1,82 stützt. Zudem K. PLEPELITS, Die Fragmente der Demen des Eupolis, Diss. Wien 1970, 6–12. Überdies Kratinos fr. 324 KASSEL-AUSTIN; Plut. Per. 15,3; BUXTON 1982, 12f.; ROTHWELL 1990, 32.

8   Thuk. III 36,6 bezeichnet Kleon zugleich als den außenpolitisch „gewalttätigsten" (βιαιότατος) und als den „mit dem größten Vertrauen" (πιθανώτατος) beim Volk.

9   Cf. Aisch. Ag. 385f.; Eur. Hec. 816; ALY 1921, 188; BUXTON 1982, 178f.; ROTHWELL 1990, 30.

10   Nicht zuletzt dieser Umstand legt laut BENCSIK 1994, 118 „die Vermutung nahe, daß Hdt. selbst der Erfinder dieser Episode ist." Zudem THOMPSON 1996, 93f.

kelverses, am Kap Artemision mit großen Geldsummen[11] die anderen Befehlshaber, die dortige Stellung zu halten, schließlich konnte er mit der Auswanderungsdrohung auch Eurybiades zum Kampf vor Salamis bewegen. Auch seine beiden
Geheimbotschaften, die jeweils der Überlistung[12] des Perserkönigs dienen, gründen
in seiner Überzeugungskraft bei diesem und auch bei den Athenern. Mit der ersten
Geheimbotschaft erzeugt er allerdings auch den unausweichlichen Zwang auf die
fluchtwilligen Griechen, sich bei Salamis den Persern entgegenzustellen. Wie eng
Überredung und Zwang bei Themistokles beieinanderliegen, zeigt auch sein Ein-
wirken auf Adeimantos am Kap Artemision (VIII 5,2): Er verwendet dasselbe Geld,
mit dem er zuvor schon Eurybiades „überredet" hat, als Erpressungsmittel, um auch
den widerstrebenden Korinthier zum Verbleiben zu nötigen.

Doch Überredungsgabe und die Fähigkeit, Zwang auszuüben, charakterisieren
Themistokles nur bis zu seiner Ankunft auf Andros. Denn in der Verhandlung mit
den Andriern bringt er die angekündigte πειθώ überhaupt nicht zur Anwendung,
sondern spricht sogleich von der ἀναγκαίη, daß sie deshalb (!) in jedem Falle Geld
zahlen müßten (οὕτω τέ σφι κάρτα δοτέα εἶναι χρήματα). Er gibt sich nicht die
geringste Mühe, die Andrier von Vorteilen, die ihnen aus ihrer widerstandslosen
Zahlung erwachsen können, oder von Nachteilen infolge ihrer Verweigerung zu
überzeugen. Selbst die Zwangsmittel, die ihm zur Verfügung stehen, hält er nicht
für nötig ihnen vor Augen zu führen.[13] Somit entbehrt auch der von ihm gezogene
Schluß (οὕτω) auf die Notwendigkeit der andrischen Zahlung jeder Grundlage. Tatsächlich besteht also seine „Argumentation" aus nichts weiter als einer gänzlich
unbegründeten Forderung.[14]

So nimmt es nicht wunder, wenn Herodot am Ende der Episode die enge, vermutlich von ihm selbst hergestellte Verbindung zwischen dem athenischen Strategen und den beiden Vergöttlichungen politischer Fähigkeiten mit der Bemerkung
ironisiert, die Parier seien der Belagerung entkommen, indem sie Themistokles „mit
Geld gnädig gestimmt / besänftigt" hätten.[15] Denn das Verb ἱλάσκεσθαι, sonst von
Homer und Herodot ausschließlich auf Götter bezogen, hier jedoch mit dem profa-
nen Geld verbunden, gibt die Hybris des Atheners der Lächerlichkeit preis[16], deutet
aber auch an, daß diese ihn ins Verderben stürzen wird; denn er ist kein Gott.

11 GOLDSCHEIDERS Interpretation (105), Herodot habe mit πειθώ Themistokles' Verhältnis zum
Geld subsumieren wollen – in VIII 111f. fällt der Begriff χρήματα insgesamt neunmal (cf.
BENCSIK 1994, 118) –, reduziert dessen Darstellungsabsichten zu sehr.

12 BENCSIK 1994, 36f. postuliert für die List eine Mittelstellung zwischen Überredung und Gewalt
bei Herodot; cf. Hdt. III 127,2; IV 201,1. Man beachte die Abstufung zwischen Überredung,
List und Gewalt im Philoktet des Sophokles 100–111 u.ö. (BUXTON 1982, 63–66; 121, 125–
127; ROTHWELL 1990, 31). Cf. Aisch. Choeph. 726–729; Hes. theog. 589; erg. 73f., 83; Soph.
El. 561f.; Aristoph. Ran. 1391–1396; Antiph. 87 B 44 A, col. 6, 3–33 DK.

13 Themistokles' Versäumnis wird bei Herodot um keinen Deut durch die Vermutung gemindert,
daß die Andrier selbst schon die Größe der griechischen Flotte wahrgenommen haben.

14 Cf. ausführlich M.G. PEPE, Studies in Peitho, Diss. Princeton 1967, 212 und H. STROHM, Interpretationen zum Peitho-Begriff, in: P. HÄNDEL & W. MEID (edd.), FS R. MUTH, Innsbruck 1983,
495–506, hier 495, 502f., der beide Abstrakta bei Herodot nahe zueinander gerückt sieht, gegen
IMMERWAHR 322 A. 40.

15 Hdt. VIII 112,3: Πάριοι δὲ Θεμιστοκλέα χρήμασι ἱλασάμενοι διέφυγον τὸ στράτευμα.

16 Cf. LIDDELL-SCOTT-JONES s.v. und Hdt. I 67,2; 50,1; IV 7,1; 59,1; V 47,2; 83,3; VI 105,3; VII
178,2. Cf. HOW-WELLS ad loc. und BENCSIK 1994, 118.

Seine Unterlassung, die angekündigte Überredungskunst überhaupt zu üben, spricht gegen die These von GOLDSCHEIDER (108), die Verhandlungen seien 480 tatsächlich in dieser Gleichnissprache geführt worden.[17] Für diplomatische Verhandlungen bei den Griechen ist weder eine solche Diktion noch sonst ein typischer Diplomatensprachstil belegt.[18] Wenn D'AGOSTINO die Worte des Themistokles als überliefertes Bonmot deutet und damit das Begriffspaar Πειθώ und Ἀναγκαίη als Hendiadyoin versteht, übersieht er die anschließende Niederlage des Themistokles.[19] Dieser Umstand könnte ungeachtet ihrer frühen religiösen Verehrung Zweifel aufkommen lassen, daß gerade diese beiden Begriffe hier tatsächlich als Göttinnen vorgestellt sind; vielmehr erscheinen sie eher als *ad hoc* vergöttlichte Abstrakta.[20]

Was Themistokles in so eklatantem Maße versäumt, beherrschen die Andrier um so eindrucksvoller: Ihre Antwort, dreimal so umfangreich wie seine Drohung, folgt mustergültig den Regeln der Rhetorik. Die Andrier nehmen zuerst einmal die „Argumente" des Themistokles auf, indem sie zugeben, daß Athen mit solchen Göttinnen „wahrhaft mächtig und reich" sei;[21] gegen diese stellen sie jedoch im zweiten Argumentationsschritt ihre eigenen „unnützen" Göttinnen, die Armut und die Machtlosigkeit, die es verhinderten, daß die Πειθώ und Ἀναγκαίη der Athener ihre Wirkung entfalten könnten. Denn – so ihr unwiderstehlicher Schluß – diese könnten niemals stärker sein als die andrische Ohnmacht. Nicht Themistokles, allein die Andrier üben sich in der Überredungskunst und tragen somit den Sieg in diesem Wortgefecht davon.

Auch das Götterpaar Πενίη und Ἀμηχανίη, obgleich der politischen Theorie entstammend, verleiht dem Gespräch durch die dichterische Sprache Gleichnischarakter.[22] Diese Begriffsverbindung taucht schon früh in der griechischen Lyrik

17   Die von GOLDSCHEIDER 148 A. 24 angeführten Belege Hdt. I 141,1f. und III 46,2 – denen noch IV 131f. hinzuzufügen ist – besitzen keine eigenständige Beweiskraft.

18   Cf. J.R. GRANT, A Note on the Tone of Greek Diplomacy, CQ 15, 1965, 261–266, hier 261 = dt. in: E. OLSHAUSEN & H. BILLER (edd.), Antike Diplomatie (WdF 462), Darmstadt 1979, 99–109, hier 100; L. PICCIRILLI, La diplomazia nella Grecia antica: temi del linguaggio e caratteristiche degli ambasciatori, MH 58, 2001, 1–31, hier 25f. Beide betonen jedoch, daß solche undiplomatischen Drohungen, wie sie Themistokles unumwunden ausspricht, bei Verhandlungen zwischen Griechen keineswegs selten anzutreffen sind.

19   F. D'AGOSTINO, Bia. Violenza e giustizia nella filosofia e nella letteratura della Grecia antica, Mailand 1983, 57, 62.

20   Cf. BUXTON 1982, 198 A. 47: „they are in a sense only ‚metaphorically' divine." Ähnlich R.V. MUNSON, Ananke in Herodotus, JHS 121, 2001, 30–50, hier 37: „Themistocles objectifies and divinizes the concept of imperialistic compulsion." Auch D'AGOSTINO 1983, 62 spricht Herodot ein Verständnis dieser Kräfte als Göttinnen ab – das jedoch Themistokles besessen habe. Zur vergöttlichten Πειθώ cf. BUXTON 1982, 31–48; V. PIRENNE-DELFORGE, Le culte de la persuasion, RHR 209, 1991, 396–413; zur vergöttlichten Ἀναγκη cf. H. SCHRECKENBERG, Ananke. Untersuchungen zur Geschichte des Wortgebrauches (Zetemata 36), München 1964, der allerdings nicht auf diese Herodot-Stelle eingeht.

21   Sie schlagen ihn mit seinen eigenen Waffen (cf. Hdt. VIII 59; 125) und sind so laut GOLDSCHEIDER 108 seine einzigen ebenbürtigen Gegner bei Herodot.

22   Man beachte die bei Herodot seltenen und gewählten γεωπείνης „arm an Ackerland", φιλοχωρέειν „sich gern an einem Ort aufhalten" und ἐπήβολος „teilhaftig". Cf. GOLDSCHEIDER 106, 147 A. 13. MASARACCHIA ad loc. betont „il gusto già sofistico del gioco verbale"; ähnlich CRESCI MARRONE 1986, 116.

auf und beschreibt das unentrinnbare Schicksal vieler Menschen[23], die dadurch sogar zu Unrechtstaten gezwungen werden.[24] Griechenland selbst gilt seit jeher als arm; doch diese Armut hat die Griechen zur Tapferkeit, Weisheit und Freiheitsliebe erzogen, wie der Herodoteische Demaratos dem Perserkönig verdeutlichen muß.[25] Gerade die ertüchtigende und kulturschöpferische Kraft der Armut (πενία) wurde in der griechischen Literatur betont.[26]

Themistokles unterliegt den Andriern auch deshalb, weil die Andrier seine Forderung als widersinnig erweisen. Denn wenn Athen durch Überredungskunst und Zwang schon wahrhaft mächtig und reich ist, warum fordert es dann vom mittellosen Andros Geld? Mit dieser Niederlage scheint mir Herodot den moralischen Abstieg des Themistokles und den Verfall seiner Macht sinnfällig zu machen. Sein Vorgehen, sich nun ausschließlich auf unbegründetes Fordern und offene Gewaltandrohung zu verlegen, ist Ausfluß seines Programms, sich fortan nur noch um den eigenen Vorteil zu kümmern. Neben der Orientierung auf das Gemeinwohl hat er offenbar auch mindestens die Bereitschaft, wenn nicht gar die Fähigkeit verloren, das Gegenüber zu überzeugen. Dieser gravierende Mangel an πειθώ kann sich gerade in der Innenpolitik verheerend auswirken, so daß Herodot hiermit einen Grund für das Scheitern des Themistokles in den 470er Jahren angedeutet haben könnte. Doch der zweite implizierte Vorwurf, obwohl selbst mit allen Machtmitteln ausgestattet, von Armen Geld zu erpressen, trifft Themistokles keineswegs allein, sondern auch die Athener insgesamt. Dies wird daran deutlich, daß es bei Herodot die Athener sind, die mit den beiden machtvollen Göttinnen vor die Andrier treten, weder Themistokles im speziellen noch die Griechen im allgemeinen. Noch aufschlußreicher ist dafür die Beschreibung Athens durch die Andrier als „mächtig und reich", da es von solchen Göttinnen begleitet werde.[27] Denn erneut kann das Athen des Herbstes 480 nicht gemeint sein, das soeben von den Persern verheert und entvölkert worden und weiterhin okkupiert ist. Abgesehen von der starken Ironie im Munde der Andrier, deren Stadt ja dagegen bisher noch unversehrt ist, deutet dieser Anachronismus auf das blühende Athen der Pentekontaëtie als Ziel der Kritik. Welche Praktiken der Athener im Attisch-Delischen Seebund im einzelnen in dieser Anekdote ins Visier Herodots geraten sein könnten, soll weiter unten geklärt werden.

Der Wortwechsel zwischen Themistokles und den Andriern wurde nicht nur aufgrund der ähnlichen Konstellation, sondern wegen seiner mutmaßlich gleichen athenkritischen Stoßrichtung oft verglichen mit dem sog. Melierdialog des Thukydides[28], der die Verhandlungen zwischen den Athenern und den bedrohten Meliern

---

23   Cf. Alk. fr. 142 Diehl = 314 Lobel-Page; Theogn. 620f.

24   Cf. Theogn. 373–400, bes. 383–387; 649–652 und Thuk. III 82,2.

25   Hdt. VII 102,1. Cf. Flory 1987, 115f., 148; zudem Hdt. IX 82; 122,4; Demokrit 68 B 251 DK. Zur σοφίη und ἀρετή, die aus der πενία erwachsen, cf. Dihle 1962, 207–209.

26   Aristoph. Plut. 507f. lobt sich die personifizierte Πενία als treibende Kraft im Staatsleben; Antiphanes fr. 322 Kassel-Austin; Ps.-Theokrit XXI 1; cf. F. Voigt, RE XIX 1 (1937), s.v. Penia, 495–497, hier 496.

27   Hdt. VIII 111,2: ... κατὰ λόγου ἦσαν ἄρα αἱ Ἀθῆναι μεγάλαι τε καὶ εὐδαίμονες καὶ θεῶν χρηστῶν ἥκοιεν εὖ.

28   Thuk. V 84–114. So W. Aly, Formprobleme der frühen griechischen Prosa (Philologus Suppl.

über die Übergabe der Insel im Frühjahr 416 wiedergeben soll.[29] Wir finden bei
Thukydides die Schlagworte aus der Themistokleischen Rede, Überzeugung(skraft)
und Zwang, an Zentralstellen wieder;[30] daneben berufen sich beide Parteien auf die
Hilfe der Götter. Doch die Athener des Jahres 416 kündigen nicht nur den Versuch
an, die Melier zu überzeugen (V 85), sondern verwenden tatsächlich auch große
Mühe darauf, indem sie ihnen die Vorteile ausmalen, wenn diese Verbündete Athens
würden und ihren Besitzstand wahren könnten (V 111,4). Dennoch monieren die
Melier zu Recht, daß die Athener nicht nur mit der Militärmacht drohten, sondern
sie schon in Stellung gebracht hätten, so daß ihnen selbst nur die Wahl zwischen
Krieg und Knechtschaft bleibe (V 86). Zwar rücken somit auch bei Thukydides
Überredung und Zwang nahe zueinander; doch immerhin bleibt dort noch Raum für
die Überzeugungsarbeit – der sich zu unterziehen hingegen der Herodoteische Themistokles keineswegs für nötig hält. Angesichts dieses Unterschiedes erscheint folglich der Herodoteische Themistokles[31] noch weit skrupelloser und krimineller als
die Athener im Melierdialog des Thukydides.

2. Themistokles' Habsucht und die Zahlungen von Karystos und Paros (VIII 112) – das Vorbild des Miltiades (VI 132–136)

Das gewaltbereite expansionistische Gebaren der Athener, die Themistokles in seiner Drohnung als die eigentlich Fordernden darstellt, hat Herodot in seinem weiteren Bericht einzig auf Themistokles selbst projiziert: Nicht saturiert mit der Aussicht, die Andrier zu schröpfen, erpreßt dieser auch Zahlungen von den übrigen
Inseln. Herodot umschreibt dieses Verhalten plakativ: „Denn da Themistokles in
seiner Habsucht nie genug haben konnte, schickte er auch zu den anderen Inseln
erpresserische Botschaften und forderte Geld."[32] Von großer Tragweite für die Bewertung von Themistokles' Handeln ist der Begriff πλεονεκτέων, der nicht allein
auf die private Geldgier des Feldherrn abzielt, sondern hier noch stärker politische
Implikationen umfaßt[33]: Herodot verwendet die verbalen und substantivischen Kom-

---

21, Hf. 3), Leipzig 1929, 99; Strasburger 1955, 21 = Marg WdF 602; M. Gigante, ΝΟΜΟΣ
ΒΑΣΙΛΕΥΣ, Neapel 1956, 136 mit A. 1; Goldscheider 107f.; Immerwahr 200 A. 29, 322 A. 40;
Corcella 1984, 203; Masaracchia ad loc.; Cresci Marrone 1986, 116; Munson 2001b, 37f.

29   Cf. zur Entstehung des Dialogs J. de Romilly, Thucydides and Athenian Imperialism, Oxford
     1963, 273–310; Gomme-Andrewes-Dover 1970, 182–187; S. Cagnazzi, La spedizione ateniese
     contro Melo del 416 a.C. Realtà e propaganda, Bari 1983.
30   Überzeugen: Thuk. V 85f.; 98; Zwang: V 89, 105,2.
31   Cf. Munson 2001b, 37f., bes. 38: Herodot zeige „an abrupt and gratuitous reversal from Xerxes
     to Athens as the agent of compulsion against the Greek states." Dagegen versucht Cresci Mar-
     rone 1986, 116 die Authentizität des Dialogs zu retten, indem sie Herodot nur eine „attualizza-
     zione stilistica" und die Anwendung einer „ottica dialettica e modernizzante di età periclea"
     unterstellt.
32   Hdt. 112,1: Θεμιστοκλέης δέ, οὐ γὰρ ἐπαύετο πλεονεκτέων, ἐσέπεμπων ἐς τὰς ἄλλας νήσους
     ἀπειλητηρίους λόγους αἴτεε χρήματα.
33   Cf. ausführlich Barth 1965 und H.O. Weber, Die Bedeutung und Bewertung der Pleonexie
     von Homer bis Isokrates, Diss. Bonn 1967, 26–41 zu Herodot.

posita von πλέον und ἔχειν[34] nur noch zweimal: als er die Argiver bzw. Gelon von Syrakus den Spartanern bzw. den griechischen Gesandten, die jeweils um Unterstützung gegen die Perser bitten, πλεονεξία vorwerfen läßt.[35] Diesen beiden Fällen und dem Herodoteischen Themistokles ist gemein, daß eine ausschließlich dynamische Bedeutung „Mehr-Haben-Wollen" als synonym von Habgier im Gegensatz zum statischen „Mehr-Haben" vorliegt und daß Herodot die πλεονεξίη eindeutig negativ bewertet.[36] Noch deutlicher erweist Thukydides die πλεονεξία als Grundzug der imperialistischen Politik Athens in der Seebundszeit[37], und als Hinweis in diese Richtung dürfen wir Themistokles' πλεονεξία auch bei Herodot interpretieren, wie die weitere Analyse zeigen wird.[38]

In Themistokles' Vorgehen, insbesondere seiner Andrier-Rede, finden sich viele der zentralen Elemente wieder, die RAAFLAUB jüngst anhand der Debatte in Xerxes' Kronrat (VII 5–18) als konstitutiv für eine „systematische Typologie von ‚Imperialismus'" in Herodots Werk aufgezeigt und worin er dessen Reflex auf die athenische Sizilienpolitik während des Archidamischen Krieges erkannt hat.[39] Dieser Imperialismus wird angetrieben von der πλεονεξία, speist sich aus den vorangegangenen Erfolgen, „blendet jede Vernunft aus und entwickelt eine unwiderstehliche Eigendynamik. Er kennt keine Grenzen. (…) Plausible Rechtfertigungen dienen ihm als nützliche Vorwände, aber er benötigt sie nicht, ist sich selber Rechtfertigung genug: Expansion motiviert weitere Expansion. Er ist durch und durch ungerecht, die Verkörperung von Hybris, denn er trifft Schuldige und Unschuldige zugleich." Nicht nur im Wachsen des Imperialismus beschreibt diese Typologie Themistokles' Vorgehen akkurat, sondern auch in seinem Verfall: Er scheitert desgleichen an der Überdehnung seiner Ressourcen und an strategischen Fehlern infolge maßloser Selbstüberschätzung, die es den Andriern ermöglichen, ihre spezifischen Stärken optimal auszuspielen.

Bedeutung kommt der Herodoteischen Bemerkung zu, Themistokles habe sich bei den Geldforderungen gegenüber den anderen Inseln derselben Boten bedient wie schon für die zweite Geheimbotschaft an Xerxes.[40] Daraus erklärt sich auch Herodots Behauptung (VIII 110,2), daß mehrere Männer Sikinnos im Boot an die attische Küste zu den Persern begleiten und ebenfalls den Inhalt der Geheimbot-

---

34 Laut ALY 1927, 103 war diese Verbindung für das Attische typisch; cf. aber Theogn. 606, so daß FRISK s.v. πλείων schloß, daß diese Wortgruppe im gesamten ionisch-attischen Sprachraum beheimatet war; cf. WEBER 1967, 5f. A. 5.

35 Hdt. VII 149,3; 158,1. Zur Frage der Hegemonie cf. WICKERSHAM 1994, 4–9.

36 Cf. BARTH 1965, 34f.; WEBER 1967, 26–28, 35, 40f. Das trügerische „Gesetz der Pleonexie" läßt Herodot Xerxes formulieren (VII 8 α 1). Man halte die Warnung des Artabanos (VII 16 α 2) dagegen; cf. WEBER 1967, 33f., 39f.

37 Thuk. I 77,3f.; 99,2; zur Neigung der Menschen zur πλεονεξία allgemein Thuk. III 45,3f.; IV 62,3; im Bürgerkrieg III 82,6; 8; 84,1; cf. WEBER 1967, 44–50.

38 COBET 1971, 175 A. 704 sieht die Episode VIII 111f. als „den Beginn eines neuen ‚Machtprozesses'". RAAFLAUB 1987, 227–229 versteht die Charakterisierungen der Perser als rastlos und immer auf der Suche nach neuen Erwerbungen (Hdt. VII 8α1; 16α2 u.ö.) als Hinweis auf die πλεονεξία der Athener.

39 RAAFLAUB 2002a, zusammenfassend 21, folgendes Zitat ibid.

40 Hdt. VIII 112,1. Zur harmonisierenden Lesart πρὸς Ἀνδρίους statt πρὸς βασιλέα cf. GOLDSCHEIDER 109.

schaft an Xerxes kennen, obgleich dies von der Handlungsökonomie her völlig unnötig ist. Denn schon hier muß eine Mehrzahl von Boten eingeführt werden, die später mit den verschiedenen Gesandten zu den Kykladeninseln zu identifizieren sind. Auf diese Weise werden beide Winkelzüge des Themistokles aufs engste miteinander verknüpft, so daß der Eindruck entsteht, beide seien derselben, nach der Zurückweisung seines Hellespont-Planes extemporierten Strategie entsprungen: sich einen Rückhalt zu schaffen, einerseits beim Perserkönig für die ferne Zukunft, andererseits von den Inselbewohnern einen finanziellen für die nächsten Jahre.

Daß Themistokles den Bewohnern der anderen Inseln damit drohen konnte, er werde bei einer Zahlungsverweigerung die griechische Streitmacht gegen sie führen[41], ist nur dann erklärbar, wenn sie tatsächlich sein Ansehen im Strategenkollegium so hoch veranschlagten und so sehr fürchteten, wie es Herodot (VIII 112,2) als einen der beiden Beweggründe für die Zahlungen der Karystier und Parier anführt. Doch auch sie hätten wissen müssen, daß nicht der Athener der Oberbefehlshaber der griechischen Flotte war, sondern der Spartaner Eurybiades. Daß Herodot die Motive der Inselbewohner als rein subjektiv und auf falschen Annahmen basierend ansieht, gibt er durch den zweimaligen *optativus obliquus* πολιορκέοιτο und εἴη jeweils in Verbindung mit ὡς nach dem Verb der subjektiven Wahrnehmung πυνθανόμενοι zu verstehen.[42] Herodot stellt einzig die Habsucht des Themistokles als eigentliche Ursache für die Belagerung dar; die angebliche Vermutung der Karystier und Parier über den Medismos der Andrier spielt für ihn selbst hingegen keine Rolle.[43] In dieser Begründung spiegelt Herodot jedoch eine gesamtathenische Vorgehensweise der Nachkriegsjahre: den tatsächlichen oder nur unterstellten Medismos ionischer Poleis als Vorwand zur Expansion auszuschlachten, um diese mit hohen Abgaben zu belasten und ihnen ihre Autonomie zu nehmen.[44] In ihren zweiten angeblichen Beweggrund legt Herodot Ironie hinein: Denn wenn die Inselbewohner sich wirklich vor dem großen Ansehen des Themistokles bei seinen Feldherrenkollegen ängstigten, so waren sie entscheidend getäuscht worden: Weder im Kriegsrat vor Salamis noch auf Andros besaß seine Stimme laut Herodot einen hohen Stellenwert, weit schlimmer: diese Beratungen waren für ihn ein einziges Fiasko. Hinter dem offensichtlich konstruierten Widerspruch der Motive der Inselbewohner zur sonstigen Schilderung Herodots ist ein Hinweis seinerseits auf den fiktiven Charakter ihrer Zahlungen an Themistokles zu vermuten.

---

41 MACAN ad loc. wertet Themisokles' Übertreibung des eigenen Einflusses als Zeichen des Spottes, den Herodot über ihm ausgieße.

42 Hdt. VIII 112,2: λέγων ταῦτα συνέλεγε χρήματα μεγάλα παρὰ Καρυστίων τε καὶ Παρίων, οἳ πυνθανόμενοι τήν τε Ἄνδρον, ὡς πολιορκέοιτο, διότι ἐμήδισε, καὶ Θεμιστοκλέα, ὡς εἴη ἐν αἴνῃ μεγίστῃ τῶν στρατηγῶν, δείσαντες ταῦτα ἔπεμπον χρήματα. „Mit diesen Worten sammelte er viel Geld ein bei den Karystiern und Pariern, die gehört hatten, Andros werde wegen seiner perserfreundlichen Haltung belagert und Themistokles besitze das höchste Ansehen von den Feldherren; in der Furcht davor schickten sie Geld." Cf. KÜHNER-GERTH II 2,361. Am klarsten – wie so oft – die Übersetzung von LANGE.

43 Gegenteiliger Ansicht ist CRESCI MARRONE 1986, 126.

44 Ansatzweise CRESCI MARRONE 1986, 126 zu den athenischen Vorwänden. Dieses Argument wurde wohl gegenüber allen ionischen Poleis verwendet, die in den Seebund gezwungen wurden, so gegenüber Karystos in den späten 470er Jahren.

Schon aus rein historischen Erwägungen ist es unwahrscheinlich, daß Karystos und Paros tatsächlich Lösegeld gezahlt haben. Dagegen spricht, daß Karystos schließlich doch belagert und sein Umland geplündert wurde.[45] Gemäß Herodoteischer Erzähllogik hätten die Karystier die anderen griechischen Feldherren während der Belagerung von ihren Zahlungen an Themistokles in Kenntnis gesetzt, wenn die Einschließung allein auf die Initiative des Themistokles zurückgegangen wäre. Doch die Belagerung ist ebenso wie bei Andros mit dem offenen Medismos und der Beteiligung von Schiffen in der Seeschlacht von Salamis auf persischer Seite historisch hinreichend begründet; beide Städte scheinen mit den persischen Invasoren willig kooperiert zu haben, nach ihrem hartnäckigen und schließlich erfolgreichen Widerstand gegen die Griechen zu schließen.[46] Mit dem Angriff auf Andros und Karystos haben die Griechen deren Medismos im Jahre 480 weit härter bestraft als den mächtigerer Staaten wie Thessalien und Argos;[47] überdies lohnten die Athener den Karystiern übel die zähe Gegenwehr gegen die Perser im Jahre 490 und ihre damalige Weigerung, gegen Athen und Eretria zu ziehen.[48]

Ein wichtigeres Motiv für die Belagerungen als der Medismos war jedoch die strategische Position von Andros und Karystos. Beide kontrollierten die nur 10 km breite Durchfahrt zwischen Euboia und Andros[49], die von entscheidender Bedeutung für die gesamte Schiffahrt aus der und in die nördliche Ägäis war; zudem ließen sich von Flottenbasen auf Südeuboia und Andros aus sowohl die Einfahrt in den Saronischen Golf von Osten her als auch besonders die in den Euripos sperren. Aus diesem Grunde mußten die Griechen es unterbinden, daß die Perser auch nach ihrer Niederlage bei Salamis diese Schlüsselpositionen weiterhin in der Hand behielten.[50] Denn der Großteil der persischen Flotte war nach Salamis keineswegs Hals über Kopf nach Asien geflüchtet, sondern überwinterte nach Herodots Aussagen (VIII 130) bei Kyme und auf Samos, angeblich ohne jede Furcht vor einem Ausgreifen der Griechen nach Ionien.[51]

---

45 Herodot bestätigt seine Vorausdeutung VIII 112,3: καίτοι Καρυστίοισί γε οὐδὲν τούτου εἵνεκα τοῦ κακοῦ ὑπερβολὴ ἐγένετο („Gleichwohl konnten die Karystier das Unglück dadurch nicht aufschieben.") außerhalb dieser Episode in VIII 121,1.

46 In der Aufzählung der Griechen, die nach der Schlacht von Kap Artemision die Perserflotte verstärkten, erwähnt Hdt. VIII 66,2 „ganz besonders die Karystier und Andrier" (καὶ μάλα Καρυστίους τε καὶ Ἀνδρίους).

47 Cf. R. BROCK, The Tribute of Karystos, EMC 40, 1996, 357–370, hier 358f.

48 Cf. Hdt. VI 99,2 und Paus. X 16,6.

49 Zur wirtschaftlichen und militärischen Stärke von Karystos cf. BROCK 1996, 364f. mit A. 22.

50 Cf. C.W. FORNARA, Some Aspects of the Career of Pausanias of Sparta, Historia 15, 1966, 257–271, hier 259; HART 1993, 44; HEINRICHS 1989, 15; zur strategischen Bedeutung der östlichen Kykladen Hdt. V 31,2f.

51 Hdt. VIII 130,3: οὐ μὴν οὐδὲ προσεδέκοντο τοὺς Ἕλληνας ἐλεύσεσθαι ἐς τὴν Ἰωνίην, ἀλλ᾿ ἀποχρήσειν σφι τὴν ἑωυτῶν φυλάσσειν, σταθμεύμενοι, ὅτι σφέας οὐκ ἐπεδίωξαν φεύγοντας ἐκ Σαλαμῖνος, ἀλλ᾿ ἄσμενοι ἀπαλλάσσοντο. „Sie erwarteten keineswegs, daß die Griechen nach Ionien kommen, sondern sich damit begnügen würden, ihr eigenes Land zu bewachen; dies schlossen sie daraus, daß die Griechen die von Salamis flüchtende Flotte nicht verfolgt, sondern sich zufrieden entfernt hatten." Hier verweist Herodot einmal auf eine persische Reaktion auf die unterbliebene Verfolgung. An dieser Stelle scheint es so, als hätten die Griechen den Persern bis Andros – von Salamis aus immerhin ein Drittel der Seestrecke bis nach

Doch die Vertreibung der mutmaßlichen persischen Garnisonen scheint den Hellenen im Jahre 480 weder im Falle von Andros noch von Karystos gelungen zu sein.[52] Erst gegen Ende der 470er Jahre konnten die Athener Karystos unter ihre Gewalt bringen.[53] Im Bericht des Thukydides[54] ist Karystos nach dem jahrelang persisch kontrollierten Eion und der dolopischen Insel Skyros die erste griechische Stadt, die von der athenischen Flotte unterworfen wird, bildet also die dritte Stufe der athenischen Expansion, gefolgt von Naxos, dem Exempel für die Niederschlagung revoltierender Bündner. Diesen späteren Krieg der Athener gegen Karystos hat Herodot (IX 105) mit seiner Schilderung der Schlacht von Mykale 479 durch den Athener Hermoklytos verknüpft.[55] STADTER ist sicherlich zu folgen, wenn er Herodot hierbei die Absicht zuschreibt zu zeigen, daß die Athener von der Befreiung der Ioner direkt zur Unterwerfung griechischer Städte übergingen.[56]

Herodots Darstellung, daß die Karystier doppelt geschädigt werden durch Themistokles und die Griechen – zuerst durch die erpreßten Zahlungen, dann durch die Plünderung des Landgebietes (χώρα) –, mag eine Parallele zur Herodoteischen Beschreibung des Schicksals der Euboier zur Zeit der Schlacht von Artemision darstellen: Auch diese haben Themistokles große Summen gezahlt, damit er ihre Insel mit der griechischen Flotte verteidige. Obgleich er den größten Teil des Geldes in die eigene Tasche einstreicht, hat er doch keinerlei Skrupel, den Griechen die massenhafte Schlachtung des Viehs anzuraten, das die Euboier an die Küste getrieben haben. Man beachte den komplementären Charakter beider Geschichten: Karystos, bei dem Herodot davon ausgehen konnte, daß es als einzige der euboiischen Poleis infolge ihres Medismos keinen Beitrag zu den 30 Talenten bei Artemision leistete[57], wird nun doch noch von Themistokles zweimal ausgenommen. Das Handlungsschema – Themistokles erhält von Euboiern Geld für die Verhinderung einer Handlung der Griechen (Rückzug der Flotte von Artemision bzw. Belagerung von Karystos); dennoch stiftet er sie dazu an, sich am Eigentum der Euboier zu vergehen[58] –

Samos – gar nicht nachgesetzt. Herodots Schilderung über die Motive der Perser akzeptiert BUSOLT GG II² 718. Cf. FORNARA 1966b, 259f. A. 10 und 13.

52 Hdt. VIII 121,1: οἱ δὲ Ἕλληνες, ἐπείτε οὐκ οἷοί τε ἐγίνοντο ἐξελεῖν τὴν Ἄνδρον, τραπόμενοι ἐς Κάρυστον καὶ δηώσαντες αὐτῶν τὴν χώρην ἀπαλλάσσοντο ἐς Σαλαμῖνα. „Da die Griechen nicht in der Lage waren, Andros zu erobern, wandten sie sich nach Karystos und verheerten dessen Landgebiet; schließlich kehrten sie nach Salamis zurück." Herodot versteckt die erfolglose Belagerung hinter δηώσαντες „verheerend" als Ersatzhandlung.

53 Beachtenswert die Frage von MACAN ad VIII 121,1: „Are the operations against Andros and Karystos correctly dated, or are they duplicates, by anticipation, of the subsequent operations of the Athenian alliance?"

54 Thuk. I 97,2–98. Cf. – jedoch mit Vorsicht gegenüber den genannten Motiven – M. STEINBRECHER, Der Delisch-Attische Seebund und die athenisch-spartanischen Beziehungen in der kimonischen Ära (ca. 478/7 – 462/1) (Palingenesia 21), Stuttgart 1985, 40–42, 90–93; zudem die athenische Gefallenenliste von 447 (IG I³ 1162, Z. 27) mit dem nur einmal belegten Namen Καρυστόνικος.

55 CRESCI MARRONE 1986, 128 A. 39 bezieht dies fälschlich auf die Belagerung von Karystos im Herbst 480.

56 STADTER 1992, 801f.; zustimmend MOLES 1996, 271; 2002, 48.

57 Ausführlich s.o. S. 168.

58 Themistokles muß bei Herodot auch als Initiator der Plünderung des karystischen Landgebietes mitgedacht sein; cf. CRESCI MARRONE 1986, 128.

und die Betonung seines Vertragsbruches gleichen sich so frappierend, daß die Fiktion dieser Episoden, zumindest was Themistokles' Rolle betrifft, zu vermuten ist.

Gleichermaßen unglaubwürdig ist die Erpressung der Parier durch Themistokles. Denn sie hatten ja an sich nichts zu befürchten, da sie nicht bei Salamis für den Großkönig gefochten hatten, sondern trotz Verpflichtung zur Heeresfolge auf halber Strecke nach Salamis bei Kythnos den Ausgang des Kampfes abgewartet hatten.[59] Dieses neutrale Verhalten konnte keineswegs als Medismos verdammt werden; denn eine Bestrafung der Parier, die formal gesehen aus Zwang den Persern folgten, hätte dem Eid der Griechen von 481/0 widersprochen, nur diejenigen Hellenen zu „zehnten", die sich aus freien Stücken den Persern angeschlossen hatten.[60] Hätte Themistokles den Pariern das Fernbleiben vom griechischen Freiheitskampf vorgeworfen, wäre er zumindest in der Herodoteischen Darstellung in klaren Widerspruch zu seinen eigenen Ratschlägen geraten: Denn Neutralität hatte er in seiner inschriftlichen Botschaft an die Ioner nach der Schlacht von Artemision als zweitbeste Alternative nach dem offenen Überlaufen zu den Griechen angemahnt (VIII 22,2).

Auch die angebliche Zahlung der Parier an Themistokles hat meines Erachtens keinerlei historischen, sondern nur einen rein kompositorischen Hintergrund: Schon einmal hat ein athenischer Stratege nach einem großen Triumph über die Perser die Insel Paros zu erpressen versucht: Dies berichtet Herodot für Miltiades nach dem Sieg bei Marathon.[61] Nachdem er die Athener mit Versprechungen über riesige Gewinne dazu verleitet hat, ihm 70 Schiffe zur Verfügung zu stellen für eine Expedition, deren Zielort er nicht verrät, belagert er mit seinem Heer die Stadt Paros unter dem Vorwand, die Parier hätten am Zug der Perser gegen Marathon mit einer Triëre teilgenommen[62], und fordert 100 Talente Lösegeld. Als wahren Grund dieses Gewaltaktes nennt Herodot jedoch Miltiades' Groll gegen den Parier Lysagoras, der ihn bei „Hydarnes, dem Perser", verleumdet habe.[63] Die Ähnlichkeiten zu

---

59 Hdt. VIII 67,1. Die Kythnier standen übrigens auf griechischer Seite (VIII 46,4).

60 Hdt. VII 132,2. Paros war, wie unten noch zu sehen, wohl seit 490 ständig in der die östlichen Kykladen umfassenden Machtsphäre der Perser verblieben.

61 Hdt. VI 132f. Cf. ausführlich KINZL 1976, zu Herodot 280–293. Als rein privaten Beutezug versteht die Parische Expedition H. BERVE, Miltiades. Studien zur Geschichte des Mannes und seiner Zeit (Hermes Einzelschriften 2), Berlin 1937, 92–99. Dagegen betont H. BENGTSON, Einzelpersönlichkeit und athenischer Staat zur Zeit des Peisistratos und des Miltiades, SBAW 1939, 1, München 1939, 50–64, ihren staatlichen Charakter; ähnlich R. DEVELIN, Miltiades and the Parian Expedition, AC 46, 1977, 571–577; P. KARAVITES, Realities and Appearances, 490–480 B.C., Historia 26, 1977, 129–147, hier 130–132; ROBERTS 1982, 80f.; WALLINGA 1993, 144–148; mit einem vermittelnden Urteil V. EHRENBERG, Zur älteren athenischen Kolonisation, in: id., Eunomia. Studia Graeca et Romana I, Prag 1939, 11–32, hier 28–30 = ND in: id. 1965, 221–244, hier 240–243.

62 Hdt. VI 133,1. Es verwundert, daß eine so reiche Insel, wie es Paros schon zu Beginn des 5. Jhs. war, die Perser damals nur mit einer Triëre unterstützt haben sollte. Vermutlich soll diese kleinstmögliche Zahl ihren Vorwandcharakter für die Athener unterstreichen. Nicht wenige Handschriften haben aber den Plural τριήρεσι „mit Triëren". Cf. D. BERRANGER, Recherches sur l'histoire et la prosopographie de Paros a l'époque archaïque, Clermont-Ferrand 1992, 317.

63 BURN 259 vermutet dahinter den älteren Hydarnes, den Freund des Dareios (Hdt. III 80), so daß die Verleumdung mit Dareios' Skythenzug zusammenhängen könne. KINZL 1976, 285 sieht

Themistokles' Verhalten gegenüber den Kykladeninseln sind offenkundig: Trieb-kraft ist bei beiden die Habsucht, nach außen bemäntelt durch die Heimlichkeit; Miltiades stachelt explizit die Geldgier der Athener an; ähnliches kann man nach Herodoteischer Erzähllogik auch für Themistokles erwarten, der ja den Griechen einen Gewinn aus einer Belagerung von Andros in Aussicht stellen muß. Als Vor-wand nach außen, insbesondere gegenüber den Angegriffenen, wird deren angebli-cher Medismos gebraucht. Miltiades' eigentlicher Beweggrund – der Wunsch, sich an den Pariern für seine Anschwärzung bei den Persern zu rächen[64] –, potenziert das schon im Medismosvorwurf angesprochene Rachemotiv.[65] Auch wenn gerade bei einem den aristokratischen Werten verpflichteten Mann wie Miltiades Vergel-tung als primäres Handlungsmotiv keineswegs *a priori* ausgeschlossen werden kann,[66] so bleibt es doch bei Herodot viel zu blaß und spielt im weiteren Verlauf keinerlei Rolle mehr.[67] Es reicht jedoch aus, um Miltiades unter die vielen Hero-doteischen Protagonisten einzureihen, welche die Rache als Vorwand für ein impe-rialistisches Ausgreifen benutzen.[68]

Obgleich die Voraussetzungen so ähnlich sind, ist doch der Erfolg der beiden athenischen Strategen völlig entgegengesetzt: Während Themistokles' Forderun-

---

darin ein weiteres Motiv der Athener für ihren Zug gegen Paros, da Miltiades als ihr Repräsen-tant in Verruf gebracht worden sei.

64   Doch was kümmert, so muß man mit MACAN ad loc. fragen, den Sieger von Marathon die schlechte Meinung der Perser über ihn? Ist durch diese Motivation für Miltiades etwa dasselbe Bestreben impliziert, das Hdt. VIII 109,5 Themistokles bei der zweiten Geheimbotschaft an Xerxes unterstellt, nämlich bei den Persern in gutem Ruf zu stehen, damit er bei einer eventuell notwendigen Flucht aus Hellas dort freundliche Aufnahme fände?

65   In der Verteidigung des Miltiades betonen seine Freunde vor Gericht, er habe Rache an den Lemniern geübt (τεισάμενος VI 136,2). Der anschließende Bericht über Miltiades' Eroberung von Lemnos und die wechselseitigen Gewalttaten der Athener und Pelasger (VI 137–140) steht nachhaltig im Zeichen der Vergeltung. Auch die Parier wollen sich an der Priesterin Timo rä-chen (τιμωρήσασθαι VI 135,2).

66   Für Miltiades betont dies H.-J. GEHRKE, Die Griechen und die Rache. Ein Versuch in histori-scher Psychologie, Saeculum 38, 1987, 121–149, hier 123, indem er die weitgehende Akzep-tanz des Vergeltungsprinzips (bis hin zum Rachegebot!) im griechischen Altertum herausarbei-tet (zum außenpolitischen Bereich 130, 143f.). Cf. auch H. BELLEN, Der Rachegedanken in der griechisch-persischen Auseinandersetzung, Chiron 4, 1974, 43–67.

67   J. DE ROMILLY, La vengeance comme explication historique dans l'œuvre d'Hérodote, REG 84, 1971, 314–337 hat gezeigt, daß auf der religiösen und rein menschlichen Ebene das Rachemo-tiv Teil einer meist recht oberflächlichen Anknüpfungstechnik ist. In den politischen Kausalitä-ten, zu denen auch dieser Fall zählt, wird es gerade in den letzten drei Büchern der *Historien* von rationalen Beweggründen immer weiter verdrängt.

68   Cf. z.B. Hdt. III 47; IV 1; 118; 167; VI 94; VII 8α-β, bes. V 74,1, wo wir für Kleomenes die Elemente, Motiv der persönlichen Rache für den Feldzug gegen Athen und Verschweigen des Ziels, kombiniert finden. Cf. EVANS 1991, 15–23, bes. 21: „Vengeance as justification of impe-rialism was a leitmotiv of the fifth century". Bei Thuk. V 89 tun die Athener selbst gegenüber den Meliern die sonst vorgebrachte Rachefoderung als hohle Phrase ab (cf. DE ROMILLY 1971, 326–333). In der Literatur wurde der Ausbruch des Peloponnesischen Krieges als Folge der Privatrache des Perikles karikiert (Duris FGrHist 76 F 65; Plut. Per. 30,4). Cf. RAAFLAUB 1979, 18–21.

gen ohne Umschweife von den Pariern erfüllt werden[69], erwehren sie sich schließlich erfolgreich der Angriffe des Miltiades. Diesen stürzt gerade – laut Pythia in göttlichem Auftrag – die Demeter-Priesterin Timo ins Unglück, indem sie ihn zu einem Sakrileg in ihrem Heiligtum verleitet, bei dem er sich eine schwere Wunde zuzieht, die ihn zwingt, die Belagerung abzubrechen, und deren Schwären ihm schließlich den Tod bringt.[70] Als Kontrast zu Miltiades' schmählichem Ende ist somit Herodots Darstellung zu verstehen, Themistokles sei von den Pariern „mit Geld besänftigt" worden. Während die Götter Miltiades seine Hybris an den Pariern schrecklich büßen lassen, erscheint Themistokles diesen nun seinerseits als der Rachegott, der durch Opfer und Gaben versöhnt werden muß. Nachdem wir beide Episoden ihres moralisierenden und politisierenden Überbaus entkleidet haben, bleibt als historisch gesichertes Faktum für Miltiades nur, daß er Paros erfolglos belagert hat; bei Themistokles fehlt uns hingegen jedes Indiz dafür, daß die Parier im Jahr 480 vom ihm bedroht wurden und ihm Zahlungen entrichtet haben.

Herodot gibt selbst den deutlichsten Hinweis auf die Unglaubwürdigkeit seiner Episode – als eine Art von „disclaimer" –, wenn er sagt, daß er nicht genau wisse, ob noch andere Inseln etwas an Themistokles gezahlt hätten. Dennoch unterdrückt er seine Vermutung nicht, daß dem so sei[71] – vermutlich um zu zeigen, daß sich die Beispiele für die Opfer Themistokleischer (und damit athenischer) Habsucht noch erheblich vermehren ließen. Zuerst zum möglichen historischen Hintergrund seiner Vermutung, auch noch andere Inseln könnten Grund zur geforderten Zahlung gesehen haben: Wir können uns auf die Kykladen als allein mögliches Operationsfeld der Griechen beschränken. Denn aus den Klagen des Dichters Timokreon, nicht von Themistokles in seine Heimat Rhodos zurückgebracht worden zu sein, auf ein Vordringen der Griechen im Jahr 480 bis nach Rhodos zu schließen[72], ist angesichts der noch bestehenden persischen Dominanz in der Ostägäis unmöglich.[73] Die Bewohner der westlichen Kykladen-Inseln Keos, Kythnos, Seriphos und Siphnos hatten sicherlich keine Belagerung wegen Medismos zu befürchten, da sie bei Salamis für die griechische Freiheit gestritten hatten; gleiches gilt für die Naxier und Tenier,

---

69 Wohl ein Hinweis auf ihren hohen φόρος von 16–18 Talenten im Seebund; nur Thasos und Aigina zahlten mit jeweils 30 Talenten mehr. Cf. MEIGGS 558f.

70 Hdt. VI 134–135,1; 135,3; 136,3. Das *Participium coniunctum* φλαύρως ἔχων („weil es ihm schlecht geht", 135,1) ist kausal zu verstehen. Anders KINZL 1976, 281–283, 287, der in der Wunde nicht den Abzugsgrund sieht; überhaupt beraubt KINZL Herodots Bericht eines großen Teiles seiner Kausalitäten.

71 Hdt. VIII 112,2: εἰ δὲ δή τινες καὶ ἄλλοι ἔδοσαν νησιωτέων, οὐκ ἔχω εἰπεῖν· δοκέω δέ τινας καὶ ἄλλους δοῦναι καὶ οὐ τούτους μούνους. „Ob aber noch andere Inselbewohner gezahlt haben, kann ich nicht sicher sagen; ich glaube aber, daß noch andere gezahlt haben und nicht nur diese allein."

72 Timokreon, fr. 1 DIEHL = 727 PMG = Plut. Them. 21,4. Text s.o. S. 60 A. 259.

73 So K.J. BELOCH, Zur Finanzgeschichte Athens, 7: Ὁ ἐπ᾽ Ἀριστείδου φόρος, RhM 43, 1888, 104–113, hier 108f.; GG II² 2, 144 A. 1; ähnlich HEINRICHS 1989, 17–20, der jedoch Timokreons unrealistische Forderungen ins Jahr 480 datiert; FORNARA 1966b, 258–261. ATL III 189 A. 15; 191 A. 26 denken an einen „fund raising"-Feldzug des Themistokles mit nur wenigen Schiffen in die Ostägäis.

die noch vor der Seeschlacht zu den Hellenen übergelaufen waren.[74] Ob jedoch die noch verbleibenden Inseln Mykonos, Syros und Rhenaia, die sicherlich wie anfangs auch ihre größeren Nachbarn Tenos und Naxos auf persischer Seite gestanden hatten, tatsächlich ein lohnendes Objekt für Erpressungen dargestellt haben, darf angesichts ihrer geringen Wirtschaftskraft[75] bezweifelt werden, zumal der Seitenwechsel von Naxos und Tenos ihnen keine Chance zu einem weiteren Medismos lassen konnte.[76] Da also keine weiteren Inseln auszumachen sind, die nennenswerte Summen zahlen konnten, gibt es allen Grund, den Wahrheitsgehalt von Herodots Bemerkung zu bestreiten. Kernpunkt ist jedoch eine prinzipielle Erwägung: Wenn Herodot bei „den anderen Inselbewohnern" das Fehlen jeglicher Quellen andeutet[77], so drängen sich doch dem Leser Zweifel auf, ob der detailreiche Bericht über Themistokles' Aktionen auf Andros sowie gegen Karystos und Paros überhaupt auf zuverlässigen Informationen beruht. Woher sollte Herodot all das Material erhalten haben, wo er doch selbst am Ende betont, daß Themistokles – wieder einmal – seinen großen finanziellen Gewinn vor allen anderen Strategen verheimlichen konnte?[78] Etwa von Themistokles selbst oder von seinen Boten, deren unerschütterliche Verschwiegenheit Herodot (VIII 110,2) schon im Zusammenhang mit der zweiten Geheimbotschaft an Xerxes hervorgehoben hat? Diese Fragen sind müßig angesichts der vielen Unwahrscheinlichkeiten des Herodoteischen Berichts[79], die nicht von einem der angeblich Beteiligten herrühren können.

3. Die ursprünglichen Erzählungen von den Belagerungen der Kykladen durch Miltiades und Themistokles

a) Die Tributeintreibungen der Athener

Nachdem wir in Herodots Erzählung zahlreiche innere Widersprüche festgestellt haben, die oft durch rein kompositorische Erwägungen erklärbar sind, bleibt nun nach den historischen Verhältnissen zu fragen: Der Ausgangspunkt des Streitgespräches zwischen Themistokles und den Andriern ist gänzlich anachronistisch. Andros war keineswegs in der Antike „unübertroffen arm"[80], sondern durch den

---

74   Hdt. VIII 46,2–4; 82,1. Cf. auch die Schlangensäule (MEIGGS-LEWIS 27, Z. 7f., 10). Daß der größte Teil der Kykladen auf nationalgriechischer Seite stand (cf. HEINRICHS 1989, 15–17), verkennt CRESCI MARRONE 1986, 123.

75   Diese spiegelt sich in den späteren Seebundstributen von mageren anderthalb Talenten bzw. 1 000 bis 1 500 bzw. 300 Drachmen wider.

76   Cf. HEINRICHS 1989, 16f.

77   MACAN ad loc. sieht Herodot hier in der Manier von „scandalmongers".

78   Hdt. VIII 112,3: … λάθρῃ τῶν ἄλλων στρατηγῶν. Cf. EVANS 1991, 78. Allzu quellenverhaftet ERBSE 1992, 107.

79   Auch FORNARA 1966b, 259 bezweifelt die Historizität dieser Erpressungen.

80   Γεωπείνης ist hier sicherlich wie auch Hdt. II 6,2 bis und Ael. Arist. I 376 BEHR = I p. 312 DINDORF als „arm an jeglichem, fruchtbarem wie unfruchtbarem Land" zu verstehen – was keineswegs auf Andros als zweitgrößte Kykladeninsel zutrifft.

Anbau von Wein und Früchten durchaus wohlhabend[81], was auch die attischen Tributlisten beweisen: Andros leistete – ihrer Nachbarin Naxos vergleichbar – einen jährlichen φόρος von sechs Talenten, im Jahre 450 sogar von 12 und wurde im Jahr 425/4 gar mit 15 Talenten veranlagt. Allerdings ist dabei zu bedenken, daß die Andrier als ehemalige Perserfreunde und später keineswegs fügsame „Bundesgenossen" von den Athenern bis zur Grenze ihrer Leistungskraft und darüber hinaus belastet worden sein dürften. Dennoch ist es bemerkenswert, daß Andros nur von so wirtschaftsstarken Bündnern wie Lampsakos, Perinth, Byzanz, Thasos, Abdera, Aigina und Paros mit jeweils über zehn Talenten übertroffen wurde.[82] Ebensowenig wie die Andrier völlig mittellos waren, konnte das Athen des Jahres 480 als „mächtig und wohlhabend" bezeichnet werden: Schließlich war Attika zum dramatischen Zeitpunkt des andrischen Dialoges schon seit mehreren Tagen vom Perserheer geplündert worden, das vermutlich damals immer noch Athen besetzt hielt.[83] MACAN hat den Lobpreis der Andrier auf das „mächtige und reiche Athen" angesichts seiner damaligen Situation als beißende Ironie interpretiert[84], wobei Herodot damit das übertriebene Eigenlob der zeitgenössischen Athener aufgenommen haben könnte.[85] Mit Schmeicheleien über die Größe ihrer Stadt wurden laut Aristophanes die Athener auch von ihren Bündnern besänftigt – ähnlich wie es die Andrier gegenüber Themistokles versuchen.[86]

Mit diesem ironischen Grundton macht Herodot auf seinen bewußten Anachronismus aufmerksam. Das Unbehagen darüber hat Plutarch dazu bewogen, den Themistokleischen Erpressungsversuch auf Andros nicht unmittelbar hinter die Schlacht von Salamis zu setzen, sondern in eine Zeit, als der Delisch-Attische Seebund sich schon konstituiert hatte, also nach 478/7.[87] Aus den Erpressungen von Perserfreunden bei Herodot werden bei Plutarch gewaltsame Geldeintreibungen bei den Ver-

---

81 Cf. A. PHILIPPSON Die griechischen Landschaften, Bd. IV: Das ägäische Meer und seine Inseln, Frankfurt/Main 1959, 94, 97; zudem FROST 181.
82 Cf. dazu die Tabellen bei MEIGGS 540–559, zu Andros 558f.; zur Veranlagung von 425/4 cf. IG I^3 71, Kol. I, Z. 64.
83 Hdt. VIII 111,2; Text s.o. S. 289 A. 27. Zur Erklärung des Vergangenheitstempus von ἦσαν ἄρα (VIII 111,2) cf. DENNISTON 1959, 36: „[ἄρα] with the imperfect, especially of εἰμί, denoting that something which has been, and still is, has only just been realized. In such cases Greek trends to stress the past, English (und auch das Deutsche, d. Verf.) the present, existence of the fact." Cf. Hdt. III 65,3. MASARACCHIA ad loc. betont stark die Überraschung, die jedoch hier auch gespielt sein könnte. Jedoch zeigt ἄρα in indirekter Rede laut DENNISTON 1959, 38 auch „at the most actual scepticism, or, at the least, the disclaiming of responsibility for the accuracy of the statement."
84 MACAN ad loc. versteht das diese Eigenschaften qualifizierende κατὰ λόγον (VIII 111,2) als „proportionally (to Andros)".
85 Cf. RAAFLAUB 2002b, 174 mit A. 83 und Thuk. II 43; III 45,6; dazu RAAFLAUB 1985, 241–244. Laut Hdt. I 34,1 erlitt Kroisos großes Unglück, weil er sich für den glücklichsten (ὀλβιώτατος) aller Menschen gehalten hatte.
86 Aristoph. Ach. 633–640 spricht zweimal von Betrug (ἐξαπατᾶσθαι) durch die Gesandten der Bündner, die Athen u.a. als das „glänzende" (λιπαράς) loben. Cf. auch Ps.-Xen. Ath. Pol. 1,18.
87 Plut. Them. 21,1f. Cf. CRESCI MARRONE 1986, 117f. FROST ad loc. sieht dies bloß als „a locus classicus of misquotation". Jedoch setzt Plut. Her. malign. 40, p. 871c diese Anekdote ins Jahr 480.

bündeten (σύμμαχοι). Wozu dient jedoch dieser augenscheinliche Anachronismus? Die bei Herodot beschriebene Vorgehensweise des Themistokles gegen die Andrier und die anderen Kykladenbewohner deckt sich in vielen Punkten mit der Politik des wiedererstarkten Athen in der Pentekontaëtie und im Archidamischen Krieg, insbesondere bei seiner Praxis, mit einer Flotte von den Bündnern den Tribut oder sogar außerordentliche Geldzahlungen abzupressen, aber auch die Bündner mit der Aufnahme von Kleruchien, d.h. mit der Ansiedlung von attischen Bürgern auf Landlosen in deren Territorium, zu belasten. Beginnen wir mit dem erst seit dem Archidamischen Krieg nachweisbaren Verfahren des „fund raising" (ἀργυρολογία): Davon berichtet uns Thukydides nur bruchstückhaft[88], so daß schwer zu entscheiden ist, ob diese Schiffe nur nach einer Neuansetzung des φόρος im Abstand einiger Jahre[89] oder zur regelmäßigen jährlichen Tributeinsammlung[90] entsandt wurden oder ob diese Expeditionen gar nicht mit dem φόρος zusammenhingen, sondern außerordentliche Erpressungen darstellten.[91] Doch ganz abgesehen von dem eigentlichen Anlaß der ἀργυρολογία ist bei sämtlichen Belegen die Führungsrolle der athenischen Strategen auffällig. So wird im Thudippos-Dekret von 425/4 eigens festgelegt, daß die Strategen dafür sorgen mußten, daß die neu veranlagten Städte den erhöhten Tribut abführten, und ihren geschätzten jährlichen Finanzbedarf dem Rat anzuzeigen hatten.[92] Nicht nur diese herausragende Stellung des Strategen verbindet diese Praxis mit der Episode von Themistokles auf den Kykladen, sondern auch die verhältnismäßig große Zahl der eingesetzten athenischen Schiffe, deren Bedrohlichkeit die Bündner ebenso eingeschüchtert haben dürfte wie die Flotte des Jahres 480 die Andrier und die anderen Inselbewohner. Für die Situation typisch ist die völlige Vereinzelung der erpreßten Polis, die jeweils mit der gesamten Flotte konfrontiert wurde,[93] wie ja auch die Griechen des Jahres 480 erst nach dem Mißerfolg auf Andros Karystos belagern (VIII 121,1).

Es ergibt sich über die Beteiligung der anderen Griechen, besonders der Spartaner, an der Erpressung der Kykladenbewohner noch eine weitere Parallele zur Situation im Peloponnesischen Krieg: Denn nicht nur die Athener trieben mit Drohungen Geld ein, sondern auch die Spartaner[94], so daß Polybios wohl zu Recht den

---

88 Thuk. II 69,1; III 19,1; IV 50,1; 75,1.
89 So B.D. Meritt, Athenian Financial Documents of the Fifth Century, Ann Arbor 1932, 17–25 und ATL III 69f.
90 So Gomme und Hornblower ad Thuc. II 69,1; Lewis CAH V² 1992, 5. Dafür spricht Aristot. Ath. Pol. 24,3 (cf. Rhodes und Chambers 1990, ad loc.).
91 Meiggs 254 verweist dafür auf Aristoph. Equ. 1070f.; Xen. Hell. I 1,8; 1,12; Plut. Alkib. 30,2; 35,4; Ael. Arist. XXVI 45 Behr = I p. 340 Dindorf. Zustimmend Rhodes 307. A. French, The Tribute of the Allies, Historia 21, 1972, 1–20, hat dargelegt, daß auch schon in der Pentekontaëtie zahlreiche Expansions- und Repressionsunternehmungen der Athener während der Aktion durch Geldeintreibungen der verantwortlichen Strategen ad hoc finanziert wurden.
92 IG I³ 71, Z. 44–49. Auch hatten die Strategen bei der Festlegung des Tributes mitzuwirken; cf. Kleonymos-Dekret IG I³ 68, Z. 40–42. Cf. Schuller 1974, 38f., der ausdrücklich Themistokles' Eintreibung als Vorläufer dieses Systems nennt, ähnlich Samons 2000, 85f.
93 Cf. Schuller 1974, 11f., 56.
94 Thuk. VIII 3,1; 5,3; Xen. Hell. II 1,5; V 1,2. Cf. Kahrstedt 1922, 33, 189f., 337f.

Beitrag der während des Krieges dem Peloponnesischen Bund angeschlossenen Staaten φόρος und diese selbst νησιῶται nennt – wie die „Bündner" Athens.[95]

b) Der Tribut (φόρος) als Zeichen der Unterwerfung

An dieser Stelle mag ein kurzer Exkurs über die Bedeutung des φόρος für Herodot als Zeichen der Unterwerfung von Griechen gestattet sein: Seine Anspielungen auf die Erpressungen Athens gegenüber den Bündnern, die wir auch schon in der Bestechungsanekdote des Themistokles vor der Schlacht von Artemision nachgewiesen zu haben glauben, führen uns zur grundsätzlichen Frage, inwieweit der Historiker in den Tributzahlungen der Ioner an ihren jeweiligen Oberherrn – begonnen mit Kroisos über die Perser bis zu den Athenern – eine Kontinuität ihrer Versklavung impliziert.[96] Schon zu Beginn seines Geschichtswerkes stellt Herodot diese Grundkonstante für die kleinasiatischen Griechen heraus: Nachdem sie bisher wie alle Hellenen „frei" gewesen waren, unterwarf der letzte Lyderkönig die Ioner, Aioler und Dorier in Kleinasien, unterhielt jedoch mit Sparta freundschaftliche Beziehungen.[97] Charakteristikum der Unfreiheit ist für Herodot die Tributpflicht. Gleiches gilt für die Einverleibung Ioniens in das Perserreich durch Kyros.[98] Herodot faßt in seiner angeblich für die Zeit des Dareios geltende sog. Satrapienliste (III 89–96) – man sollte treffender Tributbezirksliste sagen – im ersten Tributbezirk (νομός) die Ioner, Magneten, Aioler, Karer, Lykier, Milyer und Pamphyler zusammen, die insgesamt einen φόρος von 400 babylonischen Talenten[99] zu erbringen hatten, und im dritten Bezirk die asiatischen Hellespontbewohner, die Phryger, die asiatischen Thraker, die Paphlagonier, die Mariandynen und Syrer, die 300 Talente zahlen mußten (III 90,1f.). Aufgrund der nur langsam Verbreitung findenden Erkenntnis, daß Herodots Liste wohl nicht auf einem offiziellen persischen Verwaltungsdokument, sondern vermutlich auf einer Völkerliste eines ionischen Perihegeten (vielleicht Hekataios) basiert,[100] stellt sich auch hier die Frage, nach welchem Muster die persi-

---

95   Pol. VI 49,10. Diod. XIV 10,2 liefert dafür die unglaubliche Angabe von mehr als 1000 Talenten; cf. KAHRSTEDT 1922, 338–340; W.T. LOOMIS, The Spartan War Fund. *IG* V 1,1 and a New Fragment (Historia Einzelschriften 74), Stuttgart 1992, 77–80. – Eine bemerkenswerte Parallele zu Herodot finden wir bei Isokrates (IV 132), der den Spartanern vorwirft, die ohnehin durch die Natur benachteiligten Inselbewohner zu schröpfen statt der an Ackerland reichen Festlandsbewohner. Zeiht Isokrates die Spartaner desselben Vergehens, das er aus Herodot als Vorwurf an Themistokles und die Athener kennt?

96   Zum Folgenden grundlegend STADTER 1992, 795–798.

97   Hdt. I 6,2f. (cf. auch I 27,1). Hiermit ist die Situation Athens zwischen 478 und dem gegen Sparta gerichteten Bündnis mit Argos (um 461/0) umschrieben: Athen hatte damals alle kleinasiatischen Griechen, d.h. Ioner, Aioler und Dorier, als tributzahlende Seebundsmitglieder unter seiner Kontrolle und unterhielt freundliche Beziehungen zu Sparta, das die Athener in der Ostägäis gewähren ließ.

98   Hdt. VII 51,1. Laut Hdt. III 89,3 gab es jedoch weder unter Kyros noch Kambyses feste Tribute.

99   Ein babylonisches Talent entspricht $1^{1}/_{6}$ attischen Talenten.

100   Cf. ausführlich A.G. LAIRD, The Persian Army and Tribute Lists in Herodotus, CPh 16, 1921, 305–326; O.K. ARMAYOR, Herodotus' Catalogues of the Persian Empire in the Light of the

schen Steuerbezirke Westkleinasiens zusammengestellt und ihre Tributsummen „ermittelt" wurden. Da der erste Herodoteische νομός in der Ausdehnung große Ähnlichkeiten mit dem seit 438 zusammengelegten ionisch-karischen Tributdistrikt des Attischen Seebundes aufweist und gleiches mit geringen Abstrichen auch für den dritten νομός gilt, der die asiatischen Teile des hellespontischen und des schwarzmeerischen Tributdistriktes umfaßt,[101] liegt die Vermutung nahe, daß Herodot auch die fiktiven Beträge des jeweils persischen φόρος den attischen Tributlisten entnommen hat. Bedauerlicherweise ist die Neuveranlagung der Bündner in der inschriftlichen Aufzeichnung des Thudippos-Dekret von 425/4,[102] die wir schon für die Behandlung der euboiischen Beiträge mit Gewinn herangezogen haben, gerade für diesen Tributdistrikt nicht erhalten. Obgleich MEIGGS' Schätzungen für die Neuveranlagung von 425/4 *cum grano salis* zu denselben Gesamtsummen[103] gelangen wie Herodot bei den beiden νομοί, kommen wir hierin über Spekulationen nicht hinaus. Doch bietet Herodot einen stichhaltigen Hinweis nicht nur auf eine solche Motivparallele, sondern vielleicht sogar auf eine sachliche Identität des persischen Tributes mit den ionischen Beiträgen zum Attischen Seebund, wenn er über die Schatzung der ionischen Städte für den persischen φόρος durch den Satrapen Artaphernes im Jahre 493 sagt, sie habe bis in seine eigene Zeit fortbestanden.[104] Zwar wurde vermutet, daß damit ausschließlich der an den persischen Großkönig zu zahlende Tribut gemeint sei, der *de iure* immer noch von den Persern beansprucht und von einigen Städten – insbesondere während der zahlreichen Revolten gegen Athen – nach Sardeis gezahlt worden sei;[105] wahrscheinlicher ist jedoch, daß die Athener,

Monuments and Greek Literary Tradition, TAPhA 108, 1978, 1–9; bes. P. CALMEYER, Zur Genese altiranischer Motive. VIII. Die „Statistische Landcharte des Perserreiches" I, AMI 15, 1982, 105–187, hier 175f.; zudem STADTER 1992, 796 A. 38. Hingegen sehen darin einen dokumentarischen Kern P. BRIANT, Rois, tribut et payens, Paris 1982, 495–500 und id. 1996, 402–407, 956f.; MURRAY 2001a, 36f.; J.M. BALCER, Ionia and Sparda under the Achaemenid Empire, the Sixth and Fifth Centuries B.C. Tribute, Taxation and Assessment, in: P. BRIANT & C. HERRENSCHMIDT (edd.), Le tribut dans l'empire perse, Paris 1989, 1–27, hier 3f., und P. HÖGEMANN, Das alte Vorderasien und die Achämeniden. Ein Beitrag zur Herodot-Analyse (Beihefte zum Tübinger Atlas des Vorderen Orients B 98), Wiesbaden 1992, 61–63, 257–260.

101 Der zweite νομός umfaßt die binnenländischen Gebiete Westkleinasiens, die nicht zum Attischen Seebund gehörten.

102 Für diesen Zeitraum der Veranschlagung spricht neben den hohen Gesamtsummen bei Herodot auch die dortige Nennung der Mariandynen und der Syrer (vielleicht auch der asiatischen Thraker), die in den Tributlisten in den Städten Herakleia, Karousa bzw. Kerasous ihre jeweiligen Vertreter finden könnten. Alle drei Städte tauchen 425/4 erstmals dort als tributpflichtig auf (cf. ATL III 20–24).

103 MEIGGS 327: für den hellespontischen Bezirk zwischen 250 und 300 Talente; für den ionischkarischen sogar „to some 500 talents". Allerdings bezweifelt MEIGGS 62 A. 2 jeden engeren Bezug des persischen Tributs von 493 zum attischen Tribut, für den er die Schatzung des Jahres 454 heranzieht.

104 Hdt. VI 42. Cf. J.A.S. EVANS, The Settlement of Artaphrenes, CPh 71, 1976, 344–348; P. BRIANT, Pouvoir central et polycentrisme culturel dans l'empire achéménide, in: H. SANCISI-WEERDENBURG & A. KUHRT (edd.), Achaemenid History I: Sources, Structures and Synthesis, Leiden 1987, 1–31, hier 3f.

105 So ausführlich O. MURRAY, Ὁ ἈΡΧΑΙΟΣ ΔΑΣΜΟΣ, Historia 15, 1966, 142–156, bes. 142–146; ähnlich MEIGGS 61f.; SAMONS 2000, 90f. A. 37. Cf. jedoch Aischylos zur Situation der

allen voran Aristeides, die Schatzung der ionischen und auch der anderen Griechenstädte Kleinasiens Anfang der 470er Jahre von den Persern übernommen haben.[106]
Wie auch immer die historische Realität aussah: Entscheidend für unsere Argumentation ist, daß jeder informierte Hörer Herodots eine Verbindung zwischen dem persischen Tribut und dem athenischen φόρος herstellte[107], zumal es primär diese Abgaben waren, die einerseits von den Athenern als Basis ihrer Herrschaft angesehen
wurden und andererseits als schwerste Belastung die Bündner zu Revolten auf-
stachelten.[108]

c) Die Entsendung athenischer Kleruchen als Kern des Streitgesprächs zwischen Themistokles und den Andriern?

Nach diesem Exkurs über den φόρος kommen wir nun zum zweiten Herrschaftsmit-
tel der Athener, der Entsendung von κληροῦχοι, attischen Bürgern, die im Gebiet
einzelner Bundesgenossen Landlose erhielten und somit die athenischen Interessen
vor Ort vertraten. Unter dieser Praxis hatten gerade die Andrier schlimm zu leiden.
Denn Perikles entsandte 250 Kleruchen nach Andros, was dort zu weitreichenden
Konfiskationen an Agrarland und somit zu schweren Einbußen für die Wirtschaft
der Insel führte – vermutlich so schwere, daß die Tributsumme der Andrier von
zwölf Talenten im Jahr 450 für die folgenden Jahre halbiert werden mußte.[109] Nur

kleinasiatischen Griechen nach 479: Pers. 584–590, bes. 586: οὐκέτι δασμοφοροῦσιν „sie führen keine Tribute mehr ab".
106 So H.T. WALLINGA, Persian Tribute and Delian Tribute, in: BRIANT-HERRENSCHMIDT 1989, 173–
181; ebenso BALCER 1989, 8; STADTER 1992, 797f. A. 41 (auf 798). Skeptisch hingegen RHODES
CAH V² 1992, 37. EVANS 1976, 347 vermutet wie schon ATL III 234 nur die Übernahme der
Landvermessung des Artaphernes durch die Athener.
107 Cf. ausführlich EVANS 1976, 346f.; FRENCH 1972a, 22–24, der ebenfalls diese enge Verbindung
als Herodoteisches Konstrukt sieht; CORCELLA 1984, 209f.; STADTER 1992, 797f. mit A. 41 und
MUNSON 2001b, 38 A. 43. Auch Herodots Behauptung, Mardonios habe 493/2 in sämtlichen
ionischen Städten die Tyrannen abgesetzt und Demokratien eingerichtet (VI 43,3), erscheint
trotz seines Versuches, damit Otanes' Plädoyer für die Demokratie in der Verfassungsdebatte
(III 80) glaubhaft zu machen, als Mittel, die Perser als Vorbilder der Athener erscheinen zu
lassen; cf. MUNSON 2001a, 203 mit A. 170. Zudem verweist laut FRENCH 1972a, 23 die angebliche Verpflichtung der Ioner im Jahr 493, untereinander Frieden zu halten, auf den Seebund, in
dem sie gezwungen waren, ausschließlich in Athen ihre Streitigkeiten auszutragen; cf. Thuk. I
77,1; 115,2; Ps.-Xen. Ath. Pol. 1,16; dazu S. CATALDI, La democrazia ateniese e gli alleati (Ps.-
Senofonte, *Athenaion Politeia*, I, 14–18), Padua 1984, 77–113.
108 Cf. Thuk. I 99,1; II 13,3; Ps.-Xen. Ath. Pol. 1,15 (dazu CATALDI 1984, 49–75); 1,18 (dazu CA-
TALDI 1984, 129–174).
109 Falls wir jedoch die Berechnungen von E. RUSCHENBUSCH, Tribut und Bürgerzahl im ersten
athenischen Seebund, ZPE 53, 1983, 125–143, hier 128, 132, 143, und Die Zahl der griechischen Staaten und Arealgröße und Bürgerzahl der „Normalpolis", ZPE 59, 1985, 253–263, hier
258, der die Formel ansetzt, daß ein Talent für ca. 800 Bürger steht, und die reduzierte Tributsumme von 6 Talenten zugrunde legen, so gelangen wir – nach Abgleich mit den modernen
Bevölkerungszahlen – für das Andros des 5. Jhs. zu einer Zahl von 4400 Bürgern. Selbst wenn
wir zur Abschätzung nur die Hälfte davon als Landbesitzer ansehen und von gleich großen

aufgrund dieser signifikanten Reduzierung läßt sich die Einrichtung einer Kleruchie auf Andros, die einen Teil eines großangelegten Programms des Perikles zur
Entsendung von Kleruchen darstellte, ins Jahr 450 datieren.[110] Auch das schon erwähnte Thudippos-Dekret von 425/4 hat „Armut des Landes" als einzigen Grund
für eine Reduzierung des Tributs gelten lassen.[111] Insgesamt scheint diese Kleruchie das Verhältnis der Andrier zu Athen so stark belastet zu haben, daß im Jahre
424 die andrischen Kolonien in Thrakien, Akanthos, Stageira und Argilos, ihrerseits auf Druck des Spartaners Brasidas von Athen abfielen – ein Schritt, zu dem
sich die Andrier selbst angesichts der Stärke Athens und seiner geographischen Nähe
damals noch nicht durchringen konnten, der jedoch im Jahr 408 weit leichter zu
wagen war.[112]

CRESCI MARRONE hat aus dieser schweren Belastung der Andrier im Jahre 450
geschlossen, daß Herodot, der vielleicht in diesem Jahr oder wenig später erstmals
nach Athen kam[113], die Klagen der Andrier darüber und ihre Bitten um eine spürbare Verminderung der Tributsumme in eine Anekdote umgesetzt habe: Darin setzt
sich die vergleichsweise arme und machtlose Kykladeninsel zur Wehr gegen die
ungerechtfertigten Forderungen des übermächtigen Athen, das unterstützt wird von
den Göttern, welche die Prinzipien seiner Herrschaft verkörpern. Herodot macht
jedoch den unumschränkten Machtanspruch der Athener lächerlich, indem er die
Schwächeren verbal den Sieg davontragen läßt. CRESCI MARRONE ist meines Erachtens darin zu folgen, daß die Grundbedingung des Herodoteischen Streitgespräches
– die Verweigerung der Geldzahlungen, da der Mangel an Land einen solchen Ertrag gar nicht zulasse – wohl nicht von Herodot selbst, sondern aus einer Erzählung
oder zumindest einer Argumentation stammt, mit der die Andrier in Athen 450/49
offenbar erfolgreich die Reduzierung des Tributes forderten.[114]

Doch darf uns die literarische Rückprojektion dieser Auseinandersetzung zwischen Athenern und Andriern aus dem Jahre 450 ins Jahr 480 durch Herodot nicht
dazu verleiten, auch die Historizität der Belagerung von Andros und Karystos in
Zweifel zu ziehen. Wie oben schon dargelegt, war es für die Griechen ein Gebot der

---

Landlosen ausgehen, so mußte den 250 attischen Kleruchen gerade einmal ein Zehntel des
Ackerlandes abgetreten werden.

110 Cf. Plut. Per. 11,5. Zur Datierung cf. ATL III 298; MEIGGS 121, 530; SCHULLER 1974, 22f., 174
mit A. 113.

111 So die Interpretation von SAMONS 2000, 177, 182 von IG I³ 71, Z. 22: … ἐὰμ μέ τ[ις φαίν]εται[ι
ἀπορία hόστε ὄσ]ες τ[ε̃]ς χόρας ἀδυ[νάτο μὲ πλείο ἀπάγεν], sinngemäß „… sofern nicht ein
Mangel an Land auftritt, so daß die Stadt nicht mehr abführen kann." Cf. die Rede des Anti-
phon Περὶ τοῦ Σαμοθραικῶν φόρου fr. A 2,1 MAIDMENT und KOCH 1991, 599 A. 35. SAMONS
2000, 182 deutet deshalb die Argumentation der Andrier in Hdt. VIII 111 als Versuch, ihren
Tribut abzumindern. – Theopomp FGrHist 115 F 94 = Schol. Aristoph. Ach. 6 berichtet, daß
nicht näher spezifizierte „Inselbewohner" mit fünf Talenten Kleon bestochen hätten, damit er
die Athener zu einer Tributminderung überrede.

112 Cf. Thuk. IV 84; 88; 103,3f.; dazu MEIGGS 335, 525. Zum Verhältnis von Andros zu Athen cf.
CRESCI MARRONE 1986, 118f. Zum Jahr 408 cf. Xen. Hell. I 4,21.

113 CRESCI MARRONE 1986, 119 mit weiterer Literatur (A. 15). Cf. J. SCHWARTZ, Hérodote et Pèriclès, Historia 18, 1969, 367–370; FORREST 1984, 2.

114 Auch MACAN ad VIII 111 vermutet, daß diese Episode „belongs to a later crisis".

Stunde, den Sieg bei Salamis auszunutzen, um die Perser aus ihren strategisch zentralen Flottenstellungen bei Karystos und auf Andros zu vertreiben und diese beiden Städte in ihre Gewalt zu bringen. Bei beiden wird als Rechtsgrundlage für das aggressive Vorgehen der berechtigte Vorwurf des Medismos gedient haben, den gerade die Athener schon in den Jahren zuvor weidlich gegen mißliebige Rivalen benutzt hatten.[115] Doch erscheint es keineswegs sicher, daß diese Belagerungen der perserfreundlichen Städte schon auf die Erpressung von Kontributionen für die griechische Flotte oder Kriegsreparationen[116] von den μηδίζοντες abzielten und mithin als Vorläufer des φόρος im Delisch-Attischen Seebund gelten können, wie in der Forschung oft angenommen wurde.[117] Denn allein schon die große strategische Bedeutung der beiden Städte erklärt einen Angriff vollauf. Bezeichnenderweise hören wir nichts von anderen Poleis, die zu diesem Zwecke gewaltsam von den Griechen angegangen wurden.

d) Miltiades' Paros-Expedition in Herodots Darstellung

Auch bei der Strafexpedition des Miltiades gegen Paros, die oftmals zur Stützung der These von den Vorläufern des φόρος bzw. von den Kriegsreparationen herangezogen wird, ist das von Herodot so stark betonte finanzielle Motiv bei Miltiades und den Athenern nicht von vornherein als historisch anzusehen. Da diese Erzählung Herodots erstaunliche Ähnlichkeiten mit der über Themistokles' Erpressungen der Kykladen aufweist[118], verspricht die folgende Analyse der ersteren, auch Aufschlüsse über die Hintergründe der letzteren zu liefern. Denn zum einen sahen sich die Athener ebenfalls nach ihrem Sieg bei Marathon genötigt, mit diesem zu wuchern, indem sie die persische Flotte, die sicherlich auf Naxos und vermutlich auch auf Paros Stützpunkte hatte, aus dem Kykladenraum endgültig zu vertreiben suchten.[119] Dazu war die Einnahme von Paros vonnöten, das sich vermutlich freiwillig – wie schon 493 seine Kolonie Thasos – dem persischen Joch gebeugt und wirtschaftlich enorm von der persischen Plünderung der Nachbarinsel und Rivalin Naxos im Jahr 490 profitiert hatte. Paros nahm somit unter den Kykladen wohl eine Art Vormachtstellung ein, zu deren Absicherung es – wie auch die anderen östlichen Kykladen –

---

115 So gegen Aigina (Hdt. VI 49,2), Paros (VI 133,1); später gegen Theben (IX 86–88; 120). Cf. WOLSKI 1973, 13; CRESCI MARRONE 1986, 126.
116 So HOW-WELLS ad loc.; ATL III 185; PODLECKI 70f.; MUNSON 2001a, 218 A. 210.
117 HIGNETT 243; H.D. MEYER 1963, 409f.; N.G.L. HAMMOND, The Origins and the Nature of the Athenian Alliance of 478/7 B.C., JHS 87, 1967, 41–61, hier 54 A. 34; KIECHLE 1967, 217f.; CAWKWELL 1970, 41; WALLACE 1974, 27 mit A. 15; CRESCI MARRONE 1986, 125; HEINRICHS 1989, 14 A. 36, 19; SMARCZYK 1990, 410; WELWEI 1999, 66f. Aufgrund der Parallele zu Miltiades hält es K.-E. PETZOLD, Die Gründung des delisch-attischen Seebundes: Element einer ‚imperialistischen' Politik Athens? II. Zielsetzung des Seebundes und die Politik der Zeit, Historia 43, 1994, 1–31, hier 19, sogar für „historisch wahrscheinlich", daß Themistokles diese Inseln „auf eigene Faust zu Geldzahlungen zu zwingen suchte".
118 Cf. MUNSON 1988, 101 A. 33.
119 Cf. ausführlich PERDRIZET 1910, 6f.; BERRANGER 1992, 316–318, bes. 318.

selbst nach der Niederlage der Perser bei Marathon an seinem östlichen Schutzherrn festhielt.[120]

Daß die Athener bei dieser Expedition vorrangig um die Vertreibung der Perser
aus dem Kykladenraum bemüht waren, belegt ein Ephoros-Fragment[121], das auch
Cornelius Nepos in seiner Miltiades-Vita (7) zugrunde gelegt hat[122]: Danach galt
der Zug des Miltiades mehreren Inseln, die auf persischer Seite standen, nicht allein
Paros.[123] Nachdem Miltiades die westlichen Kykladen bezwungen[124] und nach lan-

120 Medismos von Thasos: Hdt. VI 44; Plünderung von Naxos: VI 96; cf. ausführlich O. Rubensohn, RE XVIII 4 (1949), s.v. Paros, 1781–1872, hier 1815.
121 Ephoros FGrHist 70 F 63 = Stephanos von Byzanz s.v. Πάρος: νῆσος ... ἀπὸ ταύτης λέγεται
παροιμία τὸ ἀναπαριάζειν, ὡς Ἔφορος ἐν τῇ ι΄· ὁ δὲ Μιλτιάδης τῶν μὲν ἄλλων νήσων τινὰς
ἀποβάσεις ποιησάμενος ἐπόρθησε, Πάρον δὲ εὐδαιμονεστάτην καὶ μεγίστην οὖσαν τότε
τῶν Κυκλάδων καθεζόμενος ἐπολιόρκει πολὺν χρόνον, τῆς θαλάττης εἴργων καὶ κατὰ γῆν
μηχανήματα ἄγων. ἤδη δὲ τῶν τειχῶν πιπτόντων καὶ ἐπὶ τῷ παραδιδόναι τὴν πόλιν τῶν
Παρίων διωμολογημένων, ὕλης τινὸς ἐξ αὐτομάτου περὶ τὴν Μύκονον ἐξαφθείσης οἱ μὲν
Πάριοι τὸν Δᾶτιν αὐτοῖς πυρσεύειν ὑπολαβόντες ἐψεύσαντο τὰς ὁμολογίας καὶ τὴν πόλιν
οὐκέτι τῷ Μιλτιάδῃ παρεδίδοσαν. „Insel, ... von der das Sprichwort vom ‚Auflösen eines
Vertrages auf parische Art‘ stammt, wie Ephoros im 10. Buch berichtet: Nachdem Miltiades
auf einigen von den anderen Inseln gelandet war und diese verheert hatte, setzte er sich auf
Paros fest, damals die reichste und mächtigste Insel der Kykladen, und belagerte es lange Zeit,
indem er es vom Meer einschloß und auf dem Lande Belagerungsmaschinen heranführte. Schon
fielen die Mauern und hatten sich die Parier zur Übergabe der Stadt bereit erklärt, als plötzlich
von selbst ein Wald auf Mykonos in Flammen aufging; die Parier glaubten, daß Datis ihnen
Feuerzeichen gebe, brachen die Übereinkunft und übergaben Miltiades die Stadt nicht mehr.“
122 Nach Ansicht von Kinzl 1976, 302f. gebe Stephanos nicht den getreuen Wortlaut des Ephoros
wieder, was hingegen Jacoby durch den gesperrten Druck des Fragments gerade anzeigt. Wenn
Kinzl 1976, 302 moniert, daß „Ephoros gewiß nicht Paros zur größten Kykladeninsel beför-
dert“ habe, so scheint ihm entgangen zu sein, daß in Stephanos’ Phrase εὐδαιμονεστάτην καὶ
μεγίστην οὖσαν τότε τῶν Κυκλάδων das Adjektiv μεγίστην aufgrund der Zeitangabe τότε, die
für geographische Größenangaben sinnlos ist, nur „die mächtigste“ heißen kann. Auch an der
ungenauen Zeitangabe πολὺν χρόνον für die Belagerung kann sich Kinzl 1976, 303 nur stören,
weil er fälschlicherweise davon ausgeht (296f.), daß Ephoros seinen Bericht einzig und allein
aus Herodot geschöpft habe und nicht hinter dessen genauer Angabe von 26 Tagen habe zu-
rückbleiben wollen. Stephanos hat nur den Kern der Ephorischen Erzählung, der für die Erklärung des Sprichwortes notwendig ist, bewahrt, den wir auch bei Nepos (7,1 ab *quo <in> ... * bis
7,4 ... deterrerentur) wiederfinden – mit einigen wenigen Kürzungen (so des Namens Datis)
bzw. Ergänzungen, die wohl auf Nepos selbst zurückgehen (bei den *vineae ac testudines* ist
dies offensichtlich), denen jedoch Kinzl zu großes Gewicht beimißt.
123 Nep. Milt. 7,1: *... ut insulas, quae barbaros adiuverant, bello persequeretur. quo <in> imperio
plerasque ad officium redire coegit, nonnullas vi expugnavit.* „... damit er die Inseln, die den
Barbaren zu Diensten gewesen waren, mit Krieg überziehe. Unter dieser Maßgabe zwang er die
meisten Inseln wieder zur Botmäßigkeit, einige aber mußte er mit Gewalt erobern.“ Cf. hinsichtlich der Mehrzahl der angegriffenen Inseln die ebenfalls von Ephoros abhängigen Scholi-
en zu Ael. Arist. τεττ. Hyp. Milt. = vol. III pp. 531sq. Dindorf: κατηγορηθεὶς δὲ ὑπὸ
Ἀλκμεωνιδῶν ὅτι Νάξον ἢ Πάρον (ἄμφω γὰρ λέγεται) δυνηθεὶς ἑλεῖν, κατεχομένην ὑπὸ
Περσῶν, οὐκ ἠβουλήθη, ἐκινδύνευσε μὲν ἀποθανεῖν. „Er war von den Alkmaioniden angeklagt worden, daß er Naxos oder Paros (beide werden nämlich genannt), das von den Persern
besetzt war, nicht habe erobern wollen, obgleich es ihm möglich gewesen wäre; deshalb drohte
ihm das Todesurteil.“ (cf. Develin 1977, 575); ähnlich Schol. Ael. Arist. τεττ. 232,2; 244,3 =
vol. III pp. 677sq.; p. 691 Dindorf und Lib. decl. XI 32 (cf. ausführlich Kinzl 1976, 299 mit A.

ger Belagerung von Paros gerade die Übergabe ausgehandelt hatte, brach – so berichtet Ephoros – wie aus heiterem Himmel auf der Nachbarinsel Mykonos ein weithin sichtbarer Waldbrand aus. Da Miltiades und auch die Parier hinter diesem Feuer ein Zeichen des Datis an die Parier über den baldigen Entsatz der Stadt durch die Perser vermuteten, annullierten die Parier ihre soeben getroffene Übergabevereinbarung; Miltiades aber brach aus Furcht vor der angeblich drohenden Ankunft der Perserflotte die Belagerung sofort ab und segelte nach Athen zurück.[125] Nepos berichtet darüber hinaus, doch sicherlich auf der Basis des vollständigen Berichtes des Ephoros, daß Miltiades dort des Verrates angeklagt wurde[126]: Ihm wurde vorgeworfen, er habe die Belagerung aufgegeben, obgleich er Paros hätte einnehmen können, weil er vom Großkönig bestochen worden sei.[127]

Zum Bericht des Ephoros und des davon abgeleiteten des Nepos bleibt festzuhalten: Ein – selbst nur vermeintliches – Feuerzeichen der Perser von Mykonos aus ist durchaus denkbar, da sich der persische Feldherr Datis auf seinem keineswegs überstürzten Rückzug nach der Niederlage von Marathon wohl noch einige Zeit auf Mykonos aufgehalten hat, wie Herodot (VI 118) selbst berichtet. Damit ist die Expedition noch in den Herbst 490, kurz nach der Schlacht von Marathon, zu datieren.[128] Es ist zu betonen, daß weder Ephoros noch Nepos Geldforderungen der Athe-

---

75; 303; 306f. mit Text). Cf. ausführlich S. CASSON, The vita Miltiadis of Cornelius Nepos, Klio 14, 1915, 69–90, hier 79f. Im Jahre 490 waren wohl alle Kykladeninseln von den Persern unterworfen worden, cf. Hdt. VI 96.

124 Mit dauerndem Erfolg, denn diese kämpften 480 auf griechischer Seite (Hdt. VIII 46,4); cf. BELOCH GG II² 1,24; RUBENSOHN 1949, 1814f.; WELWEI 1999, 39.

125 Mit der Rekonstruktion der zugrundeliegenden Ephorischen Version bei KINZL 1976, 299–301 stimme ich völlig überein – bis auf den dortigen Punkt (i), die Entstehung der tödlichen Wunde: Denn auch wenn KINZL 1976, 301 zu Recht die Zuverlässigkeit des Nepos bei der Wiedergabe des Ephoros betont, so kann ich nicht nachvollziehen, wie KINZL 1976, 297f., 300 aus Nepos' lapidarer Erwähnung der Wunde des Miltiades (7,5: *eo tempore aeger erat vulneribus, quae in oppugnando oppido acceperat. itaque cum ipse pro se dicere non posset,...* „Zu dieser Zeit litt er an Wunden, die er sich bei der Belagerung der Stadt zugezogen hatte. Als er daher nicht für sich selbst sprechen konnte, ...) schließen kann, daß Ephoros ebenfalls die gesamte Geschichte, wie er sich die Wunde bei seinem Sakrileg im Heiligtum zugezogen habe, berichtet habe. Vielmehr ist Nepos' Bemerkung nur die knappste Zusammenfassung des Herodoteischen Berichtes, die zur Erklärung seines schändlichen Todes nötig war.

126 Das zeigt das ebenfalls von Ephoros abhängige Schol. Ael. Arist. τεττ. 177,2 = vol. III p. 572 DINDORF: καὶ προδοσίας αὐτοῦ κατηγόρησαν οἱ Ἀθηναῖοι. „Und die Athener klagten ihn des Verrats an."

127 Nep. Milt. 7,5: *accusatus ergo est proditionis, quod, cum Parum expugnare posset, a rege corruptus infectis rebus discessisset.* „Er wurde also des Verrats beschuldigt, weil er, obgleich er Paros hätte erobern können, vom Großkönig bestochen, unverrichteter Dinge abgezogen sei." Ein solcher Vorwurf mag um so leichter aufgekommen sein, als Miltiades' Sohn Metiochos laut Hdt. VI 41,3f. auf der Flucht vor den Persern zwar gefangengenommen, aber dann vom Perserkönig freundlich empfangen und reich beschenkt worden war.

128 Cf. P. BICKNELL, The Date of the Miltiades' Parian Expedition, AC 41, 1972, 225–227, hier 226; DEVELIN 1977, 572 mit A. 5 und CRESCI MARRONE 1986, 125f. Hingegen als eine nachträgliche Erklärung für die Anwesenheit des Datis auf Mykonos erachten sie BUSOLT GG II² 598f. A. 4 (auf 599) und W.W. HOW, Cornelius Nepos on Marathon and Paros, JHS 39, 1919, 48–61, hier 60.

ner gegenüber den Pariern erwähnen. Die Bedeutungslosigkeit einer finanziellen Motivation ist durchaus als historisch anzusehen; denn ungleich wahrscheinlicher als das Herodoteische Motiv der Habsucht des Miltiades und insbesondere der Athener[129] ist das athenische Bestreben, die Kykladen den Persern abspenstig zu machen und ihnen die Seebasen für einen erneuten Angriff zu entreißen.[130] Zudem ist die Heimlichkeit des Miltiades gegenüber der Volksversammlung hinsichtlich des Expeditionsziels kaum mit seiner Vorsicht gegenüber propersischen Elementen in Athen und der Vermeidung einer Vorwarnung an die Parier erklärbar[131], da sich diese wohl schon zuvor gewappnet hatten. Vielmehr verbinden das Verschweigen des Ziels und das rein persönliche Rachemotiv für den Feldzug sowie das Sakrileg in einem Heiligtum die Herodoteische Darstellung des Miltiades mit der des Spartanerkönigs Kleomenes I. bei seinem zweiten Marsch gegen Athen 507/6 bzw. nach der Schlacht von Sepeia 494 gegen die Argiver.[132] Diese Motivparallelen zu Miltiades, insbesondere aber, daß auch Kleomenes laut Herodot (VI 79–82) nach seinem Frevel am Hain des Argos und am Hera-Priester die Belagerung von Argos abbrach und sich in Sparta – jedoch erfolgreich – gegen den Vorwurf verteidigte, er sei von den Argivern bestochen worden, sprechen für die Formung der Erzählungen durch Herodot. Seine mit religiösen und tragischen Motiven überladene Anekdote vom Sakrileg des Miltiades mag zwar als Teil der von KINZL[133] postulierten „Vulgata" über die Parische Expedition gelten, aus der womöglich sowohl Herodot als auch Ephoros ihre nur scheinbar widersprechenden Erzählstränge entnommen haben;

129 Daß gerade vom goldarmen Paros Miltiades den Athenern „Gold im Übermaß" zu verschaffen versprach, ist unwahrscheinlich (cf. KINZL 1976, 286f.; DEVELIN 1977, 573f.), was PERDRIZET 1910, 7f.; E. OBST, RE XV 2 (1932), s.v. Miltiades 2), 1681–1705, hier 1703f.; EHRENBERG 1965, 243; WILL 1972, 100 und WALLINGA 1993, 145–147 zur Annahme verleitet hat, das eigentliche Ziel der Expedition sei das goldreiche Thasos gewesen; vor einem direkten Angriff darauf habe man aber erst dessen Mutterstadt Paros erobern müssen. Dagegen zu Recht RUBENSOHN 1949, 1814 und DEVELIN 1977, 574.

130 Cf. BELOCH GG II² 1,24; BURN 258f.; HIGNETT 244; DEVELIN 1977, 574f.; GRAF 1979, 145; HAMMOND CAH IV² 1988, 518f.; HEINRICHS 1989, 15. Selbst Herodot weist auf dieses Ziel hin, wenn er sagt, Miltiades fuhr heim οὔτε Πάρον προσκτησάμενος („ohne Paros hinzuerworben zu haben", VI 135,1); cf. KINZL 1976, 286f. mit A. 30, 292, der darin zu Recht ein strategisches Konzept der Athener zur Unterwerfung weiterer Inseln vermutet. Hingegen sieht S. LINK, Das Paros-Abenteuer des Miltiades (Hdt. 6,132–136), Klio 82, 2000, 40–53, hier 45–52, in der Beutegier des Miltiades und der Athener die alleinige Motivation der Expedition. PAPALAS 2000, 116–119 schreibt Miltiades das Bestreben zu, eine große athenische Flotte aufzubauen. Auch Themistokles habe sich dafür stark gemacht, aber „was ruined by his association with the Parian expedition" (117), weshalb er bis 483 in die politische Versenkung verschwunden sei.

131 So DEVELIN 1977, 573, 576; EHRENBERG 1965, 241; HAMEL 1998, 170f.; LINK 2000, 45; PAPALAS 2000, 115f. Dagegen zu Recht R.W. MACAN, Herodotus. The Fourth, Fifth, and Sixth Books, vol. II: Appendices, Indices, Maps, London 1895, App. XI § 5, 254–256, hier 254; KINZL 1976, 284; WELWEI 1999, 39.

132 Hdt. V 74,1 (Athen); VI 80f. (Argos); cf. C. SCHUBERT, Die Macht des Volkes und die Ohnmacht des Denkens (Historia Einzelschriften 77), Stuttgart 1993, 36f., welche die Heimlichkeit als Charakteristikum von Tyrannen ansieht; cf. MUNSON 2001a, 57 mit A. 43. Weitere Parallelen zwischen Kleomenes und Miltiades bei A. GRIFFITHS, Was Kleomenes mad?, in: POWELL 1988, 51–78, hier 59, 61.

133 KINZL 1976, 296–301.

dennoch gibt sie kaum die historischen Hintergründe des Abbruchs der Belagerung wieder. Daß die Athener eine Belagerung wegen einer dubiosen Verletzung des Feldherrn schon nach wenigen Wochen aufgaben, ist unwahrscheinlich.[134]

Der exakte Charakter der Anklage, die gegen Miltiades in Athen angestrengt wurde, bleibt unklar: Herodot (VI 136,1) berichtet von einer Beschuldigung „wegen Betrugs" (ἀπάτης εἵνεκεν), auf die bei Verurteilung laut Zeugnissen aus dem vierten Jahrhundert die – auch für Miltiades geforderte – Todesstrafe stand[135]; diese Anklage setzt jedoch Miltiades' Verschweigen des Ziels voraus, das, wie oben gesehen, historisch unwahrscheinlich ist.[136] Bezeichnenderweise wurde Miltiades laut Herodot dann auch nur κατὰ τὴν ἀδικίην zur Zahlung von 50 Talenten verurteilt, nicht jedoch wegen Betrugs.[137] Der historischen Situation durchaus nahekommen mag BENGTSONS Vermutung, daß Miltiades sowohl des Verrats als auch Betrugs des Volkes angeklagt, schließlich aber zur Zahlung des Schadensersatzes verurteilt wurde.[138] Als tatsächlicher Grund für die Verurteilung des Miltiades zur Schadensersatzzahlung ist mit KINZL am ehesten die von den athenischen Behörden nicht autorisierte Aufhebung der Belagerung von Paros zu vermuten.[139] Doch ein solches Vergehen würde keinesfalls durch die anfangs geforderte Todesstrafe geahndet. Die Höchststrafe wird aber dann verständlich, wenn wir als ursprünglichen Vorwurf die von Nepos berichtete Anklage wegen Verrats (*proditio* / προδοσία) infolge persischer Bestechung annehmen, von der Miltiades jedoch freigesprochen wurde.[140] Ephoros' Bericht und der davon abhängige des Nepos weisen also eine große Stringenz und historische Plausibilität auf.

---

134 450/449 wurde die athenische Belagerung des kyprischen Salamis nicht einmal nach dem Tode des Feldherren, Kimon, aufgegeben; cf. Diod. XII 4,6; undeutlich Thuk. I 112,4.

135 Cf. D.M. MacDOWELL, The Law of Classical Athens, London 1978, 179–181. Cf. Xen. Hell. I 7,20; Plat. Gorg. 516d-e; Demosth. XX 100, 135 (dazu S.C. TODD, The Shape of Athenian Law, Oxford 1993, 114, 121).

136 Laut Pomp. Trog. bei Iust. II 15,19 ist er der Unterschlagung (*peculatus*) angeklagt worden.

137 R.J. BONNER & G. SMITH, The Administration of Justice from Homer to Aristotle, Bd. 1, New York 1938, 207–209 und R.A. BAUMANN, Political trials in ancient Greece, London 1990, 20f. vermuten hingegen, daß die Klage τῆς ἀδικίης als Oberbegriff für die ἀπατὴ τοῦ δήμου diente. Scharf scheidet beide hingegen KINZL 1976, 287 voneinander.

138 BENGTSON 1939, 61–63, bes. 62 A. 2. So verstehen κατὰ τὴν ἀδικίην als „wegen des Schadens" SCHWEIGHÄUSER s.v., ThLG I 689 A s.v. und W. DINDORF in seiner Herodot-Ausgabe (Paris 1887): „*propter damnum civitati illatum*". Auch BAUMANN 1990, 21 sieht in προδοσία die ursprüngliche Anklage, nach deren Ablehnung – das verdeutlicht Nep. Milt. 8,1: *hic etsi crimine Pario est accusatus, tamen alia causa fuit damnationis*. „Auch wenn dieser in Sachen Paros angeklagt wurde, hatte seine Verurteilung dennoch eine andere Ursache" (nämlich die Tyrannenangst) – auf die als identisch angesehene ἀδικίη-/ ἀπατή-Anklage zurückgegriffen worden sei.

139 KINZL 1976, 288. Daß Schol. Ael. Arist. τεττ. 244,3 = vol. III p. 691 DINDORF: κατεψηφίσαντο δὲ αὐτοῦ Ἀθηναῖοι διὰ τὴν ἀναχώρησιν „die Athener verurteilten ihn wegen des Rückzuges" eine glaubwürdige Überlieferung wiedergibt, ist zu bezweifeln, KINZL ibid. verweist auf die Belagerung von Sestos 479, als die athenischen Strategen den Soldaten die geforderte Rückkehr verweigerten, da sie weder Sestos genommen hätten noch von der Volksversammlung heimgerufen worden seien (Hdt. IX 117).

140 HAMEL 1998, 170 vermutet, daß Nepos die Anklage wegen Bestechung mit der gleichlautenden gegen Miltiades' Sohn, Kimon, im Jahr 463/2 (Plut. Kim. 14,3) verwechselt habe.

Doch gerade deswegen wurde zumeist dahinter nur eine stark rationalisierte Version der Schilderung Herodots vermutet.[141] Und wir müßten in Kenntnis des für Ephoros charakteristischen Bestrebens, frühere Berichte zu rationalisieren und im historischen Sinne zu erklären, wohl tatsächlich schließen, daß er neben Herodot keine weiteren Quellen mehr benutzt hat, und mithin Herodot die originäre Version über die Paros-Expedition zugestehen – wenn nicht dadurch die Herkunft des Waldbrandmotivs und des Sprichworts vom ἀναπαριάζειν[142] gänzlich ungeklärt bliebe[143] und insbesondere wenn Herodot es nicht verabsäumt hätte, aus seinem eigenen Bericht ein Relikt der ursprünglichen Geschichte zu tilgen. Als die Freunde des Miltiades diesen vor Gericht verteidigen, betonen sie vor allem seine Verdienste bei Marathon und um die Gewinnung der Insel Lemnos für Athen (VI 136,2). Zu Recht hat dieser nachdrückliche Verweis auf Miltiades' Loyalität und Patriotismus Anstoß erregt, da dessen Wirksamkeit gegen die Kapitalklage doch unklar bleibt.[144] Diese Verteidigungsargumente gewinnen jedoch dann einen Sinn, wenn wir die bei Ephoros greifbare Tradition von der Anklage wegen Verrats infolge einer Bestechung durch die Perser als Hintergund annehmen. Diese würde auch die geforderte Todesstrafe rechtfertigen. Sofern Paros tatsächlich unmittelbar vor der Übergabe stand, ist ein solcher Vorwurf nur allzu verständlich. Für den bezeugten Ankläger des Miltiades, den mit den Alkmaioniden verbundenen Xanthippos, bot sich gerade eine solche Medismos-Beschuldigung an, um die Aufmerksamkeit der Athener vom Gerücht, die Alkmaioniden hätten bei der Schlacht von Marathon den Persern ein Schildsignal gegeben, auf ein anderes „schwarzes Schaf" abzulenken.

Über den eigentlichen Hergang des Prozesses lassen sich nur Spekulationen anstellen;[145] doch es ist durchaus wahrscheinlich, daß, nachdem das Bekanntwer-

---

141 So Ed. MEYER 1892, 19 A. 2; How 1919, 58–61; How-WELLS ad VI 134. Dagegen MACAN 1895, II 255f.

142 C. BEHR gibt bei KINZL 1976, 297 A. 69 zu bedenken, daß dieser Ausdruck den absurden Bildungen der Alten Komödie nachempfunden ist. Das Sprichwort ging aber in die erhaltenen Sprichwörtersammlungen ein (cf. VON LEUTSCH-SCHNEIDEWIN 1839/1851, I 38,4–9; 200f.; II 291), cf. KINZL 1976, 303 A. 93.

143 Auch die Nachricht bei Nep. Milt. 7,6, daß Miltiades „im Staatsgefängnis" starb, scheint auf eine sekundäre, mit Skandalgeschichten durchsetzte Kimon-Tradition bei Ephoros zurückzugehen, die wir bei Nep. Cim. 1,1f. und Diod. X 30,1; 32 wiederfinden. Cf. JACOBY Comm. ad FGrHist 70 F 63 (S. 55f.); KINZL 1976, 297.

144 KINZL 1976, 288 hat das Problem richtig erkannt, den letzten Lösungsschritt aber nicht getan: „Es bleibt ziemlich undeutlich, wie die Schlacht von Marathon und die Eroberung von Lemnos die Kapitalklage entschärfen konnten. Doch wenn die ἀδικίη des Miltiades im unautorisierten Abbruch der Belagerung von Paros, und somit der gesamten Flottenexpedition, bestanden hat, so muß die ursprüngliche Anklage wesentlich schwerere Vergehen vorgebracht haben, die nur durch den Verweis auf Marathon und Lemnos unglaubhaft gemacht werden konnten. Beide historischen Ereignisse haben gewiß eines gemein: Miltiades' Loyalität gegenüber seiner Vaterstadt, sowie die Unbeirrbarkeit in deren Bewährung. Das heißt im Falle von Marathon: Unverrückbarer, geradezu starrhalsiger Wille, auch in scheinbar verzweifelter Lage nicht auf die Versprechungen der Perser zu hören."

145 Eine Anklage des Miltiades im εἰσαγγελία-Verfahren, d.h. vor der gesamten Volksversammlung, nehmen A.R.W. HARRISON, The Law of Athens II: Procedure, Oxford 1971, 54, 60f., 170, 243; CARAWAN 1987, 194; KULESZA 1995, 88 an. Cf. O. DE BRUYN, La compétence de l'Aréopage en matière de procès publics (Historia Einzelschriften 90), Stuttgart 1995, 51–53, 59, 62.

den der wahren Umstände des Abzuges die Todesstrafe abgewendet hatte, Miltiades wegen unautorisierten Abbruches der Belagerung verurteilt wurde.[146] Als Fazit ist festzuhalten: Die später von Ephoros aufgenommene Tradition, Miltiades sei nach Abbruch der Belagerung von Paros wegen Landesverrats und Bestechlichkeit angeklagt worden, gibt *grosso modo* den historischen Vorgang wieder[147] und ist deshalb Herodots Version vorzuziehen.[148]

Kinzl behauptet, der Herodoteische und der Ephorische Bericht gäben jeweils unterschiedliche Phasen der Expedition wieder: Ephoros stelle die historischen Abläufe dar, „alles Fakten von vergleichsweise simpler Allgemeinheit, wie sie auch außerhalb der engen Grenzen Attikas in der ‚Griechenüberlieferung' als ‚Vulgata' tradiert werden konnten".[149] Soweit mag man Kinzl folgen können. Doch seine Ansicht, daß Herodot diese uns bei Ephoros faßbaren Fakten stillschweigend zugrunde legt und „gleichsam dahingleitet auf bedenkenlos vorausgesetztem Durchschnittswissen der Leser", ebnet die Diskrepanzen zwischen Ephoros und Herodot unzulässigerweise ein: Die jeweils angeführten Motive für den Zug gegen Paros und den Abbruch der Belagerung sind zu unterschiedlich, als daß sie direkt aus einer gemeinsamen Vulgärtradition stammen können, wie auch Herodots Angabe für die erste Anklage „wegen Betrugs des Volkes" kaum als nur terminologische Variante für den Ephorischen Hochverratsvorwurf zu verstehen ist. Herodot selbst spricht ja von zwei Quellen, die er benutzt habe: für die Sakrileg-Anekdote habe er die Parier als Gewährsleute, während der Rahmenbericht von „allen Griechen" stamme.[150] Es sind gerade diese gravierenden Abweichungen bei Herodot, die seinem

---

146 So Nep. Milt. 7,6: *causa cognita capitis absolutus pecunia multatus est, eaque lis quinquaginta talentis aestimata est, quantus in classem sumptus factus erat.* „Nachdem man den Grund seines Handelns erfahren hatte, sprach man ihn von der Todesstrafe frei, legte ihm aber eine Geldbuße auf, die auf 50 Talente angesetzt war, was dem Kostenaufwand für die Flotte entsprach."

147 Graf 1979, 370: „Moreover, in every instance of a general who led a reprisal action against one of the Medizing states – Miltiades against Paros, Themistocles against Andros, Pausanias against Thebes, and Leotychidas against Thessaly – accusations of dubious motivation, bribery, or fear of potential bribery by the Medizers are an important element in the tradition."

148 So Macan 1895, II 256; Perdrizet 1910, 6f.; überzeugend Casson 1915, 79–83, der die Wahrscheinlichkeit auch von Nepos' Darstellung betont und behauptet, Ephoros habe diese Version dem Bericht des Dionysios von Milet entnommen, der auch Herodot schon vorgelegen habe (86f.; cf. Lehmann-Haupt 1902, 337–339); Jacoby Comm. ad FGrHist 70 F 63 (S. 55); Bengtson 1939, 56–59, der aber die Paros-Expedition ebenso als „einen typischen staatlichen Beutezug der Athener" zur Füllung der Kassen versteht wie die des Themistokles gegen Andros 480 (58); Rubensohn 1949, 1815; Gottlieb 1963, 66f.; Bicknell 1972, 225–227, der als Quelle des Ephoros Hellanikos oder Charon von Lampsakos annimmt; Berranger 1992, 317f.; Papalas 2000, 114. Die Gegenargumente von How 1919, 58–61 und Berve 1937, 94–97 überzeugen nicht. Neben diesen beiden halten Ehrenberg 1965, 240; Wallinga 1993, 145–148; Kulesza 1995, 88; Hamel 1998, 170 und Link 2000 Herodots Bericht für glaubwürdiger

149 Kinzl 1976, 296–299; Zitat 298; folgendes Zitat 296.

150 Laut Ehrenberg 1965, 240 gibt Herodot „nur eine (religiös motivierende) parische Erzählung. Weshalb er die athenische Version (vielleicht mehrere?) verschwieg und wie sie gelautet hat, wissen wir nicht." Die subtilste Quellenanalyse für Herodots Bericht liefert immer noch Macan 1895, II 251.

Bericht das besondere Gepräge verleihen, indem sie Miltiades der Habgier und Rachsucht zeihen sowie sein Sakrileg herausstreichen.

Und diese Diskrepanzen bergen in sich auch den Schlüssel zum Verständnis, wieso Herodot die ursprüngliche und zudem gewiß verbreitete Version so gravierend verändert hat. Hierfür ist eine ganze Reihe von Grundmotiven und weit über diese Episode hinausgreifenden Darstellungsabsichten von Belang. Zum einen: Miltiades' letzte Unternehmung und sein schmachvolles Ende nur kurze Zeit nach seinem Triumph bei Marathon bildeten für Herodot eine glänzende Gelegenheit, den jähen und fatalen Sturz eines Politikers zu schildern, den seine Hybris gegen Götter und Menschen in den Abgrund reißt. Wie vielen Feldherren und Königen in den *Historien* werden auch Miltiades seine πλεονεξίη, seine Geld- und Machtgier sowie seine Rachsucht zum Verhängnis.[151] Zur besonderen Betonung dieser verderblichen Triebkräfte unterstellt Herodot ihm rein persönliche Motive für die Expedition gegen Paros. Zum anderen: Trotz dieser ethisch negativen Bewertung, der Miltiades wie so viele Protagonisten bei Herodot unterliegt, ist der Historiker eifrig – wie auch später bei Themistokles – darum bemüht, auf ihn niemals den Verdacht des Landesverrats fallen zu lassen. Zu diesem Zweck unterdrückt Herodot die ihm vorliegenden Anklagen wegen Bestechlichkeit und ersetzt die angebliche Korruption des Miltiades als eigentlichen Abzugsgrund durch die wohl historisch verbürgte Schenkelwunde.[152] Dafür stand ihm wohl eine Anekdote parischen oder gar delphischen Ursprungs zu Gebote, welche die Wunde zum Ausgangspunkt nahm und durch das Sakrileg-Motiv die Hybris des Miltiades pointierte.[153] Die Nachricht über den von Miltiades mißdeuteten Waldbrand, die vermutlich den Anstoß zur Erklärung des ἀναπαριάζειν lieferte, hatte aufgrund ihrer Rationalität, die keinerlei moralische Schuld beim Protagonisten zu entlarven vermochte, keinen Platz im Herodoteischen Lehrstück.

Auch wenn Herodot auf Miltiades beim Paroszug kein gutes Licht fallen läßt, so zerstört er dabei doch nicht dessen Bild als Vorkämpfer Athens, das er in seiner glorifizierenden Darstellung der Schlacht von Marathon (VI 109f.) und der Eroberung von Lemnos (VI 137, 140) gezeichnet hat. Diese Identifikation zwischen dem athenischen Feldherren und den Athenern, die wir auch schon bei Themistokles in der Vorgeschichte zu Salamis bemerkt haben, und die Zeichnung des Strategen als höchste Verkörperung der Wünsche des athenischen Volkes bilden die Grundvoraussetzungen für die Aktualisierung der Herodoteischen Kritik am Verhalten der Athener: Sie treibt dieselbe πλεονεξίη um wie ihren Feldherrn. So läßt Herodot Miltiades vor der Schlacht von Marathon in der Rede an den Polemarchen Kallimachos gleichsam wie an alle Athener zweimal von der Vision eines Athen als der mächtigsten Stadt Griechenlands sprechen.[154] Die Athener vertrauen in ihrer mit

---

151   Cf. Schubert 1993, 38f.

152   Laut L.W. Daly, Miltiades, Aratus and compound fractures, AJPh 101, 1980, 59f. war dies ein schwerer Knochenbruch.

153   Cf. Macan 1895, II 254f. und Kinzl 1976, 297.

154   Hdt. VI 109,3; 6. Cf. Bornitz 1968, 103. Ohne dies im einzelnen nachzuweisen, gelangt Thompson 1996, 40 zu ähnlichen Schlüssen: „Herodotus' description of the Athenians before Marathon gives us a fairly typical view of their ability – and the ability of their chosen leaders – to

dem Stolz auf ihren Triumph wachsenden Habsucht[155] Miltiades blind, damit er ihre Gelüste erfülle.[156] Sein aggressives und erpresserisches Vorgehen gegen Paros steht nach dem Mißlingen der Expedition nicht zur Diskussion, sondern einzig sein Versäumnis, die geweckten Begehrlichkeiten zu befriedigen. So bildet die undankbare Härte, mit der die Athener Miltiades schließlich bestrafen,[157] einen scharfen Kontrast zu ihrer anfänglichen Vertrauensseligkeit.[158] Alle Charakteristika der Handelnden in den *Historien* – die skrupellosen Praktiken und die Hybris des Miltiades, die Habsucht des athenischen Volkes einerseits, der schmähliche Umgang mit seinem Repräsentanten andererseits, schließlich auch die Ränke des mit den Alkmaioniden verschwägerten Xanthippos gegen seinen Rivalen aus dem Philaidenhaus – spiegeln auch die Verhältnisse Athens im weiteren fünften Jahrhundert wider: sei es nun die Ausbeutung der Bundesgenossen im Seebund oder die Zwangsmaßnahmen gegen sie, sei es die gerade in der zweiten Jahrhunderthälfte wachsende Geldgier der Athener[159], sei es der jähe Wechsel zwischen Gunst und Haß für seine politischen Führer – man denke dabei nur an Themistokles selbst, Kimon oder Perikles[160] –, seien es schließlich die erbitterten Parteikämpfe.

Aus diesem langen Exkurs über die Paros-Expedition des Miltiades können wir also schließen, daß dabei die Eintreibung von Kontributionen für die Athener, wenn überhaupt, nur eine sehr untergeordnete Rolle gegenüber den militärstrategischen Zielen gespielt hat und folglich nicht als historischer Beleg für den angeblich primären Zweck der Andros-Fahrt der Griechen im Herbst 480 gewertet werden kann, Reparationen oder gar Beiträge zur Finanzierung der griechischen Flotte von den perserfreundlichen bzw. neutralen Kykladeninseln zu erzwingen. Über die strategischen Fragen hinaus haben wir jedoch aus der Paros-Episode einen Anhaltspunkt dafür gewonnen, wie Herodot die ihm vorliegenden Informationen für sein Bild

move easily between a noble defense of themselves as a people in times of crisis and their base pursuits of gain directly thereafter. Miltiades demonstrates just this pattern. ... After the danger passes, however, Miltiades just as surely undermines this sense of common good by pursuing his own treacherous ends. This behavior is symptomatic for the Athenians, and this explains in part why Herodotus' account of Marathon has proved unpopular: nobility and baseness are presented side by side. Without a doubt, this characterisation is meant to resonate with the Athenians as a people."

155 Cf. καταπλουτιεῖν, ἐπαρθέντες, ἄφθονον („reich machen"; „hochgemut"; „in Fülle"; VI 132); auch προσκτᾶσθαι („hinzuerwerben", 135,1; cf. als Wunsch des Kyros, I 73,1) ist schon „mit imperialistischer Dynamik aufgeladen" (BENGTSON 1939, 55 A. 2). Bereits Aristagoras konnte mit Versprechungen über die leicht zu ergreifenden Reichtümer die Athener zur Unterstützung des Ionischen Aufstandes bewegen (V 59,2f.). Zudem IX 90,2; cf. KINZL 1976, 284. Als historisches Motiv sieht dies jedoch LINK 2000, 45f. an.
156 Αὐξάνεσθαι („in hohem Ansehen stehen", VI 132) finden wir im Dunstkreis des Volkes (cf. IMMERWAHR 200 A. 29; 208 A. 47) auch bei Peisistratos (I 59,4f.). Cf. KINZL 1976, 283 A. 20.
157 Cf. Plat. Gorg. 516d9-e3; zudem ausführlich MACAN 1895, II 256–258.
158 Eine an Einfalt grenzende Leichtgläubigkeit schreibt Herodot den Athenern schon gegenüber Peisistratos (I 59f.) und Aristagoras (V 97) zu; cf. MUNSON 2001a, 210.
159 Laut STADTER 1992, 801 mit A. 48 führt die Dynamik der attischen Demokratie zu solchen Auswüchsen wie der Ausplünderung der Bundesgenossen.
160 Kimon wurde 461 ostrakisiert (Plat. Gorg. 516d; Plut. Kim. 17), Perikles 430 wegen Unterschlagung zu einer hohen Strafsumme verurteilt (Thuk. II 65,3; Plut. Per. 32,3f.; 35,4f.).

über Miltiades gemäß seinen moralischen Vorstellungen geformt hat. Für Miltiades' Parosexpedition steht uns mit Ephoros ein Bericht zur Verfügung, der als Korrektiv für die Herodoteische Darstellung dienen kann. Aufgrund der sehr ähnlichen historischen Ausgangslage und einiger Motivparallelen bei Herodot mag es gestattet sein, die Schlüsse, die wir im Miltiades-Abschnitt auf Herodots Gestaltungsabsichten ziehen konnten, auf seine Schilderung der Erpressung der Kykladen durch Themistokles zu übertragen, für die uns eine solche Parallelüberlieferung fehlt.

4. Themistokles' Scheitern bei der Belagerung von Andros und Karystos und die Folgen – Herodots Veränderung der Überlieferung

Es ist nochmals hervorzuheben, daß nicht nur nach dem Sieg von Marathon, sondern auch nach Salamis die Vertreibung der Perser aus ihren Stützpunkten auf den Kykladen hohe Dringlichkeit hatte. Doch die Unternehmungen der Jahre 490 und 480 gleichen sich nicht nur in ihren Ausgangsvoraussetzungen, sondern auch in ihrem jeweiligen Ergebnis: Weder Paros noch ein Jahrzehnt später Andros und Karystos wurden von den Athenern und anderen Griechen eingenommen. Gerade diesen großen Mißerfolg, insbesondere jede Verwicklung des Themistokles, ist Herodot peinlich bedacht zu verschleiern, indem er die – überdies undeutliche – Nachricht darüber durch acht Kapitel über den persischen Rückzug nach Asien vom Bericht über Themistokles' Erpressungen abtrennt.[161] Während er für Andros noch die Unfähigkeit der Griechen zur Eroberung eingesteht, stellt er den darauffolgenden Angriff auf Karystos als reinen Plünderungszug der Hellenen dar, dem nur dessen χώρα zum Opfer fiel, nicht jedoch die Stadt selbst.[162] Historisch gesehen war die Expedition der Hellenenflotte nach Andros und Karystos ein einziger Fehlschlag. Es war ihr nicht geglückt, die Perser aus diesen bedrohlichen Schlüsselstellungen zu verdrängen oder die beiden Städte zu unterwerfen. Durch dieses Scheitern blieb die unmittelbare Bedrohung der gerade einmal 30 km entfernten attischen Küste bestehen, und dies mußte vor allem die Athener aufs schwerste belasten.

Der gesamte historische Hintergrund ist mit zu bedenken, wenn wir nun nach dem mutmaßlichen Ursprung der Herodoteischen Anekdote über die Erpressungen der Kykladen durch Themistokles fragen. Es wurde angenommen, daß sie auf Anklagen themistoklesfeindlicher Kreise in Athen zurückgehe, er habe im Jahr 480 die dem attischen Fiskus zustehenden Kontributionen unterschlagen; diese Gerüchte seien in der Zeit seines Ostrakismos um 471 im Umlauf gewesen oder gar im Prozeß gegen ihn wegen Medismos wenige Jahre später vorgebracht worden.[163] Doch eine Unterschlagungsklage gegen einen athenischen Strategen wäre in der ersten Jahrhunderthälfte einmalig, da die früheste κλοπή-Anklage erst für das Jahr 430

---

161 Hdt. VIII 121,1, Text s.o. S. 294 A. 52.
162 Cf. BELOCH GG II² 2,144f. A.1 (auf 145). Dennoch impliziert Hdt. VIII 112,3 (s.o. S. 293 A. 45), daß das gesamte Gebiet von Karystos samt der Stadt gebrandschatzt wurde.
163 So CRESCI MARRONE 1986, 124.

gegen Perikles belegt ist.[164] Ein weiterer Punkt ist zu beachten: Die athenische Belagerung von Naxos fällt zeitlich mit der Flucht des Themistokles aus Hellas zusammen; in der Zeit also, in der ein wichtiges Bundesmitglied gegen den hohen φόρος und die rechtliche Knebelung durch Athen revoltierte[165], wurden die Athener wohl nur äußerst ungern an diese von ihnen mit aller Konsequenz angewandten Praktiken erinnert,[166] als deren Urheber die mutmaßliche Anklage gerade Themistokles ausgewiesen hätte. Eine Beschuldigung des Themistokles wegen Erpressung der Inseln und Unterschlagung der eingetriebenen Summen mußte doch vor der gesamtgriechischen Öffentlichkeit auf Athen zurückfallen, wodurch dessen selbst angemaßte Befreierrolle nur als hohle Propaganda entlarvt worden wäre.[167] Es bleibt festzuhalten, daß die Herodoteische Version als Propagandamaterial für die Machenschaften der innerathenischen Gegner des Themistokles nur sehr bedingt geeignet gewesen wäre. Hinreichendes Denunziationspotential konnte hingegen nur eine Erzählung liefern, die Themistokles auf den Kykladen die Schuld an einem weit größeren Schaden für die Athener zuschreibt als in der Herodoteischen Version.

Da der Abbruch der Belagerungen von Andros und Karystos die dringend erforderliche Beseitigung der persischen Bedrohung für Attika vereitelt hatte, lag es nahe, Themistokles aus dem vorzeitigen Ende der Bestürmung „einen Strick zu drehen". Denn gerade beim Abbruch einer Invasion waren die vielen möglichen Gründe – Versorgungsschwierigkeiten, Krankheit, Erschöpfung oder Entmutigung der Truppen, fehlender Sold etc. – nur dem Strategenrat bewußt; sowohl für die Angegriffenen als auch die Mitbürger der Strategen lag eine andere Erklärung viel näher: Die Strategen waren bestochen worden.[168] In welch großer Gefahr athenische Strategen von vornherein schwebten, wenn ihre militärischen Operationen nicht den gewünschten Erfolg zeitigten, belegen zahlreiche Fälle der klassischen Zeit: So

164 Cf. die Übersicht bei PRITCHETT 1979, 5f. Seit dem Ende des 5. Jhs. erscheinen die Unterschlagungs- und Bestechlichkeitsvorwürfe oft eng miteinander verbunden; cf. HARVEY 1985, 79f. mit Beispielen.
165 Cf. Thuk. I 98,3; 137,2; zudem I 99,1.
166 Laut Plut. Them. 21,1 machte sich Themistokles durch Eintreibung von Geld bei den Bündnern, bes. den Andriern, bei den Mitgliedern des neugegründeten Seebundes höchst unbeliebt. WELWEI 1999, 67 erwägt dies als Grund für das Ausscheiden des Themistokles aus der Organisation des Seebundes.
167 So schon HAUVETTE 1894, 434; ausführlich GOLDSCHEIDER 112f. Auch die so oft von Forschern (cf. Ed. MEYER 1892, 198; CRESCI MARRONE 1986, 120f.) bemühte alkmaionidische Quelle Herodots aus dem Umfeld des Perikles hätte diese Geschichte wohl kaum erzählt, da sie Themistokles gerade als Archegeten der Methoden erwies, die Perikles gegenüber den Bündnern perfektionierte. Die entgegengesetzte These, die aristokratische Opposition in Athen um Thukydides, Sohn des Melesias, habe aus ihrer angeblich konzilianten Politik gegenüber den Bündnern heraus diese Geschichte in die Welt gesetzt (so BARTH 1965, 37), hat CRESCI MARRONE 1986, 120 (dort Literatur) überzeugend widerlegt.
168 Cf. HARVEY 1985, 99f., der als Beispiele Hdt. I 105,1; Thuk. II 21,1 = V 16,3; II 101,5f.; Theopomp FGrHist 115 F 323 nennt. R.K. SINCLAIR, Democracy and Participation in Athens, Cambridge 1988, 146f., 179–186, bes. 181: „There seems indeed to have been a certain readiness to explain the unpalatable failure of a military enterprise by attributing it to dorodokia and prodosia on the part of the strategoi, not to other factors." Zudem KULESZA 1995, 23f.

fürchtet der Thukydideische Nikias nach einer der Niederlagen der Athener vor Syrakus im Jahre 413 den Argwohn und die Bestechlichkeitsanklage seiner eigenen Landsleute bei einer vorzeitigen Rückkehr mehr als den überlegenen Feind, so daß er wider besseres Wissen den Rückkehrbefehl verweigert.[169] Nicht wenige Strategen wagten nach Niederlagen nicht mehr, nach Athen zurückzukehren.[170] Gerade in Zeiten patriotischer Hochstimmung konnten Strategen bei eigenen militärischen Mißerfolgen nicht auf Gnade hoffen.[171] Denn auch große Verdienste um Athen schützten nicht vor Verrats- und Bestechungsanklagen.[172] Demosthenes bejammert das Schicksal athenischer Feldherren, zwei- oder gar dreimal auf Leben und Tod angeklagt zu werden.[173]

Nachdem der Triumph bei Salamis große Erwartungen hatte sprießen lassen, werden die Athener auch in ihrer Enttäuschung über den Mißerfolg auf Andros und vor Karystos nach möglichen Motiven des Themistokles für den Abbruch der Sicherungsmaßnahmen gefahndet haben[174]; und die zahlreichen Anekdoten über die Geldgier des Themistokles, von denen Herodot uns eine Auswahl bietet, stellte mühelos eine Erklärung bereit: Themistokles brach die Belagerungen ab, da er von den Belagerten oder von den Persern bestochen worden war. Herodot könnte in

169 Thuk. VII 48,3f., bes. ... εὖ γὰρ εἰδέναι ὅτι Ἀθηναῖοι σφῶν ταῦτα οὐκ ἀποδέξονται, ὥστε μὴ αὐτῶν ψηφισαμένων ἀπελθεῖν. ... τῶν τε παρόντων στρατιωτῶν πολλοὺς καὶ τοὺς πλείους ἔφη, οἳ νῦν βοῶσιν ὡς ἐν δεινοῖς ὄντες, ἐκεῖσε ἀφικομένους τἀναντία βοήσεσθαι ὡς ὑπὸ χρημάτων καταπροδόντες οἱ στρατηγοὶ ἀπῆλθον. „Er wisse wohl, daß die Athener es niemals gutheißen würden, wenn sie ohne Volksbeschluß abzögen. ... Auch viele der anwesenden Soldaten, ja die meisten, sagte er, die jetzt klagten, welche Not sie auszustehen hätten, würden, seien sie erst einmal nach Athen zurückgekehrt, das entgegengesetzte Geschrei erheben, daß die Strategen mit Geld bestochen den Abzug befohlen hätten." Cf. Harvey 1985, 100, der betont, daß Nikias als reicher Mann dabei weit weniger im Verdacht der Bestechlichkeit stand als Arme (Dein. III 18; cf. Sinclair 1988, 185f.).
170 So Alkibiades (Thuk. VI 61), Demosthenes (Thuk. III 98,5), Gylon (Aischin. III 171), Aristogenes und Protomachos (Xen. Hell. I 7,1) sowie Konon (Xen. Hell. IV 8,7); cf. Kulesza 1995, 33. Sinclair 1988, 146–152 und Hamel 1998, 122–139 haben zahlreiche Anklagen weiterer Strategen wegen Verrat oder Bestechlichkeit – was auf dasselbe hinauslief – v.a. aus dem 4. Jh. zusammengestellt. Diese waren in klassischer Zeit der häufigste Klagegrund gegen athenische Strategen; cf. Pritchett 1974, 27. Cf. Fornara 1971c, 37f.; Hansen 1995, 224–226. – Auch anderswo sind Beispiele für Anklagen dieser Art Legion (für Syrakus Diod. XI 88,4f.), insbesondere bei Spartanerkönigen: Leotychidas gegenüber den Thessalern (Hdt. VI 72; Paus. III 7,9f.), Kleomenes gegenüber den Argivern (Hdt. VI 82,1), zudem Hdt. III 54f.; cf. ausführlich Noethlichs 1987; Pritchett 1974, 4–33, bes. 5–10 die Zusammenstellung der Prozesse gegen griechische Feldherren bis 338; zur δωροδοκία 27f., 127–129.
171 Dies verdeutlicht Thuk. IV 65,3f. an den Verurteilungen des Pythodoros, Sophokles und Eurymedon im Jahr 424: ... ...ὡς ἐξὸν αὐτοῖς τὰ ἐν Σικελίᾳ καταστρέψασθαι δώροις πεισθέντες ἀποχωρήσειαν. οὕτω τῇ [τε] παρούσῃ εὐτυχίᾳ χρώμενοι ἠξίουν σφίσι μηδὲν ἐναντιοῦσθαι. „... daß sie, obgleich sie Sizilien hätten unterwerfen können, durch Geschenke bestochen abgefahren seien. So sehr glaubten die Athener, daß ihnen in der gegenwärtigen glücklichen Situation nichts entgegentreten dürfe."
172 Demosth. XX 79f. macht dies am Fall des Chabrias deutlich.
173 Cf. Demosth. IV 47. Cf. Sinclair 1988, 148–151 und Hamel 1998, 130–139 zum Anteil der angeklagten Strategen an ihrer Gesamtzahl und zu deren Strafen.
174 Harvey 1985, 101 nimmt eine Verbreitung von Bestechung und entsprechenden Verleumdungen auch schon für das 5. Jh. an – wofür er als einschlägigen Beleg auf Themistokles verweist!

Themistokles' Beschuldigung der πλεονεξίη sogar einen Hinweis auf einen solchen Hintergrund bewahrt haben. Denn besonders die attischen Redner geißeln die unersättliche Habsucht, die gerade die Reichen umgetrieben haben soll, als wichtigstes Motiv für die Annahme von Bestechungsgeldern.[175]

Wie sehr die athenischen Strategen verdächtigt wurden, Städte einerseits zum Füllen der Privatschatulle auszuplündern und andererseits sich von diesen bestechen zu lassen, bezeugt Aristophanes: In den *Rittern* wirft der Wursthändler dem Paphlagonier, der unverkennbar die Charakteristika des Demagogen Kleon trägt, vielfach vor, sich von den Bündnerstädten korrumpieren zu lassen, sie darüber hinaus aber auch noch auszurauben.[176] Zudem fordere dieser vom Volk Schiffe zur Eintreibung des Geldes[177], was an den Herodoteischen Miltiades erinnert. In den *Wespen* formuliert Aristophanes sogar die Zerstörungsandrohungen, mit denen die athenischen Strategen von den Bündnern die Zahlungen erpreßten, die er explizit als Bestechungsgelder bezeichnet.[178] Auch den bei solchen Erpressungen benutzten Vorwand, die Bündner hätten mit dem Feind kollaboriert, finden wir in den Komödien.[179] Da sämtliche dieser Vorwürfe im Zusammenhang mit der Eintreibung des φόρος bei den Bündnerstädten Athens stehen, weisen die bemerkenswerten Ähnlichkeiten mit dem Vorgehen des Herodoteischen Themistokles nachhaltig auf die Ausbeutungspraxis der Athener im Seebund als den Zielpunkt Herodoteischer Kritik. Dessenungeachtet bilden doch nicht Erpressungen den Ursprung dieser Episode, sondern Diffamierungen des Themistokles als eines käuflichen Verräters.

Einen deutlichen Anhaltspunkt dafür liefern massive Korruptionsvorwürfe, die ein zeitgenössischer Dichter nur kurze Zeit nach den Ereignissen gegen den Athener richtet: Timokreon von Ialysos schmäht in einem Gedicht Themistokles, daß

---

175 Cf. Thuk. III 43; Demosth. LI 22; Aischin. III 94; Hyp. V col. 35; HARVEY 1985, 102f.

176 Aristoph. Equ. 802f.: σὺ μὲν ἁρπάξῃς καὶ δωροδοκῇς παρὰ τῶν πόλεων, ὁ δὲ δῆμος | ὑπὸ τοῦ πολέμου καὶ τῆς ὀμίχλης ἃ πανουργεῖς μὴ καθορᾷ σου. „Du willst rauben und dich bestechen lassen von den Städten, das Volk aber erkennt vor lauter Staub und Kriegsgetümmel nicht mehr, was du Übles tust." 839f.: … τῶν συμμάχων τ' ἄρξεις ἔχων τρίαιναν, | ᾗ πολλὰ χρήματ' ἐργάσει σείων τε καὶ ταράττων. „Du wirst den Bundesgenossen gebieten mit dem Dreizack in der Hand, damit wirst du wühlen, schütteln und viel Geld machen." Daneben Equ. 438, 832–835, 932. Cf. KULESZA 1995, 48–51 mit einer Überprüfung der Vorwürfe, ausführlich H. POPP, Zum Verhältnis Athens zu seinen Bündnern im attisch-delischen Seebund, Historia 17, 1968, 425–443, hier 425–428; V. EHRENBERG, Aristophanes und das Volk von Athen. Eine Soziologie der altattischen Komödie, Zürich-Stuttgart 1968, 162f., 242f.

177 Aristoph. Equ. 1070f.: … ναῦς ἑκάστοτε | αἰτεῖ ταχείας ἀργυρολόγους οὑτοσί. „Dauernd fordert dieser hier schnelle Schiffe zum Eintreiben von Geld."

178 Aristoph. Vesp. 669–671: Κᾆθ' οὗτοι μὲν δωροδοκοῦσιν κατὰ πεντήκοντα τάλαντα | ἀπὸ τῶν πόλεων, ἐπαπειλοῦντες τοιαυτὶ κἀναφοβοῦντες· | ‚δώσετε τὸν φόρον, ἢ βροντήσας τὴν πόλιν ὑμῶν ἀνατρέψω.' „Und diese Herren erpressen für sich als Bestechungsgelder bald fünfzig Talente von den Bündnerstädten, indem sie drohen und sie so einschüchtern: ‚Ihr werdet den Tribut zahlen, oder ich werde eure Stadt mit Blitz und Donner zerschmettern' " J. VAN LEEUWEN verweist in seiner *Wespen*-Ausgabe (Leiden 1909) ad loc. explizit auf die Parallele zu Hdt. VIII 111f.

179 Aristoph. Pax 639f.: τῶν δὲ συμμάχων ἔσειον τοὺς παχεῖς καὶ πλουσίους, | αἰτίας ἂν προστιθέντες ὡς φρονεῖ τὰ Βρασίδου. „Sie schüttelten von den Bundesgenossen die Fetten und Reichen, indem sie Vorwände vorschützten: ‚Er hält es mit Brasidas.' " Ähnlich Vesp. 474–476.

dieser, da bestochen mit drei Talenten Silber, Timokreon, obwohl sein Gastfreund, nicht in seine Heimat zurückgebracht habe, während er dies anderen unverdientermaßen gewährt habe.[180] Aus diesen Versen wurde geschlossen, daß Perserfreunde auf Andros durch Bestechung versuchten, die Griechen von einem scharfen Vorgehen gegen sie abzubringen. Nach Meinung von KIRCHHOFF[181] habe sogar der schon exilierte Timokreon zu diesen Perserfreunden auf Andros gehört, er sei jedoch mit seiner Bitte um Rückführung bei Themistokles nicht durchgedrungen und habe sich mit diesen Verleumdungen gerächt. Da jedoch Timokreon als Perserfreund 480 sicherlich noch nicht aus seiner rhodischen Heimat, die ja noch fest in persischer Hand war, verbannt war, somit sein angebliches Ansinnen keinesfalls realisierbar war, ist KIRCHHOFFS Überlegung hinfällig.[182] Ebensowenig hätten den Perserfreunden auf Andros – wie auch allen Andriern – Zahlungen nur an Themistokles genutzt, da sie auch die anderen Feldherren hätten überzeugen müssen. Herodots allein auf den Athener konzentrierte Darstellung kann also nicht solche Bestechungen der griechischen Belagerer umschreiben, zumal er behauptet, gerade die Andrier hätten nicht gezahlt.[183] Dennoch sind solche Korrumpierungsversuche der Belagerten keineswegs völlig auszuschließen, auch wenn das Ziel der Griechen kaum die Erpressung möglichst großer Geldsummen war, sondern die Einnahme von Andros, Karystos und anderen weiterhin perserfreundlichen Städten. Deshalb hat vermutlich eher das Scheitern des athenischen Strategen und seiner Kollegen bei dieser Aufgabe Gerüchte von solchen Bestechungen aufkommen lassen. Gerade Timokreons Beschuldigungen des Themistokles, er habe sich bestechen lassen und völlig willkürlich Verfügungen getroffen,[184] könnten in Athen, wo man Timokreons Gedichte sehr wohl las[185], schon ähnliche umlaufende Verleumdungen auf ihn gebündelt haben.[186] Für die Frage nach der Datierung des Gedichts ist es entscheidend, ob der Verratsvorwurf lediglich auf Themistokles' Verweigerung der Rück-

---

180   Timokreon, fr. 1 DIEHL = 727 PMG = Plut. Them. 21,4, Z. 4–10; Text s.o. S. 60 A. 259. Ausführliche Besprechung bei ROBERTSON 1980, 65–70, der die beschriebene Perfidie des Themistokles für reine Fiktion hält (63f.).

181   A. KIRCHHOFF, Der Delische Seebund im ersten Decennium seines Bestehens, Hermes 11, 1876, 1–48, hier 44f. Diese Auffassung akzeptieren VON WILAMOWITZ-MOELLENDORFF 1893, I 138f. A. 27 und Ed. MEYER GdA III³ 396 A.

182   Cf. BELOCH GG II² 2,144f. A. 1.

183   Cf. ausführlich auch zum folgenden HIGNETT 244: „These charges against Themistocles go back to the contemporary Rhodian poet Timokreon of Ialysos, but their absurdity in the Herodotean version is patent. Islanders who had had the misfortune to take the wrong side probably sought to propitiate the leaders of the victorious Greek fleet with bribes; if these were accepted, others must have had their share as well as Themistokles, but those who paid the bribes did not thereby obtain more than some diminution in the amounts expected from them." FORNARA 1966b, 259 A. 8 folgt HIGNETT, was die Möglichkeit solcher Bestechung seitens der Inselbewohner angeht.

184   Ein solcher Vorwurf gehört zum Handwerkszeug der politischen Invektive (cf. MARR 1998, 128; zudem Thuk. III 38,2; 40,1; 42,3) und ist daher mit größter Vorsicht zu bewerten.

185   S.o. S. 61 A. 263.

186   So neben HIGNETT 244 auch BUSOLT GG II² 715f. A. 5 (auf 716) und BURN 468 A. 50; ausführlich CARENA-MANFREDINI-PICCIRILLI 1996, X–XII; C. FERRETTO, La città dissipatrice. Studi sull' *excursus* del libro decimo dei *Philippika* di Teopompo, Genua 1984, 58. MCMULLIN 2001 betont die hohe Bedeutung solcher Medismosvorwürfe auch nach 480/79.

führung oder doch auf seine spätere Anklage und Verurteilung als Landesverrä-ter[187] zu beziehen ist. Da jedoch die Beschimpfung als „Verräter" (προδόταν, Z. 5) unmittelbar darauf mit einem Relativsatz über die verweigerte Rückführung des Gastfreundes näher erläutert wird, spricht vieles dafür, daß Timokreon lediglich den Bruch der Gastfreundschaft mit großem Pathos geißelt.[188]

Nachdem wir nun sowohl die historischen Hintergründe der Erpressungen der Kykladeninseln durch Themistokles als auch die ursprüngliche Überlieferung dar-über rekonstruiert haben, bleibt auch hier – wie schon bei Miltiades – zu fragen, mit welchen Absichten Herodot die ihm vorliegenden Erzählungen verfälscht hat. He-rodots Anekdote wird am besten aus der mutmaßlichen Version über die Beste-chung des Themistokles durch die Andrier und Karystier verständlich. Wenn Hero-dot so großen Nachdruck darauf legt, daß sich die Andrier mit allen Mitteln gewehrt hätten und selbst durch eine intensive Belagerung nicht dazu hätten zwingen lassen, irgendwelche Zahlungen an Themistokles und die Athener zu leisten, so raubt er der böswilligen Unterstellung, die Andrier hätten jenen bestochen, damit er abzie-he, die Basis. Daß Herodot auch nicht den geringsten Verdachtsmoment dafür lie-fern möchte, Themistokles habe mit dem Feind gemeinsame Sache gemacht, ent-spricht seiner sonstigen Haltung nicht nur gegenüber Themistokles, sondern, wie gesehen, auch gegenüber Miltiades. Denn hätte er die beiden glorreichen Sieger von Marathon und Salamis als Perserfreunde und Verräter dargestellt, so hätte er ihr Verdienst um Athen und Hellas, dem er das höchste Lob zollt, mit einem Feder-strich ausgelöscht. Doch damit wäre auch der von Herodot (VII 139) mit Vehemenz verteidigte Anspruch der Athener, in den Perserkriegen Herz, Kopf und Hand des hellenischen Widerstandes gewesen zu sein, entscheidend geschmälert worden.

Allerdings dient die Identifikation zwischen dem Strategen und seinen atheni-schen Landsleuten keineswegs nur dem Lobe Athens, sondern ebenso dessen schar-fer Kritik: Denn in diesem Abschnitt sind die Geldgier und die umfassendere πλεο-νεξίη, die Herodot penetrant als hervorragendes Konstitutivum Themistokleischer Wesensart darstellt, durch die Methoden der Demagogie, Hinterlist und offenen Gewalt als die Triebkräfte der athenischen Herrschaftsbildung in der Pentekontaëtie bloßgestellt.[189]

---

187 Deshalb datieren PODLECKI 51–54 und ROBERTSON 1980, 65f. u.ö. das Gedicht erst in die Zeit nach der Verurteilung und Flucht des Themistokles.

188 Cf. SCODEL 1983, 103–105; zudem GRAF 1979, 336 A. 145; MARR 1998, 128. SCHIEBER, 1982, 5–8 setzt das Gedicht nach der Schlacht von Plataiai 479 an, die erst den Ruhm des Pausanias begründete, und vor die Strafexpedition des Leotychidas nach Thessalien 477/6, die diesem die Verurteilung wegen Bestechlichkeit einbrachte. Ähnlich MEIGGS 415; LENARDON 1978, 104; CRESCI MARRONE 1986, 130; STEHLE 1994, 510–512, 514f.; MARR 1998, 126f.; McMULLIN 2001, 56f. In die späten 470er Jahre datiert es C.M. BOWRA, Greek Lyric Poetry, Oxford ²1961, 349–358, P. STEFANEK in: SIEWERT 2002, T (?) 3, 171–173, sogar erst ins Jahr 467.

189 Cf. STRASBURGER 1955, 21 = MARG WdF 602; MACAN ad VIII 111, der diese Passage als „a current apologue on the ἀργυρολογία of the Athenians among their allies" sieht; LEVI 1955, 244–247, 265; BARTH 1965, 37; IMMERWAHR 200 A. 29, 223; WOOD 1972, 185; CORCELLA 1984, 203; RAAFLAUB 1987, 239f., 245 A. 63.; MUNSON 1988, 100f.; WICKERSHAM 1994, 20; MOLES 2002, 47. Hingegen überzeugt F.D. HARVEY, The Political Sympathies of Herodotus, Historia 15, 1966, 254f., hier 255, nicht mit seinem Einwand gegen STRASBURGER, Herodots Kritik gehe ausschließlich auf seine Feindschaft gegenüber Themistokles zurück und könne sich nicht auf

Da die Athener Themistokles bei der Belagerung von Andros wieder einmal blind folgen, zeigt sich die innige Verbindung zwischen ihnen und dem Strategen, die wir bis zur Schlacht feststellen können, zwar noch nicht aufgelöst; doch der Umstand, daß Themistokles allein das abgepreßte Geld einstreicht, verdeutlicht, daß die Identität der Interessen verlorengegangen ist. Er mißbraucht die Macht und das Drohpotential der Athener nur noch zu eigenen Zwecken. Dieses Handlungsschema hat Ähnlichkeit mit den Vorgehen der Athener der Seebundszeit, die jeweils zur Niederschlagung von Revolten gegen ihre ἀρχή auch die Streitkräfte der loyalen „Bündner" heranzogen, denen oft keine andere Wahl blieb, als mitzuziehen.[190] In ähnlicher Weise lassen sich auf Andros die übrigen Griechen, allen voran die Spartaner, instrumentalisieren und stehen somit für die Untätigkeit, mit der sie in den ersten Jahrzehnten des Seebundes den Athenern ihre imperialistische Expansion gestatteten.

Zwecks subtiler Kritik an den Machtmitteln der Athener hat Herodot vermutlich die Klage der Andrier über die Kleruchie Athens und die hohe Tributsumme aus dem Jahr 450 zu einem Dialog mit Personifikationen über die Rücksichtslosigkeit dieser Ausbeutungen umgeformt. Sein Stilmittel der Vergöttlichung von gegensätzlichen menschlichen Prinzipien hat insbesondere im Falle der πειθώ und der ἀναγκαίη die Funktion, die charakteristischen Mittel des Themistokles herauszustellen, durch die er das bisherige Geschehen zumindest bis Salamis so vorteilhaft für die Griechen beeinflußt hat, jedoch auch, seine und gleichsam auch Athens Selbstvergottung zu schelten. Den Anstoß für diese Episode lieferte dem Historiographen – nicht zum ersten Mal – eine Verleumdung, Themistokles habe sich von den Andriern und Karystiern durch Geldzahlungen zur Aufhebung der Belagerungen bewegen lassen. Diesen Makel nimmt Herodot zwar gänzlich von ihm, aber in der dargestellten Vermessenheit des Themistokles, unter dem Vorwand der Bestrafung der Perserfreunde und durch Vertragsbruch einzig seine persönliche πλεονεξία zu befriedigen, brandmarkt Herodot die Hybris nicht nur des athenischen Strategen, sondern auch des zeitgenössischen Athen gegenüber vielen anderen Griechen.

---

den φόρος im Attischen Seebund beziehen, da er dessen Schöpfer, Aristeides, so hoch lobe (VIII 79,1; 95); ähnlich Carrière 1988, 255.

190 Cf. Thuk. III 10,3f.; 58,5; 63,3f. u.ö. zu Beschwerden der Bündner, als Komplizen der Athener bei Griechenlands Unterwerfung mißbraucht worden zu sein.

VII. Der Neid auf Themistokles (VIII 123–125)

1. Die Preisverleihung am Isthmos (VIII 123)

Im unmittelbaren Anschluß an die Flucht des Xerxes berichtet Herodot (VIII 123), daß nach Verteilung der Beute von Salamis die Griechen zum Isthmos fahren, um dort demjenigen den Preis der Tapferkeit zu verleihen, der sich „in diesem Krieg" als der Würdigste erwiesen hat. Am Poseidon-Altar am Isthmos geben die Strategen mit Stimmsteinen ihre Bewertung kund. Dabei spricht jeder Stratege sich selbst die erste Stimme zu, die Mehrzahl der zweiten Stimmen entfällt aber auf Themistokles.[1]

Die letzten drei Zeilen von Timokreons Schmähgedicht auf Themistokles, laut denen dieser auf dem Isthmos Gäste bewirtete und dabei nur kaltes Fleisch anbot[2], wurden häufig als Bezug auf die Preisverteilung am Isthmos und damit als Nachweis ihrer Historizität gesehen.[3] Doch das einzige verbindende Element, der Isthmos, ist bei weitem nicht aussagekräftig genug; näherliegend ist eine Bewirtung von Gästen durch Themistokles im Rahmen der Isthmischen Spiele.[4]

Herodots Bericht von der Preisverteilung weist zahlreiche Sonderbarkeiten auf: Erstens geht es nicht um den Preis der Tapferkeit für die Schlacht von Salamis, sondern „für diesen (d.h. gesamten) Krieg" (ἀνὰ τὸν πόλεμον τοῦτον).[5] Gehen etwa die Hellenen davon aus, daß der Krieg schon endgültig gewonnen ist, wenn die Perser noch in Boiotien und Thessalien stehen und auch von Andros und aus Karystos noch nicht vertrieben sind? Die Verteilung des Lorbeers scheint doch etwas verfrüht.[6] Es ist zudem ungewöhnlich, daß ein solcher Preis für einen gesamten Krieg mit mehreren Schlachten und nicht nur für eine davon vergeben wird. Zwei-

---

1   Zur Stimmabgabe am Götteraltar, welche die Aufrichtigkeit der Wahl betonen soll, cf. Plut. Per. 32,2; Demosth. XVIII 134; XLIII 14. Zum ersten, zweiten und dritten Rang bei den ἀρι-στεῖα cf. Plat. leg. XII 943d; zu den Modalitäten PRITCHETT 1974, 288f. Zur nahezu ausschließlich militärischen Konnotation der ἀριστεῖα bzw. der synonymen πρωτεῖα cf. JORDAN 1988, 548 und HAMEL 1998, 64–70. Cf. zur Passage insgesamt CULASSO GASTALDI 1990, 59–78.

2   Timokreon fr. 727 PMG = Plut. Them. 21,4, Z. 10–12, Text s.o. S. 60 A. 259.

3   Cf. KIRCHHOFF 1876, 42–45; ATL III 185 A. 10; BRUNT 1953/4, 141; R. SEALEY, The Origin of the Delian League, in: Ancient Society and Institutions, FS V. EHRENBERG, Oxford 1966, 233–256, hier 246; PODLECKI 53; LENARDON 1978, 104; SCODEL 1983, 106; MCMULLIN 2001, 57.

4   Cf. P. MAAS, RE VI A (1936), s.v. Timokreon, 1271–1273, hier 1272; FORNARA 1966b, 259 A. 9; ROBERTSON 1980, 68; FROST 163. STEHLE 1994, 516–520 sieht in der „Bewirtung mit kaltem Fleisch" Themistokles als männliche Prostituierte verächtlich gemacht.

5   So HAMEL 1998, 191–193. Zu ἀνά in der temporalen Bedeutung „hindurch" cf. KÜHNER-GERTH II 1,474; LIDDELL-SCOTT-JONES s.v. II 1. Hingegen sieht PRITCHETT 1974, 285 die Preise nur für die Schlacht bei Salamis vergeben.

6   Cf. MACAN ad loc.: „Is this episode at the Isthmos antedated some twelve months? Or is it altogether apocryphal? It has a somewhat fabulous air." So auch JORDAN 1988, 549 A. 7: „There was no award to a single leader for the entire war".

tens hat die Angabe, daß die griechischen Strategen den Preis nur unter sich aus-
machten, wenig Wahrscheinlichkeit. Immerhin ist es durchaus möglich, daß sie als
Preisrichterkollegium fungierten.[7] Dem sich aufdrängenden Eindruck, daß am Isthmos für die Ehrung nur die Strategen selbst in Frage kamen, widerspricht Herodot,
wenn er sagt, daß „der Preis dem würdigsten der Hellenen gegeben" werden sollte,[8]
nachhaltiger aber noch die sonstige Praxis, die Herodot am vollständigsten von allen Historikern beschreibt.[9] Wenn wir alle Fälle der *Historien* durchmustern, in denen Individuen die ἀριστήϊα zugesprochen werden[10], so finden wir keinen einzigen
Feldherrn oder andere prominente Personen[11] unter den Geehrten.[12] Daß Feldherren selbst den Ehrenpreis erhalten oder ihn sich untereinander sogar zuerkennen, ist
zweifelsohne höchst ungewöhnlich.[13]

Diese vielen Einmaligkeiten[14] nähren massive Zweifel an der Historizität dieser Erzählung von der Preisverteilung am Isthmos im Herbst 480. Sie dient Herodot
in erster Linie dazu, die Egozentrik der anderen hellenischen Strategen zu tadeln.
Als beherrschend erweist sich dieses Motiv durch die Stilisierung bei Herodot, dieses Selbstlob ausnahmslos jedem der Strategen zuzuschreiben:[15] Ein jeder Feldherr
und mit ihm ein jedes griechisches Gemeinwesen hält sich für den Urheber des
Sieges über die Perser. Daraus erwächst jedoch erst der eigentliche Kernpunkt der
Anekdote, der Neid auf das Verdienst des Themistokles, das die anderen Kollegen
nur widerwillig durch die zweite Stimme zu würdigen wissen. Doch selbst die Mehrheit für Themistokles dabei werten sie nicht als vollgültiges Urteil über dessen über-
ragende Leistung, sondern lassen es unbestätigt, so daß keiner den Ehrenpreis er-

---

7   Cf. als einzigen mir bekannten Beleg Plat. Symp. 220d bei Alkibiades im Feldzug gegen Po-
    teidaia 432. HAMEL 1998, 67f. mit A. 39 schließt daraus, daß bei den Athenern – im Gegensatz
    zu anderen Griechen – die Strategen diesen Preis vergaben. Plat. leg. XII 943b8–c2 sieht für
    seinen Idealstaat vor, daß jede Abteilung des Heeres aus ihren eigenen Reihen den jeweils Tap-
    fersten wähle. HAMEL 1998, 68f. hält diese Regelung aber für unhistorisch.
8   Hdt. VIII 123,1: … ἀριστήϊα δώσοντες τῷ ἀξιωτάτῳ γενομένῳ Ἑλλήνων.
9   Cf. PRITCHETT 1974, 286 mit den Belegen.
10 Cf. POWELL s.vv. ἀριστεύω 1. (11 Belege); ἀριστήϊον, τὸ 1. (3 Belege); ἄριστος 1.e (27 Bele-
    ge); zudem PRITCHETT 1974, 285 und HAMEL 1998, 64–66 A. 25–28.
11 Erst die Nachfahren der so geehrten Athener Kleinias (Hdt. VIII 17), Vater des Alkibiades, und
    Lykomedes (VIII 11) sowie des Spartaners Archias (III 55) spielten in der Politik eine Rolle.
12 Sofern wir den Fall des Pausanias nach Plataiai unberücksichtigt lassen, der laut Hdt. IX 81,2
    den zehnfachen Beuteanteil erhalten habe; darin ist jedoch kein Preis der Tapferkeit zu sehen,
    cf. PRITCHETT 1974, 290.
13 Gegen E.L. WHEELER, The General as Hoplite, in: V.D. HANSON (ed.), Hoplites: The Classical
    Greek Battle Experience, London-New York 1991, 121–170, hier 143. Die beiden von WHEE-
    LER neben Hdt. VIII 123 angeführten Beispiele des Alexander nach der Schlacht am Granikos
    334 (Diod. XVII 21,4) und Caesar nach Pharsalos 48 (App. bell. civ. II 82) sowie des Sparta-
    nerkönigs Agesilaos (Xen. Ages. 2,11) besagen wenig, da wir es jeweils mit Autokraten zu tun
    haben. Die meisten der von PRITCHETT 1974, 276–290 genannten Beispiele zeigen die ἀριστεῖα
    als Mittel der Feldherrn, die Untergebenen zu belohnen und zu neuen Taten anzuspornen.
14 HAMEL 1998, 192f. wertet diese hingegen als Hinweis dafür, daß dieser Preis für den gesamten
    bisherigen Krieg vergeben wurde.
15 Man beachte die fatalen Konsequenzen des Alleinbleibens für die Peloponnesier in VII 139, 3
    und VIII 62,3, wo sich wie in VIII 123,2 das Verb μουνοῦσθαι findet. Cf. den ähnlich verlau-
    fenden Bildhauer-Wettstreit bei Plin. nat. XXXIV 53.

hält. Herodot nennt in der Überleitung zur Ehrung des Themistokles in Sparta den Beweggrund für das schnöde Verhalten der anderen Feldherren: den Neid (φθό-νος).[16] Doch diese Mißgunst erstreckt sich nicht nur auf die Meriten des Themistokles, sondern – wenn wir uns Herodots Anliegen im Athener-Kapitel VII 139 ins Gedächtnis rufen[17] – auch auf die Leistungen der Athener während des Xerxeszuges insgesamt.[18] Es ist sicherlich kein Zufall in der Herodoteischen Darstellung, daß auch die Athener insgesamt für die Schlacht von Salamis nur den zweiten Platz hinter den Aigineten erhalten.[19] Wie die griechischen Strategen des Jahres 480 Themistokles die geziemenden Ehrungen versagen, bestritten die Griechen der folgenden Jahrzehnte die Verdienste Athens um die Perserabwehr. Offenbar hat Herodot seinen Protagonisten nicht nur in der Ambivalenz seines Charakters und seiner Taten als Abbild Athens gezeichnet, sondern auch im Spiegel der Eifersucht der anderen Griechen.

2. Die spartanischen Ehrungen für Themistokles (VIII 124)

Doch auch die Verweigerung der offiziellen Auszeichnung kann nicht verhindern, daß „Themistokles in aller Munde war und in ganz Hellas als der bei weitem klügste der Griechen angesehen wurde".[20] Sein Ruhm (δόξα) hat somit über die Zwischenstufe seines Einflusses bei den Feldherren während der Brandschatzung der Kykladen nach einem stetigen Wachstumsprozeß, der mit seinem „Auftauchen" in der Orakeldebatte seinen Ausgang nahm, an diesem Punkte seinen Zenit und seine größte Verbreitung erreicht.[21] Gerade dem Neid der Feldherren, der das herausragende Verdienst des Themistokles der Vergessenheit anheimfallen lassen möchte, scheint der Geschichtsschreiber wehren zu wollen, wenn er dessen Ruhm so freimütig kündet. Allerdings wurde Herodots Behauptung, Themistokles habe sich vom Isthmos direkt nach Sparta begeben, da er nach der Ehrung begehrte, oft als Tadel an dessen Eitelkeit ausgelegt.[22] In der Tat ist eine Kritik an dessen Ruhmsucht nicht zu leugnen, obgleich hier das agonale Adelsethos und der Grundzug des antiken griechischen Menschen berücksichtigt werden müssen, Ehrungen und sichtbare Zeichen der Anerkennung für seine Tugenden und Leistungen mit aller Kraft zu erstreben.[23]

16 Hdt. VIII 124,1 sieht nicht mehr nur die Feldherren, sondern sämtliche Griechen von diesem Neidgefühl beherrscht.
17 So Wood 1972, 186; Immerwahr 286, 314.
18 Steht diese Anekdote etwa im Zusammenhang mit der komplementären Erzählung bei Plut. Arist. 20,1–3, laut der die Athener nach der Schlacht von Plataiai den Spartanern den Ehrenpreis verweigerten (cf. Hamel 1998, 192 A. 3)?
19 Hdt. VIII 93,1, bes. 122. Cf. Munson 1988, 103. Anders Hamel 1998, 191 A. 2.
20 Hdt. VIII 124,1: ὅμως Θεμιστοκλέης ἐβώσθη τε καὶ ἐδοξώθη εἶναι ἀνὴρ πολλὸν Ἑλλήνων σοφώτατος ἀνὰ πᾶσαν τὴν Ἑλλάδα.
21 Hdt. VIII 112,2 – VII 143,1.
22 Hdt. VIII 124,2: θέλων τιμηθῆναι. Cf. Stein ad VIII 110,3; Busolt GG II² 717. Plut. Them. 17,3 sieht – wie auch Diod. XI 27,3 (Text s.u. S. 326 A. 44) – bei den Spartanern die treibende Kraft der Ehrung. Cf. Noethlichs 1987, 133.
23 Cf. das Verlangen des Achilleus in der Ilias nach Ruhm, zudem Soph. Ai. 439f. Bei Herodot ist

In Sparta angekommen, wird Themistokles mit Ehrungen überhäuft. Die Spartaner erweisen jedoch auch ihrem Landsmann Eurybiades ihre Hochachtung, indem sie ihm als Preis für seine Tapferkeit einen Ölzweig überreichen; Themistokles erhält dasselbe Zeichen, jedoch als Anerkennung für seine σοφίη und δεξιότης.[24] Zudem wird der Athener mit dem schönsten Wagen Spartas beschenkt und von den 300 „Rittern" bis zur Grenze von Tegea begleitet, so daß nach Herodots eigener Aussage Themistokles der einzige Mensch sei, dem die Spartaner je das Ehrengeleit gaben.[25]

Wenn wir die Authentizität dieses Vorganges beurteilen, so hat JORDAN schon die entscheidenden Punkte herausgestellt:[26] Neben der Ehrung des Themistokles in Sparta finden wir in Herodots Bericht kein weiteres Beispiel für ἀριστήϊα, die einseitig von einem Gemeinwesen des Hellenenbundes und auf dessen Territorium[27], nicht in einem Heiligtum verliehen wurden. Zudem fehlt nicht nur jeder Beleg für eine Aufteilung des Preises gemäß den Kriterien von Tapferkeit einerseits und Klugheit andererseits, sondern auch für eine gesonderte Anerkennung der intellektuellen Fähigkeit. Dem Schluß, Themistokles sei tatsächlich in Sparta ebenfalls nur der zweite Platz hinter Eurybiades zugestanden worden[28], begegnet JORDAN mit dem Hinweis, daß Herodot durch die Erwähnung der einzigartigen Ehrenbezeugungen und die spätere Tradition, allen voran Thukydides, durch die Betonung der außergewöhnlichen Bewunderung der Griechen nur auf einen ersten Preis deuten könnten.[29] JORDAN vermutet dahinter eine spezifisch spartanische Ehrung für Themistokles' Verdienste ausschließlich bei Salamis[30], die neben dem eigentlichen Preis, dem Kranz aus Ölzweigen für Klugheit, zusätzlich die Belobigung, den Prunkwagen und das Ehrengeleit vorgesehen habe. Zur Stützung führt JORDAN zahlreiche Zeugnisse an, die vor allem die praktische Klugheit der Spartaner loben; diese reicht von der Gewitzheit im Alltag bis zur Arglist im Krieg.[31] Somit ist es durchaus denkbar, daß die Spartaner die σοφίη des Themistokles zu schätzen wußten, die ihnen den Kampf um ihre Heimat selbst erspart hatte.

Von der σοφίη des Themistokles im Sinne von Gerissenheit Beispiele anzuführen ist hier unnötig. Allerdings bezeichnet σοφίη bei Herodot auch die Begabung,

---

der Ehrgeiz ein menschliches Bedürfnis, so III 53,4; VIII 105,2; IX 71,4. Cf. K.J. DOVER, Greek Popular Morality in the Time of Plato and Aristotle, Oxford 1974, 230–233, 236.

24   Hdt. VIII 124,2. JORDAN 1988, 548f. betont zu Recht, daß mit ἀριστήϊα schon der Preis für Tapferkeit impliziert ist, und widerlegt so die Interpolation von COBET (akzeptiert von LEGRAND), der nach ἔδοσαν <ἀνδρηίης μὲν> einfügen wollte.

25   Hdt. VIII 124,3. Cf. ERBSE 1992, 107: „Die einzigartige Ehrung (…) entspricht dieser herodoteischen Hochschätzung des Mannes."

26   JORDAN 1988, 549f.

27   Vielleicht war aber Sparta als dem Bundeshegemon ein solches Recht zugestanden.

28   So IMMERWAHR 286 A. 139.

29   JORDAN 1988, 550f. Cf. Thuk. I 74,1. Laut Plut. Them. 17,4 bestaunten die Zuschauer bei den Olympischen Spielen – vermutlich des Jahres 476 – statt der Athleten einzig Themistokles. Cf. Ael. Arist. III 325 BEHR = II p. 289 DINDORF; Paus. VIII 50,3; Ail. var. XIII 43.

30   Nach Ausweis von Thuk. I 74,1 und Diod. XI 27,2f.

31   JORDAN 1988, 554f., 557f.: bes. Hdt. IV 77,1; VII 102,1; Xen. Lak. pol. 2,7; zur Anwendung von Kriegslisten ausführlich Plut. Mor. pp. 228–230, 238f; in der Auflistung von Kriegslisten bei KRENTZ 2000, 183–200 finden wir die Lakedaimonier mehr als zwanzigmal.

die Zukunft zu erahnen, insbesondere aus Orakeln den Götterwillen herauszulesen[32]; doch auch dieses trifft in besonderem Maße auf Themistokles zu, so bei der Deutung der Weissagung von der „Hölzernen Mauer" und bei der Berechnung des Verhaltens seiner Gegenspieler.[33] Die δεξιότης („Gewandtheit") ist ebenso ein Charakteristikum des Themistokles; doch betrachtet man die einzige weitere Verwendung dieses Wortstammes bei Herodot, so erfährt diese Eigenschaft nicht seine ungeteilte Bewunderung: In I 60,3 lobt er die Griechen als von jeher δεξιώτερον („klüger") und törichten Einfällen weniger zugänglich denn die Barbaren; trotzdem ersannen Athener, die doch als die klügsten der Hellenen galten, die einfältige List zur Täuschung ihrer Mitbürger, um durch die als Athena verkleidete Phye Peisistratos in die Stadt Athen zurückführen zu lassen: Alle Schlauheit schützt vor Torheit nicht. Bei Aristophanes eignet die Fähigkeit oft dem Gewitzten, der in der Lage ist, andere „übers Ohr zu hauen".[34] Bei Thukydides hat sich die Konnotation von δεξιός bzw. δεξιότης deutlich zur „Verschlagenheit, Arglist" verschoben.[35] Hingegen finden wir diesen Begriff bei den Spartanern, d.h. bei Alkman und Tyrtaios, überhaupt nicht, wie er insgesamt ein nahezu ausschließlich athenischer zu sein scheint.[36] Somit ist es unwahrscheinlich, daß die Spartaner ihren Preis für Themistokles' δεξιότης verliehen haben, geschweige denn, daß sie es offiziell so bezeichneten.[37] Auch wenn wir bei Herodot nicht von einer negativen Bewertung der δεξιότης ausgehen dürfen, so ist anzunehmen, daß er mit diesem Begriff in erster Linie auf die Machenschaften des Themistokles auf Andros, die zweite Geheimbotschaft an Xerxes und die Erpressung der Inseln, anspielt. Insgesamt erscheinen mir σοφίη und δεξιότης in erster Linie als Herodots Mittel zur erneuten Charakerisierung seines Protagonisten.[38] Es dürfte Herodoteische Ironie sein, wenn er die Spartaner, die in seiner Darstellung schon so oft Opfer von Themistokles' Winkelzügen

---

32 Cf. Hdt. I 71,2. II 49,2; III 36,1; 108,1; IV 131. Cf. Jordan 1988, 559.

33 Hier muß aber Jordan 1988, 559f. zugestanden werden, daß auch der Spartaner Lichas diese besitzt, der das delphische Orakel über die Gebeine des Orestes verstehen lernte und damit den Sieg über die Tegeaten herbeiführt (Hdt. I 66–68).

34 Cf. z.B. Nub. 418f.; 1111; Eq. 96, 114; 421; Eccl. 408; Vesp. 1394. Man vergleiche aber die positive Bewertung der δεξιότης in den Ran. 1109f.; cf. ausführlich K. Dover, Aristophanes' Frogs, Oxford 1993, 10, 12–14, der die Überlappung von δεξιότης und σοφία betont (14); den Unterschied zwischen beiden hebt hingegen M. van der Valk, A Few Observations on the Ranae of Aristophanes, Humanitas 33–34, 1981–82, 96–126, hier 109 A. 13, heraus. Ausschließlich positiv bewertet wird δεξιότης von Ps.-Xen. Ath. Pol. 1,6; 1,9.

35 Thuk. III 37,3; 82,7. Ähnlich Aristoph. Nub. 423 u.ö.; Antiph. I 19; Plat. Hipparch. 225c.

36 Pind. I. V 61; N. III 8 bezieht δεξιός im Sinn von „geschickt" nur auf technische Fertigkeiten. Auch in Xen. Ages. und Lak. pol. ist dieser Begriff in übertragener Bedeutung nicht zu finden.

37 Bezeichnenderweise finden wir insgesamt nur eine Inschrift – ein spartanisches Trauerdekret für Titus Statilius Lamprias, gefunden in Epidauros (IG IV² 86 = SEG XXXV 305, Z. 11f.), zudem erst aus der Mitte des 1. Jhs. n. Chr. – welche diesen Begriff als lobenswerte Eigenschaft nennt.

38 Wie schon in der Episode über die Ausplünderung der Kykladen bei den vergöttlichten Abstrakta Πειθώ und Ἀναγκαίη (VIII 111); s.o. S. 286f. Zudem eigneten σοφίη und δεξιότης vor allem den Sophisten, so daß Herodot Themistokles in deren Fahrwasser gesehen haben mag; cf. Diesner 1957, 901.

wurden und laut anderen Erzählungen auch in den folgenden Jahren noch von ihm hintergangen werden[39], diesen gerade für dessen Schlauheit ehren läßt.

Da Preisverleihungen in Sparta äußerst selten[40] und Ölzweige nur den in den Kampf ziehenden Spartiaten und den Gefallenen vorbehalten waren[41], zudem eine Ehrung eines Strategen des griechischen Abwehrbündnisses durch einen Mitglieds-staat auf dessen Territorium ohne Parallele ist, sind doch starke Zweifel an der Historizität der spartanischen Preisverleihung[42] an Themistokles im Herbst 480 angebracht.

Als Vorlage Herodots sollte man eher eine athenische Erzählung annehmen, die das Einvernehmen zwischen Themistokles und den Spartanern in den Monaten nach Salamis erklären sollte[43]: Gemäß dieser mutmaßlichen Erzählung reiste Themistokles wohl nur wenige Monate nach der Schlacht von Salamis nach Sparta – historischer Hintergrund könnte eine diplomatische Mission gewesen sein –, wo ihn die Spartaner durch Geschenke und Ehrungen zu bewegen suchten, fürderhin in Athen eine spartafreundliche Politik durchzusetzen. Den Widerhall dieser Version finden wir noch im Bericht des Ephoros, gemäß dem die Spartaner Themistokles durch die doppelte Zahl an Geschenken gnädig stimmen wollten, damit dieser nicht die Verärgerung der Athener über die Verweigerung des Siegespreises für Salamis gegen Sparta lenke. Ephoros erklärt mit der Empörung der Athener über diese Geschenke, wieso sie Themistokles seines Strategenamtes enthoben hätten.[44]

---

39 Hier ist an die unhistorische Anekdote von seiner Mauerbaugesandtschaft nach Sparta (Thuk. I 89–93; dazu s.u. S. 327 A. 45) oder an die Geschichten über seine abenteuerliche Flucht aus Griechenland zu denken, deren Kenntnis Herodot bei seinem Publikum voraussetzen konnte.

40 Zu Brasidas' Ehrung in Sparta cf. Thuk. II 25,2: ἐπηνέθη ἐν Σπάρτῃ und D.M. LEWIS, Sparta and Persia, Leiden 1977, 42 A. 102, der an eine indirekte Auszeichnung durch dessen Wahl zum Ephoren 431 (Xen. Hell. II 3,10) denkt. JORDANS (1988, 552) Verweis auf die Lobpreisungen derjenigen Spartiaten, die gerade zu Geronten gewählt worden waren (Plut. Lyk. 26,3f.), besagt nichts; cf. den Kommentar ad loc. von M. MANFREDINI & L. PICCIRILLI, o.O. 1980.

41 Cf. Hdt. VII 209; Xen. Lak. pol. 13,8; an. IV 3,17; Plut. Lyk. 22,4; Mor. p. 238; Ail. var. VI 6; cf. ausführlich M. BLECH, Studien zum Kranz bei den Griechen, Berlin-New York 1982, 105–107.

42 Immerhin gelingt es JORDAN 1988, 552f., 561–569, das Ehrengeleit der ἱππεῖς, die als Repräsentaten der Spartiaten fungierten, sowie den Wagentyp, ein κάνναθρον, das im Kult eingesetzt wurde, für Sparta wahrscheinlich zu machen.

43 Davon zeugt noch Thuk. I 91,1; 92.

44 Ephoros bei Diod. XI 27,3: τῶν δ᾽ Ἀθηναίων βαρέως φερόντων τὴν ἄδικον ἧτταν, οἱ Λακε-δαιμόνιοι φοβηθέντες μήποτε Θεμιστοκλῆς ἀγανακτήσας ἐπὶ τῷ συμβεβηκότι κακὸν μέγα βουλεύσηται κατ᾽ αὐτῶν καὶ τῶν Ἑλλήνων, ἐτίμησαν αὐτὸν διπλασίοσι δωρεαῖς τῶν τὰ ἀριστεῖα εἰληφότων. δεξαμένου δὲ τοῦ Θεμιστοκλέους τὰς δωρεάς, ὁ δῆμος τῶν Ἀθηναίων ἀπέστησεν αὐτὸν ἀπὸ τῆς στρατηγίας, καὶ παρέδωκε τὴν ἀρχὴν Ξανθίππῳ τῷ Ἀρίφρονος. „Da die Athener schwer an der ungerechten Niederlage trugen, fürchteten die Lakedaimonier, daß Themistokles aus Ärger über das Geschehene ein großes Übel für sie und die Hellenen ersinnen könnte; deshalb ehrten sie ihn mit Geschenken, die doppelt so groß waren wie die Siegespreise für die Schlacht. Da Themistokles die Geschenke annahm, setzte ihn das Volk der Athener als Strategen ab und übertrug das Amt Xanthippos, dem Sohn des Ariphron." BURN 491; JORDAN 1988, 570; J.P. BARRON, CAH IV² 1992, 594 halten die enge Verbindung zwischen Spartanern und Themistokles für historisch wahrscheinlich. Zur angeblichen Amtsenthebung des Themistokles s.o. S. 249 und s.u. S. 338f.

Welche oben vermutete diplomatische Mission wird nun den historischen Kern für diese Erzählung abgegeben haben? Aufschluß darüber liefert meines Erachtens die Geschichte von der sog. Mauerbaugesandtschaft: Thukydides (I 89–93) berichtet darin für den Herbst 479 oder Winter 479/8 über eine Reise des Themistokles nach Sparta, wo dieser durch Hinhaltemanöver die Spartaner daran hinderte, gegen die Befestigung der Stadt Athen einzuschreiten. Die Thukydideische Anekdote läßt sich als unhistorisch erweisen.[45] Hinter beiden Erzählungen, der Herodots über die spartanischen Ehrungen des Themistokles und der des Thukydides, ist ein und derselbe geschichtliche Vorgang zu vermuten, zumal sie beide von derselben ausgesprochen wohlwollenden und freundschaftlichen Stimmung der Spartaner gegenüber dem Athener zeugen. Für das Datum der tatsächlichen Mission nach Sparta genießt Thukydides sicherlich mit der Angabe der letzten Monate des Jahres 479 Priorität gegenüber Herodot. Gegen Herodots zeitlichen Ansatz spricht schon die historische Wahrscheinlichkeit: Nach dem Sieg bei Salamis und dem gescheiterten Versuch, die Perser von den Ostkykladen und Südeuboia zu verdrängen, dürfte Themistokles kaum Zeit gehabt haben, sich in Sparta ehren zu lassen. Vielmehr muß es nach der Beratung des Abwehrbündnisses über das weitere Vorgehen – das war wohl der eigentliche Zweck der Zusammenkunft der Strategen am Isthmos – seine dringendste Aufgabe gewesen sein, die Rückführung der athenischen Bevölkerung ins zerstörte Attika zu leiten und den Aufbau von Sicherungsmaßnahmen gegen eine neuerliche Invasion der Perser zu überwachen.

Im Herbst und Winter des Jahres 479 gab es weit bessere Gründe für die Athener, Kontakt mit den Spartanern zu suchen. Denn obgleich die Griechen unter Führung des Spartanerkönigs Leotychidas die Perser bei Mykale im Sommer 479 nahezu vernichtet hatten, beteiligten sich die Peloponnesier nicht mehr an der Belagerung von Sestos im Winter 479/8, weshalb die Athener unter ihrem Strategen Xanthippos sogleich die Führung der Operationen übernahmen.[46] Doch der unvermittelte Rückzug der Spartaner aus den gemeinsamen Strafaktionen gegen die Perser bürdete den Athenern die alleinige Verantwortung auf; somit hätte ein möglicher

---

45   Dies möchte ich an anderer Stelle tun. Die These von der Ungeschichtlichkeit vertreten überzeugend E. von Stern, Der Mauerbau in Athen und die List des Themistokles, Hermes 39, 1904, 543–562 (scharf kritisiert von G. Busolt, Thukydides und der Themistokleische Mauerbau. Ein Beitrag zur Sachkritik, Klio 5, 1905, 255–279, und Ed. Meyer, Der Mauerbau des Themistokles, Hermes 40, 1905, 561–569); Beloch GG II² 2,149–154 (scharf kritisiert von Gomme 1945, 267–270); B. Keil, Anonymus Argentinensis. Fragmente zur Geschichte des perikleischen Athen aus einem Straßburger Papyrus, Straßburg 1902, 282–301, der allerdings die Grundzüge der Erzählung für historisch hält (301); cf. auch C.W. Fornara & L.J. Samons II, Athens from Cleisthenes to Pericles, Berkeley-Los Angeles-Oxford 1991, 118–121, die jedoch seltsamerweise annehmen, daß die Spartaner tatsächlich gegen den athenischen Mauerbau opponiert hätten. G. de Sanctis, Atthís. Storia della repubblica ateniese dalle origini alla età di Pericle, Turin ²1912, 493f. stimmt Belochs Einschätzung zu, ebenso A. Heuss, Hellas, in: G. Mann & A. Heuss (edd.), Propyläen Weltgeschichte, Bd. III: Griechenland. Die hellenistische Welt, Berlin-Frankfurt-Wien 1962, 69–400, hier 242, und Welwei 1999, 77, 368f. A. 1f., 370 A. 23. Meiggs übergeht diese Geschichte mit Schweigen, während sie jüngst B. Bäbler, Die archaischen attischen Grabstelen in der themistokleischen Stadtmauer: Grabschändung oder Apotropaion?, Philologus 145, 2001, 3–15, bes. 5f., für historisch hält.

46   Cf. Hdt. IX 114,2; 117; Thuk. I 89,2.

Gegenschlag der Perser auch nur sie allein getroffen. Deshalb ist es durchaus denkbar, daß Themistokles im Namen der Athener im Herbst bzw. Winter 479/8 in Sparta vorstellig wurde, um die Spartaner zu einer erneuten gemeinsamen Offensive gegen die Perser zu bewegen.[47] Sein mutmaßliches Bemühen war wohl von Erfolg gekrönt: Im Frühjahr 478 fuhren 20 peloponnesische Schiffe unter der Führung des spartanischen Regenten Pausanias samt 30 athenischen Schiffen gegen Zypern und verwüsteten einen Großteil davon und eroberten schließlich sogar Byzantion.[48] Was nun auch immer der genaue Grund für die Reise des Themistokles nach Sparta gewesen sein mag, sie hat offensichtlich innerhalb der athenischen Tradition zwei gegensätzliche Ausgestaltungen erfahren: eine dezidiert themistoklesfreundliche, die Thuykdides wiedergibt, und eine kritische, die Herodot als Grundlage für seine Darstellung herangezogen hat.[49]

Nun bleibt zu fragen, worauf Herodot mit seiner Version abgezielt hat. Hierdurch mag er sich die Gelegenheit geschaffen haben, auch erstmals den Spartanern und allen voran Eurybiades die gebührende Anerkennung auszusprechen. Ein solches Lob basiert jedoch trotz dem Opfertod des Leonidas und seiner 300 Spartiaten bei den Thermopylen – zumindest nach Herodoteischem Verständnis – nicht primär auf den spartanischen Leistungen im Jahr 480, sondern auf denen bei Plataiai; Herodot gibt hier also schon eine Gesamtbewertung der Verdienste der Griechen während des gesamten Xerxeszuges ab – die ja am Ende der *Historien* unterbleibt.[50] Ein solcher Vorgriff wird nötig, weil Themistokles nach dem Jahr 480 als Entscheidungsträger vollständig aus dem Herodoteischen Bericht verschwindet, so daß gerade er an dieser Stelle eine abschließende Würdigung erfahren „muß". Dabei hebt Herodot dessen Klugheit heraus, die jedoch immer dazu neigte, das Gegenüber zu hintergehen. Doch charakteristisch für Themistokles ist neben der Heimlichkeit auch die Ruhmsucht, die nicht nur in Sparta, sondern in ganz Hellas ihre Befriedigung findet. Sein großer Ehrgeiz ist allerdings auch als Reaktion auf den gewaltigen Neid der Zeitgenossen auf seinen Erfolg vorstellbar. Denn Mißgunst schlägt ihm allenthalben entgegen, wie Herodot deutlich macht, indem er die Preisverleihung in Sparta mit dem ergebnislosen Zusammenkommen der griechischen Strategen am Isthmos einerseits und dem Wortgefecht des Themistokles mit seinem athenischen Neider Timodemos andererseits umrahmt.

---

47 VON STERN 1904, 562 mit A. 1 geht davon aus, daß die bei Thuk. I 91,3 als Helfer des Themistokles genannten Habronichos und Aristeides zu eben diesem Zweck nach Sparta kamen.

48 Cf. Thuk. I 94. Cf. zu den Optionen der Spartaner und der Gefahr, die Stellung als προστάτης zu verlieren, LOTZE 1970, 265–267; W.G. FORREST, A History of Sparta 950–192 B.C., London ²1980, 99; ROOBAERT 1985, 176–178. Dennoch führen sie die Wende in der spartanischen Außenpolitik zwischen Herbst 479 und Frühjahr 478 auf den Ehrgeiz des Pausanias zurück.

49 MACAN ad VIII 124, Z. 7 bewertet die Herodoteische Version als „caricaturing the visit after Salamis", während die Thukydideische Mauerbaugesandtschaft (I 89–93) einen Rettungsversuch für die Ehre des Themistokles darstelle.

50 Diese Episode überschätzt GOLDSCHEIDER 114 weit, wenn er den zeitgenössischen Spartanern die Wertung zuschreibt, nicht ihre eigene Tapferkeit habe Hellas im Jahr 480 gerettet, sondern Themistokles' Klugheit.

3. Themistokles' Disput mit dem Athener Timodemos (VIII 125)

Im Kontrast zu den Ehrungen des Strategen in Sparta zeichnet Herodot dessen Empfang in seiner Vaterstadt Athen: Sogleich nach seiner Rückkehr wirft ihm der einzig
durch seine Feindschaft charakterisierte Timodemos aus dem Demos Aphidnai „aus
Neid" vor, Themistokles habe die Ehrungen der Spartaner nur mit Hilfe Athens
erhalten, nicht durch seine eigene Tugend (VIII 125). Themistokles' schlagfertige
und hintergründige Antwort könnte als Apophthegma historisch bezeugt sein: Wie
beim Angriff des Adeimantos (VIII 59) gibt er dem Neider zuerst einmal Recht.
Doch dann enthüllt er dessen ganze Armseligkeit: Themistokles wäre sicherlich nicht
von den Spartanern geehrt worden, wenn er von der Insel Belbina stammte; Timodemos hingegen hätte deren Auszeichnung allerdings auch nicht erlangt, obgleich
er Athener sei.

Von dieser Anekdote gibt es neben der Herodoteischen Version eine zweite,
die wir bei Platon finden. Danach schmäht ein Seriphier Themistokles, daß er nicht
durch sich selbst, sondern durch die Stadt Athen Ruhm erlangt habe. Darauf ent-
gegnet dieser: „Freilich, wenn ich aus Seriphos käme, so wäre ich nicht berühmt;
doch auch du wärest es nicht, wenn du ein Athener wärest."[51] Die Platonische Fassung wie die Herodoteische stellen die Problematik prägnant vor: Auf einer kleinen
Insel hätte sich das politische und strategische Genie des Themistokles nie entfalten
und zu solch großer Geltung gelangen können; denn einem Seriphier bzw. Belbini-
ten hätten die Spartaner kaum Beachtung geschenkt, da er nur eine winzige Polis
repräsentierte, zumal er niemals Befehlshaber einer gewaltigen Flotte wie der athenischen sein konnte. Doch auch einem Athener ist nicht von vornherein *qua* Athener ein Platz in der Galerie der großen Hellenen reserviert, sofern er sich nicht durch
persönliche Fähigkeiten wie strategische Klugheit oder Tapferkeit vor den anderen
Griechen auszeichnet. Hier finden wir das im klassischen Athen oft erörterte Problem des Erwerbs der politischen Fähigkeiten und der Faktoren, die zu ihrer Entwicklung beitragen, auf Themistokles projiziert.[52]

Welche der beiden Versionen ist nun die ursprüngliche? Mir scheint dies die
Platonische zu sein:[53] Darauf weisen schon der bestimmte Artikel bei τῷ Σεριφίῳ,
der ihre Verbreitung schon zu Platons Zeiten belegt, und ihre Weitertradierung im
Gegensatz zur Herodoteischen hin. Entscheidend spricht jedoch dafür der Umstand,
daß sie die einfachere Version liefert, die für ein solches Apophthegma von vornherein als originär anzusehen ist.[54] Bei Platon sind der Herkunftsort des Schmähers

---

51 Plat. rep. I 329e7–330a3: ἀλλὰ τὸ τοῦ Θεμιστοκλέους εὖ ἔχει, ὃς τῷ Σεριφίῳ λοιδορουμένῳ
   καὶ λέγοντι ὅτι οὐ δι' αὐτὸν ἀλλὰ διὰ τὴν πόλιν εὐδοκιμοῖ, ἀπεκρίνατο ὅτι οὔτ' ἂν αὐτὸς
   Σερίφιος ὢν ὀνομαστὸς ἐγένετο οὔτ' ἐκεῖνος Ἀθηναῖος. Dieser Version folgen Cic. Cato 8
   und Plut. Them. 18,5.

52 S.o. S. 188 A. 14.

53 So dezidiert POWELL ad loc.; ähnlich GOLDSCHEIDER 115; IMMERWAHR 286 A. 140. Gegenteiliger
   Auffassung sind STEIN ad loc., der bezeichnenderweise zugeben muß, daß die platonische Ver-
   sion die Antithese „vollständiger und schärfer" herausarbeitet; HOW-WELLS ad loc.; FROST 171;
   MASARACCHIA ad loc.; MARR 1998, 116.

54 Man mag einwenden, daß doch eher die Herodoteische Version als *lectio difficilior* als die
   Ursprungsversion anzunehmen sei. Dieser aus der Textkritik entlehnte Grundsatz scheint mir

und die von Themistokles für sich hypothetisch angenommene Abkunft identisch, was erst die Schlagkraft des Bonmots ausmacht. Hier wird der Konflikt zwischen zwei Bürgern verschiedener Staaten ausgetragen: dem Neid, den die anderen Griechen auf Themistokles und mit ihm auch auf Athen hegen, wird ihre eigene Macht- und Bedeutungslosigkeit entgegengehalten.

Deutlich hebt sich die Tendenz bei Herodot davon ab. Dort steht nicht nur – im Unterschied zu Platon – die persönliche Feindschaft ganz im Vordergrund, sondern dafür sind ausschließlich innerathenische Rivalitäten ausschlaggebend. Um nun gerade die Anfeindungen, denen Themistokles nach seinem Triumph in seiner Heimtstadt ausgesetzt war, deutlich sichtbar zu machen, muß Herodot die einfache Ursprungsversion modifizieren, indem er den Schmäher zu einem Athener macht, der zudem noch aus dem großen und einflußreichen Demos Aphidna stammt.[55] Da nun der Herodoteische Themistokles nicht mehr die Herkunft seines Neiders gegen diesen ausspielen kann, wird er frei in der Wahl eines hypothetischen Vergleichsortes, die auf das gegenüber Seriphos noch weit unbedeutendere Eiland Belbina direkt vor der attischen Küste fällt.[56] Dennoch ist Themistokles imstande, den Vorwurf, er schöpfe die Ehrungen ab, die der ganzen Stadt zustünden, umzudrehen: Indem er Timodemos dessen Mangel an Begabung, Klugheit und dessen niedrige Gesinnung vorhält – Timodemos repräsentiert den Typ des schmähsüchtigen Neiders, der sich an den Großen der Geschichte vergreift und der im Thersites der Ilias sein Urbild hat[57] –, vermag Themistokles *e contrario* seine eigenen Fähigkeiten nachdrücklich zu betonen. Mit dieser Anekdote hat Herodot also zum Abschluß seiner Charakteristik Themistokles einen glanzvollen Sieg über seine athenischen Gegner[58] verschafft, die aus purem Neid das Ansehen des Siegers von Salamis nach Kräften zu schmälern suchen. Gerade um diese innerathenische Rivalität ist es dem Historiker hier zu tun.[59]

Hingegen stehen in der Platonischen Version sowohl Themistokles als auch – an zweiter Stelle – Athen auf der Gewinnerseite. Daher können wir hier als Aus-

freilich auf die Entstehung und Überlieferung solcher Bonmots nicht anwendbar, bei denen es doch auf die größtmögliche Zuspitzung der Pointe ankommt.

55   Cf. D. WHITEHEAD, The Demes of Attica 508/7 – ca. 250 B.C. A Political and Social Study, Princeton 1986, 11, 22, 368, bes. 373: Der Demos Aphidna stellte nach Acharnai (22) mit 16 die meisten Ratsherren der attischen βουλή. – J. LABARBE, Timodemos d'Aphidna, RBPh 36, 1958, 31–50, versucht aber nachzuweisen, daß Timodemos aus einem lakonischen, uns sonst unbekannten Ort namens Aphidna stamme.

56   Cf. K. OBERHUMMER, RE III (1895), s.v. 1), 198; MÜLLER 1987, 930. Belbina wird 425/4 (IG I³ 71, Kol. I Z.88) mit einem φόρος von 300 Drachmen geführt.

57   Cf. Hom. Il. II 211–277 und MAZZARINO 1974, I 188.

58   CULASSO GASTALDI 1990, 70 sieht in der Episode ein Anzeichen für „un crescere generalizzato di malumori politicamente motivati." Cf. CORCELLA 1984, 203f.

59   Allein der Name „Timodemos" mit seinen beiden Bestandteilen, „Ehre" und „Volk", könnte als Hinweis auf den Konflikt zwischen Individuum und Kollektiv fingiert worden sein. Freilich ist dieser Name nach Ausweis von M.J. OSBORNE & S.G. BYRNE, A Lexicon of Greek Personal Names, vol. II: Attica, Oxford 1994, s.v. in Athen sehr oft belegt. Auf der Agora wurde sogar ein Ostrakon mit dem Namen eines Τιμοδεμ[…] | […]ος Φυλογ[…] gefunden, das in den Zeitraum 485 bis 480 zu datieren ist; cf. LANG 1990, Nr. 130b; BRENNE 2001, 304f.

gangspunkt der Anekdote ein Apophthegma[60] annehmen, das wohl schon kurze Zeit nach den Perserkriegen entstand und mit dem die Athener die Anfeindungen der restlichen Griechen gegen ihren Vorkämpfer und seine Vaterstadt parieren konnten.

Beiden Versionen ist der Triumph des Themistokles über seine Neider gemeinsam. Herodot läßt diesen jedoch allein aus dem Gegensatz zwischen Themistokles und seinen athenischen Mitbürgern erwachsen, nachdem er zuvor gezeigt hat, wie schon die Mißgunst der anderen Griechen die Ehrungen in Sparta nicht verhindern konnte. In den abschließenden Episoden über den Kampf des Themistokles um Anerkennung scheint Herodot ein wichtiges Ziel seiner Anekdoten über ihn zu offenbaren: Er möchte die Leistungen des Themistokles der schmähsüchtigen Verleumdung seiner athenischen und griechischen Feinde entwinden und jenen ein bleibendes Denkmal setzen, nachdem er in den vorherigen Erzählungen über sein Wirken im Jahr 480 schon den ihm vorliegenden Traditionen die scharfe antithemistokleische „Spitze abgebrochen" und stattdessen das Verdienst des Themistokles um die Rettung Athens und ganz Griechenlands herausgestellt hat.

4. Der Neid als Grund für den Niedergang des Themistokles

Doch auch wenn Herodot sich in den *Historien* dieser schweren Aufgabe der Ehrenrettung des Themistokles unterzieht, so kann er doch dessen späteren jähen Fall nicht ignorieren, auf den er ja schon mit dessen angeblicher ἀποθήκη, welche dieser später beim Perserkönig einlösen mußte, hingewiesen hat (VIII 109,5). Und auch die letzten Kapitel VIII 123–125 über die Preisverteilung am Isthmos und in Sparta sowie Themistokles' Empfang in Athen hat Herodot vermutlich zur Erklärung des späteren Sturzes komponiert. Alle drei Episoden verbindet das Element des Neides (φθόνος): Bei der verhinderten Preisverteilung auf dem Isthmos tritt die Mißgunst aller anderen Griechen gegenüber Themistokles deutlich zutage, was diesen wiederum veranlaßt, sich in Sparta die verdienten Ehrungen zu holen. Seine Ruhmsucht führt nun die erbitterten Anfeindungen durch seine athenischen Rivalen herauf. Herodot betont die φιλοτιμία des Themistokles zwar, doch weit stärker geißelt Plutarch dieses Laster.[61]

Angesichts von Plutarchs Anekdote über Miltiades, dessen Forderung nach einem Ölkranz für seinen Sieg bei Marathon von dem Athener Sophanes mit Hinweis auf das Mitwirken aller Athener abgelehnt worden sei[62], könnte man versucht sein,

---

60 Darauf weist Seriphos' sprichwörtliche Armut hin: Aristoph. Ach. 542, Schol. ad loc.; Schol. Plat. rep. I 329; Isokr. XIX 9; cf. L. BÜRCHNER, RE II A 2 (1923), s.v. Seriphos 1), 1729–1733, hier 1732 mit weiteren Belegen. Es stellte jedoch bei Salamis immerhin eine Triëre (Hdt. VIII 46,4) und zahlte im Attischen Seebund lange Jahre jeweils ein Talent; cf. MEIGGS 558f.

61 Plut. Them. 18,1: τῇ φύσει φιλοτιμότατος „von Natur aus höchst ehrsüchtig"; zudem 2,1; 3,4; 5,3f.; 18; 22,2; 31,1. Cf. ausführlich die Analyse des plutarchischen Themistokles bei LEVI 1955, 9–58, 237, 240f., 245, und H. MARTIN, Jr., The Character of Plutarch's Themistocles, TAPhA 92, 1961, 326–339, hier 331–334.

62 Plut. Kimon 8,1. Hdt. IX 73f. bezeichnet diesen Sophanes als den tapfersten Athener bei Plataiai.

darin nur einen Topos moralisierender Autoren wie Herodot und Plutarch über die Ruhmsucht verdienter Männer zu sehen. Doch zeigt eine ganze Reihe von Zeugnissen aus dem fünften Jahrhundert, daß schon damals die Zeitgenossen die Frage leidenschaftlich diskutierten, wem das Hauptverdienst am Gewinn einer Schlacht zuzusprechen sei, dem Feldherrn oder dem Gros der einfachen Soldaten.[63] Überdies erkannten die Zeitgenossen den Neid der Mitmenschen als entscheidenden Faktor für das Schicksal eines Themistokles, Kimon oder Perikles.[64]

Die Mißgunst hat schon Pindar als Auslöser für den Ostrakismos berühmter Athener erkannt, so im Falle des Alkmaioniden Megakles.[65] Mit allem Nachdruck stellt Plutarch den Neid als eigentliche Triebkraft hinter der Einrichtung des Ostrakismos bloß, worin er sich wohl auf Theophrasts Πολιτικὰ πρὸς τοὺς καιρούς stützt.[66] Plutarch umschreibt es als Zweck dieser spezifisch athenischen Institution, durch die zeitweise Verbannung eines einflußreichen Bürgers dem Neid eine gemäßigte Form der Befriedigung zu verschaffen; dafür nennt er als tieferen Grund die Vorliebe des Volkes, große Männer zu demütigen und sie ihrer Ehren zu berauben.[67] Vor diesem Haß der Athener gegen den allzu Berühmten in ihren eigenen Reihen läßt Euripides Medea (294–305) gerade wegen ihrer Klugheit erzittern. Ragt gegen den nivellierenden Gleichheitsanspruch der Demokratie einer heraus, so ist Mißgunst die unausweichliche Folge.[68]

Wie stark der Neid auf berühmte Politiker im allgemeinen und auf Themistokles im besonderen den einzelnen Bürger in seinem Verhalten leiten konnte, belegt das Ostrakon mit der Aufschrift: Θεμιστοκλεῖ τόδε ὄστρακον [Φ]ρεαιρίωι [τ]ιμεῖς hένεικα.[69] Auch wenn die Bedeutung von τιμή in diesem Zusammenhang nicht

---

63   Cf. Eur. Andr. 693–702; fr. 788 NAUCK²; Aischin. III 183–185; Demosth. XXIII 196–209, bes. 198: οὐδ᾽ ἔστιν οὐδεὶς ὅστις ἂν εἴποι τὴν ἐν Σαλαμῖνι ναυμαχίαν Θεμιστοκλέους, ἀλλ᾽ Ἀθηναίων, οὐδὲ τὴν Μαραθῶνι μάχην Μιλτιάδου, ἀλλὰ τῆς πόλεως. „Keinen gibt es, der behauptet, daß die Seeschlacht bei Salamis Themistokles gehört – sie ist vielmehr das Werk der Athener – oder die Schlacht bei Marathon dem Miltiades – der Stadt gehört sie." Zudem III 23–26; XIII 21–31; XX 112–115; cf. STARR 1962, 327.

64   Zum folgenden cf. P. WALCOT, Envy and the Greeks. A study of human behaviour, Warminster 1978, 52–66. Zum Neid bei Herodot cf. DREXLER 1972, 144–148; J. CAMPOS DAROCA, La envidia de los griegos: aspectos de la memoria en la primera historiografía, FlorIlib 2, 1991, 93–98; T. HARRISON, The cause of things: envy and the emotions in Herodotus' Histories, in: D. KONSTAN & N.K. RUTTER (edd.), Envy, Spite and Jealousy. The Rivalrous Emotions in Ancient Greece, Edinburgh 2003, 143–164, hier 150 A. 27.

65   P. VII, 18–21. Zur Datierung cf. P. PULMAN, Phthonos in Pindar, Berkeley-Los Angeles-London 1992, 20f.

66   Cf. A.E. RAUBITSCHEK, Theophrastos on Ostracism, C&M 19, 1958, 73–109 = 1991, 81–107. Hingegen hält JACOBY Comm. ad FGrHist 328 F 30 Ephoros oder eine Atthis für die Quelle. Cf. FROST 191f.; J.J. KEANEY, Theophrast on Ostracism and the Character of his NOMOI, in: PIÉRART 1993, 261–278.

67   Plut. Arist. 7,2; Them. 22,4f. Zur angeblichen Beschneidung allzu großer Macht Alkib. 13, 6. Cf. WALCOT 1978, 55f., 58, zudem S. RANULF, The Jealousy of the Gods and Criminal Law of Athens, vol. I, London-Kopenhagen 1934, 132–142.

68   Cf. Eur. Phoin. 531–548, bes. 531–540; Agathon fr. 24 SNELL, dazu WALCOT 1978, 60–62, 64f.

69   „Diese Scherbe dem Themistokles aus Phrearrhioi der *Ehre* halber!" Das Ostrakon im Kerameikosmuseum O 8500, zuerst publiziert von M. ERVIN, Newsletter from Greece, AJA 71, 1967, 293–306, hier 295; nun bei BRENNE in: SIEWERT 2002, 130f., T. 1/147.

ganz eindeutig ist – man kann an „Belohnung", „Anerkennung" oder „Ehrenpräsent" denken –, so sind doch die Ironie und der dahinter stehende Neid des Ostrakonschreibers spürbar.[70] Die Mißgunst der Mitbürger hat Themistokles laut Plutarch gerade dadurch geschürt, daß er ihnen nach Salamis bis zum Überdruß seine Verdienste in Erinnerung gerufen hat.[71] Großen Widerwillen soll er zudem dadurch erzeugt haben, daß er einen – archäologisch nachweisbaren – Artemis-Tempel in unmittelbarer Nähe seines Hauses erbauen ließ und der Göttin demonstrativ den Beinamen Ἀριστοβούλη („Beste Ratgeberin") gab, um so seinen Anspruch auf Anerkennung als klügster Berater der Griechen anzumelden.[72]

Aus der Tatsache, daß Herodot am Ende der Charakteristik des Themistokles das Motiv des φθόνος so stark akzentuiert, läßt sich folgern, daß er wahrscheinlich – wie später auch Ephoros, Theopomp und Plutarch[73] – dessen Sturz auf den Ostrakismos zurückführt, von dem diese Autoren meinen, er sei aus purem Neid auf das Ansehen und die weitreichende Geltung des Themistokles erwachsen. Darauf könnte Herodot anspielen, wenn er schon vorher (VIII 109,5) andeutet, Themistokles werde von den Athenern „ein Leid" widerfahren. Allerdings ist gerade bei den späteren Autoren nicht zu übersehen, daß sie auch der Ruhmsucht des Themistokles eine Mitschuld daran beimessen.

Die Parallelen des Herodoteischen Themistokles zur mythischen Figur des Aias sind bemerkenswert:[74] Beide werden um die gebührende Würdigung ihre Kriegstaten durch eine geheime Abstimmung gebracht – im Falle des Aias um die Waffen des Achilleus, um die ihn Odysseus durch Bestechung betrügt.[75] Das schreckliche Schicksal des Aias haben Pindar in der 8. Nemeë, die zwischen 460 und 457 zu datieren ist,[76] und Sophokles im zwischen 451 und 446 anzusetzenden *Aias* darge-

70 Cf. die verschiedenen Interpretationen von E. Vanderpool, Ostracism in Athen, Cincinnati 1970, 8f.; Podlecki 194; Siewert 1991, 9f.; Brenne in: Siewert 2002, 130f., T 1/147.
71 Plut. Them. 22,1; Demosth. XXIII 205: ἐκεῖνοι Θεμιστοκλέα λαβόντες μεῖζον ἑαυτῶν ἀξιοῦντα φρονεῖν ἐξήλασαν ἐκ τῆς πόλεως καὶ μηδισμὸν κατέγνωσαν. „Jene Vorfahren ertappten Themistokles, daß er sich besser als sie dünkte, verbannten ihn aus der Stadt und verurteilten ihn wegen Medismos." Cf. die Analyse von B. Eder in: Siewert 2002, 368–372, T 27. Zur Überheblichkeit und dem übermäßigen Streben nach Ehre als Vergehen cf. D.L. Cairns, *Hybris,* Dishonour, and Thinking Big, JHS 116, 1996, 1–32, bes. 26; dieses Verhalten wurde wohl oft als Anlaß für einen Ostrakismos genommen, cf. P. Siewert in: id. 2002, 506f.
72 Plut. Them. 22,2. Cf. Stein-Hölkeskamp 1989, 211f.; Welwei 1999, 76. Zum Tempel cf. Threpsiades-Vanderpool 1964, 26–36. Zum εἰκόνιον des Themistokles, das laut Plutarch darin aufgestellt war, cf. Krumeich 1997, 78f., 241. Zur römischen Kopie der Themistokles-Herme aus Ostia, die sicher auf ein Original aus der Frühklassik zurückgeht, das vermutlich noch zu seinen Lebzeiten entstand und stark portraithafte Züge trägt, cf. Podlecki 143–146; ausführlich Krumeich 1997, 72–78, 241 (mit Literatur), Abb. 27–29.
73 Cf. Diod. XI 54,5–55,1; Plut. Them. 17,1; 22,1; 22,5; 23,4; 24,3; dazu Martin 1961, 332–334.
74 Die Ähnlichkeiten mit dem Sophokleischen Aias betont Raubitschek 1958, 109 = 1991, 107.
75 Cf. Ilias parva und Aithiopis nach Schol. Aristoph. Equ. 1056, bes. Aischylos' Ὅπλων κρίσις. Zudem Goldscheider 149 A. 2, ausführlich S. Fuscagni, La condanna di Temistocle e l'*Aiace* di Sofocle, RIL 113, 1979, 167–187.
76 Auf den φθόνος bezogen Pind. N. VIII 23, 26: κεῖνος καὶ Τελαμῶνος δάψεν υἱόν, φασγάνῳ ἀμφικυλίσαις. ... | κρυφίαισι γὰρ ἐν ψάφοις Ὀδυσσῆ Δαναοὶ θεράπευσαν. „Jener verdarb auch Telamons Sohn und ließ ihn sich ins beidseits gebogene Schwert stürzen. ... Denn in der geheimen Abstimmung waren die Griechen Odysseus zu Diensten." Zur Datierung cf. C.M.

stellt.[77] Besonders zu beachten ist die Abstimmung über die Vergabe der Waffen des Achill mittels Stimmsteinen, die vermutlich erst Pindar in diese Erzählung eingeführt hat.[78] Eine Kritik am Modus der Entscheidungsfindung im demokratischen Athen erscheint hier impliziert: Nicht mehr der Tugend und Kampfesstärke fiel der Siegespreis zu, sondern nur noch der Überredungsgabe, die allein die Masse der Juroren zu beeindrucken vermochte.[79] Eine ähnliche Absicht kann man wohl Herodot bei seiner Darstellung unterstellen, die Abstimmung über die Preisverteilung am Isthmos sei durch Stimmsteine (ψῆφοι) vorgenommen worden.[80] Ob er jedoch damit auch direkt auf den Ostrakismos des Themistokles anspielt, muß ebenso Spekulation bleiben wie eine Antwort auf die Frage, inwieweit Pindar und Sophokles mit der Figur des Aias auf das bemerkenswerte Schicksal des Themistokles hindeuten wollten. Denn beide schrieben diese Passagen wohl nur wenige Jahre nach dem – angeblichen – Selbstmord des Themistokles um 459. Auch der Suizid verbindet sein Ende mit dem des Aias.[81]

Mißgunst schlägt dem Herodoteischen Themistokles nicht nur in Athen, sondern überall in Hellas entgegen, wie am Verhalten der anderen griechischen Strategen zu ersehen ist. Und nachdem ihn die Spartaner in Athen wegen Medismos verklagt haben, ist er, wie wir aus Thukydides[82] erfahren, weder in seinem Zufluchtsort nach dem Ostrakismos, Argos, noch bei den Korkyraiern noch beim Molosserkönig Admetos noch irgendwo sonst in Hellas sicher. Mit seinen abschließenden Episoden über Themistokles könnte Herodot einen Ausblick auf dessen weiteres Schicksal geliefert haben. Nach seiner Auffassung mögen es der Neid seiner atheni-

---

BOWRA, Pindar, Oxford 1964, 412f.; hingegen datiert N.O. BROWN, Pindar, Sophocles and Thirty Years' Peace, TAPhA 82, 1951, 1–28, sie ins Jahr 445. Zu den Parallelen zu Sophokles' Aias cf. A. MILLER, Phthonos and Parphasis: The Argument of Nemea 8,19–34, GRBS 23, 1982, 111–120; PULMAN 1992, 44–47, 92–95.

77   Zur Datierung FUSCAGNI 1979, 180–187; A. LESKY, Geschichte der griechischen Literatur, Bern-München ³1971, 316 datiert die Tragödie noch in die 450er Jahre. Cf. Soph. Ai. 441–449; auch 154–163, cf. J.F. DAVIDSON, The Literary Background of Sophocles, Ajax 154–163, Eranos 87, 1989, 91–96.

78   Cf. BROWN 1951, 15 A. 23, 16; W.B. STANFORD, The Ulysses Theme. A Study in the Adaptability of a Traditional Hero, Oxford ²1968, 94; C.P. SEGAL, Pebbles in Golden Urns: The Date and Style of Corinna, Eranos 73, 1975, 1–8, hier 6. Cf. Ai. 1135 zum Betrug mit den Stimmsteinen und Schol. Pind. N. IV 58d; zu Vasendarstellungen des Aias und Odysseus mit den Stimmsteinen cf. O. TOUCHEFEU, LIMC I 1 (1981), s.v. Aias I, XXIII,3. Ajax, Ulysse, et le vote des Grecs, 326f.

79   Cf. ausführlich S. MURNAGHAN, The Trials of the Hero in Sophocles' Ajax, in: M.M. MACKENZIE & C. ROUECHÉ (edd.), Images of Authority, FS J. REYNOLDS (PCPhS Suppl. 16), Cambridge 1989, 171–193, hier 175f., und R. GARNER, Law & Society in Classical Athens, London-Sydney 1987, 109f. zur Kritik an den vielköpfigen Gerichtshöfen Athens, die Mitte des 5. Jhs. immer größeren Einfluß gewannen. Cf. Ps.-Xen. Ath. Pol. 1,13; 1,18.

80   Hdt. VIII 123,2: διέφερον τὰς ψήφους „(die Strategen) verteilten die Stimmsteine". Der Ausdruck (δια)φέρειν ψήφους ist im demokratischen Athen ein terminus technicus für die Abstimmung in der Volksversammlung (Andok. I 1; Demosth. LVII 61; auch Hdt. IV 138,1); cf. SEGAL 1975, 1f.

81   Cf. MURNAGHAN 1989, 185f.; P. VIDAL-NAQUET, Ajax ou la mort du héros, BAB 74, 1988, 463–486.

82   Thuk. I 135–137,3. Zur Flucht des Themistokles aus Hellas jüngst KEAVENEY 2003, 7–37.

schen Mitbürger, den Themistokles durch seine unbändige Ruhmsucht mitverschuldet hat, und der Haß seiner griechischen Landsleute gewesen sein, die ihn zur Flucht nach Persien getrieben und somit – zumindest in den Augen der Griechen – zum Verräter an Hellas gemacht haben.

VIII. Der politische Niedergang des Themistokles

1. Mögliche Verratsvorwürfe als Gründe für Themistokles' Niedergang

Herodot verfolgt die Geschicke des Themistokles nur bis zu den Reaktionen der Umwelt auf seinen Triumph bei Salamis; danach verschwindet der Athener vollständig und spurlos aus Herodots Bericht. Auch aus anderen Quellen erfahren wir nur sehr wenig über sein Schicksal bis zur Verbannung aus Athen. Offenbar konnte er seine im Jahr 480 laut Herodot unbestrittene Führungsposition in der athenischen Politik nicht nur nicht behaupten: Wir können ihn seit dem Jahr 479 nicht einmal mehr im athenischen Strategenkollegium nachweisen.[1]

Gerade daß nicht Themistokles, sondern Aristeides das athenische Aufgebot in die Schlacht von Plataiai führte, die vermutlich im August 479 geschlagen wurde und somit schon zum folgenden Amtsjahr 479/8 gehörte[2], läßt vermuten, daß Themistokles zumindest für 479/8 nicht zum Strategen gewählt wurde.[3] Falls er trotzdem damals noch Stratege gewesen sein sollte[4], dann ist zwar durchaus die Führung des athenischen Heeres durch Aristeides mit einer Abneigung des Themistokles gegen eine Landkriegsstrategie erklärbar[5], doch die Überlassung der Flottenführung an den mit den Alkmaioniden liierten Rivalen Xanthippos ist kaum verständlich. Näherliegend als ein freiwilliges Zurücktreten von der strategischen Leitung[6] ist in diesem Fall noch Themistokles' Durchfallen bei den Strategenwahlen: Im-

---

1 Allerdings ist nicht auszuschließen, daß eine Verwundung aus den Perserkriegen oder eine Krankheit Themistokles dies unmöglich gemacht hat.

2 Cf. *Marmor Parium* FGrHist 239 A 52; Diod. XI 27,1; zudem BELOCH GG II² 2,53.

3 So u.a. U. KAHRSTEDT, RE V A (1934), s.v. Themistokles 1), 1686–1697, hier 1692; WELWEI 1999, 68, 76.

4 So MACAN 1895, II 332–334; HIGNETT 277f.; PODLECKI 30; CULASSO GASTALDI 1990, 71 mit Literatur (A. 37). BELOCH GG II² 2,144 hält ihn sogar für den Vorsitzenden des Kollegiums. Auch FORNARA 1971c, 42 schließt eine Strategie des Themistokles im Jahr 479/8 nicht aus. H.D. MEYER 1963, 432f. erkennt, Ed. MEYER GdA IV⁵ 478 folgend, gerade in Themistokles den *spiritus rector* der athenischen Nachkriegspolitik und sogar der Gründung des Seebundes (für die Forschungsmeinungen zu seiner Haltung dazu cf. SMARCZYK 1990, 433f. A. 102). GEHRKE 1984, 551 sieht wie auch SMARCZYK 1990, 406 A. 52 den Bruch zwischen Themistokles und Kimon erst in der zweiten Hälfte der 470er Jahre wegen des Dissenses über die Sparta-Politik vollzogen.

5 Themistokles hatte sich bei der Expedition ins Tempetal zumindest vordergründig darauf eingelassen; cf. aber auch Plut. Them. 7,1f.

6 Zum Fehlen eines formellen Oberbefehls s.o. S. 115f. Die Erklärung MUNROS 1902, 301, Themistokles habe seinen beiden Rivalen die Führung im Jahr 479 dafür zugestanden, daß sie ihm freie Hand für seine Seekriegsstrategie im Jahr 480 gewährten (von HOW-WELLS II 390 akzeptiert), hat HIGNETT 278 widerlegt: Woher sollten sie wissen, daß der Xerxeszug zwei Feldzugssaisons umfassen würde? Laut HIGNETT 278 könnte Themistokles das Flottenkommando abgelehnt haben, weil er die Athener nicht davon überzeugen konnte, eine ausreichende Zahl an Schiffen zur griechischen Flotte von 110 Schiffen (Hdt. VIII 131) beizusteuern.

merhin hatte seine ausschließliche Seekriegsstrategie den Athenern die völlige Verwüstung der Stadt und Attikas eingebracht. Trotz der siegreichen Seeschlacht bei Salamis mag ihnen die Bekämpfung der Perser mit einem Heer, die offenbar von Aristeides propagiert wurde, nun geboten erschienen sein, so daß Themistokles als Verfechter der Seekriegsstrategie ausgedient hatte.[7] Daß im Frühsommer 479 dennoch Attika erneut vor den vorrückenden Persern unter Mardonios geräumt werden mußte, hatte vermutlich nicht mehr Themistokles zu verantworten, sondern dürfte gravierenden Abstimmungsproblemen zwischen Athenern und Spartanern zuzuschreiben sein.[8] Es ist bezeichnend für seinen Machtverlust, daß damals ungeachtet seines hohen Ansehens in Sparta nicht er, sondern sein Rivale Aristeides, nach anderen Quellen seine Widersacher Kimon, Xanthippos und Myronides als Botschafter dorthin gesandt wurden, um die Spartaner um schnelle Hilfe gegen Mardonios zu bitten.[9] Einiges deutet darauf hin, daß Themistokles durch eine Koalition seiner beiden Gegner Aristeides[10] und Xanthippos, später auch durch Kimon politisch matt gesetzt wurde.[11] Doch neben dieser politischen Erklärung, die sich kaum durch konkrete Quellenzeugnisse untermauern läßt, könnte sich eine Begründung aufspüren lassen, die viel stärker vom Charakterbild des Themistokles, genauer gesagt: von den Erzählungen über sein Verhalten während des Jahres 480 ausgeht.

Ein Hauptziel der vorliegenden Studie war es, wahrscheinlich zu machen, daß Herodot bei seinen Berichten über Themistokles von Erzählungen ausgegangen ist, die ihn als Verräter am Kampf der Griechen verunglimpften. Ein solches Gerücht über die Bestechung des Themistokles durch die perserfreundlichen Histiaier könnte als Vorlage für die Herodoteische Darstellung über die Schlacht am Kap Artemision gedient haben. Auch die Geschichten von Themistokles am Tempepaß und seiner zweiten Geheimbotschaft an Xerxes mögen auf solche Verleumdungen zurückgehen; selbst seine erste Geheimbotschaft vor Salamis hat aufgrund ihrer doppelten Verwendbarkeit das Potential, ihn als seit jeher latenten Perserfreund zu diffamieren. Schließlich scheint der Bestechungsvorwurf gegen Themistokles in den

---

7 BURN 491f. und LAZENBY 1993, 209f. vermuten aus demselben Grund, daß er von den Athenern nur noch mit diplomatischen Aufgaben betraut wurde, so im griechischen Generalstab auf dem Isthmos.

8 Cf. Hdt. IX 3–11. Jedoch ist hierbei immer mit starken Entstellungen des Sachverhalts durch Herodots athenische Quellen zu rechnen.

9 Cf. Plut. Arist. 10,8–10 = Idomeneus FGrHist 338 F 6; JACOBY ad loc. bezweifelt die Führungsrolle des Aristeides. Cf. Hdt. IX 6–11; STEIN-HÖLKESKAMP 1989, 210.

10 RHODES 292f., 348f. und CAH V² 1992, 64 vermutet insbesondere aufgrund von Aristot. Ath. Pol. 23,2–5, wo Aristeides neben Themistokles als „Führer der Volkspartei" (προστάτης τοῦ δήμου) bezeichnet wird (cf. ibid. 24,2; 41,2 und Plut. Arist. 22,1 mit volksfreundlichen Maßnahmen), und aufgrund von Plut. Arist. 25,10, daß Aristeides nach 480 keineswegs mehr gegen Themistokles gestanden habe. Allerdings werden in Aristot. Ath. Pol. 28,2 beide als Opponenten, Themistokles als Führer des Volkes, Aristeides jedoch als Führer der Reichen aufgeführt; dieses Schema finden wir fast durchgehend in Plutarchs einschlägigen Biographien: in Kim. 5,6 und 10,8 u.ö. erscheint Aristeides als Bundesgenosse des Kimon. Cf. STEIN-HÖLKESKAMP 1989, 210f.; zudem CHAMBERS 1990, 271.

11 So KIECHLE 1967, 265f., 296; CRESCI MARRONE 1986, 130f.; KNIGHT 1970, 28, 32, der in der Erzählung um die erste Geheimbotschaft ein Propagandamittel der Alkmaioniden gegen Themistokles sieht (42f.).

Fällen der gescheiterten Belagerungen von Andros und Karystos am sichersten greifbar. Wenn solche Erzählungen über den „Verräter Themistokles" im Umlauf waren, so drängt sich die Frage auf, wann diese entstanden sind und in welchen Zusammenhängen sie virulent wurden. Um es gleich vorwegzuschicken: Eindeutig läßt sich ihr historischer Kontext nicht festmachen. Dennoch möchte ich im folgenden mögliche Gelegenheiten durchspielen: Die Anekdoten über Themistokles' Verrat könnten sämtlich erst nach seiner Flucht zu den Persern um 465 entstanden sein. Da er aber nach Ausweis einiger Quellen schon in den Jahren zwischen Salamis und seiner Flucht in Athen vermutlich sogar mehrmals kapitaler Verbrechen beschuldigt wurde, sind zuerst mögliche Zusammenhänge für das Aufkommen solcher Verleumdungen im Zeitraum zwischen 480 und ca. 465 zu erwägen.

Eine erste Gelegenheit, in der solche Verratsvorwürfe zur Stimmungsmache oder gar vor Gericht eingesetzt wurden, mag die Zeit unmittelbar nach dem Scheitern der Athener bei Andros und Karystos gewesen sein, die dann für Themistokles den endgültigen Verlust der strategischen Leitungsfunktionen zeitigte. Denkbar ist seine formelle Anklage in einem vor der Volksversammlung eröffneten εἰσαγγελία-Verfahren[12] wegen Landesverrats im Winter 480/79, von dem er freigesprochen wurde; sonst wäre wohl das vorgesehene Todesurteil vollstreckt worden bzw. Themistokles in keinerlei verantwortliche Position mehr in Athen gelangt. Vielleicht wurde er auch schon durch eine ἀποχειροτονία („Abwahl") formell seines Amtes enthoben, ohne daß dies zwangsläufig ein Gerichtsverfahren nach sich ziehen mußte.[13] Ebenso möglich ist – wie im Falle des Miltiades gesehen – zwar ein Freispruch im Hauptanklagepunkt des Landesverrats, hingegen ein Schuldspruch in Nebenpunkten, so z.B. dem von der Volksversammlung nicht autorisierten Abbruch der Belagerungen oder anderen formalen Versäumnissen des Strategen. Auch in diesem Falle wäre seine Wiederwahl für das Jahr 479/8 blockiert worden. Und tatsächlich finden wir bei Ephoros für das Jahr 479/8 die Nachricht, daß das athenische Volk Themistokles als Strategen abgesetzt und das Amt Xanthippos übertragen habe.[14] Vielleicht spricht ja Herodots Angabe, daß Xanthippos schon im Früh-

---

12   Diese Prozeßform wurde bei Vergehen gegen die Stadt angewandt, oft bei Strategen, cf. U. KAHRSTEDT, Untersuchungen zur Magistratur in Athen. Studien zum öffentlichen Recht Athens II, Stuttgart 1936, 106f., 111f.; ausführlich mit vielen Beispielen die auch für das 5. Jh. erschöpfende Behandlung von M.H. HANSEN, *Eisangelia*. The Sovereignty of the People's Court in Athens in the Fourth Century B.C. and the Impeachment of Generals and Politicians, Odense 1975; zusammengefaßt in HANSEN 1995, 224–226. Cf. auch HAMEL 1998, 126–130.

13   Beispiele für eine Strategenabsetzung ohne belegten Prozeß bei Thuk. VIII 54,3 und Demosth. XXIII 149; cf. HANSEN 1975, 43 mit A. 50; HAMEL 1998, 122f. A. 1, 145, 151. Zur Amtsenthebung mittels Abwahl (ἀποχειροτονία) Aristot. Ath. Pol. 61,2; cf. CHAMBERS 1990 und RHODES ad loc., wobei fraglich ist, ob schon zu Beginn des 5. Jhs. in jeder Hauptversammlung der Volksversammlung (κυρία ἐκκλησία) eine ἐπιχειροτονία, eine allgemeine Abstimmung über die Amtsführung der Magistrate, durchgeführt wurde; cf. zudem BUSOLT-SWOBODA 1926, 1006f.; W. SCHWAHM, RE Suppl. VI (1935), s.v. Strategos (attisch), 1071–1081, hier 1075; KAHRSTEDT 1936, 105–124. HARRISON 1971, 59; HANSEN 1975, 41–45; 1995, 229f.; CARAWAN 1987, 177–181; KULESZA 1995, 18f., 34f.; HAMEL 1998, 122–126 sehen die ἀποχειροτονία zumindest im 4. Jh. als Anfangsphase eines Eisangelieprozesses.

14   Bei Diod. XI 27,3. Text s.o. S. 326 A. 44.

jahr 479, also noch im Amtsjahr 480/79, als Stratege die athenische Flotte zum Sammelpunkt der Griechen nach Aigina und später auch in die Schlacht von Mykale führte, für die Richtigkeit dieser Angabe.[15] Zwar klingt Ephoros' Begründung für die Absetzung – die Athener hätten Themistokles die Annahme der überreichen Geschenke der Spartaner verübelt, welche diese ihm gegeben hätten, um möglichen feindlichen Akten seitens Themistokles gegen sie vorzubeugen – nach gelehrter Konstruktion, die sein Verschwinden aus dem Strategenkollegium erklären sollte.[16] Doch untermauert die von Ephoros vorgestellte Grundkonstellation – Themistokles wird wegen der Annahme von Geschenken einer auswärtigen Macht abgesetzt – den hier gemutmaßten Klagegrund der Bestechlichkeit.[17]

Daß wir nicht den kleinsten Hinweis auf einen solchen Prozeß in unseren Quellen finden, wäre nicht zu verwundern: Denn zum einen hätte er allemal im Hauptanklagepunkt des Landesverrats, wenn nicht gar in allen mit Freispruch geendet; zum anderen hätte er in der Zwischenzeit zwischen den beiden Evakuierungen Athens stattgefunden, so daß schriftliche Nachrichten darüber durch die zweite persische Plünderung Athens zerstört worden sein könnten. Selbst wenn wir keinen Prozeß, jedoch immerhin das Umlaufen solcher Verratsgerüchte annehmen, so mag allein der Verdacht, einen Verräter im Generalstab zu haben, die athenischen Bürger bei den Wahlen im Frühjahr 479 davor haben zurückschrecken lassen, Themistokles wieder die Strategie zu übertragen.

Ob gar die Invektive des Rhodiers Timokreon, die vermutlich aus der Mitte der 470er Jahre stammt, gegen Themistokles als „Lügner, Übeltäter und Verräter" auf einen Medismosvorwurf abzielt[18], ist nicht endgültig zu entscheiden, wobei der persönliche Bezug auf dessen offenbar nur vorgeblichen Bruch von Absprachen zur Repatriierung des verbannten Timokreon wahrscheinlicher ist.[19] Aus diesen Versen zu schließen, Themistokles wäre an der Spitze einer athenischen Flotte nach 478 nach Rhodos vorgestoßen und hätte dort die politischen Verhältnisse ordnen können[20], ist angesichts des oben schon angesprochenen, völlig ungeklärten histori-

15 Hdt. VIII 131,3. Zur Frage, wann im Jahr die Strategen jeweils ihr Amt antraten, s.o. S. 249 A. 359. SCHWAHM 1935, 1075; R. DEVELIN, Athenian Officials 684–321 BC, Cambridge 1989, 65f. und LAZENBY 1993, 209 halten dies für zutreffend, wobei LAZENBY ibid. A. 22 auf die Schwierigkeit bei einer Ersetzung im Strategamt hinweist, daß beide aus unterschiedlichen Phylen stammten, Themistokles aus der Leontis, Xanthippos aus der Akamantis. Neben anderen hält PODLECKI 95 und id., Perikles and his Circle, London-New York 1998, 5 Ephoros' Nachricht für nicht authentisch.
16 So HIGNETT 275f., CULASSO GASTALDI 1990, 73f.; HAMEL 1998, 141; zudem KAHRSTEDT 1934, 1692. Cf. aber auch KULESZA 1995, 90.
17 Der an sich unverständliche Unmut der Athener darüber, daß Themistokles so überschwenglich von den Spartanern geehrt wurde – deren Anerkennung für ihn mußte doch auch auf ganz Athen abfärben – (cf. PODLECKI 30), würde dann erklärlich, wenn ursprünglich die Geschenke keine Ehrungen, sondern Bestechungsgelder, und zwar seitens der Feinde Athens, gewesen wären.
18 Timokreon fr. 727 PMG = Plut. Them. 21,4, Z. 5, Text s.o. S. 60 A. 259. Cf. PODLECKI 53: „Timocreon's use of the term (sc. προδόταν) would have much more point if Themistocles were already under indictment, or even had already been condemned, for treason at Athens."
19 S.o. S. 318f.
20 MEIGGS 415 vermutet, daß Themistokles 479/8 als Stratege Rhodos und die südliche Ostägäis für die Griechen zurückgewonnen habe. BELOCH GG II² 2,144f. A. 1 (auf 145); FORNARA 1966c,

schen Kontextes der Verse nicht möglich.[21] Falls die Selbstbezichtigung des Timokreon, nicht nur er selbst, sondern auch andere hätten den Persern Eide geschworen,
aus demselben geschichtlichen Umfeld spätestens Mitte der 470er Jahre und nicht –
wie oft angenommen – erst aus der Zeit nach Themistokles' Verurteilung *in absentia* stammt und tatsächlich auf diesen abzielt, als er gerade unter Medismos-Anklage stand[22], dann ist der Bezug auf solch frühe Gerüchte über dessen Verrat nahelie-
gend. Denn, wie Plutarch im unmittelbaren Anschluß an die Zitate aus Timokreons
Invektiven behauptet, „der Neid hat die Athener dazu gebracht, solchen Verleumdungen nur allzugern Glauben zu schenken; dies hat Themistokles wiederum dazu
genötigt, das Volk penetrant an seine Verdienste zu erinnern, wodurch er ihm lästig
wurde."[23] Also scheinen solche Diffamierungen schon geraume Zeit vor seinem
Ostrakismos virulent gewesen zu sein.

Gegen die Verbreitung solcher Medismosvorwürfe schon in den frühen 470er
Jahren spricht jedoch der Umstand, daß Themistokles damals zumindest noch als
auswärtiger Botschafter Athens tätig war. Dabei verdient das bekannteste Zeugnis
dafür die geringste Glaubwürdigkeit: Laut Thukydides (I 89–93) habe er durch seine hinhaltende und täuschende Gesandtschaft in Sparta den Wiederaufbau der athenischen Stadtmauer bewerkstelligt. An anderer Stelle hoffe ich zeigen zu können,
daß die Geschichte von der Themistokleischen Mauerbaugesandtschaft eine erfunde-
dene Aitiologie zur Erklärung der Verbauung vieler Spolien darstellt und sich an
eine Gesandtschaft des Themistokles nach Sparta vermutlich 479/8 angelagert hat,
welche die Spartaner zu einer Beteiligung am athenischen Ausgreifen auf die kleinasiatische Küste bewegen sollte.[24] Durchaus glaubhaft ist immerhin die Nachricht,
daß Themistokles mit den Spartanern in Konflikt geraten sei, als er deren Versuch
vereitelt habe, die perserfreundlichen Mitglieder, insbesondere die Thessaler, Argiver und Thebaner, aus der Delphischen Amphiktionie auszuschließen.[25] Allein die-

---

260f. sowie Bowra 1961, 353f.; Cresci Marrone 1986, 129f.; Marr 1998, 126f. datieren diese
Operation ins Jahr 478/7, Molyneux 1992, 108–110 noch etwas später; s.o. S. 319 A. 187f.

21 De Ste. Croix 1972, 173 A. 20; Lenardon 1978, 104; Robertson 1980, 63f. und Stehle 1994,
510f. bestreiten die Historizität eines solchen Ausgreifens. Robertson 1980, 65f. datiert das
Gedicht nach den Fall der vier genannten Feldherren und sogar nach Themistokles' Verurteilung wegen Medismos, da προδόταν auf diesen Umstand anspiele (69). Stehle 1994, 514f. hält
hingegen das Fragment für ein Stück symposiastischer Literatur ohne jede direkte historische
Bezugnahme. Cf. O. Vox, Bacchilide e Timocreonte contro Temistocle, Prometheus 10, 1984,
117–120.

22 Timokreon fr. 3 Diehl = 729 PMG = Plut. Them. 21,7, Text s.o. S. 60 A. 261. Cf. Podlecki 53f.
Die Einleitung zu diesem Gedicht von Plut. Them. 21,7: ὡς οὖν ὁ Θεμιστοκλῆς αἰτίαν ἔσχε
μηδίζειν, ταῦτ᾽ ἐποίησεν εἰς αὐτὸν, „Als nun Themistokles unter der Anklage der Perser-
freundschaft stand, dichtete Timokreon folgendes gegen ihn", besagt keineswegs, daß er schon
wegen Medismos verurteilt worden und im Exil war, wie Kirchhoff 1876, 45f.; Podlecki 53
und Molyneux 1992, 109f. meinen und deshalb dieses Gedicht voreilig nach ca. 470 datieren.
Jedoch spricht κόλουρις „kupierter Schwanz" (Z. 4) für die Beschränkung des Bürgerrechts
durch den Ostrakismos; cf. Plut. Them. 18,4; Arist. 7,2; Marr 1998, 116, 129.

23 Plut. Them. 22,1: Ἤδη δὲ καὶ τῶν πολιτῶν διὰ τὸ φθονεῖν ἡδέως τὰς διαβολὰς προσιεμένων,
ἠναγκάζετο λυπηρὸς εἶναι τῶν αὑτοῦ πράξεων πολλάκις ἐν τῷ δήμῳ μνημονεύων.

24 S.o. S. 327f.

25 Plut. Them. 20,3f. S.o. S. 127f. und Podlecki 29; Marr 1998, 124f. – Die Anekdote bei Plut.

se Maßnahme wies ihn nach außen als Sympathisanten der Perserfreunde aus.[26] Zudem habe er den Ausbau der athenischen Flotte und des Piräus-Kriegshafens vorangetrieben.[27] Daß Themistokles also keineswegs völlig von der politischen Bühne Athens verschwunden ist, zeigt sich auch in seiner Choregie für die Tragödie *Phoinissai* des Phrynichos im Jahr 477/6.[28]

Die zweite Gelegenheit, bei der diese Verleumdungen des Themistokles eingesetzt worden sein können, ist – sofern historisch – ein Gerichtsverfahren gegen Themistokles wegen Landesverrats, das den Medismosvorwurf klären sollte[29] und vor seinen wohl ins Jahr 471 zu datierenden Ostrakismos zu setzen ist.[30] Kronzeuge für diesen Prozeß ist Diodor, der überliefert, Themistokles sei freigesprochen worden.[31]

Them. 20,1f. (auch Arist. 22,2), daß Themistokles die bei Pagasai überwinternde Hellenenflotte – den historischen Hintergrund bildet die Strafexpedition des Leotychidas gegen Thessalien um 477/6 – anzünden will (Cic. off. III 11,49 nennt die spartanische Flotte bei Gytheion als Ziel), ist historisch zweifelhaft und entstammt wohl einer Tradition, die Aristeides, der diesem Plan widerrät, als Verteidiger des Rechten gegenüber dem Nützlichen zeigen soll; cf. Marr 1998, 123f.; Frost ad loc.

26   Cf. Macan 1908, II 336 A. 1.
27   Cf. Thuk. I 93,2–4; Diod. XI 41; 43.
28   Cf. Plut. Them. 5,5; J. Roisman, On Phrynichos' *Sack of Miletos* and *Phoinissai*, Eranos 86, 1988, 15–23, hier 16 mit A. 3; 22f. mit A. 35; Podlecki 47 A. 4; Marr 1998, 81, 131.
29   Anders Cawkwell 1970, 54 A. 6: „While it is probable enough that Themistocles was on trial before the ostracism, the charge of medism seems unlikely." Medismos war nach attischem Recht kein eigener Straftatbestand, sondern fiel nach dem νόμος εἰσαγγελτικός unter Verrat (προδοσία); cf. D.F. Graf, Medism: the Origin and Significance of the Term, JHS 104, 1984, 15–30, hier 15f.; Robertson 1980, 69 mit A. 26 gegen Culasso Gastaldi 1990, 76 A. 42.
30   R.J. Lenardon, The Chronology of Themistocles' Ostracism and Exile, Historia 18, 1959, 23–48, hier 34f., 48, datiert den Prozeß „ca. 476" (wobei er für den Ostrakismos das Jahr 474/3 ansetzt), De Bruyn 1995, 55 „vers 476/5", J. Barrett, The Downfall of Themistocles, GRBS 18, 1977, 291–305, hier 305, spätestens 473. Carawan 1987, 197–200 setzt ihn ins Jahr 472, sieht darin jedoch aufgrund der zweifelhaften Zeugnisse von Aristot. Ath. Pol. 25,3 und Hypoth. Isokr. VII, die Themistokles mit Ephialtes verbinden, jenen vor dem Areopag wegen Unterschlagung öffentlicher Gelder (cf. Plut. Arist. 4,3) angeklagt; kritisch Culasso Gastaldi 1990, 199 A. 255. De Bruyn 1995, 55f. und Barrett 1977, 292–294, 296f., 304 vermuten Leobotes als erfolglosen Ankläger des Themistokles – zu Unrecht, denn Leobotes' Nennung bei Plut. Mor. p. 605e setzt dessen Verurteilung voraus. Podlecki 39, 97f. und E. Badian, From Plataea to Potidaea. Studies in the History and Historiography of the Pentecontaetia, Baltimore-London 1993, 89 halten einen Prozeß vor dem Ostrakismos für durchaus möglich.
31   Diod. XI 54,5: οὐ μὴν ἀλλὰ κατηγορηθεὶς ὁ Θεμιστοκλῆς τότε μὲν ἀπέφυγε τὴν τῆς προδοσίας κρίσιν. διὸ καὶ τὸ μὲν πρῶτον μετὰ τὴν ἀπόλυσιν μέγας ἦν παρὰ τοῖς Ἀθηναίοις. „Jedenfalls stand Themistokles unter Anklage, entging aber damals noch der Verurteilung wegen Verrats. Deshalb war er auch nach dem Freispruch zuerst einflußreich bei den Athenern." Diodor berichtet dies – samt dem weiteren Schicksal des Themistokles – zwar unter dem Archontatsjahr 471/0, doch entspricht dies seiner Praxis, zusammenhängende Ereignisse, die mehrere Jahre umfassen, nur unter einem Jahr wiederzugeben, für das ihm eine Datierung vorlag (cf. Lenardon 1959, 24 A. 6; Keaveney 2003, 108f.) – in diesem Fall für den Ostrakismos des Themistokles. Daß die Spartaner Themistokles' Gegner in Athen zur Anklage anstachelten und auf seine angebliche Komplizenschaft mit Pausanias verwiesen, hat Diodor (vielleicht schon Ephoros) fälschlicherweise vom zweiten Prozeß (cf. Thuk. I 135,2f.; Plut. Them. 23) auf den ersten übertragen. Jacoby Comm. ad FGrHist 70 F 189–190 (S. 89f.) hält den zweiten Prozeß für eine Dublette wie auch Culasso Gastaldi 1990, 198–200, 207, 279 und C. Ruggeri, Il

Als weiterer Beleg für einen solchen frühen Prozeß gilt einigen Plutarchs Erwähnung von „früheren Anklagen" im Vorfeld des zweiten Prozesses, in dem Themistokles *in absentia* schließlich des Verrats für schuldig befunden wurde.[32] Doch die Phrase ταῖς προτέραις κατηγορίαις meint die „früheren Vorwürfe" wegen unbändiger Herrschsucht, mit denen Themistokles die nun erhobene Beschuldigung, er habe sich und ganz Hellas an den persischen Feind „verkauft", als absurd erweisen will.[33] Da Herrschsucht kein Straftatbestand war, ist der Begriff κατηγορίαι hier untechnisch, d.h. nicht als Prozeßklagegrund, sondern allgemein im Sinne von „Vorwurf" gebraucht. Gerade die Machtgier führten Autoren späterer Zeiten als Hauptgrund für die Ostrakisierungen von hochgestellten Persönlichkeiten an. So werden auch spätere Rhetoren diesen mutmaßlichen Vorwurf gegen die Anklage wegen Medismos bei der Komposition einer *Apologia Themistoclis* ausgespielt haben.[34] So bleibt uns lediglich das Zeugnis des Ephoros für einen solchen frühen Prozeß.

Eine dritte Möglichkeit für das Aufkommen solcher Gerüchte über Themistokles bildet sein Ostrakismos, der nach Diodor (XI 55,1) meist in das Jahr 471/0 datiert wird, wobei das Datum nicht mit letzter Sicherheit zu gewinnen ist, was für unsere Frage aber auch nicht von Belang ist.[35] Daß die Athener ihn aus der Stadt verbannten, weil er zu stolz und mächtig geworden war und den stadtstaatlichen Rahmen zu sprengen drohte, ist sicherlich späte gelehrte Konstruktion, die auf Theo-

---

processo ‚panellenico' di Temistocle, in: M. SORDI (ed.), Processi e politica nel mondo antico (CISA 62), Mailand 1996, 29–35, hier 30 A. 4, sowie ausführlich KEAVENEY 2003, 105–108. Laut BAUMANN 1990, 24 wollte Ephoros mit einem fingierten Freispruch verdeutlichen, daß die Athener zum Ostrakismos greifen mußten, um das durchzusetzen, was sie in einem fairen Prozeß nicht erreichen konnten.

32 Cf. die in A. 30 genannte Literatur. BARRETT 1977, 293 glaubt, daß sich ταῖς προτέραις κατηγορίαις auf die erfolglose Anklage des Leobotes (cf. Plut. Them. 23,1) beziehe. Ähnliches erwägen W.G. FORREST, Themistocles and Argos, CQ 10, 1960, 221–241, hier 237, und D. SANSONE, Plutarch: Aristeides and Cato, Warminster 1989, 201.

33 Plut. Them. 23,4f.: ... διὰ γραμμάτων ἀπολογουμένου μάλιστα ταῖς προτέραις κατηγορίαις. διαβαλλόμενος γὰρ ὑπὸ τῶν ἐχθρῶν πρὸς τοὺς πολίτας ὡς ἄρχειν μὲν αἰεὶ ζῆτων, ἄρχεσθαι δὲ μὴ πεφυκὼς μηδὲ βουλόμενος, οὐκ ἄν ποτε βαρβάροις αὐτὸν οὐδὲ πολεμίοις ἀποδόσθαι μετὰ τῆς Ἑλλάδος. „In seiner brieflichen Rechtfertigung verwies er vor allem auf *die früheren Vorwürfe*. Denn seine Gegner hätten ihn damals bei den Mitbürgern verleumdet, daß er zwar unablässig nach Herrschaft strebe, doch weder geschaffen noch willens sei, einen Herrn über sich zu dulden. Dann hätte er aber sich und ganz Griechenland sicherlich nicht an die Barbaren, die Feinde, verkauft."

34 So FROST 196 und MARR 1998, 136f. K.B.J. HERBERT, Ephorus in Plutarch's Lives: A Source Problem, Diss. Harvard Univ., Cambridge/Mass. 1954, 64f. (zitiert nach PODLECKI 98 A. 24) hält diese Verteidigung für eine Erfindung des Ephoros. Sehr skeptisch auch KEAVENEY 2003, 10, 106f. L. THOMMEN, Spielräume der Demokratie. Der Prozeß gegen Themistokles, in: L. BURCKHARDT & J. VON UNGERN-STERNBERG (edd.), Große Prozesse im antiken Athen, München 2000, 81–95, hier 92, sieht hierin einen Versuch Plutarchs, die widersprüchlichen Berichte des Thukydides und des Ephoros zu harmonisieren.

35 Zur Datierung cf. STEINBRECHER 1985, 18–29; MARR 1998, 130f.; BRENNE in: SIEWERT 2002, 247–257, bes. 249f. (T 15); KEAVENEY 2003, 109–112 mit Verweis auf Nep. Arist. 3,3 und Cic. Lael. 42. LENARDON 1959, 24–29 geht eher von 474/3 aus; ähnlich FROST 169–171. Zentral ist dabei die Frage, ob Diodor das Datum 471/0 für den Ostrakismos oder für die Verurteilung wegen Medismos in seiner vermutlich dokumentarischen Quelle vorfand.

phrasts Überlegungen zum Zweck des Ostrakismos zurückgehen.[36] Wahrscheinlicher ist dagegen eine Kampagne seiner politischen Gegner, allen voran des Kimon und des Aristeides sowie der Alkmaioniden.[37] Daß sie sich dafür des Medismosvorwurfs bedienten, ist in den gefundenen Ostraka jedoch nicht nachweisbar: Denn unter den insgesamt über 2000 Scherben gegen Themistokles nennen die drei Scherben, die noch einen Vorwurf aufführen, ihn zwar einen „Fluch für das Land" und „Wollüstling" und „widmen" ihm die Scherbe „der Ehre halber", doch fehlt jegliche Bezichtigung als Perserfreund oder Verräter.[38] Allerdings spielte der Medismosvorwurf bei vielen Ostrakophorien im frühen fünften Jahrhundert eine zentrale Rolle, ohne daß er auf den Scherben jeweils nachweisbar wäre.[39]

Insgesamt besitzt also der gut bezeugte Prozeß προδοσίας gegen Themistokles nach seiner Verbannung aus Athen die höchste Wahrscheinlichkeit als historisches Umfeld für das Aufkommen der Verratsvorwürfe. Zu dieser Zeit lebte er schon im Exil in Argos, was mögliche Medismosgerüchte noch schüren mußte, da Argos während des Xerxeszuges mit den Persern sympathisiert und auch noch in den Folgejahren Anlehnung an den Großkönig gesucht hatte.[40] Thukydides, Diodor und Plutarch stimmen darin überein, daß die Spartaner den Anstoß zur Anklage des Themistokles in Athen gaben, nachdem sie in den Briefen des gerade getöteten spartanischen Regenten Pausanias angeblich auch Material, das den Athener belastete, gefunden hätten.[41] Ihre Übereinstimmung geht so weit, daß kein antiker Autor den Eindruck vermittelt, daß die Spartaner irgendwelche stichhaltigen Beweise für den Medismos des Themistokles in Händen gehabt hätten – abgesehen von dem nur schwer justitiablen Vorwurf, er habe die hochverräterischen Pläne des Pausanias nicht den Behörden angezeigt.[42] Doenges betont zu Recht, daß die damalige Ver-

36 Nep. Them. 8,1; Diod. XI 55,2f.; Plut. Them. 22,4f. Zu Theophrast s.o. S. 332 mit A. 66.
37 Als eine konzertierte Aktion der führenden Familien gegen Themistokles sehen dies Kagan 1969, 59; Meiggs 87; Podlecki 34–38; skeptisch Roberts 1982, 147.
38 Cf. die Ostraka bei Brenne in: Siewert 2002, 130–132, T1/149, T1/150, T1/147; zudem die Zusammenstellung von Ostraka mit Beischriften ibid. 80–141 (T 1/35–155), G.A. Lehmann, Der Ostrakismos-Entscheid in Athen: Von Kleisthenes zur Ära des Themistokles, ZPE 41, 1981, 85–99, hier 97 A. 35, warnt zu Recht vor einer Überinterpretation der Beischriften, die sich auf nicht einmal 1% aller Scherben finden.
39 Cf. Stein-Hölkeskamp 1989, 204; Siewert 1991, 4f.; McMullin 2001, 62–66; Brenne in: Siewert 2002, 156–160.
40 Cf. Thuk. I 135,3; Hdt. VII 151f. Cawkwell 1970, 45 unterschätzt die Wirkung seines Aufenthalts in Argos bes. auf Sparta; dagegen Robertson 1980, 75f.; Graf 1979, 308. Forrest 1960 vermutet, daß Themistokles eine spartafeindliche Politik betrieben habe, v.a. durch das Bestreben, Demokratien auf der Peloponnes zu etablieren (so Gomme 1945, 408f.; 437; A. Andrewes, Sparta and Arcadia in the Early Fifth Century, Phoenix 6, 1952, 1–5; Adshead 1986, 86–103). Skeptisch dazu M. Wörrle, Untersuchungen zur Verfassungsgeschichte von Argos im 5. Jahrhundert vor Christus, Diss. Erlangen 1964, 120f.; J.L. O'Neill, The Exile of Themistokles and Democracy in the Peloponnese, CQ 31, 1981, 335–346; D.M. Lewis, CAH V² 1992, 107f.
41 Thuk. I 135,2; Diod. XI 55,4; Plut. Them. 23.
42 Cf. Diod. XI 54,4; 55,8; Plut. Them. 23,2. Cawkwell 1970, 40, 43f.; Robertson 1980, 72f.; Baumann 1990, 27; Marr 1998, 136; Keaveney 2003, 8f. Hingegen sieht Kahrstedt 1934, 1694 die Schuld des Themistokles darin, daß er Pausanias' eigentliches Vergehen, seine Umsturzbestrebungen mit Hilfe befreiter Heloten, nicht angezeigt habe, wozu er als Bürger eines

breitung von Gerüchten, Themistokles habe schon im Jahr 480 Verrat an den Griechen geübt, sehr gut erklären könnte, wieso die Athener den spartanischen Anklagen so schnell und bereitwillig Glauben schenkten.[43]

Mangels konkret bezeugter Verratsbeschuldigungen hat CAWKWELL[44] den Medismosvorwurf in Themistokles' stark antispartanischer Haltung nach dem Xerxeszug begründet gesehen. Denn obgleich Herodot, von seiner gehässigen Alkmaionidenquelle verleitet, Themistokles allenthalben als Schurken darstelle, werfe er ihm niemals Verrat an den Griechen vor. Somit könne, so CAWKWELLS voreiliger Schluß, Themistokles' tatsächliches Verhalten während des Xerxeszuges niemals unter den Verratsverdacht gefallen sein, den Herodots Voreingenommenheit sonst sicherlich aufgegriffen hätte. Seine Auffassung, daß Themistokles sowohl vor seinem Exil in Argos als auch währenddessen keine Gelegenheit gehabt habe, mit dem Großkönig hochverräterische Kontakte anzuknüpfen, da er diesem nichts zu bieten gehabt hätte, unterschätzt den Spielraum des Themistokles[45] und die propagandistische Wirkung für den Großkönig, die ein Überlaufen des Themistokles gehabt hätte. Nach CAWKWELLS Meinung bildet die Politik des Themistokles, die über den Vorbereitungen für den bevorstehenden Kampf mit Sparta um die Hegemonie in Hellas die persische Bedrohung mehr und mehr aus den Augen verloren habe, den eigentlichen Grund dafür, daß Themistokles gerade gegenüber Kimons betont spartafreundlicher Ausrichtung immer stärker in den Verdacht geraten sei, durch eine Annäherung an die Perser die Position Athens stärken zu wollen.[46] Zwar werden ihn seine gegen Sparta gerichteten Maßnahmen, so die Verhinderung des von Sparta geforderten Ausschlusses der Perserfreunde aus der Delphischen Amphiktionie und die mutmaßlichen Agitationen auf der Peloponnes, auch in Athen Sympathien gekostet, in die politische Isolation hineinmanövriert[47] und ihm den Vorwurf eingebracht

---

Mitgliedstaates des Peloponnesischen Bundes verpflichtet gewesen sei. Der Medismosvorwurf sei bei beiden nur ein Vorwand gewesen.

43 DOENGES 1981, 317. Cf. Thuk. I 135,2.
44 CAWKWELL 1970, 40–43.
45 ROBERTSON 1980, 74f. verweist auf die Mission des Arthmios von Zeleia, der Geld des Perserkönigs „auf die Peloponnes und nach Griechenland" gebracht haben soll und deshalb von den Athenern geächtet wurde (Demosth. IX 41–44; XIX 271f.; Plut. Them. 6,4 gibt jedoch Themistokles selbst als Initiator dieser Ächtung an, was FROST und MARR 1998 ad loc. jedoch Kimon zuschreiben, worin sie Krateros FGrHist 342 F 14 = Schol. Ael. Arist. III τεττ. p. 334 DINDORF folgen). JACOBY Comm. ad loc. und MEIGGS 73, 511f. bringen diese Mission mit Pausanias und Themistokles in Verbindung; ähnlich E. LUPPINO MANES, Il decreto ateniese di *atimia* contro Artmio di Zeleia (prosseno degli Ateniesi?), RSA 12, 1982, 241–250, hier 246–250; zudem WALLACE 1970, 200f. Hingegen bezweifelt HABICHT 1961, 27 die Authentizität dieses Ächtungsbeschlusses.
46 CAWKWELL 1970, 44–47, 53. So schon BUSOLT GG III 1,110f.; auch GRAF 1979, 310f.; ROBERTS 1982, 147f.; BAUMANN 1990, 27f.; THOMMEN 2000, 91f.
47 Ob tatsächlich Themistokles' spartafeindliche Politik die Lakedaimonier veranlaßte, den jungen Kimon als dessen Gegenspieler aufzubauen (cf. Plut. Them. 20,4; Kim. 16,2), und Aristeides eben dasselbe tat (cf. Plut. Kim. 5,6; 10,8; Mor. p. 791a, 795c), kann aufgrund der spärlichen Quellen nicht verifiziert werden. So hält GEHRKE 1984, 551 A. 57 es für durchaus möglich, „daß Themistokles' antispartanische Haltung erst ex post (nach seinem Ostrakismos und seiner Tätigkeit auf der Peloponnes) konstruiert wurde."

haben, das 481/0 geschlossene innergriechische Bündnis zu zerreißen; doch taugte eine solche Beschuldigung keinesfalls für eine förmliche Anklage προδοσίας, sondern höchstens als politische Begründung für seinen Ostrakismos.[48]

Für den Hochverratsprozeß des Themistokles mußten „handfestere" Indizien vorliegen.[49] Und wir finden auch Hinweise darauf in den Quellen: Laut Plutarch hat Leobotes, Sohn des Alkmaion,[50] Themistokles wegen Verrats angeklagt[51]. Theophrast nennt in Περὶ νόμων die Vergehen, welche die Prozeßform der εἰσαγγελία forderten. Laut Krateros von Makedonien hat Leobotes in seiner εἰσαγγελία-Klage[52] mindestens eines davon Themistokles vorgeworfen:[53]

Θεόφραστος δὲ ἐν τῷ τετάρτῳ Περὶ νόμων φησὶ γενέσθαι, ἐάν τις καταλύῃ τὸν δῆμον ἢ ῥήτωρ <ὢν> μὴ τὰ ἄριστα συμβουλεύῃ χρήματα λαμβάνων· ἢ

48 Cf. Frost 167; Robertson 1980, 73; Marr 1998, 132.
49 Laut Robertson 1980, 73f. wurde später der Medismosvorwurf gerade bei demokratischen Politikern oft mit der Behauptung verbunden, sie hätten Geld vom Großkönig erhalten; cf. Hell. Oxy. 10,2–5 Chambers zum Korinthischen Krieg.
50 Plut. Them. 23,1: ὁ δὲ γραψάμενος αὐτὸν προδοσίας Λεωβώτης ἦν ὁ Ἀλκμαίωνος Ἀγρυλῆθεν, ἅμα συνεπαιτιωμένων τῶν Σπαρτιατῶν. „Derjenige, der ihn wegen Verrats anklagte, war Leobotes, der Sohn des Alkmaion, aus Agryle; gleichzeitig erhoben die Spartaner dieselbe Beschuldigung." Da der Name Leobotes für einen spartanischen König (Hdt. I 65, VII 204), sonst jedoch nicht in Attika belegt ist, drückt sein Vorkommen bei den Alkmaioniden ihre enge Beziehung zu Sparta aus; cf. P.J. Bicknell, Studies in Athenian Politics and Genealogy (Historia Einzelschriften 19), Wiesbaden 1972, 54–58. Die bei Plut. Arist. 25,10 als Ankläger angeführten Alkmaion – vermutlich hier wie auch Mor. p. 805c versehentlich der Vater des Leobotes statt des Sohnes selbst gesetzt; cf. Frost 193; anders Barrett 1977, 296f. – und Kimon sowie „andere" mögen den Personenkreis umschreiben, der Themistokles mit Vorwürfen zusetzte, die v.a. in der politischen Öffentlichkeit verhandelt wurden; cf. Marr 1998, 134. Zur engen Verbindung der Alkmaioniden mit Kimon cf. Plut. Kim. 4,9.
51 Cf. zur Verratsanklage Thuk. I 138,6; Idomeneus FGrHist 338 F 1; Diod. XI 55,4; Schol. Aristoph. Equ. 84; Nep. Them. 8,3.
52 Von einem εἰσαγγελία-Verfahren vor der athenischen Volksversammlung gehen Hansen 1975, 70 und Carawan 1987, 196f. aus; ähnlich Thommen 2000, 93. Rhodes 316f., 319f. und id., The Athenian Boule, Oxford 1972, 199–201, hält es jedoch mit Hinweis auf Aristot. Ath. Pol. 25,3: ἔπραξε δὲ ταῦτα συναιτίου γενομένου Θεμιστοκλέους, ὃς ἦν μὲν τῶν Ἀρεοπαγιτῶν, ἔμελλε δὲ κρίνεσθαι μηδισμοῦ, „Ephialtes führte dies (die Entmachtung des Areopags) mit Hilfe des Themistokles durch, der zwar selbst zu den Areopagiten gehörte, aber gerade vor einer Verurteilung wegen Medismos stand", für möglich, daß der Areopag Themistokles in einem εἰσαγγελία-Verfahren wegen Verrats verurteilte, obgleich die Verwicklung des Themistokles in Ephialtes' Entmachtung des Areopags 462/1 chronologisch schwer vorstellbar ist; cf. von Wilamowitz-Moellendorff 1893, I 140–142; eine mögliche Erklärung der chronologischen Unstimmigkeiten bietet Chambers 1990, 259f.; cf. Montana 2002, 286. Allerdings wertet R.G. Lewis, Themistokles and Ephialtes, CQ 47, 1997, 358–362 diese Aristoteles-Stelle als Beleg dafür, daß die beiden vor Themistokles' Flucht auf die Beschneidung der Rechte des Areopags hingearbeitet haben. – Zweifel an der Richtigkeit von Krateros' Klassifizierung des Prozesses äußern de Bruyn 1995, 58f. und M. Braun, Die „Eumeniden" des Aischylos und der Areopag, Tübingen 1998, 59, 65f. Aufgrund von Plut. Them. 23,1: γραψάμενος schließen Braun und bes. L. Piccirilli, ,Eisangelia' e condanna di Temistocle, CCC 4, 1983, 333–363 auf eine γραφή vor der Volksversammlung.
53 FGrHist 342 F 11a = Lexicon Rhetoricum Cantabrigiense s.v. εἰσαγγελία, p. 14,8–10 Houtsma = Theophrast 636B Fortenbaugh; cf. dazu Cooper 1997, 467 mit A. 45.

ἐάν τις προδιδῷ χωρίον ἢ ναῦς ἢ πεζὴν στρατιὰν· ἢ ἐάν τις εἰς τοὺς πολεμίους ἀφικνῆται, ἢ μετοικῇ (Lugebil: νικοίη cod.) παρ' αὐτοῖς· ἢ στρατεύη-
ται μετ' αὐτῶν, ἢ δῶρα λαμβάνῃ. συνομολογεῖ δὲ τοῖς ὑπὸ Θεοφράστου ‹λε-
γομένοις› ἡ κατὰ Θεμιστοκλέους εἰσαγγελία, ἣν εἰσήγγελε κατὰ Κράτε-
ρον Λεωβώτης Ἀλκμαίωνος Ἀγρυλῆθεν.

„Theophrast sagt im vierten Buch ‚Über die Gesetze‘, daß es (das Eisangelie-
Verfahren) eingeleitet werde, wenn einer die Volksherrschaft auflöse oder als
Redner nicht das Beste anrate, weil er Geld genommen habe; oder wenn einer
den Ort oder die Schiffe oder die Landstreitmacht verrate; oder wenn einer zu
den Feinden gehe oder zu ihnen übersiedele; oder mit ihnen zu Felde ziehe oder
Geschenke annehme. Zu dem von Theophrast Gesagten paßt das Eisangelie-
Verfahren gegen Themistokles, das laut Krateros Leobotes, der Sohn des Alk-
maion, aus Agryle eingeleitet hat.“

Da Themistokles sicherlich erst nach Einleitung dieses Prozesses zu den Persern
geflohen ist, kann ihm die Reise, der Aufenthalt oder ein gemeinsamer Feldzug mit
ihnen nicht vorgeworfen worden sein.[54] Von den anderen Beschuldigungen können
die Beseitigung der Demokratie und der schlechte Ratschlag infolge Bestechung
ebenfalls keine Rolle gespielt haben, wenn der Medismos den Hintergrund der Anklage gegen Themistokles bildete. Somit bleiben nur der Verrat von Orten, Schiffen
oder Heeren sowie die Annahme von (Geld)-Geschenken[55] aus den Händen der Feinde als mögliche Anklagen. Auch wenn wir zuwenig wissen, um andere Gelegenheiten gänzlich ausschließen zu können, so drängt es sich doch auf, die Vorwürfe,
Themistokles habe die Stellung einer athenischen Flotte an den Feind verraten oder
von diesem Geld angenommen, mit seiner Zeit als Stratege im Jahr 480 zu verbinden.

In einer allerdings trüben Quelle finden wir diese Verbindung gezogen: Im 11.
Brief der pseudothemistokleischen Episteln beklagt sich der als Themistokles spre-
chende Autor bei dem Athener Ameinias bitter darüber, daß einige Griechen ihm
„Verrat in meiner Strategie“ vorwürfen:[56]

ἢ πῶς οὐ δεινὸν ἂν γένοιτο Ἀλκιβιάδην μὲν καὶ Στράτιππον καὶ Λακρατί-
δην καὶ Ἑρμοκλέα τοὺς Ἀθηναίους, τὸν Αἰγινήτην δὲ Ἀριστείδην καὶ

---

54 Diese Interpretation setzt voraus, daß der Autor des *Lexicon Rhetoricum Cantabrigiense* nicht
    deshalb den Themistokles-Prozeß als Beispiel an Theophrasts Erklärungen zum εἰσαγγελία-
    Verfahren angehängt hat, weil er an die Flucht, also die „Übersiedlung“, des Themistokles zu
    den Persern oder gar an das Gerücht, er habe mit den Persern gemeinsam gegen Hellas ziehen
    wollen, dachte und aus Krateros wußte, daß Themistokles in einem εἰσαγγελία-Verfahren an-
    geklagt wurde. Denn sonst hätten die von Theophrast genannten Straftatbestände keine Aussa-
    gekraft für dessen Prozeß.
55 Jedoch möchte M. STEIN, Zur Überlieferung des attischen Eisangeliegesetzes, ZPE 120, 1998,
    19–22, hier 21, ἢ δῶρα λαμβάνῃ als „eine an die falsche Stelle geratene Reminiszenz“ an die
    ähnlich lautenden Wiedergaben des Eisangelie-Gesetzes bei Hyp. III col 29; 39 aus dem Text
    streichen.
56 Ps.-Them. Ep. 11,3 CORTASSA. DOENGES 1981, 73f. hält die Informationen dieses Briefes für
    durchaus authentisch, da von den genannten sieben Personen Alkibiades und Lakratides
    historisch belegt sind. Zum historischen Gehalt der Briefe s.o. ausführlich S. 162f. mit A. 158–
    160.

Δόρκωνα τὸν Ἐπιδαύριον καὶ Μόλωνα τὸν Τροιζήνιον καὶ πολλοὺς ἄλλους τῶν Ἑλλήνων προδοσίαν τῆς ἐμῆς στρατηγίας καταδικάζειν, †δι' ἣν[57] <ἀπεστερήθην> αὐτὸ τοῦτο ὃ ἕκαστος βούλεται <ἑαυτῷ τε καὶ> τοῖς ἄρχουσιν ὑπάρχειν, τὰς οἰκείας <οἰκεῖν> πατρίδας, ἀρκουμένους† ὅτι περὶ σοῦ μοι δι' ἀπεχθείας ἐγένοντο;

Oder wie kann es nicht schrecklich sein, daß die Athener Alkibiades, Stratippos, Lakratides und Hermokles, der Aiginete Aristeides, Dorkon aus Epidauros, Molon aus Troizen und viele andere Griechen mich wegen Verrats meiner Strategie anklagen / verurteilen, durch die[58] ich eben dessen beraubt wurde, was ein jeder für sich und die Führer wünscht, nämlich in der eigenen Heimat zu wohnen (?), und daß sie es für einen ausreichenden Grund ansehen, daß ich deinetwegen mit ihnen in Feindschaft stehe?

Culasso Gastaldi betont, daß die hier angesprochene Anklage oder Verurteilung des Themistokles „wegen Verrats seines Feldherrnamts" einerseits eng mit der Auszeichnung des Ameinias als des besten Kämpfers in der Schlacht von Salamis und andererseits mit der erzwungenen Flucht des Themistokles aus Attika und Griechenland verknüpft ist.[59] Es ist sicherlich möglich, daß der Verfasser des Briefes den Ephorischen Bericht, die Ehrungen in Sparta hätten zur Absetzung des Themistokles als Strategen geführt, als Vorlage benutzt hat. Doch Culasso Castaldis Schluß, daß der Vorwurf gelautet habe, Themistokles habe seine Strategie an die Spartaner verraten, scheint mir schwerlich zulässig, da unter den Anklägern neben den Athenern auch ein Aiginete, ein Epidaurier, ein Troizenier und „viele andere Griechen" genannt werden, welche die spartanischen Ehren für Themistokles kaum als „Verrat" gewertet hätten. Der weite Kreis der Ankläger legt vielmehr die Verfolgung eines Verbrechens gegen Griechenland insgesamt nahe, damit wohl einen Verrat an die Perser. Die Folge des Schuldspruches, die Flucht des Themistokles aus Hellas, rückt diesen Prozeß unweigerlich in den deutlich späteren Kontext seiner Verurteilung infolge des Sturzes des Pausanias. Ungeachtet der offensichtlich falschen Verquickung verschiedener Überlieferungen in dieser Passage deutet der Ausdruck προδοσίαν τῆς ἐμῆς στρατηγίας auf einen angeblichen Medismos während seiner Strategie im Jahre 480/79 hin.[60]

Bei welcher Gelegenheit während seines Feldherrenamtes des Jahres 480 hätte Themistokles Verrat üben bzw. in diesen Verdacht geraten können? Sicherlich mag spätestens, als Themistokles als Perserfreund verrufen und angeklagt war, auch seine erste Geheimbotschaft an den Großkönig, mit der er die persische Flotte vor Salamis in Unruhe versetzt hatte, unter den Verratsverdacht gefallen sein. Doch wie die vorliegende Studie bemüht war zu zeigen, gab es neben der ersten Geheimbotschaft noch weitere Vorgänge im Jahre 480, die Anlaß boten, Themistokles solches zu unterstellen. So waren in Hellas vermutlich Gerüchte oder ganze Erzählungen im Umlauf, die behaupteten, Themistokles sei von Histiaiern bestochen worden,

---

57 Der Text ist ab hier verderbt, cf. den Rekonstruktionsversuch von Cortassa App. crit.
58 Cf. die sinngemäße Übersetzung von Lenardon 1978, 174 und Cortassa 1990, 120, 152.
59 Culasso Gastaldi 1990, 57–59, 75f., 198, 275. Cf. Hdt. VIII 93,1.
60 So Lenardon 1959, 44 A. 102; 1961, 32, 38; Podlecki 132; nachdrücklich Doenges 1981, 316f.

um den Abzug der siegreichen Griechen vom Kap Artemision herbeizuführen, oder er sei von Andriern und Karystiern mit Geld zur Aufhebung der Belagerung ihrer Städte bewogen worden. Womöglich hat auch der enorme Zuwachs seines Reichtums nach 480 solche Verleumdungen gegen Themistokles geschürt, wenn wir den Behauptungen des zweifellos übertreibenden Oligarchen Kritias oder des Theophrast zumindest in der Grundaussage glauben dürfen, die behaupten, Themistokles habe zu Beginn seiner politischen Karriere immerhin schon beachtliche drei Talente, bei seiner Verurteilung jedoch hundert bzw. achtzig besessen.[61]

Jedoch die größte Wahrscheinlichkeit unter seinen verschiedenen Winkelzügen des Jahres 480, als Anlaß für eine Verratsanklage gedient zu haben, hat die zweite Geheimbotschaft an Xerxes.[62] Diese Einschätzung wird bestätigt durch Thukydides, laut dem Themistokles in seinem Brief an Artaxerxes (I 137,4) diese Meldung als dankenswerte Wohltat anführt.[63] Allein der Umstand, daß sich der Thukydideische Themistokles dabei nur auf Ereignisse des Jahres 480, nicht aber auf mögliche spätere Meriten um die Perser beruft, zeigt, daß mindestens der Anlaß für die Anklage wegen Verrats infolge Medismos in den angeblichen Ränken während seiner Strategie zu suchen ist.

Dies könnte auch erklären, wieso wir einige Quellen finden, laut denen die Spartaner darauf drängten, daß Themistokles vor einem Gerichtshof aller Griechen (κοινὸν συνέδριον bzw. δικαστήριον τῶν Ἑλλήνων) angeklagt werde, da sein Verbrechen ganz Griechenland betreffe.[64] Diodor macht deutlich, daß er als das κοινὸν συνέδριον τῶν Ἑλλήνων das Kampfbündnis der Hellenen von 480 versteht.[65] Die

---

61   Kritias 88 B 45 DK = Ael. var. X 17; Theopomp FGrHist 115 F 86 = Theophrast 613 FORTEN-BAUGH = Plut. Them. 25,3. Cf. FROST 186f.; ausführlich FERRETTO 1984, 57f.; COOPER 1997, 473 mit A. 62; deutlich skeptischer KULESZA 1995, 54f. und MARR 1998, 146f. Wenn einer schnell reich geworden war, so lag der Verdacht nahe, dies habe mit Bestechung zu tun (cf. Demosth. XXIX 22; HARVEY 1985, 80, 94; SINCLAIR 1988, 185f.). Als Hinweis auf Themistokles' Bestechlichkeit wertet DAVIES 1971, 215f. auch die Nachricht bei Thuk. I 137,3, daß es Themistokles gelungen sei, Geld von Athen nach Argos zu schaffen.

62   So ausführlich DOENGES 1981, 316–318; PODLECKI 131.

63   Auch wenn Thukydides mit seiner Parenthese, Themistokles habe sich fälschlicherweise die Unversehrtheit der Brücken als Verdienst angerechnet, ihn vom Verratsverdacht freispricht, so wird doch der Ursprungstext des Briefes, hinter dem ich Charon von Lampsakos vermute, eine solche Selbstbezichtigung enthalten haben. Zur genauen Argumentation s.u. S. 352f.

64   So Diod. XI 55,4–7, bes. 4: οἱ δὲ Λακεδαιμόνιοι ... δεῖν ἔφασαν, τῶν κοινῶν τῆς Ἑλλάδος ἀδικημάτων, εἶναι τὴν κρίσιν οὐκ ἰδίᾳ παρὰ τοῖς Ἀθηναίοις, ἀλλ᾽ ἐπὶ τοῦ κοινοῦ συνεδρίου τῶν Ἑλλήνων, ὅπερ εἰώθει συνεδρεύειν κατ᾽ ἐκεῖνον τὸν χρόνον. „Die Lakedaimonier ... sagten, da die Verbrechen die Gesamtheit Griechenlands beträfen, dürfe das Urteil (über Themistokles) nicht allein von den Athenern, sondern müsse vom allgemeinen Kongreß der Griechen gefällt werden, der sich zu jener Zeit wie üblich versammelte." Knapper Plut. Them. 23,6: ... ἀνάγειν αὐτὸν κριθησόμενον ἐν τοῖς Ἕλλησιν „... ihn zurückzubringen, damit er bei den Griechen gerichtet werde" und Ps.-Them. ep. 18,5 CORTASSA: Ἀθηναῖοι γὰρ ἦγον ἐπὶ τὸ κοινὸν δικαστήριον τῶν Ἑλλήνων, ὅπου πολὺ πλεῖόν γε τὸ Δωρικὸν τοῦ Ἰωνικοῦ. „Denn die Athener zogen mich vor das gemeinschaftliche Gericht der Griechen, wo die Dorier ein deutliches Übergewicht gegenüber den Ionern hatten."

65   Denn Diod. XI 55,6f. schreibt Themistokles' Unwilligkeit, sich vor diesem Gremium zu verantworten, seiner Einschätzung zu, dieses sei völlig voreingenommen, da es schon 480 den

Abweichungen bei der Bezeichnung des Gremiums zwischen Diodor, Plutarch und den pseudothemistokleischen Briefen lassen vermuten, daß die Autoren zumindest nicht direkt alle auf dieselbe Quelle zurückgehen.[66] Vielleicht sind die Griechen, welche der oben zitierte Brief (11,3) namentlich aufführt, als Mitglieder eines solchen gemeingriechischen Gerichtshofes zu denken. Auch wenn die Zweifel daran mangels sonstiger Belege für eine solche Versammlung der Griechen ihr Recht haben[67], so ist es durchaus denkbar, daß die Spartaner einen solchen Verratsprozeß vor einem κοινὸν συνέδριον τῶν Ἑλλήνων anstrengen wollten, der jedoch infolge der Flucht des Themistokles nicht zustande kam, weswegen sie die Strafverfolgung den athenischen Behörden überließen.[68] Diese verurteilten ihn zu dauernder Verbannung, Vermögenskonfiskation und Verlust der Bürgerrechte (ἀτιμία), die jeweils auch seine Nachkommen einschlossen; da ihn aber Athener und Spartaner durch ganz Griechenland jagten, ist sogar die Todesstrafe zu vermuten.[69]

Den Niedergang des Themistokles bis zum Beginn seiner Flucht zum Perserkönig zu verfolgen war nötig, um die zahlreichen historischen Kontexte aufzuzeigen, in denen Gerüchte oder ganze Geschichten über Themistokles' Bestechlichkeit und seinen Verrat an den Griechen entstehen und in der öffentlichen Diskussion bzw. vor Gericht Verbreitung finden konnten: 1. unmittelbar nach 480, als diese Gerüchte zu Themistokles' Absetzung oder Verhinderung seiner Wiederwahl ins Strategenamt geführt haben können; 2. bei einem möglichen Verratsprozeß vor seinem Ostrakismos; 3. bei seinem Ostrakismos selbst; 4. bei seinem Verratsprozeß in absentia. Da bei der zweiten und vierten Gelegenheit die Beschuldigung des Verrats, hinter der sicherlich der Medismosverdacht stand, eindeutig in den Quellen belegt ist und bei den beiden anderen immerhin wahrscheinlich ist, verwundert es doch sehr, daß wir in keiner antiken Quelle eine Erzählung finden, die Themistokles explizit als Verräter an den Griechen darstellt, die also behauptet, er habe die Hellenen geschädigt, um den Persern zu nützen.

Daß jedoch solche Gerüchte in den Jahren nach dem Xerxeszug im Umlauf waren, ist zu postulieren – dies gilt in noch weit höherem Maß für die Zeit nach seiner Flucht zu den Persern. Denn der freundliche Empfang des Perserbezwingers

---

Athenern die ἀριστεῖα versagt habe. Cf. RHODES 320. LARSEN 1933, 263–265 hält dies für historisch. Auch Ps.-Them. ep. 18,5 zum Stimmenübergewicht der Dorier bestätigt dies.

66 Was laut DOENGES 1981, 356–358 zugunsten der Authentizität ausschlägt.

67 Laut KAHRSTEDT 1934, 1694 wollte Diodor die Athener von der Schuld einer ungerechtfertigten Verurteilung befreien, indem er diese den Spartanern und dem κοινὸν συνέδριον τῶν Ἑλλήνων anlastete; so THOMMEN 2000, 92; ähnlich CULASSO GASTALDI 1990, 202–208; MARR 1998, 137; KEAVENEY 2003, 10f. (skeptisch FROST 176). Plut. Arist. 21,1 bezeugt jedoch für 479 ein solches Hellenengremium.

68 So BAUMANN 1990, 22–28 ausgehend von CAWKWELLS These: Zur Strafverfolgung hätten die Athener unter Verrat die „Verbrechen gegen das Wohl Griechenlands" gefaßt und damit eine „domestication of international law" (22) vollzogen. DOENGES 1981, 358 und RUGGERI 1996, 35 gehen hingegen von einer Bestätigung des athenischen Urteils durch die Griechen aus. DE BRUIN 1995, 55f. sieht Themistokles ausschließlich von einem gemeingriechischen Gerichtshof verurteilt.

69 Cf. Idomeneus FGrHist 338 F 1 (Text s.u. S. 352f. A. 83); Kritias 88 B 45 DK = Ael. var. X 17; Plut. Them. 25,3 und THOMMEN 2000, 93.

und seine mehr als großzügige Versorgung mit drei kleinasiatischen Städten durch Artaxerxes[70] schien seinen griechischen Zeitgenossen weit besser als alle Gerichtsurteile zu beweisen, daß Themistokles seit jeher ein Verräter und Kollaborateur gewesen war. Diffamierungen, er habe schon im Jahr 480 mit den Persern gemeinsame Sache gemacht, waren zweifellos spätestens nach der Flucht im Umlauf, selbst wenn wir annehmen, es hätte sie davor nicht gegeben. Das Odium des Verräters, das sich Themistokles durch die Flucht für jeden erkennbar zugezogen hatte, mußte die Loblieder auf den Vater des Sieges von Salamis fast[71] vollständig verstummen lassen. Der erste Charakter mußte den zweiten gerade in der volkstümlichen mündlichen Überlieferung völlig überlagern, weil darin die Darstellung einer solch dramatischen Persönlichkeitsentwicklung vom Vorkämpfer Griechenlands zum Hochverräter kaum möglich war – dies um so weniger, als die Athener und die Spartaner in einer solchen Darstellung ihre eigene Mitschuld an seiner Flucht durch ihren schmählichen Umgang mit ihm hätten offenbaren müssen. Doch eine solche selbstkritische Haltung gerade der Athener ist in den Zeiten ihres verlustreichen Ringens mit den Persern um Zypern und in der Ägyptischen Expedition nicht zu erwarten. Vielmehr lieferte ihnen eine Ächtung des Themistokles als Erzverräter ein wohlbekanntes Gesicht als willkommenen Zielpunkt ihres Hasses auf die Perser. Zudem boten die Verleumdungen des athenischen Strategen in den Abwehrschlachten des Jahres 480 die Möglichkeit, den mehrmaligen Rückzug mit Verrat zu erklären und somit den Mythos von den unbesiegten athenischen Aufgeboten aufrechtzuerhalten; schließlich steigerte es die Verdienste der gesamten athenischen Streitkräfte enorm, wenn sie in Thessalien, am Artemision, bei Salamis, vor Andros und Karystos angeblich noch den Verrat ihres Anführers verkraften mußten.

2. Der Wandel des Themistokles-Bildes in der Überlieferung

Wieso finden wir diese expliziten Diffamierungen des Themistokles für seine Taten im Jahr 480 nicht bei Herodot, Thukydides oder den späteren Quellen wieder?[72] Der eigentliche Grund für ihr fast spurloses Verschwinden aus der weiteren historischen Überlieferung scheint mir in Herodots Bericht zu liegen, der für alle nachfolgenden Autoren maßgebend wurde. Vor und noch in der Zeit Herodots finden wir massive Korruptionsvorwürfe in unseren schriftlichen Quellen, so bei Timokreon. Auch könnte Charon von Lampsakos, der ältere Zeitgenosse Herodots, in seinen Erzählungen über Themistokles von dessen Verrat gesprochen haben.

Daß Charon von Lampsakos über das Schicksal des Themistokles berichtet hat, scheint evident zu sein. Denn schließlich hatte dieser neben Magnesia und Myus

---

70 Cf. Thuk. I 137,3–138,5.

71 Natürlich sind die Erzählungen über die geniale Kriegslist des Themistokles bei Salamis nach ca. 465 nicht völlig verschwunden; doch sie werden für einige Jahrzehnte bis zu seiner Rehabilitierung keinen Einfluß mehr auf das Gros der Traditionen ausgeübt haben.

72 Cf. PODLECKI 23 und CULASSO GASTALDI 1990, 36 mit A. 8. Das Schol. Ael. Arist. τεττ. III p. 615 DINDORF schreibt Themistokles bei der zweiten Geheimbotschaft auch eine egoistische Motivation zu.

auch Lampsakos als Apanage vom Großkönig erhalten.[73] Ein lampsakenisches Proxeniedekret aus der Zeit um 200 v. Chr. für einen Nachkommen des Kleophantos belegt ein dortiges Fest zu Ehren von dessen Vater Themistokles.[74] Dieses Fest läßt sich mit einer Abgabenbefreiung in Verbindung bringen, die Themistokles der Stadt laut einem der pseudothemistokleischen Briefe gewährt habe.[75] Dies dürfte ihm durchaus möglich gewesen sein; denn nach den Perserkriegen gehörte Lampsakos – sofern überhaupt – nur kurze Zeit dem Attischen Seebund an, in der ersten Hälfte des fünften Jahrhunderts war es jedoch weit länger dem Perserkönig untertan.[76] Angesichts der großen Bedeutung des Themistokles für Lampsakos wäre es sehr verwunderlich, wenn Charon nicht dessen Schicksal entweder in den Ὧροι Λαμψακηνῶν oder den Περσικά ausführlich behandelt hätte[77], zumal Charon großes Interesse an Kriegslisten und Winkelzügen hatte.[78] Da die nördliche Troas den Kreuzungspunkt von Themistokles' Lebensweg mit dem des zweiten in Griechenland gescheiterten Perserbezwingers, des spartanischen Regenten Pausanias[79], bildet, hat sich Charon die in seiner Heimat reichlichen Nachrichten darüber sicherlich nicht entgehen lassen, um selbst das Tun und Leiden beider Helden sowie ihre Verbindung zueinander nachzuzeichnen. Die Annahme, daß Thukydides für seine Exkurse über Pausanias (I 128–134) und Themistokles (I 135–138) Charons Darstel-

---

73   Cf. Thuk. I 138,5. Zur Übertragung der Städte an Themistokles ausführlich KEAVENEY 2003, 69–87; allerdings argumentiert J. MARR, Don't take it literally: Themistokles and the Case of Inedible Victuals, CQ 44, 1994, 536–539 überzeugend, daß ihm die einzelnen Städte nicht Naturalien ablieferten, sondern in Thuk. I 138,5 „Brot" aus Magnesia, „Zukost" aus Myus und „Wein" aus Lampsakos im übertragenen Sinne verwendet werden. Ist Thukydides' Qualifizierung von Lampsakos als πολυοινότατον τῶν τότε „die weinreichste aller damaligen Städte" noch ein Nachhall von Charons lokalpatriotischem Lob?

74   P. FRISCH (ed.), Die Inschriften von Lampsakos (Inschriften griechischer Städte aus Kleinasien 6), Bonn 1978, 9–14, Nr. 3, Z. 12–15 (Ergänzungen nach H.G. LOLLING, AM 6, 1881, 103–105): [ἐν δὲ τῆι ἑορτῆι] | τῆι Θεμιστοκλεῖ [ἀγομένηι δι' ἐνιαυ]|τοῦ εἶναι πάντα α[ὑτῶι τὰ]|γαθὰ ἃ ἐδόθη]|σαν Κλεοφάντωι κ[αὶ τοῖς ἀπογόνοις]. „An dem jährlich für Themistokles gefeierten Fest sollen ihm alle Privilegien gewährt werden, die dem Kleophantos und seinen Nachkommen verliehen worden sind."

75   Ps.-Them. ep. 20,39 CORTASSA: καὶ Λάμψακον ἠλευθέρωσα καὶ πολλῷ φόρῳ βαρυνομένην ἅπαντος ἀφῆκα, Μυοῦντα τὴν ἐν Μαγνησίᾳ καὶ αὐτὴν Μαγνησίαν καρποῦμαι. „Ich habe Lampsakos in die Freiheit entlassen und ihm, da es vom hohen Tribut belastet war, alle Abgaben erlassen, während ich aus Myus im Gebiet von Magnesia und aus Magnesia selbst meinen Gewinn ziehe."

76   Cf. HIGHBY 1936, 46–50; P.J. RHODES, Thucydides on Pausanias and Themistocles, Historia 19, 1970, 387–400, hier 394f. mit A. 47; MEIGGS 53f.; FRISCH 1978, 11–13, 115. Von einer ununterbrochenen Zugehörigkeit von Lampsakos zum Seebund von 478/7 an gehen jedoch BUSOLT GG III 1,136; BELOCH GG II² 1,147 A. 1; bes. ATL III 111–113, 201; FROST 219–222 aus.

77   So schon PEARSON 1939, 148; ATL III 112; LENARDON 1961, 38–40; DREWS 1973, 26; MOGGI 1977, 21 A. 92; FOWLER 1996, 67 A. 40. Ausführlich WESTLAKE 1977, 107–109 = 1989, 12f.

78   Cf. FGrHist 262 F 1 = Athen. XII p. 520d-f; F 7 = Plut. Mor. p. 255a-e; F 17 = Polyain. VI 24 (Zuschreibung unsicher).

79   Pausanias floh nach seiner Vertreibung aus Byzanz ca. 478 in das 20 km östlich von Lampsakos gelegene Kolonai (Thuk. I 131,1) und herrschte später auch über weite Teile des Hellespontgebietes (Pomp. Trog. bei Iust. IX 1,3; Ps.-Them. ep. 2,5 CORTASSA); cf. FORNARA 1966b, 267–271; MEIGGS 72f., 465–468.

lung zugrunde gelegt hat, ist zwar nicht schlüssig zu beweisen, hat allerdings eine große Wahrscheinlichkeit für sich.[80]

Wenn der Brief bei Thukydides (I 137,4), den Themistokles angeblich Artaxerxes gesandt haben soll, in seiner ursprünglichen, ungekürzten Fassung tatsächlich aus Charons Feder stammt,[81] so wird dieser darin auch die Wohltat umschrieben haben, deren Vergeltung sein Themistokles nun von Artaxerxes einfordert. Thukydides hat dafür in einer Parenthese die zweite Geheimbotschaft an Xerxes genannt, wobei er sogleich betont, daß Themistokles fälschlicherweise behauptet, die Zerstörung der Hellespontbrücken verhindert zu haben. Thukydides verneint dadurch sogleich einen solchen möglichen Verrat des Themistokles. Ein solches Dementi ist jedoch in dem von Charon fingierten Brief natürlich nicht zu erwarten, sondern im Gegenteil: nach καί μοι εὐεργεσία ὀφείλεται muß er dort, wo wir bei Thukydides die Parenthese finden, mindestens eine Zusammenfassung dieser zweiten Geheimbotschaft mit Betonung ihrer enormen Bedeutung für den sicheren Rückzug des Xerxes geboten[82] und so die Gerüchte über den Verrat des Themistokles bestätigt haben. Daß Charon in einem eigenen Kommentar im Anschluß an den Brief dies wieder zurückgenommen hat, ist unwahrscheinlich. Denn sofern Idomeneus von Lampsakos seine Angaben über die Strafen des Themistokles nach seinem Verratsprozeß *in absentia* tatsächlich aus Nachrichten seines Landsmannes Charon geschöpft hat, so war dieser offenbar vom Verrat des Atheners überzeugt, da dort der Grund für seine Verurteilung „als Verräter an Griechenland" (προδιδόντος τὴν Ἑλλάδα) ohne jede weitere Einschränkung bleibt.[83] Charon hat entweder die schon

---

80 Schließlich gehen Charon und Thukydides im Gegensatz zur späteren Tradition davon aus, daß Themistokles zu Artaxerxes, nicht zu Xerxes geflohen sei. Cf. zudem Thuk. VI 59,3 für das Grabepigramm der Archedike in Lampsakos (skeptisch Carawan 1989, 145 A. 2, 160). Ausführlich Westlake 1977, 107–109 = 1989, 12f.; bes. 109/13: „It is undeniable that Thucydides might have derived from Charon most of the source-material for his excursus, but there is no positive reason that he did." Ähnliches vermuten D.M. Lewis bei Rhodes 1970, 389 A. 1; Podlecki 64; Milton 1979, 266 A. 52. Daß wir Charon als Quelle des Thukydides sowohl für den Themistokles- als auch für den Pausanias-Exkurs postulieren können, beabsichtige ich an anderer Stelle ausführlich nachzuweisen. Zu Pausanias bei Charon und Herodot s. u. S. 353f.

81 Wie hätte Charon in den Besitz eines originalen Schriftstücks gelangen sollen? Cf. Westlake 1977, 102f. = 1989, 7f. Charon dürfte aufgrund der geringen Entfernung von Lampsakos zum Satrapensitz Daskyleion von 150 km wohl genug Kenntnis der persischen Sprache besessen haben, um den persischen Kanzleistil zu imitieren, den wir insbesondere im Antwortbrief des Xerxes an Pausanias (Thuk. I 129,3) finden. Cf. auch D.J. Mosley, Greeks, Barbarians, Language and Contact, AncSoc 2, 1971, 1–6, bes. 4.

82 Denn sonst hätte Artaxerxes das vermeintliche Verdienst des Themistokles um seinen Vater überhaupt nicht würdigen können. Einen Eindruck vom ursprünglichen Brieftext mag die Wiedergabe bei Nep. Them. 9,3 liefern: *nam cum in Asiam reverti vellet proelio apud Salamina facto, litteris eum certiorem feci id agi, ut pons, quem in Hellesponto fecerat, dissolveretur atque ab hostibus circumiretur: quo nuntio ille periculo est liberatus.* „Denn als er (Xerxes) nach der Schlacht bei Salamis nach Asien zurückkehren wollte, habe ich ihn brieflich darüber in Kenntnis gesetzt, daß seine Feinde planten, seine Brücke über den Hellespont zu zerstören und ihn zu umzingeln. Durch diese Nachricht ist jener aus der Lebensgefahr befreit worden." Allerdings hat Nepos diese vermutlich ursprünglich als Verrat gedachte Botschaft im Gefolge der themistoklesfreundlichen Tradition schon in Them. 5 als Kriegslist ausgewiesen.

83 Idomeneus von Lampsakos FGrHist 338 F 1 = Schol. Aristoph. Vesp. 947a (aus seiner Schrift

umlaufenden Gerüchte von seinem Verrat an den Griechen oder gar eine Selbstbezichtigung des Themistokles keineswegs unterdrückt, sondern diese in die Form
eines angeblichen Briefes an Artaxerxes gegossen. Er wird auch zu den Vertretern
der von Thukydides und Plutarch referierten Auffassungen gehört haben, Themistokles' Selbstmord sei von dessen Angst ausgelöst worden, die dem Großkönig
gemachten Versprechungen zur Eroberung Griechenlands wegen der Stärke der
Griechen nicht einlösen zu können bzw. im Gegenteil genötigt zu werden, seine
Landsleute zu unterwerfen.[84] Charon hat Themistokles offenbar einer solcher Wendung gegen das eigene Vaterland für fähig gehalten.

In einem noch unveröffentlichten Artikel weist Victor PARKER[85] nach, daß Herodot sich auch in der Charakteristik des Spartaners Pausanias deutlich von der
mutmaßlichen Darstellung des Charon distanziert und ihn korrigiert. Sicherlich auf
Charon stützt sich Thukydides (I 130,1) für die Anklage, Pausanias habe sich ganz
der persischen Lebensweise hingegeben, da er eine persische Tracht trug, sich mit
einer persischen Leibwache umgab und persische Mahlzeiten bevorzugte. Auch
Herodot (IX 82) spricht von erlesenen persischen Speisen, die sich Pausanias kurz
nach der Schlacht von Plataiai auf den erbeuteten goldenen Liegen und Teppichen –
neben einem kargen lakonischen Gericht – habe servieren lassen. Allerdings unter-
legt Herodot dem Spartaner dafür die Motivation, die Torheit der Perser sinnfällig
zu machen, die selbst so üppig speisten und dennoch den Griechen ihr ärmliches
Mahl zu rauben ausgezogen seien. Eine grundlegende Umdeutung von offenbar un-
bestreitbaren Tatsachen nimmt Herodot auch bei dem berühmten Dreifuß vor, dem
Weihgeschenk der Griechen aus der Perserbeute von Plataiai an den delphischen
Apollon. Laut Thukydides (I 132,2), der hierfür vermutlich erneut Charon benutzt,
hat Pausanias seine ganze Anmaßung dadurch offenbart, daß er sich auf diesem
Dreifuß als Führer der Griechen verherrlichen ließ, „da er der Meder Heer vernich-
tete" (Ἑλλήνων ἀρχηγὸς ἐπεὶ στρατὸν ὤλεσε Μήδων). Herodot (IX 81) erwähnt

---

Περὶ <τῶν Ἀθήνησι> δημαγώγων): ὁ Ἀθηναίων δῆμος ἀειφυγίαν αὐτοῦ καταγνοὺς ἐδή-
μευσε τὴν οὐσίαν, καὶ πρὸς Ἀρταξέρξην ἧκε φεύγων, σαφὲς ποιεῖ Ἰδομενεὺς διὰ τοῦ β τὸν
τρόπον τοῦτον· «οἱ μέντοι Ἀθηναῖοι αὐτοῦ καὶ γένους ἀειφυγίαν κατέγνωσαν προδιδόντος
τὴν Ἑλλάδα, καὶ αὐτοῦ ἡ οὐσία ἐδημεύθη». „Nachdem das Volk der Athener ihn (Themistokles nach CLINTON) zur ewigen Verbannung verurteilt hatte, konfiszierte es seinen Besitz, und
er kam als Flüchtling zu Artaxerxes; dies macht Idomeneus klar im zweiten Buch auf folgende
Weise: ,Die Athener verurteilten ihn und sein Geschlecht zur ewigen Verbannung wegen Verrats an Griechenland, und sein Besitz wurde konfisziert.'" JACOBY Comm. ad FGrHist 342 F 11
(III b, S. 103f.) und COOPER 1997, 466f. vermuten Stesimbrotos als Quelle des Idomeneus hierfür. Da jedoch Idomeneus die Angabe, Themistokles sei zu Artaxerxes geflüchtet, sicherlich
von Charon übernommen hat (cf. Plut. Them. 27,1; MINKIN 1968, 55–58; PODLECKI 104f.; CU-
LASSO GASTALDI 1990, 139f., 211f.) – nur noch Thukydides hat sie; seit dem 4. Jh. ging man
davon aus, er sei zu Xerxes geflohen (cf. LEWIS CAH V² 1992, 14) –, ist auch die Entlehnung
der restlichen Nachricht aus Charon sehr wahrscheinlich. S. auch o. S. 284.

84   Cf. Thuk. I 138,4, der jedoch vom natürlichen Tod des Themistokles durch Krankheit ausgeht
und somit dessen immerhin von ihm erwähntes (I 138,2) Versprechen zur Unterwerfung Griechenlands ganz herunterspielt; Nep. Them. 10,2; 10,4; ausführlich Plut. Them. 27,6; 31,4–6;
Kim.18,5f. S.o. S. 69 A. 29.

85   V. PARKER, Pausanias the Spartiate as Depicted by Charon of Lampsacus and Herodotus. Das
Manuskript hat mir der Autor freundlicherweise zukommen lassen. S.o. S. 50.

zwar den Dreifuß, übergeht jedoch dessen Inschrift mit Schweigen. Statt dessen rechtfertigt er indirekt das hohe Selbstlob des Pausanias durch die außergewöhnliche Anerkennung, welche die Griechen aus freien Stücken dem Sieger von Plataiai zollten: Sie hätten ihm den zehnfachen Beuteanteil zugestanden. Dadurch erklärt Herodot auch, wieso Pausanias so viele persische Luxusgüter besaß. Mit dessen Ausspruch über seine ausschließliche Orientierung auf das Lob der Spartaner widerspricht Herodot (IX 79) sogar direkt dem Vorwurf, Pausanias habe sich den Griechen entfremdet und ganz dem orientalischen Wohlleben verschrieben. So schließt PARKER zu Recht, daß Herodots Verteidigung des Pausanias gegen Charons Beschuldigungen „mixes outright denial with revisionistic explanation of things which cannot be denied" und zudem „certainly consists mostly of Herodotus' own thoughts on the matter."

Herodots jüngerer Zeitgenosse, Stesimbrotos von Thasos, hat in seinem nach 430 verfaßten politischen Pamphlet Περὶ Θεμιστοκλέους καὶ Θουκυδίδου καὶ Περικλέους das sicherlich unhistorische Versprechen des Themistokles gegenüber dem Tyrannen Hieron von Syrakus, ihm ganz Griechenland untertan zu machen[86], verwendet, um den Athener als von Natur aus zum Verrat an seinem Vaterland geneigt darzustellen. Deshalb wird Stesimbrotos sich nicht die Chance haben entgehen lassen, in anderen, uns nicht erhaltenen Passagen die Gerüchte von dessen Bestechlichkeit und Doppelspiel schon auf dem Höhepunkt seiner Macht im Jahr 480 zu kolportieren.

Im Gegensatz zu diesen Autoren geht es dem Komödiendichter Aristophanes in den *Rittern* gerade nicht um die Verbreitung solcher themistoklesfeindlichen Fama, sondern um das Lob seiner Verdienste um Athen, so den (Wieder-)Aufbau und die gleichzeitige Erweiterung der Stadtmauer nach 480 sowie den Ausbau des Piräus.[87] Bei Aristophanes spielen ungeachtet des literarischen Genos der Komödie die Verleumdungen über Themistokles erstaunlicherweise keinerlei Rolle, auch wenn seine Verbannung und sein Selbstmord durch das Trinken von Stierblut explizit genannt sind.[88] Als kapitalen Charakterfehler des Themistokles finden wir immerhin in Eupolis' Komödie *Demoi* seine Unbeherrschtheit im Umgang mit staatlichen Geldern getadelt;[89] zudem wird Themistokles in einer Anekdote bei Plutarch indi-

---

86 FGrHist 107 = 1002 F 3 = Plut. Them. 24,6. Cf. COOPER 1997, 466f.; J. ENGELS in: FGrHist IV A,1, Leiden 1998, 50–59 mit Forschungsüberblick, 62 ad loc.; PICCIRILLI 1998, 150–155; MONTANA 2002, 290f.; KEAVENEY 2003, 19–23. Daneben MEISTER 1978, 281–284; CARAWAN 1989, bes. 153–156.

87 Equ. 814–816; dazu die Interpretation von J. MARR, History as Lunch: Aristophanes, *Knights* 810–19, CQ 46, 1996, 561–564. Cf. Equ. 884–886, 1039f. und die ausführliche Besprechung weiterer Anspielungen bei MONTANA 2002, 257–285, der ein stärker ambivalentes Bild erkennt (Equ. 261, 289, 294f.); L. EDMUNDS, Cleon, *Knights*, and Aristophanes' Politics, Lanham 1987, 46f.; C.A. ANDERSON, Themistocles and Cleon in Aristophanes' *Knights* 763ff., AJPh 110, 1989, 10–16, bes. 14f. BRAUN 2000, 193 sieht ihn bei Aristophanes dargestellt als „archetypal Athenian patriot".

88 Equ. 83f.; 819. Zum Selbstmord cf. J. MARR, The Death of Themistocles, G&R 42, 1995, 159–167 und MONTANA 2002, 262f., 287 A. 63 mit Literatur.

89 Eupolis fr. 126 KASSEL–AUSTIN = Plut. Arist. 4,3: σοφὸς γὰρ ἀνήρ, τῆς δὲ χειρὸς οὐ κρατῶν. „Ein kluger Mann zwar, doch nicht Herr seiner Hand." Cf. BRAUN 2000, 194; MONTANA 2002, 295f.

rekt Bestechlichkeit im Feldherrenamt unterstellt.[90] Da für beide Vorwürfe keine konkreten historischen Situationen angegeben sind, könnte die Korrumpierbarkeit als Wesenszug ein Nachhall von Anschuldigungen wegen seines Gebarens im Jahr 480 sein, so bei der Belagerung der Kykladeninseln.

Bei Thukydides hingegen steht das Lob des Themistokles deutlich im Vordergrund, der als Vater des Sieges von Salamis wie als Befestiger Athens und des Hafens und damit als Begründer der attischen Seeherrschaft gepriesen wird.[91] Die Hintergründe seines Ostrakismos und seiner Verurteilung bleiben jedoch bei Thukydides im dunkeln. Entscheidend ist, daß auf Themistokles in seiner gesamten Darstellung von dessen Flucht durch Griechenland und Aufnahme im Perserreich niemals der Verdacht fällt, Verrat an den Griechen begangen zu haben.[92] Thukydides korrigiert also – entgegen einer weit verbreiteten Forschungsmeinung[93] – mitnichten Herodots Charakteristik, sondern bestätigt sie: zum einen in der sogar bis in die Argumentationsstruktur identischen Bewertung der Perserabwehr im Jahr 480[94], zum anderen, indem er in der Schilderung der Mauerbaugesandtschaft und der Flucht des Themistokles dieselben Fähigkeiten an ihm herausstellt wie auch sein Vorgänger. Daß Thukydides seinen Themistokles mit Superlativen überhäuft als „den bei kürzester Überlegung unfehlbaren Erkenner des Augenblickes und auf weiteste Sicht besten Berechner der Zukunft"[95], widerlegt folglich Herodots Bild keineswegs, sondern bringt dieses nur auf den Punkt.

Themistokles' Leistungen für Hellas bestimmen sein weitgehend positives Bild auch bei den attischen Rednern des vierten Jahrhunderts[96] sowie den späteren Biographen wie Nepos und Plutarch[97]. Insgesamt bleibt festzuhalten, daß sich seit den Zeiten Herodots die Beurteilung des Themistokles in der Literatur deutlich positiver gestaltet als in den Jahrzehnten zuvor.[98]

90 Plut. Arist. 24,7: Als Themistokles es zur größten Feldherrntugend erklärt, die Pläne seiner Feinde vorauszusehen, antwortet Aristeides: Das sei eine Notwendigkeit, καλὸν δὲ καὶ στρατηγικὸν ἀληθῶς ἡ περὶ τὰς χεῖρας ἐγκράτεια. „Schön und wahrhaft eines Feldherrn würdig ist es, seine Hände im Zaum halten zu können."

91 Thuk. I 74,1f.; 89–93. Über das Themistokles-Bild des Thukydides plane ich an anderem Orte ausführlicher zu handeln.

92 Thuk. I 135–138.

93 So Ed. MEYER 1899, II 224f.; OBST 1913, 32 sieht in Thukydides' Charakterbild des Themistokles „ein völlig wahrheitsgetreues, herrliches Denkmal des größten Atheners …, ganz unbefleckt von dem niedrigen Haß und kleinlichen Neid, mit dem Herodot und andere sein Andenken besudelt haben"; ähnlich GOMME 1945, 26f.; H.D. WESTLAKE, Thucydides and the Pentecontaetia, CQ 5, 1955, 53–67, hier 61; C. PATTERSON, „Here the Lion Smiled": A Note on Thucydides 1.127–138, in: ROSEN–FARRELL 1993, 145–152 und A. TSAKMAKIS, Thukydides über die Vergangenheit, Tübingen 1995, 119, 143f., 231 („stillschweigende Widerlegung Herodots"), 234 A. 14. Laut HART 1993, 197, 225 darf Thukydides hingegen nicht als Korrektur zu Herodot aufgefaßt werden.

94 Man vergleiche nur Thuk. I 74 mit Hdt. VIII 139.

95 Thuk. I 138,3· τῶν τε παραχρῆμα δι᾿ ἐλαχίστης βουλῆς κράτιστος γνώμων καὶ τῶν μελλόντων ἐπὶ πλεῖστον τοῦ γενησομένου ἄριστος εἰκαστής.

96 Cf. PODLECKI 77–87; NOUHAUD 1982, 166–177, 218f.; J. HESK, Deception and Democracy in Classical Athens, Cambridge 2000, 46–48, 97f., 104–107; BRAUN 2000, 203f.

97 Zu Nepos cf. PODLECKI 108–111, zu Plutarch ibid. 134–142.

98 MINKIN 1968 sieht diesen Umschwung eher schrittweise erst im 4. Jh. vollzogen; damals habe

Dieser Umschlag in der Bewertung des Themistokles erscheint mir zum einen mit der Rehabilitierung des Themistokles und seiner Nachkommen in Athen erklärbar zu sein: Pausanias (I 1,2) spricht von der Reue der Athener wegen ihrer Behandlung des Themistokles, die zur Überführung der Gebeine des Themistokles nach Attika geführt habe. Fuscagni datiert diese vor 440; zu dieser Zeit habe eine kontroverse Diskussion über die Rückführung stattgefunden, der auch die Sophokleische Tragödie Aias entstamme.[99] Ein Scholion berichtet von einer solchen Heimholung auf Geheiß des delphischen Apollon, damit die Athener von einer Seuche befreit würden.[100] Jedenfalls hat der Komödiendichter Platon vermutlich auf das Grab des Themistokles im Piräus ein Gedicht verfaßt.[101] Auch finden sich schon bald nach dem Tod des Themistokles seine Kinder wieder in Athen: Pausanias berichtet die Rückkehr seiner Söhne, die Davies nach der Stärkung der demokratischen Elemente durch Ephialtes, d.h. nach 459, ansetzt, und belegt zudem für sie zwei Stiftungen in Athen: ein Gemälde im Parthenon, das Themistokles zeige, und eine Bronzestatue der Artemis Leukophryene auf der Akropolis.[102] Vielleicht war sogar der Neffe

---

sich die tragödiengeprägte Sichtweise von der Interpretation der Philosophenschulen, die sich am Politikerideal orientierte, abgelöst; bes. 71: „Seen from here, it is perfectly understandable that the early accounts of Themistocles were essentially satisfied with so many contradictions. His early biographers themselves were reared in the tragic tradition. But as Themistocles' image falls under the didactic spell of later centuries it becomes progressively ,purged'."

99 Fuscagni 1979, 175–177; cf. auch Montana 2002, 287, 292; s.o. S. 333f.

100 Schol. Aristoph. Equ. 84; laut Plut. Them. 32,4 ist auch eine ähnliche Nachricht bei Andokides in der uns verlorenen Rede Πρὸς τοὺς ἑταίρους enthalten. Einer offiziellen Sanktionierung dieser Rückführung widerspricht aber Thuk. I 138,6, laut dem Themistokles nur heimlich von seinen Verwandten in Attika bestattet werden konnte, da dies einem Landesverräter verboten gewesen sei; zu diesem Verbot der Bestattung von Verrätern cf. ausführlich Fuscagni 1979, 167–175. Auch das Präsens in Aristoph. Equ. 819: φεύγει τὴν γῆν „er ist aus dem Land verbannt" deutet darauf hin, daß er im Jahr 424 offiziell noch im Exil war. Cf. Podlecki 207; Marr 1998, 165.

101 Plato Comicus fr. 199 Kassel-Austin = Plut. Them. 32,6. Zum Grab cf. P. Wallace, The Tomb of Themistocles in the Piraeus, Hesperia 41, 1972, 451–462; Marr 1998, 166f.; Braun 2000, 202f.

102 Paus. I 1,2; 26,4; Davies 1971, 218. Auch Plat. Men. 93c könnte einen Aufenthalt des Themistokles-Sohnes Kleophantos in Athen belegen. Kleophantos soll laut Doenges 1981, 398–401 und ATL III 112f. (ähnlich Davies 1971, 218) Lampsakos in den Delischen Seebund gebracht haben und deshalb auch haben zurückkehren dürfen nach Athen; weil er bei dieser Rückkehr auf die ihm zustehenden Einkünfte aus Lampsakos verzichtet bzw. die Steuerbefreiung seines Vaters (cf. Ps.-Them. Ep. 20, 39 Cortassa) bestätigt habe, sei er von der Stadt geehrt worden. S.o. S. 351. Große Skepsis hegen jedoch Podlecki 206, Malkin 1987, 226–228 und Keaveney 2003, 79f.; die beiden letzteren bezweifeln jegliche Herrschaft des Kleophantos über Lampsakos und sehen dessen Übersiedlung nach Athen ohne jede politische Implikation. – Für eine Rehabilitierung des Themistokles spricht auch, daß eine Tochter, Sybaris, mit Nikomedes von Athen verheiratet wurde. Phylarchos FGrHist 81 F 76 = Plut. Them. 32,4 (ähnlich auch Suda s.v. Θεμιστοκλέους παῖδες; dazu F.J. Frost, Phylarchus, Fragment 76, AJPh 83, 1962, 419–422) berichtet von der Teilnahme des Neokles und des Demopolis, der Söhne des Themistokles, an Leichenspielen, bei denen sie, da von den Athenern schließlich erkannt, beinahe gesteinigt worden seien.

und Schwiegersohn des Themistokles, Phrasikles, der eponyme Archon des Jahres 460/59.[103] Und auch in den folgenden Jahrhunderten nahmen die Abkömmlinge des Themistokles verschiedentlich öffentliche Ämter in Athen wahr.[104]

Sowohl der literarische Befund als auch die Rehabilitierung der Familie lassen darauf schließen, daß zu der Zeit, als Herodot seine *Historien* schrieb und veröffentlichte, das stark auf die persönlichen Verfehlungen abhebende Bild des Themistokles in der Öffentlichkeit mindestens großenteils einer positiven Beurteilung seiner Meriten um den Aufbau der attischen Seeherrschaft gewichen war.[105] Gerade Herodot liefert für diesen Wandlungsprozeß das reichste und beste Anschauungsmaterial: Obgleich Themistokles in den Herodoteischen Anekdoten oft von schnöder Habsucht geleitet erscheint, stellt Herodot ihn niemals als Verräter am Abwehrkampf der Griechen dar; vielmehr ist es Themistokles, der mit all seiner Hinterlist als einziger den griechischen Widerstand zusammenzuhalten vermag. Wie in der vorliegenden Arbeit zu zeigen versucht worden ist, hat Herodot für dieses Charakterbild vermutlich ihm vorliegende Gerüchte oder ganze Erzählungen über den angeblichen Verrat des Themistokles bei verschiedenen Gelegenheiten im Jahr 480 umgeformt, um gerade diesen Verdacht von ihm zu nehmen. Allerdings dienen ihm die unübersehbaren Schattenseiten des Themistokles dazu, die Geldgier, den Imperialismus und die Unterdrückungsmaßnahmen der Athener im Seebund zu schelten.

Ungeachtet dieser großen Ambivalenz hat Herodots Charakterbild des Themistokles aber vornehmlich in seinem Lobpreis auf dessen Verdienste und in der Verteidigung gegen den Vorwurf des Hochverrats auf die nachfolgenden Autoren fortgewirkt. Dies hatte zur Folge, daß die Diffamierung des Themistokles, er habe schon im Jahr 480 mit den Persern gemeinsame Sache gemacht, völlig aus der nachherodoteischen Überlieferung verschwunden ist.[106]

---

103 Cf. Plut. Them. 32,2f.; Archontendatum: Dion. Hal. ant. X 1,1; Plut. Mor. p. 835c; bei Diod. XI 77,1 heißt der Archon Phrasikleides. BADIAN 1971, 34 verficht diese Identifizierung; ähnlich MARR 1998, 164, der folgert, daß sich dieser Phrasikl(eid)es für die Rückkehr der Themistokles-Söhne eingesetzt hatte. Zu dessen Nachkommen cf. BRAUN 2000, 199f. Eine bei Cic. fam. V 12,5: *Themistoclis fuga redituque* bezeugte und durch Aristot. Ath. Pol. 25,3 nahegelegte Rückkehr des Themistokles nach Athen ist auszuschließen; cf. KEAVENEY 2003, 113f.

104 Nachweise bei PODLECKI 206f.

105 DAVERIO ROCCHI 2002, 140–147 macht dies an der Tradition über das Grab des Themistokles im Piräus deutlich. Insbesondere nach 401, nachdem die oligarchischen Umsturzversuche niedergeschlagen waren und sich der Piräus als sicherer Hort der Demokraten erwiesen hatte, erfuhr Themistokles im Piräus eine Verehrung gleich einem Gründerheros (146f.).

106 Hingegen meint LEVI 1955, 9–58, 240f., 245 u.ö., daß im Gegenteil erst die Autoren nach Herodot ein deutlich negativeres Bild von Themistokles gezeichnet hätten, was in Aristoteles' Ἀθηναίων πολιτεία und insbesondere in Plutarchs Biographie zu erkennen sei.

Zusammenfassung und Schlußfolgerungen

Welche Erkenntnisse hat nun die vorliegende Studie erbracht? Zuerst einmal drängt sich für den historischen Quellenwert Herodots eine ernüchternde Bilanz auf: Viele seiner Darlegungen über das Handeln des Themistokles im Jahr 480 haben sich mitnichten als getreuer Bericht des tatsächlichen Geschehens erwiesen. Desungeachtet bietet die Untersuchung dem faktenhungrigen Historiker neue Ergebnisse zur geschichtlichen Wirklichkeit der Perserkriegszeit, welche nur kleinerenteils aus den *Historien,* oft jedoch gegen deren ausdrückliches Zeugnis aus den Parallelberichten späterer Autoren gewonnen sind. Diese Erkenntnisse über die tatsächlichen Abläufe, insbesondere ihre Chronologie, seien der besseren Übersicht halber im folgenden aufgelistet:

1. Die Paros-Expedition des Miltiades ist in die unmittelbare Folge der Schlacht von Marathon, d.h. in den **Herbst 490**, zu datieren. Das Ziel der Expedition war die Vertreibung der Perserfreunde von dieser Kykladeninsel. Wegen des Abbruchs der Belagerung von Paros wurde Miltiades in Athen der Bestechlichkeit durch die Perser angeklagt, schließlich aber lediglich wegen seiner Eigenmächtigkeit dabei zur Zahlung des Schadenersatzes verurteilt.

2. Schon etwa **488/7** begannen die Athener auf Initiative des Themistokles damit, systematisch aus dem Holz des Makedonenkönigs Alexander eine große Triërenflotte für den langjährigen Krieg gegen die Aigineten aufzubauen. Themistokles gehörte seit dieser Zeit zu den führenden Politikern Athens. Scharfe Auseinandersetzungen führte er mit Aristeides wegen des Krieges mit Aigina, der – und nicht die angebliche persische Bedrohung – die athenische Politik bis 481 bestimmte. Aristeides' Ostrakismos 483/2 ist vermutlich seiner aiginafreundlichen Haltung geschuldet.

3. Ihre Abwehrstellung gegen die Invasoren in Thessalien haben die Griechen etwa im **Juli 480** bei Herakleion eingenommen. Sie mußten sich jedoch kampflos daraus zurückziehen, als sie der perserfreundlichen Haltung der nordthessalischen Stämme gewahr wurden, die ihre Versorgungs- und Rückzugslinien bedrohten.

4. Die Diskussionen der athenischen Volksversammlung über die delphischen Orakel, insbesondere dasjenige über die „Hölzerne Mauer" – sie waren schon im Frühjahr 480 eingeholt worden –, sowie der Beschluß der Athener, sich bei der Abwehr nur auf die Flotte zu konzentrieren, sind zwischen die gescheiterte Thessalien-Expedition und die Seeschlacht am Kap Artemision, d.h. **zwischen Juli und Mitte September 480**, zu stellen. Ein eigener Beschluß zur Evakuierung Attikas ist nicht gefaßt worden. Schon deshalb läßt sich das sog. Themistokles-Dekret von Troizen mit seinem frühen Ansatz der Evakuierung als Fälschung erweisen; ihr Autor hat wohl ausschließlich aus Herodots Angaben ein Loblied auf den athenischen Strategen komponiert.

5. Die griechische Flotte errang in den dreitägigen Kämpfen am Kap Artemision **Mitte September 480** zwar einen taktischen Sieg, mußte sich jedoch nach dem gleichzeitigen Fall der Thermopylen nach Süden zurückziehen.

6. Erst in den neun Tagen zwischen dem Durchbruch der Perserheeres in Mittelgriechenland und seiner Ankunft in Athen, d.h. wohl **zwischen dem 18. und 27. September 480**, floh die athenische Bevölkerung nach Salamis, Aigina und Troizen.

7. Am **28. oder 29. September 480** schlug die griechische Flotte einmütig die Perser in der Meerenge von Salamis. Am Abend zuvor hatte die – vermutlich von Themistokles erdachte – Botschaft eines angeblichen Überläufers, die Flucht der Griechen stünde bevor, die persische Admiralität dazu verleitet, die Flotte erstens zur Sperrung der drei Sundausfahrten, u.a. auch der Straße von Trupika, aufzuteilen und zweitens die ganze Nacht über auf See zu lassen, so daß die Ruderer am Tag der Seeschlacht nicht ausgeruht und unzureichend verpflegt waren.

8. Die Griechen ließen danach die dezimierte Perserflotte nach Kleinasien fliehen. Dennoch belagerten sie **im Herbst 480** ohne Erfolg die perserfreundlichen Städte Andros und Karystos, um diese strategisch wichtigen Positionen in ihre Hand zu bekommen und eine Rückkehr der Perserflotte dorthin zu verhindern.

9. Themistokles wurde **spätestens im Frühjahr 479** von allen militärischen Aufgaben entbunden und vielleicht sogar seines Amts enthoben.

Doch nicht der Klärung strittiger historischer Vorgänge bei der Abwehr des Xerxeszuges galt das Hauptaugenmerk dieser Studie, sondern Herodots Gestaltung seiner Themistokles-Figur und den Traditionen, die er dafür verwendet hat. Denn die Untersuchung nahm ihren Ausgang von dem auffälligen Umstand, daß das Bild, welches Herodot vom Sieger von Salamis zeichnet, stark heterogen ist. In den verschiedenen Anekdoten der *Historien* finden wir in ihm den wagemutigen Vorkämpfer für die Freiheit Griechenlands unmittelbar neben dem skrupellosen Egoisten. Diese widersprüchliche Charakterisierung kann jedoch nicht mit JACOBY darauf zurückgeführt werden, daß Herodot die ihm vorliegenden mündlichen Traditionen mit stark gegensätzlicher Tendenz getreu wiedergegeben und unvermittelt nebeneinandergestellt hätte; denn diese konträren Bewertungen finden sich oft innerhalb derselben Anekdote. Eine mündliche Tradition kann jedoch zumal bei einer so umstrittenen Figur wie Themistokles gemäß unserer Grundprämisse nicht so gegenläufige Urteile in sich vereinigen, da sie entweder den Protagonisten vorbehaltlos verherrlicht oder in Bausch und Bogen verdammt. Ungeachtet des heterogenen Charakterbildes stellen die einzelnen Episoden bei Herodot aufgrund ihrer dramaturgischen Gestaltung eine geschlossene Einheit dar. Herodot hat Themistokles im Ablauf des Xerxeszuges eine zentrale Rolle zugewiesen: Der athenische Stratege hält ein ums andere Mal den griechischen Widerstand zusammen, der permanent auseinanderzubrechen droht. In seinem Erzählbogen, den Herodot vom ersten Auftauchen des Themistokles bis zu dessen Zenit als gefeierter Held von Salamis geschlagen hat, konnte eine dramatische Persönlichkeitsentwicklung dieser Figur nachgewiesen werden, in der Herodot auch den Verfall Athens während des fünften Jahrhunderts reflektiert hat. All dies läßt auf eine durchgängige und detaillierte literarische Gestaltung gemäß Herodots eigener Geschichtsdeutung schließen.

Bis zu dem kritischen Zeitpunkt, an dem der Beschluß der athenischen Volksversammlung zur Konzentration auf die Schiffe zu scheitern droht, schiebt Herodot die Einführung des Themistokles auf, der folglich wie ein *deus ex machina* „erscheint" samt den Triëren, die auf seine Veranlassung hin gebaut worden sind. Erst Themistokles' Interpretation des Salamis-Verses des delphischen Orakels verhilft der einzig erfolgverheißenden Seestrategie zum Durchbruch und weist ihn dadurch als Beförderer des göttlichen Planes zur Rettung Griechenlands aus. Um ihm diesen Auftritt zu ermöglichen, hat Herodot die Überlieferung, einige athenische Bürger hätten selbst die Interpretation der „Hölzernen Mauer" als Schiffe gefunden, aufgebrochen durch die Einführung des Salamis-Verses und der Aporie darüber. Er setzt die Debatte der Athener über die delphischen Orakel und ihren Seekriegsbeschluß offenbar gegen die tatsächliche Chronologie an den Anfang aller griechischen Verteidigungsanstrengungen noch in den Herbst oder Winter 481/0 – gleichsam als deren glückverheißendes Fanal, womit er die Rolle der Athener und insbesondere des Themistokles als Retter Griechenlands unterstreicht.

Themistokles spielt bei der gescheiterten Expedition der verteidigungswilligen Griechen ins Tempe-Tal keine besondere Rolle. Dennoch lassen die Mahnung des Makedonenkönigs Alexander an sie zum kampflosen Rückzug aus der Sperrstellung und andere Nachrichten über seine Kontakte zu Themistokles vermuten, daß Gerüchte im Umlauf waren, Themistokles sei von Alexander (und vielleicht auch von den Aleuaden) bestochen worden, damit er die Griechen zum vorzeitigen Weichen überrede. Als Urheber solcher Diffamierungen konnten Thessaler wahrscheinlich gemacht werden, die damit ihren eigenen Verrat, dem eigentlich der Rückzug der Griechen geschuldet war, zu vertuschen suchten. Herodot jedoch übergeht diese mutmaßlichen Verleumdungen und macht nur das Bekanntwerden eines Umgehungsweges für den Rückzug verantwortlich.

Erst Themistokles ermöglicht die Seeschlacht am Kap Artemision durch die Bestechung des griechischen Oberbefehlshabers Eurybiades und des Adeimantos, die sich von dort schon zurückziehen wollen; dazu benutzt er den kleineren Teil der riesigen Geldsumme, welche die Euboier ihm dafür gezahlt haben, daß er die Evakuierung ihrer Kinder und Sklaven schütze. Hinter Herodots Anekdote ist eine verleumderische Tradition zu vermuten, Themistokles sei von den persisch gesinnten Histiaiern bestochen worden, damit er für den Rückzug der Hellenenflotte sorge. Damit könnten insbesondere die Athener im nachhinein erklärt haben, wieso die Griechen ungeachtet ihres Sieges am Kap Artemision diese Stellung geräumt haben. Herodot hat dann die Tendenz der ursprünglichen Erzählung auf den Kopf gestellt, um hier gerade die unzweifelhafte Loyalität des Themistokles zu betonen. Auf seine Fürsorge für die Griechenflotte, die nicht durch frühere Abmachungen beeinträchtigt werden kann, zielt auch die Episode der von ihm angestifteten Schlachtung des euboiischen Viehs nach der Seeschlacht, für die Herodot wohl die Schlachtung der Helios-Rinder aus der Odyssee als literarische Folie zugrunde gelegt hat. Der Kontrast zum machtlosen Odysseus stellt den findigen, aber auch treulosen Themistokles schon in ein Zwielicht. Indem Herodot das Bakis-Orakel, das ursprünglich zur Rechtfertigung der Abwehrstellung am Kap Artemision gedacht war, umdeutet, gewinnt er sogar eine metaphysische Legitimation für die Viehschlachtung.

Das Loblied auf Themistokles als Vorkämpfer am Kap Artemision schlägt jedoch in scharfe Kritik um, wenn sein Handeln als Reflex auf die Herrschaftspraxis der Athener im Seebund verstanden wird. Denn in ihm zahlten wie die Euboier angeblich schon 480 die Bündner hohe Tribute für den athenischen Schutz gegen die Perser – was die Athener jedoch nicht davon abhielt, ihnen gerade das zu nehmen, was sie durch die Zahlungen zu bewahren suchten: ihre Freiheit. Herodot könnte die Anekdoten zu den Vorgängen am Kap Artemision sogar nach dem Plot eines konkreten historischen Ereignisses gestaltet haben: Im Jahr 446/5 gewann Perikles durch Bestechung der Spartaner mit Geldern aus den Seebundstributen freie Hand zur Unterwerfung der aufständischen Euboier. Die unhistorische inschriftliche Aufforderung des Themistokles an die Ioner zum Abfall von den Persern zeigt ihn erneut als einfallsreichen Strategen; doch in ihrer ausschließlichen Berufung auf deren Verpflichtungen gegenüber der Metropolis Athen, ohne sich die Freiheit Ioniens auf die Fahnen zu schreiben, und in ihrem schließlichen Mißerfolg sehe ich einen Reflex Herodots auf den gescheiterten Versuch der Athener, die ionischen Seebundsmitglieder durch inschriftlich belegte Treueide am Abfall zu hindern.

Auch bei Salamis bildet Themistokles das Rückgrat des griechischen Widerstands, der, wie Herodot fälschlicherweise behauptet, an der Angst und dem Polisegoismus der Peloponnesier zu zerbrechen droht. Als Stellvertreter aller Athener fungiert Mnesiphilos, der Themistokles die Legitimation verschafft, mit allen Mitteln die Abfahrt der Griechenflotte zum Isthmos zu hintertreiben. Nachdem dieser im Kriegsrat mit seiner militärischen Argumentation und der Androhung einer Auswanderung der Athener nach Siris – dies eine Anspielung auf die Perikleische Kolonisation in Unteritalien – gescheitert ist, dient seine erste Geheimbotschaft an Xerxes einzig dazu, durch die sofort eingeleitete persische Umzingelung die Peloponnesier an der Flucht zu hindern und zum Kampf vor Salamis zu zwingen, wodurch Themistokles zum Vater des griechischen Sieges wird. Herodot läßt ihn seinen Winkelzug noch vor Schlachtbeginn rechtfertigen gegenüber seinem schärfsten innerathenischen Rivalen, Aristeides, gleichsam vor der Gesamtheit der Athener und mindert somit den Verdacht eines schnöden Doppelspiels; diesen hat Herodot jedoch selbst erst aufgebracht mit seiner Version der Botschaft, die Themistokles in den Vordergrund rückt. Herodot benutzt dazu die bei Aischylos bezeugte, authentische Kriegslist eines namenlosen Boten. Herodot hat sein Szenario vor der Schlacht von Salamis nach der Kontrastfolie der „Versuchung des Achaierheeres" in der Ilias ausgestaltet.

Unmittelbar nach seinem kriegsentscheidenden Triumph fällt der Herodoteische Themistokles im Kriegsrat auf Andros jäh aus der Rolle des Vorkämpfers für die Freiheit heraus: Von den Peloponnesiern bei seinem – unhistorischen – Plan zur Zerstörung der Hellespont-Brücken überstimmt, überzeugt er die Athener, davon abzulassen, mit Ratschlägen, die als die ihn selbst fortan leitenden Handlungsmaximen erwiesen werden konnten: jeder solle sich um den Aufbau des eigenen Hausstandes und eine gute Aussaat kümmern. Letzteres tut er durch die zweite Geheimbotschaft an Xerxes, laut der er die Griechen schon von einer Verfolgung der Perser und der Zerstörung der Brücken abgehalten habe. Herodots Version soll Themistokles mitnichten als Hochverräter denunzieren – die Botschaft beeinflußt Xerxes' Rückmarsch keineswegs –, sondern seine Lösung aus allen Bindungen an Athen und Griechenland sowie seinen Eigennutz sinnfällig machen, der ihn dazu treibt, sich ein Unterpfand für seine spätere Flucht zum Großkönig zu verschaffen. Zu diesem Zweck hat Herodot vermutlich die ursprüngliche Überlieferung über eine unhistorische, nach der ersten Geheimbotschaft vor Salamis geformte Kriegslist des Themistokles umgearbeitet; diese ebenfalls schon von Salamis aus abgesandte Botschaft habe besagt, er werde lediglich versuchen, die Griechen von einer Verfolgung abzuhalten, was den persischen Rückzug beschleunigt habe. Denkbar ist aber auch, daß Herodot mit seiner Version den Verratsvorwurf des Charon von Lampsakos, der aus Thukydides (I 137,4) zu rekonstruieren ist, korrigieren wollte.

Auch seinen eigenen Hausstand versorgt Themistokles gemäß seinem Programm in seiner unmäßigen Habgier reichlich, indem er durch Drohungen mit einem Angriff der griechischen Flotte von den Bewohnern einiger Kykladeninseln große Geldsummen unbemerkt von den anderen Strategen erpreßt. Indem Herodot ihn mit den Göttinnen „Überzeugung" und „Zwang" auch den Andriern drohen läßt, benennt er dessen und Athens charakteristische Machtmittel; indem er ihn jedoch dabei scheitern läßt, spielt er auf die erfolgreiche Argumentation der Andrier mit ihrer Landarmut für eine Halbierung ihres Seebundstributs um 451/0 an. Da auch die Griechenflotte im Herbst 480 an ihrer eigentlichen Aufgabe scheitert, die Perser und ihre Parteigänger aus ihren Stützpunkten Andros und Karystos zu vertreiben, läßt sich als Reaktion darauf ein Gerücht plausibel machen, Themistokles sei von den Andriern und den Karystiern durch Bestechung zur Aufhebung der Belagerungen bewogen worden. Diese Verleumdung hat Herodot wahrscheinlich umgedreht, um durch Themistokles' widerrechtliches Fordern und Drohen – wie auch für die Erpressung des Miltiades gegenüber Paros 490 aufgezeigt – das Gebaren der Athener bei der Eintreibung des Seebundstributes als Hybris zu brandmarken.

Die vermutlich fiktive Weigerung der griechischen Strategen, am Isthmos Themistokles den ersten Preis für die gesamte Perserabwehr in den Jahren 480 und 479 zuzusprechen, soll die Mißgunst widerspiegeln, die den zeitgenössischen Athenern ungeachtet ihrer großen Verdienste von seiten der anderen Griechen entgegenschlug. Durch Themistokles' Ehrungen in Sparta für seine „Weisheit" und „Klugheit" weist Herodot erneut auf dessen hervorragende Tugenden hin, jedoch auch auf seine Ehrsucht. Themistokles' abschließendes Wortgefecht mit dem Athener Timodemos – Herodot hat vermutlich dessen ursprüngliche, bei Platon zu findende Version zu seinen Darstellungszwecken umgeformt – soll sowohl seinen Dünkel und das häufige Pochen auf seine Meriten als auch die Anfeindungen seiner Umwelt als Gründe für seinen raschen politischen Niedergang nach 480 verdeutlichen.

In Herodots Darstellung springt als durchgängiger Grundzug des Themistokles die Gerissenheit ins Auge, mit deren Hilfe er jedesmal gleich doppelt täuscht: am Kap Artemision die Euboier und seine Strategenkollegen, vor Salamis die Peloponnesier und Xerxes, auf Andros die Athener und Xerxes. Die Untersuchung zeigt auf, daß die Schlacht von Salamis seinen rasanten Aufstieg bis zum Gipfelpunkt als geehrter Triumphator in zwei gegensätzliche Phasen teilt: Bis in der dortigen Seeschlacht die Perser endlich niedergerungen sind, erweist sich Themistokles als kompromißloser, zudem göttlich legitimierter Vorkämpfer der griechischen Freiheit, der mit Klugheit und List sämtliche Hindernisse beseitigt. Danach jedoch löst er sich aus allen Loyalitäten gegenüber seiner Vaterstadt und seinem Heimatland; seine nun ungezügelte Selbstsucht und Habgier verleitet ihn fortan zu Übergriffen und zur Ausbeutung anderer Griechen. Folglich sind auch die Winkelzüge des Themistokles in ihrer Zweckbestimmung spiegelbildlich zur Schlacht von Salamis angeordnet: Dienen seine Bestechungsmanöver am Kap Artemision, sein skrupelloser Vertragsbruch gegenüber den Euboiern und seine erste Geheimbotschaft an Xerxes vor allem dem Zusammenhalt des griechischen Abwehrbündnisses und beteiligt er in den ersten beiden Fällen die anderen Griechen auch an dem Gewinn, so entspringen die zweite Geheimbotschaft und die Erpressungen der Andrier, Parier und Karystier einzig seinem Egoismus. Wie jedoch sein Profit aus den Vorgängen am Kap Artemision zeigt, lassen sich bei Themistokles erste Stufen eines moralischen Verfalls schon vor dem Sieg bei Salamis ausmachen.

Eine grundsätzliche Zweiteilung seiner Entwicklung durch diesen Wendepunkt finden wir später auch bei Thukydides (I 137,4) im angeblichen Brief des Themistokles an Artaxerxes, in dem er behauptet, nur so lange, wie er den Angriff der Perser abzuwehren hatte, habe er ihnen Böses getan, danach aber viel Gutes. Sofern dieser Brief auf Charon von Lampsakos zurückgeht – was als wahrscheinlich erwiesen wurde –, mag er Herodot beeinflußt haben. Doch Herodot ist keineswegs schlicht einem vorgegebenen Schema gefolgt, sondern hat dies produktiv weiterentwickelt, um eine „höhere Wahrheit" auszudrücken, indem er Themistokles in seinem Tun und Leiden zur Verkörperung Athens stilisiert: Von der letzten Episode abgesehen, handelt dieser jeweils für alle Athener. Auf sein Anraten hin verlassen sie sich ganz auf die Kampfkraft der Schiffe und werden so bei Salamis zu den Rettern ganz Griechenlands. Doch auch sein skrupelloses Handeln auf Euboia und seine Übergriffe auf die Kykladenbewohner weisen fatale Ähnlichkeit zu den imperialistischen Repressionsmaßnahmen der Athener gegen die Seebundsmitglieder auf. Selbst im Neid der griechischen Feldherren auf Themistokles spiegelt sich die spätere Mißgunst und Leugnung der Verdienste Athens in den Perserkriegen durch die anderen Hellenen.

Wie die Studie zeigt, hat Herodot also die Widersprüchlichkeit athenischer Politik von den Perserkriegen bis weit in die Pentekontaëtie hinein und damit bis in seine eigene Zeit auf seine Themistokles-Figur projiziert. So wie dieser allein den Abwehrkampf der Griechen bis zur Schlacht von Salamis anführte, danach aber der Geldgier und Hybris verfiel, so erwarben sich die Athener zwar in der Perserabwehr der Jahres 480/79 die größten Meriten von allen Hellenen; ihrem im Delisch-Attischen Seebund institutionalisierten Anspruch, Garant der griechischen Freiheit gegenüber der orientalischen Despotie zu sein, wurden sie jedoch in den folgenden Jahrzehnten nicht mehr gerecht, sondern verkamen selbst zu Ausbeutern und Unterdrückern vieler Griechen. Die Studie konnte MUNSONS, von MOLES aufgegriffene, bisher hypothetische[1] Analogie also massiv untermauern: So wie sich der Herodoteische Themistokles zu den Athenern und den übrigen Hellenen im Jahr 480 verhält, so verhielten sich die Athener im fünften Jahrhundert zu den restlichen Griechen.

Zur Herstellung dieser Analogie hat Herodot die ihm vorliegenden Überlieferungen offenbar gravierend umgeformt. Dieses Vorgehen mag ihm geboten erschienen sein angesichts der vielen Verleumdungen, die über Themistokles gerade nach seiner Flucht zu den Persern um das Jahr 465 in Umlauf kamen. Doch bereits für die Zeit davor konnten Gerüchte über seine zweifelhafte Loyalität bei möglichen Pro-

---

1 S.o. S. 20f.

zessen in Athen oder bei seinem Ostrakismos als Stimmungsmache gegen ihn und als eine Ursache für seinen rasanten politischen Niedergang nach Salamis wahrscheinlich gemacht werden. Spätestens nach seinem Entweichen zum Großkönig haben die Griechen die Schuld für die Fehlschläge des Jahres 480, so in Thessalien, am Kap Artemision oder die gescheiterte Belagerung von Andros und Karystos, sicherlich auf Themistokles geladen, der sich in ihren Augen nunmehr als Ausgeburt eines Verräters entlarvt hatte: So finden sich einige Anhaltspunkte für die Existenz von Diffamierungen, er sei jeweils an diesen Orten von Perserfreunden bestochen worden. Sogar seine beiden Geheimbotschaften an Xerxes, die beide in der ursprünglichen Überlieferung eine Kriegslist dargestellt haben, boten ausreichend Potential für eine Umdeutung zu einem verräterischen Doppelspiel, was Herodot selbst in deren jeweiliger Umgestaltung durchscheinen läßt. Er fand solche Beschuldigungen des Themistokles nicht nur in der mündlichen Überlieferung, sondern auch schon verschriftlicht vor, so in den Invektiven des Timokreon und in der vermutlich ausführlichen Schilderung seines Schicksals bei Charon von Lampsakos. Doch die Schriftform verlieh den Verleumdungen keineswegs größere Glaubwürdigkeit. Denn da die großen Abläufe des Jahres 480 allgemein bekannt waren, blieb den Denunzianten nur die Möglichkeit, dem Strategen Winkelzüge, die im verborgenen abliefen, – als Modell standen ja die glorifizierenden Erzählungen über seine Kriegslisten zur Verfügung – und landesverräterische Motive dafür anzudichten. Daß er durch die Brille dieser böswilligen Unterstellungen das tatsächliche Wollen und Handeln des Themistokles im Jahr 480 nicht einmal annähernd erkennen konnte, dessen muß sich Herodot bewußt gewesen sein.

Infolge der grundlegenden Verzerrungen historisch getreuer Nachrichten mag Herodot sich dazu berechtigt gesehen haben, seinerseits Themistokles Winkelzüge und insbesondere Beweggründe zu unterschieben, die seine eigene Deutungen transportierten. Für den Grundzug, seinen Protagonisten bestimmte Motive allein gemäß eigener Einschätzung zuzuschreiben, verdient Herodot sicherlich den Titel „Vater der Geschichtsschreibung", wenn wir seine – nicht nur antiken – Nachfolger betrachten. Natürlich kann auch er den Athener nur im verborgenen wirken lassen. Doch die permanente Betonung seiner Heimlichkeit dabei – am nachdrücklichsten bei der angeblich selbst unter der Folter bewahrten Verschwiegenheit seiner Boten zu den Kykladen-Inseln – erfüllt eine doppelte Funktion: Sie schützt einerseits Herodots Konstrukte vor Widerspruch. Wer kann behaupten, sie seien falsch, wo doch keine Aussagen zuverlässiger Augenzeugen dagegen angeführt werden können? Andererseits signalisiert die angebliche Heimlichkeit dem Publikum zugleich, daß seine Konstrukte, da nicht überprüfbar, in ihrer historischen Aussagekraft nicht belastet werden dürfen; sie wirkt somit als implizites Dementi.

Um Verdienste und Vergehen der Athener im fünften Jahrhundert auf seinen Themistokles projizieren zu können, mußte Herodot jeglichen Makel des Verräters von ihm nehmen. Dasselbe Verfahren hat er mit derselben Absicht auch bei seinem Miltiades angewandt. Wäre nur der leiseste Verdacht des Medismos auf die beiden athenischen Strategen gefallen, so hätten sie mitnichten als Verkörperung der enormen Opfer und Leistungen Athens für die griechische Freiheit in den Perserkriegen dienen können; diese jedoch bei den Griechen seiner Zeit wieder zu neuen Ehren zu bringen, gerade als sie immer mehr in Abrede gestellt wurden, war ein zentrales

Anliegen Herodots. Deshalb zeichnet er Themistokles als denjenigen, der bis zur Schlacht von Salamis als einziger den griechischen Widerstand zusammenzuhalten vermag. Mit seiner positiven Bewertung hat Herodot dessen Charakterisierung bei späteren Autoren, angefangen bei Thukydides, so nachhaltig geprägt, daß die noch von Timokreon, Charon und Stesimbrotos kolportierten Beschuldigungen wegen Landesverrats aus der nachherodoteischen Tradition vollständig verschwunden sind. Der Herodoteische Themistokles dient auch nach Salamis niemals einem fremden Herrn, sondern ausschließlich seinen ureigenen Interessen, die er auch schon vorher nie aus den Augen verloren hat, wie sein großer Gewinn bei den Transaktionen auf Euboia belegt.

Der jähe Umschlag des Wollens und des Handelns des Herodoteischen Themistokles – in Zeiten der Bedrohung kompromißloser Einsatz für die Sache aller Griechen, danach jedoch ungezügelte Befriedigung der Selbstsucht –, bildet das *tertium comparationis,* über das der Blick des Publikums auf das eigentliche Objekt der Kritik gelenkt werden kann: die Herrschaft der Athener im Seebund. Ihre Unterdrückungsmaßnahmen gegen die eigenen Bündner haben Herodots Zeitgenossen lebhaft vor Augen gestanden. Dennoch bedurfte es konkreter Hinweise, um beim Publikum den Vergleich der Darstellungen des Jahres 480 mit der eigenen Zeitgeschichte anzustoßen. Diese Hinweise lieferte Herodot, wie in der Untersuchung aufgezeigt, durch offensichtliche Anachronismen in seinem Bericht – z.B. indem er die Andrier das soeben zerstörte und vom Perserheer besetzte Athen als „reich und mächtig" preisen läßt – und durch Handlungskonstellationen, die historischen Ereignissen aus der Pentekontaëtie entlehnt waren. So ist Themistokles' Gebaren auf Euboia und den Kykladen dem Vorgehen der Athener 446/5 gegen die Euboier und ihrer Ausbeutungspraxis im Seebund nachempfunden. Dies hat freilich nichts mit der von FEHLING für Herodot postulierten freien Fiktion von Erzählungen zu tun; vielmehr handelt es sich um die Ausmalung eines dürren Faktengerüsts mit Farben und Details aus der Zeitgeschichte. Diese literarische Ausgestaltung – RAAFLAUBS Ansatz folgend – auch für andere „Berichte" Herodots nachzuweisen stellt meines Erachtens ein lohnendes Ziel für die weitere Forschung dar.

Herodot hatte offensichtlich ein historisch gebildetes Publikum im Visier, das zudem durch Dramen geübt darin war, Anspielungen zu entschlüsseln. Doch auch wer nicht alle versteckten Bezüge zur Zeitgeschichte bis ins Detail entdeckte, konnte allein schon die moralische Ablehnung des erpresserischen Themistokles, wie ihn Herodot zeichnet, auf den Imperialismus der Athener in der Pentekontaëtie übertragen, deren Verbrechen viele seiner Zuhörer am eigenen Leibe zu spüren bekommen hatten. Auch wenn öffentliche Lesungen einzelner Abschnitte in verschiedenen Poleis durchaus wahrscheinlich sind, hat Herodot die *Historien* in der uns vorliegenden Form für ein lesendes Publikum verfaßt. Am ehesten kommen hierfür deshalb die oberen, zumeist aristokratischen Schichten der griechischen Poleis in Frage, die besonders unter der Herrschaft der athenischen Demokraten zu leiden hatten. Nur Lesern, die sich die immer wiederkehrenden Motive und Handlungsmuster leicht im *Historien*-Text vergegenwärtigen konnten, erschloß sich die gesamte Bedeutungstiefe der paradigmatischen Geschichtsschreibung Herodots, die hinter dem konkreten Einzelschicksal Gesetzmäßigkeiten des Aufstiegs und Falls der Mächtigen sichtbar zu machen bestrebt ist. Nur Leser vermochten hinter den fünf von Kroisos und den vier Perserkönigen gebildeten Geschehenskreisen den „heimlichen sechsten Geschehenskreis"[2] erkennen, der den Aufstieg Athens schildert: Wie am Anfang der *Historien* der Fall des Kroisos mit dem rasanten Erstarken der Perser unter Kyros einhergeht, so bedeutet an deren Ende die Niederlage des Xerxes bei Salamis den entscheidenden Schritt Athens auf dem Weg zur griechischen Hegemonie. Wie Kroisos durch das Überschreiten des Halys sein eigenes Reich zerstört, so droht nach Herodoteischer Weltanschauung den Athenern ähnliches, die am Ende der *Historien* kurz vor der Überschreitung des Hellesponts stehen. Angesichts dieser Symmetrien bildet der Ratschlag des Atheners Solon an den Lyderkönig am Anfang der *Historien*, zur Beurteilung eines Lebens solle man vor allem auf dessen Ende schauen (I 32,9), einen hochbedeutsamen Fingerzeig für die Leser. Sie werden dazu angehalten, zur Bewertung der Großmacht der eigenen Lebenszeit, Athen, den unvollendeten sechsten Geschehenskreis gedanklich abzuschließen und den unweigerlichen Niedergang der athenischen Herrschaft zu antizipieren. Die Gründe dafür hat Herodot nicht zuletzt an seiner Themistokles-Figur aufgezeigt: unmäßige Pleonexie und skrupellose Hybris.

Herodot hält mit seinem Themistokles also den Athenern den Spiegel vor. Auch wenn er zu diesem Zweck die ohnehin stark tendenziösen Überlieferungen verzerrt und sich nicht um die kaum mehr rekonstruierbaren Details der historischen Wirklichkeit gekümmert hat, hat er mit dieser Figur ein literarisches Mittel geschaffen, um sowohl den Athenern als auch den anderen Hellenen eine höhere geschichtliche Wahrheit aufzuzeigen, die für jeden seiner Zeitgenossen spürbare Realität war: Der aufopferungsvolle Kampf der Athener für die griechische Freiheit in den Perserkriegen schlug danach um in ein imperialistisches Ausgreifen zur Herrschaft über viele Hellenen.

Nicht nur der Herodoteische Themistokles bildet einen Spiegel, sondern – ein solches Ausgreifen sei dem Verfasser am Ende gestattet – die gesamten *Historien*. Doch im Gegensatz zur Forderung des Lukian für jegliche Geschichtsschreibung erweisen sich die *Historien* keineswegs als eine getreue Wiedergabe der historischen Ereignisse, über die sie vordergründig berichten. Dieses Defizit muß die modernen Historiker schmerzen, die sich von ihnen ein scharfes und detailliertes Bild der spätarchaischen und Perserkriegszeit erhoffen. Vielmehr reflektieren Herodots *Historien* vor allem die in verschiedene Traditionen gefaßten Sinndeutungen der jeweils eigenen Geschichte, die Feindbilder und Identifikationsmuster, die Ängste und Hoffnungen sowie die ethisch-religiösen Vorstellungen, die Herodots Zeitgenossen in der zweiten Hälfte des fünften Jahrhunderts geprägt haben – insbesondere aber spiegeln sie in aller nur wünschenswerten Treue Herodots ureigene Deutung der Zeitgeschichte.

2   Zitat COBET 1988, 233.

Literaturverzeichnis

1. Abkürzungen (ohne Jahresangabe)

ATL I–IV = B.D. MERITT & H.T. WADE-GERY & M.F. MCGREGOR, The Athenian Tribute Lists, vol. I, Cambridge/Mass. 1939; vol. II–IV, Princeton 1949/1950/1953.

BELOCH GG II² 1/2 = K.J. BELOCH, Griechische Geschichte, Bd. II: Bis auf die sophistische Bewegung und den Peloponnesischen Krieg, 1./2. Abt., Strassburg ²1914/1916.

BURN = A.R. BURN, Persia and the Greeks. The Defence of the West ca. 546–478 B.C., London 1962 = ND mit einem Postscript von D.M. LEWIS, London ²1984.

BUSOLT GG II² bzw. III 1 = G. BUSOLT, Griechische Geschichte bis zur Schlacht von Chaeroneia, Bd. II: Die ältere attische Geschichte und die Perserkriege, Gotha ²1895; Bd. III, Teil 1: Die Pentekontaëtie, Gotha 1897.

FGrHist = JACOBY, F., Die Fragmente der griechischen Historiker, Berlin-Leiden 1923–1958.

FORNARA = C.W. FORNARA, Herodotus. An interpretative essay, Oxford 1971.

FROST = F.J. FROST, Plutarch's Themistocles. A Historical Commentary, Princeton ²1998.

GOLDSCHEIDER = K. GOLDSCHEIDER, Die Darstellung des Themistokles bei Herodot, Diss. Freiburg 1965.

HIGNETT = C. HIGNETT, Xerxes' Invasion of Greece, Oxford 1963.

IMMERWAHR = H.R. IMMERWAHR, Form and Thought in Herodotus, Cleveland 1966.

JACOBY = F. JACOBY, RE Suppl. II (1913), s.v. Herodotos, 205–520.

LIDDELL-SCOTT-JONES = H.G. LIDDELL & R. SCOTT, rev. by H.S. JONES, A Greek-English Lexicon, with a rev. Supplement, Oxford ⁹1940/1996.

MARG WdF = W. MARG (ed.), Herodot. Eine Auswahl aus der neueren Forschung (Wege der Forschung 26), Darmstadt ³1982.

MEIGGS = R. MEIGGS, The Athenian Empire, Oxford 1972.

MEIGGS-LEWIS = R. MEIGGS & D. LEWIS, A Selection of Greek Historical Inscriptions to the End of the Fifth Century BC, Oxford ²1989.

Ed. MEYER GdA IV⁵ = Ed. MEYER, Geschichte des Altertums, Bd. IV: Das Perserreich und die Griechen, 1. Abt.: Bis zum Vorabend des Peloponnesischen Krieges, Stuttgart ⁵1954.

PODLECKI = A.J. PODLECKI, The Life of Themistocles. A critical survey of the literary and archaeological evidence, Montreal-London 1975.

RHODES = P.J. RHODES, A Commentary on the Aristotelian *Athenaion Politeia*, Oxford ²1993.

SCHULTE = E.H. SCHULTE, Herodots Darstellung der großen griechischen Feldherren (in ihrer Bedeutung für seine Geschichtsauffassung), Diss. Marburg 1966.

2. Texteditionen und Kommentare

Hier werden die Texteditionen (T), Kommentare (K) und Übersetzungen (Ü) für die zentralen Autoren – in chronologischer Folge – angeführt.

a) Herodot:

HUDE, C., 2 Bde., Oxford ³1927 (T).

ROSÉN, H.B., 2 Bde., Leipzig 1987, Stuttgart-Leipzig 1997 (T).

ABICHT, C., 5 Bde., Berlin ⁴1893 (TK).

STEIN, H., 5 Bde., Berlin ⁵1893 (TK).

MACAN, R.W., Herodotus. The Fourth, Fifth, & Sixth Books, vol. I: Introduction, Text with Notes; vol. II: Appendices, Indices, Maps, London-New York 1895 (TK).

MACAN, R.W., The Seventh, Eighth, & Ninth Books, vol. I: Introduction, Book VII; VIII and IX
    (Text and Commentaries); vol. II: Appendices, Indices, Maps, London 1908 (TK).
HOW, W.W. & WELLS, J., A Commentary on Herodotus, 2 Bde., Oxford ²1936 (K).
POWELL, J.E., Herodotus Book VIII, Cambridge 1939 (TK).
TEDESCO, A.A., Erodoto. L'ottavo libro delle Storie, Mailand 1984 (TK).
ASHERI, D., Erodoto, Le Storie, vol. I: La Lidia e la Persia, o.O. 1988 (TKÜ).
MASARACCHIA, A., Erodoto. La Battaglia di Salamina. Libro VIII delle Storie, o.O. ²1990 (TKÜ).

LANGE, F., 2 Bde., Breslau ²1824 (Ü).
GODLEY, A.D., 4 Bde., London-New York 1920–1924 (TÜ).
LEGRAND, P.-E., 11 Bde., Paris 1932–1954 (TÜ mit ausführlicher Einleitung und Anmerkungen).
HORNEFFER, A., Stuttgart 1955 (Ü).
FEIX, J., 2 Bde., München ³1980 (TÜ).
MARG, W., 2 Bde., Zürich-München 1983 (Ü).
BRAUN, T & BARTH, H., 2 Bde., Berlin-Weimar ²1985 (Ü).

SCHWEIGHÄUSER, J., Lexicon Herodoteum, Straßburg-Paris-London 1824.
POWELL, J.E., A Lexicon to Herodotus, Cambridge 1938.

b) Aischylos:
MURRAY, G., Oxford ²1955 (T).
PAGE, D., Oxford 1972 (T).
WEST, M.L., Stuttgart 1990 (T).

GROENEBOOM, P., Aischylos' Perser, Göttingen 1960; niederländische Originalversion: Aeschylus'
    Persae, Groningen-Den Haag 1930 (TK).
BROADHEAD, H.D., Aeschylus. The Persae of Aeschylus, Cambridge 1960 (TK).
ROUSSEL, L., Éschyle. Les Perses, Montpellier 1960 (TK).
HALL, E., Aeschylus' Persae, Warminster 1996 (TKÜ).

c) Thukydides:
HUDE, C., 2 Bde., Leipzig 1913 (T).
JONES, H.S. & POWELL, J.E., 2 Bde., Oxford ²1942 (T).
LUSCHNAT, O., Libri I–II, Leipzig ²1960 (T).

CLASSEN, J. & STEUP, J., 8 Bde., Berlin ⁵1919 (TK).
GOMME, A.W., A Historical Commentary on Thucydides, vol. I: Book I, Oxford 1945.
GOMME, A.W., A Historical Commentary on Thucydides, vol. II: Books II–III; vol. III: Books IV–
    V 24, Oxford 1956.
GOMME, A.W. & ANDREWES, A. & DOVER, K.J., A Historical Commentary on Thucydides, vol. IV:
    Books V 25–VII; vol. V: Book VIII, Oxford 1970/1981.
RHODES, P.J., Thucydides History II, Warminster 1988.
HORNBLOWER, S., A Commentary on Thucydides, vol. I. Books I–III, Oxford 1991.
HORNBLOWER, S., A Commentary on Thucydides, vol. II: Books IV–V.24, Oxford 1996.

SMITH, C.F., 4 Bde., London-New York 1919–1923 (TÜ).
DE ROMILLY, J. u.a., 6 Bde., Paris 1953–1973 (TÜ).
HORNEFFER, A., Bremen 1957 (Ü).
LANDMANN, G.P., Zürich-München 1976 (Ü).

d) Plutarch:
Viten des Themistokles, Aristeides, Kimon und Perikles:
LINDSKOG, C., ZIEGLER, K. & GÄRTNER, H., vol. I 1, München-Leipzig ⁵2000; I 2 Stuttgart-Leipzig
    ⁴1994 (T).

Calabi Limentani, I., Plutarchi Vita Aristidis, Florenz 1964 (TKÜ).
Frost, F.J., Plutarch's Themistocles. A Historical Commentary, Princeton ²1998 (K).
Blamire, A., Plutarch: Life of Kimon (BICS Suppl. 56), London 1989 (TKÜ).
Sansone, D., Plutarch: Aristeides and Cato, Warminster 1989 (TKÜ).
Stadter, P.A., A Commentary on Plutarch's Pericles, Chapel Hill-London 1989 (TK).
Carena, C. & Manfredini, M. & Piccirilli, L., Plutarco, Le vite di Temistocle e di Camillo, Mailand ²1996 (TKÜ).
Marr, J., Plutarch: Life of Themistocles, Warminster 1998 (TKÜ).

Ziegler, K. & Wuhrmann, W., Zürich-München 1954/55 (Ü).

de Herodoti malignitate:
Häsler, B., Plutarchi Moralia, vol. V, fasc. 2, pars 1, Leipzig 1978 (T)

Pearson, L. & Sandbach, F.H., Plutarch's Moralia, vol. XI, London-Cambridge/Mass. 1965 (TÜ).
Cuvigny, M. & Lachenaud, G., Paris 1981 (TÜ).
Bowen, A.J., Plutarch: The Malice of Herodotus, Warminster 1992 (TKÜ).

e) Aristoteles, Ἀθηναίων Πολιτεία:
Chambers, M., Leipzig 1986 (T).
Rhodes, P.J., A Commentary on the Aristotelian *Athenaion Politeia*, Oxford ²1993 (K).
Chambers, M., Aristoteles, Staat der Athener (Aristoteles Werke in deutscher Übersetzung, Bd. 10, Teil 1), Berlin 1990 (KÜ).

f) Pseudothemistokleische Briefe:
Doenges, N.A., The letters of Themistokles, New York 1981 (TKÜ).
Cortassa, G., (ed.), Le lettere di Temistocle, vol. I, Padua 1990 (TÜ).

3. Fachliteratur

Hier ist nur einschlägige und/oder mehrfach zitierte Literatur aufgeführt. Die Siglen orientieren sich an *L'Année Philologique*.

Accame, S., 1982, La leggenda di Ciro in Erodoto e in Carone di Lampsaco, MGR 8, 1–43.
Adshead, K., 1986, Politics of the Archaic Peloponnese. The transition from archaic to classical politics, Aldershot.
D'Agostino, F., 1983, Bia. Violenza e giustizia nella filosofia e nella letteratura della Grecia antica, Mailand.
Alty, J., 1982, Dorians and Ionians, JHS 102, 1–14.
Aly, W., 1909, Herodots Vorlesung in Athen, RhM 64, 637.
Aly, W., 1921/²1969, Volksmärchen, Sage und Novelle bei Herodot und seinen Zeitgenossen, Göttingen.
Aly, W., 1927, Herodots Sprache. Ein Beitrag zur Geistesgeschichte der Jahre 450–430, Glotta 15, 84–117.
Ameruoso, M., 1991, L'*iter* ideologico di Erodoto, MGR 16, 85–132.
Amit, M., 1965, Athens and the Sea. A Study in Athenian Sea-Power (Collection Latomus 74), Brüssel.
Anderson, C.A., 1989, Themistocles and Cleon in Aristophanes' *Knights* 763ff., AJPh 110, 10–16.
Andrewes, A., 1936/37, Athens and Aegina, 510–480 B.C., BSA 37, 1–7.
Asheri, D., 1993, Erodoto e Bacide. Considerazioni sulla fede di Erodoto negli oracoli (Hdt. VIII 77), in: Sordi 1993, 63–76.
Avenarius, G., 1956, Lukians Schrift zur Geschichtsschreibung, Meisenheim/Glan.

BADIAN, E., 1971, Archons and Strategoi, Antichthon 5, 1–34.

BADIAN, E., 1993, From Plataea to Potidaea. Studies in the History and Historiography of the Pentecontaetia, Baltimore-London.

BADIAN, E., 1994, Herodotus on Alexander I of Macedon: A Study in Some Subtle Silences, in: S. HORNBLOWER (ed.), Greek Historiography, Oxford, 107–130.

BAKKER, E.J. & DE JONG, I.J.F. & VAN WEES, H. (edd.), 2002, Brill's Companion to Herodotus, Leiden-Boston-Köln.

BAKKER, E.J., 2002, The Making of History: Herodotus' Historíes Apodexis, in: BAKKER–DE JONG–VAN WEES 2002, 3–32.

BALCER, J.M., 1978, The Athenian Regulations for Chalkis. Studies in Athenian Imperial Law (Historia Einzelschriften 33), Wiesbaden.

BALCER, J.M., 1995, The Persian Conquest of the Greeks 545–450 BC (Xenia 38), Konstanz.

BALTRUSCH, E., 1994, Symmachie und Spondai. Untersuchungen zum griechischen Völkerrecht der archaischen und klassischen Zeit (8.–5. Jahrhundert v. Chr.) (Untersuchungen zur antiken Literatur und Geschichte 43), Berlin-New York.

BARRETT, J., 1977, The Downfall of Themistocles, GRBS 18, 291–305.

BARRON, J.P., 1988, The liberation of Greece, in: BOARDMAN u.a., CAH IV^2 592–622.

BARTH, H., 1965, Das Verhalten des Themistokles gegenüber dem Gelde. οὐ γὰρ ἐπαύετο πλεονεκτέων (Herodot VIII 112), Klio 43–45, 30–37.

BAUER, A., 1881, Themistokles. Studien zur griechischen Historiographie und Quellenkunde, Leipzig.

BAUMANN, R.A., 1990, Political trials in ancient Greece, London.

BEARZOT, C., 1993, Mantica e condotta di guerra: strateghi, soldati e indovini di fronte all'interpretazione dell'evento ,prodigioso', in: SORDI 1993, 97–121.

BEIKE, M., 1987, Kriegsflotten und Seekriege der Antike, Berlin.

BELOCH, K.J., 1894, Siris, Hermes 29, 604–610.

BENCSIK, A., 1994, Schelmentum und Macht. Studien zum Typus des σοφὸς ἀνήρ bei Herodot, Diss. Bonn.

BENGTSON, H., 1939, Einzelpersönlichkeit und athenischer Staat zur Zeit des Peisistratos und des Miltiades, SBAW 1939, 1, München.

BENGTSON, H., 1951, Themistokles und die delphische Amphiktionie, Eranos 49, 85–92.

BENGTSON, H., 1953/54, Thasos und Themistokles, Historia 2, 485f.

BENGTSON, H., 1971, Zur Vorgeschichte der Schlacht bei Salamis, Chiron 1, 89–94.

BERRANGER, D., 1992, Recherches sur l'histoire et la prosopographie de Paros a l'époque archaïque, Clermont-Ferrand.

BERVE, H., 1936, Fürstliche Herren zur Zeit der Perserkriege, Die Antike 12, 1–28.

BERVE, H., 1937, Miltiades. Studien zur Geschichte des Mannes und seiner Zeit (Hermes Einzelschriften 2), Berlin.

BERVE, H., 1961, Zur Themistokles-Inschrift von Troizen, SBAW 1961, 3, München.

BICHLER, R., 1985, Die ,Reichsträume' bei Herodot. Eine Studie zu Herodots schöpferischer Leistung und ihre quellenkritische Konsequenz, Chiron 15, 125–147.

BICHLER, R., 1995, Geschichte und Fiktion. Bemerkungen zur klassischen Historie der Griechen, in: J. HOLZNER & W. WIESMÜLLER (edd.), Ästhetik der Geschichte (Innsbrucker Beiträge zur Kulturwissenschaft, Germanistische Reihe 54), Innsbruck, 17–38.

BICHLER, R., 2000, Herodots Welt. Der Aufbau der Historie am Bild der fremden Länder und Völker, ihrer Zivilisation und ihrer Geschichte, Berlin.

BICHLER, R. & ROLLINGER, R., 2000, Herodot, Hildesheim.

BICKERMANN, E. & SYKUTRIS, J., 1928, Speusipps Brief an König Philipp, Berichte über die Verhandlungen der Sächsischen Akademie der Wissenschaften, Phil.-hist. Kl. 80, 3, Leipzig.

BICKNELL, P.J., 1972, The Date of the Miltiades' Parian Expedition, AC 41, 225–227.

BICKNELL, P.J., 1982, Themistokles' Father and Mother, Historia 31, 161–173.

BIGWOOD, J.M., 1978, Ctesias as Historian of the Persian Wars, Phoenix 32, 19–41.

BISCHOFF, H., 1932, Der Warner bei Herodot, Borna/Leipzig.

BLAMIRE, A., 1989 s.o. unter 2. d)

BLÖSEL, W., 2001, The Herodotean Picture of Themistocles: A Mirror of Fifth-century Athens, in: LURAGHI 2001, 179–197.

BOARDMAN, J. & HAMMOND, N.G.L. & LEWIS, D.M. & OSTWALD, M., 1988, The Cambridge Ancient History, Second Edition, vol. IV: Persia, Greece and the Western Mediterranean c. 525 to 479 B.C., Cambridge = CAH IV² 1988.

BODIN, L., 1915/1917, Histoire et géographie. Phanias d'Erèse, REG 28, 251–281 und REG 30, 117–157.

BOEDEKER, D., 2000, Herodotus's Genre(s), in: M. DEPEW & D. OBBINK (edd.), Matrices of Genre. Authors, Canons, and Society, Cambridge/Mass., 97–114.

BOEDEKER, D. & SIDER, D. (edd.), 2001, The New Simonides. Contexts of Praise and Desire, Oxford-New York.

BORNITZ, H.F., 1968, Herodot-Studien. Beiträge zum Verständnis der Einheit des Geschichtswerkes, Berlin.

BORZA, E.N., 1990, In the Shadow of Olympus. The Emergence of Macedon, Princeton.

BOWDEN, H., 2003, Oracles for Sale, in: DEROW–FOWLER 2003, 256–274.

BOWEN, A.J., 1992 s.o. unter 2. d)

BOWEN, A.J., 1998, The place that beached a thousand ships, CQ 48, 345–364.

BOWIE, E.L., 2001, Ancestors of Historiography in Early Greek Elegiac and Iambic Poetry?, in: LURAGHI 2001, 45–66.

BOWRA, C.M., ²1961, Greek Lyric Poetry from Alcman to Simonides, Oxford.

BRACCESI, L. (ed.), 1986, Tre studi su Temistocle, Padua.

BRACCESI, L., 1995, Troia, Atene e Siri, Hesperìa 5, 61–73.

BRADFORD, A.S., 1994, The duplicitous Spartan, in: POWELL–HODKINSON 1994, 59–85.

BRAUN, T., 2000, The choice of dead politicians in Eupolis' *Demoi*. Themistocles' exile, hero-cult and delayed rehabilitation; Pericles and the origins of the Peloponnesian War, in: D. HARVEY & J. WILKINS (edd.), The Rivals of Aristophanes. Studies in Athenian Old Comedy, London, 191–231.

BRENNE, S., 2001, Ostrakismos und Prominenz in Athen. Attische Bürger des 5. Jhs. v. Chr. auf den Ostraka (Tyche Suppl. 3), Wien.

BRIANT, P., 1996, Histoire de l'empire perse. De Cyrus à Alexandre, Paris.

BRIANT, P. & HERRENSCHMIDT, C. (edd.), 1989, Le tribut dans l'empire perse. Actes de la Table ronde de Paris 12–13 Décembre 1986, Paris.

BROADHEAD, H.D., 1960 s.o. unter 2. b)

BROCK, R., 1996, The Tribute of Karystos, EMC 40, 357–370.

BROWN, T.S., 1983, Halicarnassus or Thurii?, EMC 27, 5–16.

BRUNS, I., 1896, Das literarische Porträt der Griechen im fünften und vierten Jahrhundert vor Christi Geburt, Berlin.

BRUNT, P.A., 1953/4 und 1993, The Hellenic League against Persia, Historia 2, 1953/54, 135–162; wiederabgedruckt und durch Addendum B ergänzt in: id., Studies in Greek History and Thought, Oxford 1993, 47–83.

DE BRUYN, O., 1995, La compétence de l'Aréopage en matière de procès publics (Historia Einzelschriften 90), Stuttgart.

BUCHANAN, J.J., 1962, Theorika. A Study of Monetary Distributions to the Athenian Citizenry during the Fifth and Fourth Centuries B.C., Locust Valley N.Y.

BURN, A.R., ²1967, The Lyric Age of Greece, London.

BURY, J.B., 1895/96, The Campaign of Artemisium and Thermopylae, BSA 2, 83–104.

BURY, J.B., 1896, Aristeides at Salamis, CR 10, 414–418.

BUSOLT, G. & SWOBODA, H., 1920/1926, Griechische Staatskunde (HAW IV 1,1), 2 Bde., München.

BUXTON, R.G.A., 1982, Persuasion in Greek Tragedy. A Study of *Peitho*, Cambridge.

CALAME, C., 1995, The Craft of Poetic Speech in Ancient Greece, Ithaca-London.

CANFORA, L., 1973, Storici e società ateniese, RIL 107, 1136–1173.

CARAWAN, E.M., 1987, *Eisangelia* and *Euthyna*: the Trials of Miltiades, Themistocles, and Cimon, GRBS 28, 167–208.

CARAWAN, E.M., 1989, Thucydides and Stesimbrotus on the Exile of Themistocles, Historia 38, 144–161.

CARENA, C. & MANFREDINI, M. & PICCIRILLI, L., 1996 s.o. unter 2. d)

CARRIÈRE, J.C., 1988, Oracles et prodiges de Salamine. Hérodote et Athènes, DHA 14, 219–275.

CARTLEDGE, P.A., 1979, Sparta and Lakonia. A Regional History 1300–362 BC, London-Boston.

CARTLEDGE, P.A. & HARVEY, F.D. (edd.), 1985, Crux, FS G.E.M. DE STE. CROIX, Haldon Road.

CARTLEDGE, P.A. & GREENWOOD, E., 2002, Herodotus as Critic: Truth, Fiction, Polarity, in: BAKKER-DE JONG-VAN WEES 2002, 351–371.

CASSON, L., ²1986, Ships and Seamanship in the Ancient World, Princeton.

CASSON, L., 1995, The Feeding of the Triremes Crews and an Entry in *IG* ii² 1631, TAPhA 125, 261–269.

CASSON, S., 1915, The vita Miltiadis of Cornelius Nepos, Klio 14, 69–90.

CATALDI, S., 1984, La democrazia ateniese e gli alleati (Ps.-Senofonte, *Athenaion Politeia*, I, 14–18), Padua.

CAWKWELL, G.L., 1970, The Fall of Themistocles, in: B.F. HARRIS (ed.), Auckland Classical Studies, FS E.M. BLAIKLOCK, Auckland-Oxford, 39–58.

CHAMBERS, M., 1967, The Significance of the Themistocles Decree, Philologus 111, 157–169.

CHAMBERS, M., 1984, Themistocles and the Piraeus, in: K.J. RIGSBY (ed.), FS S. DOW (GRBS Monographs 10), Durham, 43–50.

CHAMBERS, M., 1990 s.o. unter 2. e)

CHANIOTIS, A., 1988, Historie und Historiker in griechischen Inschriften, Stuttgart.

COBET, J., 1971, Herodots Exkurse und die Frage der Einheit seines Werkes (Historia Einzelschriften 17), Wiesbaden.

COBET, J., 1977, Wann wurde Herodots Darstellung der Perserkriege publiziert?, Hermes 105, 2–27.

COBET, J., 1987, Philologische Stringenz und die Evidenz für Herodots Publikationsdatum, Athenaeum 65, 508–511.

COBET, J., 1988, Herodot und die mündliche Überlieferung, in: VON UNGERN-STERNBERG – REINAU 1988, 226–233.

COLE, J.W., 1978, Alexander Philhellene and Themistocles, AC 47, 37–49.

CONNOR, W.R., 1971, The New Politicians of Fifth-Century Athens, Princeton.

CONNOR, W.R., 1993, The Ionic Era of Athenian Civic Identity, PAPhS 137, 194–206.

COOPER, C., 1997, Idomeneus of Lampsacus on the Athenian Demagogues, EMC 41, 455–482.

CORCELLA, A., 1984, Erodoto e l'analogia, Palermo.

COZZOLI, U., 1965, L'alleanza ellenica del 481, MGR 1, 31–51.

COZZOLI, U., 1968a, Postilla all'oracolo sul muro di legno degli Ateniesi, MGR 2, 37–46.

COZZOLI, U., 1968b, Siris, MGR 2, 1–35.

CRAHAY, R., 1956, La littérature oraculaire chez Hérodote, Paris.

CRESCI MARRONE, G., 1986, Temistocle e la ‚vigilia' dell'impero, in: BRACCESI 1986, 113–132.

CULASSO GASTALDI, E., 1986a, Temistocle, Eschilo, Simonide e il culto della vittoria, in: E. CORSINI (ed.), La polis e il suo teatro, Padua, 31–47.

CULASSO GASTALDI, E., 1986b, Temistocle e la via dell'esilio, in: BRACCESI 1986, 133–163.

CULASSO GASTALDI, E., 1990, Le lettere di Temistocle, vol. II: Il problema storico, Padua.

CUSTANCE, R., 1919, War at Sea: Modern Theory and Ancient Practice, Edinburgh-London.

DANDAMAEV, M.A., 1989, A Political History of the Achaemenid Empire, Leiden u.a.

DARBO-PESCHANSKI, C., 1987, Le discours du particulier: essai sur l'enquête hérodotéenne, Paris.

DASCALAKIS, A., 1962, Problèmes historiques autour de la Bataille des Thermopyles (École française d'Athènes, Travaux et Mémoires 12), Paris.

DAVERIO ROCCHI, G., 2002, Topografia politica e costruzione della memoria: Temistocle al Pireo, in: P.G. MICHELOTTO (ed.), λόγιος ἀνήρ. Studi di antichità in memoria di M.A. LEVI, Mailand, 131–147.

DAVIES, J.K., 1971, Athenian Propertied Families 600–300 B.C, Oxford.

DEFFNER, A., 1933, Die Rede bei Herodot und ihre Weiterbildung bei Thukydides, Diss. München.

DELBRÜCK, H., 1887, Die Perserkriege und die Burgunderkriege, Berlin.

DELBRÜCK, H., ³1920, Geschichte der Kriegskunst im Rahmen der politischen Geschichte, 1. Teil: Das Altertum, Berlin.

DEMAND, N., 1988, Herodotus and Metoikesis in the Persian Wars, AJPh 109, 416–423.

DENNISTON, J.D., ²1959, The Greek Particles, Oxford.

DEROW, P., 1995, Herodotus Readings, Classics Ireland 2 (http://www.ucd.ie/~classics/95/Derow95.html).

DEROW, P. & FOWLER, R.L. (edd.), 2003, The World of Herodotus, Gedenkschrift W.G. FORREST, Oxford.

DEVELIN, R., 1977, Miltiades and the Parian Expedition, AC 46, 571–577.

DEWALD, C., 1985, Practical Knowledge and the Historian's Role in Herodotus and Thucydides, in: The Greek Historians, FS A.E. RAUBITSCHEK, Saratoga, 47–63.

DEWALD, C., 1987, Narrative Surface and Authorial Voice in Herodotus' „Histories", Arethusa 20: Herodotus and the Invention of History, 147–170.

DEWALD, C. & MARINCOLA, J., 1987, Selective Introduction to Herodotean Studies, Arethusa 20, 9–40.

DICKIE, W.W., 1973, Thucydides 1.93.3, Historia 22, 758f.

DIESNER, H.-J., 1957, Der athenische Bürger bei Herodot und Thukydides, WZ Halle 6, 899–903.

DIHLE, A., 1962, Herodot und die Sophistik, Philologus 106, 207–220.

DOENGES, N.A., 1981 s.o. unter 2. f)

DREWS, R., 1973, The Greek Accounts of Eastern History, Washington-Cambridge/Mass.

DREXLER, H., 1972, Herodot-Studien, Hildesheim-New York.

DUCREY, P., 1968, Le traitment des prisonniers de guerre dans la Grèce antique, Paris.

DUMORTIER, J., 1963, La retraite de Xerxès après Salamine (Éschyle, Perses, 480–514), REG 76, 358–360.

DUNBABIN, T.J., 1948, The Western Greeks. The History of Sicily and South Italy from the Foundation of the Greek Colonies to 480 B.C., Oxford.

DUNCKER, M., 1882, Der angebliche Verrath des Themistokles, SPAW 1, Berlin, 377–392.

EHRENBERG, V., 1935, Die Generation von Marathon, in: id., Ost und West. Studien zur geschichtlichen Problematik der Antike, Brünn u.a., 97–139.

EHRENBERG, V., 1939/65, Zur älteren athenischen Kolonisation, in: id., Eunomia. Studia Graeca et Romana I, Prag 1939, 11–32 = ND in: id. 1965, 221–244.

EHRENBERG, V., 1948/65, The Foundation of Thurii, AJPh 69, 1948, 149–170 = ND in: id. 1965, 298–315.

EHRENBERG, V., 1965, Polis und Imperium. Beiträge zur Alten Geschichte, Zürich-Stuttgart.

EHRENBERG, V., ²1973, From Solon to Socrates, London.

ELAYI, J., 1979a, Deux oracles de Delphes: Les réponses de la Pythie a Clisthène de Sicyone, et aux Athéniens avant Salamine, REG 92, 224–230.

ELAYI, J., 1979b, Le rôle de l'oracle de Delphes dans le conflit gréco-perse d'après «Les Histoires» d'Hérodote, IA 14, 67–151.

EMLYN-JONES, C.J., 1980, The Ionians and Hellenism. A study of the cultural achievement of the early Greek inhabitants of Asia Minor, London-Boston-Henley.

EPPS, P.H., 1933, Fear in Spartan Character, CPh 28, 12–29.

ERBSE, H., 1955, Vier Bemerkungen zu Herodot, RhM 98, 99–120.

ERBSE, H., 1991, Fiktion und Wahrheit im Werke Herodots, NAWG 1991,4, Göttingen 131–150.

ERBSE, H., 1992, Studien zum Verständnis Herodots (Untersuchungen zur antiken Literatur und Geschichte 38), Berlin-New York.

ERXLEBEN, E., 1975, Die Kleruchien auf Euböa und Lesbos und die Methoden der attischen Herrschaft im 5. Jh., Klio 57, 83–100.

EVANS, J.A.S., 1968, Father of History or Father of Lies: the Reputation of Herodotus, CJ 64, 11–17.

EVANS, J.A.S., 1969, Notes on Thermopylae and Artemisium, Historia 18, 389–406.

EVANS, J.A.S., 1976, The Settlement of Artaphrenes, CPh 71, 344–348.

EVANS, J.A.S., 1979a, Herodotus' Publication Date, Athenaeum 57, 145–149.
EVANS, J.A.S., 1979b, Herodotus and Athens: The Evidence of the *Encomium,* AC 48, 112–118.
EVANS, J.A.S., 1982, The Oracle of the „Wooden Wall", CJ 78, 24–29.
EVANS, J.A.S., 1987, The „Recent" Prominence of Themistocles, AJPh 108, 382–384.
EVANS, J.A.S., 1988, The „Wooden Wall" again, AHB 2, 25–30.
EVANS, J.A.S., 1991, Herodotus, Explorer of the Past, Princeton.

FEHLING, D., 1971/1989, Die Quellenangaben bei Herodot. Studien zur Erzählkunst Herodots (Untersuchungen zur antiken Literatur und Geschichte 9), Berlin-New York 1971 = erweiterte englische Fassung: Herodotus and his ‚Sources'. Citation, Invention and Narrative Art, Leeds 1989.
FERRETTO, C., 1984, La città dissipatrice. Studi sull' *excursus* del libro decimo dei *Philippika* di Teopompo, Genua.
FERRILL, A., 1966, Herodotus and the Strategy and Tactics of the Invasion of Xerxes, AHR 72, 102–115.
FIGUEIRA, T.J., 1985, Herodotus on the early Hostilities between Aegina and Athens, AJPh 106, 48–74.
FIGUEIRA, T.J., 1987, Residential Restrictions on the Athenian Ostracized, GRBS 28, 281–305.
FIGUEIRA, T.J., 1988, The Chronology of the Conflict between Athens and Aegina in Herodotus Bk. 6, QUCC 57, 49–89.
FISHER, N.R.E., 1992, Hybris. A study in the values of honour and shame in Ancient Greece, Warminster.
FISHER, N.R.E., 2000, *Hybris*, revenge and *stasis* in the Greek city-states, in: VAN WEES 2000, 83–123.
FLACELIÈRE, R., 1953, Sur quelques points obscurs de la vie de Thémistocle, REA 55, 1–28.
FLORY, S., 1980, Who read Herodotus' Histories?, AJPh 101, 12–28.
FLORY, S., 1987, The Archaic Smile of Herodotus, Detroit.
FOCKE, F., 1927, Herodot als Historiker (Tübinger Beiträge zur Altertumswissenschaft 1), Stuttgart.
FOHL, H., 1913, Tragische Kunst bei Herodot, Diss. Rostock.
FONTENROSE, J., 1978, The Delphic Oracle. Its Responses and Operations with a Catalogue of Responses, Berkeley-Los Angeles-London.
FORDERER, M., 1952, Religiöse Geschichtsdeutung in Israel, Persien und Griechenland zur Zeit der persischen Expansion. Das Auftreten des Perserreichs in der zeitgenössischen Geschichtsdeutung, Diss. masch. Tübingen.
FORNARA, C.W., 1966a, The Hoplite Achievement at Psyttaleia, JHS 86, 51–54.
FORNARA, C.W., 1966b, Some Aspects of the Career of Pausanias of Sparta, Historia 15, 257–271.
FORNARA, C.W., 1967, The Value of the Themistocles Decree, AHR 73, 425–433.
FORNARA, C.W., 1971a, Evidence for the Date of Herodotus' Publication, JHS 91, 25–34.
FORNARA, C.W., 1971b, Themistocles' Archonship, Historia 20, 534–540.
FORNARA, C.W., 1971c, The Athenian Board of Generals from 501 to 404 (Historia Einzelschriften 16), Wiesbaden.
FORNARA, C.W., 1981, Herodotus' Knowledge of the Archidamian War, Hermes 109, 149–156.
FORREST, W.G., 1960, Themistocles and Argos, CQ 10, 221–241.
FORREST, W.G., ²1980, A History of Sparta 950–192 B.C., London.
FORREST, W.G., 1984, Herodotos and Athens, Phoenix 38, 1–11.
FOWLER, R.L., 1996, Herodotos and his Contemporaries, JHS 116, 62–87.
FOWLER, R.L., 2001, Early *Historie* and Literacy, in: LURAGHI 2001, 95–115.
FOWLER, R.L., 2003, Herodotus and Athens, in: DEROW–FOWLER 2003, 305–318.
FRENCH, A., 1972a, Topical Influences on Herodotos' Narrative, Mnemosyne IV 25, 9–27.
FRENCH, A., 1972b, The Tribute of the Allies, Historia 21, 1–20.
FRISCH, P. (ed.), 1978, Die Inschriften von Lampsakos (Inschriften griechischer Städte aus Kleinasien 6), Bonn.
VON FRITZ, K., 1967, Die Griechische Geschichtsschreibung. Bd. I: Von den Anfängen bis Thukydides, Textbd. und Anmerkungsbd., Berlin.
FROST, F.J., 1968, Themistocles' Place in Athenian Politics, CSCA 1, 105–124.

Frost, F.J., 1971, Themistocles and Mnesiphilus, Historia 20, 20–25.

Fuscagni, S., 1979, La condanna di Temistocle e l'*Aiace* di Sofocle, RIL 113, 167–187.

Gabrielsen, V., 1994, Financing the Athenian Fleet. Public Taxation and Social Relations, Baltimore-London.

Garlan, Y., 1973, La défense du territoire a l'époque classique, in: M.I. Finley (ed.), Problèmes de la terre en Grèce ancienne, Paris-Le Haye, 149–160.

Garlan, Y., 1974, Recherches de poliorcétique grecque (BEFAR 223), Athen-Paris.

Garlan, Y., 1977, Le partage entre alliés des dépenses et des profits du guerre, in: Armées et fiscalité dans le monde antique, Colloques Nationaux du CNRS No. 936, Paris 14–16 octobre 1976, Paris, 149–164.

Garlan, Y., 1989, Guerre et économie en Grèce ancienne, Paris.

Garland, R.S.J., 1992, Introducing New Gods: The Politics of Athenian Religion, Ithaca.

Gehrke, H.-J., 1984, Zwischen Freundschaft und Programm: Politische Parteiungen im Athen des 5. Jahrhunderts v. Chr., HZ 239, 529–564.

Gehrke, H.-J., 1985, Stasis. Untersuchungen zu den inneren Kriegen in den griechischen Staaten des 5. und 4. Jahrhunderts v. Chr. (Vestigia 35), München.

Gehrke, H.-J., 1986, Jenseits von Athen und Sparta. Das Dritte Griechenland und seine Staatenwelt, München.

Gehrke, H.-J., 1987, Die Griechen und die Rache. Ein Versuch in historischer Psychologie, Saeculum 38, 121–149.

Gentili, B., 1988, Poetry and Its Audience in Ancient Greece, Baltimore.

Gentili, B. & Cerri, G., 1988, History and Biography in Ancient Thought, Amsterdam.

Georges, P.B., 1986, Saving Herodotus' Phenomena: The Oracles and the Events of 480 B.C., ClAnt 5, 14–59.

Gerolymatos, A.S., 1986, Espionage and Treason. A Study of Proxenia in Political and Military Intelligence Gathering in Classical Greece, Amsterdam.

Geyer, F., 1903, Topographie und Geschichte der Insel Euboia, I. Bis zum peloponnesischen Kriege, Berlin.

Geyer, F., 1924, RE Suppl. IV, s.v. Histiaia, 749–757.

Giannelli, G., 1924, La spedizione di Serse da Terme a Salamina. Saggi di cronologia e di storia, Mailand.

Gill, C. & Wiseman, T.P. (edd.), 1993, Lies and Fiction in the Ancient World, Austin.

Gillis, D., 1979, Collaboration with the Persians (Historia Einzelschriften 34), Wiesbaden.

Giuliani, A., 2001, La città e l'oracolo. I rapporti tra Atene e Delfi in età arcaica e classica, Mailand.

Gomme, A.W., 1954, The Greek Attitude to Poetry and History (Sather Classical Lectures 27), Berkeley-Los Angeles; deutsche Übersetzung der Kapitel IV „Herodotos" und V „Herodotos and Aeschylus" (73–115) in: Marg WdF 202–248.

Gomme, A.W., 1945/1956 s.o. unter 2. c)

Gomme, A.W. & Andrewes, A. & Dover, K.J., 1970/1981 s.o. unter 2. c)

Goodwin, W.W., 1882/83, The Battle of Salamis, PASA 1, 237–262.

Gottlieb, G., 1963, Das Verhältnis der außerherodoteischen Überlieferung zu Herodot untersucht an historischen Stoffen aus der griechischen Geschichte, Bonn.

Gould, J., 1989, Herodotus, London.

Graf, D.F., 1979, Medism: Greek Collaboration with Achaemenid Persia, Diss. University of Michigan 1979, Ann Arbor 1999.

Grant, J.R., 1983, Some Thoughts on Herodotus, Phoenix 37, 283–298.

Graham, A.J., ²1983, Colony and Mother City in Ancient Greece, Chicago.

Graham, A.J., 1996, Themistocles' speech before Salamis: the interpretation of Herodotus 8.83.1, CQ 46, 321–326.

Green, P., 1970, The Year of Salamis 480–479 B.C., London = Xerxes at Salamis, New York.

Grégoire, H., 1935, La légende de Salamine, ou comment les philologues écrivent l'histoire, LEC 4, 519–531.

Grote, G., 1862, A History of Greece, 5 Bde., London.

GRUEN, E.S., 1970, Stesimbrotus on Miltiades and Themistocles, CSCA 3, 91–98.

GRUNDY, G.B., 1901, The Great Persian War and its Preliminaries. A Study of the Evidence, Literary and Topographical, London.

GSCHNITZER, F., 1960, Rez. zu SORDI 1958, Gnomon 32, 167–169.

GSCHNITZER, F., 1974, Politarches – Proxenos – Prytanis. Beiträge zum griechischen Staatsrecht, München 1974 = ND der RE-Artikel aus Suppl. XIII (1973).

GURATZSCH, C., 1923–25, Eurybiades und Themistokles bei Artemision und Salamis, Klio 19, 62–74.

GURATZSCH, C., 1961, Der Sieger von Salamis, Klio 39, 48–65.

HAAS, C.J., 1985, Athenian Naval Power before Themistocles, Historia 34, 29–46.

HABICHT, C., 1961, Falsche Urkunden zur Geschichte Athens im Zeitalter der Perserkriege, Hermes 89, 1–35.

VON HAEHLING, R., 1993, Furcht und Schrecken in Herodots Darstellung und Deutung der Perserkriege, Klio 75, 85–98.

HAHN, I., 1981, Aischylos und Themistokles. Bemerkungen zu den „Persern", in: E.G. SCHMIDT (ed.), Pindar und Aischylos, Studien zu Werk und Nachwirkung, Berlin, 173–186.

HALL, J.M., 1997, Ethnic identity in Greek antiquity, Cambridge.

HAMEL, D., 1998, Athenian Generals. Military Authority in the Classical Period (Mnemosyne Suppl. 182), Leiden u.a.

HAMMOND, N.G.L., 1955, Studies in Greek Chronology of the Sixth and Fifth Centuries B.C., Historia 4, 371–411.

HAMMOND, N.G.L., 1973, The Battle of Salamis, in: id., Studies in Greek History, Oxford, 251–310.

HAMMOND, N.G.L., 1982, The Narrative of Herodotus VII and the Decree of Themistocles at Troezen, JHS 102, 75–93.

HAMMOND, N.G.L., 1988, The expedition of Xerxes, in: BOARDMAN u.a., CAH IV² 518–591.

HAMPL, F., 1975, Herodot. Ein kritischer Forschungsbericht nach methodischen Gesichtspunkten, GB 4, 97–136.

HANDS, A.R., 1965, On Strategy and Oracles, JHS 85, 56–61.

HANSEN, M.H., 1975, *Eisangelia*. The Sovereignty of the People's Court in Athens in the Fourth Century B.C. and the Impeachment of Generals and Politicians, Odense.

HANSEN, M.H., 1995, Die Athenische Demokratie im Zeitalter des Demosthenes. Struktur, Prinzipien und Selbstverständnis, Berlin 1995 = The Athenian Democracy in the Age of Demosthenes. Structure, Principles and Ideology, Oxford-Cambridge/Mass. 1991.

HANSON, V.D., 1983, Warfare and Agriculture in Classical Greece, Pisa.

HANSON, V.D., 2000, Kein Ruhmesblatt für die Griechen. Die Perser gewinnen bei Salamis 480 v. Chr., in: R. COWLEY (ed.), Was wäre gewesen, wenn? Wendepunkte der Weltgeschichte, München 2000 (zuerst englisch: What if?, New York 1999), 28–51.

HARRIS, W.V., 1989, Ancient Literacy, Cambridge/Mass.

HARRISON, A.R.W., 1971, The Law of Athens II: Procedure, Oxford.

HARRISON, T., 2000a, Divinity and History. The Religion of Herodotus, Oxford.

HARRISON, T., 2000b, The Emptiness of Asia. Aeschylus' *Persians* and the history of the fifth century, London.

HARRISON, T., 2002, The Persian Invasions, in: BAKKER–DE JONG–VAN WEES 2002, 551–578.

HARRISON, T., 2003, ,Prophecy in reverse'? Herodotus and the Origins of History, in: DEROW–FOWLER 2003, 237–255.

HART, J., ²1993, Herodotus and Greek History, London.

HARTOG, F., 1988, The Mirror of Herodotus. The Representation of the Other in the Writing of History, Berkeley-Los Angeles-London (zuerst franz. Paris 1980, ²2001).

HARVEY, F.D., 1966, The Political Sympathies of Herodotus, Historia 15, 254f.

HARVEY, F.D., 1985, *Dona ferentes*: Some Aspects of Bribery in Greek Politics, in: CARTLEDGE–HARVEY 1985, 76–117.

HAUVETTE, A., 1894, Hérodote. Historien des guerres médiques, Paris.

HEINRICHS, J., 1989, Ionien nach Salamis. Die kleinasiatischen Griechen in der Politik und politischen Reflexion des Mutterlandes (Antiquitas I 39), Bonn.

HELLMANN, F., 1934, Herodots Kroisos-Logos, Berlin.

HELLY, B., 1973, Gonnoi, 2 Bde., Amsterdam.

HELLY, B., 1995, L'état thessalien. Aleuas le roux, les Tétrades et les tagoi, Lyon.

HERMAN, G., 1987, Ritualised Friendship and the Greek City, Cambridge.

HERSHBELL, J.P., 1993, Plutarch and Herodotus – the Beetle in the Rose, RhM 136, 143–163.

HIGHBY, L.I., 1936, The Erythrae Decree. Contributions to the early history of the Delian League and the Peloponnesian Confederacy (Klio Beiheft 36), Leipzig.

HODKINSON, S., 1983, Social Order and the Conflict of Values in Classical Sparta, Chiron 13, 239–281.

HOLLADAY, A.J., 1978, Medism in Athens 508–480 B.C., G&R 25, 174–191.

HOLLADAY, A.J., 1987, The Forethought of Themistocles, JHS 107, 182–187.

HOMEYER, H., 1967, Zu Plutarchs de Herodoti malignitate, Klio 49, 181–187.

HÖRHAGER, H., 1973, Zu den Flottenoperationen am Kap Artemision, Chiron 3, 43–59.

HORNBLOWER, S., 1983, The Greek World 479–323 BC, London-New York (jetzt ³2002).

HORNBLOWER, S., 1987, Thucydides, London.

HORNBLOWER, S., 2002, Herodotus and his sources of information, in: BAKKER-DE JONG-VAN WEES 2002, 373–386.

HOW, W.W., 1919, Cornelius Nepos on Marathon and Paros, JHS 39, 48–61.

HOWALD, E., 1923, Ionische Geschichtsschreibung, Hermes 58, 113–146.

HUBER, L., 1965a, Religiöse und politische Beweggründe des Handelns in der Geschichtsschreibung Herodots, Diss. Tübingen.

HUBER, L., 1965b, Herodots Homerverständnis, in: H. FLASHAR & K. GAISER (edd.), Synusia, FS W. SCHADEWALDT, Pfullingen, 29–52.

HUNTER, V., 1982, Past and Process in Herodotus and Thucydides, Princeton.

IMMERWAHR, H.R., 1956, Aspects of historical causation in Herodotus, TAPhA 87, 241–280.

IMMERWAHR, H.R., 1982, Tat und Geschichte bei Herodot, in: MARG WdF 497–540.

JACOBY, F., 1949, Atthis. The Local Chronicles of Ancient Athens, Oxford.

JAMESON, M.H., 1960, A Decree of Themistocles from Troizen, Hesperia 29, 198–233.

JAMESON, M.H., 1961, Waiting for the Barbarian. New Light on the Persian Wars, G&R 8, 5–18.

JAMESON, M.H., 1963, The Provisions for Mobilization in the Decree of Themistokles, Historia 12, 385–404.

JEFFERY, L.H., 1962, The Campaign between Athens and Aegina in the Years before Salamis (Herodotus, VI, 87–93), AJPh 83, 44–54.

JEFFERY, L.H., 1976, Archaic Greece. The City-States c. 700–500 B.C., London-Tonbridge.

JOHANSSON, M., 2001, The Inscription from Troizen: A Decree of Themistocles?, ZPE 137, 69–92.

JOHNSON, W.A., 1994, Oral Performance and the Composition of Herodotus' Histories, GRBS 35, 229–254.

DE JONG, I.J.F., 1999, Aspects narratologiques des Histoires d'Hérodote, Lalies 19, 217–275.

JORDAN, B., 1975, The Athenian Navy in the Classical Period. A Study of Athenian Naval Administration and Military Organization in the Fifth and Fourth Centuries B.C., Berkeley-Los Angeles-London.

JORDAN, B., 1979, Servant to the Gods. A Study in the Religion, History and Literature of Fifth-century Athens (Hypomnemata 55), Göttingen.

JORDAN, B., 1988, The Honors for Themistocles after Salamis, AJPh 109, 547–571.

JOUANNA, J., 1981, Les causes de la défaite des barbares chez Éschyle, Hérodote et Hippocrate, Ktema 6, 1981 [1983], 3–15.

KAGAN, D., 1969, The Outbreak of the Peloponnesian War, Ithaca-London.

KAHRSTEDT, U., 1922, Griechisches Staatsrecht, Bd. I: Sparta und seine Symmachie, Göttingen.

KAHRSTEDT, U., 1934, RE V A, s.v. Themistokles 1), 1686–1697.

KAHRSTEDT, U., 1936, Untersuchungen zur Magistratur in Athen. Studien zum öffentlichen Recht Athens II, Stuttgart.

KARAVITES, P., 1977, Realities and Appearances, 490–480 B.C., Historia 26, 129–147.

KATZUNG, P., 1960, Die Diapeira in der Iliashandlung. Der Gesang von der Umstimmung des Griechenheeres, Diss. Frankfurt/Main.

KEANEY, J.J., 1993, Theophrast on Ostracism and the Character of his NOMOI, in: PIÉRART 1993, 261–278.

KEAVENEY, A., 1995, The Medisers of Thessaly, Eranos 93, 30–38.

KEAVENEY, A., 2003, The Life and Journey of Athenian Statesman Themistocles (524–460 B.C.?) as a Refugee in Persia, Lewiston-Queenston-Lampeter.

KEHNE, P., 1998, Ein Altar für die Winde. Die persischen Flottenkatastrophen 480 v. Chr., in: E. OLSHAUSEN & H. SONNABEND (edd.), Stuttgarter Kolloquium zur Historischen Geographie des Altertums 6, 1996: Naturkatastrophen in der antiken Welt, Stuttgart, 364–375.

KELLY, T., 2003, Persian Propaganda – a neglected factor in Xerxes' invasion of Greece and Herodotus, IA 38, 173–221.

KIECHLE, F., 1967, Athens Politik nach der Abwehr der Perser, HZ 204, 265–304.

KIERDORF, W., 1966, Erlebnis und Darstellung der Perserkriege. Studien zu Simonides, Pindar, Aischylos und den attischen Rednern (Hypomnemata 16), Göttingen.

KINZL, K., 1976, Miltiades' Parosexpedition in der Geschichtsschreibung, Hermes 104, 280–307.

KIRCHBERG, J., 1965, Die Funktion der Orakel im Werke Herodots (Hypomnemata 11), Göttingen.

KIRCHHOFF, A., 1876, Der Delische Seebund im ersten Decennium seines Bestehens, Hermes 11, 1–48.

KLEINKNECHT, H., 1940, Herodot und Athen. 7,139 / 8,140–144, Hermes 75, 241–264 = MARG WdF 541–573.

KNIGHT, D.W., 1970, Some Studies in Athenian Politics in the Fifth Century B.C. (Historia Einzelschriften 13), Wiesbaden.

KNOX, R. & RUSSO, J., 1989, Agamemnon's Test: Iliad 2.73–75, ClAnt 8, 351–358.

KOCH, C., 1991, Volksbeschlüsse in Seebundangelegenheiten, Frankfurt/Main u.a.

KONSTAN, D., 1987, Persians, Greeks and Empire, Arethusa 20, 59–73.

KRAUS, C.S. (ed.), 1999, The Limits of Historiography. Genre and Narrative in Ancient Historical Texts (Mnemosyne Suppl. 191), Leiden-Boston-Köln.

KRENTZ, P., 2000, Deception in archaic and classical Greek warfare, in: VAN WEES 2000, 167–200.

KROMAYER, J. & VEITH, G., 1928, Heerwesen und Kriegführung der Griechen und Römer (HAW IV 3,2), München.

KRUMEICH, R., 1997, Bildnisse griechischer Herrscher und Staatsmänner im 5. Jahrhundert v. Chr., München.

KÜHNER, R. & GERTH, B., ³1898/1904, Ausführliche Grammatik der griechischen Sprache, 2. Teil: Satzlehre, 2 Bde., Hannover-Leipzig.

KULESZA, R., 1995, Die Bestechung im politischen Leben Athens im 5. und 4. Jh. v. Chr. (Xenia 37), Konstanz.

LABARBE, J., 1957, La loi navale de Thémistocle, Paris.

LACHENAUD, G., 1978, Mythologies, religion et philosophie de l'histoire dans Hérodote, Lille-Paris.

LANG, M., 1984, Herodotean Narrative and Discourse (Martin Classical Lectures 28), Cambridge/ Mass.-London.

LANG, M., 1990, The Athenian Agora, vol. XXV: Ostraka, Princeton.

LARSEN, J.A.O., 1933/1934, The Constitution of the Peloponnesian League, CPh 28, 257–276 und CPh 29, 1–19.

LARSEN, J.A.O., 1968, Greek Federal States, Oxford.

LASSERRE, F., 1976, L'historiographie grecque à l'époque archaïque, QS 4, 113–142.

LATEINER, D., 1985, Limit, Propriety, and Transgression in the Histories of Herodotus, in: The Greek Historians, FS A.E. RAUBITSCHEK, Saratoga, 87–100.

LATEINER, D., 1989, The Historical Method of Herodotus (Phoenix Suppl. 23), Toronto-Buffalo-London.

LATEINER, D., 1993, The Perception of Deception and Gullibility in Specialists of the Supernatural (Primarily) in the Athenian Literature, in: ROSEN–FARRELL 1993, 179–195.

LATTIMORE, R., 1939, The Wise Adviser in Herodotus, CPh 34, 24–35.

LAZENBY, J.F., 1964, The Strategy of the Greeks in the Opening Campaigns of the Persian War, Hermes 92, 264–284.

LAZENBY, J.F., 1988, Aischylos and Salamis, Hermes 116, 168–185.

LAZENBY, J.F., 1993, The Defence of Greece 490–479 B.C., Warminster.

LEGRAND, P.-E., 1932, De la malignité d'Herodote, in: Mélanges G. GLOTZ, vol. II, Paris, 535–547.

LEHMANN, G.A., 1968, Bemerkungen zur Themistokles-Inschrift von Troizen, Historia 17, 276–288.

LEHMANN-HAUPT, C.F., 1902, Zur Geschichte und Überlieferung des ionischen Aufstandes, Klio 2, 334–340.

LEHMANN-HAUPT, C.F., 1903, Zur Schrift Τὰ μετὰ Δαρεῖον des Dionysios von Milet, Klio 3, 330–332.

LENARDON, R.J., 1956, The Archonship of Themistocles, 493/2, Historia 5, 401–419.

LENARDON, R.J., 1959, The Chronology of Themistocles' Ostracism and Exile, Historia 18, 23–48.

LENARDON, R.J., 1961, Charon, Thucydides, and „Themistocles", Phoenix 15, 28–40.

LENARDON, R.J., 1978, The Saga of Themistocles, London.

LENDLE, O., 1992, Einführung in die griechische Geschichtsschreibung, Darmstadt.

LEO, L., 1901, Die griechisch-römische Biographie nach ihrer litterarischen Form, Leipzig.

LESCHHORN, W., 1984, „Gründer der Stadt". Studien zu einem politisch-religiösen Phänomen der griechischen Geschichte (Palingenesia 20), Stuttgart.

VON LEUTSCH, E.L. & SCHNEIDEWIN, F.G. (edd.), 1839/1851, Corpus Paroemiographorum Graecorum, 2 Bde., Göttingen.

LEVI, M.A., 1955, Plutarco e il V secolo, Mailand.

LEWIS, D.M., 1961, Notes on the Decree of Themistocles, CQ 11, 61–66.

LEWIS, D.M., 1973, Themistocles' Archonship, Historia 22, 757f.

LEWIS, D.M. & BOARDMAN, J. & DAVIES, J.K. & OSTWALD, M., 1992, The Cambridge Ancient History. Second Edition, vol. V: The Fifth Century B.C., Cambridge = LEWIS u.a., CAH V² 1992.

LEWIS, D.M., 1992, Mainland Greece, 479–451 B.C. / The Thirty Years' Peace und The Archidamian War, in: LEWIS u.a., CAH V², 96–146 und 370–432.

LINK, S., 2000, Das Paros-Abenteuer des Miltiades (Hdt. 6,132–136), Klio 82, 40–53.

LOMBARDO, M., 1986, Siris – Polieion: fonti letterarie, documentazione archeologica e problemi storici, in: Siris – Polieion. Fonti letterarie e nuova documentazione archeologica. Incontro Studi, Policoro 1984, Galatina, 55–86.

LONIS, R., 1979, Guerre et religion en Grèce a l'époque classique. Recherches sur le rites, les dieux, l'idéologie de la victoire, Paris.

LORAUX, N., 1986, The invention of Athens. The Funeral Oration in the Classical City, Cambridge/ Mass.-London, zuerst als: L'invention d'Athènes. Historie de l'oraison funèbre dans la „cité classique", Paris-La Haye-New York 1981.

LOTZE, D., 1970, Selbstbewußtsein und Machtpolitik. Bemerkungen zur machtpolitischen Interpretation spartanischen Verhaltens in den Jahren 479–477, Klio 52, 255–275.

LUCE, T.J., 1989, Ancient views on the causes of bias in historical writing, CPh 84, 16–31.

LURAGHI, N., 1990, La fondazione di Siri ionica. Problemi di cronologia, Hesperìa 1, 9–17.

LURAGHI, N. (ed.), 2001, The Historian's Craft in the Age of Herodotus, Oxford.

MACAN, R.W., 1895/1908 s.o. unter 2. a)

MADDOLI, G., 1975, Cronologia e storia. Studi comparati sull'«Athenaion Politeia» di Aristotele, Perugia.

MADDOLI, G., (ed.), 1994, L'Athenaion Politeia di Aristotele 1891–1991, Perugia.

MALITZ, J., 1990, Das Interesse an der Geschichte. Griechische Historiker und ihr Publikum, in: H. VERDIN, G. SCHEPENS, E. DE KEYSER (edd.), Purposes of History. Studies in Greek Historiography from the 4th to the 2nd centuries B.C., Proceedings of the International Colloquium Leuven 24–26 May 1988 (Studia Hellenistica 30), Louvain, 323–349.

MALKIN, I., 1987, Religion and Colonization in Ancient Greece, Leiden.

MARG, W., 1953, Herodot über die Folgen von Salamis, Hermes 81, 196–210 = id. WdF 609–628.

MARINCOLA, J., 1987, Herodotean Narrative and the Narrator's Presence, Arethusa 20, 121–137.

MARINCOLA, J., 1997, Authority and Tradition in Ancient Historiography, Cambridge.

MARINCOLA, J., 1999, Genre, Convention, and Innovation in Greco-Roman Historiography, in: KRAUS 1999, 281–324.

MARINCOLA, J., 2001, Greek Historians (G&R New Surveys in the Classics 31), Oxford.

MARR, J., 1995, Themistocles and the Supposed Second Message to Xerxes: the Anatomy of a Legend, AClass 38, 57–69.

MARR, J., 1996, History as Lunch: Aristophanes, *Knights* 810–19, CQ 46, 561–564.

MARR, J., 1998 s.o. unter 2. d)

MARTIN Jr., H., 1961, The Character of Plutarch's Themistocles, TAPhA 92, 326–339.

MASARACCHIA, A., 1969/70, La battaglia di Salamina in Erodoto, Helikon 9/10, 68–106.

MATTINGLY, H.B., 1981, The Themistokles Decree from Troizen, in: G.S. SHRIMPTON & D.J. MCCARGAR (edd.), Classical Contributions, FS M.F. MCGREGOR, Locust Valley, 79–87.

MAURICE, F., 1930, The Size of the Army of Xerxes in the Invasion of Greece 480 B.C., JHS 50, 210–235.

MAURIZIO, L., 1997, Delphic Oracles as Oral Performances: Authenticity and Historical Evidence, ClAnt 16, 308–334.

MAURIZIO, L., 1999, Narrative, biographical and ritual conventions at Delphi, in: Sibille e linguaggi oracolari: mito, storia, tradizione. Atti del convegno internazionale, Macerata 1994, Pisa, 133–158.

MAZZARINO, M., ⁴1974, Il pensiero storico classico, 2 Bde., Bari.

McINERNEY, J., 1994, Politicizing the Past: The *Atthis* of Kleidemos, ClAnt 13, 17–37.

McMULLIN, R.M., 2001, Aspects of Medizing: Themistocles, Simonides, and Timocreon of Rhodes, CJ 97, 55–67.

MEHL, A., 2001, Römische Geschichtsschreibung. Eine Einführung, Stuttgart.

MEIER, C., 1968, Beobachtungen an Herodot. Zum Problem der Deckungslücken im Haushalt historischer Zusammenhänge, in: H.R. JAUSS (ed.), Die nicht mehr schönen Künste (Poetik und Hermeneutik 3), München, 91–110.

MEIER, C., 1980, Die Entstehung des Politischen bei den Griechen, Frankfurt/Main.

MEIGGS, R., 1982, Trees and Timber in the Ancient Mediterranean World, Oxford.

MEISTER, K., 1978, Stesimbrotos' Schrift über die athenischen Staatsmänner, Historia 27, 274–294.

MEISTER, K., 1990, Die griechische Geschichtsschreibung. Von den Anfängen bis zum Ende des Hellenismus, Stuttgart-Berlin-Köln.

MEYER, Ed., 1892/1899, Forschungen zur Alten Geschichte, 2 Bde., Halle a.d. Saale.

MEYER, H.D., 1963, Vorgeschichte und Begründung des delisch-attischen Seebundes, Historia 12, 405–446.

MILLENDER, E.G., 2002, Νόμος Δεσπότης: Spartan Obedience and Athenian Lawfulness in Fifth-Century Thought, in: V.B. GROMAN & E.W. ROBINSON (edd.), Oikistes. Studies in Constitutions, Colonies, and Military Power in the Ancient World, FS A.J. GRAHAM (Mnemosyne Suppl. 234), Leiden-Boston-Köln, 33–59.

MILTNER, F., 1930, Der taktische Aufbau der Schlacht von Salamis, JÖAI 26, 115–128.

MILTNER, F., 1938, Des Themistokles Strategie, Klio 31, 219–243.

MILTON, M.P., 1979, The Date of Thucydides' Synchronism of the Siege of Naxos with Themistokles' Flight, Historia 28, 257–275.

MILTON, M.P., 1983, The Second Message to Xerxes and Themistocles' Views on Strategy, PACA 17, 22–52.

MINKIN, M.L., 1968, Themistocles as Statesman in the Biographical Tradition of Greece, Diss. Columbia.

MOGGI, M., 1972, Autori greci di Persiká. I: Dionisio di Mileto, ASNP Ser. III 2, 433–468.

MOGGI, M., 1977, Autori greci di Persiká. II: Carone di Lampsaco, ASNP Ser. III 7, 1–26.

MOLES, J., 1993, Truth and Untruth in Herodotus and Thucydides, in: GILL-WISEMAN 1993, 88–121.

MOLES, J., 1996, Herodotus warns the Athenians, in: F. CAIRNS & M. HEATH (edd.), Roman poetry and prose, Greek poetry, etymology, historiography (Papers of the Leeds International Latin Seminar 9), Leeds, 259–284.

MOLES, J., 2002, Herodotus and Athens, in: BAKKER–DE JONG–VAN WEES 2002, 33–52.

MOLYNEUX, J.H., 1992, Simonides. A Historical Study, Wauconda.

MOMIGLIANO, A., 1984, The Rhetoric of History and the History of Rhetoric: On Hayden White's Tropes, in: id., Settimo contributo alla storia degli studi classici e del mondo antico, Rom, 49–59; zuerst in: E.S. SHAFFER (ed.), Comparative Criticism. A Yearbook, vol. 3, Cambridge 1981, 259–268.

MOMIGLIANO, A., 1998, Die Historiker der Antike und ihr Publikum, in: id., Ausgewählte Schriften zur Geschichte und Geschichtsschreibung, Bd. 1: Die Alte Welt, Stuttgart-Weimar, 1–17 (zuerst: The Historians of the Classical World and their Audience: Some Suggestions, ASNP Ser. III 8, 1978, 59–75 = in: id., Sesto contributo alla storia degli studi classici e del mondo antico, Rom 1980, 361–376).

MONTANA, F., 2002, I «Cavalieri» di Aristofane e la riabilitazione di Temistocle, QS 28, 257–299.

MORRISON, J.S., 1942, Meno of Pharsalus, Polycrates, and Ismenias, CQ 36, 57–78.

MORRISON, J.S. & WILLIAMS, R.T., 1968, Greek Oared Ships 900–322 B.C., Cambridge.

MORRISON, J.S., 1984, Hyperesia in Naval Contexts in the Fifth and Fourth Centuries BC, JHS 104, 48–59.

MORRISON, J.S. & COATES, J.F. & RANKOV, N.B., [2]2000, The Athenian Trireme. The history and reconstruction of an ancient Greek warship, Cambridge.

MOSCATI CASTELNUOVO, L., 1989, Siris. Tradizione storiografica e momenti della storia di una città della Magna Grecia (Collection Latomus 207), Brüssel.

MOSSHAMMER, A.A., 1973, The Apollodoran Akmai of Hellanicus and Herodotus, GRBS 14, 5–13.

MOSSHAMMER, A.A., 1975, Themistocles' Archonship in the Chronographic Tradition, Hermes 103, 222–234.

MÜLLER, D., 1987, Topographischer Bildkommentar zu den Historien Herodots: Griechenland im Umfang des heutigen griechischen Staatsgebietes, Tübingen.

MÜLLER, H., 1975, Φυγῆς ἕνεκεν, Chiron 5, 129–156.

MUNRO, J.A.R., 1892, The Chronology of Themistocles' Career, CR 6, 333f.

MUNRO, J.A.R., 1902, Some Observations on the Persian Wars, JHS 22, 294–332.

MUNRO, J.A.R., 1930, Xerxes' Invasion of Greece, in: J.B. BURY & S.A. COOK & F.E. ADCOCK (edd.), The Cambridge Ancient History, vol. IV: The Persian Empire and the West, Cambridge, 268–316 = CAH IV 1930.

MUNSON, R.V., 1988, Artemisia in Herodotus, ClAnt 7, 91–106.

MUNSON, R.V., 2001a, Telling Wonders. Ethnographic and Political Discourse in the Work of Herodotus, Ann Arbor.

MUNSON, R.V., 2001b, Ananke in Herodotus, JHS 121, 30–50.

MURNAGHAN, S., 1989, The Trials of the Hero in Sophocles' Ajax, in: M.M. MACKENZIE & C. ROUE-CHÉ (edd.), Images of Authority, FS J. REYNOLDS (PCPhS Suppl. 16), Cambridge, 171–193.

MURRAY, O., 2001a, Herodotus and Oral History, in: LURAGHI 2001, 16–44; zuerst in: SANCISI-WEER-DENBURG & KUHRT, II 1987, 93–115.

MURRAY, O., 2001b, Herodotus and Oral History Reconsidered, in: LURAGHI 2001, 314–325.

MYRES, J.L., 1953, Herodotus. Father of History, Oxford.

NICOLAI, W., 1986, Versuch über Herodots Geschichtsphilosophie, Heidelberg.

NIKOLAOU, N., 1982, La bataille de Salamine d'après Diodore de Sicile, REG 95, 145–156.

NIKOLAOU, N., 1987, Hérodote et le dispositif des forces navales à Salamine, in: J. SERVAIS & T. HACKENS & B. SERVAIS-SOYEZ (edd.), Stemmata. FS J. LABARBE, Liège-Louvain, 275–289.

NILSSON, M.P., 1941, Geschichte der griechischen Religion (HAW V 2), Bd. I, München.

NITZSCH, K.W., 1877, Über Herodots Quellen für die Geschichte der Perserkriege, RhM 27, 226–268.

NOUHAUD, M., 1982, L'utilisation de l'histoire par les orateurs attiques, Paris.

NYLANDER, C., 1968, ΑΣΣΥΡΙΑ ΓΡΑΜΜΑΤΑ, Remarks on the 21st 'Letter of Themistokles', OA 8, 119–136.

Obst, E., 1913, Der Feldzug des Xerxes (Klio Beiheft 12), Leipzig.

Ogden, D., 1996, Greek Bastardy in Classical and Hellenistic Periods, Oxford.

O'Neill, J.L., 1981, The Exile of Themistokles and Democracy in the Peloponnese, CQ 31, 335–346.

Osanna, M., 1989, Il problema topografico e toponomastico di Siris-Polieion, in: Studi su Siris-Heraclea, Rom, 75–84.

Ostwald, M., 1991, Herodotus and Athens, ICS 16, 137–148.

Ostwald, M., 2002, Tragedians and Historians, SCI 21, 9–25.

Page, D.L., 1981, Further Greek Epigrams, Cambridge.

Papalas, A.J., 2000, The Parian Expedition and the Development of the Athenian Navy, AHB 14, 107–119.

Parke, H.W. & Wormell, D.E.W., 1956, The Delphic Oracle, 2 Bde., Oxford.

Parker, R.T.C., 1985, Greek States and Greek Oracles, in: Cartledge–Harvey 1985, 298–326.

Parker, V., Pausanias the Spartiate as Depicted by Charon of Lampsacus and Herodotus (wird in Philologus erscheinen).

Patzek, B., 2002, Mündlichkeit und Schriftlichkeit im Geschichtswerk Herodots, Klio 84, 7–26.

Pearson, L., 1939, Early Ionian Historians, Oxford.

Pearson, L., 1941, Credulity and Scepticism in Herodotus, TAPhA 72, 335–355.

Pearson, L., 1954, Real and Conventional Personalities in Greek History, JHI 15, 136–145.

Pelling, C., 1990, Truth and Fiction in Plutarch's Lives, in: D.A. Russel (ed.), Antonine Literature, Oxford, 19–52.

Pelling, C., 1997a, East Is East And West Is West – Or Are They? National Stereotypes in Herodotus, Histos 1 (http://www.dur.ac.uk/Classics/histos/ 1997/pelling.html).

Pelling, C., 1997b, Aeschylus' Persae and history, in: id. (ed.), Greek Tragedy and the Historian, Oxford, 1–19.

Pelling, C., 2000, Literary Texts and the Greek Historian, London.

Perdrizet, P., 1910, Scaptésylé, Klio 10, 1–27.

Peters, W., 1972, Untersuchungen zu Onasander, Diss. Bonn.

Philippson, A., 1950–59, Die griechischen Landschaften, 4 Bde., Frankfurt/Main.

Piccirilli, L., 1973, Temistocle εὐεργέτης dei Corciresi, ASNP Ser. III, 3, 319–355.

Piccirilli, L., 1975, Carone di Lampsaco ed Erodoto, ASNP Ser. III, 5, 1239–1254.

Piccirilli, L., 1983a, Aristide di Égina? Per l'interpretazione degli Ostraka Agora Inv. P. 9945 e P. 5978, ZPE 51, 169–176 = ND in: id. 1987, 68–72.

Piccirilli, L., 1983b, ‚Eisangelia' e condanna di Temistocle, CCC 4, 333–363 = ND in: id. 1987, 36–49.

Piccirilli, L., 1987, Temistocle, Aristide, Cimone, Tucidide di Melesia fra politica e propaganda, Genua.

Piccirilli, L., 1998, I testi biografici come testimonianza della storia della mentalità, in: W.W. Ehlers (ed.), La biographie antique (Entretiens Fondation Hardt 44), Vandœuvres-Genf, 147–188.

Piccirilli, L., 2001, La diplomazia nella Grecia antica: temi del linguaggio e caratteristiche degli ambasciatori, MH 58, 1–31.

Piérart, M. (ed.), 1993, Aristote et Athènes, Fribourg (Suisse) Mai 1991, Fribourg-Paris.

Pistorius, T., 1985, Hegemoniestreben und Autonomiesicherung in der griechischen Vertragspolitik klassischer und hellenistischer Zeit, Frankfurt/Main-Bern-New York.

Podlecki, A.J., 1966, The Political Background of Aeschylean Tragedy, Ann Arbor.

Podlecki, A.J., 1968, Simonides: 480, Historia 17, 257–275.

Podlecki, A.J., 1975, Theseus and Themistocles, RSA 5, 1–24.

Podlecki, A.J., 1976, Athens and Aegina, Historia 25, 396–413.

Podlecki, A.J., 1977, Herodotus in Athens?, in: K. Kinzl (ed.), Greece and Eastern Mediterranean in Ancient History and Prehistory, FS F. Schachermeyr, Berlin, 246–265.

Podlecki, A.J., 1998, Perikles and his Circle, London-New York.

POHLENZ, M., 1937, Herodot. Der erste Geschichtsschreiber des Abendlandes (Neue Wege zur Antike, II. Reihe: Interpretationen, Heft 7/8), Leipzig-Berlin.

POPP, H., 1968, Zum Verhältnis Athens zu seinen Bündnern im attisch-delischen Seebund, Historia 17, 425–443.

POWELL, C.A., 1988, Athens and Sparta. Constructing Greek Political and Social History from 478 B.C., London.

POWELL, C.A. & HODKINSON, S. (edd.), 1994, The Shadow of Sparta, London-New York.

PRANDI, L., 1993, Considerazioni su Bacide e le raccolte oracolari greche, in: SORDI 1993, 51–62.

PRINZ, F., 1978, Gründungsmythen und Sagenchronologie (Zetemata 72), München.

PRITCHETT, W.K., 1959, Towards a restudy of the Battle of Salamis, AJA 63, 251–262.

PRITCHETT, W.K., 1961, Xerxes' Route over Mount Olympos, AJA 65, 369–375.

PRITCHETT, W.K., 1962, Herodotos and the Themistocles Decree, AJA 66, 43–47.

PRITCHETT, W.K., 1969/1980/1991, Studies in Ancient Greek Topography, Part II (Battlefields); Part III (Roads); Part VII, Berkeley-Los Angeles-London 1969/1980; Amsterdam 1991.

PRITCHETT, W.K., 1971, Ancient Greek Military Pratices, Part I, Berkeley-Los Angeles-London.

PRITCHETT, W.K., 1974/1979/1991, The Greek State at War, Part II; Part III: Religion; Part V, Berkeley-Los Angeles-London.

PRITCHETT, W.K., 1993, The Liar School of Herodotos, Amsterdam.

PULMAN, P., 1992, Phthonos in Pindar, Berkeley-Los Angeles-London.

QUINN, T.J., 1981, Athens and Samos, Lesbos and Chios: 478–404 B.C., Manchester.

RAAFLAUB, K.A., 1979, Beute, Vergeltung, Freiheit? Zur Zielsetzung des Delisch-Attischen Seebundes, Chiron 9, 1–22.

RAAFLAUB, K.A., 1985, Die Entdeckung der Freiheit. Zur historischen Semantik und Gesellschaftsgeschichte eines politischen Grundbegriffes der Griechen (Vestigia 37), München.

RAAFLAUB, K.A., 1987, Herodotus, Political Thought, and the Meaning of History, Arethusa 20, 221–247.

RAAFLAUB, K.A., 1988, Athenische Geschichte und mündliche Überlieferung, in: VON UNGERN-STERNBERG–REINAU 1988, 197–225.

RAAFLAUB, K.A., 2002a, Herodot und Thukydides: Persischer Imperialismus im Lichte der athenischen Sizilienpolitik, in: N. EHRHARDT & L.-M. GÜNTHER (edd.), Widerstand – Anpassung – Integration. Die griechische Staatenwelt und Rom, FS J. DEININGER, Stuttgart, 11–40.

RAAFLAUB, K.A., 2002b, Philosophy, Science, Politics: Herodotus and the intellectual trends of his time, in: BAKKER–DE JONG–VAN WEES 2002, 149–186.

RAUBITSCHEK, A.E., 1957, Das Datislied, in: K. SCHAUENBURG (ed.), Charites, FS E. LANGLOTZ, Bonn, 234–242 = ND in: RAUBITSCHEK 1991, 146–155.

RAUBITSCHEK, A.E., 1958, Theophrastos on Ostracism, C&M 19, 73–109 = ND in: id. 1991, 81–107.

RAUBITSCHEK, A.E., 1991, The School of Hellas. Essays on Greek History, Archaeology, and Literature, New York-Oxford.

RAVIOLA, F., 1986, Temistocle et la Magna Grecia, in: BRACCESI 1986, 13–112.

REDFIELD, J., 1985, Herodotus the Tourist, CPh 80, 97–118.

REINHARDT, K., 1960, Die Abenteuer der Odyssee, in: id., Tradition und Geist, Göttingen, 47–124.

RHODES, P.J., 1970, Thucydides on Pausanias and Themistocles, Historia 19, 387–400.

RHODES, P.J., 1992, The Delian League to 449 B.C., in: LEWIS u.a., CAH V², 34–61.

RIEMANN, K.A., 1967, Das herodoteische Geschichtswerk in der Antike, Diss. München.

ROBERTS, J.T., 1982, Accountability in Athenian Government, Madison.

ROBERTSON, N., 1976, The Thessalian Expedition of 480 B.C., JHS 96, 100–120.

ROBERTSON, N., 1980, Timocreon and Themistocles, AJPh 101, 61–78.

ROBERTSON, N., 1982, The Decree of Themistocles in its Contemporary Setting, Phoenix 36, 1–44.

ROBERTSON, N., 1987, The true meaning of the „Wooden Wall", CPh 82, 1–20.

RODGERS, W.L., 1937, Greek and Roman Naval Warfare. A Study of Strategy, Tactics, and Ships Design from Salamis (480 B.C.) to Actium (31 B.C.), Annapolis.

DE ROMILLY, J., 1963, Thucydides and Athenian Imperialism, Oxford; zuerst: Thucydide et l'impérialisme athénien, Paris 1947.

DE ROMILLY, J., 1971, La vengeance comme explication historique dans l'œuvre d'Hérodote, REG 84, 314–337.

ROMM, J., 1998, Herodotus, New Haven-London.

ROOBAERT, A., 1985, Isolationnisme et Impérialisme Spartiates de 520 à 469 avant J.-C., Louvain.

ROOD, T., 1999, Thucydides' Persian Wars, in: KRAUS 1999, 141–168.

ROSEN, K., 1987, Alexander I., Herodot und die makedonische Basileia, in: W. WILL (ed.), Zu Alexander d. Gr., FS G. WIRTH, Bd. I, Amsterdam, 25–51.

ROSEN, R.M. & FARRELL, J. (edd.), 1993, Nomodeiktes, FS M. OSTWALD, Ann Arbor.

ROSENBERGER, V., 2001, Griechische Orakel. Eine Kulturgeschichte, Darmstadt.

ROSENMEYER, P., 2001, Ancient Epistolary Fictions. The letter in Greek literature, Cambridge.

ROSENMEYER, T., 1982, History or Poetry? The Example of Herodotus, Clio 11, 239–259.

RÖSLER, W., 1980, Die Entdeckung der Fiktionalität in der Antike, Poetica 12, 283–319.

RÖSLER, W., 1990, *Mnemosyne* in the *Symposion*, in: O. MURRAY (ed.), Sympotica. A Symposium on the Symposion, Oxford, 230–237.

RÖSLER, W., 1991, Die Selbsthistorisierung des Autors. Zur Stellung Herodots zwischen Mündlichkeit und Schriftlichkeit, Philologus 135, 215–220.

RÖSLER, W., 2002, The *Histories* and Writing, in: BAKKER–DE JONG–VAN WEES 2002, 79–94.

ROTHWELL Jr., K.S., 1990, Politics and Persuasion in Aristophanes' *Ecclesiazusae* (Mnemosyne Suppl. 111), Leiden u.a.

ROUX, G., 1974, Éschyle, Hérodote, Diodore, Plutarque racontent la bataille de Salamine, BCH 98, 51–94.

RUBENSOHN, O., 1949, RE XVIII 4, s.v. Paros, 1781–1872.

RUGGERI, C., 1996, Il processo ‚panellenico‘ di Temistocle, in: M. SORDI (ed.), Processi e politica nel mondo antico (CISA 62), Mailand, 29–35.

RUTHERFORD, I., 2001, The New Simonides. Toward a Commentary, in: BOEDEKER–SIDER 2001, 33–54.

SACKS, K.K., 1976, Herodotus and the dating of the Battle of Thermopylai, CQ 26, 232–248.

DE STE. CROIX, G.E.M., 1972, The Origins of the Peloponnesian War, Ithaca.

SAKELLARIOU, M.B., 1958, La migration grecque en Ionie, Athen.

SALMON, J.B., 1984, Wealthy Corinth. A History of the City to 338 BC, Oxford.

SAMONS II, L.J., 2000, Empire of the Owl. Athenian Imperial Finance (Historia Einzelschriften 142), Stuttgart.

SANCHEZ, P., 2001, L'Amphictionie des Pyles et de Delphes. Recherches sur son rôle historique, des origines au IIᵉ siècle de notre ère (Historia Einzelschriften 148), Stuttgart.

SANCISI-WEERDENBURG, H. & KUHRT, A. (edd.), 1987/1988/1991, Achaemenid History: Proceedings of the Groningen Achaemenid History Workshop: vol. I: Sources, Structures and Synthesis, Leiden 1987; vol. II: The Greek Sources, Leiden 1987; vol. III: Method and Theory, Leiden 1988; vol. VI: Asia Minor and Egypt: Old Cultures in a New Empire, Leiden 1991.

DE SANCTIS, G., 1930, La spedizione ellenica in Tessaglia del 480 a.C., RFIC 8, 339–342 = ND in: id., Scritti minori IV, Rom 1976, 485–488.

SANSONE, D., 1985, The Date of Herodotus' Publication, ICS 10, 1–9.

SCAIFE, R., 1989, Alexander I in the Histories of Herodotos, Hermes 117, 129–137.

SCHACHERMEYR, F., 1961/3, Die Themistokles-Stele und ihre Bedeutung für die Vorgeschichte der Schlacht von Salamis, JÖAI 46, 158–175 = ND in: id. 1974, 120–137.

SCHACHERMEYR, F., 1965, Das Bild des Themistokles in der antiken Geschichtsschreibung, in: Actes de Congrès Internationale des Sciences Historiques, Wien, Rapports IV, Wien, 81–91.

SCHACHERMEYR, F., 1974, Forschungen und Betrachtungen zur griechischen und römischen Geschichte, Wien.

SCHAEFER, H., 1932, Staatsform und Politik. Untersuchungen zur griechischen Geschichte des 6. und 5. Jahrhunderts, Leipzig.

SCHIEBER, A.S., 1982, Leotychidas in Thessaly, AC 51, 5–14.

SCHLÖGL, A., 1998, Herodot, Reinbek bei Hamburg.

SCHMID, W. & STÄHLIN, O., 1934, Geschichte der griechischen Literatur (HAW VII 1,2), 1. Teil, 2. Band, München.

SCHMIDT, J.H.H., 1876–86, Synonymik der griechischen Sprache, 4 Bde., Leipzig.

SCHMITT, R., 1972, Die achaimenidische Satrapie *TAYAIY DRAYAHYA*, Historia 21, 522–527.

SCHREINER, J.H., 1968, Aristotle and Perikles. A Study in Historiography (SO Suppl. 21), Oslo.

SCHREINER, J.H., 2002, The Naval Policy of Themistokles, in: K. ASCANI et al. (edd.), Ancient History Matters, FS J.E. SKYDSGAARD, Rom, 199–202.

SCHUBERT, C., 1993, Die Macht des Volkes und die Ohnmacht des Denkens (Historia Einzelschriften 77), Stuttgart.

SCHULLER, W., 1974, Die Herrschaft der Athener im Ersten Attischen Seebund, Berlin-New York.

SCHULZ, E., 1933, Die Reden bei Herodot, Diss. Greifswald.

SCHWARTZ, J., 1969, Hérodote et Pèriclès, Historia 18, 367–370.

SCODEL, R., 1983, Timocreon's Encomium of Aristides, ClAnt 2, 102–107.

SEALEY, R., 1972, Again the Siege of the Acropolis, 480 B.C., CSCA 5, 183–194.

SEALEY, R., 1976, A History of Greek City-States ca. 700–338 B.C., Berkeley.

SEGAL, C.P., 1975, Pebbles in Golden Urns: The Date and Style of Corinna, Eranos 73, 1–8.

SHIMRON, B., 1989, Politics and Belief in Herodotus (Historia Einzelschriften 58), Stuttgart.

SHIPLEY, G., 1987, A History of Samos, 800–188 B.C., Oxford.

SHRIMPTON, G., 1997, History and Memory in Ancient Greece, Montreal.

SIDEBOTHAM, S., 1982, Herodotus on Artemisium, CW 75, 177–186.

SIEWERT, P., 1972, Der Eid von Plataiai (Vestigia 16), München.

SIEWERT, P., 1991, Accuse contro i «candidati» all' ostracismo per la loro condotta politica e morale, in: M. SORDI (ed.), L'immagine dell' uomo politico: vita pubblica e morale nell' antichità (CISA 17), Mailand, 3–14.

SIEWERT, P. (ed.), 2002, Ostrakismos-Testimonien I. Die Zeugnisse antiker Autoren, der Inschriften und Ostraka über das athenische Scherbengericht aus vorhellenistischer Zeit (487–322 v. Chr.) (Historia Einzelschriften 155), Stuttgart.

SINCLAIR, R.K., 1988, Democracy and Participation in Athens, Cambridge.

SMARCZYK, B., 1990, Untersuchungen zur Religionspolitik und politischen Propaganda Athens im Delisch-Attischen Seebund (Quellen und Forschungen zur antiken Welt 5), München.

SMITH, N.D., 1989, Diviners and Divination in Aristophanic Comedy, ClAnt 8, 140–158.

SORDI, M., 1953, La Tessaglia dalle guerre persiane alla spedizione di Leotichida, RIL 86, 297–323.

SORDI, M., 1958, La lega tessala fino al Alessandro Magno, Rom.

SORDI, M. (ed.), 1993, La profezia nel mondo antico (CISA 19), Mailand.

SORDI, M., 1996, Larissa e la dinastia alevade, Aevum 70, 37–45.

DE SOUZA, P., 1998, Towards Thalassocracy? Archaic Greek naval developments, in: N. FISHER & H. VAN WEES (edd.), Archaic Greece: New Approaches and New Evidence, London, 271–293.

SPATH, T.S., 1968, Das Motiv der doppelten Beleuchtung bei Herodot, Diss. Wien.

STADTER, P.A., 1992, Herodotus and the Athenian *Arche*, ASNP Ser. III 22, 781–809.

STAHL, M., 1987, Aristokraten und Tyrannen im archaischen Athen. Untersuchungen zur Überlieferung, Sozialstruktur und Entstehung des Staates, Stuttgart.

STARR, C.G., 1962, Why did the Greeks Defeat the Persians?, PP 17, 321–332.

STARR, C.G., 1974, Political Intelligence in Classical Greece (Mnemosyne Suppl. 31), Leiden.

STEHLE, E.S., 1994, Cold Meats: Timokreon on Themistokles, AJPh 115, 507–524.

STEINBRECHER, M., 1985, Der Delisch-Attische Seebund und die athenisch-spartanischen Beziehungen in der kimonischen Ära (ca. 478/7–462/1) (Palingenesia 21), Stuttgart.

STEINER, D.B., 1994, The Tyrant's Writ. Myths and Images of Writing in Ancient Greece, Princeton.

STEINGER, G., 1957, Epische Elemente im Redenstil des Herodot, Diss. masch. Kiel.

STEIN-HÖLKESKAMP, E., 1989, Adelskultur und Polisgesellschaft. Studien zum griechischen Adel in archaischer und klassischer Zeit, Stuttgart.

VON STERN, E., 1904, Der Mauerbau in Athen und die List des Themistokles, Hermes 39, 543–562.

STRASBURGER, H., 1955, Herodot und das perikleische Athen, Historia 4, 1–25 = ND in: MARG WdF 574–608.

SUMNER, G.V., 1961, Notes on Chronological Problems in the Aristotelian ΑΘΗΝΑΙΩΝ ΠΟΛΙ-
  ΤΕΙΑ, CQ 55, 31–54, Postscript 129.

TARN, W.W., 1908, The Fleet of Xerxes, JHS 28, 202–233.
TAUSEND, K., 1992, Amphiktyonie und Symmachie. Formen zwischenstaatlicher Beziehungen im
  archaischen Griechenland (Historia Einzelschriften 73), Stuttgart.
THIEL, J.H., 1954, A History of Roman Sea-Power before the Second Punic War, Amsterdam.
THIEL, J.H., 1962, The Inscription from Troezen, MAWA 25, 525–541.
THOMAS, R., 1989, Oral Tradition and Written Record in Classical Athens, Cambridge.
THOMAS, R., 1993, Performance and written publication in Herodotus and the Sophistic generation,
  in: W. KULLMANN & J. ALTHOFF (edd.), Vermittlung und Tradierung von Wissen in der griechi-
  schen Kultur (ScriptOralia 61), Tübingen, 225–244.
THOMAS, R., 2000, Herodotus in Context. Ethnography, Science and the Art of Persuasion, Cam-
  bridge.
THOMMEN, L., 1996, Lakedaimonion Politeia. Die Entstehung der spartanischen Verfassung (Histo-
  ria Einzelschriften 103), Stuttgart.
THOMMEN, L., 2000, Spielräume der Demokratie. Der Prozeß gegen Themistokles, in: L. BURCK-
  HARDT & J. VON UNGERN-STERNBERG (edd.), Große Prozesse im antiken Athen, München, 81–95.
THOMPSON, N., 1996, Herodotus and the Origins of the Political Community: Arion's Leap, New
  Haven-London.
THREPSIADES, J. & VANDERPOOL, E., 1964, Themistocles' Sanctuary of Artemis Aristobule, AD 19 A,
  26–36.
TIGERSTEDT, E.N., 1965, The Legend of Sparta in Classical Antiquity, vol. I, Lund.
TOZZI, P., 1978, La rivolta ionica, Pisa.

VON UNGERN-STERNBERG, J. & REINAU, H. (edd.), 1988, Vergangenheit in mündlicher Überlieferung
  (Colloquium Rauricum 1), Stuttgart.
UXKULL-GYLLENBACH, 1927, W. Graf, Plutarch und die griechische Biographie. Studien zu plutarchi-
  schen Lebensbeschreibungen des V. Jahrhunderts, Stuttgart.

VAN DER VEEN, J.E., 1996, The Significant and the Insignificant. Five Studies in Herodotus' View of
  History, Amsterdam.
VERNANT, J.-P. (ed.), 1968, Problèmes de la guerre en Grèce ancienne, Paris-La Haye.
VIDAL-NAQUET, P., 1968, La tradition de l'hoplite athénien, in: VERNANT 1968, 161–181 = überarbei-
  tete deutsche Fassung in: VIDAL-NAQUET 1989, 87–104.
VIDAL-NAQUET, P., 1989, Der schwarze Jäger. Denkformen und Gesellschaftsformen in der griechi-
  schen Antike, Frankfurt/Main-New York-Paris.
VOLKMANN, H., 1954, Die Inschriften im Geschichtswerk des Herodot, in: Convivium, FS K. ZIEG-
  LER, Stuttgart, 41–65.
VOX, O., 1984, Bacchilide e Timocreonte contro Temistocle, Prometheus 10, 117–120.

WADE-GERY, H.T., 1936/7, Themistokles' Archonship, BSA 37, 263–270 = ND in: id. 1958, 171–
  179.
WADE-GERY, H.T., 1958, Essays in Greek History, Oxford.
WALBANK, F.W., 1960, History and Tragedy, Historia 9, 216–234.
WALBANK, M.B., 1978, Athenian Proxenies of the Fifth Century B.C., Toronto-Sarasota.
WALCOT, P., 1978, Envy and the Greeks. A study of human behaviour, Warminster.
WALLACE, M.B., 1970, Early Greek Proxenoi, Phoenix 24, 189–208.
WALLACE, M.B., 1974, Herodotos and Euboia, Phoenix 28, 22–44.
WALLACE, P.W., 1969, Psyttaleia and the trophies of the battle of Salamis, AJA 73, 293–303.
WALLACE, R.W., 1989, The Areopagus Council to 307 B.C., Baltimore.
WALLINGA, W.T., 1984, The Ionian Revolt, Mnemosyne 37, 401–437.
WALLINGA, W.T., 1987, The Ancient Persian Navy and its Predecessors, in: SANCISI-WEERDENBURG &
  KUHRT, I 1987, 47–77.
WALLINGA, W.T., 1993, Ships and Sea-Power before the Great Persian War. The Ancestry of the
  Ancient Trireme (Mnemosyne Suppl. 121), Leiden u.a.

Waters, K.H., 1966, The Purpose of Dramatisation in Herodotos, Historia 15, 157–171.

Waters, K.H., 1971, Herodotos on Tyrants and Despots. A Study in Objectivity (Historia Einzelschriften 15), Wiesbaden.

Waters, K.H., 1985, Herodotus the Historian, London-Sydney.

Weber, H.O., 1967, Die Bedeutung und Bewertung der Pleonexie von Homer bis Isokrates, Diss. Bonn.

Weçowski, M., 2000, L'auxêsis d'Athènes: Hérodote, Thucydide et un aspect de l'idéologie athénienne du Ve siècle av. J.-C., (unpublizierte) Diss. EHESS Paris.

van Wees, H. (ed.), 2000, War and Violence in Ancient Greece, London.

Wells, J., 1923, Studies in Herodotus, Oxford.

Welwei, K.W., 1999, Das klassische Athen. Demokratie und Machtpolitik im 5. und 4. Jahrhundert, Darmstadt.

West, S., 1985, Herodotus' Epigraphical Interests, CQ 35, 278–305.

West III, W.C., 1970, Saviors of Greece, GRBS 11, 267–282.

Westlake, H.D., 1936, The Medism of Thessaly, JHS 56, 12–24.

Westlake, H.D., 1977/1989, Thucydides on Pausanias and Themistocles – a Written Source?, CQ 27, 1977, 95–110 = ND in: id., Studies in Thucydides and Greek History, Bristol 1989, 1–18.

Wheeldon, M.J., 1989, ‚True Stories': the reception of historiography in antiquity, in: A. Cameron (ed.), History as Text, London, 36–63.

Wheeler, E.L., 1988, Stratagem and the Vocabulary of Military Trickery (Mnemosyne Suppl. 108), Leiden.

Wickersham, J., 1994, Hegemony and Greek Historians, Lanham.

Wickert, K., 1961, Der peloponnesische Bund von seiner Entstehung bis zum Ende des archidamischen Krieges, Diss. Erlangen.

von Wilamowitz-Moellendorff, U., 1893, Aristoteles und Athen, 2 Bde., Berlin.

von Wilamowitz-Moellendorff, U., 1906, Über die ionische Wanderung, SPAW, Berlin, 59–79 = in: id. 1937, 152–176.

von Wilamowitz-Moellendorff, U., 1937, Kleine Schriften V 1, Berlin.

Wilhelm, A., 1929/1974, Zur Topographie der Schlacht von Salamis, SAWW 211, 1, Wien 1929 = id., Akademieschriften zur griechischen Inschriftenkunde (1895–1951), Teil 2, Leipzig 1974, 235–271.

Will, E., 1972, Le monde grec et l'orient, Tome I: Le Ve siècle (510–403), Paris.

Will, E., 1975, Le territoire, la ville et la poliorcétique grecque, RH 253, 297–318.

Williams, G.E.M., 1978, The Kerameikos Ostraka, ZPE 31, 103–113.

Williams, G.E.M., 1982, Athenian Politics 508/7–480 B.C.: A Reappraisal, Athenaeum 60, 521–544.

Wiseman, T.P., 1987, Practice and Theory in Roman Historiography, in: id., Roman Studies, Liverpool, 244–262; zuerst: History 66, 1981, 375–393.

Wiseman, T.P., 1993, Lying Historians: Seven Types of Mendacity, in: Gill–Wiseman 1993, 122–146.

Wolski, J., 1973, Μηδισμός et son importance en Grèce à l'époque des guerres médiques, Historia 22, 3–15.

Wolski, J., 1983/84, Thémistocle, la construction de la flotte athénienne et la situation internationale en méditerranée, RSA 13/14, 179–192.

Wolski, J., 1985, Hérodote et la construction de la flotte athénienne par Thémistocle, SStor 7, 113–122.

Wood, H., 1972, The Histories of Herodotus. An Analysis of the Formal Structure, Den Haag.

Woodman, A.J., 1988, Rhetoric in Classical Historiography. Four Studies, London-Sydney.

Young Jr., T.C., 1980, 480/479 B.C. – A Persian Perspective, IA 15, 213–239.

Zeilhofer, G., 1959, Sparta, Delphoi und die Amphiktyonie im 5. Jahrhundert vor Christus, Diss. Erlangen.

Indices

1. Personenregister

In diesem Personenregister werden auch Adelsgeschlechter aufgeführt. Die Bewohner von Orten und Ländern finden sich jedoch in 2. Orts- und Sachregister. Die Unterpunkte sind jeweils chronologisch geordnet.

Achaimenes 207.

Achilleus 237, 239f., 333.

Adeimantos am Artemision 135–137, 172, 231, 265, 287; vor Salamis 190f., 193, 199, 285; nach Typus des Thersites geformt 238f.; Grabepigramm 218 A. 195.

Agamemnon 206, 237–240.

Aias 333f., 356.

Aischylos 209–212.

Aleuaden 94f. A. 191; Herrschaftsgebiet 122f.; Perserfreunde 108–113, 122f.; Verrat 109–111, 124–126, 129, 212 m. A. 168, 358, 360; Beziehungen zu Makedonenkönigen 123 m. A. 99, 125; Beziehungen zu Them. 127f.; Beziehungen zu Simonides 128 A. 115.

Alexander I. von Makedonien 137 A. 25; von Hdt. als doppelzüngig dargestellt 50f., 124, 126, 130; Lieferant von Schiffbauholz für Athener 82, 128f., 358; εὐεργέτης und πρόξενος der Athener 110 A. 14, 128f.; warnt Griechen in Thessalien 108–111, 121; droht Griechen 125; Gesandtschaft nach Athen 110, 128; Beziehungen zu Them. 115, 128f., 360; Beziehungen zu Aleuaden 123 m. A. 99; Botschaft vor der Schlacht von Plataiai 116, 124; als Verräter beschimpft 124f., 129, 360.

Alexander d. Gr. 214 A. 174, 245 A. 339, 322 A. 13.

Alkmaioniden 40f., 52, 73; Schildzeichen von Marathon 52, 87 A. 153, 212, 310; Gegnerschaft zu Miltiades 310, 313; Gegnerschaft zu Them. 227, 234f., 273f., 336f., 343.

Androtion 85–87.

M. Antonius 49f.

Apollodor 68f.

Aristagoras 176f., 264, 313 A. 155 u. 158.

Aristeides 328 A. 47; Ostrakismos 483/2 86–89, 223, 358; Ostraka 88f., 222f.; aiginafreundlich 88f., 358; Feindschaft mit Them. 86f., 223, 225, 358; aus Exil zurückgerufen 248f.; meldet Them. die Umzingelung auf Salamis 222f., 228–230, 361; fordert Them. zur στάσις auf 224–227; erobert Psyttaleia zurück 224f.; bei Plutarch weit kooperativer 226f.; bei Salamis ohne Einfluß 228f.; Gegenbild zu Them. 223; soll Them. legitimieren 229f., 361; teilweise nach Figur des Nestor geformt 239; Stratege bei Plataiai 116, 223, 225, 336; Vertreter der Hoplitenstrategie? 224f., 337; setzt Seebundstribute fest 87, 223, 303, 320 A. 189; Unbestechlichkeit 137 A. 27, 223; glorifiziert 222f.; mitverantwortlich für Niedergang des Them. 227, 337, 343.

Aristophanes diffamiert Orakelsammler 156, 171; stellt athenische Politiker als Ausbeuter der Bündner dar 317; zu Them. 354 m. A. 87f.

Aristoteles 46–48.

Artabanos 173, 181, 199 A. 84, 239 A. 301, 280.

Artaxerxes 26, 69 A. 29, 70, 163 A. 159, 266, 276, 284, 350, 352.

Artemisia 18, 207 A. 133, 270f.; Parallelen zu Them. 137 A. 25, 193f., 200 m. A. 90, 283 A. 123; Parallelen zu Mnesiphilos 189, 210.

Arthmios von Zeleia 344 A. 45.

Atthidographen 69, 72, 85, 143.

Bakis 93 A. 183, 155f.

Brasidas 202f., 242 A. 315, 304.

Chabrias 316 m. A. 172.

Charon von Lampsakos 311 A. 148; als Quelle für Hdt. 43f.; als Quelle für pseudothemistokleische Briefe 163 m. A. 159f.; zu Them. 350–354; verfaßt angeblichen Brief des Them. bei Thukydides (I 137,4) 44, 276, 284, 352, 362f.; stellt Them. bei 2. Geheimbotschaft als Verräter dar 284, 352f., 362, 364f.; schon bei ihm Salamis Umschlagpunkt für Verhalten des Them. 363; diffamiert Pausanias 353f.

Cicero 14, 45, 49f.

Damastes von Sigeion 109, 111, 118f., 125.
Dareios 84, 115 A. 49, 199, 264, 279f., 301.
Datis 88, 206, 306f.
Demosthenes 138, 316.
Dionysios von Halikarnassos 45f., 69.
Dionysios von Milet 43f., 311 A. 148.
Diopeithes von Bargylia 163f.
Echekratiden 111, 129f.
Ephialtes von Athen 341 A. 30, 345 A. 52, 356.
Ephialtes von Malis 212.
Ephoros 121f., 306f., 339; für Miltiades' Paros-
    expedition glaubwürdiger als Hdt. 309–311,
    314.
Euainetos 108, 114, 202 A. 105.
Eurybiades am Artemision 135–137, 139f.,
    172f., 265, 287, bei Salamis 187, 190f., 193,
    200, 287; Mangel an Autorität 204; nach
    Figur des Agamemnon geformt 237–240;
    verhindert Zerstörung der Hellespontbrük-
    ken 255–260; will im nächsten Jahr Ionien
    angreifen 274, 278; auf Andros 285; Cha-
    rakteristik 200–204; Kontrastfolie zu Them.
    203f.
Gylippos 202f.
Hekataios von Milet 74f.
Hellanikos von Lesbos 44, 275 A. 89, 311 A.
    148.
Hermoklytos 294.
Herodot
    Biographisches und Allgemeines zu den
    Historien: Geburtsjahr 36 A. 121; Exilant
    54f.; in Athen 36f.; in Thessalien 121; in
    Thurioi 197f.; Lesungen in Athen, Olym-
    pia, Theben, Korinth? 36f.; paradigmati-
    sche Geschichtsschreibung 21–23; Leitmo-
    tive 22; verweist auf Vergänglichkeit aller
    Reiche, auch des attischen Reiches 366;
    Religion und Götter 22 m. A. 49, 240; Ein-
    griff der Götter 65, 149; orakelgläubig
    154f.; benutzt Orakel als Sprachrohr 157;
    als „Prophet des Vergangenen" 157 m. A.
    138; Publikationsdatum der Historien 25–
    27; „prepublication" 35, 37; Einheitlichkeit
    25, 35, 37f.; Symmetrien 366; Analytiker
    vs. Unitarier 38; Kompositionsprozeß 37f.;
    öffentliche Vorträge 25f., 32f., 36f.; Publi-
    kum 14, 38f.; für lesendes Publikum 33,
    365f.; vornehmlich aristokratischer Adres-
    satenkreis 33, 38, 365f.; Selbsthistorisie-
    rung 34f., 37; polemischer Argumentations-
    stil 35; auktoriales Erzählen 51, 53, 56 A.
    240; Umgang mit Quellen 39–43; und Ho-
    mer 23 m. A. 50, 150, 158–160, 236–241;

literarische Vorgänger 43–45; Bezüge zu
archaischer Dichtung 44f.; Unparteilichkeit
51–55; Sprachrohr der Alkmaioniden? 15f.
m. A. 13f., 274; erzieherische Zielsetzung
54; *pater historiae* 45f., 55; Polemiken gegen 45f.; für historische Abläufe nur bedingt geeigneter Zeuge 358, 366; kehrt Tendenz seiner Quellen um 21, 165, 229, 235,
283, 331, 353f., 357, 361f.; unterschlägt
Nachrichten 50, 353f.; bringt selbst Verleumdungen auf, um sie dann wieder zu
verwerfen 52, 361; Bezüge zur Pentekontaëtie 23–30; Anachronismen als Denkan-
stoß für Publikum 27f., 281, 289, 299, 365;
implizite „disclaimer" 40, 51, 283, 297f.,
364; Kritik an Athens Imperialismus im
Seebund 15, 28, 134f., 168–170, 278, 289,
313, 319f., 357, 362f., 365f.
Zu den Perserkriegen: hebt die Verdienste
der Athener um Perserabwehr hervor 64f.,
365; verschweigt Verratsvorwurf gegen
Miltiades 310, 312; tadelt an Miltiades die
Habsucht der Athener im Seebund 312f.,
362; zur athenischen Flottenstärke 480 75–
77; setzt Seekriegsbeschluß der Athener
gegen Chronologie als Fanal an Beginn der
Perserabwehr 101, 247, 360; spielt Rolle
der athenischen Volksversammlung herunter 105; verschleiert Griechensieg am Artemision 151f., 184; betont metaphysischen
Hintergrund der Perserabwehr 106; fingiert
Furcht und Fluchtwunsch der Griechen
141f., 148f. 151f., 165, 231, 361; übertreibt
Zerstrittenheit der Griechen 231, 361; verteidigt Pausanias gegen Anklagen des Charon von Lampsakos 353f.
Zu Themistokles: baut Salamis-Vers ein
102–106, 360; legitimiert dessen Viehschlachtung durch Bakis-Orakel 157f., 165;
kontrastiert dessen Ioneraufruf mit dem des
Leotychidas 178f.; kreiert Mnesiphilos als
Warnerfigur und Stellvertreter für alle
Athener 188–190, 361; zur Götterhilfe und
dem Wahrscheinlichen 192f.; fingiert dessen Auswanderungsdrohung 196; konstruiert dessen Treffen mit Aristeides 229, 361;
legt ihm seine eigene Deutung der Perserabwehr in den Mund 259f.; formt die 2. Geheimbotschaft von einer Kriegslist zu dessen persönlicher Vorsorge für Zukunft um
283f.; verschleiert dessen Mißerfolg bei
Belagerung von Andros und Karystos 314;
würdigt dessen Gesamtleistung durch an-

2. Orts- und Sachregister

Die Bewohner von Orten und Ländern sind unter dem jeweiligen Ort bzw. Land aufgeführt.
Die Unterpunkte sind jeweils chronologisch geordnet.

3. Register griechischer Begriffe

4. Stellenregister

Die Fundstellen von Fragmenten sind in diesem Stellenregister ebenso ausgespart wie reine Belegstellen für die Semantik eines griechischen Wortes (s. dazu 3. Register griechischer Begriffe). Autoren, denen fälschlicherweise ein Werk zugeschrieben wurde, sind entweder selbst in eckige Klammern [] gesetzt oder das betreffende Werk bzw. die aufgeführte Quellenstelle. In runden Klammern () finden sich die hier benutzten Abkürzungen für die Autoren und ihre Werke.
Abkürzungen:
IEG² = M.L. WEST (ed.), *Iambi et Elegi Graeci ante Alexandrum cantati*, 2 Bde., Oxford ²1989/92.
PMG = D.L. PAGE (ed.), *Poetae Melici Graeci*, Oxford 1962.
TrGF = B. SNELL, R. KANNICHT & S. RADT (edd.), *Tragicorum Graecorum Fragmenta*, 4 Bde., Göttingen 1977–²1999.

22,8	88 A. 157, 248
23,1f.	85f., 143 A. 63, 242 A. 311
23,2–5	337 A. 10
24,2	337 A. 10
24,3	300 A. 90
25,3	341 A. 30, 345 A. 52, 357 A. 103
27,1	126 A. 109
27,2	144 A. 67
28,1	71 A. 45
28,2	337 A. 10
33,1	167 A. 177
41,2	337 A. 10
44,4	249 A. 359
54,6	171 A. 195
61,2	338 A. 13

Ethica Nicomachea (= eth. Nic.)

1167a32–34	226 A. 239

Poetica (= poet.)

4, 1448b24–34	59 A. 254
8, 1451a30–35	57 A. 244
9, 1451a37–b11	46 A. 183, 48 A. 194
9, 1451b29–32	46 A. 183, 48 A. 194
14, 1453b22–26	47 A. 191
15, 1454a33–37	48 m. A. 196
23, 1459b22–29	46 A. 184
25, 1460a26–29	48 A. 194, 49 A. 199

Politica (= pol.)

V 10, 1311b17–20	123 A. 99

Rhetorica (= rhet.)

I 9, 1366b34f.	58 A. 250
I 15,14, 1376a1–3	106 A. 248

[Mirabilia] (= Ps.-Aristot. mir.)

p. 106	196 A. 66

[Oeconomicus] (= Ps.-Aristot. oec.)

II 7, p. 1347a	148 A. 88

Arrian (= Arr.)
Anabasis (= an.)

III 11,1f.	214 A. 174

Athenaios (= Athen.)

VIII, p. 344e	156 A. 134
X, p. 416a	60f. A. 261
XIII, p. 557c	123 A. 99

Caesar (= Caes.)
de bello civili (= bell. civ.)

I 36,4	83 A. 130
I 58,3	83 A. 130

Cassius Dio (= Cass. Dio)

XLVIII 51,5	83 A. 127
LXVIII 23,2 Epitome	211 A. 158

Charon von Lampsakos FGrHist 262

T 1	43 A. 166

F 1	351 A. 78
F 7	351 A. 78
F 9	43 A. 166
F 10	77 A. 89
F 11	163 A. 159
F 14	43 A. 166
F 17	351 A. 78

Cicero (= Cic.)
Epistulae ad familiares (= fam.)

V 12,3–5	51 A. 212, 357 A. 103
V 12,7	14 A. 6

Brutus (= Brut.)

42	48 A. 199
59	286 A. 7

Cato

8	329 A. 51

de finibus bonorum et malorum (= fin.)

II 32	234 A. 278

de inventione (= inv.)

I 29	48 A. 199
II 36	45 A. 180

de legibus (= leg.)

I 5	45 A. 179

de officiis (= off.)

III 11, 49	341 A. 25

de oratore (= de or.)

II 86, 351	128 A. 115

Laelius (= Lael.)

42	342 A. 35

Philippica (= Phil.)

II 44–47	50 A. 205

Corpus Paroemiographorum Graecorum ed.
von Leutsch-Schneidewin

s.v. ἀναπαριάζειν (vol. I p. 38; 200sq.; vol. II, p. 291)	310 A. 142
s.v. εἰς τὴν Ἡροδότου σκίαν (vol. I, p. 400)	36 A. 117
s.v. εἰς τὸ δέον (vol. I, p. 80)	167 A. 173

Curtius Rufus (= Curt. Ruf.)

IX 1,3	40 A. 148

Damastes von Sigeion FGrHist 5

F 4	109 m. A. 10

Deinarchos (= Dein.)

I 47	138 A. 33
III 18	316 A. 169
fr. I 2 Conomis	139 A. 35

Demokrit ed. Diels-Kranz

68 B 249	226 A. 240
68 B 251	289 A. 25

Demosthenes (= Demosth.)

III 23–26	332 A. 63
IV 47	316 m. A. 173
IX 41–44	344 A. 45

Stelle	Referenz
(Herodot)	
V 62f.	33 A. 104, 95 A. 195, 109 A. 7, 155 A. 128
V 66,2	226 A. 241
V 72,1	78 A. 94
V 73	128 A. 117
V 74,1	296 A. 68
V 74,2	28
V 74–77	167 A. 175
V 75,1	261 A. 30
V 77	28, 141 A. 49
V 79f.	74 A. 65
V 80,2	250 A. 366
V 81,2	79 A. 99
V 82–94	78 A. 96
V 92f.	28, 78 A. 97
V 92 ε 1	155 A. 128
V 94,1	128 A. 117
V 96,2	101f. A. 230
V 97	27, 28, 33 A. 100, 77 A. 8, 97, 175 A. 215, 176 m. A. 223, 263 A. 40, 313 A. 158
V 105	176 A. 223f.
V 106	18 A. 29
V 106,5	264
V 107,1	264 m.A. 43
V 109,2	183 A. 257
VI 1–30	18 A. 29
VI 6	72 A. 57
VI 7–20	66 A. 15
VI 8	239
VI 9,1	206
VI 9,2f.	212 A. 168
VI 9f.	212 A. 167
VI 10f.	178
VI 11,2	183 A. 257
VI 12,3	182 A. 251
VI 13f.	212 A. 167
VI 22	195 A. 60
VI 28,1	75 A. 69
VI 34–41	33 A. 104
VI 39,1; 41,1	77 A. 88
VI 41,3f.	101f. A. 230, 280 A. 115, 307 A. 127
VI 42	29, 302 A. 104
VI 43,1	72 A. 57
VI 43,3	303 A. 107
VI 43–45	115 A. 49
VI 44	306 A. 120
VI 46	75 m. A. 69f., 90 A. 166
VI 48	133 A. 4
VI 49,2	81 A. 116, 88 A. 160, 305 A. 115
VI 49f.	133 A. 4
VI 50,2	139 A. 39
VI 66	95 A. 195, 155 A. 128, 168 A. 182
VI 72	126 A. 108, 137 A. 28, 316 A. 170
VI 73	133 A. 4
VI 74,1	308 m. A. 132
VI 79–82	308
VI 80f.	308 m. A. 132
VI 82,1	137 A. 28, 316 A. 170
VI 86	155 A. 128
VI 89	77f. m. A. 92
VI 90	88 A. 158
VI 91	24, 27, 155 A. 128
VI 94	296 A. 68
VI 95,1	206
VI 96	306 A. 120, 307 A. 123
VI 98,2	24, 26
VI 99,2	168 A. 182, 293 A. 48
VI 100,2	148 A. 87, 244 A. 328
VI 105f.	133 A. 4
VI 109f.	116 A. 54, 312
VI 109,3	191 A. 32, 312 m. A. 154
VI 109,5	193 A. 45
VI 109,6	312 m. A. 154
VI 112–115	154 A. 121
VI 115	87 A. 153
VI 116	90 A. 170
VI 117,2f.	58 A. 247
VI 118	307
VI 119,4	35 A. 110
VI 121,1	87 A. 153
VI 121–125	235 A. 282
VI 121–131	52
VI 123	87 A. 153, 95 A. 195
VI 124–131	40f.
VI 125,1	47 A. 188
VI 126–128	33 A. 104
VI 131,2	24
VI 132	47 A. 188, 77 A. 90, 313 A. 155f.
VI 132f.	295 m. A. 61f.
VI 132–136	358, 362
VI 133,1	305 A. 115
VI 134–135,3	297 m. A. 70
VI 135,1	308 A. 130, 313 A. 155
VI 135,2	296 A. 65

Inschriften:

	Z. 42–44	251 m. A. 373	XXVIII 815	196 A. 66

Z. 42–44   251 m. A. 373   XXVIII 815   196 A. 66
Z. 44–47   248 m. A. 350 u. 355,   XXXV 305, Z. 11f.   325 A. 37
            252 A. 377   **Sylloge Inscriptionum Graecarum³** (= Syll.³)
24   218 A. 195   360, Z. 29f.   138 A. 33
27, Z. 7f., 10   298 A. 74   **Xerxes, Persepolis** (sog. Daiva-Inschrift)
42, A 21–33   142 A. 58   XPh, Z. 23f.   257 A. 11
57   198 A. 78
Supplementum Epigraphicum Graecum   # Papyri
(= SEG)
XVII 243   122 A. 89   **Papyri Oxyrhynchi** (= P.Oxy.)
XIX 36a   88 m. A. 156   XIII 1608, fr. 4   70 A. 39, 188 A. 14
XIX 36b   88 m. A. 158   XIII 1610, fr. 1, Z. 6–13 267 A. 53
XXII 116   254 m. A. 386   LIX 3965, fr. 20, Z. 10–15 150 A. 99

5. Register moderner Autoren

Hier werden nur Forscher aufgeführt, die im Haupttext der Untersuchung erwähnt sind.

ASHERI, D. 154f.
BADIAN, E. 50f., 68.
BAKKER, E.J. 54.
BENCSIK, A. 18f.
BENGTSON, H. 309.
BORNITZ, H. 22, 280f. m. A. 118.
BOWIE, E. 44, 59.
BRACCESI, L. 199.
BRUNS, I. 15.
BURN, A.R. 232, 276.
BURY, J.B. 248f.
CARRIÈRE, J.-C. 154–157.
CARTLEDGE, P. 50.
CAWKWELL, G.L. 344.
COBET, J. 22, 25–27, 38, 366.
COLE, J.W. 115.
CORCELLA, A. 18.
CRESCI MARRONE, G. 304.
CULASSO GASTALDI, E. 347.
DIESNER, H.-J. 17.
DOENGES, N. 343f.
DREWS, R. 43f.
DUNCKER, M. 272, 275, 282.
EVANS, J.A.S. 19, 35.
FEHLING, D. 42, 365.
FIGUEIRA, T.J. 88f.
FLORY, S. 33, 40.
FÖCKE, F. 15.
FONTENROSE, J. 93f.
FORNARA, C. 17f., 25–27, 116, 225.
FOWLER, R. 35f.
FRENCH, A. 28.

FUSCAGNI, S. 333f., 356.
GABRIELSEN, V. 90.
GENTILI, B. 59.
GEORGES, P.B. 92f., 100.
GOLDSCHEIDER, K. 17, 158, 223, 264, 288.
GURATZSCH, C. 200f., 203f.
HABICHT, C. 247f., 253.
HARTOG, F. 13, 199.
HAUVETTE, A. 16.
HEINRICHS, J. 181, 277f.
HIGNETT, C. 209–212.
HODKINSON, S. 202f.
IMMERWAHR, H. 22, 38, 65.
JACOBY, F. 15f., 38f., 43, 359.
JORDAN, B. 324f.
KATZUNG, P. 237–240.
KINZL, K. 308f., 311f.
KNIGHT, D. 234f.
LABARBE, J. 75f.
LEHMANN, G.-A. 249–251.
LEVI, M.A. 16, 19f., 357 A. 106.
MACAN, R.W. 299.
MARG, W. 217.
MARR, J. 266, 273f.
MASARACCHIA, A. 240f.
MAURIZIO, L. 103f.
MEIER, C. 31.
MEIGGS, R. 82, 302.
MEYER, Ed. 15, 355 A. 93.
MILTNER, F. 207f.
MILTON, J. 266–269, 272, 275f.
MOLES, J.L. 20f., 29f., 40, 51, 73, 190, 363.

HISTORIA-EINZELSCHRIFTEN

Herausgegeben von **Kai Brodersen, Mortimer Chambers, Martin Jehne, François Paschoud und Hildegard Temporini**

111. **François Paschoud / Joachim Szidat**, Hrsg: **Usurpationen in der Spätantike.** Akten des Kolloquiums „Staatsstreich und Staatlichkeit", 6.–10. März 1996, Solothurn/Bern. 1997. 174 S., kt. 7030-3

112. **Ulrich Huttner: Die politische Rolle der Heraklesgestalt im griechischen Herrschertum.** 1997. IX, 385 S., kt. 7039-7

113. **Robert E. A. Palmer: Rome and Carthage at Peace.** 1997. 152 S., kt. 7040-0

114. **Hans Beck: Polis und Koinon.** Untersuchungen zur Geschichte und Struktur der griechischen Bundesstaaten im 4. Jahrhundert v. Chr. 1997. 320 S., kt. 7117-2

115. **Heinz Bellen: Politik – Recht – Gesellschaft.** Studien zur Alten Geschichte. Hg. von Leonhard Schumacher. 1997. VIII, 323 S., 24 Taf., kt. 7150-4

116. **Carsten Drecoll: Die Liturgien im römischen Kaiserreich des 3. und 4. Jh. n. Chr.** Untersuchung über Zugang, Inhalt und wirtschaftliche Bedeutung der öffentlichen Zwangsdienste in Ägypten und anderen Provinzen. 1997. 401 S., kt. 7151-2

117. **Thomas Heine Nielsen**, ed.: **Yet More Studies in the Ancient Greek *Polis*.** 1997. 258 S., kt. 7222-5

118. **Gerold Walser: Bellum Helveticum.** 1998. 192 S., kt. 7248-9

119. **Frank Bernstein: Ludi publici.** Untersuchung zur Entstehung und Entwicklung der öffentlichen Spiele im republikanischen Rom. 1998. 408 S., kt. 7301-9

120. **Robert J. Buck: Thrasybulus and the Athenian Democracy.** The Life of an Athenian Statesman. 1998. 141 S., kt. 7221-7

121. **Gocha R. Tsetskhladze**, ed.: **The Greek Colonisation of the Black Sea Area.** Historical Interpretation of Archaeology. 1998. 336 S. m. 44 Abb., kt. 7302-7

122. **Josef Wiesehöfer** (Hg.): **Das Partherreich und seine Zeugnisse.** Beiträge des internationalen Colloquiums, Eutin (27.–30. Juni 1996). 1998. 570 S. m. zahlr. Abb., kt. 7331-0

123. **Jeffrey D. Lerner: The Impact of Seleucid Decline on the Eastern Iranian Plateau.** 1999. 139 S., kt. 7417-1

124. **Attilio Mastrocinque: Studi sulle guerre mitridatiche.** 1999. 128 S., kt. 7418-X

125. **Fabio Mora: Fasti e schemi cronologici.** La riorganizzazione annalistica del passato remoto romano. 1999. 425 S., kt. 7191-1

126. **Karl-Ernst Petzold: Geschichtsdenken und Geschichtsschreibung.** Kleine Schriften zur griechischen und römischen Geschichte. 1999. 629 S., kt. 7458-9

127. **Martin Zimmermann**, Hrsg.: **Geschichtsschreibung und politischer Wandel im 3. Jh. n. Chr.** Kolloquium zu Ehren von Karl-Ernst Petzold (Juni 1998) anläßlich seines 80. Geburtstags. 1999. 244 S., kt. 7457-0

128. **Alexander Yakobson: Elections and Electioneering in Rome.** A Study in the Political System of the Late Republic. 1999. 251 S., kt. 7481-3

129. **Ralf Urban: Gallia rebellis.** Erhebungen in Gallien im Spiegel antiker Zeugnisse. 1999. 165 S., kt. 7383-3

130. **Markus Sehlmeyer: Stadtrömische Ehrenstatuen der republikanischen Zeit.** Historizität und Kontext von Symbolen nobilitären Standesbewußtseins. 1999. 319 S., kt. 7479-1

131. **Karl-Joachim Hölkeskamp: Schiedsrichter, Gesetzgeber und Gesetzgebung im archaischen Griechenland.** 1999. 343 S., kt. 6928-3

132. **Gary Forsythe: Livy and Early Rome.** A Study in Historical Method and Judgment. 1999. 147 S., kt. 7495-3

133. **Dirk Henning: Periclitans res publica.** Kaisertum und Eliten in der Krise des Weströmischen Reiches 454/5–493 n.Chr. 1999. 362 S., kt. 7485-6

134. **Hartwin Brandt** (Hg.): **Gedeutete Realität.** Krisen, Wirklichkeiten, Interpretationen (3.–6. Jh. n. Chr.). 1999. 151 S., kt. 7519-4

135. **Richard W. Burgess: Studies in Eusebian and Post-Eusebian Chronography.** 1. The Chronici canones of Eusebius of Caesarea: Structure, Content, and Chronology, AD 282–325. 2. The Continuatio Antiochiensis Eusebii: A Chronicle of Antioch and the Roman Near East during the Reigns of Constantine and Constantius II, AD 325–350. 1999. 358 S., kt. 7530-5

136. **Christoph R. Hatscher: Charisma und res publica.** Max Webers Herrschaftssoziologie und die Römische Republik. 2000. 263 S., kt. 7523-2

137. **Boris Dreyer: Untersuchungen zur Geschichte des spätklassischen Athen 323 – ca. 230 v. Chr.** 1999. 487 S., kt. 7531-3

138. **Pernille Flensted-Jensen**, Ed.: **Further Studies in the Ancient Greek Polis.** 2000. 256 S., kt. 7607-7

139. **Stanisław Mrozek: *Faenus*.** Studien zu Zinsproblemen zur Zeit des Prinzipats. 2001. 124 S., kt. 7617-4

140. **Maria H. Dettenhofer: Herrschaft und Widerstand im augusteischen Principat.** 2000. 234 S., kt. 7639-5

141. **Bernhard Linke / Michael Stemmler**, Hgg.: **Mos maiorum.** Untersuchungen zu den Formen der Identitätsstiftung und Stabilisierung in der römischen Republik. 2000. VII, 319 S., kt. 7660-3

142. **Loren J. Samons II: Empire of the Owl.** Athenian Imperial Finance. 2000. 358 S., kt. 7664-6

143. **Gregor Weber: Kaiser, Träume und Visionen in Prinzipat und Spätantike.** 2000. XIV, 585 S., geb. 7681-6

144. **Martin Ostwald: *Oligarchia*.** The Development of a Constitutional Form in Ancient Greece. 2000. 96 S., kt. 7680-8

145. **Hilmar Klinkott: Die Strapienregister der Alexander- und Diadochenzeit.** 2000. 130 S., kt. 07701-4

146. **Karl-Wilhelm Welwei: Polis und Arché.** Kleine Schriften zu Gesellschafts- und Herrschaftsstrukturen in der griechischen Welt. Hg. von Mischa Meier. 2000. 427 S., geb. 7759-6

147. **Lene Rubinstein: Litigation and Cooperation.** Supporting Speakers in the Courts of Classical Athens. 2000. 296 S., kt. 7757-X

148. **Pierre Sánchez: L'Amphictionie des Pyles et de Delphes.** Recherches sur son rôle historique, des origines au IIᵉ siècle de notre ère. 2001. 574 S., geb. 7185-5

149. **Fritz Gschnitzer: Kleine Schriften zum griechischen und römischen Altertum.** Bd. 1:

Frühes Griechentum: Historische und sprachwissenschaftliche Beiträge. Hg. von **Catherine Trümpy** und **Tassilo Schmitt**. 2001. XXXI, 364 S., kt.   7805-3

150. **Eckard Lefèvre: Panaitios' unnd Ciceros Pflichtenlehre.** Vom philosophischen Traktat zum politischen Lehrbuch. 2001. 226 S., kt.   7820-7

151. **Giuseppe Zecchini: Cesare e il *mos maiorum*.** 2001. 180 S., kt.   7863-0

152. **Leone Porciani: Prime forme della storiografia greca.** Prospettiva locale e generale nella narrazione storica. 2001. 156 S., kt.   7869-X

153. **Maria R.-Alföldi: Gloria Romanorvm.** Schriften zur Spätantike. Zum 75. Geburtstag der Verfasserin am 6. Juni 2001. Hg. von **Heinz Bellen** und **Hans-Markus von Kaenel.** 2001. XI, 381 S. m. zahlr. Abb., geb.   7918-1

154. **Karen Piepenbrink: Ordnungskonzeptionen in der attischen Demokratie des vierten Jahrhunderts v. Chr.** Eine vergleichbare Untersuchung zum philosophischen und rhetorischen Diskurs. 2001. 262 S., kt.   7848-7

155. **Peter Siewert** (Hg.): **Ostrakismos-Testimonien I.** Die Zeugnisse antiker Autoren, der Inschriften und Ostraka über das athenische Scherbengericht aus vorhellenistischer Zeit (487–322 v. Chr.). In Zusammenarbeit mit **Stefan Brenne, Birgitta Eder, Herbert Heftner** und **Walter Scheidel.** 2002. 555 S., geb.   7947-5

156. **Jyri Vaahtera: Roman Augural Lore in Greek Historiography.** A Study of the Theory and Terminology. 2001. 194 S., kt.   7946-7

157. **Marietta Horster: Bauinschriften römischer Kaiser.** Untersuchungen zu Inschriftenpraxis und Bautätigkeit in Städten des westlichen Imperium Romanum in der Zeit des Prinzipats. 2001. X, 496 S., geb.   7951-3

158. **Michael Lovano: The Age of Cinna: Crucible of Late Republican Rome.** 2002. 188 S., kt.   7948-3

159. **Lothar Wierschowski: Fremde in Gallien – „Gallier" in der Fremde.** Die epigraphisch bezeugte Mobilität in, von und nach Gallien vom 1. bis 3. Jh. n.Chr. (Texte – Übersetzungen – Kommentare). 2001. 526 S., geb.   7970-X

160. **René S. Bloch: Antike Vorstellungen vom Judentum.** Der Judenexkurs des Tacitus im Rahmen der griechisch-römischen Ethnographie. 2002. 260 S., kt.   7971-8

161. **Sabine Panzram: Stadtbild und Elite: Tarraco, Corduba und Augusta Emerita zwischen Republik und Spätantike.** 2002. Ca. 370 S., geb.   8039-2

162. **Thomas Heine Nielsen** (ed.): **Even more Studies in the Ancient Greek Polis.** 2002. 294 S., kt.   8102-X (zugl.: Papers from the Copenhagen Polis Centre, Vol. 6)

163. **Sophia Aneziri: Die Vereine der dionysischen Techniten im Kontext der hellenistischen Gesellschaft.** Untersuchungen zur Geschichte, Organisation und Wirkung der hellenistischen Technitenvereine. 2003. 542 S., kt.   8126-7

164. **Gregor Weber / Martin Zimmermann,** Hg.: **Propaganda – Selbstdarstellung – Reprä-** sentation im römischen Kaiserreich des 1. Jhs n. Chr. 2003. 355 S., kt.   8251-4

165. **Eckhard Meyer-Zwiffelhoffer:** Πολιτικῶς ἄρχειν. Zum Regierungsstil der senatorischen Statthalter in den kaiserzeitlichen griechischen Provinzen. 2002. 369 S., kt. 7648-4

166. **Pamela-Jane Shaw: Discrepancies in Olympiad Dating and Chronological Problems of Archaic Peloponnesian History.** 2003. 280 S., kt.   8174-7

167. **Fritz Gschnitzer: Kleine Schriften zum griechischen und römischen Altertum.** Bd. 2: Historische und epigraphische Studien zur Alten Geschichte seit den Perserkriegen. Hrsg. von **Catherine Trümpy.** 2003. XXX, 519 S., kt.   8037-6

168. **Rainer Bernhardt: Luxuskritik und Aufwandsbeschränkungen in der griechischen Welt.** 2003. 422 S., geb.   8320-0

169. **Christoph R. Hatscher: Alte Geschichte und Universalhistorie.** Weltgeschichtliche Perspektiven aus althistorischerSicht. 2003. 144 S.   8321-9

170. **Claudia Ruggeri: Gli stati intorno a Olimpia.** Storia e costituzione dell'Elide e degli stati formati dai perieci elei (400–362 a.C.). 2004. 244 S., kt.   8322-7

171. **Franca Landucci Gattinoni: L'arte del potere.** Vita e opere di Cassandro di Macedonia. 2003. 184 S., kt.   8381-2

172. **Christopher Tuplin** (ed.): **Xenophon and his World.** Papers from a conference held in Liverpool in July 1999. 2004. 524 S. m. 2 Ktn. u. 4 Taf., geb.   8392-8

173. **Alexander Weiß: Sklave der Stadt.** Untersuchungen zur öffentlichen Sklaverei in den Städten des Römischen Reiches. 2004. 265 S., kt.   8383-9

174. **Gerald Kreucher: Der Kaiser Marcus Aurelius Probus und seine Zeit.** 2003. 298 S., kt.   8382-0

175. In Vorbereitung

176. **Anthony Francis Natoli; The Letter of Speusippus to Philip II.** Introduction, Text, Translation and Commentary. With an Appendix on the Thirty-First Socratic Letter attributed to Plato. 2004.196 S., kt.   8396-0

177. **Karl-Wilhelm Welwei: Res publica und Imperium.** Kleine Schriften zur römischen Geschichte. Hrsg. von **Mischa Meier** u. **Meret Strothmann.** 2004. 328 S., geb.   8333-2

178. **Konrad Vössing: Biographie und Prosopographie.** A.R. Birley zum 65. Geburtstag. 2004. Ca. 150 S., kt.   8538-6

179. In Vorbereitung

180. **Thomas Heine Nielsen** (ed.): **Once Again: Studies in the Ancient Greek Polis.** 2004. 202 S., kt.   8438-X

181. **Gideon Maier: Amtsträger und Herrscher in der Romania Gothica.** 2004. Ca. 340 S., kt.   8505-X

182. **David Whitehead** and **P. H. Blyth: Athenaeus Mechanicus, On Machines** (Περὶ μηχανημάτων). Translated with Introduction and Commentary. 2004. 236 S., kt.   8532-7

183. **Wolfgang Blösel: Themistokles bei Herodot: Spiegel Athens im fünften Jahrhundert.** Studien zur Geschichte und historiographischen Konstruktion des griechischen Freiheitskampfes 480 v. Chr. 2004. 422 S. m. 2 Ktn., geb.   8533-5

FRANZ STEINER VERLAG STUTTGART